Seifert · Pawlik

Geheime Schriften Mittelalterlicher Sekten

SEIFERT • PAWLIK

GEHEIME SCHRIFTEN MITTELALTERLICHER SEKTEN

Aus den Akten der Inquisition

Ausgewählt, eingeführt und herausgegeben
von Petra Seifert

Übersetzt aus dem Lateinischen
von Manfred Pawlik

Genehmigte Lizenzausgabe für
Nikol Verlagsgesellschaft mbH & Co. KG
Hamburg, 2008

© 1997 Pattloch Verlag GmbH & Co. KG, Augsburg

Alle Rechte, auch das der fotomechanischen Wiedergabe
(einschließlich Fotokopie) oder der Speicherung auf
elektronischen Systemen, vorbehalten.
All rights reserved.

Satz: 11½/15 pt. Garamond von Fotosatz Völkl, Puchheim
Covergestaltung: Thomas Jarzina, Holzkirchen
Titelabbildung: bridgeman art library, Berlin
Printed in the Czech Republic

ISBN: 978-3-937872-93-3

www.nikol-verlag.de

Inhalt

Vorwort   7

Einführung

Häresie und Orthodoxie   11

Kapitel 1

Der Häresiebegriff im Mittelalter   27

Kapitel 2

Die Inquisition   49

Kapitel 3

Christlicher Dualismus – Gnostiker und Manichäer   101

Kapitel 4

Die Bogomilen   149

Kapitel 5

Die Katharer   179

Kapitel 6

Die Waldenser   293

Kapitel 7

Franziskaner-Spiritualen, Fraticellen und Pseudo-Apostel   379

Anhang

Verbreitungsgebiete der einzelnen Ketzergruppen
(Karten)   452
Glossar   456
Literaturhinweise   459
Register   467

Vorwort

„*Was ist Wahrheit?*" Diese Frage, die einst Pontius Pilatus an Christus stellte, zieht sich wie ein roter Faden durch die Sekten- und Ketzergeschichte. Beide Seiten, die Rechtgläubigen und die „Ketzer", rangen um die Wahrheit, um den rechten Glauben. Und beide meinten, sie allein seien im Besitz dieser Wahrheit. Was im Mittelalter ausgefochten wurde, war keine philosophisch-theologische Diskussion. Es war ein Kampf auf Leben und Tod, den ganz eindeutig die Kirche gewann. Sie war in der stärkeren Position. Die meisten sogenannten heterodoxen Laienbewegungen des Mittelalters gehören, abgesehen von einigen wenigen versprengten Waldensern, der Vergangenheit an. Es gibt keine Manichäer, Bogomilen, Katharer und Fraticellen mehr. In einigen Fällen ging die Zeit einfach über sie hinweg. Meistens waren es jedoch regionale Machtinteressen oder das Bestreben der Kirche, die Gläubigen vor den vermeintlichen oder echten Irrlehren der Ketzer zu bewahren.

So unterschiedlich die Interessen im Einzelfall auch gewesen sein mögen, man wandte fast immer die gleichen Strategien an: Überwachung und Unterdrückung. Für das Mittelalter nichts Ungewöhnliches. Kriege, Halsgerichtsbarkeit und drakonische Körperstrafen gehörten zum irdischen Dasein, zum Alltag. Man fürchtete sie und hoffte, daß man verschont bleiben würde. Aber man wußte auch, daß man ihnen nie völlig entgehen konnte. Das traf für Arme und Reiche, für Ketzer und Rechtgläubige gleichermaßen zu. Die „peinliche Befragung", die Folter, die Inquisition und die Kreuzzüge gegen die Ketzer sollten der Wahrheit zum Sieg verhelfen.

Gesiegt hat die Papstkirche des Mittelalters, und wie die meisten Sieger war ihr nicht daran gelegen, das Erbe der Besiegten zu bewahren. Man brauchte zwar Indizien, typische Merkmale und charakteristische Verhaltensweisen, um Ketzer aufzuspüren, und Beweismittel, um Verdächtige zu überführen. Man brauchte Rechtsverordnungen und Ausführungsbestimmungen genauso wie päpstliche Beschlüsse und klare Urteile darüber, welche Lehren oder Aspekte einer Lehre noch als rechtgläubig durchgingen oder bereits häretisch waren. Es gab Musterverhöre und Inquisitionsprotokolle, Beschreibungen der Irrlehren und Riten der Ketzer aus der Sicht ehemaliger Häretiker und systematische Darstellungen aus der Sicht der Kirchenlehrer. Und dann gab es noch vereinzelt einige Schriften der Häretiker selbst.

Es sind nur wenige authentische Zeugnisse überliefert, da es besonders zu Zeiten der Verfolgung lebensgefährlich war, zum Beispiel waldensische oder katharische Schriften für die Unterweisung oder den Kultus zu besitzen oder aufzubewahren. Und dennoch sind einige dieser Quellen erhalten. Sie überdauerten oft eher zufällig die Jahrhunderte oder wurden auf mehr oder weniger abenteuerlichen Wegen vor der Zerstörung gerettet. Manche der Texte waren lange verschollen, wurden wieder aufgefunden und gingen dann wieder – und dieses Mal vermutlich endgültig – verloren. Einige dieser Schriften waren auch bei den Ketzern nur den „Eingeweihten" zugänglich. Wobei nicht vergessen werden darf, daß die meisten Menschen im Mittelalter weder lesen noch schreiben konnten. Den Vertretern der Kirche, die diese Schriften ja für höchst gefährlich und schädlich hielten, lag logischerweise wenig daran, sie einer breiten Öffentlichkeit zugänglich zu machen. Das Gerücht, die Inquisitoren hätten Schriften der Ketzer, vor allem der Katharer verbrannt, gehört vermutlich in den Bereich der reinen Spekulation. Aber selbst für gebildete Inquisitoren waren die Schriften der Häretiker „krudes Zeug", „Bücher mit sieben Siegeln", vom Wahnsinn oder vom Teufel selbst diktiert. Daneben gab es Inquisitoren, die ihre Erfahrungen im Umgang mit Ketzern ihren Kollegen und Nachfolgern im Amt in Form von „Handbüchern" zugänglich machten.

Gegen Mitte des 19. Jahrhunderts begannen vor allem französische und italienische Historiker sich verstärkt für die Quellen der mittelalterlichen Ketzer zu interessieren und sammelten und edierten Schriften aus deren Umfeld. In Deutschland war es der katholische Theologe Ignaz von Döllinger, der mit seiner 1890 erschienenen Textsammlung einen wichtigen Beitrag zur Geschichte der mittelalterlichen Häresien leistete. Er sammelte vor allem Berichte, Verhöre und sonstige Inquisitionsprotokolle, die fast alle in Latein abgefaßt waren. Damit waren sie jedoch in erster Linie nur den Fachleuten, den Theologen und Historikern zugänglich. Ebenso verhält es sich mit den Quellentexten, die Heinrich Denifle und Franz

Ehrle im Zusammenhang mit den Lehren von Joachim de Fiore und Petrus Johannis Olivi ab 1885 veröffentlichten. Eine ganze Reihe weiterer Quellentexte wurde in den vergangenen 50 Jahren erschlossen und bereits bekannte Quellen mit Hilfe moderner Editionsmethoden neu herausgegeben. In den letzten Jahren wurde außerdem der regionale Einfluß der jeweiligen Ketzergruppen untersucht. Dabei spielen vor allem die sozialen und sozialökonomischen Entwicklungen der Städte und bestimmter Gegenden eine wesentliche Rolle. Die Ergebnisse der aktuellen Forschung zeichnen ein sehr differenziertes Bild sowohl der Ketzerbewegungen als auch der Art und Weise, wie von seiten der Kirche und der staatlichen Obrigkeit mit ihnen verfahren wurde. Lange Zeit waren die heterodoxen Bewegungen mit Klischees behaftet.

Ein bewährtes Mittel, Pauschalurteilen vorzubeugen, ist es, sich mit den Quellentexten auseinanderzusetzen, auch wenn sie, wie im Fall der Ketzer und der Ketzerbekämpfung, stark von Wertungen durchdrungen sind. Mit dieser modernen Ausgabe von ausgewählten Texten des 12. bis 14. Jahrhunderts liegt nun ein großer Teil der ursprünglich lateinischen Texte erstmals in einer zeitgemäßen deutschen Übersetzung vor. Die Einführungen und Erläuterungen beschreiben die Glaubens- und Gedankenwelt sowohl der Ketzer als auch ihrer Verfolger und erleichtern damit erheblich das Verständnis der Quellentexte.

Einführung

Häresie und Orthodoxie

Die Begriffe „Häresie" und „Orthodoxie" im Urchristentum und in der Gegenwart

Ketzer im Mittelalter: Kramt man ein wenig in seiner Phantasie, dann tauchen meistens Bilder von eifernden, finster dreinblickenden Fanatikern auf. Mit wirren Haaren und ebenso wirren Ideen ziehen sie gegen ein systematisches, gut durchdachtes theologisches Lehrgebäude zu Felde, rütteln an den Toren des Vatikans und haben sich zum Ziel gesetzt, die Rechtgläubigen zu verführen. Oder wir sehen vor uns arme, ungebildete, wimmernde Kreaturen mit durch brutale Foltermethoden zerschundenen Körpern, die willig und verzweifelt vor dem Inquisitor alles zugeben, nur um nicht mehr von glühenden Kohlen oder auf Streckbänken gepeinigt zu werden. Zu drastische Bilder?

Nun, das Mittelalter war in mehrfacher Hinsicht eine ebenso drastische wie widersprüchliche Zeit. Die grausame Halsgerichtsbarkeit, die über ein breites Spektrum von Körperstrafen und Hinrichtungsmöglichkeiten verfügte, und Hinrichtungen, die als Volksbelustigung und gleichzeitig als Horrortrip inszeniert wurden, gehören genauso zum Mittelalter wie die Entwicklung glänzender theologischer und philosophischer Lehrgebäude. Körperliche Brutalität und die reine, klare Luft der Geistigkeit sind Pole einer Wirklichkeit. Zwischen beiden Polen die Ketzer, die Bettelmönche, die Beginen, die Büßer und Flagellanten – und daneben dekadente Prälaten, Bischöfe, die immer reicher werden, weil sie ihre Gemeinden skrupellos ausplündern, Päpste und Kardinäle mit einer reichen illegitimen Kinderschar, Klöster, die auf eine sehr unmittelbare Art „Häuser der Lust und Freude" sind, Priester, die kaum lesen und schreiben, geschweige denn predigen können, Oberhirten, die ganze Landstriche mit

Krieg und Zerstörung überziehen und dabei auch nicht vor der Brandschatzung von Gotteshäusern zurückschrecken, um ihren Machtbereich und ihre Territorien zu erweitern.

Orthodoxie und Häresie – wird man mit diesem traditionellen Gegensatzpaar wirklich den „Ketzern" des Mittelalters gerecht? Stehen der Suche nach Wahrheit und dem strebenden Bemühen nach Gottwohlgefälligkeit und Rechtgläubigkeit wirklich wirre, vom Satan eingegebene Ideen gegenüber? Wie wird man all jenen gerecht, die von der Kirche dem Tod auf dem Scheiterhaufen überantwortet wurden oder in den Kerkern vermoderten? Die Kirche glaubte, die Seelen der Ketzer zu retten, wenn sie ihre Körper zerstörte. Die Ketzer waren davon überzeugt, Gott erkannt zu haben und dazu berufen zu sein, das eigentliche Christentum und das wahre Evangelium zu leben und zu verkündigen. Wer hatte recht, wer war im Irrtum?

Wenn man heute von „Ketzerei" oder „Häresie" bezogen auf das Mittelalter spricht, wendet man meistens automatisch den neuzeitlichen Häresiebegriff auf „Irrlehren" an, deren Blütezeit 1500, 1000 oder 500 Jahre zurückliegt. Außerdem geht man von der Kirche am Wendepunkt zum 21. Jahrhundert aus. Gibt es heute überhaupt noch „Ketzer"? Innerhalb der kirchlichen Reihen scheint es sie sehr wohl noch zu geben. Diesen Eindruck bekommt man jedenfalls, wenn man die sogenannten „Lehrzuchtverfahren" oder „Lehrbeanstandungen" zum Beispiel im Fall der katholischen Theologen Küng und Drewermann verfolgt. Aber was versteht die katholische Kirche heute unter dem Begriff „Häresie" im engeren Sinn? Der „Katechismus der Katholischen Kirche" gibt in der deutschen Ausgabe von 1993 unter dem Stichwort „Unglaube" verbindlich Auskunft:

> „*Häresie* nennt man die nach Empfang der Taufe erfolgte beharrliche Leugnung einer mit göttlichem und katholischem Glauben zu glaubenden Wahrheit oder einen beharrlichen Zweifel an einer solchen Glaubenswahrheit; *Apostasie* nennt man die Ablehnung des christlichen Glaubens im ganzen; *Schisma* nennt man die Verweigerung der Unterordnung unter den Papst oder die Gemeinschaft mit den diesem untergebenen Gliedern der Kirche' (CIC, can. 751)" (Katechismus der Katholischen Kirche. München u. a. 1993, S. 538).

Soweit die Definition des Häresiebegriffs 30 Jahre nach dem 2. Vatikanischen Konzil. Das II. Vatikanum (1962–65) bemühte sich um ein neues Kirchenverständnis, ein Verständnis, in dem für Ökumene, also für eine Verständigung und möglicherweise auch für eine Aussöhnung mit den christlichen Kirchen Platz sein sollte, die sich nicht dem Papst unterordnen. Im gleichen Maß, in dem sich das Kirchenverständnis im Zusammenhang mit den Ergebnissen des II. Vatikanums veränderte, veränderte sich auch der Häresiebegriff:

> „Das II. Vatikanum betrachtet die Kirche als ein umfassendes Heilszeichen *(universale salutis sacramentum)* und als weltweites Gottesvolk, dem in Abstufung die gesamte Menschheit zugeordnet ist" (TRE 14, S. 343).

Das 2. Vatikanische Konzil orientierte sich nicht an den trennenden Elementen, sondern betonte die verbindenden Elemente und suchte folgerichtig nach Wegen, um Türen für einen möglichen Konsens oder eine Wiederannäherung offenzuhalten, statt sie zuzuschlagen: Die Kirche als dynamische, die ganze Welt umspannende Glaubensgemeinschaft kann es sich leisten, auch Außenseiter mit einzubeziehen, „denen auch bei partieller Leugnung katholischer Glaubenswahrheiten ein Wille zur Kirche innewohnt" (TRE 14, S. 343), da die Kirche trotz vorhandener Unterschiede auch eine zumindest teilweise vorhandene Identifikation mit den christlichen Glaubenswahrheiten voraussetzt und diese Teilidentifikation als Basis für eine „künftige volle Gemeinschaft" ansieht.

> „Deshalb betrachtet das II. Vatikanum auch die ‚getrennten Brüder' als *ecclesiae* und *communitates*. In all diesen Zusammenhängen verwendet das II. Vatikanum weder den Begriff der Häresie noch den des Schismas" (TRE 14, S. 343).

Dieses Verständnis einer lebendigen und dynamischen katholischen Glaubensgemeinschaft hält sich nur kurze Zeit. Schon 1965 werden nichtkatholische Christen wieder als „Häretiker" und „Schismatiker" bezeichnet. 1983 beruft sich das neue kirchliche Gesetzbuch wieder auf den traditionellen Häresiebegriff und behandelt Häresie, Apostasie (Abfall vom Glauben) und Schisma (Kirchenspaltung) als klassische kirchenrechtliche Straftatbestände, die mit der Exkommunikation *„kraft rechtmäßig gefällten Urteils"* zu ahnden sind (vgl. CIC 1983, can. 1364). Im aktuellen katholischen Kirchenrecht und in der Definition von „Häresie" im „Katechismus der Katholischen Kirche" verdichten sich nicht nur verschiedene, teilweise heftig diskutierte Anschauungen, es spiegelt sich darin auch eine fast 2000jährige Entwicklung wider.

Im 2. nachchristlichen Jahrhundert füllen die damaligen Theologen den ehemals wertneutralen Begriff „Häresie" mit den Inhalten, die bis heute damit verbunden werden. Ursprünglich bedeutete das griechische Wort „hairesis" nichts anderes als „Wahl, Auswahl". Später, als bestimmte Lehren beziehungsweise Philosophenschulen mit einem gewissen Autoritätsanspruch auftreten, wird der Begriff erweitert: Mit „hairesis" konnte nun auch eine Schulrichtung mit dazugehöriger, oft religiöser Gemeinschaft gemeint sein. Eine Beurteilung, ob die Lehre der jeweiligen Schulen „richtig" oder „falsch" sei, war aber mit der Bezeichnung „hairesis" noch nicht verbunden. Im jüdisch-christlichen Umfeld wird dann „hairesis" im Zusammenhang mit dem pharisäischen Rabbinismus eingeschränkt auf die Bedeutung „falsche Lehre".

Eine systematische Definition, worin sich „Häresie" von „Orthodoxie", also von Rechtgläubigkeit, unterscheidet, und entsprechende Kriterien stellen erst die Kirchenväter ab der Mitte des 2. Jahrhunderts auf – allen voran Justin (gest. um 165) und Tertullian (gest. nach 220). „Schisma" und „Apostasie", Abfall und Abspaltung, werden von den Kirchenvätern des 3./4. Jahrhunderts teilweise als synonyme Begriffe für „Häresie" gebraucht und genauso verurteilt: „Abspaltung" ist nach Cyprian (gest. 258) ebenso schlimm wie Irrlehre, denn beide trennen von Christus, der *eine* Kirche und *eine* Wahrheit gegründet hat.

Der Begriff „Häresie" wurde in Zukunft benutzt, um Lehren und Lebensweisen zu kennzeichnen, die von der rechten Lehre abwichen. „Häresie" war damit zum Komplementärbegriff zur Orthodoxie geworden. Die theologischen Aussagen, die die Väter der alten Kirche beziehungsweise des sogenannten Frühkatholizismus machten, sollten mehr als 1000 Jahre uneingeschränkt Gültigkeit behalten und die Definition des

Häresiebegriffs bis in die Gegenwart beeinflussen. Diese Aussagen enthalten folgende Elemente:

1. Jesus ist der Gründer der *einen* reinen Lehre, die allein das Heil bringt. Er hat diese eine wahre Lehre an die Apostel weitergegeben und diese legitimiert, seine Lehre aller Welt zu verkünden. Die Apostel gaben ihrerseits diese Lehre als reine Wahrheit unverfälscht an ihre Nachfolger, die späteren Bischöfe, weiter.

2. Über alle Jahrhunderte hinweg ist die Kirche durch die Heilige Schrift und durch die bruchlose Amtsnachfolge der Garant dafür, daß die apostolische Lehrtradition rein erhalten wird. Das heißt, die von der gegenwärtigen Kirche verkündete Lehre ist identisch mit der einen reinen und wahren Lehre Christi.

3. Daß dies so bleibt, verdankt die Kirche dem Wirken des Heiligen Geistes. Trotz unbedeutender Abweichungen ist diese Lehre „stets eine geblieben und entspricht der weltweiten *einen* Kirche" (TRE 14, S. 320).

4. Da die Kirche die weltweite und umfassende Gemeinschaft der rechtgläubigen Christen ist, können Irrlehren immer nur Randerscheinungen sein, sowohl was die Zahl ihrer Anhänger als auch was den zeitlichen Rahmen ihrer Existenz betrifft. Häretiker sind also (per definitionem) im Verhältnis zur Gemeinschaft der Rechtgläubigen immer in der Minderheit. Die Irrlehre hält sich auch nur über einen begrenzten Zeitraum, während die orthodoxe Lehre bis zur Wiederkunft Christi ihre Gültigkeit behält.

5. Während die wahre Kirche durch Christus gegründet wurde und die unverfälschte Weitergabe durch das Wirken des Heiligen Geistes gewährleistet wird, zeigt sich in den Irrlehren das Werk des Satans. „Irrtum und Häresie sind Ergebnisse von Dekadenz, das heißt von Abfall beziehungsweise von Verführung durch den Satan" (TRE 14, S. 321).

6. Nicht die Suche nach Wahrheit bringt Menschen dazu, von der kirchlichen Lehre abweichende Lehren zu entwickeln. Das einzige Motiv der Ketzer ist die Geltungssucht ihrer Häresiarchen (Ketzerführer). Geltungssucht gilt zwar ohnehin schon als Sünde, wenn aber jemand eine falsche Lehre verkündet, zeigt er damit, daß er von Gott abgefallen ist. Damit kommt die ethisch-moralische Bewertung der Häretiker hinzu: Ein Häretiker ist demzufolge „auch moralisch ein schlechter Mensch" (TRE 14, S. 321).

7. Häretiker sind meistens abgefallene, ehemals rechtgläubige Christen. Sie verfälschen die wahre Lehre. Das setzt voraus, daß es die rechte Lehre, die Orthodoxie, vor der Häresie gegeben hat.

8. Während es nur *eine* wahre Lehre, *eine* wahre Kirche und *einen* Christus gibt, gibt es bei den Häretikern mehrere Wahrheiten, mehrere Sektengründer und eine Vielzahl von falschen Lehren. Allen gemeinsam ist jedoch, daß sie sowohl der Heiligen Schrift als auch der Tradition widersprechen und unzählige Irrtümer produzieren.

Aus der Sicht einer mächtigen Großkirche, die sich spätestens ab der Mitte des 3. Jahrhunderts der Unterstützung des weltlichen Arms sicher sein konnte, war es notwendig geworden – nicht zuletzt wegen des beiderseitigen Machterhalts –, Strategien und Mechanismen zu entwickeln, die die Einheit der Kirche gewährleisten konnten. Jede religiöse Gruppierung, jede christlich-philosophische Richtung, die ebenfalls für sich in Anspruch nahm, die „Wahrheit" oder „einen wichtigen Teil der Wahrheit" zu verkünden, stellte in letzter Konsequenz die Kirche als einzig legitimierte Nachfolgerin der Apostel und damit als Generalbevollmächtigte der Verkündigung des Evangeliums Jesu in Frage.

Im 2./3. Jahrhundert hatte jedoch das Christentum noch nicht den Status der Staatsreligion. Es war die Zeit, in der die Kirche immer wieder mit der römischen Staatsmacht in Konflikt geriet. In fast allen Regionen, in denen es christliche Gemeinden gab, repräsentierten die Konsuln oder Militärbefehlshaber der römischen Besatzungsmacht die Kolonialmacht in Rom. Die Christen weigerten sich, den römischen Kaiser als Gottkaiser anzubeten, und stellten damit eine ständige Provokation und ein permanentes Unruhepotential dar. 111/113 schafft der römische Kaiser Trajan die Rechtsgrundlage, damit gegen die Christen vorgegangen werden kann. 177 finden Verfolgungen in Lyon und Vienne statt. Um diese Pressionen durch den Staatsapparat überstehen zu können, war es für die Kirche notwendig, feste Strukturen und Organisationsformen zu entwickeln. In dieser Phase schließen sich die locker miteinander verbundenen Ortskirchen zu einer frühen Episkopalkirche zusammen. Im Zuge dieser neuen Organisationsform wurde ein verbindlicher Kanon der maßgeblichen Schriften festgelegt.

Ab 115 n. Chr. haben sich die Gemeinden zur Amts- und Priesterkirche formiert. Aus dem Treffen und den Beratungen der Bischöfe entstehen die Synoden als feste Institution. Damit ist ein wesentlicher Schritt getan, um die einzelnen, über verschiedene römische Kolonien verstreuten Gemeinden und Ortskirchen zu einer überregionalen Großkirche zusammenzuschließen. Die Abgrenzung der Kirche gegen andere einflußreiche religiös-philosophische Gruppen, deren Ideen auch in christlichen Gemeinden Fuß gefaßt haben, wie beispielsweise die Gnosis, führt dazu, daß von den Kirchenvätern – etwa von Irenäus und Tertullian um 200 – feste Lehrnormen und Kirchenordnungen geschaffen werden. Die historische Forschung bezeichnet übrigens diese Phase der Konsolidierung als den „Beginn der frühkatholischen Kirche".

In dieser Zeit entwickelt sich die Vorstellung von einer bruchlosen Weitergabe des Evangeliums, das von Anfang an als *eine* Wahrheit existierte, nämlich als das, was Jesus verkündet hatte. Im Laufe der Zeit verfestigt sich die Vorstellung, daß die Evangelien unmittelbare Mitschriften, also quasi Stenogramme der Worte und Werke Jesu und der damaligen Ereignisse seien. Von diesen Prämissen wurden dann ab dem Ende des 2. Jahrhunderts die klassischen Unterscheidungsmerkmale zwischen Häresie und Orthodoxie abgeleitet.

Aus heutiger theologischer Sicht ist keines dieser klassischen Kriterien mehr aufrechtzuerhalten. Die Kenntnis der historischen und kulturgeschichtlichen Zusammenhänge und die Erforschung der Entstehungsgeschichte des Neuen Testaments, hier vor allem die redaktionsgeschichtlichen Befunde, widerlegen die Ansicht, daß von Anfang an *eine reine christliche Lehre* existierte, die nur noch möglichst unverfälscht weitergegeben werden mußte. Um die Auseinandersetzung um Orthodoxie und Häresie besser zu verstehen, ist es hilfreich, sich zwei grundlegende Befunde zur Redaktionsgeschichte der Evangelien genauer anzusehen:

1. Die neutestamentlichen Schriften, vor allem die drei sogenannten synoptischen Evangelien (Markus, Matthäus, Lukas), bestehen aus verschiedenen Schichten. Sie entstanden nicht aus einem Guß, sondern sind Sammlungen mehrerer Quellen. Es dauerte immerhin fast 30 Jahre, bis die synoptischen Evangelien zusammengestellt waren (Markus und Matthäus 30–60 n. Chr.; Lukas und Apostelgeschichte 80–90 n. Chr.). So sind das Matthäus- und das Lukasevangelium vom Evangelium des Markus abhängig und benutzen außerdem eine weitere Quelle. Diese sogenannte Logienquelle enthält die Sprüche und Reden Jesu, und zwar in einer ins Griechische übersetzten, ursprünglich aramäischen Fassung.

2. Es handelt sich vor allem beim Wortlaut der Herrenworte und Gleichnisse, bei den Dialogen und bei den Lehr- und Streitgesprächen um Übersetzungen aus dem Hebräischen beziehungsweise Aramäischen, der Muttersprache Jesu, ins Griechische. Eine originale hebräische Fassung, die „Hebraica Veritas", von der noch Hieronymus (ca. 345–420) berichtet, existiert nicht mehr. In welchem Umfang bereits auf dieser frühen Stufe der Verschriftlichung Interpretationen oder auch mögliche Übertragungsfehler aufgewiesen werden können, zeigte in jüngster Zeit die Auslegung der Evangelien durch jüdische Neutestamentler, vor allem die Untersuchung von Pinchas Lapide.

Rechtgläubigkeit im Judentum

Wie schwer die Vorstellung von der Einheit und der Homogenität der einen rechten Lehre und deren bruchloser Weitergabe aufrechtzuerhalten ist, verdeutlicht auch ein genauerer Blick in die Evangelien selbst.

Ein wichtiges Thema der Evangelien ist die Schilderung der Auseinandersetzung um Häresie und Orthodoxie im Judentum der damaligen Zeit. Jesus und seine Anhänger und die Sadduzäer und Pharisäer beschuldigten sich gegenseitig, vom gesetzes-, das heißt thoratreuen Judentum abzuweichen. Die Beschreibung der Auseinandersetzung zwischen Jesus und den Pharisäern und Sadduzäern und die darin enthaltenen Häresievorwürfe dürfen allerdings nicht zum Klischee gegen *das* Judentum als solches mißdeutet werden. Die Pharisäer und Sadduzäer sind zwar eine einflußreiche Gruppe, aber sie vertreten eben auch nur eine bestimmte Auffassung von mehreren möglichen. Sie verkörperten offensichtlich nicht das gesamte Rabbinat, genausowenig wie das gesamte zeitgenössische Judentum. Die Alternative Christentum oder Judentum stand in dieser zugespitzten Form auch für die Apostel und ihre Gemeinden noch nicht zur Debatte. Die Trennung zwischen Judentum und Christentum vollzog sich erst schrittweise im 1. nachchristlichen Jahrhundert.

Angriffspunkte für die Pharisäer und Sadduzäer bildeten die Auffassung Jesu vom Gesetz und vom Wesen Gottes. Für die orthodoxen jüdischen Schriftgelehrten stellte die Thoraauslegung Jesu, vor allem seine Stellung zur kultischen Reinheit, zum Sabbatgebot, zur Ehe und zum Besitz, offensichtlich eine glatte Irrlehre dar. In den Streitgesprächen, wie sie in den Evangelien beschrieben sind, beschuldigten sich Jesus und die Pharisäer und Schriftgelehrten wechselseitig, nicht das richtige Verständnis von Thoragehorsam, Tempeldienst und vom Judentum generell zu haben (vgl. Mt 21,28–31; Lk 13,1–5). Für die Apostel und Jünger Jesu und für die Gemeinde in Jerusalem stellte sich der Konflikt als ein innerjüdisches Problem dar. Es ging um die Frage der jüdischen Orthodoxie. Und auch diese Zuspitzung des Problems scheint erst nach und nach entstanden zu sein. Denn erst die jüngeren Teile des Neuen Testaments sprechen davon, daß Jesus als Gotteslästerer, das heißt als Häretiker gekreuzigt worden sei (vgl. Mk 14,63 par; Joh 10,33; 19,7; Apg 7,55ff.). In der Apostelgeschichte werden die Parteien der Pharisäer und Sadduzäer mehrfach als „hairesis" bezeichnet (vgl. Apg 5,17; 15,5; 26,5). Umgekehrt ist für sie Paulus ein Anhänger der „Häresie des Nazareners" (vgl. Apg 24,14; 28,22). In den ältesten Zeugnissen der synoptischen Evangelien (Mk, Mt, Lk) ist nicht die Rede davon, daß Jesus von den Schriftgelehrten pauschal für einen Häretiker gehalten wurde. Dagegen wird ihm unterstellt, ein Zauberer zu sein, einer, der vom Oberdämon besessen ist und durch dessen Macht Dämonen austreibt (vgl. Mk 3,22 par; 11,27–33 par; Mt 10,25).

Von der Offenbarung Christi zur Lehre der Kirche

Auch die Vorstellung, daß es von Anfang an eine einzige unumstrittene Lehre gab und die Weitergabe dieser Lehre keinen historisch bedingten Veränderungen unterlag, läßt sich nach den heutigen Erkenntnissen über die Entstehungs- und Redaktionsgeschichte des Neuen Testaments nicht mehr aufrechterhalten. Vor allem die Korintherbriefe und der Galaterbrief des Paulus, die Apostelgeschichte, aber auch die Evangelien dokumentieren eine Entwicklung, die der Vorstellung einer einzigen Traditionskette widerspricht. Vielmehr hat sich ein verbindlicher Lehrkanon erst nach und nach in den ersten drei nachchristlichen Jahrhunderten herausgebildet. Auch über die Art der Verkündigung und darüber, was den Kern und das Wesen des Christentums ausmacht, waren sich die urchristlichen Gemeinden keineswegs einig.

Schon kurze Zeit nach Tod und Auferstehung Jesu und noch zu Lebzeiten der Apostel gab es mehrere Richtungen nebeneinander, die für sich in Anspruch nahmen, die Offenbarung Christi richtig verstanden zu haben und im Sinn Jesu zu missionieren. Die beiden bedeutendsten Gruppen waren die Juden- und die Heidenchristen. Die Auseinandersetzungen zwischen ihren Vertretern spiegeln sich deutlich in der Apostelgeschichte und vor allem im Galaterbrief wider.

Das Judenchristentum war der Ausgangspunkt für die theologische Entwicklung der christlichen Lehre. Die Auseinandersetzung mit den Heidenchristen entspann sich an der Frage der Gesetzestreue: Der Konflikt entstand, weil die in der jüdischen Tradition verwurzelten Judenchristen von den bekehrten Heidenchristen verlangten, ebenfalls die jüdische Tradition zu übernehmen. Konkret ging es um die Frage der Beschneidung und um die Einhaltung der Thorageseze (vgl. Gal. 5,2; 6,12). Paulus, der ja bekanntlich vor seinem Damaskuserlebnis die jungen urchristlichen Gemeinden wegen ihrer aus seiner damaligen Sicht häretischen Lehren verfolgte – Saulus war rechtgläubiger Pharisäer –, geriet selbst in den Verdacht, Häresien zu verbreiten. Im Galaterbrief verteidigt er sich gegen diesen Vorwurf, den ihm Judenchristen machen. Obwohl er durch Schriftbeweise versuchte, die Legitimität des gesetzesfreien Heidenchristentums zu belegen, gelang es ihm scheinbar jedoch nur teilweise, den Verdacht, Irrlehren zu verbreiten, auszuräumen. Eine Spaltung innerhalb der urchristlichen Gemeinden schien also unvermeidbar. Paulus hatte die heidenchristliche Gemeinde in Galatien gegründet und sieht sich jetzt mit den Forderungen judenchristlicher Missionare konfrontiert, die von den Heidenchristen verlangen, sich beschneiden zu lassen, die Thorageseze und Teile der jüdischen Tradition einzuhalten (vgl. Gal 4,21; 5,2–4; 6,12–13). Paulus hatte andererseits Petrus in Antiochien massiv angegriffen und ihn der Heuchelei bezichtigt. Er wirft Petrus vor, die Tischgemeinschaft mit Heidenchristen abgebrochen zu haben, nachdem Vertreter der judenchristlichen Gemeinde in Antiochien angekommen waren und Petrus ermahnt hatten, nicht mehr mit Heidenchristen gemeinsam zu essen. Gemäß den Speisevorschriften der Thora (zum Beispiel das Verbot, Götzenopferfleisch oder Fleisch von Tieren, die nicht geschächtet wurden, zu essen) sei es unmöglich, mit Heidenchristen gemeinsame Mahlzeiten einzunehmen. Petrus hatte daraufhin auch andere Judenchristen davon abgehalten, mit Heidenchristen zu essen. Paulus sieht im Verhalten des Petrus eine eklatante Verletzung der „Wahrheit des Evangeliums" (vgl. Gal 2,14), weil Petrus die „Werke des Gesetzes" höher bewerte als den Glauben an Jesus Christus (Gal 2,16). Er stellt Petrus daher in einer Gemeindeversammlung zur Rede und wirft ihm vor, vom „geraden Weg" abgewichen zu sein (Gal 2,14).

Der im Galaterbrief beschriebene Konflikt zeigt deutlich, daß es eben nicht von Anfang an eine „reine Lehre" gab. Die Apostel orientierten sich an der Offenbarung Jesu, wie sie ihnen in den Worten, Taten und dem Schicksal Jesu begegnet war. Die Weitergabe dieser Offenbarung ist aber an das Welt- und Menschenbild einer bestimmten Zeit und einer bestimmten Umwelt gebunden. Die Schwierigkeit bestand zum einen darin, diese Offenbarung und den Glauben an die Offenbarung Christi Menschen zu vermitteln, die einen anderen kulturellen Hintergrund hatten, zum anderen darin, das Evangelium Christi in einer Zeit, die sich ständig veränderte, zu verkünden. Das heißt, die urchristlichen Missionare standen vor der Aufgabe, aus der Offenbarung Jesu, die sehr stark an die Person und das Handeln Jesu gebunden war, eine „Lehre" zu bilden. Diese „Lehrbildung" stellte damit eine Gratwanderung dar:

„Entweder wurde die zeitgebundene geschichtliche Ausprägung der Offenbarung verabsolutiert und dadurch einer vergänglichen Form Offenbarungsqualität verliehen; oder es wurde im Bewußtsein des überzeitlichen Inhalts der Offenbarung die Bindung an den geschichtlichen Ursprung preisgegeben, wodurch zwangsläufig fremde religiöse Kräfte neue Mächtigkeit erlangen mußten" (RGG III, S. 18).

Zudem gab es auch innerhalb der Juden- und Heidenchristen Gruppierungen. In Korinth zum Beispiel stritten sich vier Parteien über die rechte Lehre: die Partei der Anhänger des Paulus gegen die, die für Apollos, für Kephas beziehungsweise für Christus waren (vgl. 1 Kor 2,11ff.). Die Themen, die Paulus im 1. Korintherbrief behandelt, und die Mißstände, die er aufzählt und brandmarkt, lassen Rückschlüsse auf die Situation der Gemeinde in Korinth zu. Paulus setzt sich in seinem Schreiben vor allem mit einer Gruppe auseinander, die entweder aus Gnostikern oder aus mehr oder weniger stark von der Gnosis beeinflußten Christen bestand. Die gnostischen Strömungen des 1. nachchristlichen Jahrhunderts hatten ein materie- und leibfeindliches Weltbild. Die Gruppe in Korinth erkannte offensichtlich nur so etwas wie einen Geist-Christus an, die körperliche und historische Identität Jesu verfluchte sie (vgl. 1 Kor 12,3). Deshalb hielt sie auch die Predigt vom Kreuz Christi für überflüssig und töricht und lehnte auch die Erwartung der zukünftigen Auferstehung der Toten ab (vgl. 1 Kor 15,12). Die Sakramente hatten dagegen bei ihr einen sehr hohen Stellenwert, kann man doch durch sie zu übernatürlichen Kräften gelangen (vgl. 1 Kor 10,1ff.). Obwohl diese Gruppe ganz deutlich Sonderwege eingeschlagen hatte, versuchte Paulus, sie nicht aus der Gemeinde auszuschließen, sondern sie mit Argumenten und Schriftbeweisen wieder in die Gemeinde zu integrieren.

Obwohl zum Beispiel die Gnosis später als Irrglaube verurteilt wurde, kann die traditionelle Definition von „Häresie" als willkürliche Abweichung einer Minderheit von der „Lehrnorm", die durch eine Mehrheit vertreten wird, auf die Situation der urchristlichen Gemeinde nicht angewandt werden – schon allein deshalb nicht, weil eben noch nicht feststand, wer die rechtgläubige Mehrheit und wer die häretische Splittergruppe war. Der historische Befund bestätigt also nicht die seit den Kirchenvätern des 2./3. Jahrhunderts immer wieder ins Feld geführte Prämisse, daß die Rechtgläubigkeit zuerst existierte und sich häretische Lehren aus orthodoxen Lehren entwickelten. Es existierten mehrere Richtungen nebeneinander und führten teilweise höchst dramatische Auseinandersetzungen darüber, was die „Wahrheit des Evangeliums" sei (Gal 2, 10ff.). Es gab eine Pluralität der Glaubens- und Lebensformen, und in manchen Gegenden überwogen sogar Lehren, die später verworfen wurden oder untergingen, teilweise hatten diese Lehrmeinungen auch vorrangig Gültigkeit.

Von der Urgemeinde über die katholische Staatskirche zur Ökumene

Der Vorwurf der Häresie bezieht sich nicht nur auf theologische Lehrmeinungen, sondern auch auf die praktische Lebensführung, auf Ethik und Ritus. Von diesem zweiten Element des Häresiebegriffs leitet sich die Meinung ab, daß Ketzer moralisch verkommene Menschen seien. Allerdings kann man zumindest den bedeutenden Ketzern und ihren Gemeinden nicht pauschal absprechen, daß es ihnen wirklich und ernsthaft darum ging, christlichen Glauben nicht nur zu lehren, sondern auch zu leben. Sie konnten sich dabei außerdem auf die Bibel als Quelle für ihre Lehren berufen. Die großen Häresien des Mittelalters waren zum Teil eine Reaktion auf die massiven Mißstände innerhalb des katholischen Klerus, vor allem was die Verkündigung und die Lebenspraxis katholischer Würdenträger betrifft.

Verfolgt man den Prozeß der Konsolidierung des Christentums von den verschiedenen urchristlichen Gemeinden bis hin zur Staatskirche, so fällt auf, daß sich *die* Orthodoxie beziehungsweise die Vormachtstellung bestimmter Lehrinhalte gegenüber anderen erst nach der Konstantinischen Wende (313) und nach dem sogenannten „Drei-Kaiser-Edikt" entwickelte. Mit diesem Edikt erhob Theodosius der Große (380) den Katholizismus zur einzigen erlaubten Religion und bestätigte den Bischof von Rom als „Hüter des rechten Glaubens". Parallel zum Ausbau eines systematischen, orthodoxen Lehrgebäudes werden Kriterien aufgestellt, um abweichende Lehren als Häresie zu klassifizieren. Ergänzt wird dieser Katalog zuerst durch Kontroll-, später durch Strafmaßnahmen gegen die Anhänger dieser Lehren. Durch die Erhebung des Katholizismus zur Staatsreligion liegt die Bekämpfung und Unterdrückung der Häresien und die Vertreibung, später die Vernichtung der Ketzer auch im elementaren Interesse der Obrigkeit, da ab dem Zeitpunkt der Verbindung von Staat und Kirche die Stärke oder Schwäche der Staatsmacht auch von der Stellung der Kirche als Staatsreligion abhängig ist.

Diese Konstellation bleibt im wesentlichen bis ins 17. Jahrhundert erhalten. Die Spaltung der Kirche durch die Reformation und der Dreißigjährige Krieg, der weite Teile Europas ins Chaos stürzte, lassen jedoch die Forderung unüberhörbar werden, religiös Andersdenkende zu tolerieren. Besonders Gottfried Arnolds „Unpartheyische Kirchen- und Ketzer-Historie" (1699) läßt die Häresien und das Schicksal der Ketzer in einem anderen Licht erscheinen. Mit einer ungeheueren Quellenkenntnis legte Gottfried Arnold eine Rehabilitierung der verketzerten Gläubigen nach fast 1700 Jahren Kirchengeschichte vor. In der Epoche der Aufklärung tragen die Schriften Immanuel Kants und Gotthold Ephraim Lessings maßgeblich dazu bei, die Häresie nicht mehr strafrechtlich als Verbrechen zu verfolgen, sondern Glaubensfragen in den Bereich der Gewissensfreiheit jedes einzelnen zu verlagern.

Das hat mit Blick auf die heutige Situation der großen christlichen Kirchen zur Folge, „daß das Häresieproblem nur noch in bezug auf kirchliche Amtsträger praktische Bedeutung gewinnt. An die Stelle des Häresieprozesses tritt die Lehrbeanstandung" (TRE 14, S. 343). Die Zeiten, in denen sich Katholiken und protestantische Christen gegenseitig der Häresie bezichtigten, sind hoffentlich endgültig vorbei. Konfessionelle Bürgerkriege, wie zum Beispiel in Nordirland, haben weniger glaubensmäßige, sondern politische Hintergründe. An die Stelle der Bekämpfung der Ketzerbewegungen ist bei allen großen Kirchen die Auseinandersetzung mit Sekten und sektenähnlichen Vereinigungen getreten. Gemeinsam ist den beiden Konfessionen, daß heute der Häresiebegriff sehr differenziert gesehen wird. Die „Theologische Realenzyklopädie" formuliert:

„Evangelische und katholische Theologie treffen sich heute in der Einsicht, daß es sich bei Häresien in aller Regel um vereinseitigte Wirklichkeit, um die isolierte Behauptung einzelner Glaubensinhalte handelt. Deshalb erweisen sich Häresien häufig – zumindest im Rückblick – als Teil christlicher Wahrheitserkenntnis. Aussagen, die in einer früheren Epoche als Häresie verworfen wurden, können, in korrigierter Form oder in veränderter Situation, als Zeugnis christlicher Wahrheit anerkannt werden. Dies ist eine wichtige ökumenische Einsicht, die zugleich die Geschichtlichkeit menschlicher Wahrheitserkenntnis auch in Fragen des Glaubens unterstreicht. Von ihr aus verbietet sich eine Form kirchlichen Selbstbewußtseins, die die Wahrheit als Besitz der Kirche meint in Anspruch nehmen zu können" (TRE 14, S. 345f.).

Versöhnliche Worte, die für die Kirche des Mittelalters vollkommen undenkbar gewesen wären und dem Verfasser sogar den Vorwurf der Häresie eingebracht hätten.

Kapitel 1

Der Häresiebegriff im Mittelalter

In den ersten 1000 Jahren der Kirche wird das Ideal von der *sichtbaren universalen* und *einen* Kirche durch die Spaltung des Christentums in die orthodoxe Ostkirche mit Sitz in Konstantinopel und die katholische Westkirche mit Sitz in Rom auf eine harte Probe gestellt. Aber auch die großen Häresien des Hochmittelalters und nicht zuletzt die Spaltung in Konfessionen als Folge der Reformation brachten das Bild von der einen wahren Kirche ins Wanken. Die Wunden des Schismas, der Trennung der Ost- von der Westkirche, waren noch nicht verheilt, als knapp 200 Jahre später verschiedene Häresien die innere Einheit der Gemeinschaft der Gläubigen zu sprengen drohten. Die Theologen und Kirchenrechtler waren gefordert. Anders als die christlichen Missionare des 1. und 2. Jahrhunderts oder die Kirchenväter des 3./4. Jahrhunderts mußten sie nicht erst noch grundsätzliche theologische Kriterien festlegen, worin sich Häresie und Orthodoxie unterscheiden. Das Problem der mittelalterlichen Kirchenlehrer war die Frage, wie die Papstkirche mit den Ketzern verfahren sollte. Vor allem in Oberitalien und Südfrankreich waren die Waldenser- und Katharergemeinden dabei, so einflußreich zu werden, daß die rechtgläubigen Christen zur Minderheit zu werden drohten. Im Vordergrund der Überlegungen der Theologen und Kirchenrechtler standen strategische Fragen bei der Ketzerbekämpfung: wie man am schnellsten und wirkungsvollsten mit den Ketzern fertig werden könnte. Zudem mußte der Kampf gegen die Irrlehrer und ihre Anhänger kirchenrechtlich legitimiert werden.

Die theologische und kirchenrechtliche Basis mittelalterlicher Theologen

Bei den theologischen Fragen konnten sich die mittelalterlichen Päpste und Kirchenlehrer weitgehend auf die Werke ihrer Vorgänger verlassen. Diese hatten Ketzerkataloge und systematische theologische Konzepte geschaffen, auf die zurückgegriffen werden konnte. Federführend waren dabei die häresiologischen Werke von Ignatius von Antiochien, von Justin dem Märtyrer, dessen verlorengegangenes Werk Irenäus in den wesentlichen inhaltlichen Punkten in seinen eigenen Schriften referiert hatte, und vor allem die Schriften von Tertullian und Augustinus. Diese theologischen und kirchenrechtlichen Werke der Alten Kirche waren durch ein konkretes Problem veranlaßt worden: die Bekämpfung der frühchristlichen Häresie, vor allem der Gnosis in allen ihren Varianten.

Ignatius von Antiochien (gest. vor 117) lieferte die theologische Antwort auf die Frage, warum jemand, der sich von der Einheit der Kirche trennt, auch der Erlösung verlustig geht. Von zentraler Bedeutung war bei seinen Überlegungen das Abendmahl: Die Menschwerdung Christi, dessen Leiden auf Erden und die Auferstehung im Fleische gehen auf die Gläubigen über. In der gemeinsamen Feier der Eucharistie wird diese Einheit realisiert, und hier haben die Gläubigen auch Anteil an den „Auferstehungskräften", das heißt an der Verheißung Christi, daß alle, die an Christus glauben, nicht verlorengehen, sondern das ewige Leben haben. Repräsentiert wird diese Einheit der Gemeinschaft der Gläubigen und der Glaube an die Wahrheit der Verheißung Christi durch die Bischöfe, die Diakone und die Presbyter. Das bedeutet, daß alle, die sich von der Gemeinde lösen und die sich dem Bischof und den Repräsentanten der Kirche nicht unterwerfen, von der Lehre und Einheit der Gläubigen abweichen und damit ihre Chance, erlöst zu werden, verspielen.

Justins (gest. um 165) verschollenes Werk „Syntagma", das als erste im engeren Sinn häresiologische Schrift vor 150 entstand, richtet sich zwar in erster Linie gegen die Gnostiker, wendet sich aber in den Kernaussagen gegen alle Häresien und bestimmt auch den Ursprung der Ketzerei: Die Dämonen und der Satan als ihr Anführer und Meister sind die Anstifter zur Häresie. Justin behandelte das Häresieproblem konsequent auf der Ebene der Lehre. Die Frage, ob Ketzerei ein Zeichen des sittlichen Verfalls sei und die Häretiker und ihre Anhänger sittlich verkommene Subjekte seien, was ihnen bis heute als Klischee anhaftet, ist für Justin und seine Nachfolger kein Thema ihrer theologischen Auseinandersetzung mit den Häretikern. Und noch in einem weiteren Punkt wird Justin zum Vorbild der späteren Häresiologen: Für ihn ist der Gnostiker Simon Magus der Inbegriff eines Häretikers, sozusagen der Erzketzer schlechthin. Am gefährlichsten von den zu seinen Lebzeiten aktiven Gnostikern scheint ihm Markion zu sein.

Etwa seit dem 3. Jahrhundert erlangt Tertullians lateinische Schrift „De praescriptione haereticorum" weitreichende Bedeutung. Auch sie wendet sich gegen die Gnostiker, konzentriert sich aber auf die Frage, woran man die Gnostiker in den christlichen Gemeinden überhaupt erkennt. Der starke Einfluß der Gnostiker und vor allem ihre spezielle Art, die Bibel auszulegen, sorgte innerhalb der Gemeinden für Verwirrung. Tertullian geht die Frage, wie man mit Häretikern umgehen solle und wie man sich vor ihrem verderblichen Einfluß schützen könne, von kirchenrechtlicher Seite aus an. Schon der Titel seiner Schrift weist darauf hin. „Praescriptio" ist ein juristischer Fachterminus und bezeichnet den „Einspruch gegen die Eröffnung eines Prozesses". Tertullian überträgt diese allgemeine Verfahrensweise vor Gericht auf die konkrete Situation christlicher Gemeinden. Anscheinend kam es immer wieder vor, daß sich Christen mit Gnostikern in Dispute über Glaubensfragen einließen und dabei den Gnostikern offensichtlich oft unterlagen. Tertullian gibt deshalb die Handlungsanweisung, eine Diskussion (= „Prozeß") zwischen Häretikern (Gnostikern) und einfachen Gemeindemitgliedern von vorneherein abzulehnen, da solche Diskussionen nicht mit der apostolischen Tradition übereinstimmen. Aus diesen kirchenrechtlich begründeten Überlegungen heraus läßt sich die über Jahrhunderte bestehende Skepsis gegenüber der Philosophie ableiten. So weicht zum Beispiel nach Irenäus jeder, der sich mit spekulativen Fragen beschäftigt, von der geoffenbarten Lehre ab. Wer nicht der Häresie verfallen will, darf sich nicht auf spekulativ-philosophische Gedankenspiele einlassen, sondern muß sich einzig und allein auf die Heilige Schrift und den Glauben der Kirche stützen.

Die Irrgläubigen haben grundsätzlich kein Recht, sich auf Belegstellen der Bibel zu berufen, denn die Heilige Schrift ist durch Christus und die Apostel allein an die Bischöfe weitergegeben worden. Das Gefährliche der Häretiker bestehe eben darin, daß sie sich der Heiligen Schrift bedienten und dadurch darangingen, die Linie zwischen Lüge und Wahrheit zu verwischen.

Eine ähnliche Strategie wie Tertullian, nämlich sich dem Einfluß der Häretiker und Schismatiker zu entziehen, empfahl auch Justin. Rechtgläubige Christen sollen den Umgang mit Ketzern meiden und sich gegenüber ihren Schriften unempfänglich machen. In diesen Empfehlungen der Kirchenväter des Frühkatholizismus ist noch keine Rede von kirchlichen Zwangsmaßnahmen wie Exkommunikation oder Kirchenbann.

Spätere häresiologische Werke zählen die verschiedenen und zur jeweiligen Zeit aktiven Häresien auf und beschreiben mehr oder weniger ausführlich deren Lehrinhalte. Diese Ketzerkataloge oder Ketzerlisten dokumentieren natürlich aus der Sicht der Orthodoxie die jeweils aktuellen Irrlehren oder stellen später Genealogien der Häresien auf. So werden zum Beispiel mittelalterliche Häresien immer wieder mit dem Manichäismus in Verbindung gebracht beziehungsweise als Abkömmling oder Neuauflage dieser Ketzerei, die ihre Blütezeit im 4./5. Jahrhundert hatte, betrachtet. Das hängt nicht zuletzt damit zusammen, daß die Theologen des Frühmittelalters ihre Kenntnisse über Ketzer aus den Schriften der Alten Kirche bezogen, da sie keine eigenen Erfahrungen mit Häretikern hatten. Sie übernahmen die Beschreibungen der Charakteristika der Häresien und gaben sie von einer Theologengeneration zur nächsten weiter. Offen bleibt jedoch nach wie vor die Frage, wie die Kirche mit den Ketzern umgehen soll und welche Möglichkeiten sie ergreifen kann, um der Ketzerei verfallene Christen wieder zurückzugewinnen.

Dazu schlägt Origenes (gest. 254) vor, mit den Ketzern zu diskutieren, um ihnen durch Argumente und Schriftbeweise vor Augen zu führen, daß sie sich mit ihren Meinungen auf einem gefährlichen Irrweg befinden, oder um ihre Lehrmeinungen zu widerlegen. Dieser Ansatz geriet jedoch bald in Vergessenheit. Im Gegenteil, man hielt es sogar für äußerst gefährlich, mit Ketzern theologisch zu disputieren. Denn einem Häretiker könne ein solch gelehrter Schlagabtausch auch noch von

Nutzen sein, weil er dadurch lernen könne, seine Meinungen noch besser zu vertreten.

Ob ehemalige Ketzer wieder in die Gemeinde aufgenommen wurden, darüber entschieden anfangs die Ortskirchen selbst. Die Wiederaufnahme erfolgte meistens nach einem Bußverfahren. Später übernahmen dann die Synoden die Klärung der Rechtsfragen und des Verfahrens der Wiederaufnahme. Von besonderer Wichtigkeit war dabei die Frage, ob die Sakramente, vor allem die Taufe und gegebenenfalls die Ordination, wiederholt werden müssen. Die Westkirche lehnte die Wiederholung der Sakramente ab, sofern sie ordnungsgemäß vorgenommen worden waren.

In der Existenz von Häresien sah die Kirche nicht nur ein lästiges Übel oder eine Gefahr für die Einheit der christlichen Gemeinschaft, sondern erkannte darin auch eine Herausforderung. Das vielzitierte Bibelwort:

„Nam oportet et haereses esse, ut et qui probati sunt, manifesti fiant in vobis" („Denn es muß Parteiungen geben unter euch; nur so wird sichtbar, wer unter euch treu und zuverlässig ist") (1 Kor 11,19)

besage, daß durch die Auseinandersetzung mit Irrlehren die Offenbarung Christi um so deutlicher hervortrete. Als scholastischer Theologe erkannte Thomas von Aquin (gest. 1274) den Sinn der Irrlehre darin, daß sie dazu führe, die Wahrheit noch klarer zu erhellen und jenen, die den rechten Glauben haben, die Schwäche ihres Glaubens sichtbar zu machen. Man sah im Auftreten von Häresien außerdem die Erfüllung von Weissagungen der Bibel. Häresien wurden schon früh vorausgesagt, und ihr tatsächliches Erscheinen bestätigte vor allem die Prophezeiungen im 1. Johannes-, im 2. Petrusbrief und in den Pastoralbriefen (vgl. 1 Joh 2,18; 4,2f.; 2 Petr 2,1.3.18; 1 Tim 1,3–11; 4,1–11; 2 Tim 2,14–26; 4,1–5; Tit 1,10–16; 3,9–11).

Neben all den Bekundungen von Entsetzen und Abscheu gegenüber den Irrlehren erkannte Basilius der Große (ca. 330–379) auch den Anteil der Kirche an dieser Misere. Vor allem der Ungehorsam der Bischöfe habe nicht unwesentlich dazu beigetragen, daß häretische Anschauungen die christlichen Gemeinden spalten konnten. Schließlich verstanden sich die von der Kirche als häretisch eingestuften Gruppen selbst meistens sehr wohl als Christen. Sie hielten sich häufig sogar für die eigentlichen Christen und glaubten, den wahren Sinn der Heiligen Schrift besser zu erfassen. So fühlten sie sich Christus oft näher als die offizielle Kirche. Sie praktizierten ihr Christsein oft konsequenter und überzeugender als die sogenannten Rechtgläubigen. Die Ketzerlisten der Alten Kirche heben zum Beispiel immer wieder hervor, daß gerade das vorbildliche Leben der Ketzer eine besondere Anfechtung und Verunsicherung für die Gemeindeglieder darstellte (vgl. Tertullian, De praescriptione haer. 3). Basilius forderte daher die Kirche dazu auf, Buße zu tun.

Am wirkungsvollsten für die Theologie des Mittelalters und für spätere Konzepte, wie die Kirche mit Ketzern umzugehen habe, wurde Augustinus (354–430). Er war selbst ein ehemaliger Manichäer, kannte also diese Häresie, die neben der Gnosis für die christlichen Häresiologen zur Urform der Ketzerei werden sollte, aus eigener Erfahrung. Um so heftiger bekämpfte er sie später. Augustinus lieferte die theologischen und kirchenrechtlichen Argumente, die später unzählige Male wiederholt wurden, um staatliche Zwangsmaßnahmen gegen Häretiker zu fordern und zu legitimieren. Grundsätzlich ging es ihm darum, die Abtrünnigen möglichst friedlich wieder in die Gemeinschaft zu integrieren. Etwa um die Wende vom 4. zum 5. Jahrhundert tritt bei Augustinus aber ein anderer Gesichtspunkt in den Vordergrund: das Seelenheil des einzelnen Ketzers. Einen Häretiker erwarte zwar ohnehin durch sein Abweichen von der Lehre der Kirche das ewige Strafgericht, aber vielleicht könne man ihn dazu motivieren, die letzte Chance, nicht gänzlich verlorenzugehen, sondern sich wieder zu bekehren, zu ergreifen, wenn man mit Hilfe der weltlichen Obrigkeit Druck auf ihn ausübe. Damit war der theologisch begründete und kirchenrechtlich legitimierte Grundstein für die mittelalterliche Inquisition beziehungsweise für die Zuhilfenahme staatlicher Macht bei der Durchführung des Inquisitionsverfahrens gelegt. Vor der Todesstrafe für Ketzerei schreckte aber auch noch Augustinus zurück. Ketzer dürfen nicht hingerichtet werden, weil es ja darum gehe, sie zu Buße und Umkehr zu veranlassen. Ketzerhinrichtungen galten in der Alten Kirche als Entgleisungen der weltlichen Obrigkeit und wurden ausdrücklich mißbilligt.

Die Verschärfung des Häresiebegriffs im Mittelalter

An der grundlegenden Definition des Vergehens der Häresie als dem hartnäckigen Festhalten an einer falschen Lehre oder einer falschen Auslegung der Schrift trotz der Ermahnung und Belehrung durch kirchliche Autoritäten ändert sich bis ins Hochmittelalter und darüber hinaus kaum etwas. Im Zuge des Vormachtstrebens der römischen Bischöfe nimmt die römische Kirche zunehmend für sich in Anspruch, mit ihren Lehrmeinungen die richtige und einzig wahre Lehre zu vertreten. Rechtgläubige Christen haben das zu glauben, was die römische Kirche lehrt.

Eine weitere Verschärfung des Häresiebegriffs geht auf Petrus Damiani (gest. 1072) und Papst Gregor VII. (1073–1085) zurück: Man machte sich bereits der Häresie schuldig, wenn man die Dekrete des Papstes ablehnte. Bis gegen Ende des 12. Jahrhunderts hatte diese Auffassung vollständig Einzug in das Kirchenrecht gehalten. Die Idee, daß derjenige, der sich gegen Papstdekrete stellt, automatisch ein Häretiker sei, leitet sich vom Selbstverständnis der römischen Bischöfe als Nachfolger des Apostels Petrus ab, wie es der römische Bischof und Papst Leo I. der Große (440–461) prägte. Papst Kalixt I. (217–221) bezog Mt 16,18f.:

> „Ich aber sage dir: Du bist Petrus, und auf diesen Fels werde ich meine Kirche bauen [...]. Ich werde dir die Schlüssel des Himmelreichs geben; was du auf Erden binden wirst, das wird auch im Himmel gebunden sein, und was du auf Erden lösen wirst, das wird auch im Himmel gelöst sein"

auf den römischen Bischof und schuf damit die Papstidee. Der römische Bischof Leo I. leitete von der Schlüsselgewalt, die auf Petrus und damit ebenfalls auf alle seine Nachfolger übertragen worden war, das Amt des Papstes als höchster Richter über die gesamte Christenheit ab. Mit anderen Worten, was der Papst sagt, ist für alle Christen Gesetz. Außer der obersten Verwaltung der Kirche (vgl. Joh 21,15: „Jesus sagte zu ihm: Weide meine Lämmer!") nahmen die Päpste seit Leo I. die Autorität des höchsten Lehramts für sich in Anspruch. Sie bezogen sich dabei auf Lk 22,32:

> „Ich aber habe für dich gebetet, daß dein Glaube nicht erlischt. Und wenn du dich wieder bekehrt hast, dann stärke deine Brüder."

Die ersten Schwierigkeiten mit diesem Machtanspruch gab es bereits auf dem Konzil von Chalkedon (451), das die prinzipielle Gleichrangigkeit der Bischöfe von Rom und Konstantinopel festlegte. Die Trennung in Ost- und Westkirche (1054) beruhte letztlich darauf, daß sich zwei Reichskirchen und zwei Patriarchen miteinander um die Vormachtstellung stritten. Der Abbruch der Beziehungen zwischen Rom und Konstantinopel blieb übrigens mehr als 900 Jahre, bis 1967, bestehen.

Unterschied zwischen dem Häresiebegriff der Alten Kirche und der Kirche des Mittelalters

Der Häresiebegriff umfaßte im Mittelalter – wie bereits in der Tradition der Alten Kirche – vier Aspekte, nämlich den theologischen, den sozialen, den formalen und den kirchenrechtlichen:

1. Unter dem theologischen Aspekt ist ein Häretiker, wer die Heilige Schrift und die darin enthaltene wahre Offenbarung anficht und sich, um seine falsche Lehre zu bekräftigen und zu legitimieren, auf die Autorität der Heiligen Schrift stützt und diese somit mißbraucht.

2. Für die Gemeinschaft der Gläubigen ist ein Häretiker, wer aus der Einheit der Glaubensgemeinschaft ausgeschieden ist, wobei es keine maßgebliche Rolle spielt, ob der Ketzer die Trennung vollzogen hat oder ob er von der rechtgläubigen Gemeinde ausgeschlossen wurde.

3. Formal gesehen ist ein Häretiker, wer hartnäckig an der Irrlehre festhält, obwohl er zu Buße und Umkehr ermahnt und auf den Irrtum seiner Lehre hingewiesen wurde.

4. Aus kirchenrechtlicher Sicht ist ein Häretiker, wer von der Kirche zum Häretiker erklärt wurde.

Darüber hinaus wurden als „Häresie" auch Magie und Zauberei, Hexerei und bestimmte Formen des Wahnsinns und der Unsittlichkeit bezeichnet.
Der Hauptunterschied zwischen den klassischen Häresien der Alten Kirche und den großen Häresien des Mittelalters besteht darin, daß die Häretiker der ersten nachchristlichen Jahrhunderte fast ausschließlich Theologen und Geistliche waren. Die Ketzer des Mittelalters und ihre Anhänger sind dagegen vorwiegend Laien. Die Ketzerbewegung des Hochmittelalters ist eine Laienbewegung, die sich gegen die verkrusteten Strukturen einer Papstkirche wendet, die so stark mit Machtspielen innerhalb der Kurie und dem permanenten Machtkampf zwischen Papst und Kirche beschäftigt ist, daß sie den Bezug zur Basis der Gläubigen längst verloren hat. Dem einfachen Gläubigen zeigte sich die Kirche im 12./13. Jahrhundert vor allem von ihrer dekadenten Seite: unwürdige Priester, Bischöfe und Prälaten, die ihre Bistümer als lukrative Einnahmequelle betrachteten und die Gemeinden dementsprechend schröpften oder ihr Bistum weitervererbten. Es war anscheinend keine Seltenheit, daß auf diese Weise das Schicksal der Bistümer von „Kirchenoberen", die noch Kinder waren, gelenkt wurde.
Selbst kirchentreue Theologen kritisierten am Ende des 12. Jahrhunderts beispielsweise, daß die Bischofswürde regelrecht verkauft wurde. Papst Innozenz III. stufte die Simonie, den Ämterkauf, sogar als schwerste Form der Häresie ein. Außerdem war immer wieder zu beobachten, daß Bischöfe oder Prälaten, die sich selbst eines Gewaltverbrechens oder schwerer sittlicher und moralischer Vergehen schuldig gemacht hatten, kaum zur Verantwortung gezogen wurden. Sie unterstanden nach kanonischem Recht der römischen Kurie und ihrem Gerichtshof. Das bedeutete offenbar in vielen Fällen, daß keine Strafverfolgung stattfand. Wenn doch einmal ein Verfahren eingeleitet wurde, dann nur mit erheblichem Zeitverzug. Auch auf der Ebene der Ortsgeistlichkeit scheinen sich gravierende Mißstände eingeschlichen zu haben: Für Weltpriester war es anscheinend keine Selbstverständlichkeit, predigen zu können. Das hatte zur Folge, daß die geistliche Betreuung der Gemeinden nicht gewährlei-

stet war. Mancherorts wurden außerdem die Sakramente nur gegen eine entsprechende „Gebühr" gespendet. Und mit dem „Zehnten", einer Art Kirchensteuer, wurden die Gemeinden gnadenlos ausgepreßt. Die Vertreter der Kirche gebärdeten sich in manchen Regionen wie äußerst raffgierige Feudalherren. Neben diesem desolaten Erscheinungsbild der Kirche spielten sicher auch gesellschaftliche Entwicklungen im 12./13. Jahrhundert eine Rolle für das Aufkommen von Häresien. Aufgrund des unzureichenden Quellenmaterials lassen sich diese Einflüsse für größere Gebiete jedoch nur schwer fassen.

Im übrigen ließen sich viele der sogenannten „Häresien" wohl besser als Reformversuche „von unten" bezeichnen. Die Ketzer waren jedoch nicht die einzigen, die gegen die Mißstände der Papstkirche angingen. Auch innerhalb der Kirche reagierte man auf die schlechte Verfassung der Amtskirche. Es gab Päpste, die versuchten, Reformen durchzuführen. Bernhard von Clairvaux (gest. 1153) gründete die Zisterzienser als Gegengewicht zum allgemeinen Verfall der Ordenszucht, und die beiden Bettelorden, die Franziskaner und die Dominikaner, knüpften – zumindest in ihren Anfangsphasen – an das Ideal christlicher Armut an.

Ähnlich wie den Wanderpredigern im 11. Jahrhundert ging es den Katharern, Waldensern und den Franziskaner-Spiritualen beziehungsweise den Fraticellen darum, Lebens- und Glaubensformen zu verwirklichen, die dem christlichen Ideal näherkamen als das, was ihnen die Vertreter der Papstkirche oder der saturierten Orden vorlebten und ihnen zum Teil auch vorschrieben. Eines der Motive vieler Ketzer war der Wunsch, dem Wesen christlicher Überlieferung, der Nachfolge Christi, zu entsprechen, um dadurch gerettet zu werden. Und wenn dies innerhalb der Kirche nicht möglich war, dann eben außerhalb. Daß sie sich damit aber bereits der Ketzerei schuldig machten, war wohl den wenigsten bewußt. Aus heutiger Sicht fällt es äußerst schwer, die drakonischen Maßnahmen zu verstehen, mit denen die Kirche auf die vermeintlichen Feinde der Kirche losging. Die Verfolgung der Ketzer im Hochmittelalter ist ein ebenso düsteres Kapitel der Kirchengeschichte wie die Hexenprozesse des Spätmittelalters und der frühen Neuzeit oder die europäischen Bürgerkriege im Zuge von Reformation und Gegenreformation oder auch die Reconquista in Spanien.

Kirche und Staat im Hochmittelalter

Daß Kirche und Staatsmacht vereint gegen die Ketzer vorgingen, war keine Selbstverständlichkeit. Ab dem 4. Jahrhundert ist die Kirche Staatskirche. Sie behält diesen Status auf dem Gebiet sowohl der Ost- als auch der Westkirche unabhängig vom Schisma bei, und beide Kirchen sind ihren jeweiligen Patriarchen und Kaisern verpflichtet. Die weltlichen Herrscher nutzten die Funktion der Kirche als Band, das sogar Völker verbindet, die vor der Christianisierung miteinander verfeindet waren, für ihre Machtpolitik. Dazu war die Kirche aber nur imstande, wenn sie in sich geschlossen war und eine Glaubenseinheit bildete. Deshalb war es im Interesse von Staat und Kirche, heterodoxe Tendenzen zu beseitigen.

Falls die kirchlichen Druckmittel, die Drohung mit Exkommunikation und Kirchenbann nichts fruchteten, stellte die weltliche Obrigkeit ihr Instrumentarium zur Verfügung. Der Kaiser und die jeweiligen Feudalherren zogen bei der Ketzerbekämpfung vor allem dann mit der Kirche am gleichen Strang, wenn sie in den Ketzern und deren Lehren eine Gefahr für ihre Macht oder das gesamte Staatsgefüge sahen. Das erklärt, warum Ketzergruppen, die apokalyptische und revolutionäre Anschauungen vertraten, von Kirche und Staat besonders gnadenlos verfolgt und unterdrückt wurden, wie zum Beispiel die Anhänger Arnolds von Brescia, die Arnoldisten, oder die Pseudo-Apostel und Fraticellen um Fra Dolcino.

Das Zweckbündnis zwischen Staat und Kirche führte insgesamt zu einer verschärften Vorgehensweise gegen die Häretiker. Dieses Bündnis hielt selbst dann, wenn sich Papst und Kaiser anderweitig bekämpften. Man bezichtigte sich zwar zeitweise gegenseitig der Ketzerei, aber sobald sich die dunkelsten Wolken über der Allianz von Papstkirche und Kaisertum verzogen hatten, bildete man wieder eine gemeinsame Phalanx gegen die Ketzer. Die Synode von Verona (1184) ist ein beredtes Zeugnis für das gemeinsame Vorgehen gegen verschiedene Ketzergruppen (Q 1). Der erst einige Jahre zuvor beendete „Investiturstreit" schien vergessen.

Die Entwicklung der Ketzerbekämpfung seit dem 11. Jahrhundert

Die Ketzerbekämpfung des Hochmittelalters ist das Ergebnis einer Entwicklung, die bereits im 11. Jahrhundert einsetzt. Sie ist die Antwort auf die Frage, wie Kirche und Staat auf die zunehmende Zahl der Ketzergruppen reagieren sollen. Bei der Beantwortung dieser Frage greifen Staat und Kirche auf „Strategien" zurück, die auch in den Kreuzzügen gegen die Ungläubigen, die Juden, die Heiden und die Mohammedaner erprobt werden. Bernhard von Clairvaux gibt zum Beispiel für den 2. Kreuzzug die Parole aus: „Wenn ihr sie nicht bekehren könnt, dann tötet sie!" Die Entwicklung hin zur Ketzerbekämpfung mit Feuer und Schwert verlief nicht überall gleich und auch nicht einheitlich. Es gab geteilte Meinungen, wie dieses Problem am besten gelöst werden könne. Seit dem 11. Jahrhundert war es zwar immer wieder zu Ketzerverbrennungen gekommen, aber auf Ketzerei stand noch nicht die Todesstrafe. Es erhoben sich durchaus Stimmen, die sich gegen Gewaltanwendung aussprachen. Von Bischof Wazo von Lüttich (980–1045/48) ist der Satz überliefert: „Nicht zu töten, sondern um zum Leben zu führen, sind wir von Gott geweiht." Obwohl im 12. Jahrhundert die Ketzerbewegungen, vor allem die Katharer und Albigenser in Südfrankreich, Kirche und Staat immer bedrohlicher erschienen, versuchte die Kirche anfangs noch, die religiösen Bedürfnisse der Bevölkerung durch vermehrte Predigttätigkeit zu befriedigen. In den besonders gefährdeten Gebieten und in Landstrichen, in denen zum Beispiel die Katharer regen Zulauf hatten, setzte die Kirche zunächst Zisterzienser mit dem Auftrag ein, die Ketzer mit vorwiegend geistigen Waffen zu bekämpfen. Das brachte allerdings nicht den gewünschten Erfolg. Überzeugendere Ergebnisse konnten erst die Missionare des Dominikanerordens vorweisen. Der „Orden der Predigerbrüder", wie die Dominikaner eigentlich heißen, wurde gegründet als Reaktion auf das Defizit an religiöser Unterweisung und Seelsorge vor allem in den südfranzösischen Gemeinden. Die Laienpriester wurden offensichtlich dieser Aufgabe nicht gerecht. Der aus kastilischem Adel stammende Mönch Dominicus de Guzmán und sein Bischof Diego von Osma hatten bald erkannt, daß mangelhafte religiöse Belehrung und unzureichende seelsorgerliche Betreuung den Erfolg und die Ausbreitung der Katharer und Waldenser stark begünstigten. Mitten im Katharergebiet, in Prouille bei Toulouse, konnten sie die Situation gut überblicken. Dominikus sah in der apostolischen Wanderpredigt und in einer Lebensweise, die sich strikt an der Imitatio Dei, der Nachfolge Christi, orientierte, eine erfolgversprechende Möglichkeit, abtrünnige Christen wieder zurückzugewinnen. Im Jahre 1216 wurde die Ordensregel für den „Ordo fratrum praedicatorum" von Papst Honorius III. anerkannt. Dominicus und seine Mitbrüder erhielten den päpstlichen Auftrag, gegen die Katharer zu predigen und die Bevölkerung zu evangelisieren. Aber nicht nur das Wort, sondern auch das Leben der Brüder sollte die Menschen überzeugen. Neben dem Orden des heiligen Franziskus von Assisi war der Dominikanerorden der zweite Bettelorden, der zu Beginn des 13. Jahrhunderts gegründet wurde. Die Bettelorden durften gemäß der Ordensregel prinzipiell über keinen festen Besitz verfügen, weder die einzelnen Klöster noch der gesamte Orden. Sie sollten sich einzig und allein durch freiwillige Spenden finanzieren. Anders als bei den Franziskanern verlief die spätere Abkehr von dieser Grundregel bei den Dominikanern undramatisch.

Papst Innozenz III. wollte mit Hilfe der Beschlüsse des 4. Laterankonzils (1215) unter anderem die innerkirchlichen Mißstände beheben, die viele dazu gebracht hatten, sich von der Kirche und ihren Vertretern abzukehren. Das Konzil setzte sich eine umfassende Reform der Kirche zum Ziel und wandte sich explizit gegen die Simonie, den Ämterkauf der Bischöfe und Prälaten, und gegen Habsucht und Wucher der Männer der Kirche. Der gleiche Innozenz III. hatte sechs Jahre zuvor die verheerenden Albigenserkriege (1209–1229) entfesselt und 1199 die Haltung der Kirche gegenüber den Ketzern verschärft, indem er die Häresie zum „Hochverrat" erklärte, das heißt, sie mit Majestätsbeleidigung und Landfriedensbruch gleichstellte. Gemäß dem Grundsatz, daß es außerhalb der Kirche kein Heil gebe, waren diejenigen, die von der Kirche Gottes abfielen, zu „Verderbern der Seelen" geworden, vor denen die Kirche die Gläubigen zu schützen hatte. Ketzerei galt als Verbrechen, das man bekämpfen mußte, wenn nötig auch mit Gewalt. Damit stieß die Kirche jedoch an die Grenzen ihrer Möglichkeiten. Der Grundsatz: „Die Kirche dürstet nicht nach Blut" verhinderte, daß die Kirche aktiv Gewalt gegen die Ketzer anwandte. Sie konnte sich zwar auf die Bibel berufen, wenn sie die Bestrafung, ja sogar die Tötung der Ketzer forderte (vgl. Lev 24,16: „Wer den Namen des Herrn schmäht, wird mit dem Tod bestraft; die ganze Gemeinde soll ihn steinigen" [...]), aber sie konnte die Strafen nicht vollstrecken. Dazu brauchte sie die weltliche Obrigkeit. Papst Lucius III. und Kaiser Friedrich I. Barbarossa agierten auf der Synode von Verona (1184) gemeinsam gegen verschiedene Ketzergruppen. Kirchliche und weltliche Machthaber sollten Hand in Hand gegen die Häretiker vorgehen. Um den gemeinsamen Feind bekämpfen zu können, begrub man vorerst den Streit um die Vormachtstellung. Im Zuge der Synode von Verona bedrohte der Kaiser die Häretiker mit der Reichsacht, der Papst verhängte den Kirchenbann über die Ketzer und exkommunizierte sie.

Als Papst Alexander III. (1159–1181) auf dem 3. Laterankonzil (1179) die Bischöfe aufrief, die Ketzer zu bekämpfen, und dabei auch weltliche Zwangsmaßnahmen, wie zum Beispiel die Einziehung des Vermögens, ganz selbstverständlich über die Ketzer verhängte, war der Streit zwischen Papst und Kaiser erst seit zwei Jahren beigelegt (Q 2). Im Jahr 1160 hatte der Papst Friedrich I. Barbarossa gebannt, und erst 17 Jahre später erkannte der Kaiser seinerseits Alexander III. als Papst an. Friedrich I. Barbarossa fügte dem päpstlichen Edikt des 3. Laterankonzils ein kaiserliches Edikt hinzu, worin er festlegte, daß diejenigen, die der Häresie überführt waren, zur Bestrafung der weltlichen Gewalt überantwortet werden sollten.

Papst Honorius III. (1216–1227), der die Ordensregeln der beiden Bettelorden bestätigt und damit eine spirituelle Erneuerung innerhalb der Kirche ermöglicht hatte, vollendete im Albigensergebiet in Südfrankreich das Zerstörungswerk seines Amtsvorgängers. Zusammen mit dem französischen König Ludwig VIII., der durch die Albigenserkriege erhebliche Landgewinne verzeichnen konnte, zwang er die noch lebenden Katharer in die Knie. Kirchliche und weltliche Institutionen teilten sich die Arbeit. Die Bischöfe richteten die überlebenden Ketzer, der Staat führte die Urteile aus, nachdem umherziehende „Soldaten Gottes", sozusagen Treibgut der Kreuzzüge, das Land verwüstet und Tausende abgeschlachtet hatten – nach alter Kreuzzugsmanier: „Tötet sie alle, der Herr wird die Seinen erkennen!" Als Gegenleistung für ihre Dienste hatte ihnen die Kirche großzügig Ablässe in Aussicht gestellt, und bei den Plünderungen fiel wahrscheinlich auch genügend ab.

Den gemeinsamen Feind, die häretischen Gruppen, bekämpften sowohl die Kirche als auch der Staat, weil die Zerstörung dieser Gemeinschaften im beiderseitigen Interesse lag: Die Papstkirche befürchtete die Spaltung der Kirche, zum Beispiel durch die Gegenkirche der Katharer, und den Verlust der Gläubigen. Die Staatsmacht war bestrebt, in ihrem Territorium die Kontrolle zu behalten und Aufruhr und Rebellion erst gar nicht entstehen zu lassen beziehungsweise niederzuschlagen; wenn man sich dabei auch noch bereichern konnte: um so besser. Für die Kirche war der langjährige Albigenserkreuzzug ein Mißerfolg, das französische Königreich verleibte sich hingegen das gesamte Languedoc ein. Die Verfolgung gemeinsamer Interessen verhinderte jedoch nicht, daß der Machtkampf zwischen Kaiser und Papst weiterging. Dadurch, daß die Kirche auch die Ablehnung der Papstdekrete zur Häresie erklärt hatte, verfügte sie über ein Druckmittel, um – falls nötig – machthungrige Feudalherren und selbst den Kaiser in die Schranken zu weisen. Die Bulle „Unam sanctam" ist dafür ein eindrucksvoller Beleg (Q 3). In dieser Bulle entfaltet die Papstkirche ihren Autoritätsanspruch gegenüber dem Kaisertum, läßt aber der weltlichen Macht gleichzeitig eine relative Selbständigkeit. In ihren Funktionen ergänzen sich beide „Schwerter". Die weltliche Macht verhilft der geistlichen Macht dazu, sich durchzusetzen, indem sie die von der Kirche verhängten Strafen vollstreckt. Den Umfang und die Art dieser Unterstützung legt jedoch die Kirche fest. Die weltlichen Machthaber sind folglich die Diener der Kirche und haben sich ihr zu unterwerfen. Sollten sie gegen diese ihre vornehmste Pflicht verstoßen, können sie vom Papst als der obersten Instanz in Sachen Rechtgläubigkeit oder Häresie gerichtet werden.

Quellentext 1

Die Synode unter dem Vorsitz von Papst Lucius III. (1181–1185) mit Kaiser Friedrich I. Barbarossa (1152–1190), zahlreichen Patriarchen, Erzbischöfen und Fürsten aus den verschiedenen Teilen des Reiches beschwor den gemeinsamen Kampf gegen die verschiedenen Häresien der damaligen Zeit.

Die Synode von Verona (1184)

Um das Übel der verschiedenen Häresien zu beseitigen, das in jüngster Zeit in sehr vielen Teilen der Welt um sich griff, muß die Kraft der Kirche aufgeboten werden, damit unter Hilfeleistung der Macht kaiserlicher Tatkraft die Dreistigkeit der Ketzer schon bei den Versuchen ihrer Falschheit zerschlagen werde und die schlichte katholische Wahrheit, die in der heiligen Kirche aufleuchtet, in jedem Fall beweise, daß sie von jedem Fluch falscher Lehren entsühnt sei. Daher erheben wir uns – gestützt auf die Anwesenheit unseres hochgeschätzten Sohnes Friedrich, des erlauchten, immer erhabenen römischen Kaisers, aufgrund des gemeinsamen Rates unserer Brüder, ebenso der anderen Patriarchen, Erzbischöfe und vieler Fürsten, die aus verschiedenen Teilen des Reiches zusammengekommen sind – gegen diese Ketzer, denen das Bekenntnis zu den verschiedenen Irrlehren verschiedene Namen eingebracht hat, mit dem allgemeinen Strafbefehl des vorliegenden Dekrets, und wir verurteilen jede Häresie, wie sie auch immer genannt werde, kraft Unserer apostolischen Autorität mit dem Wortlaut dieser Verfügung.

Vor allem verfügen wir, daß die Katharer und Patarener und diejenigen, die sich fälschlich und lügnerisch Humiliaten oder Arme von Lyon nennen, die Passaginer, Josephiner und Arnoldisten für immer dem Kirchenbann unterliegen. Und weil einige unter dem Schein der Frömmigkeit, ihre Kraft jedoch, wie der Apostel sagt, leugnend, die Vollmacht zu predigen für sich in Anspruch nehmen, obwohl derselbe Apostel sagt: „Wie sollen sie predigen, wenn sie nicht gesandt sind?" [Röm 10,15], binden wir mit dem gleichen Band des immerwährenden Kirchenbanns alle, die entweder verbotswidrig oder ohne gesandt zu sein oder ohne vom Apostolischen Stuhl oder vom Ortsbischof die Vollmacht erhalten zu haben, öffentlich oder privat zu predigen wagen, sowie alle, die sich nicht scheuen, über das Sakrament des Leibes und Blutes unseres Herrn Jesus Christus oder über die Taufe oder die Vergebung der Sünden, die Ehe oder die übrigen kirchlichen Sakramente anderes zu denken oder zu lehren, als die hochheilige römische Kirche predigt und beachtet, und allgemein alle, die die römische Kirche oder einzelne Bischöfe in ihren Diözesen mit dem Rat der Geistlichen oder die Geistlichen selbst, wenn der Bischofssitz vakant ist, nötigenfalls mit dem Rat der benachbarten Bischöfe als Ketzer verurteilt haben. Wir verfügen, daß diejenigen, die sie aufnehmen und beschützen, und ebenso alle, die den genannten Ketzern irgendwelchen Schutz oder eine Begünstigung gewährt haben, um ihre verwerfliche Ketzerei zu unterstützen, dem gleichen Urteil unterliegen, egal, ob sie Getröstete, Gläubige oder Vollkommene sind oder mit welchem Namen ihres Irrglaubens sie auch immer bezeichnet werden mögen. [...]

Kurt-Victor Selge (Hg.), Texte zur Inquisition. Gütersloh 1967 (Texte zur Kirchen- und Theologiegeschichte, Heft 4), S. 26f.
Quelle: Text nach Corpus iuris canonici. Hg. E. Friedberg, II. Leipzig 1879 (Decr. Gregor. IX. Lib. V, tit. VII, c. 9: De haereticis), vgl. den Text bei Mansi XXII 476ff.

Quellentext 2

Im Jahre 1179 werden unter Papst Alexander III. (1159–1181) gegen die Ketzer in Südfrankreich Maßnahmen beschlossen, welche im Aufruf zum Ketzerkreuzzug und im erstmaligen Ablaß für einen solchen Krieg gipfeln.

Das dritte Laterankonzil

Der hl. Leo sagt: „Auch wenn die Lehre der Kirche sich mit der Verurteilung durch einen Priester begnügt und nicht blutige Rache nimmt, wird doch durch Beschlüsse katholischer Fürsten dazu beigetragen, daß die Menschen sich oft ein Heilmittel suchen, wenn sie befürchten, daß eine körperliche Bestrafung über sie kommt" [vgl. Ep. 15 ad Turribium].

Weil in der Gascogne, im Gebiet von Albi, in der Gegend von Toulouse und an anderen Orten das verdammte Übel der Ketzer, welche die einen als Katharer, andere als Patarener, andere als Publikaner und wieder andere mit anderen Namen bezeichnen, so sehr um sich gegriffen hat, daß sie nicht mehr wie sonst jemand im geheimen ihre Schlechtigkeit ausüben, sondern ihre Irrlehre öffentlich verkünden und einfältige, schwache Menschen für ihre Überzeugung gewinnen, beschließen wir, daß sie und diejenigen, die sie verteidigen und aufnehmen, dem Bannfluch verfallen sind. Bei der Strafe des Bannfluchs verbieten wir, daß sie jemand in seinem Haus oder Land behält oder unterstützt oder es wagt, mit ihnen Umgang zu haben. Wenn aber einer in dieser Sünde stirbt, soll er nicht unter Berufung auf die Gnaden unserer Privilegien eine Totenmesse oder ein christliches Begräbnis erhalten. Betreffs der Bewohner von Brabant und Arragon, von Navarra, des Baskenlandes sowie der Räuberbanden von Coterelli und der Landstreicher von Triaverdi, die zu den Christen so unmenschlich sind, daß sie weder vor Kirchen noch Klöstern Respekt haben, weder Witwen noch Waisen, weder alt noch jung, überhaupt kein Alter und kein Geschlecht schonen, sondern wie Heiden alles vernichten und verwüsten, beschließen wir entsprechend: Wer sie zusammenkommen läßt oder beherbergt oder unterstützt in den Gebieten, in denen sie so wüten, soll an den Sonntagen und an den anderen Feiertagen in den Kirchen öffentlich exkommuniziert werden. Dieselbe Verurteilung und Strafe soll diejenigen treffen, die mit den genannten Ketzern gemeinsame Sache machten, und sie sollen nur dann wieder in die Gemeinschaft der Kirche aufgenommen werden, wenn sie dieser schlimmen Sekte und Ketzerei abgeschworen haben. Auch wenn sie wissen, daß sie vom Treu- und Lehenseid und von allem Gehorsam entbunden sind: Solange sie in einem so schweren Unrecht verharren, machen sie sich alle einer schweren Sünde schuldig. Ihnen selbst und allen Gläubigen erlegen wir zur Vergebung der Sünden auf, daß sie sich den so schlimmen Vergehen mannhaft widersetzen und gegen diese Ketzer das Christenvolk mit Waffen beschützen. Ihr Vermögen soll eingezogen werden, und es soll den Fürsten freistehen, solche Menschen zu versklaven. Wer aber im Zustand wahrer Reue stirbt, soll nicht daran zweifeln, daß er die Vergebung der Sünden und die Frucht des ewigen Lohnes erhalten wird. Wir aber lassen aufgrund der Barmherzigkeit Gottes und im Vertrauen auf die Autorität der heiligen Apostel Petrus und Paulus den gläubigen Christen, die gegen sie die Waffen erheben und auf Beschluß der Bischöfe oder anderer kirchlicher Würdenträger in den Krieg ziehen, um sie zu besiegen, zwei Jahre von der auferlegten Buße nach. Wenn jemand dort [d. h. im Kreuzzug gegen die Ketzer] länger bleibt, überlassen wir es der Klugheit der Bischöfe, denen diese Angelegenheit überantwortet ist, daß nach ihrem Gutdünken entsprechend Art und Umfang des Einsatzes ein noch umfangreicherer Ablaß gewährt wird. Diejenigen aber, die es verschmähen, der Aufforderung der Bischöfe in dieser Angelegenheit Folge zu leisten, sollen nach meiner Anordnung vom Empfang des Leibes und Blutes des Herrn ausgeschlossen werden. Indessen nehmen wir diejenigen, die mit der Glut des Glaubens diese gerechte Aufgabe übernehmen, um sie [die Ketzer] zu besiegen, sowie diejenigen, die das Grab des Dominikus besuchen, in den Schutz der Kirche, und wir verfügen, daß sie vor allem, was ihren Besitz oder ihre Person behelligen könnte, sicher bleiben sollen. Wenn also jemand von euch es wagen sollte, sie zu behelligen, soll er durch den Ortsbischof exkommuniziert werden. Und dieses Urteil soll so lange von allen beachtet werden, bis das Enteignete wieder zurückgegeben und zugefügter Schaden in angemessener Höhe wiedergutgemacht worden ist. Die

Bischöfe oder Priester aber, die sich solchen Vergehen nicht mutig widersetzen, sollen ihr Amt verlieren, bis sie die Barmherzigkeit des Apostolischen Stuhles erlangen.

> Kurt-Victor Selge (Hg.), Texte zur Inquisition. Gütersloh 1967 (Texte zur Kirchen- und Theologiegeschichte, Heft 4), S. 24f.
> Quelle: Drittes Laterankonzil (1179), c. 27: De haereticis; Text (korrigiert) nach Mansi XXII, 231ff.; Datum nach Jaffé II, 340f.: 19.3.1179.

Quellentext 3

In der Bulle „Unam sanctam" vom 18. November 1302 werden anläßlich der Auseinandersetzung zwischen Papst Bonifaz VIII. (1294–1303) und König Philipp IV. von Frankreich (1285–1314) grundsätzliche Aussagen zur Autorität der Kirche formuliert.

Die Einheit und Einzigkeit der Kirche

An *eine* heilige katholische und auch apostolische Kirche fest zu glauben, sind wir, da der Glaube dazu drängt, gezwungen. Wir glauben fest an sie und bekennen sie aufrichtig. Außerhalb von ihr gibt es kein Heil und keine Vergebung der Sünden [...]; sie stellt einen mystischen Leib dar; das Haupt dieses Leibes ist Christus, Christi [Haupt] aber ist Gott. In ihr [ist] „ein Herr, ein Glaube und eine Taufe" [Eph 4,5]. [...]

Also hat die eine und einzige Kirche einen Leib, ein Haupt, nicht zwei Häupter wie eine Mißbildung, nämlich Christus und Christi Stellvertreter, Petrus, und des Petrus Nachfolger; denn der Herr sagt zu Petrus selbst: „Weide meine Schafe!" [Joh 21,17] „Meine", sagt er, und zwar allgemein, nicht einzeln diese oder jene: Daraus erkennt man, daß er ihm alle anvertraut hat. Wenn also Griechen oder andere sagen, sie seien Petrus und seinen Nachfolgern nicht anvertraut worden, müssen sie zugeben, daß sie nicht zu den Schafen Christi gehören; denn der Herr sagt bei Johannes, es gebe „einen Schafstall, einen und zwar einen einzigen Hirten" [Joh 10,16].

Durch die Worte des Evangeliums werden wir belehrt, daß in dieser ihrer Gewalt *zwei Schwerter* sind, nämlich das *geistliche* und das *weltliche* [angeführt werden Lk 22,38 und Mt. 26,52]. [...]

Beide sind also in der Gewalt der Kirche, nämlich das geistliche und das weltliche. Aber dieses ist *für* die Kirche, jenes dagegen *von* der Kirche zu handhaben. Jenes ist in der Hand des Priesters, dieses in der Hand der Könige und Soldaten, aber gemäß dem Willen und der Duldung des Priesters. Das eine Schwert soll unter dem anderen sein und die weltliche Autorität sich der geistlichen unterwerfen. [...]

Wenn also die irdische Gewalt vom rechten Weg abirrt, wird sie von der geistlichen Macht gerichtet werden. Wenn aber eine niedrigere geistliche Macht abirrt, dann von ihrer höheren. Wenn aber die höchste, dann wird sie allein von Gott, nicht von einem Menschen gerichtet werden können, wie der Apostel bezeugt: „Der geistliche Mensch richtet alles, aber er selbst wird von niemandem gerichtet" [1 Kor 2,15].

Auch wenn diese Autorität einem Menschen gegeben wurde und durch einen Menschen ausgeübt wird, ist sie aber keine menschliche, sondern vielmehr eine göttliche Gewalt, die Petrus aus göttlichem Munde gegeben wurde und ihm und seinen Nachfolgern in Christus selbst, den er als Fels bekannte, bestätigt wurde, als der Herr zu Petrus selbst sagte: „Alles, was du bindest" usw. [Mt 16,19]. Jeder, der sich also dieser von Gott so eingesetzten Gewalt „widersetzt, widersetzt sich der Anordnung Gottes" [Röm 13,2], wenn er sich nicht wie Mani einbildet, daß es zwei Anfänge gebe, was wir als falsch und ketzerisch beurteilen. Denn nicht in den Anfängen, wie Moses bezeugt, sondern „im Anfang erschuf Gott Himmel und Erde" [Gen 1,1].

Nun aber erklären, sagen und entscheiden wir, daß es für jedes menschliche Geschöpf unbedingt zum Heil notwendig ist, dem *Bischof von Rom untertan* zu sein.

Heinrich Denzinger, Enchiridion symbolorum definitionum et declarationum de rebus fidei et morum. Hg. von Peter Hünermann. Freiburg i. Br. [37]1991, S. 385–387.

Kapitel 2

Die Inquisition

Seit dem 13. Jahrhundert versetzt ein bis ins kleinste durchorganisiertes Horrorszenario halb Europa in Angst und Schrecken: die Heilige Inquisition. Zuerst war die Inquisition in Frankreich, besonders im Süden gegen die Katharer und Albigenser, dann in Italien gegen Fraticellen und verschiedene Ketzergruppen mit revolutionären Tendenzen tätig. In Deutschland und England wütete sie zum Teil bis weit ins 18. Jahrhundert gegen vermeintliche Hexen. In Spanien tobten die Inquisitoren vom ausgehenden 15. bis weit ins 16. Jahrhundert gegen Juden und Moslems, gegen Katharer und Waldenser. Die Inquisition verfolgte sowohl Intellektuelle, Philosophen und Theologen als auch einfache Leute. Überall, wo die Inquisition eingesetzt wurde, prägte sie zumindest für eine bestimmte Zeit nicht nur das gesamte geistige und religiöse Leben, sie prägte auch das Gesicht der Kirche. Die Fratze des Blutgerichts überschattete das Antlitz des für die Sünden der Menschen leidenden Christus. Die Inquisition half zwar der Kirche, ihre Einheit und ihre Macht zu erhalten, aber der Preis war sehr hoch. Denn diese Einheit der Kirche wurde mit dem Blut und dem Leben von Abertausenden teuer bezahlt. Egal, ob es Kinder, Schwangere, Greise oder ehemalige Kreuzritter, wie im Fall der Templer, waren, die den Inquisitoren in die Hände fielen: um der Rettung der Seelen willen wurden ihre Körper grausam gequält. Unbedarfte Dorfbewohner, die zufällig einen Ketzer beherbergt hatten, traf die Inquisition genauso wie hochrangige Gelehrte. Der Inquisition fielen unter anderem Giordano Bruno, Galileo Galilei, Jeanne d'Arc und Jan Hus zum Opfer, ebenso wie die zahllosen Frauen und Männer, deren Namen heute längst vergessen sind. Eine brutale Maschinerie war in Gang gekommen, die ursprünglich als „objektives" Mittel zur Wahrheitsfindung eingesetzt worden war und im Wahn von Aberglauben, Fanatismus und Sadismus endete.

Der Ablauf der Inquisition, der Befragung, wurde mit der Zeit bis ins Detail ausgefeilt. Bekannte Inquisitoren wie Bernard Gui und Nicolaus Eymericus verfaßten Inquisitionshandbücher mit Musterverhören und Musterfragen. Damit sollte es den Inquisitoren erleichtert werden, den Prozeß korrekt zu führen. Es waren keine Anleitungen zu besonderer Schärfe oder Brutalität. Bernard Gui scheint ein vergleichsweise „milder" Inquisitor gewesen zu sein. In seiner etwa 17jährigen Tätigkeit leitete er in seinem unmittelbaren Operationsgebiet Verfahren gegen 647 Personen und sprach insgesamt etwa 900 Urteile. Darunter waren 139 Freisprüche, aber nur 42 Todesurteile. Die weitaus häufigste Strafe, die er aussprach, war die Kerkerhaft, was den Tod auf Raten bedeutete. Die Kerkerhaft wurde nur in den wenigsten Fällen zeitlich begrenzt. Sie war entweder eine Art Beugehaft, um den Gefangenen zu einem Geständnis und zur Preisgabe weiterer Namen von Ketzern zu zwingen, oder man ließ ihn langsam im Verlies vermodern und im eigenen Unrat, in Dunkelheit, Kälte und Nässe zwischen allen erdenklichen Arten von Ungeziefer verfaulen.

Sollte es den Päpsten, die das Inquisitionsverfahren schufen, anfangs wirklich noch um die Wahrheitsfindung gegangen sein, so verloren sie sehr bald die Kontrolle darüber, wurden in einigen Fällen selbst Opfer der Inquisition oder bedienten sich ihrer als Machtinstrument. Inquisition wurde zum Synonym für fürchterliche Exzesse und große öffentliche Schauspiele und Schauprozesse, wie zum Beispiel in Spanien. Hinter der Fassade eines korrekt durchgeführten Verfahrens konnten die Inquisitoren als Vertreter der christlichen Kirche guten Gewissens behaupten, daß sie ihre Hände niemals mit Blut befleckt hatten. Die Folter und den Vollzug der Strafen hatte man ja schließlich den staatlichen Organen, sprich den Folterknechten und Henkern, übertragen. Die Kirche wusch ihre Hände in Unschuld.

Waren Folterungen und Ketzerverbrennungen Entgleisungen, oder hatte das Schreckensregiment der Inquisition unter der Führung der Kirche Methode? Heiligt der Zweck, die „reine Lehre", die Einheit der Kirche und die Allianz von Staat und Kirche zu erhalten, die Mittel? Kann man angesichts der geschichtlichen Situation der Kirche im Mittelalter Verständnis für die Inquisition aufbringen? Auch führende katholische Theologen verneinen diese Frage. Die Stimmen mehren sich auch innerhalb der katholischen Kirche, die ein Bekenntnis der Schuld fordern. Es ist aber auch anzumerken, daß unmenschliches Vorgehen gegen Andersdenkende kein katholisches, sondern ein konfessionsübergreifendes Problem ist. Damals wie heute stellt sich angesichts des unvorstellbaren Leids, das die Inquisition verursachte, die Frage nach der göttlichen Gerechtigkeit. Walter Nigg fragt kritisch:

„Warum hat Gott diesen Irrweg der Kirche zugelassen? Wozu war diese sinnlose Grausamkeit nötig? [...] Mußte durch dieses Blutsystem, das nicht mehr nur eine vereinzelte Entgleisung, sondern eine organisierte Grausamkeit war, nicht das Theodizeeproblem [Problem der göttlichen Gerechtigkeit] zu einem Felsblock werden, welcher den Menschen förmlich zermalmt?" (Das Buch der Ketzer, S. 216)

Für die Zeit der Inquisition in Europa läßt sich nur aus zeitgenössischen Quellen Aufschluß über die Wirkung der Inquisition gewinnen. Aufs Ganze gesehen führte die Inquisition nicht zu dem beabsichtigten Ziel. Sie rottete zwar zum Teil ganze Dörfer und Städte aus, die als Ketzerhochburgen galten, sie versetzte die Menschen in Angst und löste einen Ketzer- und Hexenwahn aus, aber sie konnte damit kaum echte Bekehrungen zum Evangelium der Liebe bewirken. Die Inquisition konnte nicht einmal die Häresien beziehungsweise die religiösen Anschauungen, die die Amtskirche zur Ketzerei erklärt hatte, vollständig eliminieren. Manche Ketzergruppen gingen in den Untergrund, flüchteten vor den Inquisitoren in einer wahren Odyssee durch halb Europa und überlebten teilweise bis heute in kleinen geheimgehaltenen Schlupfwinkeln. Es sind einige Fälle bekannt, in denen die Bevölkerung gegen die Inquisition offen aufbegehrte und besonders berüchtigte Inquisitoren vertrieben oder ermordet wurden, wie der erste Inquisitor in Deutschland, Konrad von Marburg, der dafür bekannt war, äußerst grausam vorzugehen. Die Durchführung der Inquisition erzwang nicht nur ein Bekenntnis zur Rechtgläubigkeit, sie weckte oder verstärkte auch die dunklen Seiten im Menschen. Sie verleitete viele dazu, ihre Nachbarn, Freunde und sogar Familienmitglieder zu denunzieren, um dadurch das eigene Bekenntnis zu bekräftigen und um nicht selbst in der Folterkammer zu landen. Durch die Inquisition wurden Familien und Dorfgemeinschaften zerstört. Sie eröffnete Möglichkeiten, alte Rechnungen zu begleichen, Rivalen ans Messer zu liefern und sich den Besitz der „Ketzer" anzueignen. Dabeistehen und gaffen, diese Mischung aus Sensationsgier und Grauen ist kein Phänomen der Neuzeit. Nicht erst die Blutgerüste der Französischen Revolution lockten die Menschen massenweise zu den Hinrichtungsstätten, auch die Ketzer- und Hexenverbrennungen zogen die Schaulustigen zu einer pervertierten Art der „Erbauung" an. Die Folgen der Inquisition wirkten lange nach. Walter Nigg meint sogar, sie seien bis in die Gegenwart feststellbar:

„Die Inquisition hat unzählige Menschen am Christentum irregemacht und sie förmlich aus der Kirche hinausgetrieben. Das Vertrauen in den christlichen Menschen, der einen Abglanz von der Liebe Gottes widerspiegeln sollte, wurde durch sie unwiederbringlich zerstört. Für die abendländische Glaubwürdigkeit wuchs sich im Laufe der Zeit die Inquisition zu jener schwersten Anfechtung aus, unter der sie schließlich zusammenbrach. Der Glaube der Christen wurde schwankend und verblaßte, sein Schwund hat als weitere Folge zum Heraufkommen des europäischen Nihilismus geführt. Die Inquisition ist eine der stärksten Ursachen für die Entstehung und Verbreitung des abendländischen Atheismus" (a.a.O., S. 214f.).

Prinzip und Rechtsgrundlagen des Inquisitionsprozesses

Der Begriff „Inquisition" gibt Aufschluß darüber, was dieses Verfahren eigentlich sollte: „Inquisition" leitet sich von dem lateinischen Verb „inquirere" ab, was „(er)fragen, erforschen" bedeutet. Inquisition bezeichnet also ein Verfahren, einen Prozeß, in dessen Verlauf die Wahrheit erforscht beziehungsweise erfragt werden soll. Abgesehen von den Exzessen und dem Schrecken, die jahrzehnte- und jahrhundertelang mit diesem Verfahren untrennbar verbunden waren, war die Inquisition eine Prozeßtechnik, die sowohl von der Kirche als auch von der weltlichen Gerichtsbarkeit angewandt wurde. Ab dem 12./13. Jahrhundert löst diese Prozeßtechnik einen Rechtsgrundsatz beziehungsweise ein juristisches Ziel früherer Zeit ab. Im weltlichen Rechtsverfahren ging es noch im Frühmittelalter vorrangig darum, die streitenden Parteien zu befrieden beziehungsweise einen möglichst friedlichen Ausgleich zu schaffen. Daneben existierten aber auch bestimmte Formen der „Wahrheitsfindung", deren sich nicht nur die Kirche bediente: die Gottesurteile. Das Tragen glühender Kohlen, ohne sich Haut und Kleidung zu versengen, oder ähnliche Feuerproben wurden als Zeichen der Unschuld gewertet. Derjenige, der in einem Zweikampf auf Leben und Tod mit dem Leben davonkam, oder einer, der trotz intensiver Bemühungen nicht ertränkt werden konnte, hatte ganz offensichtlich die Wahrheit gesprochen oder stand mit dem Teufel im Pakt. Zweifelsfälle gab es trotzdem, und die Ergebnisse dieser Proben waren Interpretationssache.

Neu am Inquisitionsprozeß war, daß der Inquisitor mit allen ihm zur Verfügung stehenden Mitteln den „wahren Sachverhalt" erkunden sollte. Mit der Inquisition war ein ausgeklügeltes System geschaffen worden, die „Wahrheit" mit irdischen juristischen Mitteln zu ermitteln. Es galt dennoch weiterhin der Rechtsgrundsatz: „Ohne Geständnis kein Urteil"; Indizienprozesse sah die mittelalterliche Rechtsprechung nicht vor. In der Logik der weltlichen und kirchlichen Gerichtsbarkeit bedeutete dies, daß man den Angeklagten zu einem Geständnis bringen mußte. Zum probatesten Mittel, Geständnisse hervorzubringen, entwickelte sich die Folter. Hier trafen sich das alte und das neue Verständnis der Wahrheitsfindung – und ließen dem Angeklagten, auch wenn Zweifel an seiner Schuld bestanden, keine Chance. Gaben die Angeklagten unter der Folter die ihnen zur Last gelegten Vergehen zu und widerriefen dieses Geständnis später nicht, konnte der Prozeß abgeschlossen werden. Wenn diejenigen, die der Häresie oder der Hexerei angeklagt waren, trotz erlittener Folter nicht gestanden, hätte man dies eigentlich als Zeichen ihrer Unschuld werten müssen. Aber gerade ihre Unbeugsamkeit wurde den Angeklagten zum Verhängnis, zeigte sich doch hierin entweder ihre Hartnäckigkeit als ein untrügliches Kennzeichen der Ketzerei oder die Tatsache, daß sie mit dem Teufel im Bund waren, der ihnen die Kraft gab, selbst die härteste Tortur zu überstehen. Gestanden sie, um weiteren Folterqualen zu entgehen, und widerriefen ihr Geständnis, wurde ihnen das als Rückfall in die Ketzerei ausgelegt.

Rückfällige Ketzer erwartete der Scheiterhaufen. Ob der Inquisitionsprozeß mit einem Geständnis des Angeklagten endete oder nicht: wer einmal in die Fänge der Inquisition geraten war, kam nur in seltenen Fällen unbeschadet davon. Selbst wenn die Angeklagten freigesprochen wurden, kann man davon ausgehen, daß die Betroffenen noch lange oder sogar ihr ganzes Leben lang an den körperlichen und seelischen Folgen der Folter litten.

Das nach heutigem Rechtsempfinden äußerst Problematische am Inquisitionsverfahren war erstens, daß dieses Sondergericht mit dem Recht ausgestattet war, Taten und Gedanken zu prüfen und zu verurteilen. Zweitens war der Inquisitor Ankläger und Richter und, wenn man so will, auch Geschworener in einer Person. Bei dieser Konstellation sind die Chancen des Angeklagten, sich erfolgreich verteidigen zu können, von vorneherein sehr gering. Hinzu kam, daß niemand die Verteidigung eines Ketzers übernehmen durfte. Wagte es dennoch jemand, konnte das Plädoyer für einen mutmaßlichen Ketzer bedeuten, daß der Verteidiger selbst als nächster vor dem Inquisitor zu stehen hatte. Beschwerde- oder Einspruchsmöglichkeiten gab es keine, denn die Heilige Inquisition unterlag keinerlei Kontrolle, weder durch die Ordensoberen der betreffenden Inquisitoren noch durch die Bischöfe oder durch päpstliche Legaten. Da Staat und Kirche bei diesem Verfahren eng zusammenarbeiteten, war es auch sinnlos, an eine übergeordnete weltliche Institution zu appellieren, zudem erklärte Kaiser Friedrich II. die Urteile der Inquisitionstribunale für unwiderrufbar. Der Angeklagte war dem Inquisitor auf Gedeih und Verderb ausgeliefert.

Entstehung der Inquisition

Der Weg zur Einsetzung der Inquisition vollzog sich in folgenden Schritten: In den Beschlüssen des 3. Laterankonzils (1179) unter Papst Alexander III. (1159–1181) wird die Ketzerbekämpfung zur kirchlichen Institution erklärt. Mit dem päpstlichen und kaiserlichen Edikt der Synode von Verona (1184) bestätigen Papst Lucius III. und Kaiser Friedrich I. Barbarossa das Zusammenwirken von Staat und Kirche im Kampf gegen die Ketzer. Dies findet schließlich in der Dekretale von Papst Innozenz III.

aus dem Jahr 1199 Anwendung, zum Beispiel im Einzug von Vermögen und Besitz der Häretiker und jener, die sie unterstützen. Die Beschlüsse des 4. Laterankonzils (1215) fassen die früheren Verordnungen und Edikte nochmals zusammen. Die harte Vorgehensweise gegen die Ketzer erhält endgültig ihre juristische Form in den Ketzergesetzen von Kaiser Friedrich II. (1215–1250). Ab 1220 erläßt er die Ketzerdekrete und verhängt 1224 die Todesstrafe für Häretiker. Er legt als Hinrichtungsart den Feuertod fest. Die Kirche zieht wenige Jahre später nach und erläßt 1231 unter Papst Gregor IX. ihre neuen Ketzerdekrete. Gregor IX. (1227–1241) wird damit der Begründer der päpstlichen Inquisition, indem er an das sogenannte bischöfliche „Sendgericht" anknüpft, das schon Papst Lucius III. mit der Überwachung der jeweiligen Diözese betraute. Sobald Ketzergruppen im Einzugsbereich des betreffenden Bischofs auftraten, hatte er Inquisitoren zu beauftragen, die das entsprechende Verfahren einzuleiten und durchzuführen hatten. Die Rechtsprechungskompetenz lag beim bischöflichen Gericht. Papst Gregor IX. zieht das gesamte Verfahren an die Kurie, macht die Inquisition zur Chefsache und stattet die nunmehr päpstlichen Inquisitoren mit Rechtsprechungsgewalt aus. Unbußfertige oder rückfällige Ketzer erwartet der Scheiterhaufen. Die Beschlüsse des Kaisers von 1232 beziehen sich ihrerseits wiederum auf die päpstlichen Ketzerdekrete und führten die Todesstrafe für Ketzer in Deutschland ein (Q 1; 2). Innozenz IV. (1243–1254) baut mit der Bulle „Ad extirpanda" von 1252 die Bestimmungen für das Inquisitionsverfahren aus (Q 8). Die Papstbulle greift frühere Aussagen über Ketzerei auf und heißt es offiziell gut, die Folter als Mittel der Beweisführung einzusetzen.

Wer führte die Inquisition durch?

Die Inquisition wurde zu einer eigenständigen Institution, die in einigen Fällen auch gegen den Willen der für die Diözese zuständigen Bischöfe durchgeführt wurde. Manche Bischöfe scheinen den Kampf gegen die Ketzer nicht so intensiv geführt zu haben, wie sich das die päpstliche Kurie vorstellte. So sind die Bischöfe zwar immer noch für das Aufspüren und die Bekämpfung der Ketzer in ihrer Diözese verantwortlich, aber der

Inquisitor ist der Herr des Verfahrens. Auch die Vertreter der weltlichen Macht hatten sich diesem vom Papst bevollmächtigten Richter unterzuordnen. Die letzte Instanz des Tribunals war freilich der Papst. Seinem Urteil sollte sich auch der Kaiser fügen.

Papst Alexander III. schlug bereits 1162/63 vor, „Spezialisten" mit der Verfolgung der Häretiker zu betrauen, aber damals scheint sich diese Idee noch nicht durchgesetzt zu haben. Doch im 13. Jahrhundert kann man bereits auf Fachleute zurückgreifen, die sich mit der Ketzerbekämpfung auskennen: die Dominikaner. Aus den Predigerbrüdern, die durch die Verkündigung des Evangeliums die Ketzer bekehren wollten, werden jetzt die „Spürhunde Gottes". Neben den bekannten dominikanischen Mystikern Meister Eckhart, Tauler und Seuse, die wie Meister Eckhart selbst der Verbreitung angeblicher Irrlehren angeklagt worden waren, finden sich in der Geschichte des Ordens auch Inquisitoren wie Petrus Martyr, der von aufgebrachten Bürgern ermordet wurde. Auch die Franziskaner stellten sich in den Dienst der Inquisition. Dies führte im Fall der Franziskaner-Spiritualen zu einer grotesken Situation: Zwei gegensätzliche Parteien innerhalb des Ordens klagten sich gegenseitig an, falsche Lehren zu vertreten. Der Inquisitor, der über diese Anklage zu befinden hatte, hätte durchaus aus dem gleichen Orden stammen können.

In den Inquisitoren rundweg Fanatiker, Hardliner oder Sadisten sehen zu wollen, greift zu kurz. Die Dominikaner waren für ihren hohen Stand der Bildung und Gelehrsamkeit bekannt. Führende Scholastiker kamen aus ihren Reihen, wie Albertus Magnus und Thomas von Aquin, der sich in seiner „Summa Theologiae" mehrfach mit der Häresie und dem Umgang mit Häretikern auseinandersetzte. Die Inquisitoren waren offensichtlich davon überzeugt, das Richtige und Gottgefällige zu tun. Und es gab ausreichend Belege aus der Heiligen Schrift, auf die sich die Kirche stützte, um ihre harte Haltung gegenüber den Ketzern zu begründen:

> „Ich bin der Weinstock, ihr seid die Reben. Wer in mir bleibt und in wem ich bleibe, der bringt reiche Frucht; denn getrennt von mir könnt ihr nichts vollbringen. Wer nicht in mir bleibt, wird wie die Rebe weggeworfen, und er verdorrt. Man sammelt die Reben, wirft sie ins Feuer, und sie verbrennen" (Joh 15,5–6).

Die Ketzer gefährdeten das Heil sowohl des einzelnen Gläubigen als auch der Gemeinschaft der Gläubigen. Eine solch allumfassende Bedrohung für das Seelenheil konnte nur von einem ausgehen: von Satan selbst. Die Ketzer werden daher immer wieder dämonisiert. Damit knüpfte man an die Vorstellungen der Alten Kirche an und baute sie der Situation entsprechend aus. Man meinte, der Teufel hätte von den Ketzern Besitz ergriffen, spräche aus ihnen und versuche mittels rhetorischer Spitzfindigkeiten und Tricks die Heilige Inquisition zu täuschen. Deshalb gab es so etwas wie eine Art „interne Fortbildung" für Inquisitoren – zum Beispiel die Inquisitionshandbücher. Das bekannteste ist die „Practica" des Bernard Gui aus dem 14. Jahrhundert. Darin erläutert und klassifiziert Gui ausführlich die jeweiligen Häresien, die Lehre der Katharer, der Waldenser, der Pseudo-Apostel usw. Er gibt einen Fragenkatalog vor und nennt mögliche Antworten der Ketzer (Q 3; 4). In Musterverhören beschreibt er die Verschleierungsmethoden der Ketzer und zeigt, daß sich der Inquisitor davon nicht täuschen lassen darf. Bernard Gui wußte, wovon er sprach, immerhin war er lange Jahre als Inquisitor tätig. Über sein Leben weiß man nicht besonders viel. G. Mollat, der Guis Inquisitionshandbuch, die „Practica", herausgab, sammelte die Eckdaten seiner Biographie.

Bernard Gui kam 1261 oder 1262 in Royères im Limousin zur Welt. Mit ungefähr 18 Jahren trat er in das Kloster des Dominikanerordens in Limoges ein und legte 1280 das ewige Gelübde ab. Ab diesem Zeitpunkt begann eine bemerkenswerte Karriere innerhalb des Ordens. Ganz in der Bildungstradition der Predigerbrüder stehend, studierte er zwischen 1284 und 1289 Theologie bei den damals angesehensten Ordenslehrern in Narbonne, Limoges und Montpellier und bekam 1291 die Aufgabe übertragen, sein Wissen an seine Mitbrüder weiterzugeben. Er unterrichtete zwischen 1291 und 1305 in den Konventen der ehemaligen Katharerhochburgen Albi, Castres und Carcassonne und 1318 im Konvent von Toulouse Theologie. Gleichzeitig war er auch der Prior dieser Konvente, und zwar 1294 bis 1297 in Albi, 1297 bis 1301 in Carcassonne, 1302 bis 1305 in Castres und 1306 in Limoges. Während der zwölf Jahre seiner Tätigkeit als Klostervorsteher zeigte er offensichtlich lebhaftes historisches Interesse an den jeweiligen Konventen. Er verfaßte 1311 eine kleine Schrift über die Geschichte der Klöster und stellte Nachforschungen über die früheren Aktivitäten der Katharer in der Gegend von Albi und Carcassonne an. Nach 1306 war er in verschiedenen leitenden Funktionen für das Provinzialkapitel tätig. So vertrat er beispielsweise ab 1314 seinen Orden bei der römischen Kurie. Im Winter 1306/07 wurde er schließlich zum Inquisitor für die Diözese Toulouse bestimmt. Das Amt des Inquisitors übte er 17 Jahre lang, bis 1323/24, aus, wobei er vor allem in Südfrankreich in den ihm bestens bekannten Gegenden um Toulouse und Limoges aktiv war. Er besaß, wie es heißt, das vollste Vertrauen von Papst Johannes XXII., der ihn von 1317 bis 1318 in einer besonders schwierigen Mission in andere Teile Frankreichs und nach Oberitalien schickte. Es dürfte sich dabei um die Verfolgung der Fraticellen und der Pseudo-Apostel gehandelt haben. Noch während seiner aktiven Zeit als Inquisitor beginnt er damit, sein „Handbuch zur Inquisition", die „Practica", zusammenzustellen. G. Mollat verlegt den Entstehungszeitraum in die Jahre zwischen 1309 und 1321. Er orientiert sich dabei am ältesten Bericht, der sich auf den 10. August 1309 datieren läßt, und am jüngsten vom Juni 1321. Am 24. Juli 1324 übernimmt Bernard Guis Nachfolger, Pierre Brun, die Aufgabe des Inquisitors in der Diözese Toulouse. Bernard Gui stirbt am 30. Dezember 1331 in Lauroux im l'Herault.

Der Lebenslauf von Bernard Gui weist ihn als einen gebildeten, anerkannten und hochverehrten Ordenstheologen aus. Für ihn trifft vermutlich der Mythos des einsamen Streiters für den Herrn, der sich im Laufe der Zeit um die Inquisitoren aufbaute, nicht zu. Gefürchtet und gemieden gleichermaßen, versuchten sie unablässig, die Spreu vom Weizen zu trennen. Und tatsächlich gehörte eine gewisse Undurchdringlichkeit zum Wesen des Inquisitionsverfahrens, die sich auf den Inquisitor übertrug. Das Verfahren war geheim und nur schwer zu durchschauen. Am wenigsten durchschaubar war das alles jedoch für die Angeklagten. Sie erfuhren niemals, wer sie angeklagt hatte, und konnten daher nur vermuten, wer sie beispielsweise aus Rache vor der Inquisition verleumdet hatte. Die Angeklagten hatten während des gesamten Verfahrens nur einen einzigen Ansprechpartner, den Inquisitor selbst, der, wenn er geschickt war, ständig die Rollen wechselte: einmal gestrenger Richter, dann wieder seelsorgerlich um das Heil und die Rettung des Delinquenten bemüht. Wie stand es aber um das Seelenheil des Inquisitors? War er vor Fehlurteilen sicher? Für den Fall eines Fehlurteils konnte er sich darauf verlassen, daß der Herr die Seinen schon herausfinden werde. Papst Gregor IX. hatte den Inquisitoren erlaubt, sich gegenseitig und allen an der Durchführung des Verfahrens Beteiligten für alle etwaigen Sünden im Rahmen ihrer Tätigkeit die Absolution zu erteilen. Im übrigen endete nicht jeder Prozeß mit einem Todesurteil. Es gab eine differenzierte Skala der Bestrafung: vom Verrichten bestimmter Gebete bis zum Tod auf dem Scheiterhaufen.

Ablauf des Inquisitionsverfahrens

Sowohl die geistliche als auch die weltliche Obrigkeit war bei Androhung der Exkommunikation verpflichtet, ihren jeweiligen Einflußbereich ständig dahingehend zu überwachen, ob Ketzergruppen auftraten oder sich häretische Tendenzen innerhalb der Gemeinde zeigten. Wenn dies der Fall war, mußte es sofort den päpstlichen Legaten gemeldet werden. Diese wiesen die Ordensoberen der Dominikaner oder Franziskaner an, einen geeigneten Bruder als Inquisitor zu entsenden. In Ländern, die als Nester der Häresie galten, wie zum Beispiel Südfrankreich oder Teile Italiens, wurde nicht jedesmal ein neuer Inquisitor gewählt, sondern dort waren feste Inquisitoren in ständiger Abrufbereitschaft.

Der Inquisitor setzte zunächst den Ortsbischof über seine Ankunft in Kenntnis und forderte ihn auf, alle Gemeindeglieder am Ankunftstag des Inquisitionsgerichts zu einer Meßfeier zusammenzurufen. In der Gemeinde angekommen, zelebrierte der Inquisitor die Messe und hielt eine Predigt zur Stärkung des Glaubens. Dann befahl er der Bevölkerung, binnen einer Frist von sechs bis zehn oder zwölf Tagen der Heiligen Inquisition alles zu berichten, was über ketzerische Umtriebe in der Gegend bekannt war. Die Gläubigen sollten alle Personen, die sich der Ketzerei verdächtig gemacht hatten, anzeigen. Kam jemand dieser Aufforderung nicht nach und verschwieg irgendwelche Kenntnisse oder verweigerte die Zusammenarbeit mit dem Tribunal, wurde er sofort exkommuniziert. Wer dagegen dem Befehl des Inquisitors Folge leistete, wurde mit einem dreijährigen Ablaß belohnt. Außerdem sollten sich all jene der Inquisition freiwillig stellen, die häretische Gedanken in sich trugen, und diese innerhalb einer Gnadenfrist von 15 bis 20 Tagen bekennen, der Irrlehre abschwören und die Namen aller Mitketzer nennen. Sofern sie dies alles taten, durften sie auf Gnade hoffen.

Während der ganzen Zeit blieb der Inquisitor im örtlichen Kloster oder im Bischofspalast, um Anklagen, Selbstanklagen, Hinweise und Verdächtigungen entgegenzunehmen. Gleichzeitig forschte der Mitarbeiterstab des Inquisitors die Gegend nach Ketzern aus. Diese allgemeinen Untersuchungen begannen meistens schon vor dem Eintreffen des Inquisitors und wurden die ganze Zeit über fortgesetzt. Päpstliche Beamte führten sie durch, oder sie wurden dem Ortsbischof übertragen. Den päpstlichen Beamten oblag auch die Klärung der Formalitäten. Außerdem hatten vom Tribunal eingesetzte Geheimagenten und Notare Beweise zu sammeln und für künftige oder laufende Verfahren zu ordnen und aufzubewahren. Dem Inquisitor stand außerdem noch ein persönlicher Berater, ein sogenannter „socius", zur Seite.

Diese erste Phase der „Befragung", die allgemeinen Ermittlungen und das Sammeln der Anklagen, war die sogenannte „Generalinquisition". Dieses Verfahren setzte den in der mittelalterlichen Rechtspflege sonst geltenden Grundsatz: „Ohne Kläger kein Richter" außer Kraft. Üblicherweise trat ein privater Kläger auf, der auch die Schuld des Angeklagten beweisen mußte. Im Inquisitionsverfahren war der Richter bereits anwesend, ging grundsätzlich von der Schuld des Angeklagten aus und sammelte Anklagepunkte, um den Prozeß zu eröffnen und durchzuführen.

Nach Ablauf der Gnadenfrist begann die „spezielle Inquisition", der geheime, nichtöffentliche Prozeß gegen die Verdächtigten. Wenn jemand von mindestens zwei Personen angezeigt worden war, wurden weitere, jetzt ganz gezielte Untersuchungen veranlaßt. Manchmal gelang es in dieser Phase des Verfahrens den Angeklagten noch, sich durch hohe Bestechungssummen freizukaufen, aber dies dürfte die Ausnahme gewesen sein. Für die Vorladung vor das Inquisitionstribunal genügte der bloße Verdacht. Dabei unterschied man zwischen „leicht", „dringend" und „schwer verdächtig".

Der Inquisitor und seine Berater prüften das Beweismaterial und entschieden dann, ob ein Prozeß eröffnet werden sollte. Bei allen Entscheidungen war der Inquisitor nicht an die Vorschläge seiner Berater gebunden. Der Beraterstab stand dem Inquisitor zwar während des gesamten Verfahrens zur Verfügung, hatte jedoch zuweilen lediglich eine rein formale Funktion. Wurde jemand von der Heiligen Inquisition der Häresie beschuldigt, erging unverzüglich der Befehl an die weltlichen Gerichtsorgane, den Betreffenden zu verhaften. Es spielte im übrigen kaum eine Rolle, wer die Anschuldigungen vorgebracht hatte. Offensichtlich hielt sich niemand damit auf, die Motive zu erkunden, die jemand veranlaßt hatten, andere der Ketzerei zu bezichtigen. Ob Denunziation aus Angst oder aus niederen Beweggründen, was spielte das noch für eine Rolle? Das System hatte sich schnell verselbständigt. Es ging vorrangig darum, daß sich der Angeklagte der Inquisition bedingungslos unterwarf. Wo die Inquisition auftrat, zerstörte der Terror, den sie verbreitete, die sozialen und familiären Bindungen. Sie konnte sich letztendlich rühmen, daß sich Eltern, Kinder und Eheleute gegenseitig dem Inquisitionstribunal auslieferten. Denn die Inquisition hob auch hier geltende Prinzipien auf: Das Band von Ehe und Familie wurde durch den Verdacht der Häresie zerrissen. Wer seinen Ehepartner nicht verriet, sobald er der Inquisition in die Hände gefallen war, machte sich selbst der Ketzerei schuldig.

Waren die Beschuldigten verhaftet und das Anklagematerial geordnet, begannen die Verhöre. Der Inquisitor bereitete sich gut darauf vor. Er machte sich meistens mit den Lebensläufen der Angeklagten vertraut und klopfte sie auf Stellen ab, die die Beschuldigten belasten konnten. Das Verhör wurde damit eröffnet, daß der Angeklagte mit dem Häresievorwurf konfrontiert wurde. Er erfuhr aber nicht, was ihm im einzelnen zur Last gelegt wurde, auch wer ihn beschuldigt hatte, blieb geheim. Die Angeklagten durften sich dann verteidigen. Sie mußten außerdem schwören, sich der Heiligen Inquisition als Vertreterin der Kirche vollkommen zu unterwerfen, alles preiszugeben, was sie über Ketzer und Irrlehren wußten, und jede Buße oder Strafe, die man ihnen auferlegte, demütig anzunehmen. Das eigentliche Verhör führte der Inquisitor persönlich. Bernard Gui beschreibt diese Verhöre zum Teil als Rededuelle zweier geistig und rhetorisch ebenbürtiger Gegner (Q 5; 6). In den meisten Fällen waren die Delinquenten jedoch ihren Anklägern nicht gewachsen. Vermutlich waren auch nicht alle Inquisitoren so gebildet wie der französische Dominikaner.

Intellektuell standen sich Kläger und Angeklagter höchstens dann in nichts nach, wenn der Inquisition ein Häresiarch, ein Ketzerführer, ins Netz gegangen war. Einfache Menschen, ob sie einer häretischen Gruppen angehörten oder nicht, verstanden zumeist überhaupt nicht, worum es bei den Fragen ging. 1375 beschwert sich beispielsweise der Rat der Stadt Köln bei Papst Gregor XI., daß ein Dominikanerinquisitor einfachen, aber frommen Männern und Frauen, denen die Geistlichen attestiert hatten, daß sie rechtgläubige Christen seien, so komplizierte Glaubensfragen gestellt hatte, daß sie selbst ein großer Theologe nicht ohne weiteres hätte beantworten können (vgl. H. Grundmann, Ketzerverhöre des Spätmittelalters als quellenkritisches Problem, S. 521). Bernard Gui meint jedoch auch in Bekundungen der Unwissenheit ein geschicktes Täuschungsmanöver zu erkennen. Normalerweise lag dem Ketzerverhör ein Fragenkatalog zugrunde, ein Formular, das oft aus den Protokollen früherer Verhöre zusammengestellt wurde. Man wollte damit die einzelnen Aussagen der Ketzer den bereits aktenkundig gewordenen Häresien oder Ketzergruppen zuordnen, um ein möglichst klares und eindeutiges Urteil fällen zu können. Viele dieser Antworten hören sich ziemlich stereotyp an, zumal die in der jeweiligen Volkssprache gegebenen Antworten ins Lateinische rückübersetzt wurden. Sie scheinen dabei nur allzuoft dem Wortlaut des Formulars angepaßt worden zu sein (vgl. H. Grundmann, a.a.O., S. 522f.).

Das Inquisitionsverhör lief prinzipiell auf das Geständnis des Angeklagten hinaus, allerdings weniger, um ihn verurteilen zu können, sondern um ihn zu bekehren und den Fängen des Satans zu entreißen. Ziel des Verfahrens war kein toter, sondern ein reuiger Ketzer. War der Angeklagte nicht bereit zu gestehen oder widersprach er sich während des Verhörs, wurde die Folter als Mittel der „Wahrheitsfindung" angewandt, wobei die Haftbedingungen bereits die erste Stufe der Folter waren. Es gab die „leichte Haft", bei der man sich wenigstens noch in der Zelle bewegen konnte, und die „schwere Haft", bei der man mit Ketten an Händen und Füßen gefesselt war. Je länger diese „Untersuchungshaft" dauerte – sie war durch keine Verordnung begrenzt –, desto schlimmer wurden ganz von selbst die Bedingungen. Häufig wurde dies auch noch dadurch beschleunigt, daß man als Foltermittel Hunger und Durst einsetzte. Gestand der Angeklagte dann immer noch nicht, wurde er in die Folterkammer geführt. Die Tortur, wie die Folter auch genannt wird, begann. Üblicherweise zeigten die Folterknechte dem Opfer zuerst die Marterwerkzeuge, dann wurden den Opfern die Kleider ausgezogen, wobei man keinen Unterschied zwischen Männern und Frauen machte. Der Inquisitor war während der Folter ständig anwesend und redete unablässig auf das Opfer ein, doch endlich die Wahrheit zu gestehen. Ein Arzt überwachte bei der Tortur den Zustand des Opfers. Die Folter lief nach dem Prinzip sich steigernder Qualen ab. Am Anfang begnügte sich der Folterer mit „weniger grausamen Erprobungen", sorgte aber dafür, daß der Gefolterte stets vor Augen hatte, was ihm noch bevorstand. Der Tortur durften alle Angeklagten unterzogen werden. Kinder und Greise wurden „leichter" gefoltert, bei Schwangeren wartete man mit der Folter bis nach der Geburt. Eigentlich war vorgeschrieben, daß nur einmal die Folter angewandt werden durfte, mehrmaliges Foltern war ausgeschlossen. Man bediente sich aber einer Spitzfindigkeit, um die Vorschrift zu umgehen: Der Inquisitor ließ die Tortur nicht beenden, sondern nur „unterbrechen", damit sie zu einem späteren Zeitpunkt wieder „fortgesetzt" werden konnte. Wann das war, erfuhr der Delinquent nicht. Inquisitionsprozesse konnten sich über Jahre hinziehen. Das Verfahren dauerte meist so lange, bis der Angeklagte gestand. Bis zum Geständnis, das heißt, solange die mutmaßlichen Ketzer im Irrglauben verharrten, sprach man ihnen ihr Menschsein ab. Sie waren „Diener des Teufels", was ihre Verfolger und Peiniger davon entpflichtete, mit ihnen Mitleid zu haben und Gnade walten zu lassen. Die Folterkammer kam nicht immer zum Einsatz. Man warf die Angeklagten mancherorts auch „nur" in den Kerker. Wenn die Beweislast dem Kläger erdrückend genug erschien und die Angeklagten innerhalb eines Jahres nicht gestanden, wurden sie verbrannt.

In der Bulle „Ad extirpanda" von 1252 hatte Innozenz IV. die Folter ausdrücklich erlaubt, um die Angeklagten dazu zu bringen, zu gestehen (Q 8). Hatten die Angeklagten unter der Folter die ihnen zur Last gelegten Verbrechen zugegeben, mußten sie ihr Geständnis noch unterschreiben, damit es rechtsgültig war. Weil ein Geständnis „unter der Folter" nicht zählte, führte man den Angeklagten in einen angrenzenden Nebenraum. Er tat gut daran, die Unterschrift nicht zu widerrufen, sondern sich dem Urteil des Inquisitors zu beugen und die verhängte Strafe auf sich zu nehmen. Der Widerruf eines Geständnisses wurde meistens als Rückfall in die Irrlehre ausgelegt, was die Todesstrafe bedeutete.

Die Inquisitoren hatten zwar während des Verfahrens ihre Hände nicht direkt mit Blut befleckt, aber anscheinend meinte man, den Grundsatz, wonach die Kirche nicht nach Blut dürstet, auch nicht vollständig eingehalten zu haben. Jedenfalls war es den Inquisitoren erlaubt, sich gegenseitig die Schuld zu erlassen.

Die Skala der Strafen für Ketzerei

Der nächste Schritt des Inquisitionsverfahrens war die Verurteilung des Angeklagten und seine Bestrafung. Es gab eine ganze Skala verschiedener Strafarten, die sich nach der Schwere des Vergehens richteten und danach, wie geständig und kooperationsbereit der Angeklagte gewesen war. Die reinen Kirchenbußen galten als verhältnismäßig leichte Strafen. Dazu gehörte zum Beispiel, eine bestimmte Anzahl Messen zu hören, bestimmte Gebete vor Zeugen zu verrichten, zu fasten oder eine Wallfahrt anzutreten und dort verschiedene Bußübungen zu praktizieren.

Die zweite Stufe waren die Strafen, bei denen den Verurteilten zwar die Freiheit gelassen wurde, die jedoch zur Zerstörung der sozialen und wirtschaftlichen Existenz führen konnten. Die Verurteilten mußten zum Beispiel große gelbe Stoffkreuze auf ihrer Kleidung anbringen. Gelb war nicht nur im Mittelalter die Schandfarbe schlechthin. Da die Kleidung damals weit mehr als heute Kennzeichen und Ausdruck des sozialen Status und der Standeszugehörigkeit eines Menschen war, degradierte das Tragen solcher Schandflecke eine Person in hohem Maß und machte sie zumindest auf Zeit zum Außenseiter. Die nächste Stufe war die Einziehung des Vermögens und die Enteignung des Grundbesitzes und gegebenenfalls auch die Zerstörung des Hauses. Zwar bekamen in manchen Ländern die Erben, sofern sie rechtgläubig waren, wenigstens den konfiszierten Grundbesitz zurück, diejenigen aber, die verurteilt worden waren, waren fortan auf die Wohltätigkeit ihrer Angehörigen oder der kommunalen Gemeinschaft angewiesen. Waren die Verurteilten Ärzte oder Juristen von Beruf oder bekleideten ein öffentliches Amt, wurde ihnen durch ein meist lebenslanges Berufsverbot ihre bisherige Existenzgrundlage entzogen. Die Auflage, nie mehr Verträge schließen zu dürfen, konnte Kaufleute oder Angehörige verwandter Berufsgruppen genauso hart wie ein explizites Berufsverbot treffen. Das Ergebnis dieser Strafen war, daß die Verurteilten ihre bürgerlichen Rechte einbüßten.

Zu den schweren Strafen zählte außerdem die Inquisitionshaft, die eine verschärfte Form der sonst üblichen Haftbedingungen war, obwohl auch hier nochmals zwischen „leichter" und „schwerer" Haft unterschieden wurde. Wenn es hieß, daß die Fürsten die Verurteilten „versklaven" durften, konnte dies auch Galeerendienst bedeuten. Wer noch über irgendwelche Mittel verfügte, versuchte damit das Strafmaß zu reduzieren.

Die schwersten Strafen wurden über unbußfertige und rückfällige Ketzer verhängt. Sie erwartete seit dem 13. Jahrhundert der Tod auf dem Scheiterhaufen. Damit nicht der sakrale Raum der Kirchen oder sonstige kirchliche Gebäude durch die Todesurteile entweiht wurden, verlegte man die Verkündigung des Todesurteils meist in öffentliche Räume oder auf öffentliche Plätze. Der Todeskandidat durfte allerdings nicht am Tag der Urteilsverkündung hingerichtet werden. Damit er Gelegenheit hatte, Reue zu zeigen, mußten 24 Stunden vergehen. Der Verurteilung zum Tod durch Verbrennen bei lebendigem Leib folgte die Auspeitschung. Es galt als Gnadenakt, den sich die zum Feuertod Verurteilten erst verdienen mußten, wenn sie, bevor der Scheiterhaufen angezündet wurde, getötet wurden. Die Asche der als Ketzer Verbrannten wurde in alle Winde zerstreut.

Alle Strafen, die keine reinen Kirchenbußen waren, mußten von der weltlichen Gerichtsbarkeit vollstreckt werden. Als härteste Kirchenstrafe stand auf Ketzerei die Exkommunikation. Das bedeutete weit mehr als den Ausschluß aus der Abendmahlsgemeinschaft. Exkommunizierte verloren die Hoffnung auf Erlösung und waren außerdem so gut wie vogelfrei. Standen sie zusätzlich noch unter der Reichsacht, hatten sie faktisch ihre Existenz verwirkt. Die Exkommunikation wurde erst dann wieder aufgehoben, wenn der Ketzer abschwor.

Die Inquisition machte auch vor Verstorbenen nicht halt. Selbst Tote konnten als Ketzer verurteilt werden. Ihre Leichen wurden dann exhumiert und meistens auf dem Scheiterhaufen verbrannt, ihre Asche verstreute man. Das Eigentum der Erben wurde konfisziert. Im übrigen hatte schon das 3. Laterankonzil 1179 die Bestattung von Ketzern auf einem kirchlichen Friedhof verboten.

Der Ablauf des Inquisitionsverfahrens war genau geregelt, vor allem in den Gegenden, in denen die Inquisition besonders oft und intensiv tätig war. Um Verfahrensfehler zu vermeiden, gab man in Narbonne Formulierungen für die einzelnen Schritte, wie die Eröffnung des Verfahrens oder die Formel für das Abschwören der Häresie, vor (Q 7). Obwohl die Regelungen einen gewissen Spielraum für die spezielle Situation mancher Gemeinden oder Kirchenprovinzen ließen, galten im wesentlichen überall die gleichen Bestimmungen. In Landstrichen wie in der Gegend von Toulouse, Narbonne oder Albi, die als Katharer- und Waldensergebiete verschrien waren, ging man anscheinend besonders hart vor (Q 10). So schreibt die Synode von Toulouse 1229, also im letzten Jahr der Albigenserkriege, vor, Kranken, die der Ketzerei beschuldigt wurden – und somit noch nicht überführt oder verurteilt waren –, zu verbieten, sich von einem Arzt behandeln zu lassen (Q 9). Eine weitere Verschärfung der Anordnungen stellte auch die Klausel dar, die vorsah, daß Beschuldigte aus ihrer Familie ausgestoßen werden sollten.

Gegen allzu strenge Maßnahmen oder besonders grausame Inquisitoren konnte nur der Papst einschreiten. So wurde zum Beispiel der Inquisitor für Nordfrankreich, Robert le Bougre, von Papst Gregor IX. abberufen. Erst gegen Ende des 15. Jahrhunderts gestattete der Papst den Kurfürsten in Deutschland, die Inquisitoren zu beaufsichtigen.

Die Frage, ob die Todesstrafe wirklich das adäquate Mittel sei, um Ketzer zu bekehren und ihre Seelen zu retten, wurde von dem Scholastiker und Dominikaner Thomas von Aquin im 13. Jahrhundert weiterdiskutiert, obwohl die Inquisition Fakten geschaffen hatte und ständig schuf. In seiner Sammlung theologischer Abhandlungen, der „Summa Theologiae", beleuchtet er das Thema in typisch scholastischer Manier (Q 11). Die aufgestellte These wird jeweils mit der Sicht der Bibel, der Sicht der Kirchenväter und dem Kirchenrecht verglichen.

Quellentext 1

In diesem Ketzergesetz Friedrichs II. wird zum erstenmal in Deutschland die Todesstrafe gesetzlich vorgeschrieben.

Gesetz zur Verfolgung deutscher Ketzer (März 1232)

(aus den Ketzergesetzen Kaiser Friedrichs II. von 1220 bis 1239)

Friedrich, von Gottes Gnaden römischer, stets Erhabener Kaiser, König von Jerusalem und Sizilien, entbietet seinen geliebten Fürsten, den ehrwürdigen Erzbischöfen, den Bischöfen und den anderen kirchlichen Würdenträgern, den Herzögen, Markgrafen, Grafen, Baronen, Bürgermeistern, Burggrafen, Vögten, Richtern, Ministerialen, Beamten und allen, die im ganzen Reich eingesetzt sind und das vorliegende Schreiben zu Gesicht bekommen, seine Gnade und alles Gute.

1. Die Sorge für die Uns vom Himmel anvertraute Regierung und die hohe Stellung der kaiserlichen Würde, die Wir innehaben, da Gott sie Uns gab, erfordern, daß das weltliche Schwert, das Wir getrennt vom Priestertum führen, gegen die Feinde unseres Glaubens und zur Ausrottung der ketzerischen Verworfenheit gezogen werden muß, damit Wir die Schlangenbrut des Unglaubens, welche Gott und die Kirche verhöhnt und gleichsam am Mutterleib nagt, vor Gericht und mit Gerechtigkeit verfolgen. Wir werden nicht dulden, daß Übeltäter leben, durch deren verführerische Lehre die Welt vergiftet wird und die als räudige Schafe die Herde der Gläubigen auf recht schlimme Weise verderben.

2. Daher beschließen Wir und ordnen an, daß Ketzer, gleichgültig, wie sie genannt werden, wo auch immer sie im Reich von der Kirche verurteilt und dem weltlichen Gericht übergeben wurden, die gebührende Strafe erhalten. Wenn aber einer von diesen nach seiner Ergreifung

aus Todesangst zur Einheit des Glaubens zurückkehren will, soll er gemäß den kanonischen Strafen zu lebenslänglichem Kerker verurteilt werden, um Buße zu tun.

3. Wer ferner in den Haupt- beziehungsweise Bischofsstädten, Kleinstädten oder an anderen Orten des Reiches von den Inquisitoren, die vom Apostolischen Stuhl eingesetzt wurden, und anderen eifrigen Anhängern des rechten Glaubens als Ketzer befunden wurde, den sollen diejenigen, welche dort die richterliche Gewalt haben, auf die Anzeige der Inquisitoren und anderer katholischer Männer hin festnehmen und als Gefangenen so lange streng bewachen, bis er vom Kirchengericht verurteilt wird. Dann sollen sie diejenigen, die die Sakramente des Glaubens und Lebens verdammten, durch einen verdammenswerten Tod beseitigen.

4. Wir gebieten, daß die gleiche Strafe auch alle diejenigen treffen soll, welche die Verschlagenheit des listigen Feindes [d. h. Satans] als Anwälte aufbietet, um die Irrlehre der Ketzer zu begünstigen. [...]

5. Ferner gebieten Wir, daß diejenigen, die an einem Ort der Ketzerei überführt wurden und sich an einen anderen Ort begeben, um dort das Gift ihrer ketzerischen Verworfenheit vorsichtiger zu verspritzen, die gebührende Strafe erhalten, sobald dies von den Männern, die sich von derselben Irrlehre abgewendet und zum Glauben bekehrt haben, und ebenso durch die anderen, die sie der Ketzerei überführt haben, klar bezeugt wird. Wir gestatten, daß dies in einem solchen Fall geschehen darf.

6. Ferner sind Wir der Meinung, daß Ketzer mit dem Tode bestraft werden sollen, wenn sie vor Gericht gestellt wurden und in höchster Lebensgefahr der Ketzerei abschwörten und wenn später jedoch feststeht, daß sie einen Meineid ablegten [...].

7. Ferner entziehen Wir kategorisch den Ketzern jede Gnade einer Beschwerde oder Berufungsmöglichkeit, ebenso denen, die diese aufge-

nommen und unterstützt haben. Denn Wir wollen, daß auf deutschem Gebiet, wo immer der rechte Glauben herrschte, die abscheuliche ketzerische Brut vertilgt werde. [...]

9. Außerdem wollen Wir, daß allen bekanntgemacht werde, daß der Prior und die Brüder des Dominikanerordens von Würzburg, die für Glaubensfragen in den deutschen Landen gegen die Ketzer beauftragt sind, unsere Gläubigen, aber auch die übrigen, die hier zusammengekommen sind, um die Ketzer zu richten, sofern nicht einer von ihnen vom Reich geächtet ist, für die Dauer der Anreise, des Aufenthalts und der Rückreise in Unseren und des Reiches besonderen Schutz genommen sind. Und Wir haben den Wunsch, daß ihnen die Hilfe und Empfehlung aller Gläubigen des Reiches zuteil werden und sie somit nicht behindert werden. Wir befehlen euch allen: Nehmt sie freundlich auf, wohin und zu wem von euch sie auch immer kommen mögen, bewahrt diese Personen schadlos vor dem Angriff der Ketzer, die ihnen nachstellen, und gewährt ihnen jeden Rat, Geleit und Hilfe bei der Ausführung der Aufgaben, die vor Gott so erwünscht sind! Nehmt die Ketzer fest, die sie entdeckt und euch angezeigt haben, ein jeder von euch in dem Gebiet seiner Gerichtsbarkeit, und verwahrt sie gewissenhaft im Gefängnis, bis sie nach dem kirchlichen Verdammungsurteil die Strafe erleiden, die sie verdienen! Wißt, daß ihr bei der Ausführung dieser Aufgabe einen gottgefälligen und in Unseren Augen lobenswerten Gehorsam leistet, wenn ihr gemeinsam mit jenen Brüdern erfolgreiche Hilfe und Arbeit leistet, um die neue, ungewöhnlich dreiste und schändliche ketzerische Verworfenheit zu vertilgen! Sollte jemand dabei nachlässig oder nachgiebig sein, kann er wohl vor dem Herrn als unnütz und vor Unseren Augen mit Recht als schuldig erscheinen.

Gegeben zu Ravenna im Monat März des 1232. Jahres der Fleischwerdung des Herrn; 5. kaiserliche Verfügung.

Kurt-Victor Selge (Hg.), Texte zur Inquisition. Gütersloh 1967 (Texte zur Kirchen- und Theologiegeschichte, Heft 4), S. 37–40.
Quelle: MGH LL IV, Const. II, Nr. 158.

Quellentext 2

Beschluß gegen die Ketzer (22.2.1232)

(aus den Ketzergesetzen Kaiser Friedrichs II. von 1220 bis 1239)

Hauptpunkte des Beschlusses gegen die Patarener, veröffentlicht durch den Herrn Friedrich, den Erlauchten, stets Erhabenen römischen Kaiser und König von Jerusalem und Sizilien [...]

3. Wir fügen noch hinzu, daß ein Ketzer durch einen Ketzer überführt werden kann und daß die Häuser der Patarener sowie derer, die sie aufgenommen, verteidigt und unterstützt haben, oder worin sie entweder gelehrt oder anderen die Hand aufgelegt haben, zerstört und nie wieder aufgebaut werden sollen.

Ravenna, 22. Februar; 5. kaiserliche Verfügung.

Kurt-Victor Selge (Hg.), Texte zur Inquisition. Gütersloh 1967 (Texte zur Kirchen- und Theologiegeschichte, Heft 4), S. 37.
Quelle: MGH LL IV, Const. II, Nr. 157.

Quellentext 3

Methode, Kunst und Technik des Verhörs und der Überprüfung von Ketzern, ihren Anhängern und Komplizen

Unterweisung beziehungsweise allgemeine Information

Wenn also jemand von sich aus kommt oder auch, weil er vorgeladen oder gerufen wurde, da angeblich verdächtigt, genannt, verleumdet oder sogar angeklagt des Verbrechens der Ketzerei oder der Aufnahme von Ketzern oder wegen irgendwelcher anderer Delikte, welche die Aufgabe der Inquisition betreffen im Falle schlimmer Ketzerei oder auch von Dingen, die jedenfalls damit zusammenhängen, wenn er also zu verhören und zu überprüfen war und besonders vom Inquisitor oder seinem Stellvertreter freundlich und besonnen verhört und ermahnt wurde, soll er bei den heiligen Evangelien Gottes als Zeuge schwören, daß er die volle und reine Wahrheit sage über den Tatbestand der Ketzerei und die Dinge, die damit zusammenhängen oder sich auf die Aufgabe der Inquisition beziehen, unter allen Umständen ebenso zur eigenen Person wie über seinen Ketzerführer sowie über die anderen lebenden und toten Personen.

Wenn der Schwur geleistet und akzeptiert wurde, soll er verhört und ermahnt werden, von sich aus die ganze Wahrheit zu sagen, die er über den Tatbestand der Ketzerei wisse oder gewußt beziehungsweise gehört habe. Wenn er aber um Zeit oder um eine Denkpause bittet, um erst nach reiflicher Überlegung zu antworten, kann man es ihm wohl erlauben, falls es dem Inquisitor nützlich erscheint, besonders wenn deutlich ist, daß er in guter Absicht und nicht aus List darum bittet; andernfalls ist er verpflichtet, auf eine Frage zu seiner Tat ohne Verzögerung zu antworten.

Danach soll durch einen öffentlichen Schreiber der Tag dieser Untersuchung aufgeschrieben werden, nämlich so:

Im Jahre soundso, an dem und dem Tag kam N. aus der und der Stadt oder dem Dorf in der und der Diözese freiwillig oder weil er vorgeladen oder gerufen wurde. Er wurde vor Gericht gestellt in Anwesenheit des frommen Mannes N., der durch den Apostolischen Stuhl zum Inquisitor, [also zur Untersuchung] schlimmer Ketzerei im Königreich Frankreich bestimmt wurde. Er schwor bei den heiligen Evangelien Gottes, die volle und reine Wahrheit zu sagen über den Tatbestand oder den Vorwurf der Ketzerei und die Dinge, die damit zusammenhängen, ebenso zur eigenen Person wie auch über den Ketzerführer sowie die anderen lebenden und toten Personen. Er sagte als Zeuge aus und gestand etc. ...

Das muß aufgeschrieben werden. Denn wenn jemand offen und unmißverständlich gegen den Glauben redete und dabei die Argumente und Autoritäten, auf die sich Ketzer gewöhnlich stützen, anführte, würde ein solcher Ketzer leicht durch gläubige Gelehrte der Kirche überführt werden. Er aber würde gerade anhand der Irrlehre, mit der er sich zu verteidigen trachtet, als Ketzer eingestuft werden. Aber weil die derzeit lebenden Ketzer mit allen Mitteln versuchen, ihre Irrlehren eher zu verheimlichen als offen zu bekennen, können daher gelehrte Männer mit ihrer Kenntnis der Schriften diese nicht überführen, weil sie wegen trügerischer Worte und schlau ausgedachter Formulierungen nicht zu fassen sind. Deshalb werden gelehrte Männer durch sie eher verwirrt, und die Ketzer selber brüsten sich und werden dadurch noch stärker, da sie sehen, daß sie so mit gelehrten Männern ihren Spott treiben, weil sie ihnen durch die Schlauheit, Verschlagenheit und verwickelten Ausflüchte bei ihren Antworten listig aus den Händen entschlüpfen.

Es ist nämlich sehr schwer, Ketzer zu überführen, wenn sie selbst ihre Irrlehre nicht offen bekennen, sondern sie verbergen oder wenn nicht sichere und ausreichende Zeugnisse gegen sie vorliegen. In diesem Fall ergeben sich für den Inquisitor in jeder Hinsicht Schwierigkeiten. Denn das Gewissen bereitet [dem Inquisitor] Unruhe, einerseits, wenn er [d. h. der Ketzer] bestraft wird, ohne gestanden zu haben und ohne überführt worden zu sein, andererseits beunruhigt es das Herz des Inquisitors noch mehr, wenn sie durch ihre füchsische Schlauheit zum Schaden für den Glauben davonkommen, weil sie selber dadurch noch mehr bestärkt werden, zahlenmäßig um ein Vielfaches zunehmen und noch schlauer werden. Andererseits erhalten auch gläubige Laien daraus eine Ursache zu einem Ärgernis, weil die gegen jemanden begonnene Arbeit der Inquisition sozusagen in chaotischer Verwirrung aufgegeben wird und weil sie gewissermaßen im Glauben geschwächt werden, wenn sie sehen, daß gelehrte Männer so von ungebildeten und minderwertigen Personen verspottet werden. [...] Und deshalb ist es nicht nützlich, in einem solchen Fall gegen so schlaue Ketzer vor Laien über den Glauben zu diskutieren.

Man muß auch auf folgendes achten: Wie es nicht für alle Krankheiten dieselbe Medizin gibt, sondern vielmehr für die einzelnen verschiedene einzelne Heilmittel, so ist auch nicht für alle Ketzer der verschiedenen Sekten ein und dieselbe Methode der Befragung, Untersuchung und Prüfung anzuwenden, sondern für einzelne ebenso wie bei mehreren ist eine einzige, spezielle anzuwenden. Deshalb soll der Inquisitor wie ein kluger Seelenarzt gegen Personen, die er verhört oder mit denen er eine Untersuchung durchführt, ihr Wesen, ihre Situation, ihren Zustand, ihre Krankheit und die örtlichen Umstände überdenkend, bei der Untersuchung und Überprüfung dieser Aspekte vorsichtig vorgehen, nicht allen Personen in ähnlicher Form oder in derselben Reihenfolge alle folgenden Fragen stellen oder ihnen etwas einschärfen. Und bei manchen soll er auch nicht mit demselben oder ebensovielem zufrieden sein, sondern schlaue Ketzer mit dem Zügel der Unterscheidung an der Nase herumführen, damit durch die Gnade des Herrn und mit seiner helfenden Hand die sich windende Schlange aus dem Dornbusch und dem höllischen Abgrund ihrer Irrlehren herausgezogen wird.

Diesbezüglich kann nämlich keine unfehlbare Regel aufgestellt werden, damit nicht womöglich die Söhne der Finsternis, wenn sie die allgemein übliche Methode als die einzige längere Zeit vorhersehen, dieser wie einem Fallstrick leichter entgehen oder auch Vorkehrungen treffen. Ein weiser Inquisitor soll also darauf bedacht sein, daß er seinen Vorteil zieht aus den Antworten derer, die vor Gericht aussagen, aus den Zeugenaussagen der Ankläger, aus dem, was ihn die Erfahrung lehrte, aus dem Scharfsinn des eigenen Verstandes oder aus den folgenden Untersuchungen und Verhören, wie es der Herr gewähren wird.

Damit man aber irgendeine Vorstellung von der Untersuchung hat, wollen wir im folgenden gegen fünf Sekten einiges der Reihe nach anführen, wobei wir bei jeder Sekte den Kern ihrer Irrlehre vorausschicken und anschließend die Form und Methode der Untersuchung behandeln, wie sich im folgenden zeigen wird. Es handelt sich um die Sekten der Manichäer, der Waldenser beziehungsweise der Armen von Lyon, der Pseudo-Apostel, um jene, die man gemeinhin Beginen nennt, und diejenigen, die von den Juden zum Glauben an Christus konvertierten und zum Unflat des Judentums zurückkehren, auch um die Losdeuter, die Traumdeuter und die Geisterbeschwörer, deren Seuche der Reinheit des Glaubens am meisten schadet.

Bernard Gui, Manuel de l'Inquisiteur. Band 1, Paris 1926 (Les classiques de l'Histoire de France au Moyen Age 8), S. 4–8.

Quellentext 4

Spitzfindigkeiten und zweideutige Formulierungen

Man muß erwähnen, daß Ketzer deshalb, weil sie sich nicht mit Überzeugungskraft und Vernunftgründen, auch nicht gestützt auf Autoritäten gegen den wahren Glauben verteidigen können, sich sogleich auf Spitzfindigkeiten und Zweideutigkeiten verlegen und sich in Wortformulierungen flüchten, damit sie nicht ihrer Irrlehren überführt werden. Das ist ein offensichtliches Anzeichen, an dem man erkennen kann, daß sie Ketzer sind, wenn sie zweideutig antworten.

Eine Form ihrer verbalen Spitzfindigkeiten ist die des Doppelsinns der Wörter. Wenn zum Beispiel gefragt wird, ob sie an das Sakrament der Taufe, der Eucharistie, der Buße, der Ehe, der Priesterweihe oder der Letzten Ölung glauben, antworten sie, daß sie fest daran glauben. Aber unter all diesem verstehen sie entweder den guten Willen des Herzens oder die innere Buße. Ebenso benutzen sie dasselbe Wort, zum Beispiel Leib Christi, aber sie meinen damit einen mystischen Leib, das heißt die Kirche, und den Leib eines jeden guten Menschen, der, wie sie sagen, der Leib Christi ist, sowie auch andere Leiber; und so antworten sie, wenn man sie fragt, ob sie an den Leib Christi glauben, mit demselben Wortlaut und einem Doppelsinn.

Es gibt noch die andere Form gleicher Formulierung. Wenn man fragt: „Glaubst du, daß Christus geboren wurde, gelitten hat und auferstanden ist usw.?", antworten sie: „Gut und fest." Und damit verstehen und meinen sie: „Das heißt, ich glaube gut und fest an das, was meine Sekte betrifft."

Eine andere Form von Spitzfindigkeit ist die Hinzufügung einer Bedingung. Wenn man zum Beispiel fragt: „Glaubst du dies oder jenes?", antworten sie: „Wenn es Gott gefällt, glaube ich dies oder jenes fest", und sie meinen, daß es Gott nicht gefällt, was sie selber glauben.

Eine andere Form besteht darin, daß sie eine Gegenfrage stellen, um [sprichwörtlich!] einen Nagel durch einen Nagel stumpf zu machen.

Eine andere Form besteht darin, daß sie sich bei ihrer Antwort herauswinden. Wenn zum Beispiel gefragt wird: „Glaubst du, daß man einen Schwur leisten oder ein Blutsurteil fällen kann, ohne dadurch eine Sünde zu begehen?", antwortet der Ketzer: „Was glaubt ihr und die anderen?" – Wenn man ihm antwortet: „Wir glauben das", dann antwortet der Ketzer: „Auch ich glaube es", und er meint damit, daß wir dies glauben und sagen, nicht daß er selbst das glaubt, wonach er gefragt wird.

Eine andere Form besteht darin, jemanden verwundert zum Narren zu halten. Wenn man zum Beispiel jemanden fragt, ob er so etwas glaube, antwortet er verwundert, als ob er erzürnt wäre: „Was sollte ich sonst glauben, warum soll ich es nicht glauben?"

Eine andere Form ist die einer anderen Beziehung. Wenn zum Beispiel einer gefragt wird, ob er glaube, daß jeder, der schwört, dadurch sündigt, antwortet er: „Wer die Wahrheit sagt, sündigt nicht." Ebenso, wenn er folgendermaßen antwortet: „Wer schwört, sündigt nicht, wenn er die Wahrheit sagt." Und dennoch glaubt er, daß er durch das Schwören sündigt, aber nicht, wenn er die Wahrheit sagt.

Eine andere Form ist die der Übertragung. Wenn zum Beispiel nach dem einen gefragt wird, überträgt er es auf etwas anderes. Ferner, wenn er durch einen befragt wird, überträgt er sich auf andere, und er nennt sie in seinen Worten.

Eine andere Form ist die der Selbstrechtfertigung. Wenn er zum Beispiel nach dem Glauben gefragt wird, rechtfertigt er sich und sagt: „Ich bin ein einfacher Mensch, ungebildet und verstehe diese Fragen und Feinheiten nicht, und leicht würdet ihr mich fangen und zu einem Irrtum verleiten."

Sie haben noch viele andere Arten der Täuschung, weil die Praxis ein besserer Lehrmeister ist als die Theorie.

Man muß auch erwähnen, daß Ketzer dann und wann so tun, als seien sie Narren oder Verrückte, wie zum Beispiel David vor Achis [vgl. 1 Kön 21,12–15]. Und wenn sie ihre Irrlehren vorbringen, mischen sie Wörter darunter, die unpassend, lächerlich und geradezu närrisch sind, um dadurch ihre Irrtümer zu verdecken und den Eindruck zu erwecken, als sagten sie alles, was sie sagen, gleichsam im Scherz. Ich habe oft solche gesehen. Mit Hilfe der obenerwähnten und vieler anderer Täuschungsmanöver beim Antworten, die zu beschreiben zu lang dauerte und zu widerlich wäre – täglich erfinden sie neue –, beabsichtigen sie, sich selbst zu tarnen, um gleichsam als Unschuldige und Unbelastete davonzukommen, oder daß die Inquisitoren überdrüssig und erschöpft aufhören, sie zu verfolgen, oder daß der Inquisitor bei den Laien in Verruf gerät, weil er einfache Leute ohne Grund zu quälen und nur einen Grund zu suchen scheint, sie durch zu knifflige Verhöre zugrunde zu richten.

Bernard Gui, Manuel de l'inquisiteur. Band 1, Paris 1926 (Les classiques de l'histoire de France au Moyen Age 8), S. 72–76.

Quellentext 5

Das Verhör von Ketzern

Beim Verhör eines Ketzers soll man ihn zuerst schwören lassen, daß er ohne jede Falschheit, Täuschung und Wortwiederholung und entsprechend dem Verständnis der Fragesteller und Zuhörer auf alle Fragen antworte. Nach dem geleisteten Schwur soll ein jeder, der gerettet werden will, wenn er gebildet ist, nach dem Glaubensbekenntnis des Athanasius gefragt werden, und zwar mittels einzelner Verse und Artikel. Danach soll er, wenn er gebildet ist oder nicht über die folgenden Artikel befragt wird, über die Form und Art und Weise des Schwurs ausdrücklich belehrt werden:
    Glaubst du an Gott, den allmächtigen Vater, und den Sohn und den Heiligen Geist?
    Und daß in dieser Trinität ein einziger Gott sei, der Schöpfer von Himmel und Erde, der Körper und der Seelen, der sichtbaren und der unsichtbaren Dinge und aller Geschöpfe?
    Glaubst du, daß die Seelen der Menschen nicht jene bösen Geister sind, die aus dem Himmel gestürzt sind?
    Glaubst du, daß der Satan und alle bösen Geister vom allmächtigen Gott gerechterweise in die Hölle verdammt wurden und daß keiner von

ihnen einmal erlöst werden wird, weder vor dem Jüngsten Gericht noch danach?

Glaubst du, daß der allmächtige Gott, den wir Christen verehren, geziemend und mit Recht im Himmel herrscht und daß kein böser Geist und kein Mensch, der ohne Buße in den Sünden, die wir Katholiken Todsünden nennen, stirbt, in den Himmel kommt, sondern immer und ohne Ende in der Hölle brennt?

Glaubst du, daß die Seelen, die Christus erlöste und von der Hölle in den Himmel mitnahm, und die Seelen der Apostel, Märtyrer, Bekenner und auserwählten Jungfrauen mit Christus im Himmel bis zum Tag des Gerichts herrschen und mit Christus am Tag des Gerichts kommen werden, um das zu empfangen, was ihnen gebührt, und daß sie dann mit Christus ohne Ende herrschen werden?

Glaubst du, daß jene, die aus Liebe zu Christus alles Irdische verlassen, beim Gericht mit Christus über die Lebenden und Toten zu Gericht sitzen werden?

Glaubst du, daß die Heiligen im Himmel uns Lebende und die Seelen, die sich im Fegefeuer befinden, beschützen können?

Glaubst du, daß die Gebete, Messen, Almosen und die übrigen guten Werke, ebenso Kerzen, Nachtwachen und Fasten, was wir also für gläubige Verstorbene tun, denen nützen, die ins Fegefeuer kommen, und daß sie nach ihrer Läuterung in den Himmel kommen?

Glaubst du, daß die heilige Jungfrau Maria niemals zur Höllenpein, auch nicht ins Fegefeuer kommt und daß nicht nur sie selbst, sondern auch sehr viele Heilige sofort im Augenblick des Todes in den Himmel kommen?

Glaubst du, daß die Toten auferstehen, die Guten zum ewigen Leben und die Bösen zum ewigen Feuer?

Glaubst du, daß das Gesetz des Moses von Gott und nicht vom Teufel gegeben wurde?

Glaubst du, daß das Alte Testament durch das Neue erfüllt wurde und daß beide gut sind?

Glaubst du, daß die Seelen niemals sterben können, weder die guten noch die bösen?

Glaubst du, daß die Taufe kleine Kinder wirklich zu Christen macht und daß die Taufe der kleinen Kinder, welche mit Wasser und den richtig gesprochenen Worten vorgenommen wird, nicht wiederholt zu werden braucht und auch nicht auf andere Weise verbessert werden kann?

Und daß ein kleines Kind vor den Jahren des Unterscheidungsvermögens vollständig und vollkommen getauft werden kann und daß dies im Glauben der Eltern und der Kirche geschieht?

Glaubst du, daß ohne Zerknirschung des Herzens, mündliche Beichte und tätige Wiedergutmachung Gott einem Lebenden eine Sünde nicht vergibt?

Glaubst du, daß durch die Reue, die beim Jüngsten Gericht erweckt wird, ein Mensch gerettet werden kann?

Glaubst du, daß es nicht genügt, Gott allein beziehungsweise einem Laien seine Sünden zu bekennen, sondern einem Priester?

Glaubst du, daß Eheleute, die nach dem Kirchenrecht ohne Trennung zusammenbleiben, gerettet werden können?

Glaubst du, daß niemand außer einem Priester, auch wenn er ein sehr großer Verbrecher ist, den Leib und das Blut Christi konsekrieren kann?

Glaubst du, daß das Brot sich in seinen wahren Leib und der Wein sich in sein Blut verwandeln kann?

Glaubst du, daß die Firmung, die Priesterweihe und die Letzte Ölung wirkliche und notwendige Sakramente sind?

Glaubst du, daß man in der Kirche mehr beten soll als anderswo?

Glaubst du, daß Jungfrauen und keusche Männer größeren Lohn erhalten als Menschen, die ein zügelloses, ausschweifendes Leben führen?

Glaubst du, daß ohne Sakramente keiner gerettet werden kann?

Glaubst du, daß keiner gerettet werden kann außer demjenigen, der dem Papst und den anderen kirchlichen Würdenträgern gehorsam ist?

Willst du dem Papst und unseren anderen, dir vorher genannten [kirchlichen Würdenträgern] gehorsam sein und nicht den gemeinen Ketzern, welche dich im geheimen die Ketzerei lehren?

Glaubst du, daß die Ablässe, die von den kirchlichen Würdenträgern vernünftigerweise und zweckmäßig gewährt werden, Büßern nützen?

Glaubst du, daß es Strafen im Fegefeuer gibt?

Glaubst du, daß unser Herr Jesus Christus, der eingeborene Sohn Gottes, wesensgleich, gleich alt und gleich ewig wie der Vater, selber wahrer Gott ist, Fleisch und Mensch wurde unter Mitwirkung des Heiligen Geistes aus Maria, die stets Jungfrau blieb vor der Geburt, bei der Geburt und nach der Geburt, und daß ihr Sohn Jesus reiner Mensch und einziger Sohn Gottes, Gott und beschnittener Mensch ist?

> Ignaz v. Döllinger (Hg.), Beiträge zur Sektengeschichte des Mittelalters. Band 2, München 1890, S. 301–303.
> Quelle: De examinatione haereticorum. Cod. Tegernseeens. 290 fol.

Quellentext 6

Verfahren beziehungsweise Form, wie man vor Gericht der Ketzerei abschwört

Wenn ein Ketzer nach einem gründlichen Verhör und nach der Entgegennahme seines Geständnisses in schriftlicher Form vor Gericht aufrichtig bereuen und von seinen Irrlehren wirklich ablassen will, muß er aller Ketzerei völlig abschwören, bevor er von der Verurteilung zur Exkommunikation, die vom Kirchenrecht gegen solche Ketzer vorgesehen ist, freigesprochen werden kann. Die Abschwörung soll an das Ende des Geständnisses eines jeden Geständigen geschrieben werden. Die Formel der Abschwörung kann man jedoch an den Anfang des Buches schreiben, in dem die Geständnisse und die Prozesse der Geständigen stehen.

Ich, N., von dem und dem Ort und der und der Diözese, wurde vor Gericht gestellt vor Euch, N., den Inquisitor, der zur Untersuchung schlimmer Ketzerei berufen ist. Auf die vor mir liegenden hochheiligen Evangelien Gottes schwöre ich völlig aller Ketzerei ab, die sich gegen den katholischen Glauben an den Herrn Jesus Christus und die heilige römische Kirche richtet, ferner allem Ketzerglauben einer jeden Sekte, die durch die römische Kirche verurteilt wurde, wie sie auch immer genannt werden sollte, und besonders der oder der Sekte (man könnte sie konkret nennen), ebenso jeder Gunst oder Begünstigung, Aufnahme, Verteidigung und Gemeinschaft von Ketzern bei der Strafe, die von Rechts wegen fällig ist bei denen, die vor Gericht der Ketzerei abschworen und und rückfällig wurden.

Ebenso schwöre und verspreche ich, daß ich, so gut ich es kann, Ketzer von jeder beliebigen Sekte verfolge, aufdecke oder verrate und mich dafür einsetze, daß sie ergriffen und den Inquisitoren übergeben werden, besonders im Falle dieser oder jener Sekte (sie kann beim Namen genannt werden), ferner diejenigen, welche an sie glauben, sie begünstigen, aufnehmen und verteidigen, und auch jene, von denen ich wüßte oder glaubte, daß sie sicher ehemalige Ketzer seien, und eine jede der obengenannten Personen, auch ihre Boten, wann und wo auch immer ich weiß, daß es die obengenannten Personen sind oder eine von ihnen.

Ebenso schwöre und verspreche ich, daß ich den katholischen Glauben, den die römische Kirche verkündet und bewahrt, festhalte, bewahre und verteidige.

Ebenso schwöre und verspreche ich, daß ich den Geboten der Kirche und der Inquisitoren gehorsam Folge leiste und zu einem Termin beziehungsweise Terminen vor ihnen oder ihren Stellvertretern erscheine, wann und wie oft ich dazu von ihnen durch einen Boten, einen Brief oder sonstwie vorgeladen oder aufgefordert werde; ferner, daß ich niemals fliehe und daß ich mich auch nicht vorsätzlich und aus Trotz entferne beziehungsweise plane, mich zu entfernen, und daß ich, so gut ich es vermag, meine Strafe oder Buße leiste, die man glaubt, mir auferlegen zu müssen.

Dazu verpflichte ich mich mit allem, was ich besitze.

Bernard Gui, Manuel de l'inquisiteur. Band 2, Paris 1926 (Les classiques de l'histoire de France au Moyen Age 8), S. 26–28.

Quellentext 7

Auszug aus der Prozeßordnung von Narbonne (20.10.1244)

Verfahrensweise bei der Vorladung

Die Inquisitoren entbieten dem Hilfspriester ... ihren Gruß im Herrn. Aufgrund der Autorität, die wir innehaben, erteilen wir Euch die strenge Weisung und befehlen, daß Ihr alle Pfarrkinder beziehungsweise Einwohner von jener Kirche oder jenem Ort, die männlichen vom 14., die weiblichen vom 12. Lebensjahr an und darunter, falls sie sich verfehlt haben, in unserem Namen und aufgrund unserer Autorität vorladet, damit sie an dem und dem Tag und an dem und dem Ort vor Euch erscheinen, um Auskunft zu geben über das, was sie gegen den Glauben begangen haben, und um der Ketzerei abzuschwören. Und wenn an diesem Orte keine andere Inquisition durchgeführt wird, gewähren wir allen aus diesem Ort, die namentlich vorgeladen wurden oder sonst keine Nachsicht verdienten, Verschonung von der Haft, wenn sie innerhalb der anberaumten Zeit von selber kommen, Buße tun und über sich sowie über andere die reine und volle Wahrheit sagen.
Diese Zeit nennen wir die der Gnade oder der Nachsicht.

Die Form des Abschwörens und die Form des Schwörens

Wir lassen einen jeden, wenn er erscheint, um zu bekennen, aller Ketzerei abschwören und schwören, daß er über sich und andere Lebende und Tote die volle und reine Wahrheit sage zum Tatbestand oder zum Vorwurf der Ketzerei und der Zugehörigkeit zu den Waldensern. Das wird den katholischen Glauben retten und schützen und gewährleisten, daß man die Ketzer einer jeden beliebigen Sekte weder aufnimmt noch schützt oder sie begünstigt oder ihnen Vertrauen schenkt, sondern vielmehr sie und ihre Abgesandten mit gutem Glauben verfolgt und dingfest macht oder wenigstens der Kirche oder deren Führern und Gesandten diejenigen enthüllt, die sie festnehmen wollen und können. Es wird die Inquisition nicht behindern, sondern im Gegenteil sich denen entgegenstellen, die sie bekämpfen. [...]

Verfahrensweise und Form der Wiederversöhnung und Bestrafung derer, die zur kirchlichen Einheit zurückkehren

Im Namen unseres Herrn Jesus Christus, Amen. Wir, die Inquisitoren etc. Aufgrund der Untersuchung, die wir bei Ketzern und Verdächtigen kraft unseres apostolischen Auftrags durchführen, kommen wir zu dem Ergebnis, daß du, N. N., wie du vor uns bei Gericht gestanden hast, viele Ketzer verehrt, aufgenommen, aufgesucht und ihren Irrlehren Glauben geschenkt hast. Daher bist du, der deshalb festgenommen wurde, wenn du jedoch guten Herzens und ungeheuchelten Glaubens, wie du versicherst, zur kirchlichen Einheit zurückkehrst und – wie oben! – abschwörst und dich, wenn du dir etwas zuschulden kommen ließest, die bei Ketzern fällige Strafe freiwillig annimmst und anerkennst, daß du von der Exkommunikation, von der du für das Vorhergehende betroffen warst, unter der bindenden Bedingung befreit, daß dann, wenn man herausfindet, daß du über dich oder andere die Wahrheit unterdrückt hast, und du die Buße und die Anweisungen, die wir dir auferlegen, nicht hältst und erfüllst, dir diese Absolution nichts nützt, sondern die Exkommunikation für deine Unterlassungen in vollem Umfang aufrechterhalten wird. [...]

Schreiben über die Leistung der Buße

[...] Vor allen Christgläubigen, die das vorliegende Schreiben zu Gesicht bekommen, erlegen wir Inquisitoren etc. ... in Gegenwart des Zeugen N. N. demjenigen, der sich nach seinem eigenen Geständnis, das er vor uns bei Gericht abgelegt hat, sich des Verbrechens sündhafter Ketzerei schuldig gemacht hat, wenn er freiwillig und demütig in den Schoß der heiligen Mutter Kirche zurückkehrt, der Sünde der Ketzerei völlig abschwört und schließlich gemäß dem Kirchenrecht vom Band der Exkommunikation befreit ist, die Buße auf, daß er zur Sühne für sein Vergehen zwei safranfarbige Kreuze, die zwei Handbreit lang und breit und drei Finger dick sind, ständig auf seinem Obergewand trägt, das eine vorn auf der Brust und das andere hinten auf den Schultern. Das Gewand, an dem er die Kreuze trägt, darf nirgendwo safranfarbig sein. An Sonntagen und Feiertagen nehme er zeit seines Lebens an der Messe, an den Vespern und an der Ketzerverurteilung teil, sofern diese in dem Dorf, in dem er lebt, stattfindet, außer er ist daran verhindert, aber ohne daß er dabei eine Täuschung begeht. Jedes Jahr soll er an Prozessionen teilnehmen und dabei zwischen dem Geistlichen und dem Volk große Ruten in der Hand tragen. Wenn er an einer Prozession teilnimmt und an einer Station steht, soll er dem Volk erklären, daß er hier wegen der Sünden, die er gegen den Glauben beging, diese Buße tut. Er soll auch jedes Jahr die Gräber der Heiligen besuchen, und auf jeder dieser Pilgerfahrten soll er unser Schreiben vorzeigen, das er nach unserem Willen haben und bei sich führen soll. Er ist verpflichtet, dieses Schreiben dem Geistlichen der Kirche, die er besucht, zu zeigen und über die Pilgerfahrt, falls sie auf pflichtgemäße Weise durchgeführt wurde, eine schriftliche Bestätigung desselben Geistlichen uns als Beweis zu bringen. […]

Die Form des Urteils bei denen, die dem Arm der weltlichen Gerichtsbarkeit zu übergeben sind

[…] Wir, die obenerwähnten Inquisitoren, haben die Schuld und die Vergehen des Genannten aufmerksam angehört und besonders auch die Umstände, die uns in besonderer Weise dazu bewegen müssen – sei es durch Bestrafung, sei es durch Vergebung –, die Sünde der Ketzerei aus dem Land zu vertilgen und den Glauben neu einzupflanzen. Wir verurteilen in Verbindung mit den ehrwürdigen Geistlichen, die uns beraten etc., den oben Genannten, weil er an die Irrlehren der Ketzer glaubte und überführt ist, daß er jetzt noch daran glaubt, da er, obwohl er verhört und überführt wurde beziehungsweise gestanden hat, es ablehnt, sich zu bekehren und den Geboten der Kirche absoluten Gehorsam zu leisten, kraft des endgültigen Urteils als Ketzer. Wir überlassen ihn von nun an der weltlichen Gerichtsbarkeit und verurteilen ihn so als Ketzer wie alle, die ihn in Zukunft wissentlich aufnehmen oder schützen oder ihm Rat, Hilfe oder Unterstützung gewähren, so wie wir alle, die Ketzer unterstützen, aufnehmen und schützen, kraft der Autorität, die wir besitzen, mit dem Band der Exkommunikation belegen.

Formulierung des Urteils gegen diejenigen, die als Ketzer gestorben sind

[...] Wir Inquisitoren etc. haben die Schuld und die Vergehen der oben genannten Person gesehen und sorgfältig und aufmerksam geprüft. Nach der Begutachtung seiner Verteidigung und der Umstände, die bei den Personen und Aussagen der Zeugen sowie der anderen Aspekte gründlich durchdacht werden mußten, wobei uns diese und jene zur Seite standen und uns berieten etc., verkünden wir das unwiderrufliche Urteil, daß eben dieser etc. als Ketzer gestorben ist, und wir verurteilen ihn selbst und das Andenken an ihn mit der gleichen Strenge. Wir beschließen, daß seine Gebeine, wenn man sie von anderen unterscheiden kann, exhumiert und sodann verbrannt werden zur Sühne für ein so unsagbares Verbrechen.

> Kurt-Victor Selge (Hg.), Texte zur Inquisition. Gütersloh 1967 (Texte zur Kirchen- und Theologiegeschichte, Heft 4), S. 70–76.
> Quelle: Ordo processus Narbonensis.

Quellentext 8

Die Bulle „Ad extirpanda" erging an die Städte in der Lombardei, der Romagna und der Mark Treviso.

Aus der Bulle „Ad extirpanda" von Papst Innozenz IV. (15.5.1252)

III. Ferner soll der Bürgermeister beziehungsweise Mann in leitender Stellung binnen drei Tagen nach seinem Amtsantritt zwölf rechtschaffene, katholische Männer, zwei Gerichtsschreiber und zwei Diener oder wie viele nötig sind, einsetzen. Diese sollen vom Diözesanbischof, falls er anwesend ist und teilnehmen will, von zwei Dominikanern und zwei Franziskanern, ferner von den Männern, die von ihren Ordensoberen dazu abgeordnet werden, falls es dort einen Konvent dieser Orden gibt, gewählt werden.

IV. Die so eingesetzt und gewählt sind, können und sollen Ketzer und Ketzerinnen festnehmen, ihnen das Vermögen wegnehmen und es durch andere wegnehmen lassen und dafür sorgen, daß dies in der Hauptstadt genauso wie im Gebiet ihrer Gerichtsbarkeit und ihrem Bezirk vollständig erfüllt wird, und sie sollen die Ketzer in die Gewalt des Diözesanbischofs oder seiner Stellvertreter abführen oder abführen lassen.

XXV. Außerdem soll ein Bürgermeister beziehungsweise Mann in leitender Stellung alle Ketzer, die er festgenommen hat, außer dem Verlust eines Gliedes und Todesgefahr, als wären sie wirklich Räuber und Mörder, zwingen, als Diebe der Sakramente Gottes und des christlichen Glaubens ihre Irrlehren deutlich zu gestehen und die anderen Ketzer, die sie kennen, und deren Vermögen anzuzeigen, aber auch diejenigen, die an sie glauben, sie aufnehmen und sie beschützen, so wie man also Diebe und Räuber irdischer Güter zwingt, ihre Komplizen anzuzeigen und die Verbrechen zu gestehen, die sie begangen haben.

XXXVIII. Ferner sollen alle diese Erlasse oder Beschlüsse und Gesetze und die Anordnungen, die sonst noch gegen die Ketzer und ihre Komplizen irgendwann einmal kraft der Autorität des Apostolischen Stuhles getroffen werden, in vier Büchern mit demselben Inhalt gesammelt werden. Ein Exemplar soll im Archiv einer jeden Stadt, ein zweites beim Diözesanbischof, ein drittes bei den Dominikanern und ein viertes bei den Franziskanern sorgfältig im Original aufbewahrt werden, damit sie nicht durch Fälscher irgendwie verändert werden können.

Perugia am 15. Mai im 9. Jahr Unseres Pontifikats

Kurt-Victor Selge (Hg.), Texte zur Inquisition. Gütersloh 1967 (Texte zur Kirchen- und Theologiegeschichte, Heft 4), S. 77.
Quelle: Mansi XXIII, 569ff.; Editio Taurinensis des „Bullarium pontificum romanorum", Potthast, II, Nr. 14592, col. 3ff.

Quellentext 9

Die Synode von Toulouse (1229)

Dies sind die Beschlüsse auf der Synode von Toulouse, die durch den Herrn Kardinaldiakon Romanus von S. Angelo, den Legaten des Apostolischen Stuhls, im Monat November im Jahre des Herrn 1229 veröffentlicht wurden.

Einleitung

Mögen auch von verschiedenen Legaten des Apostolischen Stuhls verschiedene Maßnahmen gegen die Ketzer und diejenigen, die an sie glauben, sie unterstützen und aufnehmen, ergriffen worden sein sowohl zur Bewahrung des Friedens in der Diözese Toulouse, in der Provinz Narbonne, den umliegenden Diözesen, den benachbarten Ländern als auch im Hinblick auf anderes, das eine gute Verfassung des Landes bezweckt, und mögen Wir auch feststellen, daß die genannten Länder nach den Gefahren einer langen und beklagenswerten Verwirrung nunmehr auf eine geradezu wunderbare Weise mit Zustimmung und Willen der Vorgesetzten sich des Friedens erfreuen, waren Wir der Meinung, man müsse mit dem Rat der Erzbischöfe, Bischöfe, Prälaten, Barone und Ritter anordnen und beschließen, was nach Unserem Wissen zur Reinigung von ketzerischer Verworfenheit, zur Erhaltung des Friedens und gewiß auch für die gleichsam neubekehrte Erde nützlich ist.

Paragraphen

I. An jedem Ort sollen ein Priester und drei Laien eingesetzt werden; diese sollen Ketzer sorgfältig aufspüren

Und so beschließen Wir, daß Erzbischöfe und Bischöfe in den einzelnen Pfarrgemeinden, ebenso in den Städten wie außerhalb davon einen Priester und zwei oder drei Laien mit gutem Ruf oder nötigenfalls noch mehr eidlich verpflichten, damit sie sorgfältig, zuverlässig und oft die Ketzer in den Pfarreien aufspüren, indem sie jedes Haus und unterirdische Zimmer, soweit irgendwie verdächtig, durchsuchen, Gebäude, die an diese Häuser angebaut oder ihnen benachbart sind, oder alle möglichen sonstigen Verstecke durchsuchen, die Wir alle zu zerstören befehlen. Und wenn sie irgendwelche Leute finden, die Ketzer sind, an sie glauben, sie unterstützen und aufnehmen oder sie verteidigen, sollen sie dafür Vorsorge treffen, daß sie nicht fliehen können, und sich bemühen, in aller Eile dem Erzbischof oder Bischof, den Lehensherren oder den Verwaltungsbeamten derselben Mitteilung zu machen, damit sie mit der schuldigen Maßnahme bestraft werden.

II. Dasselbe sollen bestimmte Äbte tun
Dasselbe sollen bestimmte Äbte an ihren Orten tun, die nicht nach dem Diözesanrecht den ordentlichen Rechtsträgern unterworfen sind.

III. Die Lehensherren sollen die Ketzer aufspüren
Aufgerufen sind auch die Lehensherren der Länder, in den Dörfern, Häusern und Wäldern die Ketzer aufzuspüren und etwaige Anbauten, Nachbarhäuser oder unterirdische Verstecke zu zerstören.

IV. Die Strafe für den, der in seinem Land einen Ketzer duldet
Wir beschließen ferner, daß jeder, der ferner in seinem Land mit Wissen einem Ketzer den Aufenthalt erlaubt, sei es des Geldes wegen oder aus irgendeinem sonstigen Grund, und dies gestanden hat oder dessen überführt wurde, für immer sein Land verlieren soll. [...]

V. Wenn einem nicht nachgewiesen werden kann, daß sich mit seinem Wissen Ketzer in seinem Land aufhalten
Wenn jemand nicht überführt wird, daß er davon wußte, es aber bewiesen wurde, daß er fahrlässig war oder daß Ketzer oft in seinem Land gefunden werden, oder wenn er diesbezüglich einen schlechten Ruf hat, soll er mit den gesetzlichen Strafen bestraft werden.

VI. Ein Haus, in dem ein Ketzer gefunden wird, soll zerstört und das Grundstück beschlagnahmt werden
Wir befehlen, daß das Haus, in dem ein Ketzer gefunden wurde, zerstört werden soll, und dieser Ort beziehungsweise das Grundstück soll konfisziert werden.

VII. Wenn ein Richter nicht gewissenhaft gegen Ketzer vorgeht
Wenn ein Richter [...] nicht als sehr eifriger, sorgfältiger Verfolger der Ketzer befunden wird, soll er sein Vermögen verlieren und übrigens weder an seinem Dienstort noch irgendwo sonst als Richter verwendet werden.

VIII. Niemand soll als Anhänger oder Ketzer bestraft werden, wenn er nicht durch die Macht der Kirche verurteilt wurde
Damit nicht Unschuldige als Schuldige bestraft werden oder beliebigen Menschen durch jemands Verleumdung das Übel der Ketzerei angehängt wird, beschließen Wir, daß jemand als Anhänger oder Ketzer nur durch den Ortsbischof oder irgendeine kirchliche Person, die die Macht dazu hat, bestraft werde, wenn er als Anhänger oder Ketzer verurteilt wurde.

IX. Jeder kann im Land eines anderen Ketzer aufspüren und festnehmen
Wir beschließen ferner, daß jeder im Land eines anderen Ketzer aufspüren oder festnehmen kann und daß die Richter vor Ort dazu verpflichtet sind, ihnen Hilfe und Unterstützung zu leisten, so daß ein Beamter des Königs im Land des Grafen von Toulouse und anderer dies tun kann; desgleichen der Graf von Toulouse und andere im Land des Königs.

X. Verfahrensweise bei Ketzern [Katharern], die freiwillig zum Glauben zurückkehren
Ebenso beschließen Wir, daß Ketzer, die als „Vollkommene" das „Consolamentum" empfingen, dann, wenn sie von sich aus ihre Häresie aufgaben, zum katholischen Glauben zurückkehrten und ihre Irrlehre eingestanden, nicht in dem Haus bleiben sollen, in dem sie vorher gewohnt hatten, wenn dieses Haus im Hinblick auf die Häresie als verdächtig gilt, sondern sie sollen in ein katholisches Haus gebracht werden, auf das kein

Verdacht der Häresie fällt. Wenn sie der alten Irrlehre abschwören, sollen sie zwei Kreuze tragen, die übrigens höher herausragen und eine andere Farbe als ihre Kleidung haben sollen, das eine rechts und das andere links. Vom Tragen dieser Kreuze soll niemand befreit sein, außer er hat ein Schreiben seines Bischofs, das seine Wiederversöhnung bezeugt. Im übrigen sollen solchen Menschen keine öffentlichen Ämter übertragen werden, und sie sollen auch nicht zu rechtlichen Tätigkeiten zugelassen werden, außer wenn sie durch den Herrn Papst oder durch einen Kardinallegaten mit päpstlicher Jurisdiktionsgewalt rehabilitiert wurden und ihnen eine angemessene Strafe auferlegt wurde. [...]

XII. Der Eid, der von den einzelnen Katholiken zu leisten ist
Alle Männer und Frauen, Männer vom 14., Frauen vom 12. Lebensjahr an, sollen aller Häresie abschwören, die sich gegen die heilige katholische römische Kirche und den orthodoxen Glauben richtet, gleichgültig, mit welchem Namen man diese auch bezeichnen mag: Sie sollen ferner schwören, daß sie den katholischen Glauben, den die römische Kirche beibehält und verkündet, bewahren, Ketzer nach Kräften verfolgen und diese in gutem Glauben offenbaren werden. Die Namen aller Männer und Frauen sollen in jeder Pfarrgemeinde aufgeschrieben werden, und alle sollen vor dem Bischof oder vor guten Männern, denen diese Aufgabe übertragen wurde, diesen Eid leisten. Und wenn jemand abwesend ist und nach seiner Rückkehr nicht binnen 15 Tagen denselben Eid geleistet hat, gilt er als verdächtiger Ketzer, weil er aufgrund der Namensüberprüfung diesen Anschein erweckt. Dieser Eid soll alle zwei Jahre erneuert werden.

XIII. Jeder soll dreimal im Jahr beichten und kommunizieren, andernfalls soll er als der Ketzerei verdächtig gelten
Alle beiderlei Geschlechts sollen, wenn sie 14 beziehungsweise 12 Jahre alt geworden sind, dreimal im Jahr ihre Sünden ihrem zuständigen Priester oder nach dessen Willen einem anderen beichten, die auferlegte Buße demütig und nach Kräften erfüllen und dreimal im Jahr, an Weihnachten, Ostern und Pfingsten, das Sakrament der Eucharistie mit aller Ehrfurcht empfangen, und zwar so, daß die Beichte der Kommunion vorausgeht; es

sei denn, daß sie aus irgendeinem vernünftigen Grund auf den Rat des zuständigen Priesters nicht daran teilnehmen. Daher seien die Priester darauf bedacht, aus der Namensüberprüfung zu ersehen – wie weiter oben gesagt wurde –, ob es jemanden gibt, der sich der Kommunion heimlich entziehen will. Denn wenn jemand außer auf den Rat des zuständigen Priesters der Kommunion fernbleibt, soll er als verdächtiger Ketzer gelten.

XIV. Laien sollen nicht die Bücher der Schrift besitzen außer den Psalmen und dem Stundengebet. Aber diese Bücher sollen sie nicht in der Volkssprache besitzen [Anmerkung: Dem Stundengebet der Mönche können Laien zuhören. Das Verbot richtet sich also in erster Linie gegen die Verwendung volkssprachlicher Bibelteile und Gebete, wie sie zum Beispiel bei den Katharern und Waldensern üblich sind.]
Wir verbieten ferner, daß Laien die Bücher des Alten oder Neuen Testaments außer den Psalmen oder dem Stundengebet haben dürfen oder daß jemand aus Frömmigkeit die Stundengebete der heiligen Maria haben möchte. Wir verbieten auf das strengste, daß sie die genannten Bücher in volkssprachlicher Übersetzung besitzen.

XV. Verfahrensweise bei Kranken, die der Ketzerei beschuldigt oder verdächtigt wurden
Wir beschließen ferner, daß alle, die der Ketzerei beschuldigt oder verdächtigt wurden, in Zukunft den Dienst eines Arztes nicht in Anspruch nehmen dürfen. Und wenn ein Kranker aus der Hand seines zuständigen Priesters die heilige Kommunion empfangen hat, soll er bis zum Tag seines Todes oder seiner Genesung sorgfältig bewacht werden, damit nicht ein Ketzer oder der Ketzerei Verdächtiger zum Kranken Zugang haben könne. Denn Wir haben erfahren, daß infolge des Zugangs solcher Menschen noch mehr unbeschreibliche und gottlose Verbrechen geschahen.

XVI. Ein Testament soll vor dem zuständigen Priester oder einem anderen Geistlichen gemacht werden
Wenn jemand ein Testament machen will, soll er dies unter Bezeugung seines zuständigen Priesters oder einer anderen kirchlichen Person tun. Wenn der zuständige Priester nicht zur Verfügung stehen kann, sollen

Männer mit einem guten Ruf hinzugezogen werden, die er in dieser Angelegenheit hinzuziehen will. Ein Testament, das auf andere Weise gemacht wurde, soll ungültig sein und keinerlei Geltung haben.

XVII. Ketzern oder der Ketzerei Beschuldigten soll kein Amt anvertraut werden. Sie sollen weder in der Familie noch im Rat bleiben dürfen
Wir verbieten ferner, daß Prälaten, Barone, Ritter oder irgendwelche Lehensherren in ihren Ländern Ketzern oder ihren Anhängern Richter- oder Verwaltungsämter übertragen. Sie sollen es nicht wagen, diese oder auch jemanden, der der Ketzerei beschuldigt wurde oder ihrer Meinung nach der Ketzerei verdächtig ist, in ihrer Familie oder in ihrem Rat zu haben oder zu behalten.

XVIII. Wer anzuklagen ist
Jene sollen sie für Angeklagte halten, gegen die sich das öffentliche Gerede richtet oder über die durch gute und ernsthafte Menschen vor dem Ortsbischof rechtmäßig Anklage erhoben wurde.

XIX. Diese Beschlüsse sollen viermal im Jahr den Pfarrkindern erläutert werden
Wir ordnen an, daß diese Beschlüsse den Pfarrkindern viermal im Jahr von den Pfarrern sorgfältig erläutert werden sollen, und zwar an den Sonntagen, die den vier Fastenzeiten unmittelbar folgen.

Kurt-Victor Selge (Hg.), Texte zur Inquisition. Gütersloh 1967 (Texte zur Kirchen- und Theologiegeschichte, Heft 4), S. 30–34.
Quelle: Synode von Toulouse (1229); Text nach Mansi XXIII 191ff.

Quellentext 10

Wie es dem Inquisitor Arnald in der Stadt Albi erging

(Aus den Akten der Inquisition)

Das folgende haben wir gesehen und gehört und schreiben es wahrheitsgetreu auf. Es geschah am 15. Juni im Jahre des Herrn 1234. Bruder Arnald Cathalani aus dem Dominikanerorden, nämlich aus dem Konvent von Toulouse, wurde damals im Auftrag des Papstes vom Provinzialprior seines Ordens zum Bischofssitz Albi gesandt, um Untersuchungen gegen die Ketzer durchzuführen. Bei der ihm übertragenen Aufgabe ging er auf folgende Weise vor: Zur dritten Stunde [um 9 Uhr morgens] des obenerwähnten Tages rief er, bevor die Synode zusammentrat, den Lastträger am Hof des Bischofs von Albi und befahl ihm, eine Ketzerin namens Boyssena, einst Gemahlin des Ketzers Brostaionus, exhumieren zu lassen. Diese war am 31. Mai des Jahres 1234 gestorben. Er selbst [also Arnald Cathalani] hatte vor dem versammelten Kirchengericht unter Anhörung des Lastträgers und vieler anderer über sie das Urteil gesprochen. Aber da dieser Lastträger und seine Gehilfen Angst hatten, an das Grab heranzutreten und diesen Auftrag auszuführen, holte der nämliche Bruder Arnald ein paar Kapläne und noch viele andere Leute, ging zur Kirche des hl. Stephanus, in deren Friedhof jene Ketzerin begraben worden war, nahm eine Hacke und grub mit den ersten Schlägen in die Erde. Dann befahl er den Knechten des Bischofs, was sie tun sollten, und kehrte selbst zur Kirche zurück, um an der Synode teilzunehmen. Die Knechte kamen alsbald und meldeten persönlich, sie seien auf Befehl des Pontius Bernardus schimpflich vom Grab vertrieben worden. Da ging er selber los, zusammen mit ein paar Kaplänen, vielen anderen Leuten und mit dem Herrn Bernardus, dem Kaplan des Bischofs. Als sie an den Ort kamen, siehe, da bedrohten und beschimpften sie die Söhne Belials, die kriegerischen Geschöpfe der Sünde, wie sie von ihrem Vater, dem Teufel, unterwiesen worden waren.

Es folgen nun hier ihre Namen, von denen wir nicht zweifeln, daß sie aus dem Buch des Lebens getilgt sind: Wilhelm von Pau [es folgen noch 24 Namen] ... Als sich diese und noch viele andere ihnen genähert hatten, legte zuerst Wilhelm von Pau gewaltsam Hand an und sagte: „Dieser Verräter verlasse die Stadt!" Andere, die ihm folgten, sahen, was geschehen war, und legten selbst ohne Grund Hand an die Person des besagten Bruders, und dann zerrten sie an ihm, und einige schlugen ihn mit Fäusten auf die Brust, einige gaben ihm Schläge ins Gesicht, andere zogen ihn an der Kapuze, andere zerrissen ihm den Mantel, wie solches später noch an vielen Tagen vorkam. Oh weh! Wenn ihr nur sehen könntet, wie ihn manche vorn und manche hinten schlugen! Andere wollten sich sogar daranmachen, ihn zu erdrosseln.

Als er aber sah, was geschehen würde, erhob er die Hände zum Himmel und rief mit lauter Stimme: „Gepriesen sei unser Herr Jesus Christus!" und: „Ich danke dir, Herr Jesu Christ!" Zu denen aber, die ihn schlugen und zu Tode schleiften, sagte er: „Der Herr schone euch!" Eine große Menschenmenge folgte ihnen und rief: „Weg, weg mit ihm von der Erde, weil es nicht recht ist, daß er lebt!" Und als sie so schreiend, ihn schlagend und quälend am ersten Gehöft vorübergegangen waren und zum zweiten gelangten, das an dem Fluß namens Tarn gelegen ist, und noch ein kleines Stück weitergegangen waren, kamen einige Leute hinzu, die ihn ihren Händen entrissen. Als er aber sah, daß er frei war, und sie aufgehört hatten, ihn zu verprügeln, kehrte er zur Grabstelle zurück und ging von dort bis zur Kirche der hl. Cäcilie.

Als Isarnus, der Kaplan von Denat [bei Albi gelegen], sah, daß er so zu Tode geschleift werden sollte, folgte er ihm, um das Ende zu sehen. Aber sie hielten ihn fest und verprügelten und beschimpften ihn wie den besagten Bruder, und sie zerrissen ihm sein Gewand. Welche Verhöhnung durch Ungläubige! Als sie durch die Gehöfte gingen und zur Kirche der hl. Cäcilie hinkamen, riefen einige: „Die Verräter sollen sterben!" Andere sagten: „Warum spaltet man dem Verräter nicht den Schädel und steckt ihn in einen Sack, um ihn in den Tarn zu werfen?" Mehr als zwei- bis dreihundert der dort Anwesenden waren alle einmütig dieser Meinung und schrieen, so daß die ganze Stadt von diesem Geschrei erfüllt war.

Als nun der besagte Bruder Arnald zur Kathedrale kam, exkommunizierte er in Gegenwart des Bischofs, des Volkes und des Klerus sofort die

Stadt. Da reute es einige von ihnen zunächst, und sie versprachen für sich und das Volk Wiedergutmachung. Dies schworen sie dem Bischof auf die Hand, daß sie sich bezüglich des Vorfalls gänzlich seiner gerichtlichen Entscheidung fügen würden, und sie baten den besagten Bruder Arnald, er möge ihnen dieses Unrecht vergeben. Dieser antwortete, daß er das Unrecht an seiner eigenen Person sehr gern verzeihe, soweit er konnte und soweit er sollte. Aber das Unrecht an der ganzen Kirche und am Papst könne er nicht verzeihen, und er verzieh es nicht. Und so milderte er den Urteilsspruch, den er gefällt hatte, auf Drängen des Bischofs und aller Anwesenden.

Zeugen dafür sind Bernardus, der Kaplan des Bischofs von Albi [es folgen noch 13 Namen, darunter 10 Kleriker] ... und Isarnus, der Kaplan von Denat, der auch von der Verfolgung betroffen war.

Kurt-Victor Selge (Hg.), Texte zur Inquisition. Gütersloh 1967 (Texte zur Kirchen- und Theologiegeschichte, Heft 4), S. 78–80.
Quelle: Narratio de illatis Arnoldo inquisitori apud Albiensem civitatem.

Quellentext 11

In der zweiten Hälfte des II. Teils seiner „Summe der Theologie" behandelt Thomas von Aquin in der 10. Untersuchung den Unglauben im allgemeinen und stellt dazu bestimmte Fragen in scholastischer Manier.

Aus der „Summe der Theologie" des Thomas von Aquin

8. Sollen Ungläubige zum Glauben gezwungen werden?

Es scheint, daß Ungläubige auf keinen Fall zum Glauben zu zwingen sind. Denn bei Mt 13 [28f.] heißt es, daß die Knechte eines Gutsverwalters, auf dessen Acker Unkraut gesät war, ihn fragten: „Willst du, daß wir hingehen und es ausreißen?" Er antwortete: „Nein, damit ihr nicht mit dem Unkraut auch den Weizen ausreißt!" Zu dieser Stelle sagt Chrysostomus: „Das sagte der Herr, weil er eine gewaltsame Beseitigung verhindern wollte. Denn man soll Ketzer nicht töten. Wenn ihr diese tötet, werden notwendigerweise gleichzeitig auch viele Heilige beseitigt." Daher scheint es, daß aus dem gleichen Grund auch nicht irgendwelche Ungläubige zum Glauben gezwungen werden dürfen.

2. Ferner heißt es in den Beschlüssen [des 4. Konzils von Toledo im Jahre 633, c. 5 Dist. XLV): „Betreffs der Juden befiehlt die heilige Synode, niemanden in Zukunft mit Gewalt zum Glauben zu bringen." Also dürfen aus dem gleichen Grund auch andere Ungläubige nicht zum Glauben gezwungen werden.

3. Ferner sagt Augustinus, daß ein Mensch gegen seinen Willen alles andere tun kann, glauben jedoch nur, wenn er will. Den Willen kann man aber nicht erzwingen. Also scheint es, daß man Ungläubige nicht zum Glauben zwingen darf [vgl. Tractatus in Johannis Evangelium, XXVI,2].

4. Ferner heißt es bei Ezechiel im 18. Kapitel von der Person Gottes: „Ich will nicht den Tod des Sünders" [vgl. 18,23 und 32]. Wir aber sollen unseren Willen dem göttlichen anpassen, wie oben gesagt wurde [vgl. Lk 14,23]. Also dürfen auch wir nicht wollen, daß Ungläubige getötet werden.

Aber ganz anders heißt es Lk 14,23: „Geh hinaus auf die Straßen und zu den Zäunen und nötige die Menschen hereinzukommen, damit mein Haus voll werde!" Aber die Menschen gehen in das Haus Gottes, das heißt die Kirche, durch den Glauben. Also gibt es tatsächlich welche, die zum Glauben zu zwingen sind.

Mein Bescheid lautet: Man muß zugeben, daß es gewisse Gläubige gibt, die den Glauben niemals angenommen haben, wie zum Beispiel die Heiden und die Juden. Solche dürfen auf keinen Fall zum Glauben gezwungen werden, damit sie glauben, weil der Glaube eine Sache des Willens ist. Dennoch müssen sie von den Gläubigen gezwungen werden, wenn die Möglichkeit besteht, daß sie dem Glauben nicht hinderlich sind durch Gotteslästerung oder schlimme Ansichten oder sogar offene Verfolgung. Daher beginnen die Christgläubigen oft einen Krieg gegen Ungläubige, freilich nicht, um sie zum Glauben zu zwingen (denn wenn sie sie auch besiegt und gefangengehalten hätten, würden sie sie in ihrer Freiheit lassen oder wollen, daß sie glaubten), sondern deshalb, um sie zu zwingen, den Glauben an Christus nicht zu behindern.

Es gibt aber andere Ungläubige, die einmal den Glauben empfingen und ihn bekennen: zum Beispiel Ketzer oder irgendwelche Abtrünnige. Solche sind auch körperlich zu zwingen, ihr Versprechen zu halten und an dem festzuhalten, was sie einmal angenommen haben.

Zum ersten ist zu sagen, daß durch jene Autorität manche erkannt haben, daß zwar nicht die Exkommunikation von Ketzern, sondern ihre Tötung verboten ist. Das geht durch die zitierte Autorität des Chrysostomus klar hervor. Und Augustinus sagt über sich zu Vincentius: „Dies war zuerst meine Meinung, daß niemand zur Einheit mit Christi gezwungen werden dürfe, sondern daß man durch das Wort handeln und mittels des Streitgesprächs kämpfen müsse. Aber diese meine Meinung wird nicht durch die Worte derer, die widersprechen, sondern durch die Beispiele derer, die es darlegen, überwunden. Denn der Schrecken der Gesetze war so nützlich, daß viele sagen: ‚Gott sei Dank, der unsere Fesseln zerrissen hat!' Wenn also der Herr sagt: ‚Lasset beides wachsen bis zur Ernte!' ist klar, daß dies aus dem Zusatz zu verstehen ist: ‚Damit ihr nicht zugleich mit dem Unkraut auch den Weizen ausreißt'" [Mt 13,20]. [...]

Zum zweiten ist zu sagen, daß die Juden zum Glauben nicht gezwungen werden dürfen, wenn sie den Glauben überhaupt nicht angenommen haben. Wenn sie aber den Glauben angenommen haben, dann sollen sie auch gezwungen werden, den Glauben zu behalten. So steht es im selben Kapitel [Gratian, c. 5 Dist. XLV „De Iudeis"].

Zum dritten ist zu sagen: Wie ein Versprechen eine Sache des Willens ist, seine Einhaltung aber eine Sache der Notwendigkeit, so ist es eine Sache des Willens, den Glauben anzunehmen, aber eine Sache der Notwendigkeit, am angenommenen Glauben festzuhalten. Und deshalb müssen Ketzer dazu gezwungen werden, am Glauben festzuhalten. Denn Augustinus sagt zu Bonifatius [Epistulae 185,6,22]: „Wo steht, was diese gewöhnlich rufen: ‚Es steht frei, zu glauben oder nicht zu glauben: Wem hat Christus Gewalt angetan?' Im Falle des Paulus geben sie zu, daß Christus ihn zuerst zwang und dann belehrte."

Zum vierten ist zu sagen, daß, wie Augustinus im selben Brief sagt, „keiner von uns will, daß ein Ketzer ums Leben kommt. Aber andernfalls verdiente es David nicht, den Hausfrieden zu haben, wenn sein Sohn Absalom nicht in dem Krieg, den er gegen seinen Vater führte, getötet worden wäre. So heilt die katholische Kirche, wenn sie durch die Vernichtung einiger die übrigen sammelt, den Schmerz des mütterlichen Herzens durch die Befreiung so großer Völker" [Epistulae 185,8,32]. [...]

11. Untersuchung, 3. Artikel: Sollen Ketzer toleriert werden?

Zu 3) Wie es scheint, sollen Ketzer toleriert werden. Denn es sagt der Apostel (2 Tim 2,24f.): „Ein Diener des Herrn soll freundlich sein, der mit Güte auch diejenigen zurechtweist, die sich der Wahrheit widersetzen, damit ihnen Gott einmal die Umkehr schenke, auf daß sie die Wahrheit erkennen und wieder zur Besinnung kommen und den Fallstricken des Teufels entkommen." Wenn aber die Ketzer nicht toleriert werden, sondern dem Tod überliefert werden, nimmt man ihnen die Möglichkeit der Umkehr. Also scheint dies gegen das Gebot des Apostels zu verstoßen.

2. Ferner muß man das tolerieren, was in der Kirche notwendig ist. Ketzer sind aber in der Kirche notwendig. Denn der Apostel sagt im 1. Brief an die Korinther in Kapitel 11 [Vers 19]: „Denn es muß Irrlehren geben, damit unter euch deutlich wird, wer zuverlässig ist." Also scheint es, daß man Ketzer tolerieren soll.

3. Ferner befahl der Herr (Mt 13) [Vers 30] seinen Knechten, das Unkraut bis zur Ernte – dies ist das Ende der Welt – wachsen zu lassen, damit es dann ausgerissen wird. Aber mit dem Unkraut sind entsprechend der Auslegung durch die Heiligen die Ketzer gemeint. Also sollen die Ketzer toleriert werden.

Aber ganz anders sagt der Apostel (Tit 3,10f.): „Meide einen Ketzer nach der ersten und zweiten Zurechtweisung, denn du weißt, daß ein solcher verloren ist!"

Mein Bescheid lautet: Man muß sagen, daß bei Ketzern zwei Aspekte zu betrachten sind. Der eine betrifft sie selbst, der andere die Kirche. Was sie selbst betrifft, liegt eine Sünde vor, durch die sie es verdient haben, daß sie nicht nur durch die Exkommunikation von der Kirche getrennt werden, sondern auch durch den Tod von der Welt geschieden werden. Denn es ist viel schlimmer, den Glauben zu verderben, durch den die Seele das Leben hat, als das Geld zu fälschen, durch das dem irdischen Leben geholfen wird. Wenn daher Geldfälscher oder andere Verbrecher unverzüglich durch die weltlichen Fürsten gerechterweise dem Tod überliefert werden, könnten um so mehr Ketzer, sobald sie der Ketzerei überführt sind, nicht nur exkommuniziert, sondern gerechterweise auch getötet werden.

Auf seiten der Kirche aber gibt es die Barmherzigkeit zur Bekehrung der Irrenden. Daher verurteilt sie nicht sofort, sondern „nach der ersten und zweiten Zurechtweisung", wie der Apostel [Tit 3,10f.] lehrt. Wenn er aber danach noch für hartnäckig befunden wird, sorgt die Kirche, auf seine Bekehrung nicht mehr hoffend, für das Heil der anderen, indem sie ihn durch den Urteilsspruch der Exkommunikation von der Kirche trennt. Und sie überläßt ihn dann dem weltlichen Gericht, um ihn durch den Tod aus der Welt zu schaffen. So äußert sich Hieronymus [Comm. Gal. 3 zu 5,9], und so steht es auch XXIV,3 [Decret. can. Resecandae] geschrieben: „Abschneiden soll man das faulige Fleisch, und das räudige Schaf soll man aus den Ställen vertreiben, damit nicht das ganze Haus, der Teig, der Leib und das Vieh sich anstecken und verderben, verfaulen und zugrunde gehen. Arius [der Urheber der arianischen Häresie im 4. Jahrhundert, der bestritt, daß Christus der wahre und wesensgleiche Sohn Gottes sei] war in Alexandrien ein Fünkchen: Aber da er nicht sofort unterdrückt wurde, verheerte seine Flamme die ganze Welt." [...]

zu 2) Der Nutzen, der aus den Irrlehren hervorgeht, liegt nicht in der Absicht der Irrlehrer, insofern als sich nämlich die Standhaftigkeit der Gläubigen bewährt, wie der Apostel sagt, und darin, daß wir die Trägheit ablegen, indem wir die Heilige Schrift gründlicher studieren, wie Augustinus sagt [De Genesi contra Manicheos 1,1]. Es ist aber ihr Ziel, den Glauben zu verderben. Dies richtet den größten Schaden an. Daher muß man mehr auf das achten, was an und für sich in ihrer Absicht liegt, daß sie ausgeschlossen werden, als auf das, was nicht in ihrer Absicht liegt, daß sie toleriert werden.

zu 3) So steht es in den Beschlüssen (Decret. can. Resecandae XXIV,3): „Das eine ist die Exkommunikation, etwas anderes ist die Ausrottung. Jemand wird nämlich, wie der Apostel sagt, deshalb exkommuniziert, ‚damit sein Geist am Tag des Herrn geheilt werde‘." – Wenn jedoch die Ketzer durch ihren Tod völlig ausgerottet werden, verstößt das nicht auch gegen das Gebot des Herrn? Denn man muß in diesem Fall einsehen, daß das Unkraut nicht zugleich mit dem Weizen, wie oben gesagt wurde, ausgerissen werden soll. [...]

Kurt-Victor Selge (Hg.), Texte zur Inquisition. Gütersloh 1967 (Texte zur Kirchen- und Theologiegeschichte, Heft 4), S. 83–86.
Quelle: Thomas von Aquin, Summa Theologiae II, 2.

Kapitel 3

Christlicher Dualismus – Gnostiker und Manichäer

Die Häresiologen des Mittelalters benutzten vor allem einen speziellen Kampfbegriff, wenn es um Ketzerei ging: „manichäisch". Wenn sie jemanden einen „Manichäer" nannten, hieß das, daß sie ihn für einen „Erzketzer", einen Häretiker der übelsten Sorte hielten, der einer ganz besonders verabscheuungswürdigen Irrlehre anhing. Obwohl die Blütezeit des Manichäismus im Einzugsbereich der West- und Ostkirche längst vorbei war und manichäische Gruppen hier wie dort keine Rolle mehr spielten, wurde das Adjektiv „manichäisch" auf zeitgenössische Ketzergruppen angewendet, und zwar ganz offensichtlich mit der Intention, sie zu schmähen. Außerdem wies man sie dadurch als besonders gefährlich aus. Die Riten und Gebräuche der vermeintlichen „Manichäer" wurden als abstrus, widerwärtig und widernatürlich geschildert (Q 10). Unter den Begriff „Manichäer" subsumierte man alle möglichen ketzerischen Gruppen. Die meisten von ihnen kannten den Manichäismus bestenfalls dem Namen nach und hätten ihn mit ziemlicher Sicherheit abgelehnt. Inwieweit sie der Lehre Manis zumindest mit einem Teil ihrer Anschauungen indirekt näher standen als dem zeitgenössischen Christentum, ist eine ganz andere Frage. Und auch die mittelalterlichen Autoren meinten so gut wie nie das ursprüngliche, sehr komplexe manichäische System, wenn sie diesen Begriff gebrauchten. Es ging ihnen vielmehr darum, eine Sekte oder Irrlehre dem „Dualismus" zuzuordnen, genauer gesagt dem Dualismus in seiner konsequentesten Form. Dabei spielte es keine Rolle, daß die meisten christlichen Dualisten Manis Lehre nie übernommen hätten. Aus orthodoxer Sicht waren jedoch sowohl in der Ost- als auch in der Westkirche alle Dualisten „Manichäer". Dualisten interpretierten die Welt als System zweier voneinander getrennter und voneinander unabhängiger ge-

gensätzlicher Prinzipien. Dieses dualistische Weltverständnis bildet die Klammer zwischen den Häresien der Alten und der mittelalterlichen Kirche, zwischen den Gnostikern, Manichäern, Bogomilen und Katharern.

Der Hauptinformant über den Manichäismus war Augustinus (354–430). Aus seinen Schriften erfuhren die Kirchenmänner des Mittelalters quasi aus erster Hand, wie die Anhänger Manis die Welt sahen und welche Konsequenzen sie daraus für ihre praktische Lebensführung zogen. Augustinus' Beschreibungen des Manichäismus und seine Polemiken gegen ihn beruhten auf eigenen Erfahrungen. Immerhin gehörte er den Manichäern neun lange Jahre an. Dagegen fehlte den Kirchenschriftstellern des Hochmittelalters die direkte Berührung mit ihnen. Der Manichäismus existierte nämlich im Einflußbereich der Ost- wie der Westkirche schon seit dem 6. Jahrhundert nicht mehr.

Tradition des christlichen Dualismus – die Gnosis und Markion

Die Alte Kirche begegnete dem dualistischen Prinzip als strukturiertes theologisches System zum erstenmal in der sogenannten „Gnosis". „Gnosis" ist ein Sammelbegriff für verschiedene philosophisch-religiöse Bewegungen des 1. und 2. Jahrhunderts. Die frühchristlichen Missionare und Kirchenväter konzentrierten sich darauf, zu verkündigen, daß Christus durch sein stellvertretendes Leiden und Sterben den Menschen, die an ihn glauben, die Erlösung von den Sünden und das ewige Leben verheißen habe. Dieses Dogma galt es festzuhalten und gegen Ungläubige und heterodoxe Gruppen zu verteidigen. Dabei vernachlässigten sie zwangsläufig eine Frage, die die Menschen der damaligen Zeit offensichtlich sehr bewegte: „Wie kam das Böse, wie kam die Sünde in die Welt?" Das Böse begegnete einem ja auf Schritt und Tritt. Und denkt man an die politischen und gesellschaftlichen Zustände im Römischen Reich, zum Beispiel während der Terrorregime von Kaiser Nero und Caligula oder an die berüchtigten Exzesse der römischen Besatzungsmacht, konnte man durchaus daran zweifeln, daß der Mensch ein Teil der guten Schöpfung Gottes sei. Wie konnte Gott, wenn er der Schöpfer aller Dinge war, als guter Gott all das Böse in der Welt zulassen? Für die Anhänger der Gnosis erschien die Antwort der Kirche, die alttestamentliche Geschichte vom Sündenfall und der Vertreibung Adams und Evas aus dem Paradies, nicht ausreichend. Sie wollten nicht glauben, sie wollten erkennen und wissen.

Der griechische Begriff „gnosis" bedeutet übersetzt „(Gottes-)Erkenntnis" beziehungsweise „Schau Gottes durch Erkenntnis" und „Selbsterkenntnis". Erkenntnis ist weniger das Ergebnis stringenter wissenschaftlicher Forschung, sondern vielmehr ein Geschenk Gottes an diejenigen Menschen, die sich dafür öffnen. Sie ist Heilserkenntnis. Und mit „Selbsterkenntnis" ist hier nicht die individuelle, psychologische Erkenntnis der persönlichen Stärken und Schwächen gemeint, sondern ein fundamentaler Einblick in den Ursprung und die Bestimmung des Menschen. Die Gnostiker forschten nach den Ursachen und nach dem Wesen des Bösen und danach, welchen Sinn das irdische Dasein des Menschen hat.

Um diese Fragen zu klären, konstruierten sie ein umfassendes System, dessen Ursprung vermutlich in verschiedenen magischen Traditionen des Vorderen Orients zu suchen ist. Die frühchristlichen Kirchenväter waren sich darin einig, daß ein gewisser Simon der Magier, von dem die Apostelgeschichte berichtet (vgl. Apg 8,9–11), der Vater jeder Ketzerei und damit auch der Begründer der gnostischen Häresie sei.

Innerhalb der Gnosis gab es verschiedene Gruppierungen, die jeweils andere Schwerpunkte setzten und einzelne Lehren unterschiedlich stark akzentuierten oder modifizierten. In den grundlegenden Auffassungen stimmten sie aber weitgehend überein. Die Grundthese lautete, daß das Böse und das Gute zwei voneinander getrennte Prinzipien seien und Gottvater nicht der Schöpfer von Gut *und* Böse sei, sondern die materielle Welt mit dem Bösen darin von einem „Demiurgen", einem „Weltschöpfer", geschaffen worden sei. Gottvater war von dieser Welt sehr weit entfernt. Viele Himmel – je nach Tradition sieben, acht oder 365 – lagen zwischen der irdischen Welt und ihm. Gott und die sogenannten „Äonen" bildeten zusammen die „Fülle der Gottheit", das „Pleroma". Unter „Äonen" stellten sich die Gnostiker ewige Wesen vor, eine Art Halbgötter, die immer paarweise auftraten. Man konnte unter „Äonen" aber auch abstraktere Größen verstehen wie „Stille", „Verstand" und „Wahrheit". Gott war dann die „Tiefe". Die sichtbare Welt kam dadurch zustande, daß einer der Äonen Neugier und Begierde verspürte und dadurch die Harmonie der „Fülle", des „Pleromas" störte. Aus diesem gestörten Gleichgewicht ging eine neue „Emanation" hervor. Schließlich kam es zur Schaffung der Welt durch den Demiurgen, in dem man entweder einen gefallenen Äon oder den „Gott der Juden", von dem der Schöpfungsbericht des Alten Testaments erzählt, sah. Dieser Demiurg stand Gottvater als dem ersten Prinzip feindlich gegenüber.

Der Demiurg hatte einen Favoriten seiner Schöpfung, den Menschen. Wiewohl ein Produkt des bösen Schöpfers, kam aber irgendwie ein göttlicher Funke in die Menschen, die zum Heil bestimmt waren. Diesen göttlichen Funken hatten sie entweder von Gott selbst oder von einem Äon bekommen. Der Wille von Gottvater war es nun, diese verborgenen und eingeschlossenen göttlichen Teile im Menschen zu retten und den Menschen darüber in Kenntnis zu setzen, daß es ihn, Gottvater, gibt. In dieser geheimen Botschaft, der Gnosis, wurde den Menschen ihr Ursprung und ihre Bestimmung mitgeteilt. Zu diesem Zweck sandte Gottvater Jesus in die materielle Welt, wobei die Meinungen darüber, wer Jesus war, bei den Gnostikern auseinandergingen. Die einen hielten ihn für einen Äon und unterschieden zwischen ihm und Christus. Er konnte aber auch ein Teil von Gottvater sein oder eine Emanation, eine „Ausstrahlung" von Gottvater. Seinem Wesen nach göttlichen Ursprungs, konnte er jedoch nicht *wirklich* Mensch werden, denn damit wäre er ja ein Produkt des Demiurgen, des Feindes von Gottvater, geworden. Jesus nahm folglich nur einen Scheinleib an. Damit wurde für die Gnostiker die neutestamentliche Geburtsgeschichte entweder bedeutungslos oder gänzlich überflüssig. An ihre Stelle trat beispielsweise die Vorstellung, daß Jesus durch Maria wie durch eine Röhre hindurchgegangen sei. Ähnliche Vorstellungen über die Ankunft Christi auf Erden finden sich übrigens Jahrhunderte später auch bei den Katharern. Da Jesus nur einen Scheinleib hatte, erlitt er auch nur scheinbar den Tod am Kreuz. Die Erleuchtung und die Rettung, die Christus durch sein irdisches Leben und seinen Tod brachte, galt auch nicht allen Menschen. Nur diejenigen, die sich des göttlichen Funkens in sich bewußt werden und dementsprechend leben, können gerettet werden. Die Gnostiker teilten daher die Menschen in drei Kategorien ein:

1. An oberster Stelle stehen die „Spirituellen", die „Auserwählten". Sie sind so von der Göttlichkeit in sich erfüllt, daß sie nur die Lehre, die ihnen Christus verkündete, brauchen, um gerettet zu werden. Ihnen genügt Christus in seiner Funktion als Lehrer.
2. Dann gibt es die gewöhnlichen Gläubigen. Sie haben einen kleinen göttlichen Funken in ihrer Seele und müssen sich ihre Erlösung erst durch gute Werke verdienen, können sich jedoch trotzdem nicht sicher sein, auch tatsächlich erlöst zu werden. Für sie hat Christus im eigentlichen Sinn durch sein Leben und Sterben die Erlösung gebracht.
3. Auf der untersten Stufe stehen die „Materiellen". Sie tragen keinen göttlichen Funken in sich, für sie gibt es auch keine Rettung.

Diejenigen Seelen, die durch ihr Schicksal und ihre Lebensweise dazu bestimmt sind, erlöst zu werden, befreien sich nach ihrem Tod aus dem Gefängnis des Körpers. Sie müssen danach Regionen des Kosmos durchqueren, die feindliche Dämonen kontrollieren, und werden schließlich mit Gott wieder vereint.

Weil das Heil in erster Linie vom *Erkennen* des eigenen geistlichen Wesens abhing, lebten einige Gnostiker äußerst zügellos. Die meisten führten aber ein sehr asketisches Leben. Trotz der strengen Enthaltsamkeit muß der Gnostizismus für die Menschen der Antike sehr attraktiv gewesen sein, denn er fand eine weite Verbreitung.

Um zu den Eingeweihten in die Welt- und Gotteserkenntnis der Gnostiker zu gehören, wurden anscheinend auch diejenigen, die nur Schüler bei einem gnostischen Philosophen waren, einer feierlichen Einführung unterzogen, die anfangs in der gnostischen Taufe bestand.

Markion (gest. 160) verlieh dem Aufnahmeritus in eine dualistisch ausgerichtete Gemeinschaft ein religiöses Gepräge, nachdem er 144 nach seiner Exkommunikation eine eigene Kirche gegründet hatte. Sie tradierte über mehrere Jahrhunderte dualistisches Gedankengut und war die erste dualistische christliche Kirche, die größere Bedeutung erlangte. Markions Religionssystem war sowohl vom Christentum als auch von der Gnosis beeinflußt und wirkte wieder auf die Gnosis zurück. Markion teilte die Welt ein in die sichtbare, grausame Welt des Demiurgen, in dem er den Schöpfergott des Alten Testaments wiedererkennt, und die „andere" Welt. Diese andere Welt hatte schon immer existiert. Sie ist die Sphäre des wahren Gottes, der sich als fremder, aber barmherziger und gnädiger Gott den Menschen dadurch offenbarte, daß er Jesus Christus auf die Erde sandte. Jesus brachte der grausamen Demiurgen-Welt das Evangelium der Liebe des wahren, gnädigen Gottes.

Die Nachfolger Markions setzten später den Demiurgen mit Satan gleich, so daß die materielle Welt vom Satan geschaffen worden war, der dem gütigen fremden Gott feindlich gesinnt ist. Markion bezog seine Lehre von den beiden Welten und Gottheiten aus der Interpretation des Gleichnisses vom Baum und seinen Früchten im Lukasevangelium:

„Es gibt keinen guten Baum, der schlechte Früchte hervorbringt, noch einen schlechten Baum, der gute Früchte hervorbringt" (Lk 6,43).

Der fremde Gott war der eigentliche Gott und hatte keinerlei Beziehung zum Bösen. Die beiden Götter waren grundverschieden. Der Schöpfergott war wild, kämpferisch und ein „eifernder Gott". Alle diese Attribute fehlten dem fremden Gott. Er war der Gott des Evangeliums der Liebe, Güte und Gnade, während der Schöpfergott mit unbarmherziger Gerechtigkeit der Gott des Gesetzes war. Die strikte Trennung der beiden Machtbereiche hatte zur Folge, daß es keine Hoffnung auf die endgültige Entmachtung des Bösen gab.

Für die Lebensführung hatten diese dualistischen Vorstellungen folgende Konsequenzen: Der Körper mußte verleugnet werden, weil allein Seele und Geist gerettet werden würden. Wer also erlöst werden und in die Sphäre des gnädigen fremden Gottes gelangen wollte, mußte den Kontakt mit der bösen sichtbaren Welt soweit wie möglich vermeiden. Das bedeutete, streng asketisch zu leben, denn es mußte allen irdischen Freuden entsagt werden. Insbesondere galten die Ehe und die Zeugung weiterer Menschen als verwerflich, weil man dadurch das Werk des Demiurgen unterstützen würde. Folglich mußten Dualisten ehelos und möglichst jungfräulich bleiben. Auf keinen Fall sollte man Kinder zeugen. Nach der Taufe durch die dualistische Kirche Markions mußte man sich vom jeweiligen Ehepartner oder der Ehepartnerin trennen, um einzig und allein mit Christus verheiratet zu sein. Gewöhnliche Gläubige konnten die Taufe bis kurz vor ihrem Tod oder bis ihnen eine Trennung und ein asketisches Leben möglich waren, hinauszögern. Markion übertrug die Einteilung der Menschen, wie sie die gnostischen Philosophen vorgenommen hatten, auf die Organisation seiner Kirche. Die drei Kategorien, Auserwählte, gewöhnliche Gläubige und Ungläubige, bezeichnen bei ihm weniger Formen der menschlichen, vom Schicksal bestimmten Existenz, sondern eher Stufen oder Grade auf dem Weg der Erlösung.

Markions Kirche hielt an ihrem grundlegend biblischen Ansatz fest, interpretierte aber die Heilige Schrift aus dualistischer Sicht. Das Alte Testament diente Markion zum einen als Folie, um durch das Wesen und Wirken des Schöpfergottes den fremden Gott in seiner ganzen Andersartigkeit als liebenden und gnädigen Gott zu zeigen. Zum anderen lehnte Markion das Alte Testament ab, weil es seiner Meinung nach nicht vom gütigen, wahren Gott inspiriert war. Da Markion im Demiurgen den Gott der Juden, also den Gott des Alten Testaments, sah, mußte auch das Neue Testament von alttestamentlichen, jüdischen Aussagen gereinigt werden, um in der Kirche Markions Verwendung finden zu können. Schon die Apostel hatten nach Markions Meinung die Botschaft Christi verfälscht. Der einzige Apostel, der die Botschaft Christi nicht entstellt hatte, war Paulus. Deshalb gehörten neben einer bereinigten Fassung des Lukasevangeliums auch die Paulusbriefe – die Pastoralbriefe und der Hebräerbrief wurden verworfen – zum Kanon der markionischen Kirche. Die Katharer haben übrigens mit den Markioniten den Versuch gemeinsam, den Gegensatz zwischen den beiden Gottheiten aus dem Alten und dem Neuen Testament zu begründen. Die markionische Kirche verfügte über eigene Kleriker und eine eigene Liturgie, übernahm aber größtenteils die christlichen Riten, wobei sie auch hier die strengen Askesevorschriften beachtete und beim Abendmahl konsequenterweise auf Wein verzichtete. Trotz der Anklänge an das Christentum traten vor allem bei ihrem Verständnis von Jesus deutliche Unterschiede zutage. Gemäß dualistischer Tradition konnte man sich natürlich nicht vorstellen, daß Jesus *wirklich* als Mensch geboren worden war und als Mensch auf der Erde gelebt und gelitten hatte. Als wirklicher Mensch wäre er ja Teil der Schöpfung des bösen Gottes gewesen. Das Leben auf Erden und die Kreuzigung Christi waren zwar für die Erlösung notwendig, aber sie hatten nicht wirklich, sondern nur *scheinbar* stattgefunden. Jesus wurde nicht von einer Frau geboren, sondern stand im Jahre 29 plötzlich als erwachsener Mann vor der Synagoge in Kafarnaum. Die Markioniten glaubten auch nicht an die Auferstehung des Leibes.

Die Beschreibungen der Lehren und des Kultus der markionischen Kirche sind hauptsächlich von Mitgliedern der Großkirche überliefert. Die orthodoxen Kirchenschriftsteller konnten den Anhängern Markions zum Beispiel in Italien, Armenien, Arabien und Ägypten begegnen. Sie waren dort bis ins 4. Jahrhundert stark vertreten, näherten sich aber vor allem im Westen dem Manichäismus an und gingen zum Teil in ihm auf. Die Kirche Markions bestand bis ins 5. Jahrhundert und unterlag erst dann der kaiserlichen Ketzerbekämpfung. Der Einfluß dieser dualistischen christlichen Kirche reichte aber vermutlich bis zu den Katharern des 12./13. Jahrhunderts.

Der Manichäismus

Während Markions Lehren hauptsächlich oder ausschließlich an Mythen und Vorstellungen des syrisch-christlichen Umfelds anknüpfen, berührt die Lehre Manis mehrere verschiedene Kulturkreise. Neben der damaligen persischen Staatsreligon, der Lehre Zoroasters, finden sich im Manichäismus Elemente, die mit der Philosophie Platons und der Lehre Buddhas verwandt sind.

Der Manichäismus war weit über sein Entstehungsland Mesopotamien hinaus im gesamten Perserreich, in Teilen Indiens, Zentralasiens bis nach China verbreitet. Er wird unter anderem deshalb häufig als eigenständige große Weltreligion und weniger als Häresie gesehen. Denn anders als Markion oder die gnostischen Philosophen verstand sich Mani als Religionsstifter und nannte sich „Mani, Apostel Jesu Christi". Er sah zwar seine Lehre als Bestätigung und Vollendung der Lehre Jesu, maß aber dabei anscheinend Jesus Christus als Verkünder des Heils und der Rettung keine herausragende Bedeutung zu, vielmehr konnten auch Buddha, Platon oder Zoroaster den Menschen die Botschaft Gottes offenbaren. Mani selbst stand vermutlich der Lehre Zoroasters am nächsten, da er die meiste Zeit seines Lebens in Persien verbracht hatte und seine Lehre neben judenchristlichen und gnostischen deutlich zoroastrische Einflüsse aufweist.

Um Manis Person rankten sich schon früh verschiedene Legenden. Fest steht, daß er 216 in Persien, im heutigen Hamadan geboren wurde und vermutlich adliger Abkunft war. Sein Vater schloß sich – wie die Legende erzählt, auf göttlichen Befehl – einer judenchristlichen Täufersekte in Mesopotamien an, die ihre Missionstätigkeit über das Perserreich bis nach Rom ausdehnte. Von seinem vierten Lebensjahr bis zur Vollendung seines 24. Lebensjahrs war Mani ebenfalls Mitglied dieser Täufersekte. Nach seinem 24. Geburtstag, dem Zeitpunkt seiner vollen Geschäftsfähigkeit, trennte er sich von ihr und verkündete seine eigene Lehre. Denn in zwei Erscheinungen, die er im Alter von zwölf Jahren hatte, war ihm dies als seine eigentliche Bestimmung und Aufgabe mitgeteilt worden. In der ersten Zeit seiner insgesamt 30jährigen Predigttätigkeit kam er wahrscheinlich mit der durch Markion geprägten dualistischen Lehre in Kontakt. Mani begab sich auf seiner Missionsreise zunächst nach Indien, wo er mit dem Buddhismus in Berührung kam. Nach Persien zurückgekehrt, überzeugte er die Herrscher des Großkönigtums von seiner Lehre. Schließlich gerieten aber seine Anschauungen mit dem feudalen und kriegerischen Lebensstil der persischen Oberschicht in heftigen Konflikt. Mani wurde der Prozeß gemacht, und der persische König ließ ihn schwer gefesselt ins Gefängnis werfen, wo er nach 26tägiger Haft im Jahr 276 oder 277 als Märtyrer starb. Manis Anhänger wurden kurz nach seinem Tod verfolgt: im Westen von den römischen Kaisern, von Diokletian (284–305) und den Nachfolgern Konstantins (gest. 337), im Osten von den Sassaniden-Herrschern. Im 8. Jahrhundert konnte sich die in den Nordosten Persiens abgedrängte manichäische Kirche zwar wieder mit den mesopotamischen Gemeinden vereinigen, als sich aber im mittlerweile von den Arabern eroberten Perserreich die islamische Orthodoxie durchsetzte, ging die manichäische Kirche im 10. Jahrhundert unter.

Die Schüler Manis hatten seine Lehre bis nach Nordafrika und China weitergetragen. Das Charakteristische der manichäischen Mission scheint es dabei gewesen zu sein, die eigene Lehre mit Hilfe der Sprache und der Ausdrucksformen der jeweiligen Landesreligion zu vermitteln. Über persische Kaufleute kam der Manichäismus entlang der Seidenstraße nach China und 694 an den chinesischen Hof. Im 8. Jahrhundert übernahm ein türkischer Stamm, die Uiguren, der große Gebiete Zentralasiens besetzt hatte, den Manichäismus als Staatsreligion. Als jedoch das Staatsgefüge der Uiguren von den Kirgisen zerstört wurde, verbot man 843 auch in China den Manichäismus. Einige versprengte Manichäer konnten sich noch bis ins 13. Jahrhundert in ehemaligen Uiguren-Provinzen halten, wurden aber dann endgültig vom Islam verdrängt. In einer dieser Gegenden, in der Oase Turfan, wurden am Anfang des 20. Jahrhunderts wichtige manichäische Texte gefunden.

Mani hatte sieben religiöse Bücher verfaßt und eine Darstellung seiner Lehre für Analphabeten gemalt. Er hatte eine manichäische Kirche gegründet und strenge Lebensregeln für die „Auserwählten", die „Electi", und die gewöhnlichen Gläubigen, die „Hörer" und „Hörerinnen", festgelegt. Diese Regeln sind die Konsequenz aus Manis Lehre vom Ursprung und Zustand der Welt und der darauf wandelnden Lebewesen, vor allem der Menschen. Um den Zustand der Welt und die Widersprüchlichkeit der Natur der menschlichen Seele zu deuten, entwarf Mani einen ausführlichen Mythos vom Kosmos und seiner Entstehung. In der Antike existierte vor allem im Mittelmeerraum eine ganze Reihe von mythischen Erzählungen und Legenden über den Ursprung der Welt, die Entstehung der Menschen und ihr Verhältnis zu den Göttern. Außerdem hatten schon die Gnostiker ihre Thesen in diese erzählerische Form gekleidet. Es war also nichts Außergewöhnliches, zu versuchen, mit Hilfe einer Kosmogonie, einer Erzählung über die Entstehung des Kosmos, grundlegende Fragen der menschlichen Existenz zu klären. Der manichäische Mythos vom kosmischen Kampf des Lichts gegen die Finsternis sollte Antwort geben auf die Fragen: Was ist der Mensch? Wo kommt er her? Was ist seine Bestimmung? Der manichäische Mythos ist die allegorische Schilderung der Heils- und Unheilsgeschichte der Welt und des Menschen.

Was den späteren kirchlichen Autoren bei den mythischen Erzählungen der Manichäer besonders abstrus und wirr vorkam, hatte, wenn schon nicht seine Ursprünge, so doch seine Parallelen im religiösen und philosophischen Umfeld Manis.

Der Grundgedanke Manis war, daß zwei Reiche existieren, das Reich des Lichts und das Reich der Finsternis. In der ersten Epoche sind diese Welten oder Sphären voneinander getrennt und voneinander unabhängig. In der zweiten Epoche kommt es zur Vermischung der Teile des

Lichts mit den Teilen der Finsternis, so daß die Lichtteile gefangen sind und in der dritten Epoche wieder aus den Fängen der Finsternis befreit werden müssen. Der Mensch ist bei dieser Vermischung entstanden, hat selbst Lichtteile in sich und kann durch entsprechende Lebensführung dazu beitragen, die Lichtteile und schließlich sich selbst zu erlösen.

Die manichäische Kosmogonie

Die Kosmogonie Manis kennt eine ganze Reihe von sogenannten „Emanationen" Gottes, das heißt Wesenheiten oder Kräfte, die aus Gott als dem höchsten Prinzip hervorgehen.

Von Ewigkeit her existieren zwei Reiche nebeneinander, das des Lichts und das der Finsternis. Das Lichtreich ist dabei das erste Prinzip. Herr des Lichts ist der „Vater der Größe", der in fünf Behausungen wohnt, der Vernunft, dem Denken, der Vorstellung, dem Willen und dem Nachsinnen. Es umgeben ihn außerdem zwölf sogenannte „Äonen", die jeweils in Dreiergruppen den Himmelsrichtungen zugeordnet sind. Auf der Gegenseite steht der „König der Finsternis". Er hat die Gestalt eines Tieres und ist das Produkt der sogenannten „Hyle", des Todesgedankens. Sie ist der Ursprung des Bösen. Die orthodoxen Kirchenschriftsteller sehen in dieser „Hyle" den Satan. Den „König der Finsternis" umgeben fünf finstere Elemente, nämlich Rauch, Finsternis, Wind, Wasser und Feuer. Im Reich der Finsternis herrschen ewige Zwietracht, ständige Unruhen und innere Kämpfe. Es ist deshalb instabil. Die Manichäer berufen sich dabei auf Mt 12,25:

> „[...] Jedes Reich, das in sich gespalten ist, geht zugrunde, und keine Stadt und keine Familie, die in sich gespalten ist, wird Bestand haben."

Dieser „König der Finsternis" ist der Anführer von allem Schlechten und Bösen. Von Neugier und einer unstillbaren Begierde getrieben, wollen sich die Bewohner des Reichs der Finsternis das Lichtreich einverleiben und es zu diesem Zweck überfallen. Das Lichtreich ist jedoch nicht auf Kampf, sondern auf Frieden eingestellt und besitzt daher auch keine Waffen, um sich zu verteidigen. Der „Vater der Größe" will selbst gegen die Finsternis kämpfen und ruft deshalb die „Mutter des Lebens" als Emanation seiner selbst. Sie ruft wiederum den „Urmenschen" aus sich heraus, um den Angriff der Finsternis abzuwehren. Das Lichtreich wird jetzt vertreten durch eine göttliche Trias, Vater, Mutter beziehungsweise „Große Geistin" und Sohn, wie sie im Vorderen Orient häufig anzutreffen ist. Anders als bei der christlichen Trinität geht Mani davon aus, daß nur der „Vater der Größe" ewig existiert. Die manichäische Göttertrias entsteht auch, anders als beispielsweise in der griechischen Mythologie, nicht durch Zeugung.

Um in den Kampf gegen die Finsternis zu ziehen, umgibt sich der „Urmensch", das heißt der Sohn des „Vaters der Größe", mit den fünf Lichtelementen als Rüstung, mit Luft, Licht, Wind, Wasser und Feuer. Diese fünf Lichtelemente bilden zugleich die „Lebendige Seele". Im Kampf wird der „Urmensch" besiegt. Die Fürsten der Finsternis, die sogenannten „Archonten", verschlingen die fünf Lichtelemente und damit die „Lebendige Seele". Als sich der „Urmensch" von seiner Niederlage wieder erholt hat, bittet er den „Vater der Größe" um Hilfe, um die fünf Lichtelemente, die „Lebendige Seele", wieder zu befreien. Daraufhin beruft der „Vater der Größe" eine weitere göttliche Trias: den „Freund beziehungsweise Geliebten der Lichter", den „Großen Baumeister" und den „Lebendigen Geist". Sie besiegen und fangen die Fürsten der Finsternis. Der „Lebendige Geist" spielt dabei eine wichtige Rolle. Die fünf Lichtelemente lassen sich jedoch nicht ohne weiteres aus der Verbindung mit den Fürsten der Finsternis befreien, da sie diese bereits verdaut hatten. Da dadurch das Lichtreich eines Teils seiner Kraft beraubt ist, muß eine Mauer gebaut werden, um beide Reiche zu trennen und um zu verhindern, daß die Finsternis weiter vordringt. Zu diesem Zweck wird der Kosmos geschaffen, der aus zehn Himmeln und acht Erden besteht. Einige der Fürsten der Finsternis werden zur Herstellung des Kosmos verarbeitet, die anderen werden vom „Lebendigen Geist" am Himmel angebracht. Bei diesen Vorgängen wird aus den teilweise zerstückelten Fürsten der Finsternis wieder so viel Licht frei, daß daraus die Himmelskörper, Sonne, Mond, die Planeten und die Sterne mit den Tierkreiszeichen, gemacht werden können. Um das Universum zu schützen, setzt der „Lebendige Geist" fünf „Söhne" als Hüter der kosmischen Ordnung ein:

- den „Splenditenens", der die Welt wie einen Leuchter trägt und den neunten und zehnten Himmel beaufsichtigt;
- den „Großen König der Ehre", der versprengte Lichtteilchen sammelt; er sitzt im siebten Himmel und hat die Aufsicht über die restlichen Himmel;
- den „Licht-Adamas", der als Krieger die Angriffe der Finsternis abwehren soll;
- den „König der Herrlichkeit", der die Sphären mit den drei Rädern von Wind, Wasser und Feuer dreht;
- und den „Atlas", der den Kosmos auf seinen Schultern trägt.

Wenn der „Splenditenens" und der „Atlas" am Ende der Welt ihre Tätigkeit einstellen, wird ein Weltbrand entstehen, der 1468 Jahre dauern wird.

Es ist aber immer noch erst ein Teil der Lichtelemente, die mit der Finsternis vermischt und verschlungen sind, befreit. In der Epoche der Befreiung des Lichts bitten die bereits vorhandenen Emanationen den „Vater der Größe" um eine weitere Emanation. Er ruft daraufhin den „(Dritten) Gesandten". Dieser „Gesandte" nimmt Platz im „Schiff der Sonne" und erscheint den Fürsten der Finsternis, die sowohl männlich als auch weiblich sein können. Den Archontinnen erscheint er als schöner Mann, den Archonten als schöne Frau und versetzt sie in sexuelle Erregung. In diesem Erregungszustand geben die Fürsten der Finsternis Licht ab. Ein Teil des Samens der Archonten fällt auf die Erde, wo aus ihm Pflanzen und Bäume werden. Ein anderer Teil fällt ins Meer, und dort entsteht aus ihm ein Ungeheuer, das aber vom „Licht-Adamas" besiegt wird. Entsprechend dem Samen der Archonten fallen bei den Archontinnen Fehlgeburten auf die Erde. Sie laufen dort herum und ernähren sich von den Bäumen. Zusammen mit diesen Absonderungen im Zustand höchster sexueller Begierde kommt aber auch die Sünde in die Welt, vor allem in die pflanzliche Welt. Die Fehlgeburten schließen sich zusammen und unterstellen sich der Führung des Königs der Finsternis und seiner Gemahlin. Um die Befreiung der Lichtteile zu verzögern, erschaffen sie Adam und Eva. Das Herrscherpaar der Finsternis schafft die beiden ersten Menschen nach dem Bild des „Dritten Gesandten" durch die Kraft der Sünde. Es tut dies, indem es die Kinder seiner Genossen, der Archonten, ißt, sich miteinander verbindet und die ersten Menschen zeugt. Adam *kommt zuerst zur Welt* und erhält etwas mehr Licht als Eva. Adam und Eva wurden vom Paar der Finsternis geschaffen, um durch ihr irdisches Leben die Lichtteile zu quälen.

Adam liegt zunächst wie tot und ohne Bewußtsein auf dem Boden. Um ihm mitzuteilen, wer er ist und was das Licht und der „Vater der Größe" sind, schickt der „Vater der Größe" Jesus zu Adam. Jesus weckt ihn auf und läßt ihn vom „Baum der Erkenntnis" essen, woraufhin Adam seine Existenz verflucht und sich des sexuellen Verkehrs mit Eva enthält. Eva als die Schwächere gebiert die Archonten Kain und Abel. Aber auch Adam hält die Selbstbeherrschung nicht lange durch und zeugt Seth.

Der „Große Baumeister" erhält den Auftrag, ein Gefängnis für die Mächte der Finsternis zu errichten, wo sie nach dem Weltende eingesperrt werden sollen, um nie wieder einen Angriff gegen das Reich des Lichts führen zu können. Über diesem Gefängnisbau soll der „Große Baumeister" das neue Paradies für die Lichtgötter errichten, die sich dort versammeln werden, nachdem sie von der Erde abgelöst wurden. Sie gelangen über die „Säule der Herrlichkeit" zunächst zum Mond und werden dann bei abnehmendem Mond zur Sonne gebracht und von dort zum Paradies. Sind alle Lichtteile im Paradies angekommen, bricht das Weltende mit einem 1468jährigen Weltbrand an, an dessen Ende die Finsternis zu einem Klumpen wird, bei dem auch einige sündige Seelen bleiben werden.

In der Kosmogonie des Mani geht es um die Veranschaulichung des Problems, wie die „Lebendige Seele", das heißt die mit der Finsternis vermischten Lichtelemente gerettet werden können. Ziel der Befreiung der Lichtteile ist es nicht, den ursprünglichen Zustand wiederherzustellen, sondern dafür zu sorgen, daß die Finsternis nie mehr das Licht angreifen kann.

Die Erlösung des Menschen

Welche Rolle spielen die Menschen bei der Befreiung der Lichtteile? Durch die Art und Weise, wie sie entstanden sind, ist in ihnen Licht und Finsternis vermischt, wobei die finsteren Anteile überwiegen. Sie waren verlassene Wesen und wurden von den Fürsten der Finsternis unterdrückt und quälten durch ihre Handlungsweise ihrerseits die Lichtteile. Gerade deshalb wurden sie ja von den Fürsten der Finsternis geschaffen. Sie sollen das Licht beziehungsweise die „Lebendige Seele" in der Welt binden. Die Menschen taten das Böse aber nicht aus einer freien Willensentscheidung heraus, sondern wurden von den bösen Mächten dazu getrieben. Der Geist des „Königs der Finsternis" herrscht beispielsweise in allen weltlichen Machthabern, die die Menschen unterdrücken. Er weckt Neid und Zwietracht und hatte von Judas Ischariot Besitz ergriffen. Die Sünde wohnt in jedem Menschen, sowohl in den Erwählten als auch in den gewöhnlichen Gläubigen und führt in ihnen ein Eigenleben. Begierde, Zorn und alle Schlechtigkeit wurden von den bösen Mächten auf die Menschen und Tiere herabgegossen.

Aus dem manichäischen Mythos ergaben sich Konsequenzen für die Lebensführung der Anhänger Manis. Eine automatische Erlösung war in diesem religiösen System nicht vorgesehen. Jeder einzelne mußte zusehen, wie er durch eine entsprechende Lebensweise möglichst wenig Licht schädigte. Um den Kreislauf der fortgesetzten Bindung des Lichts an die Welt zu durchbrechen, war die wichtigste Forderung, sich nicht fortzupflanzen. Ehe und Sexualität waren abzulehnen, weil durch sie eines der Grundübel, die Begierde, gefördert würde. Die Lust war die Mutter der Dämonen und bösen Geister und wohnte in allen Menschen. Außerdem könnte, wenn sich die Menschheit nicht mehr reproduzieren würde, in kurzer Zeit das in den Menschen gebundene Licht befreit werden.

Die zweite Grundforderung an die Lebensgestaltung geht von der Vorstellung aus, daß in allen organischen und anorganischen Stoffen des irdischen Lebens Lichtteile enthalten sind. Bei allen Tätigkeiten, bei denen mit diesen Elementen umgegangen wird, werden diese geschädigt, und der „Lebendigen Seele" wird dadurch weh getan. Dies gilt nicht nur für handwerkliche oder ähnliche Arbeiten, sondern auch für die Worte, die zu solchen Tätigkeiten aufrufen. Solche Aufforderungen sind daher genauso zu vermeiden wie unsittliche Reden, Lügen, Äußerungen von Zorn oder Neid und alle Anklagen. Ebenso werden auch beim Essen die Lichtelemente geschädigt. Da der Mensch aber essen muß, um auf Erden leben zu können, ist es besser, Nahrungsmittel zu sich zu nehmen, die viele

Lichtanteile enthalten, wie etwa Obst in leuchtenden Farben, Melonen, Kürbisse und Gurken. Strikt zu meiden sind dagegen Fleisch und Wein, weil sie die Begierde und die Sinnlichkeit fördern. Je konsequenter diese Lebensregeln eingehalten werden, desto größer sind die Chancen, erlöst zu werden. Am Lebensende wird die Seele des Menschen vom „Großen Richter" beurteilt. Ist die Seele am Ziel angelangt, wird sie erlöst und muß nicht wieder in den irdischen Kreislauf zurück. Wenn sie noch nicht endgültig vom irdischen Dasein befreit werden kann, entscheiden die im vorhergehenden Leben vollbrachten Taten darüber, welchen Weg die Seele im neuen Leben gehen wird. Da die Manichäer an die Seelenwanderung glaubten, hing es vom Lebenswandel ab, in welcher Daseinsstufe und in welchem Stadium des Weges zur Erlösung die Seele wiedergeboren werden würde. Sünder werden nicht von einer überirdischen Instanz bestraft, sondern schaden und bekämpfen sich selbst. Es gab aber auch die Möglichkeit, daß eine Seele der ewigen Verdammnis anheimfiel.

Die manichäische Gemeindestruktur

Diese Stufen der Seele auf dem Erlösungsweg spiegelten sich in der manichäischen Gemeindestruktur wider. Es gab zwei Gruppen: die „Erwählten", auch „Electi" genannt, die eine Elite bildeten, und die gewöhnlichen Gläubigen, die „Hörer" und „Hörerinnen" oder „Katechumenen". Letztere bildeten die Mehrzahl der Gemeindeglieder. Die „Electi" unterschieden sich von den Laien dadurch, daß sie durch Vorbereitungszeiten, bestimmte Riten und ein besonders asketisches Leben viele Lichtteile in sich vereinigten. Um diese Lichtteile möglichst rein zu erhalten, vermieden sie alles, wodurch Licht und Finsternis erneut miteinander vermischt werden konnten. „Erwählte" heirateten nicht, durften kein Eigentum besitzen und keinen Beruf ausüben, bei dem sie Lichtteile verletzen konnten. Die „Erwählten" waren ähnlich wie die buddhistischen Mönche und Nonnen Wanderprediger und Wanderpredigerinnen. Sie begleitete ein Schüler oder eine Schülerin mit der Aufgabe, für ihren Unterhalt zu sorgen. Denn die „Electi" durften lediglich den Nahrungsbedarf für einen einzigen Tag mitnehmen. Generell hielten die „Erwählten" strenge Essens- und Fastenregeln ein. Wein und Fleisch waren zum Beispiel völlig tabu. Die „Hörer" und „Hörerinnen" waren weniger strengen Regeln unterworfen. Sie durften heiraten und Kinder bekommen, Berufe ausüben und Eigentum besitzen. Ihnen war es auch erlaubt, Fleisch zu essen, sie durften aber ebenso wie die „Electi" kein Tier töten. Hinzu kamen die Riten im engeren Sinn. Dies waren vor allem das Fasten an jedem Sonntag und während des Fastenmonats. Die „Electi" fasteten zusätzlich noch an jedem Montag. An diesem Tag mußten die Gläubigen bei ihnen beichten. Für die Laien war es außerdem verdienstvoll, die „Erwählten" bei ihrem Leben als Wanderprediger mit Nahrung und Kleidung zu versorgen und ihnen Almosen zukommen zu lassen. Die Taufe und das christliche Abendmahl lehnten die Manichäer ab. Zwar bezeichneten sie das Mahl der „Erwählten" teilweise als „Fleisch und Blut Christi", meinten damit aber die Befreiung der Lichtelemente aus den irdischen Stoffen, um den Lichtteilen damit zum Aufstieg ins Paradies zu verhelfen. Außer Buße, Beichte, Fasten und Almosengeben praktizierten die Manichäer auch tägliche Gebetsriten.

Die Gemeindestruktur der manichäischen Kirche zeigt Einflüsse des Juden- und des Urchristentums. An der Spitze einer strengen Hierarchie stand ursprünglich Mani als der Erleuchtete und Erleuchter. Nach Manis Tod übernahm diese Leitungsfunktion ein geistlicher Führer. Ihm unterstanden, vergleichbar mit der christlichen Tradition, zwölf Lehrer und 72 Bischöfe. Bei der Anzahl der Presbyter – es gab 360 – griff man wahrscheinlich auf die Astronomie zurück. Die nächste Stufe bildeten die Männer und Frauen, die als „Erwählte" lebten. Sie waren äußerlich an ihrer weißen Kleidung zu erkennen. Nur sie durften Ämter übernehmen und den Ritus durchführen.

Gegenmaßnahmen der Kirche

Der Manichäismus verbreitete sich nach dem Tod des Religionsstifters ziemlich schnell. Die Anhänger Manis gründeten immer neue Kirchen; ihr Einfluß erstreckte sich schließlich über Syrien und Palästina bis nach Afrika. In Karthago in Nordafrika lernte Augustinus die manichäische

Kirche kennen und gehörte ihr von 373 bis 382 an. Die Askese und die seiner Ansicht nach streng philosophische Denkweise faszinierten ihn. Er meinte, das Christentum unterfordere ihn intellektuell und eigne sich besser für einfachere Gemüter, wie zum Beispiel seine Mutter Monika. Als er nach jahrelanger Mitgliedschaft endlich den großen Mann der Manichäer in Afrika, den manichäischen Bischof Faustus von Mileve, kennenlernte, fiel diese Begegnung anscheinend so enttäuschend aus, daß sie für Augustinus der Anstoß war, dem Manichäismus den Rücken zu kehren und sich wieder dem Christentum zuzuwenden. Die Auseinandersetzung mit Faustus von Mileve führte er in seiner antimanichäischen Schrift „Contra Faustum Manichaeum". Aus dieser und aus weiteren Schriften Augustinus', die entweder referierende Darstellungen oder Polemiken gegen die Manichäer sind, wie „Contra Felicem Manichaeum" oder „De Genesi contra Manichaeos", bezogen die lateinischen Kirchenschriftsteller im Mittelalter hauptsächlich ihr Wissen über den Manichäismus (Q 2; 3; 4; 6). Augustinus und seine Schüler sammelten Gegenargumente für eine geistige Auseinandersetzung mit den Manichäern (Q 5; vgl. Q 7). Evodius, einer seiner Schüler, brachte den Grundgedanken des Dualismus auf die wohl kürzeste Formel (Q 1).

Nach Verfolgungen in Nordafrika flüchtete ein Teil der Manichäer nach Italien, wo sie sich vor allem in Sizilien und Sardinien niederließen. Sie traten aber auch in Rom und Ravenna auf. Der Einfluß, den sie in Italien hatten, wird unterschiedlich bewertet. In Turkestan konnten sich die Manichäer noch bis etwa ins Jahr 1000 halten, spielten aber im Einzugsbereich der Westkirche ab dem 6./7. Jahrhundert keine Rolle mehr, als sie zum Synonym für Dualismus und zum Schmähwort für Ketzer wurden. Durch den Einfluß, den sie zu Zeiten der Alten Kirche hatten, und durch ihre weite Verbreitung ließ das Adjektiv „manichäisch" auch noch Jahrhunderte später Kirche und Staat gleichermaßen erzittern. Der „Manichäismus" wurde zum Inbegriff für schlimmste Ketzerei. Dies wird besonders bei den Beschreibungen der Lebensgewohnheiten und Riten der vermeintlichen „Manichäer" deutlich. Solchen Erzketzern war grundsätzlich jede Perversion zuzutrauen.

Bei den späteren Beschreibungen des „Manichäismus" scheinen die Grenzen zwischen der Darstellung von Elementen des manichäischen

Mythos und purem Aberglauben und dem Klischee des sexuell ausschweifenden und perversen Ketzers fließend zu sein. Mit Augustinus' Schriften im Hinterkopf fanden die Häresiologen und Inquisitoren des Hochmittelalters beispielsweise Parallelen zwischen der Organisationsstruktur der Katharer und der Gemeindestruktur der Manichäer, zwischen der Askese der Katharer und Waldenser und den manichäischen Lebensregeln. Trotzdem waren die Gegenkirchen der Waldenser und Katharer keine Ableger der manichäischen Kirche. Eine unmittelbare Sukzession ist auch für die Lehre der Katharer nicht nachweisbar. Die Deutung des Bösen im Manichäismus gab jedoch Anlaß, später verschiedene weitere Häresien damit in Verbindung zu bringen.

In der weiten Verbreitung des Manichäismus sahen die römischen Kaiser, die erst wenige Jahre zuvor das Christentum zur Staatsreligion erklärt hatten, eine Gefahr für die neue Einheit von Kirche und Staat. Der christliche römische Kaiser Valentinian I. (364–375) war an und für sich für seine Toleranz gegenüber Andersdenkenden bekannt. So duldete er beispielsweise die Arianer, obwohl er auf der Seite des Konzils von Nizäa stand und sich zu den Glaubenssätzen des Athanasius bekannte. Insgesamt verhielt er sich in kirchenpolitischen Fragen zurückhaltend und schlug gegen Häretiker eine eher gemäßigte Gangart ein. Allerdings bekämpfte er vor allem die Donatisten und die Manichäer, wobei er sich aber im wesentlichen auf die Konfiszierung des Vermögens der Angehörigen dieser Gruppierungen beschränkte (vgl. Q 8).

Wenige Jahre nach Erlaß von Valentinians Ketzergesetzen kam es in Trier zur vermutlich ersten Hinrichtung von Ketzern in der Geschichte der Kirche. Die Opfer waren der Anführer und vier Anhänger einer streng asketischen Bewegung in Spanien, die anscheinend manichäische Tendenzen aufwies. Priscillian wurde wegen häretischer Glaubensansichten und unsittlicher Praktiken angeklagt und durch die Bischofssynode verhört. Ein Urteil wurde jedoch nicht gesprochen. Erst als man Kaiser Maximus den Fall vortrug, wurden Priscillian und seine Anhänger offiziell wegen Zauberei, offensichtlich aber wegen ihrer Glaubensüberzeugungen 385/86 zum Tode verurteilt. Die Hinrichtung der fünf Ketzer rief auch innerhalb der Kirche helle Empörung hervor. Kein Geringerer als der hl. Martin von Tours war persönlich für Priscillian eingetreten. Martin von

Tours hatte sich gegen die Verhandlung des Falls vor einem weltlichen Herrscher ausgesprochen. Nach der Hinrichtung kritisierte er Kaiser Maximus öffentlich. Auch der römische Bischof Siricius (384–399) und Ambrosius, der bekannte Bischof von Mailand, distanzierten sich von den Todesurteilen.

Priscillian war Wanderprediger gewesen und hatte teilweise die Askese der Manichäer, wie das Fasten am Sonntag und im manichäischen Fastenmonat, der außerhalb der christlichen Fastenzeit lag, und das dualistische Prinzip übernommen. Die Priscillianer waren vor allem in Nordspanien bis zum Beginn des 6. Jahrhunderts verbreitet. Nach ihrer Verurteilung auf der Synode von Braga gingen sie unter (Q 9). Ein Weiterwirken dieser dualistischen und asketischen Bewegung ist nicht bekannt. Der Umstand, daß sie die Synode zusammen mit den Manichäern verurteilte, erweckt den Eindruck, als seien die Priscillianer dem Manichäismus sehr nahegestanden. Die Quellen über die Priscillianer reichen jedoch nicht aus, um diesen Eindruck zu verifizieren. Die Tatsache, daß sie mit dem Manichäismus in einem Atemzug genannt werden, weist darauf hin, daß man sie anscheinend als eine besonders gefährliche Gruppierung darstellen wollte.

Wenn Bernard Gui über die „Manichäer der Gegenwart" schreibt, fließen in seine Darstellung Elemente ein, die eher auf allgemein apokalyptische, pneumatische, dualistische und kirchenkritische Tendenzen bei verschiedenen Ketzergruppen hindeuten, wie sie zum Beispiel bei den Pseudo-Aposteln und den Katharern zu finden sind (Q 11; 12). Die Verhörfragen an Manichäer sind dagegen so unspezifisch, daß hier „Manichäer" allem Anschein nach als Synonym für „Ketzer" gebraucht wird (Q 13).

Quellentext 1

Evodius über die dualistische Lehre der Manichäer
[vor 429]

Mani sagt nämlich, es gebe zwei Wesen, ein gutes und ein böses: das gute, das die Welt erschuf, und das böse, von dem die Welt erschaffen wurde.

Alfred Adam (Hg.), Texte zum Manichäismus. Berlin ²1969 (Kleine Texte für Vorlesungen und Übungen 175), S. 71.
Quelle: Evodius, De fide (CSEL 49, ed. Zycha, S. 974).

Quellentext 2

Augustinus, De Haeresibus ad Ouodvultdeum
[um 428]

Einführung in den Manichäismus

1. Die Manichäer gehen auf einen gewissen Perser zurück, der Manes hieß, obwohl seine Schüler, als seine unsinnige Lehre allmählich in Griechenland verkündet wurde, ihn lieber Manichäus nennen wollten, indem sie den Begriff Wahnsinn mieden [das griechische Wort „mania" bedeutet nämlich Wahnsinn]. Daher nennen einige von ihnen, als ob sie dadurch klüger wären, aber gerade deshalb nur verlogener sind, ihn mit Verdopplung des Buchstabens „n" „Mannichäus", als ob er Manna austeile. Er stellte zwei Prinzipien auf, die sich voneinander unterscheiden, einander entgegengesetzt und zugleich ewig und zusammen ewig sind, das heißt, daß es sie immer schon gab. Er glaubt an zwei Naturen und Wesenheiten, näm-

lich des Guten und des Bösen. Darin folgt er anderen alten Häretikern. Entsprechend ihren Lehren behaupten sie, es gebe einen Kampf und eine Vermischung dieser beiden miteinander, eine Reinigung des Guten vom Bösen und des Guten, das nicht gereinigt werden könne, vom Bösen zur ewigen Verdammnis. Sie fabulieren viel; es würde jedoch zu weit führen, dies alles in dieses Werk aufzunehmen. Aufgrund ihrer unsinnigen und gottlosen Lehren müssen sie die Behauptung aufstellen, daß die guten Seelen, die ihrer Meinung nach von der Vermischung mit der gegensätzlichen Natur der bösen Seelen befreit werden sollen, von derselben Natur wie Gott sind. Daher bekennen sie, daß die Welt vom Wesen Gottes erschaffen wurde, aber infolge der Vermischung des Guten und des Bösen, die erfolgte, als beide Wesenheiten miteinander kämpften. Sie behaupten, die Reinigung und Befreiung des Guten vom Bösen bewirkten die Kräfte Gottes nicht nur auf der ganzen Welt und aufgrund all ihrer Elemente, sondern auch ihre Auserwählten mittels der Nahrung, die sie zu sich nehmen. Sie behaupten nämlich, mit der Nahrung sowie mit der ganzen Welt sei das Wesen Gottes vermischt. Sie glauben, die Reinigung erfolge bei ihren Auserwählten durch die Lebensweise, nach der die Auserwählten der Manichäer leben, nämlich sozusagen heiliger und reiner als ihre Schüler. Sie wollten, daß ihre Kirche durch dieses zweifache Bekenntnis, nämlich der Auserwählten und der Schüler, Bestand habe. Sie [die Auserwählten] glauben, daß bei den übrigen Menschen, auch bei ihren eigenen Schülern, dieser Teil des guten und göttlichen Wesens, das vermischt und gesammelt im Essen und in Getränken enthalten ist, und besonders bei denen, die Söhne zeugen, enger und schmutziger verbunden sei.

2. Alles Licht, das jeweils gereinigt wird, werde sozusagen durch Schiffe, womit sie Mond und Sonne meinen, der Herrschaft Gottes gleichsam als seinem eigenen Sitz zurückgegeben. Sie lehren, daß diese Schiffe ebenso aus dem reinen Wesen Gottes geschaffen sind. Man glaubt, daß dieses körperliche Licht, das zu den Augen der sterblichen Lebewesen gehört, nicht nur in diesen Schiffen, wo es ihrer Meinung nach am reinsten ist, sondern auch in allen anderen lichtvollen Dingen, wo es ihrer Meinung nach beigemengt ist, gereinigt werden soll. Man behauptet, das sei das Wesen Gottes. Fünf Elemente, welche eigene Führer hervorgebracht haben, weisen sie dem Volk der Finsternis zu. Diese Elemente bezeichnen sie

mit folgenden Namen: Rauch, Finsternis, Feuer, Wasser und Wind. Im Rauch geboren sind die zweibeinigen Lebewesen, von denen ihrer Ansicht nach die Menschen abstammen; in der Finsternis die Schlangen, im Feuer die Vierfüßler, im Wasser alles, was schwimmt, und im Wind alles, was fliegt. Diesen fünf bösen Elementen, die im Kampf besiegt werden sollen, seien von der Macht und dem Wesen Gottes fünf andere Elemente gesandt worden, und in jenem Kampf seien sie vermischt worden, nämlich mit dem Rauch die Luft, mit der Finsternis das Licht, mit dem bösen Feuer das gute Feuer, mit dem bösen Wasser das gute Wasser und mit dem bösen Wind der gute Wind. Jene Schiffe aber, das heißt die zwei Himmelslichter, unterscheiden sie insofern, als sie behaupten, der Mond sei aus dem guten Wasser und die Sonne aus dem guten Feuer erschaffen worden. In diesen Schiffen gebe es heilige Kräfte, die sich in männliche Wesen verwandeln, um die weiblichen Wesen der entgegengesetzten Gattung anzulocken, und solche, die sich wiederum in weibliche Wesen verwandeln, um die männlichen Wesen der entgegengesetzten Gattung anzulocken. Und da durch diese Verlockung ihre Begierde geweckt wurde, muß wohl das Licht von ihnen fliehen, das sie, vermischt mit ihren Gliedern, hatten, und es muß von den Engeln des Lichts zum Reinigen aufgenommen werden; und wenn es gereinigt ist, muß es auf jene Schiffe gebracht werden, um in ihr Reich zurückgebracht zu werden. Aufgrund dessen oder vielmehr aufgrund ihres verfluchten Aberglaubens sind ihre Auserwählten gezwungen, die Eucharistie gleichsam vermischt mit menschlichem Samen zu nehmen, damit dadurch wie bei den anderen Speisen, die sie zu sich nehmen, jene göttliche Substanz gereinigt werde. Sie leugnen aber, daß sie dies tun, und sie behaupten, daß es andere unter dem Namen der Manichäer tun. Sie wurden jedoch, wie Du weißt, in Karthago in der Kirche entdeckt, wo Du bereits als Diakon eingesetzt warst, seinerzeit unter dem Tribunen Ursus, der damals Vorsteher im königlichen Palast war; und einige wurden vorgeführt: Da verriet ein Mädchen namens Margarita diese verruchte Abscheulichkeit. Sie sagte, als sie noch nicht zwölf Jahre alt war, sei sie wegen dieses verbrecherischen Mysteriums entehrt worden. Sie zwang dann eine gewisse Eusebia, sozusagen eine manichäische Nonne, die aus demselben Grund dasselbe erlitten hatte, nur mit Mühe zu gestehen, da sie zunächst versichert hatte, unberührt zu sein, und verlangt hatte, von einer Hebamme untersucht zu werden. Sie wurde untersucht, und was man herausfand, war jenes ganz und gar abscheuliche Verbrechen, bei dem der Samen der Beischläfer mit Mehl vermengt wird, um ihn aufzunehmen und zu mischen. Dies hatte sie, da sie nicht zugegen war, als Margarita ihre Aussage machte, nicht gehört – nun machte sie eine ähnliche Aussage. In jüngster Zeit entdeckte man einige von ihnen und führte sie der Kirche vor. Wie die „Gesta episcopalia" [Lebensbeschreibungen der Bischöfe], die Ihr uns geschickt habt, zeigen, gestanden sie unter sorgfältiger Befragung, daß dies nicht ein Sakrament, sondern ein verfluchter Vorgang sei. Einer von ihnen, namens Viator, erklärte, daß diejenigen, die solches täten, speziell Katharisten genannt würden, wobei er ausführte, daß andere Gruppierungen der manichäischen Sekte in Mattarier und speziell Manichäer eingeteilt würden. Jedoch seien alle diese drei Gruppierungen von einem einzigen Gründer begründet worden. Daß alle gemeinhin Manichäer seien, konnte er nicht bestreiten. Jedenfalls seien jene manichäischen Bücher ohne Zweifel allen gemeinsam, in denen jene phantastischen Erzählungen aufgeschrieben sind, daß die Fürsten der Finsternis beiderlei Geschlechts verführt und durch ihre Begierde aufgelöst werden müssen, damit die göttliche Substanz, die in ihnen gefangengehalten wurde, befreit werde und von ihnen fliehe, wobei eine Verwandlung der Männer in Frauen und der Frauen in Männer erfolge. Daher stammt diese Abscheulichkeit. Aber ein jeder von ihnen bestreitet, daß sie ihn betreffe. Sie glauben nämlich, daß sie die göttlichen Kräfte, soweit möglich, nachahmen, um einen Teil ihres Gottes zu reinigen. Sie sind der Meinung, daß dieser Teil wirklich, wie in allen himmlischen und irdischen Körpern und im Samen aller Wesen, so auch im Samen des Menschen, verunreinigt enthalten sei. Und daraus folgt, daß sie diesen Teil durch Essen – wie bei den anderen Samen, die sie in den Speisen zu sich nehmen, so auch beim menschlichen Samen – reinigen müssen. Daher werden sie auch Katharisten genannt, also sozusagen Reiniger, da sie diesen Teil mit so großer Sorgfalt reinigen, daß sie nicht auf diese so schreckliche, schändliche Speise verzichten.

3. Sie essen jedoch auch kein Fleisch, da aus Toten oder Getöteten die göttliche Substanz sozusagen entflohen ist und da nur so viel und solches davon zurückgeblieben ist, daß es nicht mehr wert ist, im Bauch der Aus-

erwählten gereinigt zu werden. Sie essen nicht einmal Eier, als ob sie abstürben, wenn sie zerbrochen werden. Und sie dürfen sich nicht von irgendwelchen toten Körpern ernähren. Nur dies lebe vom Fleisch, das mit Mehl, damit es nicht abstirbt, zu sich genommen wird. Sie trinken auch keine Milch, obwohl sie aus dem lebenden Körper eines Tieres gemolken oder gesaugt wird; nicht, weil sie glauben, daß da keine göttliche Substanz daruntergemischt sei, sondern weil dieser Irrtum ihnen selber nicht bewußt ist. So trinken sie auch keinen Wein, denn sie behaupten, er sei ein Gift für die Fürsten der Finsternis. Obwohl sie Weintrauben essen, trinken sie keinen Most, auch nicht einen ganz frischen.

4. Sie glauben, daß die Seelen ihrer Schüler zu den Auserwählten oder – das ist ein noch besserer Gewinn – in das Essen ihrer Auserwählten zurückkehren, so daß sie, nunmehr gereinigt, von dort in keine Körper mehr zurückkehren. Sie glauben, daß die übrigen Seelen in Tiere zurückkehren und in alles, was Wurzeln hat und in der Erde wächst. Sie glauben, daß Kräuter und Bäume so leben, daß sie – ihrer Ansicht nach – das Leben, das in ihnen ist, spüren und leiden, wenn sie verletzt werden. Daher könne niemand etwas von ihnen, ohne daß es ihnen weh tut, ausreißen oder pflücken. Deshalb halten sie es für ein Unrecht, einen Acker sogar von Dornen zu reinigen. Daher beschuldigen sie die Landwirtschaft, welche das unschuldigste Gewerbe von allen ist, auf unsinnige Weise, als ob sie vieler Morde schuldig sei. Und sie glauben, daß diese [nämlich die Auserwählten] ihren Schülern deshalb verzeihen würden, weil sie dadurch ihren Auserwählten Nahrung verschaffen. [...] Die Auserwählten arbeiten daher nicht auf den Feldern, pflücken kein Obst und reißen keine Blätter ab; sie erwarten, daß dies von ihren Schülern für ihre Bedürfnisse getan wird. So leben sie – entsprechend ihrer unsinnigen Vorstellung – von so vielen schweren Morden, die andere begehen. Sie ermahnen auch ihre Schüler, daß sie, wenn sie Fleisch essen, Tiere nicht töten sollen, damit sie nicht die Fürsten der Finsternis, die an den Himmel gebunden sind, beleidigen. Denn von ihnen, sagen sie, stamme alles Fleisch. Und wenn sie mit ihren Frauen verkehren, meiden sie die Empfängnis und Zeugung, damit die göttliche Substanz, die in sie durch Nährstoffe eingeht, bei ihren Nachkommen nicht an das Fleisch gebunden werde. Sie glauben, so, das heißt durch das Essen und Trinken, gelangten nämlich

die Seelen in alles Fleisch. Sie verurteilen daher strikt die Eheschließung und verbieten sie, soweit es sie selbst betrifft. Da sie die Zeugung verbieten, weil man dann Ehen schließen müßte, behaupten sie, die Eltern von Adam und Eva seien die Fürsten des Rauches. Nachdem ihr Vater namens Saclas die Kinder all seiner Genossen verschlungen habe, habe er alles, was er dadurch an göttlicher Substanz vermischt bekommen hatte, als er mit seiner Frau schlief, an das Fleisch seiner Nachkommenschaft gleichsam mit einem sehr festen Band gebunden.

5. Sie behaupten, es sei Christus gewesen, den unsere Schrift die Schlange nennt; von ihr, behaupten sie, seien sie erleuchtet worden, so daß sie die Augen der Erkenntnis öffneten und das Gute und Böse unterschieden. Christus sei in jüngster Zeit gekommen, um die Seelen, nicht um die Körper zu erlösen. Und er sei nicht in wahrem Fleisch gewesen, sondern habe nur den vorgetäuschten Schein des Fleisches geboten, um die menschlichen Sinne zu täuschen. Nicht nur seinen Tod, sondern auch die Auferstehung täuschte er in ähnlicher Weise vor. Gott, der durch Moses das Gesetz gab und in den hebräischen Propheten sprach, sei nicht wahrer Gott, sondern nur einer von den Fürsten der Finsternis. So lesen sie auch die Schriften des Neuen Testaments sozusagen unverfälscht, nur daß sie daraus das, was sie wollen, entnehmen und das verwerfen, was sie nicht wollen. Sie ziehen ihnen einige apokryphe Schriften vor, als ob sie diese ganz für wahr hielten. Sie behaupten, das Versprechen des Herrn Jesus Christus hinsichtlich des Trösters, des Heiligen Geistes, sei in ihrem Erzketzer Mani erfüllt, weshalb er sich in seinen Schriften Apostel Jesu Christi nennt, weil Jesus Christus versprochen hat, er werde ihn senden und weil er in ihm den Heiligen Geist gesandt hat.

6. Deshalb hatte auch Mani selber zwölf Jünger, genau entsprechend der Zahl der Apostel. Diese Zahl halten die Manichäer auch heute noch ein. Denn von ihren Auserwählten haben sie zwölf, die sie Lehrer nennen, und der dreizehnte ist ihr Führer. Sie haben zweiundsiebzig Bischöfe, die von den Lehrern geweiht werden, und Priester, die von den Bischöfen geweiht werden. Die Bischöfe haben auch Diakone. Die übrigen werden nur Auserwählte genannt. Sie werden auch selber, soweit sie als geeignet erscheinen, ausgesandt, um diese Irrlehre, wo sie ist, zu unterstützen und zu fördern oder, wo sie nicht ist, auszusäen. Sie behaupten, die Taufe im

Wasser bringe niemandem das Heil. Und sie glauben, daß niemand von denen, die sie irreleiten, getauft werden muß. Sie verrichten am Tag ihre Gebete zur Sonne hin, wo sie sich auch immer auf ihrer Bahn befindet, und in der Nacht zum Mond hin, wenn er scheint. Wenn er aber nicht scheint, dann in nördlicher Richtung, wo die Sonne, nachdem sie unterging, zum Osten zurückkehrt. Beim Beten stehen sie. Die Ursache der Sünden schreiben sie nicht der freien Willensentscheidung zu, sondern dem Wesen des feindlichen Geschlechts. Indem sie lehren, daß dies mit den Menschen vermischt sei, behaupten sie, daß alles Fleisch nicht das Werk Gottes, sondern böser Gesinnung sei. Es ist von Anfang an ewig mit Gott. Sie wollen, daß die fleischliche Begierde, mit der das Fleisch gegen den Geist begehrt, in uns nicht aufgrund der im ersten Menschen verdorbenen Natur eine Schwäche ist, sondern ein entgegengesetztes Wesen, das uns so anhaftet, daß es, wenn wir erlöst und gereinigt werden, von uns getrennt wird und in seiner eigenen Natur auch selbst unvergänglich lebt: Diese zwei Seelen oder zwei Gesinnungen, eine gute und eine böse, bekämpfen einander in einem Menschen, wenn das Fleisch gegen den Geist begehrt und der Geist gegen das Fleisch. [...]

Alfred Adam (Hg.), Texte zum Manichäismus. Berlin ²1969 (Kleine Texte für Vorlesungen und Übungen 175), S. 65–70.
Quelle: Augustinus, De Haeresibus ad Ouodvultdeum (PL 42, col. 34–38).

Quellentext 3

Augustinus, Contra Epistulam q. v. Fundamenti [396]

Ein Brief des Mani

Mani, der Apostel Jesu Christi aufgrund der Vorsehung Gottes des Vaters Dies sind heilsame Worte aus einer ewigen, lebendigen Quelle. Wer sie hört und erstens an sie glaubt, zweitens diese Lehre bewahrt, wird niemals dem Tode verfallen sein, sondern das ewige Leben in Herrlichkeit genießen. Denn der ist tatsächlich für glücklich zu halten, der durch diese göttliche Erkenntnis belehrt wurde, wodurch er befreit ist und ewiges Leben haben wird. Der Friede des unsichtbaren Gottes und die Kenntnis der Wahrheit sei mit den heiligen, innigst geliebten Brüdern, die an die himmlischen Gebote in gleicher Weise glauben, wie sie ihnen eifrig dienen. Die rechte Hand des Lichts beschütze und bewahre Euch vor jedem Angriff des Bösen und vor dem Fallstrick der Welt. Die Liebe des Heiligen Geistes öffne das Innerste Eures Herzens, damit Ihr mit eigenen Augen Eure Seelen sehen könnt.

Auf das, innigst geliebter Bruder Patticus, was Du mir angedeutet hast, als Du sagtest, Du wolltest wissen, von welcher Art die Geburt von Adam und Eva sei, ob sie durch das Wort hervorgebracht wurden oder aus einem Körper geboren wurden, wird Dir in angemessener Weise geantwortet werden. Denn hierzu wurde von sehr vielen in verschiedenen Schriften und Offenbarungen auf unterschiedliche Weise geschrieben und gesprochen. Wie es daher in dieser Frage um die Wahrheit steht, wissen alle Völker kaum, ebensowenig alle, die darüber sogar lange und intensiv diskutiert haben. Wären sie nämlich über die Geburt von Adam und Eva zu einer klaren Erkenntnis gelangt, wären sie niemals dem Verderben und dem Tod unterworfen. Also muß notwendigerweise noch mehr vorher gesagt werden, damit man ohne irgendeinen Zweifel in dieses Geheimnis eindringen kann. Wenn es Dir daher gut dünkt, höre zuerst, was vor der Erschaffung der Welt war und auf welche Weise ein Kampf ausgetragen wurde, damit Du das Wesen des Lichts und der Finsternis unterscheiden kannst.

Denn am Anfang gab es diese zwei Wesenheiten, die voneinander getrennt waren. Die Herrschaft über das Licht hatte immer Gott Vater, der in seinem heiligen ursprünglichen Wesen ewig, großartig in seiner Kraft, wahr in seinem Wesen ist und immer in der ihm eigenen Ewigkeit lebt. Er hat in sich Weisheit und lebensspendendes Bewußtsein, wodurch er auch die zwölf Glieder seines Lichts umfaßt, nämlich die reichen Schätze seiner Herrschaft. In jedem einzelnen seiner Glieder sind Tausende zahlloser, unermeßlicher Schätze verborgen. Der Vater selbst ist herausragend in seinem Ruhm, nicht faßbar in seiner Größe, und er hat mit sich die glücklichen, ruhmreichen Jahrhunderte verbunden, die man weder hinsichtlich ihrer Zahl noch ihres Glücks abschätzen kann. Damit lebte dieser heilige, strahlende Vater und Schöpfer, ohne daß jemand in seinem Reich Insignien brauchte oder an die unterste Stelle gesetzt war. Seine überaus herrliche Herrschaft über die strahlende und glückliche Erde wurde so begründet, daß sie von niemandem jemals geraubt oder erschüttert werden kann.

Aber in einem Teil und auf einer Seite seiner herrlichen und heiligen Erde war die Erde voll tiefer, unermeßlich großer Finsternis. Darin wohnten die feurigen Körper, unheilvolle Geschlechter. Hier dehnte sich unendliche Finsternis, nicht abzuschätzen hinsichtlich ihres Wachstums, von demselben Wesen aus. Jenseits davon gab es schmutzige, trübe Gewässer mit ihren Lebewesen. Im Inneren gab es schreckliche, heftige Winde mit ihrem Urheber und ihren Erzeugern. Dann wiederum eine feurige, schlimme Gegend mit ihren Führern und Völkern. Ferner im Inneren ein Volk voller Finsternis und Rauch, worin sich der gewaltige Fürst und Anführer von allen aufhielt, der zahllose Fürsten um sich hatte. Von diesen allen war er selbst der geistige Urheber. Es gab fünf solche unheilvolle Welten. Aber die Geschlechter, die diese fünf Welten bewohnten, waren wild und unheilvoll.

[…] Der Vater des himmlischen Lichtes wußte aber, daß ein großer Sturz und eine Verödung, die sich aus der Finsternis ergab, seine heiligen Jahrhunderte bedrohten, wenn er nicht irgendein herausragendes, herrliches, mächtiges göttliches Wesen dagegenstellte, um den Sproß der Finsternis zugleich zu besiegen und zu zerstören und, wenn er ihn auslöschte, den Bewohnern des Lichts dadurch ewigen Frieden zu verschaffen.

Mit unrechten Erklärungen wandte er [der Fürst der Finsternis] sich an die Anwesenden: „Was haltet ihr von diesem sehr großen Licht, das entsteht? Schaut, wie es den Pol bewegt und sehr viele Kräfte erschüttert! Daher wäre es nur recht, daß ihr vielmehr das Licht, das ihr in eurer Gewalt habt, zur Verfügung stellt. Denn so werde ich von dem Großen, der in seiner Herrlichkeit erschien, ein Bild machen, durch das wir herrschen werden können, wenn wir einmal vom Leben in der Finsternis befreit sind." Als sie dies hörten und lange bei sich überlegten, hielten sie es für sehr recht, das von ihnen Geforderte zu gewähren. Denn sie vertrauten nicht darauf, daß sie dasselbe Licht auf ewig behalten würden. Sie hielten es also für besser, ihrem Fürsten ein Angebot zu machen, und sie gaben keineswegs die Hoffnung auf, daß sie auf diese Weise herrschen würden. Man muß also bedenken, daß sie so das Licht, das sie hatten, zur Verfügung stellten. – Das ist auch in alle göttlichen Schriften und himmlischen Geheimnisse eingeflossen, für Weise ist es aber überhaupt nicht schwer zu verstehen, wie es dazu kam. Denn von dem, der wirklich und richtig sehen will, wird es ganz klar erkannt. – Da nun die Menge derer, die zusammengekommen waren, gemischt war, nämlich aus Frauen und Männern bestand, veranlaßte sie dieser Umstand, miteinander Verkehr zu haben. Bei diesem Verkehr gaben die einen ihren Samen ab, und die anderen wurden schwanger. Diejenigen, die gezeugt hatten, gebaren Kinder, die sehr viele Kräfte behielten, die denen ihrer Eltern ähnlich waren. Ihr Fürst nahm sie und freute sich darüber wie über ein besonderes Geschenk. Wie wir auch jetzt noch sehen, daß die Natur des Bösen, welche die Körper bildet, daraus ihre Kräfte nimmt und gestaltet, so nahm auch der besagte Fürst die Nachkommenschaft seiner Untertanen, welche die Sinne ihrer Eltern, die Klugheit und das Licht, das gleichzeitig bei der Zeugung entstand, hatten, und aß sie auf. Als mit diesem Essen, worin nicht nur Stärke, sondern aufgrund der wilden Sinnesart der Erzeuger viel mehr Schlauheit und Sinn für das Böse enthalten waren, die meisten Kräfte aufgenommen waren, rief er eine eigene Frau zu sich, die aus demselben Ursprung stammte, aus dem er selber war. Und er verkehrte mit ihr und gab – wie die anderen den Überfluß des Bösen, das er verschlungen hatte – seinen Samen ab, wobei er selbst auch manches von seinem Denken und seiner Kraft hinzufügte, auf daß all das, was er gezeugt hatte, dieses Sinnes sei ... [Textlücke] [die Seelen], die aus Liebe zur Welt zuließen, daß sie sich von ihrem früheren lichtvollen Wesen abwandten und Feinde des heiligen Lichts wurden, sich offen zum Verderben der heiligen Elemente wappneten und dem feurigen Geist folgten. Auch suchten sie mit feindseliger Verfolgung die heilige Kirche und die Auserwählten in ihr, welche die göttlichen Gebote befolgten, schwer heim; vom Glück und der Herrlichkeit der heiligen Erde sind sie ausgeschlossen. Weil sie zuließen, daß sie vom Bösen überwunden wurden, werden sie Nachkommen des Bösen bleiben, und jene friedvolle Erde und die Gefilde der Unsterblichen werden ihnen versagt sein, und zwar deshalb, weil sie sich in so unrechte Taten verstrickten, daß sie das Leben und die Freiheit des heiligen Lichts verloren. Sie werden also nicht in jenes Reich des Friedens Eingang finden, sondern auf die besagte Welt des Schreckens verbannt werden, vor der man sich in acht nehmen muß. Daher werden diese Seelen den Dingen, die sie liebten, anhangen, und durch eigene Schuld auf dieser Welt der Finsternis zurückgelassen. [...]

Alfred Adam (Hg.), Texte zum Manichäismus. Berlin ²1962 (Kleine Texte zu Vorlesungen und Übungen), S. 27–30.
Quelle: Augustinus, Contra Epistulam q. v. Fundamenti (CSEL 25,1, ed. Zycha, S. 197, 206 ff., 212, 230); Contra Felicem Manichaeum 1 (CSEL 25,1, ed. Zycha, S. 801, 819 f., 1824); Contra Secundinum (CSEL 25,2, ed. Zycha, S. 909); De natura boni (CSEL 25,2, ed. Zycha, S. 877, 884 ff.); Evodius, De fide (CSEL ed. Zycha, S. 952 f.).

Quellentext 4

Augustinus über das heilige Mahl der Manichäer [kurz vor 400]

a) Die Speise, die ihr zu euch nehmt, ist, obwohl ihr sie sehr sorgfältig sozusagen vor einem Kontakt mit Fleisch bewahrt, für euch nicht rein, denn ihr sagt, sie stamme vom Teufel. Ihr behauptet, daß ihr auch euren Gott, der daran gebunden und verunreinigt sei, durch das Essen reinigt. Wenigstens kommt ihr euch rein vor, wenn jener es für würdig hält, durch eure Mägen gereinigt zu werden. Aber ihr behauptet auch, daß eure Körper das Wesen und das Werk des Volkes der Finsternis seien, eure Seelen aber durch diese Körper noch verunreinigt seien. Was ist also für euch rein? Nicht das, was ihr zu euch nehmt, nicht das, womit ihr das, was ihr zu euch nehmt, wieder von euch gebt, auch nicht ihr selbst, da ihr das, was ihr zu euch genommen habt, reinigt.

b) Sie [die Manichäer] behaupten, daß durch ihre Auserwählten eben dieser vermischte Teil und das Wesen Gottes durch das Essen und Trinken gereinigt werden, denn sie sagen, daß es [nämlich das Wesen Gottes] an alle Speisen gebunden sei. Wenn sie von den Auserwählten wie den Heiligen zur Labung des Körpers beim Essen und Trinken eingenommen werden, würden sie durch deren Heiligkeit gelöst, gesegnet und [vom Bösen] befreit.

Alfred Adam (Hg.), Texte zum Manichäismus. Berlin ²1969 (Kleine Texte für Vorlesungen und Übungen 175), S. 62.
Quelle: a) Augustinus, Contra Faustum Manichaeum 31,4, (CSEL 25,1, ed. Zycha, S. 759); b) Augustinus, De natura boni (CSEL 25,2, ed. Zycha, S. 884).

Quellentext 5

Augustinus über die manichäische Argumentationsweise [414]

Irgend jemand hatte eine Abneigung gegenüber Fliegen. Mani fand ihn jedenfalls voller Abneigung, und als er sagte, er könne Fliegen nicht leiden und hasse sie sehr, sagte jener [nämlich Mani] sofort: „Wer hat sie erschaffen?" Und da er voller Abneigung war und sie haßte, wagte er nicht zu sagen: „Gott hat sie erschaffen." Er war nämlich ein Christ. Jener fügte sofort hinzu: „Wenn sie Gott nicht erschaffen hat, wer hat sie dann erschaffen?" Er sagte: „Ich glaube fest, daß der Teufel die Fliegen erschaffen hat." Jener sagte sofort: „Wenn der Teufel die Fliege erschaffen hat, wie du bekennst – ich sehe es ja –, wer hat dann, du bist doch klug und verständig, die Biene erschaffen, die viel größer als eine Fliege ist?" Da wagte er nicht zu sagen, daß Gott die Biene erschuf und die Fliege nicht, weil es sich um eine sehr naheliegende Sache handelte. Von der Biene leitete Mani über zur Heuschrecke, von der Heuschrecke zur Eidechse, von der Eidechse zum Vogel, vom Vogel leitete er über zum Schaf, dann zum Rind, dann zum Elefanten und schließlich zum Menschen. Und er überzeugte den Mann davon, daß der Mensch nicht von Gott erschaffen wurde. Indem also dieser Unglückliche unter der Abneigung gegenüber Fliegen litt, wurde er selber eine Fliege, so daß ihn der Teufel in Besitz hatte. Beelzebub soll nämlich der Herr der Fliegen bedeuten.

Alfred Adam (Hg.), Texte zum Manichäismus. Berlin ²1969 (Kleine Texte für Vorlesungen und Übungen 175), S. 131.
Quelle: Augustinus, Tractatus in Johannis Evangelium 1,14 (PL 35, col. 1386).

Quellentext 6

Die Augustinische Abschwörungsformel aus dem Jahre 398

Augustinus nahm ein Blatt und schrieb folgende Worte:

Ich, Augustinus, Bischof der katholischen Kirche, habe bereits Mani, seine Lehre und den Geist verflucht, der durch ihn so fluchwürdige Gotteslästerungen ausgesprochen hat, weil der Geist ein Betrüger war und nicht [der Geist] der Wahrheit, sondern einer frevelhaften Irrlehre. Und nun spreche ich den Bannfluch aus über das Wort des Mani und den Geist seiner Irrlehre.

Und nachdem er dasselbe Blatt Felix gegeben hatte, schrieb auch er mit eigener Hand folgende Worte:

Ich, Felix, der ich an Mani geglaubt hatte, spreche nun über ihn, seine Lehre und den verführerischen Geist, der in ihm war, den Bannfluch aus. Er sagte, Gott habe einen Teil von sich mit dem Volk der Finsternis vermischt und befreie diesen auf eine so schimpfliche Weise, daß er seine Kräfte verwandle in Frauen gegen männliche und sie selbst wiederum in männliche Teufel gegen die weiblichen, so daß er fortan die Reste seines eigenen Teils auf ewig an die Welt der Finsternis binde. Alle diese und die anderen Gotteslästerungen des Mani verfluche ich.

Ich, Bischof Augustinus, habe unterschrieben, nachdem dies in der Kirche vor dem Volk behandelt worden war.

Ich, Felix, habe unterschrieben, nachdem dies behandelt worden war.

Alfred Adam (Hg.), Texte zum Manichäismus. Berlin ²1969 (Kleine Texte für Vorlesungen und Übungen 175), S. 90.
Quelle: Augustinus, Contra Felicem Manichaeum 2,22 (CSEL 25,2, ed. Zycha, S. 852).

Quellentext 7

Die große lateinische Abschwörungsformel aus dem Jahre 526

Hauptpunkte des hl. Augustinus, welche diejenigen öffentlich vorlesen und eigenhändig unterschreiben sollen, auf denen der Verdacht liegt, daß sie Manichäer sind.

1. Wer glaubt, daß es zwei Wesen mit verschiedenen Prinzipien gibt, nämlich ein gutes, das Gott ist, und ein anderes, böses, das Gott nicht erschuf, aber eigene Fürsten und eigene Bosheiten hat, die Gott nicht erschuf, sei mit dem Bannfluch belegt.

2. Wer glaubt, die zwei Wesen hätten miteinander Krieg geführt und ein Teil des Wesens von Gott sei in diesem Krieg mit den Fürsten der Finsternis und allen Nachkommenschaften, die zum bösen Wesen gehören, vermischt worden und werde von ihnen beherrscht, gebunden, unterdrückt und verunreinigt, was somit glauben macht, das Wesen Gottes sei veränderlich und man könne es beschmutzen, der sei mit dem Bannfluch belegt.

3. Wer glaubt, der gebundene, verunreinigte Teil Gottes werde in den Teufeln und in allen Lebewesen und Nachkommenschaften festgehalten und durch das Essen der Auserwählten der Manichäer werde es gelöst und gereinigt, daß man also glaubt, der verschmutzte Teil Gottes sei enthalten in Gurken, Melonen, Rettichen, Lauch und allen möglichen völlig wertlosen Kräutern, und wer glaubt, wenn dies von den Auserwählten der Ma-

nichäer gegessen wird, werde ihm geholfen, der sei mit dem Bannfluch belegt.

4. Wer glaubt, der erste Mensch, der Adam hieß, sei nicht von Gott erschaffen worden, sondern stamme von den Fürsten der Finsternis, so daß der Teil von Gott, der in ihren Gliedern gefangengehalten wurde, auf der Erde umfangreicher und reichlicher vorkomme, der sei mit dem Bannfluch belegt.

5. Wer glaubt, der Mensch sei auf diese Weise erschaffen worden, als die männlichen und weiblichen Fürsten der Finsternis einander beiwohnten und sie ihre Leibesfrucht dem höchsten Fürsten der Finsternis gaben und er alle aufaß, seiner Gemahlin beiwohnte und so mit ihr Atlas, den sie gotteslästerlich den Vater Adams nennen, zeugte, wobei er an ihn einen großen Teil von Gott band, der an jede Leibesfrucht der Fürsten der Finsternis gebunden war, die sie ihm zu essen gaben, der sei mit dem Bannfluch belegt.

6. Wer glaubt, die Fürsten der Finsternis seien an den Himmel gebunden wie die Himmelskörper und sie hätten in sich in ihrer Not und Angst eine vitale Substanz, die an sie gebunden sei, das heißt einen Teil von Gott, und sie würden so von ihren Gliedern befreit, wenn der heilige Vater, der leuchtende Schiffe, nämlich Sonne und Mond, als Wohnung und Behausung hat, seine Kräfte in schöne Frauen verwandelt, die er den männlichen Fürsten der Finsternis als begehrenswerte Geschöpfe gegenüberstellt, und in schöne Männer, die er den Fürstinnen der Finsternis als begehrenswert gegenüberstellt, damit gerade durch die Begierde die vitale Substanz, das heißt der Teil Gottes von ihnen gelöst und, von ihren Gliedern befreit, gereinigt wird, der sei mit dem Bannfluch belegt.

7. Wer glaubt, der Teil Gottes, der aufgrund der Vermischung des Volkes der Finsternis nicht befreit und gereinigt werden kann, sei verdammt und auf ewig an die schreckliche Erdkugel gebunden, worin das Volk der Finsternis eingeschlossen ist, der sei mit dem Bannfluch belegt.

8. Wer glaubt, das Gesetz, das durch Moses gegeben wurde, sei nicht von dem einen wahren Gott gegeben worden und die Propheten, die es im Volk Israel gab und die in der katholischen Kirche im Kanon der göttlichen Schriften geführt werden, hätten nicht aus dem Geist des guten und wahren Gottes gesprochen, der sei mit dem Bannfluch belegt.

9. Wer glaubt, der Sohn Gottes, unser Herr Jesus Christus, habe kein echtes Fleisch gehabt, er sei nicht aus dem Samen Davids aus der Jungfrau Maria geboren worden und habe keinen wahren Leib gehabt, er habe auch nicht den wahren Tod erlitten und sei nicht von den Toten auferstanden, sondern er sei nur Geist ohne Fleisch gewesen, habe aber den Schein fleischlicher Erscheinung gewollt, daß man ihn für Fleisch hielt, was er nicht war, und wer so dem Evangelium widerspricht, wo man liest, daß der Herr selbst sagt: „Seht meine Hände und meine Füße an, betastet sie und seht: Ein Geist hat keine Knochen und kein Fleisch, ihr seht aber, daß ich dies habe" [vgl. Lk 24,39]; wer also bekennt, Christus sei Gott, aber leugnet, daß er wirklich durch und durch Mensch ist, der sei mit dem Bannfluch belegt.

10. Jeder, der glaubt, die Ankunft des Heiligen Geistes, von dem der Herr im Evangelium verheißt, er werde zu den Aposteln kommen, habe sich nicht alsbald nach der Auferstehung des Herrn an Pfingsten erfüllt, sondern glaubt, er sei nach vielen Jahren zu Mani oder seinem Schüler Adimant gekommen, der sei mit dem Bannfluch belegt.

11. Jeder, der leugnet, daß das Fleisch, das wir an uns haben, nämlich der menschliche Körper auferstehen werde, der sei mit dem Bannfluch belegt.

12. Wer glaubt, die menschlichen Seelen würden wiederum in andere Körper oder Lebewesen eingehen, der sei mit dem Bannfluch belegt.

13. Jeder, der sagt, die Sonne und der Mond seien himmlische Schiffe zum Transport der Seelen oder des göttlichen Wesens, und ihnen oder diesem sichtbaren Licht irgendeine Göttlichkeit zuschreibt und glaubt, sie seien nicht wie die übrige Schöpfung vom Herrn des Himmels und der Erde zum Dienst am Menschen geschaffen worden, der sei mit dem Bannfluch belegt.

14. Wer glaubt, alles Fleisch der Vierfüßler, Schlangen, Vögel, Fische beziehungsweise aller Lebewesen, die es auf der Welt gibt, sei nicht vom wahren Gott erschaffen, sondern von den Fürsten der Finsternis, der sei mit dem Bannfluch belegt.

15. Wer das Glaubensbekenntnis oder ein Gebet der Manichäer nicht verwirft, sondern ehrt oder will, daß man es beherzigt oder spricht, der sei mit dem Bannfluch belegt.

16. Wer glaubt, die menschlichen Seelen stammten aus dem Wesen Gottes und die menschlichen Körper seien oder würden vom Fürsten der Finsternis geschaffen, der sei mit dem Bannfluch belegt.

17. Wer glaubt, der Teufel sei nicht ein von Gott erschaffener guter Engel und aus eigenem Willen infolge des Hochmuts gefallen und ein Teufel geworden, und wer behauptet, dieser sei nicht zusammen mit den übrigen Engeln von Gott erschaffen, sondern schon immer und ewig wie Gott, der sei mit dem Bannfluch belegt.

18. Wer glaubt, Mani beziehungsweise Manichäus, der über alle Schriften, die es verdienen, verworfen und verflucht zu werden, predigte und lehrte, habe den Heiligen Geist gehabt, obwohl dies alles nicht der Geist der Wahrheit, sondern der Geist der Falschheit lehren konnte, der sei mit dem Bannfluch belegt.

19. Verflucht sei auch Mani beziehungsweise Manichäus selbst, der alle obenerwähnten Gottlosigkeiten und andere Sakrilegien und verdammenswertes Geschwätz lehrte, verfaßte und Dumme von ihrer Glaubwürdigkeit zu überzeugen suchte, wobei er auf die Geister der Verführung und die Lehren lügnerischer Teufel achtete.

20. Verflucht sei Adimant und alle seine Schüler und Anhänger. Und, wie schon gesagt, wer glaubt, daß zu diesem der Heilige Geist kam, der sei mit dem Bannfluch belegt.

21. Verflucht seien auch alle Verfasser der obenerwähnten Irrlehre, ihre Lehre beziehungsweise ihr Gesetz, alle Geheimlehren und Aussagen, die im Widerspruch stehen mit dem katholischen Glauben, ihre Sakrilegien und all ihre Schriften, die nicht im Kanon der Kirche aufgeführt sind, die also der rechte Glaube nicht akzeptiert.

Alfred Adam (Hg.), Texte zum Manichäismus. Berlin ²1969 (Kleine Texte für Vorlesungen und Übungen 175), S. 90–93.
Quelle: PL 65, col. 23–26. Die Sätze 1–9 und 18–19 entsprechen den Sätzen 1–8 und 9–10 im sog. Commonitorium Augustini (CSEL 25, ed. Zycha, S. 980–982); der lateinische Text ist nach Zycha hergestellt, die Zusätze sind beibehalten.

Quellentext 8

Das Gesetz von Kaiser Valentinian I.

(ausgefertigt am 2. März des Jahres 372 an Ampelius,
den Präfekten der Stadt Rom)

Wo auch immer eine Versammlung von Manichäern oder eine Gruppe davon ausfindig gemacht wird, sollt Ihr ihre Lehrer schwer bestrafen, auch diejenigen, die sich versammeln. Sondert sie aus der Gemeinschaft der Menschen aus, als wären sie ruchlose Verbrecher! Die Häuser und Wohnungen, in denen ihre heidnische Lehre gelehrt wird, sollen bedenkenlos dem Fiskus einverleibt werden.

Alfred Adam (Hg.), Texte zum Manichäismus. Berlin ²1969 (Kleine Texte für Vorlesungen und Übungen 175), S. 84.
Quelle: Th. Mommsen und P. M. Meyer (Hg.), Theodosiani libri XVI. Band 1, 2, Berlin 1905, S. 855 (Gesetz 16,5,3).

Quellentext 9

Das Anathem gegen die Priscillianer wird im Jahre 561 auf der 1. Synode von Braga (Portugal) unter Papst Johannes III. (561–574) verkündet.

Anathemata gegen die Priscillianisten und andere Häretiker

1. Wenn jemand nicht bekennt, daß der Vater, der Sohn und der Heilige Geist drei Personen einer Wesenheit, Kraft und Macht sind, wie es die katholische und apostolische Kirche lehrt, sondern sagt, sie seien nur eine einzige Person, so daß der Vater derselbe wie der Sohn und derselbe auch

der Tröster, der Geist, sei, wie Sabellius und Priscillian sagten, sei er mit dem Bannfluch belegt.

2. Wenn jemand außer der Heiligen Dreifaltigkeit noch irgendwelche andere Namen für die Gottheit einführt, indem er sagt, in dieser Gottheit sei die Dreifaltigkeit der Dreifaltigkeit enthalten, wie die Gnostiker und Priscillian sagten, sei er mit dem Bannfluch belegt.

3. Wenn jemand sagt, der Sohn Gottes, unser Herr, sei nicht gewesen, bevor er aus der Jungfrau geboren wurde, wie Paulus von Samosata, Photinus und Priscillian sagten, sei er mit dem Bannfluch belegt.

4. Wenn jemand den Geburtstag Christi dem Fleisch nach nicht wirklich ehrt, sondern nur so tut, als ehre er ihn, indem er an diesem Tag und am Sonntag fastet, sei er, weil er nicht glaubt, daß Christus in der wahren Natur des Menschen geboren wurde, wie Kerdon, Markion, Mani und Priscillian sagten, mit dem Bannfluch belegt.

5. Wenn jemand glaubt, die menschlichen Seelen oder die Engel seien aus der Wesenheit Gottes entstanden, wie Mani und Priscillian sagten, sei er mit dem Bannfluch belegt.

6. Wenn jemand sagt, die menschlichen Seelen hätten einst an ihrem himmlischen Aufenthaltsort gesündigt und seien dafür in menschlichen Körpern auf die Erde herabgestürzt worden, wie Priscillian sagte, sei er mit dem Bannfluch belegt.

7. Wenn jemand sagt, der Teufel sei zunächst nicht ein guter, von Gott geschaffener Engel gewesen und sein Wesen sei nicht das Werk Gottes gewesen, sondern sagt, er sei aus dem Chaos und der Finsternis hervorgegangen und habe keinen Schöpfer, sondern sei selbst das Prinzip und das Wesen des Bösen, wie Mani und Priscillian sagten, sei er mit dem Bannfluch belegt.

8. Wenn jemand glaubt, daß der Teufel viele Geschöpfe auf der Welt erschuf und der Teufel selbst mit seiner Macht Donner, Blitz, Unwetter und Dürre mache, wie Priscillian sagte, sei er mit dem Bannfluch belegt.

9. Wenn jemand glaubt, die menschlichen Seelen und Körper seien von schicksalhaften Sternen abhängig, wie die Heiden und Priscillian sagten, sei er mit dem Bannfluch belegt.

10. Wenn jemand glaubt, die zwölf Sternzeichen, welche die Sterndeuter zu beobachten pflegen, seien den einzelnen Gliedern der Seele oder

des Leibes zugeordnet, und sagt, sie seien den Namen der Patriarchen zugeordnet, wie Priscillian sagte, sei er mit dem Bannfluch belegt.

11. Wenn jemand die menschlichen Ehen verurteilt und vor der Zeugung von Kindern zurückschreckt, wie Mani und Priscillian sagten, sei er mit dem Bannfluch belegt.

12. Wenn jemand sagt, die Bildung des menschlichen Körpers sei ein Machwerk des Teufels, und sagt, die Empfängnis in der Gebärmutter sei ein Teufelswerk, und wer deshalb auch nicht an die Auferstehung des Fleisches glaubt, wie Mani und Priscillian sagten, sei er mit dem Bannfluch belegt.

13. Wenn jemand sagt, die Erschaffung allen Fleisches sei nicht das Werk Gottes, sondern der bösen Engel, wie Mani und Priscillian sagten, sei er mit dem Bannfluch belegt.

14. Wenn jemand Fleischspeisen, die Gott den Menschen zum Genuß gegeben hat, für unrein hält und so, nicht um seinen Leib zu kasteien, sondern weil er sie sozusagen für unrein hält, auf sie verzichtet, daß er nicht einmal vom Gemüse, das mit Fleisch gekocht wurde, kostet, wie Mani und Priscillian sagten, sei er mit dem Bannfluch belegt.

Heinrich Denzinger, Enchiridion symbolorum definitionum et declarationum de rebus fidei et morum. Hg. von Peter Hünermann. Freiburg i. Br. ^{37}1991, S. 208–210.
Quelle: Mansi IX, col. 774–776.

Quellentext 10

Die Sekte der Manichäer

Sie machen aus dem Samen von einer Jungfrau oder dem Blut von einem Jungen [sic!] und Mehl Brot. Sie essen weder Fleisch noch Eier und trinken weder Milch noch Wein. Sie behaupten, daß die Seelen in die Körper von Menschen oder Tieren zurückkehren. Kräuter oder Pflanzen pflücken sie nicht, weil sie sagen, daß sie leben und leiden, und deshalb ziehen sie den Lämmern auch keine Dornen aus, weil sie dies sozusagen für Mord halten. Die Vollkommenen von ihnen pflücken mit dem Finger weder eine Frucht noch ein Blatt. Sie lehren ihre Ehefrauen, eine Empfängnis zu vermeiden. Eheschließungen verurteilen sie. Für den Geber des alten Gesetzes halten sie den Teufel. Sie setzen zwei Prinzipien als gegeben voraus. Den Heiligen Geist bezeichnen sie als den Erzketzer. Sie haben zwölf Apostel, die sie Lehrer nennen. Sie haben 72 Bischöfe, die von den Lehrern geweiht werden, und Priester, die von den Bischöfen geweiht werden, und die Bischöfe haben Diakone. Die übrigen heißen Schüler. Sie lehnen die Taufe ab. Wenn die Männer und Frauen in einem dunklen Raum zusammenkommen, zünden sie ein Licht an, und dann erscheint ihnen plötzlich der Große Kater, und sie küssen ihn auf den Hintern [Anm.: Sie glauben nämlich, daß ihnen Luzifer in der Gestalt des Katers erscheint]. Dann löscht der Kater das Licht, und sogleich mißbraucht ein jeder den anderen, wobei die Männer den Männern und die Frauen den Frauen Schändliches antun. So erreicht das Mysterium abnormer Sündhaftigkeit seinen Höhepunkt.

Ignaz von Döllinger (Hg.), Beiträge zur Sektengeschichte des Mittelalters. Band 2, München 1890, S. 295f.
Quelle: Cod. Alderspac. 184 (membranac. Saec. XIV.)

Quellentext 11

Die Lebensweise der Manichäer

Es ist nützlich, von der Lebensweise und dem Lebenswandel dieser Ketzer einiges zu behandeln, weil man sie dadurch leichter erkennen und überführen kann.

Vor allem muß man also wissen, daß sie in keinem Fall schwören.

Ferner fasten sie dreimal vierzig Tage im Jahr, nämlich vom Fest des hl. Briccius [13. November] bis Weihnachten, vom Sonntag Quinquagesima bis Ostern und vom Pfingstfest bis zum Festtag der Apostel Petrus und

Paulus [29. Juni]. Die erste und letzte Woche jeder Fastenzeit nennen sie strenge Woche, weil sie dann bei Brot und Wasser fasten, und in den anderen Wochen fasten sie an drei Tagen bei Brot und Wasser. Das ganze übrige Jahr fasten sie in jeder Woche an drei Tagen bei Brot und Wasser, außer sie sind auf Reisen oder krank. Ferner essen sie niemals Fleisch und rühren es auch nicht an, auch nicht Käse noch Eier noch irgend etwas, das aus dem Fleisch auf dem Wege der Zeugung oder des Geschlechtsverkehrs entsteht.

Ferner würden sie auf keinen Fall irgendein Tier oder ein Geflügel töten, weil sie sagen und glauben, daß sich in vernunftlosen Tieren und sogar in den Vögeln jene Geister befinden, die den Körpern der Menschen entweichen, wenn sie nicht durch das Auflegen ihrer Hände nach ihrem Ritus in die Gemeinschaft ihrer Sekte aufgenommen wurden, und [sie glauben auch], daß sie von dem einen Körper in einen anderen Körper übergehen.

Ferner berühren sie keine Frau.

Ferner segnen sie zu Beginn des Mahls, wenn sie unter Gläubigen beziehungsweise unter sich sind, ein Brot oder ein Brotstück, wobei sie das Brot mit einem Handtuch oder irgendeinem weißen Tuch, das vom Nacken herabhängt, in den Händen halten, das Vaterunser beten und das Brot in kleine Stücke brechen. Ein solches Brot nennen sie das Brot des heiligen Gebets und das Brot des Brechens, und ihre Gläubigen nennen es geweihtes Brot oder gesegnetes Brot. Davon essen sie anstelle des Abendmahls und geben und verteilen es an ihre Gläubigen.

Ferner lehren sie ihre Gläubigen, daß sie ihnen eine Verehrung erweisen, die sie Aufwertung nennen; wir aber nennen sie Anbetung, denn dann beugen sie die Knie und verneigen sich tief vor ihnen über eine Bank oder bis zum Boden, halten dabei die Hände zusammen, verneigen und erheben sich wieder dreimal und sprechen zusammen „Segnet!" und am Schluß: „Gute Christen, den Segen Gottes und euren Segen; bittet den Herrn für uns, daß Gott uns vor einem schlimmen Tod bewahre und uns zu einem guten Ende oder in die Hände rechtgläubiger Christen führe!" Und der Ketzer antwortet: „Ihr sollt ihn (nämlich den Segen) von Gott und von uns haben. Gott segne euch, er bewahre eure Seele vor einem schlimmen Tod und führe euch zu einem guten Ende!" Die Ketzer verstehen unter einem schlimmen Tod, wenn man im Glauben der römischen Kirche stirbt; unter einem guten Ende und unter den Händen rechtgläubiger Christen verstehen sie, daß sie bei ihrem Ende gemäß ihrem Ritus in die Gemeinschaft ihrer Sekte aufgenommen werden; das meinen sie mit einem guten Ende. Die erwähnte Verehrung, so sagen sie, werde nicht ihnen selbst, sondern dem Heiligen Geist erwiesen, von dem sie sagen, daß er in ihnen sei und daß sie durch ihn in die Gemeinschaft ihrer Sekte aufgenommen wurden und daran, wie sie sagen, festhalten.

Ferner lehren sie ihre Gläubigen, mit ihnen einen Vertrag zu schließen, den sie „la covenensa" nennen, nämlich daß sie an ihrem Ende in die Gemeinschaft ihrer Sekte aufgenommen werden wollen. Und dann können die Ketzer solche Menschen aufnehmen, wenn sie krank sind, auch wenn sie die Sprache verloren hätten oder kein geordnetes Gedächtnis mehr hätten.

Bernard Gui, Manuel de l'Inquisiteur. Band 1, Paris 1926 (Les Classiques de l'Histoire de France au Moyen Age 8), S. 18–22.

Quellentext 12

Die Irrlehren der Manichäer der Gegenwart

Die ketzerische Sekte der Manichäer und ihre vom rechten Weg abgekommenen Sektenmitglieder behaupten, es gebe zwei Götter oder zwei Herren, und sie bekennen sie, nämlich einen guten und einen bösen Gott. Und sie behaupten, die Erschaffung aller sichtbaren und irdischen Dinge sei nicht von Gott, dem himmlischen Vater, den sie den guten Gott nennen, vorgenommen worden, sondern vom Teufel beziehungsweise Satan, dem bösen Gott. Diesen nennen sie den bösen Gott, den Gott dieser Welt und den Fürsten dieser Welt. So gehen sie von zwei Schöpfern aus, nämlich Gott und Teufel, und zwei Schöpfungen, nämlich einer der unsichtbaren und körperlosen und der anderen der sichtbaren und körperlichen.

Und so denken sie auch an zwei Kirchen: eine gute, von der sie sagen, sie sei ihre Sekte; und sie behaupten, diese sei die Kirche Jesu Christi; die andere Kirche aber nennen sie die böse, von der sie sagen, sie sei die römische. Diese nennen sie in unverschämter Weise die Mutter der Hurerei, das große Babylon, die Hure und Kirche des Teufels und die Synagoge Satans. Sie verachten all ihre Hierarchie, Gemeinschaft, Anordnungen und Beschlüsse und machen sie schlecht. Alle, die an ihrem Glauben festhalten, nennen sie Ketzer und Irrgläubige, und sie lehren, daß niemand im Glauben der römischen Kirche gerettet werden könne.

Ferner behaupten sie, alle Sakramente der römischen Kirche des Herrn Jesus Christus, nämlich das der Eucharistie beziehungsweise des Altares und das der Taufe, das mit materiellem Wasser gespendet wird, ebenso der Firmung, der Priesterweihe, der Letzten Ölung, der Buße und der Ehe zwischen Mann und Frau, seien jedes für sich genommen nutz- und wertlos. Und sie, Affen, wie sie sind, erfinden statt dessen bestimmte andere Dinge, die dem Anschein nach etwa ähnlich sind. Anstelle der Taufe, die im Wasser vollzogen wird, erfinden sie eine andere, eine geistige Taufe, die sie die Tröstung durch den Heiligen Geist nennen, wenn sie eine Person in Gesundheit oder in Krankheit gemäß ihrem verfluchten Ritus durch die Auflegung der Hände in die Gemeinschaft ihrer Sekte aufnehmen.

Anstelle des konsekrierten Brotes der Eucharistie, des Leibes Christi, machen sie ein Brot, das sie das gesegnete Brot oder das Brot des heiligen Gebetes nennen, das sie am Beginn ihres Mahls gemäß ihrem Ritus in den Händen halten, segnen, brechen und an ihre dabeistehenden Gläubigen verteilen.

Anstelle des Bußsakramentes, so sagen sie, bestehe die wahre Buße darin, die Gemeinschaft ihrer Sekte anzunehmen und zu bewahren. Und sie sagen, daß denen, die die Gemeinschaft dieser Sekte annehmen, sei es in Krankheit oder in Gesundheit, alle Sünden vergeben seien und daß sie ohne irgendeine andere Buße und auch ohne Wiedergutmachung von allen ihren Sünden losgesprochen seien. [...] Und sie sagen, das Sündenbekenntnis, das vor den Priestern der römischen Kirche abgelegt wird, sei absolut nutzlos für das Heil und weder der Papst noch irgend jemand sonst von der römischen Kirche habe die Macht, jemanden von seinen Sünden loszusprechen.

Anstelle des Sakramentes der fleischlichen Ehe zwischen Mann und Frau, so denken sie, gebe es eine geistige Ehe zwischen der Seele und Gott, wenn die Ketzer selbst, die Vollkommenen oder die Getrösteten, jemanden in die Gemeinschaft ihrer Sekte aufnehmen.

Ferner bestreiten sie die Fleischwerdung des Herrn Jesus Christus aus Maria, die stets Jungfrau war, und behaupten, er habe keinen wirklichen menschlichen Leib und kein wirkliches menschliches Fleisch gehabt, wie es die übrigen Menschen aufgrund ihrer menschlichen Natur haben, und er habe nicht wirklich gelitten, sei nicht am Kreuz gestorben, sei nicht wirklich von den Toten auferstanden und nicht wirklich mit menschlichem Körper und Fleisch in den Himmel aufgefahren, sondern alles sei so nur gleichsam geschehen.

Ferner bestreiten sie, daß die heilige Jungfrau Maria die wahre Mutter des Herrn Jesus Christus war; sie sei keine Frau aus Fleisch gewesen, sondern sie behaupten, die Gemeinschaft ihrer Sekte sei die Jungfrau Maria, das heißt die wahre Buße, die reine und jungfräuliche, welche die Söhne Gottes hervorbringt, wenn sie in die Gemeinschaft ihrer Sekte aufgenommen werden.

Ferner bestreiten sie die künftige Auferstehung der menschlichen Leiber. Statt dessen denken sie an gewisse geistige Körper und einen inneren Menschen, worunter, wie sie sagen, die künftige Auferstehung zu verstehen sei.

An den obengenannten Irrlehren und vielen anderen, die sich daraus zwangsläufig ergeben, halten sie fest; sie glauben daran und lehren sie. Sie erwecken jedoch auf den ersten Blick den Anschein, mit ihren falschen Worten und Begriffen ungebildeten Menschen und Laien den wahren Glauben zu verkünden, wenn sie sagen, daß sie an Gott Vater und den Sohn und den Heiligen Geist glauben, an den Schöpfer von allem, und daß sie an die heilige römische Kirche glauben, an den Herrn Jesus Christus und die heilige Jungfrau Maria, an die Fleischwerdung, das Leiden, die Auferstehung und Himmelfahrt des Herrn Jesus Christus, an die heilige Taufe, die wahre Buße, den wahren Leib Christi und das Sakrament der Ehe, während sie jedoch, wenn man die Wahrheit sorgfältiger prüft, untersucht und erkennt, alles, was oben gesagt wurde, entsprechend ihrem Verständnis, das weiter oben genau erläutert wurde, zweideutig und mißverständlich formulieren, um dadurch Einfältige und auch große, aber unerfahrene Gelehrte zu täuschen. Sie lehren ihre Gläubigen alle obenerwähnten Irrlehren und legen sie aus. Und wenn sie entdeckt wurden und sich nicht mehr verstecken können, verteidigen, bekräftigen und bekennen sie diese ganz offen vor den Inquisitoren. Seitdem ist es nötig, sie zur Bekehrung aufzufordern und ihnen ihren Irrtum zu zeigen, und zwar auf jede Art und Weise durch Männer, die besonders erfahren und beharrlich sind.

Mit den Vollkommenen der Ketzer beschäftigen sich die Inquisitoren normalerweise auf vielfache Weise länger: erstens, um sie öfter zur Bekehrung aufzufordern. Die Bekehrung solcher Ketzer ist deshalb sehr nützlich, weil die Bekehrung von Ketzern der Manichäer im allgemeinen wahrhaftig und nur selten geheuchelt ist; und zweitens decken sie, wenn sie sich bekehren, alles auf, sagen die Wahrheit und verraten alle ihre Komplizen. Daraus ergibt sich ein großer Vorteil. Solange ferner die Vollkommenen der Ketzer festgehalten werden, gestehen ihre Anhänger und Komplizen leichter und verraten sich und die anderen, da sie befürchten, daß sie von den Ketzern, wenn diese sich bekehren, verraten werden. Wenn sie aber, nachdem sie öfter zur Bekehrung aufgefordert wurden, nicht umkehren wollen und sich verhärtet zeigen, schreitet man zu ihrer Verurteilung und überläßt sie dem Arm des weltlichen Gerichts.

Bernard Gui, Manuel de l'Inquisiteur. Band 1, Paris 1926 (Les Classiques de l'Histoire de France au Moyen Age 8), S. 10–16.

Quellentext 13

Fragen an die Anhänger der Sekte der Manichäer

Vor allem soll einer, der verhört werden soll, gefragt werden, ob er einen oder mehrere Ketzer irgendwo sah oder kannte, wenn er weiß oder glaubt, daß sie Ketzer sind oder so genannt oder dafür gehalten werden, und wo und wie oft er sie sah und mit wem und wann. Ferner, ob er irgendeinen vertrauten Umgang mit ihnen hatte, wann und wie und wer ihn in solchen Umgang brachte.

Ferner, ob er in seinem Haus einen oder irgendwelche Ketzer aufnahm, wen und welche, wer sie dorthin brachte, wie lange sie dort blieben, wer sie dort besuchte, wer sie von dort wegbrachte und wohin sie gingen.

Ferner, wer eine Predigt von ihnen hörte, auch das, was sie [sonst] sagten und lehrten.

Ferner, ob er sie verehrte oder ob er sah, daß sie von anderen verehrt wurden oder daß ihnen auf ketzerische Weise Verehrung zuteil wurde, auch die Art und Weise der Verehrung.

Ferner, ob er von ihrem geweihten Brot aß, auch die Art und Weise der Segnung des Brotes.

Ferner, ob er mit ihnen einen Vertrag oder eine Vereinbarung schloß, daß er bei seinem Lebensende in die Gemeinschaft ihrer Sekte aufgenommen werden wolle.

Ferner, ob er sie grüßte oder sah, daß sie von anderen auf ketzerische Weise gegrüßt wurden, nämlich wobei die Hände an beide [Oberarm-]Muskeln des Ketzers gelegt, der Kopf geneigt und nach links und rechts gedreht wurde und dreimal gesagt wurde: „Segnet!" So grüßen die Vollkommenen der gläubigen Anhänger bei der Ankunft von Ketzern oder ihrem Abschied.

Ferner, ob er an einer Ketzerei irgendeiner Person teilnahm und von welcher Art die Ketzerei war, dann nach den Namen des Ketzers oder der Ketzer und der Personen, die dabei waren, und nach der Stelle in dem Haus, in dem eine kranke Person darniederlag sowie der Zeit und der Stunde, und ob die besagte ketzerische Person den Ketzern etwas vermachte, was und wieviel, wer das Vermächtnis einlöste, ob dort dem besagten Ketzer eine Verehrung zuteil wurde, ob die ketzerische Person an der Krankheit starb, wo sie begraben wurde, wer einen oder mehrere Ketzer dorthin geleitete oder von dort wegführte.

Ferner, ob er glaubte, daß eine ketzerische Person im Glauben der Ketzer gerettet werden könne.

Ferner danach, was er die Ketzer gegen den Glauben und gegen die Sakramente der römischen Kirche sagen oder lehren hörte, was er sie über das Sakrament der Eucharistie sagen hörte, über die Taufe, über die Ehe, über das vor Priestern abgelegte Sündenbekenntnis, über die Anbetung oder Verehrung des heiligen Kreuzes und so hinsichtlich ihrer anderen Irrlehren, die weiter oben deutlich angesprochen wurden.

Ferner, ob er glaubte, daß die Ketzer gute, wahrheitsliebende Menschen seien, daß sie einen guten Glauben, eine gute Sekte und eine gute Lehre hätten und daran festhielten, daß die Ketzer selbst und die anderen Gläubigen in ihrem Glauben und ihrer Sekte gerettet werden könnten.

Ferner, wie lange er in diesem Glauben blieb.

Ferner, wann er zum ersten Mal diesen Glauben vertrat.

Ferner, ob er immer noch dasselbe glaubt.

Ferner, wann und warum er diesen Glauben aufgab.

Ferner, ob er sonst nie vor einen Inquisitor gerufen oder geladen wurde, wann, warum und ob er sonst ein Geständnis über den Tatbestand der Ketzerei ablegte, ob er der Ketzerei vor einem Inquisitor abschwor und ob er rehabilitiert beziehungsweise freigesprochen wurde.

Ferner, ob er seitdem etwas Ketzerisches tat, was und wie, siehe oben.

Ferner, ob er jemanden kennt oder irgendwelche gläubige Anhänger oder solche, die mit den Ketzern oder denen, die sie aufnehmen, konspirierten.

Ferner, ob er jemals an Ketzer oder an verschiedenen Orten an Ketzer Anschluß hatte oder ihre Bücher besaß.

Ferner, ob seine Eltern gläubige beziehungsweise überzeugte Anhänger von Ketzern waren oder wegen des Tatbestands der Ketzerei bestraft wurden.

Dies sind die allgemeinen Fragen an diese Sekte, von denen des öfteren mit großer Klugheit und Geschicklichkeit des Inquisitors spezielle zu stellen sind.

Bernard Gui, Manuel de l'Inquisiteur. Band 1, Paris 1926 (Les Classiques de l'Histoire de France au Moyen Age 8), S. 26–32.

Kapitel 4

Die Bogomilen

Die Ost- und die Westkirche hatten im Mittelalter ein gemeinsames Problem: den Umgang mit dualistischen Häresien und deren Bekämpfung. Um etwa 100 bis 150 Jahre versetzt treten im Einzugsbereich der byzantinischen und der römischen Kirche Strömungen auf, die von ihrem Grundprinzip her zum Beispiel an die Gnosis und an den Manichäismus erinnern. Zumindest belesene und gelehrte Kirchenmänner meinten die bei Augustinus im 4./5. Jahrhundert beschriebenen Symptome bei mittelalterlichen Irrlehren wiederzuerkennen. Folglich bezeichneten sie die Bogomilen, Patarener und Katharer als „Manichäer" und beschrieben deren Lehren und Glaubenspraktiken teilweise mit der gleichen Terminologie, wie sie von christlichen Kirchenschriftstellern der Spätantike überliefert war.

In der einschlägigen Forschung ist man sich uneins über die genauen geistigen Quellen dieser dualistischen Häresien des Mittelalters. Ein direkter Einfluß der Manichäer auf die Bogomilen oder Katharer wird jedoch ausgeschlossen. Dagegen ist nachgewiesen, daß Bogomilen und Katharer spätestens ab der zweiten Hälfte des 12. Jahrhunderts in Wechselbeziehung standen. Während sich die Lehre der Katharer, ihre Gemeindestrukturen und ihre Glaubenspraxis relativ gut aus den zeitgenössischen schriftlichen Quellen erschließen lassen, zum Beispiel aus Inquisitionsprotokollen oder aus Beschreibungen ehemaliger Katharer, die in den Schoß der Kirche zurückgekehrt waren, ist die Quellenlage bei den Bogomilen dürftiger, was aber nichts über ihren Stellenwert – nicht nur im Byzantinischen Reich – und den Grad der Gefährdung für die Kirche aussagt. Außerdem ist auch zu bedenken, daß die meisten Menschen im Mittelalter weder lesen noch schreiben konnten. Informationen wurden mündlich weitergegeben. Die einzige authentische theologische Schrift, die von den Bogomilen überliefert ist, ist die sogenannte „Interrogatio Iohannis". Daneben gibt es mehr oder weniger ausführliche Beschreibungen der bogomilischen Lehren oder Stellungnahmen zu den Bogomilen von kirchlichen Autoren. Eine umfassende Darstellung der Lehren wurde unter anderem dadurch erschwert, daß die Bogomilen nicht von Anfang an über ein festes dogmatisches und ethisches System verfügten. Ähnlich wie bei der Entstehung der christlichen Orthodoxie brauchten auch die Bogomilen Zeit, um ihre Vorstellungen zu präzisieren. Außerdem gab es bei den Bogomilen nicht nur eine Richtung, sondern mindestens drei „bogomilische Kirchen", die sich voneinander unter anderem darin unterschieden, wie scharf sie die Trennlinie zwischen dem Reich des Satans und dem Reich des guten Gottes zogen. Unabhängig davon, wie stark der Dualismus jeweils ausgeprägt war, ist den Bogomilen gemeinsam, daß ihre Lehren und Mythen zum Teil in volkstümlicher Weise überliefert sind, so beispielsweise in bulgarischen Volksliedern und Legenden. Ganz handgreifliche Zeugen ihres Glaubens hinterließen sie auf dem Gebiet des heutigen Bosnien-Herzegowina: Grabdenkmäler mit einer typischen Ornamentik, die auf fast allen Gräbern wiederkehrt, und eindrucksvolle Einzeldarstellungen.

Bogomilensteine in Bosnien und der Herzegowina

Nach fünf Jahren Krieg im ehemaligen Jugoslawien haben Städte wie Tuzla, Jajce, Mostar, Zadar und Sarajevo traurige Berühmtheit erlangt. Mit ihren Namen verbinden sich Bilder von zerbombten Häusern, Menschen auf der Flucht vor Heckenschützen, Einschlägen von Mörsergranaten – Bilder von Chaos und Zerstörung. Daß dabei auch die Landschaft zwischen den Flüssen Bosna, Drina und Save durch Bomben, Granaten und andere Kriegseinwirkungen verwüstet wurde, kann man sich leicht denken. Angesichts der Greueltaten, die an der Zivilbevölkerung in den betroffenen Gebieten begangen wurden, braucht es nicht viel Phantasie, um sich vorzustellen, daß die jeweiligen Kriegsgegner kaum Rücksicht auf jahrhundertealte Kulturdenkmäler genommen haben dürften.

Schon vor Ausbruch des Krieges war nicht genau bekannt, wie viele Bogomilensteine es im gesamten Gebiet zwischen Una, Save und der jugoslawischen Adriaküste gibt. Der Krieg unterbrach laufende archäologische Arbeiten. Die systematische Dokumentation und Erforschung der Funde begann erst nach dem Zweiten Weltkrieg. Die bedeutendsten Stücke wurden ins Landesmuseum von Sarajevo gebracht und dort von jugoslawischen Wissenschaftlern genauer untersucht. Ihre Ergebnisse, die in den 70er Jahren noch sehr stark vom politisch-ideologischen Umfeld geprägt waren, unterschieden sich in der grundsätzlichen Bewertung dieser Steindenkmäler weitgehend von denen ihrer westlichen Kollegen. In der Diskussion der Frage, ob die Gräberfelder in Bosnien und der Herzegowina bogomilischen Ursprungs seien, spiegelt sich auch die wechselvolle Geschichte dieser Gegend wider. So führten diejenigen Wissenschaftler, die diese Grabmäler nicht mit den Bogomilen in Verbindung brachten, als Argument an, daß die sogenannte „Bogomilenthese" nichts anderes als eine Strategie der österreichischen Balkanpolitik des 19. Jahrhunderts gewesen sei. Die Österreicher hätten diese Gräber den Bogomilen zugeschrieben, um damit die Bewohner Bosniens und der Herzegowina von den Serben und den Kroaten zu trennen. Auf diesem Weg sollte die Existenz eines eigenständigen bosnischen Volkes mit einer eigenen kulturhistorischen Entwicklung bewiesen werden. Dadurch sollte das bosnische Nationalbewußtsein gefördert werden, was wiederum sehr gut ins Konzept der k.u.k.-Monarchie gepaßt hätte. Diesem Argument steht allerdings die Tatsache entgegen, daß bereits 1875 ein unverdächtiger Archäologe, der Engländer Arthur Evans, die Grabmäler mit den Bogomilen in Verbindung brachte.

Unstrittig ist dagegen das Alter der Grabmäler. Man datiert sie auf das ausgehende 13. bis ins 16. Jahrhundert. Die Fundorte und die Aussagen der Unterlagen aus der Zeit der türkischen Verwaltung Bosniens erlauben eine Eingrenzung und Rekonstruktion des Siedlungsgebiets der bosnischen Bogomilen. Demnach lebten sie im Gebiet um Mostar, entlang des Flusses Neretva und am Oberlauf der Drina. Sie teilten sich mit den Katholiken Gebiete Zentralbosniens, von der Adriaküste bis zur Mündung der Drina in die Save, nordöstlich von Tuzla. Über dieses Gebiet verstreut fand man viele Gräberfelder. Die interessantesten Funde machte man in der Nähe der Orte Radimlja und Boljuni in der Herzegowina am Unterlauf der Neretva etwa 50 Kilometer nordöstlich von Dubrovnik. Allein in

Radimlja stieß man auf 133 Grabmäler, auf dem Gräberfeld von Boljuni stehen mehr als doppelt so viele Bogomilensteine. Um die Jahrhundertwende schätzte man die Anzahl bogomilischer Grabdenkmäler in Bosnien und der Herzegowina auf ungefähr 60 000 bis 150 000. Da die schriftlichen Quellen auch über die bosnischen Bogomilen nicht sehr umfangreich sind und es sich dabei in erster Linie um Beschreibungen orthodoxer Autoren handelt, versuchte man durch die Darstellungen und Inschriften auf den Grabmälern Näheres über den Glauben der Bogomilen zu erfahren. Charakteristisch für die Bogomilen ist, daß ihre Entstehung und ihre Verbreitung sehr eng mit der Geschichte ihres Ursprungslandes Bulgarien und mit den politischen Entwicklungen im byzantinischen Kaiserreich und später in Bosnien verknüpft sind.

Wer waren diese Bogomilen, die ganz offensichtlich regen Austausch mit den Katharern in Südfrankreich pflegten, wie es aus den Akten des Konzils von St.-Félix de Caraman vom Jahre 1167 hervorgeht? Was waren ihre Ursprünge? Woran glaubten sie, bis sie ab 1463 nach den Türkeneinfällen in Bosnien und der damit verbundenen Islamisierung aufhörten zu existieren?

Die Ursprünge der Bogomilen

Die Spuren der ersten Bogomilen führen nach Bulgarien. Im 10. Jahrhundert müssen sich sowohl die bulgarische Kirche als auch die Staatsgewalt mit einer „neuen Häresie", deren Anhänger wenig später „Bogomilen" genannt werden, auseinandersetzen. Der erste schriftliche Hinweis auf diese „neue Ketzerei" im Staatsgebiet von Bulgarien ist ein Brief des byzantinischen Patriarchen Theophylaktos (933–956) an den bulgarischen Zaren Peter (927–969). Theophylaktos antwortete auf eine Anfrage des bulgarischen Zaren, wie mit dieser „neu entstandenen Häresie", ihren Lehren und Glaubenssätzen umzugehen sei. Theophylaktos bestimmt, daß diese Ketzer unbedingt ihrem Irrglauben abschwören und die heilige Taufe empfangen müssen. Wer dazu nicht bereit sei, müsse verfolgt und aus der Kirche ausgeschlossen werden. Außerdem belegt Theophylaktos einige Lehren der Bogomilen im Namen der Kirchen von Rom,

Konstantinopel, Alexandria und Antiochien mit dem Bannfluch. Theophylaktos rückte die „neue Häresie" in die Nähe der Manichäer, wobei auch in der byzantinischen Tradition das Schlagwort „Manichäismus" gebraucht wurde, um eine Häresie als dualistisch zu charakterisieren.

Hauptquelle über das Auftreten der „Bogomilen" im Byzantinischen Reich ist der „Traktat gegen die Häresie des Bogomil" des orthodoxen bulgarischen Presbyters Kosmas, den er nach dem Tod von Zar Peter um 972 schrieb. Kosmas preßt die Bogomilen nicht in ein vorgegebenes Schema bekannter Häresien, wie zum Beispiel des Manichäismus, Messalianismus oder Paulikianismus, sondern schildert ihre Glaubensansichten und religiösen Praktiken. Allerdings nicht ohne alle Rechtgläubigen vor dieser Irrlehre eindringlich zu warnen, zu ihrer Bekämpfung aufzurufen und ebenfalls über einige ihrer Lehren das „Anathema", den Kirchenbann, auszusprechen. Außerdem versucht Kosmas den Zulauf, den die Bogomilen haben, damit zu erklären, daß sie demütig auftreten und so den Eindruck erwecken, als seien sie fromme, rechtgläubige Asketen. Gemäß der Tradition griechischer Häresiologen charakterisiert Kosmas in seinem Traktat das Wesen der Sekte mit Hilfe einer Namensetymologie des Gründers oder Führers. Kosmas spricht von einem „Popen", einem Dorfpriester namens Bogumil. Er übersetzt den Namen mit *„einer, der des Erbarmens beziehungsweise der Liebe Gottes würdig ist"*, fügt aber hinzu, daß er richtiger *„Bogunemil"* heißen müßte, nämlich *„einer, der des Erbarmens beziehungsweise der Liebe Gottes nicht würdig ist"*. Die Bogomilen nannten sich selbst übrigens „Christen" oder „gute Christen". Daß sie durch ihr demütiges Gebaren Eindruck machen konnten, liegt vermutlich nicht zuletzt am desolaten Zustand der Kirche in Bulgarien im 10. Jahrhundert. Als weitere Gründe für das Aufkommen der bogomilischen Häresie wird von der Forschung die soziale und gesellschaftliche Situation angegeben.

Als der Presbyter Kosmas über die Bogomilen berichtete, war Bulgarien weitenteils verwüstet. Das bulgarische Zarenreich war zuerst vom russischen, dann vom byzantinischen Heer regelrecht überrannt worden. Und wie alle Invasoren hatten sie sich im besetzten Land schadlos gehalten. Ganze Landstriche waren zerstört und nahezu entvölkert. Es war auch in Bulgarien die Zivilbevölkerung, vor allem die bäuerliche Bevölkerungsschicht, die am meisten zu leiden hatte – eine Stadtbevölkerung im engeren Sinne gab es im 9./10. Jahrhundert in Bulgarien nicht. Aber die slawische Bevölkerung, die in der Mehrzahl zu den Kleinbauern gehörte, hatte es schon vorher nicht leicht gehabt. Sie wurde von Aristokraten beherrscht, die aus Südrußland gekommen waren, zu den finnougrischen Völkern gehörten und dem Land ihren Namen gegeben hatten: Land der Bulgaren. Aus der Sicht des Byzantinischen Reichs war dieses Bulgarien politisch und religiös ein Unsicherheitsfaktor. Für die Byzantiner waren die Aristokraten, die wie die Landbevölkerung einerseits irgendwelchen heidnischen Bräuchen anhingen und andererseits gleichzeitig mit dem Islam und Vertretern der römischen, der griechischen und der armenischen Kirche liebäugelten, schwer zu durchschauende Barbaren – und damit eine Bedrohung vor der eigenen Haustür an der Westgrenze des Byzantinischen Reichs. Das Christentum war in Bulgarien noch nicht fest verankert, als einige Jahre nach dem Tod des Zaren Peter von Bulgarien sein Land dem byzantinischen Imperium angegliedert wurde. Trotz einer Liturgie in slawischer Sprache und verschiedener Missionsversuche bei der Landbevölkerung reichten die Wurzeln des Christentums anscheinend nicht tief genug. Widerstände gegen die Übernahme des christlichen Glaubens mögen auch patriotische Gründe gehabt haben, schließlich waren die christlichen Missionare ebenso wie die Invasoren Byzantiner. Außerdem war der byzantinische Klerus vordringlich daran interessiert, Kirchengut zu erwerben, quasi als willkommener „Nebeneffekt" der Mission. Hinzu kam, daß sich die bulgarischen Aristokraten in zunehmendem Maß an der Lebensweise der byzantinischen Herrscher orientierten. Die slawischen Bauern unterdrückten sie weiterhin.

Was die Situation der Gläubigen im einzelnen anbelangt, so klaffte ein tiefer Riß zwischen der einfachen frommen Landbevölkerung mit ihren Dorfpriestern, den Popen, und dem hohen Klerus. Bei den slawischen Bauern hielten sich alte, teilweise noch heidnische Sitten, Legenden und Gebräuche. Bulgaren und Griechen hatten daran wenig ändern können. Das Bildungsniveau, auch das der Dorfpriester, war nicht besonders hoch. Und auch der Lebensstandard der Popen unterschied sich kaum von dem der Bauern. Man war arm und fromm im Sinne einer naiven Volksfrömmigkeit. Die hohe Geistlichkeit blickte nach Konstantinopel, sprach und schrieb hauptsächlich im verhaßten Griechisch und fühlte sich dem Patriarchat von Konstantinopel zugehörig. Den einfachen Gläubigen erschien die Lebenspraxis der hohen geistlichen Herren alles andere als vorbildlich und nachahmenswert. Reichtum, Wohlleben und Selbstgerechtigkeit zur Schau zu stellen, war den geistlichen Führern offensichtlich wichtiger, als ihre pastoralen Pflichten wahrzunehmen. Für die normalen Gläubigen bestand der hohe Klerus aus faulen, versoffenen und lasterhaften Heuchlern. Selbst Kosmas macht die Faulheit und die Verschwendungssucht der Geistlichen dafür verantwortlich, daß die Ketzerei aufblühen konnte. Die ländliche Bevölkerung Bulgariens beziehungsweise was davon übriggeblieben war, litt und stellte fundamentale Fragen an die orthodoxe christliche Lehre: Wo ist die Gerechtigkeit Gottes? Hat Gott seine Schöpfung vergessen? Warum läßt Gott das Böse zu, und wie ist überhaupt das Böse in die Welt gekommen?

Das waren ähnliche Fragen, wie sie sich die Menschen in der Spätantike stellten. Und auch damals hatten die Fragen nach der göttlichen Gerechtigkeit und dem Ursprung des Bösen den dualistischen Spekulationen Tür und Tor geöffnet, die den Zustand der Welt mit Hilfe eines grundsätzlichen Gegensatzes zwischen dem Reich Gottes und dem Reich des Satans erklärten.

Die negativen Erfahrungen der slawischen Bevölkerung mit den byzantinisch-griechischen Kirchenoberen bildeten einen fruchtbaren Nährboden für die antiklerikale Haltung der Bogomilen. Diese beriefen sich direkt auf die Bibel als Wurzel des christlichen Glaubens, ohne den Umweg über die Vermittlung der „Pfaffen" zu nehmen, deren Lebenswandel und Arroganz ihrer christlichen Mission hohnsprachen. Mit dem Klerus lehnten die Bogomilen auch die Lehre, die Hierarchie und die Liturgie der Kirche ab.

Grundzüge der bogomilischen Lehre

Über die Lehre der Bogomilen in ihrer Anfangszeit im 10./11. Jahrhundert ist relativ wenig bekannt. Ein bogomilisches Glaubenssystem läßt sich lediglich aus den Beschreibungen des Presbyters Kosmas und den

Anathemata von Theophylaktos, dem byzantinischen Patriarchen, erschließen. Daraus geht hervor, daß die Bogomilen an die Existenz zweier Prinzipien, eines guten und eines schlechten, das die Welt regierte, glaubten. „Gute Christen" mußten sich entscheiden:

> „Niemand kann zwei Herren dienen; er wird entweder den einen hassen und den anderen lieben, oder er wird zu dem einen halten und den anderen verachten. Ihr könnt nicht beiden dienen, Gott und dem Mammon" (Mt 6,24).

Die materielle Welt war die Schöpfung des Teufels. Damit boten die Bogomilen ein Erklärungsmodell für den Ursprung des Bösen in der Welt, ähnlich den dualistischen Strömungen der Spätantike. Diese Schöpfung des Teufels war unrein und schmutzig, und „gute Christen" mußten sich deshalb von Dingen oder Handlungen hüten, wodurch sie sich verunreinigen konnten. Aus der Perspektive armer, notleidender Menschen lag es nahe, im Reichtum die Wurzel allen Übels zu sehen und Besitz und Reichtum mit dem Teufel in Verbindung zu bringen. In Anlehnung an mehrere Stellen in den Evangelien nannten die Bogomilen den Satan auch „Mammon" (vgl. Mt 6,24; Lk 16,9–11;13).

Ähnlich wie bei den dualistischen Strömungen einige hundert Jahre vorher galt auch für die Bogomilen im 10. Jahrhundert in Bulgarien, daß sie sich von Dingen oder Handlungen, die sie zu stark an die materielle Welt, die Welt „Mammons" gebunden hätten, möglichst fernhielten. Fasten und sexuelle Enthaltsamkeit gehörten unabdingbar zum Leben eines „guten Christen". Ihre Skepsis gegenüber dem Besitz als Produkt beziehungsweise als Personifikation des Bösen machte sie anscheinend der staatlichen Gewalt verdächtig, und so wurden sie bereits in ihrer Anfangszeit verfolgt. Der byzantinischen Kirche waren sie nicht nur wegen ihres Antiklerikalismus suspekt, sondern vor allem wegen ihrer Auseinandersetzung mit dem Bösen. Für manche byzantinischen Häresiologen stand es offensichtlich außer Zweifel, daß die Bogomilen einen regelrechten Teufelskult pflegten. Solche polemischen Äußerungen flossen in der Geschichte der Auseinandersetzung mit heterodoxen Glaubenslehren bis hin zu den Hexenprozessen immer wieder ein. So beispielsweise der Vorwurf, Teufelsmessen zu feiern und perverse sexuelle Handlungen mit dem Teufel zu praktizieren.

Genauere Aussagen über eine bogomilische Kosmogonie, über die Rolle, die Christus bei den Bogomilen spielt, und wie die Seelen aus dem Reich des Bösen „erlöst" werden können, finden sich erst in Quellen des 11./12. Jahrhunderts. Aus dieser Zeit dürften auch mythologische Erzählungen stammen, in denen Gleichnisse des Neuen Testaments allegorisch gedeutet wurden. Diese sehr volkstümlichen und mitunter skurril-amüsanten Erzählungen wurden vor allem mündlich weitergegeben. Spuren finden sich noch in einigen bulgarischen Volksliedern. In den bogomilischen Mythen wurde auch das Verhältnis des bösen Schöpfergottes zum guten Gott genauer bestimmt. Dabei entstanden allem Anschein nach zwei Glaubensrichtungen, die als „absoluter Dualismus" beziehungsweise „gemäßigter Dualismus" bezeichnet werden. Man könnte auch von den Bogomilen der älteren Tradition, deren Hauptanliegen es war, „Mammon" zu überwinden, und einer vermutlich jüngeren Richtung sprechen, die stärker an einer Kosmogonie und der Erkundung des Verhältnisses der beiden Reiche zueinander interessiert war.

In der jüngeren, radikaleren Variante existierten beide Götter gleichberechtigt und gleichrangig nebeneinander, bei der gemäßigteren war Satan ein Sohn des guten Gottes. Das Gleichnis vom verlorenen Sohn wurde von ihnen zu einem dualistischen Mythos umgestaltet. Der Teufel war neben Christus entweder der jüngere oder der ältere Sohn (vgl. Lk 15,11–32), auf jeden Fall war er mißraten. Über die Frage, wie der Satan zu seinem irdischen Reich kam, gibt es mehrere Mythen: Satan als Gottes ältester Sohn war von ihm zum Verwalter des göttlichen Reichs eingesetzt worden. Er erwies sich aber als schlechter Verwalter, weil er gegen Gottvater aufbegehrte. Satan wurde seines Amtes enthoben und schuf sich daraufhin ein eigenes Reich, die materielle Schöpfung. In diesem Reich band Satan die Engelseelen an einen Körper, den er geschaffen hatte.

Christus, der jüngere Sohn, stieg in dieser Legende auf die Erde herab, um die Seelen zu befreien. Er nahm aber für seine Mission auf Erden nur einen Scheinleib an und war in Wirklichkeit körperloser reiner Geist. Denn hätte er einen echten menschlichen Körper gehabt, wäre er ja ein Teil der teuflischen Schöpfung gewesen. Folglich wurde er auch nicht von Maria geboren und hat auch nicht wirklich den Kreuzestod erlitten. In anderen Legenden wird der Teufel mit dem gefallenen Engel Satanael identifiziert.

Es existieren auch mehrere Auffassungen von der Funktion Christi auf Erden. Christus konnte in der bogomilischen Mythologie der Lehrer sein, der den Menschen den Weg aus der Gefangenschaft im Reich des Satans zeigt. Die Lehre von der Passion und dem Erlösungswerk Christi, wie es die Orthodoxie vertrat, wurde abgelehnt.

Einzelheiten über die Lehren der Bogomilen im 11./12. Jahrhundert sind durch die sogenannte „Dogmatische Waffenkammer", die „Panoplia dogmatike" des byzantinischen Theologen Euthymios Zigabenos überliefert. Zigabenos erhielt seine Informationen aus erster Hand – wenn auch unfreiwillig. Nachdem 1018 Bulgarien seine Souveränität verloren hatte und dem byzantinischen Kaiserreich einverleibt worden war, verbreitete sich die Lehre der Bogomilen in Byzanz. Sie erreichte dort auch Teile des Adels, der Führungsschichten, des höheren Klerus und des Mönchstums. Unter dem byzantinischen Kaiser Alexios I. Komnenos (1081–1118) war Konstantinopel zu einem bedeutenden Zentrum der bogomilischen Bewegung geworden, was Handlungsbedarf von seiten der Staatsmacht hervorrief. Um sich ein präziseres Bild von den Bogomilen machen zu können, bediente sich Kaiser Alexios I. Komnenos einer List. Er erschlich sich das Vertrauen von Basileios, des langjährigen Oberhaupts der Bogomilen, und entlockte ihm die echten oder vermeintlichen „Geheimnisse" der bogomilischen Lehre. Während Basileios und zwölf seiner Apostel den Kaiser unterwiesen, wurden heimlich ihre Ausführungen protokolliert. Basileios wurde verhaftet und um 1104 im Hippodrom von Konstantinopel als Ketzer verbrannt. Er hielt jedoch bis zum Schluß an den bogomilischen Anschauungen fest. Das Ziel von Kaiser Alexios I. Komnenos war es, die Häresien in seinem Reich zu eliminieren. Deshalb beauftragte er Euthymios Zigabenos, eine Widerlegung der bogomilischen Lehre zu verfassen. Die Mitschriften der Ausführungen des Basileios bildeten die Grundlage dieser „Dogmatischen Waffenkammer".

Um 1143 ließ dann der byzantinische Kaiser Manuel I. Komnenos die Bogomilen in seinem Reich unterdrücken und verfolgen.

Lebenspraxis und Riten der Bogomilen

Das grundlegende Glaubensprinzip, daß Satan, sprich Mammon, die materielle Welt geschaffen hatte, daß die Seelen im Körper gefangen waren und daß Christus nur einen Scheinleib hatte, fand seinen Niederschlag im Ritus und im praktischen Glaubensleben der Bogomilen. So wurde beispielsweise die Verehrung des Kreuzes abgelehnt. Nach bogomilischer Lehre war es für die Erlösung unwichtig. Außerdem konnte das Kreuz, das als Folter- und Mordinstrument Symbol des Bösen in der Welt war, unmöglich verehrt werden. Da Christus nicht wirklich als Mensch geboren worden war, sondern bestenfalls durch Maria hindurchgegangen war, konnte sie für die Bogomilen auch nicht die Gottesmutter oder Gottesgebärerin sein. Der Marienkult kam folglich nicht in Frage. Ebenso lehnten die Bogomilen die Verehrung von Ikonen und Heiligenreliquien ab, womit sie sich mit den byzantinischen „Ikonoklasten" trafen, die im sogenannten „Bilderstreit" innerhalb der byzantinischen Kirche gegen Ikonen- und Bilderverehrung waren. Die Bogomilen sahen in allen Reliquien Täuschungen und Trugbilder des Teufels. Die Wasser- und Kindertaufe ersetzten die Bogomilen durch ein eigenes Ritual. Denn wer eine materielle Taufe mit Wasser empfangen hatte, war damit verunreinigt und ein „Kind des Mammons" geworden. Außerdem hielten sie Johannes den Täufer, der ja die Wassertaufe praktizierte, für den Vorläufer des Antichristen.

Das bogomilische Ritual hatte die Funktion einer Aufnahmezeremonie, eines Initiationsritus. Ihm hatten sich Neubekehrte zu unterziehen. Nachdem sie gebeichtet hatten, wurde ihnen das Johannesevangelium auf den Kopf gelegt, das auf diese Weise in sie eindringen und sie von innen reinigen sollte. Gleichzeitig wurde mehrfach das Vaterunser gesprochen. Nach diesem Aufnahmeritus wurden die Neubekehrten in den bogomilischen Lehren unterwiesen und ermahnt, ein möglichst entsagungsvolles Leben zu führen. An die strenge Askese war man anscheinend erst gebunden, wenn man auch die zweite bogomilische Weihe empfangen hatte. Auch sie bestand darin, daß dem Täufling das Johannesevangelium auf den Kopf gelegt wurde, aber zusätzlich legten ihm die bogomilischen Gemeindeglieder die Hände auf. Dabei wurde ein Dankhymnus gesungen.

Anschließend empfing der Täufling einen dunklen Mantel, den er von jetzt an tragen durfte. Ab dem 11. Jahrhundert scheint sich die sogenannte „Geisttaufe" als eine Art Aufnahme- oder Weiheritus bei den verschiedenen bogomilischen Kirchen etabliert zu haben. Mit dem Empfang der Geisttaufe wurde man zum vollgültigen Mitglied der Bogomilenkirche, zum „Eingeweihten" und „Auserwählten" beziehungsweise zum „Meister" oder „Apostel". Die „Auserwählten" nahmen für sich in Anspruch, „Mutter Gottes" sein zu können, da jeder von ihnen das Wort Gottes gebäre und der Heilige Geist in ihnen Platz genommen habe. Wenn ein „Auserwählter" starb, verfiel nur sein irdischer Körper, sein Geist und seine Seele stiegen hingegen zu den Engeln empor. Die Bogomilen legten den Schwerpunkt der Askese darauf, sexuelle Handlungen zu vermeiden und nichts in sich aufzunehmen, was durch geschlechtliche Vermehrung entstanden war, um sich nicht zu verunreinigen. Der Genuß von Wein und Fleisch, von Milch und Milchprodukten, Käse, Eiern und allen „Zeugungsprodukten" war untersagt. Dagegen wurden Brot und Wasser empfohlen. Konsequenterweise lehnten die Bogomilen auch das Sakrament der Ehe ab. Da die Bogomilen nicht an die Realpräsenz Christi in Brot und Wein glaubten, hatte das Abendmahl bei ihnen auch nur die Funktion eines Gedächtnismahls.

Euthymios Zigabenos erwähnt, daß die byzantinischen Bogomilen einen eigenen Kanon biblischer Schriften hatten. Schon der Presbyter Kosmas hatte berichtet, daß die Bogomilen das mosaische Gesetz als Werk des bösen Gottes und den Schöpfungsbericht des Alten Testaments ablehnten. Der Schöpfungsbericht wurde verworfen, weil darin die Schöpfung der materiellen Welt Gottvater, also dem guten Gott, zugeschrieben wurde. Euthymios Zigabenos meint allerdings, daß die Bogomilen das Alte Testament nicht in Bausch und Bogen ablehnten, sondern den Psalter und die Propheten gelten ließen. Dem Neuen Testament kam aber bei den Bogomilen eindeutig die wichtige Rolle als Heilige Schrift zu. Dem Neuen Testament entnahmen sie auch ihr zentrales Gebet, das Vaterunser. Es hatte als einziger Gebetstext uneingeschränkte Gültigkeit. Offensichtlich hatten die Bogomilen feste Gebetszeiten, vergleichbar mit den Stundengebeten in der monastischen Tradition. Beten und Askese spielten im Leben der Bogomilen eine zentrale Rolle.

Ausbreitung der Bogomilen

Trotz der Repressalien und Verfolgungen im byzantinischen Kaiserreich entwickelte sich das Bogomilentum weiter. Im Laufe der Zeit bildeten sich festere Gemeindestrukturen. Spätestens ab dem 12. Jahrhundert gab es verschiedene Regionalkirchen, die einerseits durch die Missionstätigkeit und die Vertreibungen der Bogomilen entstanden waren. Andererseits gab es anscheinend innerhalb des Bogomilentums verschiedene Richtungen, die sich im Grad des Gegensatzes zwischen dem Reich des guten Gottes und dem Reich des Satans unterschieden. Zum absoluteren, radikaleren Dualismus gehörte offensichtlich die „Ecclesia" oder der „Ordo" von Drugonthia in Thrakien. Je nach Quelle heißt diese „Ecclesia Drugunthiae" auch „Ecclesia Dugunthiae" oder „Ecclesia Dragovitsae". Gemeint ist diejenige Richtung, die davon ausging, daß beide Prinzipien, das gute und das böse, schon von Ewigkeit her existierten. Gottvater hatte die geistigen Elemente geschaffen, der Teufel schuf als Gegengottheit die materielle Welt und die Menschen. Die „Ecclesia Bulgariae", die ehemalige „Keimzelle" der Bogomilen, stand für den sogenannten „gemäßigteren Dualismus". Nach dieser Richtung war Satan beziehungsweise Mammon ein Sohn Gottes oder ein gefallener Engel. Er hatte gegen die Allmacht des guten Gottes gemeutert und war deshalb von Gott aus dem Himmel gestürzt worden. „Mammon" hatte alles Irdische, alle sichtbaren Dinge geschaffen, den Himmel mit der Sonne und den Sternen und die Erde mit der Luft, den Menschen, Kirchen und Kreuzen. Er lenkt den materiellen Bereich und befiehlt den Menschen, sich zu paaren, Fleisch zu essen und Wein zu trinken. Alle Wesen, die auf der Erde leben, sind Diener des Satans. Die Schöpfung wird ganz allein von ihm beherrscht, und sogar die Wunder Christi stammen nicht von Gott, sondern sind Werke Satans, um die Menschen zu verführen. Der Teufel war nicht von Anfang an der Gegenspieler des Guten, sondern wurde erst durch seine Meuterei und seinen Sturz zum Feind Gottes. Der Kampf zwischen Geist und Materie tobte nicht von Anfang an. Der „Ordo Bulgariae" war vor allem in Mazedonien verbreitet.

Von Bulgarien aus missionierten die zum Teil vor den Verfolgungen im Byzantinischen Reich geflohenen Bogomilen auch Serbien. Sie wurden dort „Babuni" genannt, konnten sich aber nicht lange halten. Die serbischen Herrscher ergriffen um 1170 Maßnahmen gegen die Bogomilen, verurteilten die Anführer und wiesen die restlichen Bogomilen aus Serbien aus. Ein weiterer Ausweisungsbeschluß ergeht nochmals Mitte des 14. Jahrhunderts. Dagegen gelang es den Bogomilen, in Bosnien und der Herzegowina Fuß zu fassen. Sie waren vermutlich im Laufe des 12. Jahrhunderts ins Inland gekommen und wurden gegen Ende des Jahrhunderts von Flüchtlingen aus der dalmatinischen Küstenregion verstärkt. 1185 wurde auf der Synode von Split beschlossen, alle Häretiker auszurotten. Die dalmatinische Küstenstadt Zadar galt als eine der Ketzerhochburgen, und hier wurde wie in Split und Trogir ein Exempel statuiert. Die Ketzer flohen ins Landesinnere. Der bosnische Fürst Ban Kulin (1180–1204) bot ihnen Schutz. Die bogomilische Häresie erreichte in Bosnien breite Bevölkerungsschichten und die Herrschenden im Lande, so daß die Bogomilen auch großen Einfluß auf das politische Geschehen ausüben konnten. Daß sich die Bogomilen in Bosnien etablieren konnten, hängt auch mit der wechselvollen Geschichte dieser Gegend zusammen. Der dalmatinische Küstenstreifen und Bosnien konnten auf eine alte christliche Tradition zurückblicken. Die griechisch-römische Kirche war bis zur Landnahme durch slawische Völker fest verankert. Bosnien und Serbien bildeten damals einen politischen Gesamtverband und vermutlich auch eine gemeinsame christliche Kirche. Etwa in der zweiten Hälfte des 10. Jahrhunderts kam es zur politischen Untergliederung und damit aller Wahrscheinlichkeit nach auch zur Trennung der kirchlichen Verwaltung. Jedenfalls taucht im 11. Jahrhundert Bosnien als Kirchengebiet auf, das die dalmatinischen Bischöfe für sich beanspruchen. Im 12. Jahrhundert gehört Bosnien zum Erzbistum von Ragusa, ist aber wohl nur recht locker mit dem Erzbistum verbunden. Als eigenständige politische und nationalstaatliche Größe erscheint zwar Bosnien schon erstmals in der zweiten Hälfte des 10. Jahrhunderts, bleibt aber immer bedroht vom Großmachtstreben seiner Nachbarn, den Byzantinern, Ungarn und Türken. Der erste Ban (südslawisch „Herr") von Bosnien ist in der zweiten Hälfte des 12. Jahrhunderts ein Vasall des ungarischen Königs. Erst mit Ban Kulin (1180–1204) wird zumindest teilweise eine echte Eigenständigkeit erreicht. Die Verwaltung Bosniens war in dieser Zeit gut organisiert. Wirtschaftlich orientierten sich die Bosnier nach Dalmatien. Sie unterhielten rege Handelsbeziehungen mit den dalmatinischen Küstenstädten. Aus Dalmatien scheinen auch die ersten Bogomilen nach Bosnien gekommen zu sein, denn einige Quellen sprechen vom Einfluß der „Ecclesia Dalmatinae". Die bosnischen Bogomilen gehörten jedenfalls dem sogenannten „gemäßigten" Flügel an. Sie selbst bezeichneten sich als „krstjani", als „bosnische Christen". 1199 wird Papst Innozenz III. davon unterrichtet, daß Bogomilen in die Kirchenstrukturen einsickern. Den Bogomilen schlossen sich die bosnischen Adligen und Ban Kulin und seine Familie an. Die päpstliche Kurie ging davon aus, daß etwa 1199 die bogomilische „bosnische Kirche" Staatskirche war. Aus der Zeit um 1199 stammen möglicherweise auch die ersten Bogomilensteine in Bosnien. Der Papst, die Könige von Ungarn und die Herrscher Serbiens nutzten die Situation und drohten mit einem Kreuzzug gegen die bogomilische Häresie in Bosnien. Um diesen Überfall auf sein Land zu vermeiden, schwor Ban Kulin 1203 vor dem päpstlichen Legaten der bogomilischen Häresie ab. Ban Kulin mußte eine lebendige Vorstellung davon haben, was ein christlicher Kreuzzug für sein Land bedeuten konnte. Erst einige Monate zuvor war Zadar von den Kreuzrittern des 4. Kreuzzugs erobert und geschleift worden. Der venezianische Doge Dandolo hatte mit dieser Strafexpedition gegen eine dalmatinische Stadt seine Machtinteressen gegenüber Byzanz demonstriert und vorangetrieben. Die Kreuzritter, die wegen der Kosten für die Überfahrt ins Heilige Land in der Schuld Venedigs standen, überfielen die christliche Stadt Zadar, nachdem sie Dandolo davon überzeugt hatten, daß es in der Stadt keinen einzigen Christen, sondern nur bogomilische Ketzer gäbe. Mehr als 30 Jahre später unternahm der Sohn des ungarischen Königs, der jetzt Herzog von Kroatien war, einen Kreuzzug gegen Bosnien. Die bogomilische Kirche, auch „Ecclesia" oder „Ordo Sclavoniae" genannt, war aber so fest in der bosnischen Kirche verwurzelt, daß der katholische Bischof, der von der römischen Kurie Bosnien verordnet wurde, sein Amt nicht ausüben konnte. Wegen des heftigen Widerstands der Bevölkerung konnte er seinen Bischofssitz nicht in Bosnien einrichten, sondern mußte auf das benachbarte Herrschaftsgebiet der ungarischen Könige ausweichen. Die Residenz der katholischen Bischöfe blieb ab Mitte des 13. Jahrhunderts außerhalb Bosniens.

Als im 14. Jahrhundert Bosnien den Höhepunkt seiner Macht und seines Herrschaftsgebiets erreicht hatte – der bosnische Herrscher Stephan Tvrtko (1353–1391) war König von Bosnien und Serbien –, setzten die Türkeneinfälle ein. In dieser kurzen Zeit der Ruhe und des Friedens für die bosnischen Bogomilen entwickelten sich die Städte Mostar, Blagaj und Stolac zu wichtigen geistigen Zentren. Die meisten Bogomilensteine werden in die Epoche etwa von 1391 bis 1463/68 beziehungsweise auf 1513 datiert. Als 1389 die Türken bei der Schlacht auf dem Amselfeld die Serben besiegten, bekannten sich der bosnische König Tvrtko, der Adel und das Volk zum „bosnischen Christentum" und riefen den (bogomilischen) „bosnischen Gottesstaat" aus. Bosnien wird sowohl von der römischen Kirche als auch von den Türken bedroht. Schließlich wird König Stephan Tvrtko besiegt und in Jajce enthauptet. Seine Gemahlin stirbt in römischer Gefangenschaft. Der Großadel schloß hingegen Abkommen und Verträge mit dem König von Ungarn, dem türkischen Sultan und den dalmatinischen Küstenstädten. Schließlich unterwirft sich der letzte bosnische König der Oberhoheit des ungarischen Königs. Dieser Schritt hat 1463 die Einnahme Bosniens durch die Türken zur Folge und beendet die Eigenständigkeit Bosniens. Bosnien steht unter türkischer Verwaltung und wird schrittweise islamisiert. Die bosnischen Bogomilen standen vor der Alternative, Bogomilen zu bleiben, aber dafür ihren Besitz zu verlieren, oder zum Islam zu konvertieren und dafür Hab und Gut zu behalten. Sie entschieden sich für die letztere Möglichkeit, den „Mammon". Trotz allem hat sich die bogomilische Kirche in Bosnien von allen ihren Schwesterkirchen am längsten gehalten. Katholische Christen und Bogomilen scheinen in Bosnien zumindest regional in friedlicher Koexistenz miteinander gelebt zu haben. Inschriften von katholischen Steinmetzen, die bogomilische Grabdenkmäler fertigten, lassen diesen Schluß zu.

1483, 20 Jahre nach Bosnien, fällt die Herzegowina an die Türken. Die letzten bosnisch-bogomilischen Widerstandszentren fallen 1525. Die übriggebliebenen Bogomilen werden Moslems.

Bogomilen und Katharer

Der aktuellen Forschung zufolge gibt es keinen Zweifel mehr, daß sich die Bogomilen und die südfranzösischen und italienischen Katharer gegenseitig beeinflußten. Strittig ist lediglich der Zeitpunkt, wann sich Katharer und Bogomilen das erste Mal begegneten. Bogomilen kamen im 12. Jahrhundert über alte Handelswege nach Italien und Frankreich, und umgekehrt flüchteten im 13. Jahrhundert Katharer, die in der Lombardei und in Südfrankreich von der Inquisition verfolgt wurden, nach Bosnien.

Ausgangspunkt der bogomilischen Mission im Westen war offensichtlich Konstantinopel. Es gibt verschiedene Möglichkeiten, auf welchem Weg die bogomilische Häresie von Byzanz aus nach Nord- und Südfrankreich und in die Lombardei gekommen sein könnte: Im Rahmen des 2. Kreuzzugs (1149) bekehrten sich fränkische Kreuzritter zum Bogomilentum und schleppten die Häresie dann in ihre Heimatländer ein. Gerhard von Csanád berichtet hingegen von einer bogomilischen Gemeinde, die es schon 1045 in Verona gegeben haben soll.

Zu einer Begegnung zwischen Katharern und Bogomilen kam es auf dem Konzil von St.-Félix de Caraman, dem heutigen Saint-Félix de Lauragais in der Nähe von Toulouse (vgl. Q 1). Markus aus dem Dorf Concorezzo bei Mailand, Diakon der lombardischen Katharer, bekam vor 1167 Besuch von Niketas, dem Gemeindevorsteher beziehungsweise „Bischof" der Bogomilen in Konstantinopel. Die Katharer von Concorezzo vertraten bis zur Ankunft des byzantinischen Bogomilen anscheinend einen gemäßigteren Dualismus. Niketas kam hingegen aus der radikaleren Tradition des „Ordo von Drugonthia" und konnte zumindest einen Teil der Concorezzianer einschließlich Markus dazu bewegen, ebenfalls auf diese Linie einzuschwenken. Nachdem Niketas den Diakon Markus zum Bischof geweiht hatte, zogen beide nach Frankreich, wo 1167, vielleicht erst 1172, in St.-Félix de Caraman ein Konzil der Katharerbischöfe aus Nord- und Südfrankreich und der Lombardei stattfand. Niketas gelang es offensichtlich, alle anwesenden Vertreter der Katharergemeinde auf seinen Kurs zu bringen. In Anlehnung an die sieben Kirchen der Apokalypse des Johannes zählte Niketas die sieben bogomilisch-katharischen Kirchen auf und betonte die Vorteile einer regionalen Abgrenzung und der Gründung von eigenen Bistümern, die friedlich nebeneinander existieren könnten. Die französischen Katharerkirchen schlossen sich der Richtung der „Ecclesia Drugonthiae" an und gründeten mit Carcassonne, Toulouse und Agen drei neue Bistümer, so daß die südfranzösischen Katharer jetzt zusammen mit Albi vier Kirchen bildeten.

Nach der Rückkehr von Bischof Niketas nach Konstantinopel und nach dem Tod von Bischof Markus von Concorezzo kamen im Jahre 1175 Bogomilen aus Bulgarien und Dalmatien nach Italien und berichteten, daß Niketas' Weihe zum Bischof ungültig sei. Da die Katharer zu dieser Zeit anscheinend an einer Sukzession der Weihe festhielten, hatten sie ein Problem: Simon, der Amtsvorgänger von Niketas, war angeblich mit einer Frau ertappt worden und hätte deshalb seine eigene Weihe eingebüßt. Dadurch wären jedoch auch die Bischofsweihe und die damit verbundene Vollmacht, die Weihe zu erteilen, ungültig geworden. Das hätte bedeutet, daß auch Markus, das ehemalige Oberhaupt der italienischen Katharer, und seine Nachfolger ohne geistliche Legitimation ihr Amt ausgeübt hätten. Diese ungültige Weihe scheint gut ins Konzept der geistlich-ideologischen Konkurrenten gepaßt zu haben. Während eine Gruppe darauf bestand, daß der Nachfolger von Bischof Markus nach dem „Ordo Drugonthiae" erneut geweiht werden sollte, setzte sich eine andere dafür ein, ihn nach Bulgarien zu schicken und dort nach dem „Ordo Bulgariae" zum Bischof weihen zu lassen. Die Katharer von Concorezzo kehrten schließlich wieder zum gemäßigteren Dualismus zurück. Sie wurden deshalb auch „Bulgari" genannt. Die Katharerkirchen im Gebiet um den Gardasee bekannten sich zur radikaleren Variante des Dualismus. Sie nannten sich fortan „Ecclesia" oder „Ordo von Desenzano" beziehungsweise „Ecclesia Albanensium". Die Katharer von Bagnolo entschieden sich für eine Mischform zwischen dem Dualismus, wie ihn die gemäßigteren Dualisten in Bulgarien vertraten, und dem radikaleren „Ordo Drugonthiae". Sie werden in manchen Quellen auch als „Ordo Sclavoniae" bezeichnet (vgl. Q 2).

Nazarius, der Nachfolger von Bischof Markus von Concorezzo, reiste vor 1190 nach Bulgarien, um sich von der dortigen Mutterkirche unterweisen zu lassen. Er brachte von dieser Reise die „Interrogatio Iohannis" mit. Die „Interrogatio Iohannis" ist das einzige authentische Buch der bulgarischen Bogomilen, das überliefert ist (Q 3). Südfranzösische Inquisitoren fanden diese lateinische Übersetzung und bezeichneten sie als „Geheimes Buch der Ketzer von Concorezzo", das voller Irrtümer steckt. Ob das Original in Griechisch oder einer slawischen Sprache verfaßt war, ist nicht bekannt. Bei der „Interrogatio Iohannis" handelt es sich um eine sogenannte „apokryphe" Schrift, das heißt um ein Buch, das nicht zum biblischen Kanon gehört, sich aber in Form und Inhalt an die biblischen Bücher anlehnt. Der Evangelist Johannes und Christus führen darin einen Dialog über den Ursprung der Welt. Die „Interrogatio Iohannis" faßt in allegorischer und populärer Form die Kosmogonie und die Lehre der Bogomilen zusammen.

Quellentext 1

Im Mai 1167 kam es in Saint-Félix de Caraman zu einer denkwürdigen Konzilsbegegnung zwischen Katharern und Bogomilen. Petrus Isarnus ließ von den Konzilsakten eine Übersetzung ins Lateinische anfertigen, die Petrus Pollanus im August des Jahres 1232 vornahm.

Das Konzil der Katharer in Saint-Félix de Caraman und seine Folgen

Das Konzil der Katharer unter dem Vorsitz von Bischof Niketas in Saint-Félix de Caraman im Mai 1167

Im Mai des Jahres 1167 zog Bischof Niketas von der Kirche in Toulouse in die Stadt Saint-Félix. Eine große Zahl von Männern und Frauen aus der Gemeinde von Toulouse und anderen Gemeinden aus der näheren Umgebung versammelte sich dort, um die Tröstung zu empfangen, weil Bischof Niketas begann, dieses Sakrament zu spenden. Später kam Robert d'Espernon, der Bischof der Franzosen, mit seinem Rat, ebenso kam Markus aus der Lombardei mit seinem Rat, Sicard Cellarerius, der Bischof der Kirche von Albi, mit seinem Rat und Bernard Catalan mit dem Rat der Kirche von Carcassonne; auch der Rat der Kirche von Agen war da. Da nun alle in so unüberschaubarer Zahl versammelt waren, wollten die Mitglieder der Kirche von Toulouse einen Bischof haben, und sie wählten Bernard Raymond. Ferner wurden Bernard Catalan und der Rat der Kirche von Carcassonne von der Kirche von Toulouse dazu aufgefordert. Mit dem Rat, mit dem Willen und der Erlaubnis des Herrn Sicard Cellarerius wählten sie Guiraud Mercerius. Die Leute von Agen wählten Raymond de Casals. Dann empfing Robert d'Espernon von Bischof Niketas die Tröstung und die Weihe zum Bischof der französischen Kirche. Ebenso empfing auch Sicard Cellarerius die Tröstung und die Weihe zum Bischof von Albi. Ebenso empfing Markus die Tröstung und die Weihe zum Bischof der Lombardei. Ebenso empfing Bernard Raymond die Tröstung und die Weihe zum Bischof von Toulouse. Ebenso empfing Guiraud Mercerius die Tröstung und die Weihe zum Bischof von Carcassonne. Ebenso empfing Raymond de Casals die Tröstung und die Weihe zum Bischof von Agen. Dann sprach Bischof Niketas zur Gemeinde von Toulouse: „*Ihr habt mich gebeten, euch zu sagen, ob das Leben der Urkirchen leicht oder schwer ist. Ich will euch sagen: Die sieben Kirchen in Vorderasien waren voneinander getrennt und abgegrenzt, und keine von ihnen handelte im Widerspruch zu einer anderen. Die Kirche von Romania, die Kirchen von Drugonthia und Milinguii, Bulgarien und Dalmatien sind abgetrennt und abgegrenzt, und keine handelt im Widerspruch zu einer anderen, und so halten sie miteinander Frieden. So sollt auch ihr handeln! [...]*"

Antoine Dondaine, Les Actes du Concile Albigeois de Saint-Félix de Caraman. In: Studi e testi 125 (1946), Miscellanea Giovanni Mercati Vol. V, Storia ecclesiastica. Città del Vaticano 1946, S. 326f.
Quelle: Guillaume Bessé, Histoire des ducs, marquis et comtes de Narbonne. Paris 1680, S. 483–486.

Quellentext 2

Glaubenssätze der Albigenser, der Sekte von Bagnolo und der Sekte von Concorezzo, welche ihre Irrlehren aus Sclavonia haben

Einige andere [Ketzer] aus Bulgarien glauben nur an einen allmächtigen Gott, der ohne Anfang ist und die Engel und die vier Elemente erschuf. Sie behaupten, daß Luzifer und seine Verbündeten im Himmel sündigten, aber sie sind sich über die Ursache der Sünde im unklaren. Manche sagen, es ist ein Geheimnis. Andere sagen, daß ein Geist mit vier Gesichtern, erstens dem eines Menschen, zweitens dem eines Vogels, drittens dem eines Fisches und viertens dem eines Tieres, ohne Anfang war und in diesem Chaos blieb, ohne Schöpfungskraft zu besitzen. Und Luzifer, der noch gut war, stieg herab, sah die Gestalt dieses Geistes und bewunderte sie. Durch eine heimliche Absprache und Überredung durch diesen bösen

Geist wurde er verführt, kehrte in den Himmel zurück und verführte andere. Sie wurden aus dem Himmel gestürzt; ihre natürlichen Gaben verloren sie aber nicht. Und sie sagen, daß Luzifer und jener böse Geist die Elemente trennen wollten, es aber nicht vermochten, sondern Luzifer bekam von Gott einen guten Engel als Helfer, und so trennten sie mit Erlaubnis und Hilfe des guten Engels und durch eigene Kraft und Weisheit die Elemente. Sie sagen auch, daß Luzifer jener Gott ist, der in der Genesis Himmel und Erde und die Werke an den sechs Tagen erschuf, der Adam aus dem Lehm der Erde bildete und in seine Gestalt den guten Engel einhauchte und ihm auch ein Weib erschuf, um ihn durch sie sündigen zu lassen. Und sie sagen, daß das Essen vom verbotenen Baum Unzucht war. Einige von ihnen sagen, daß ein Teil von denen, die gefallen sind, zu retten sind, weil sie nämlich nicht aus freiem Willen, sondern gewissermaßen gezwungenermaßen sündigten. Wer aber bewußt sündigte, ist zu verdammen. Und sie sagen, daß von Gott andere Geister erschaffen wurden, die den Platz derer, die nicht zu retten sind, ausfüllen sollen.

Die Albigenser sagen, daß Luzifer der Sohn des bösen Gottes war, in den Himmel aufstieg und die Frau jenes himmlischen Königs ohne ihren Mann, das heißt Gott, vorfand. Und da lag er bei ihr, und als sie sich zunächst wehrte, sagte ihr Luzifer, daß er, falls er einen Sohn zeuge, ihn zum Gott in seinem Reich machen und bewirken würde, daß er als Gott angebetet werde. Und so war sie ihm zu Willen. Die Albigenser zitieren jenes Wort aus der Apokalypse: *„Geschaffen wurde das Reich dieser Welt ... "* [vgl. Apk 4,11] Und so sagen sie, Christus sei geboren worden und habe selber sein Fleisch vom Himmel mitgebracht. Das ist ihr großes Geheimnis. Sie wollen auch behaupten, daß er nicht wahrer Mensch war, sondern ein Fleisch gewordener Engel und daß er nicht der Sohn der hl. Maria war und daher nicht Fleisch aus ihr annahm und nicht wirklich aß und trank.

Ignaz v. Döllinger (Hg.), Beiträge zur Sektengeschichte des Mittelalters. Band 2, München 1890, S. 612f.
Quelle: Cod. Scotor. Vienn.

Quellentext 3

Bei der nachfolgenden Quelle geht es um Fragen des Apostels und Evangelisten Johannes an Jesus Christus beim geheimen himmlischen Gastmahl über die Weltordnung, den Teufel und Adam:

Das geheime Buch der Ketzer

Hier beginnt die Geheimlehre der Ketzer.

Ich, Johannes, euer Bruder, Leidensgenosse in Drangsal, um auch des Himmelreiches teilhaftig zu sein, sagte, als ich mich an die Brust unseres Herrn Jesus Christus lehnte [vgl. Apk 1,9]: „Herr, wer ist es, der dich ausliefern wird?" [vgl. Joh 13,23.25; 21,20] Er antwortete: „Der seine Hand mit mir in die Schüssel taucht [vgl. Mk 14,20; Mt 26,23]. Da fuhr Satan in ihn [vgl. Joh 13,27], und er suchte, mich auszuliefern."

Ich sagte: „Herr, in welcher Herrlichkeit befand sich Satan bei deinem Vater, bevor er stürzte?"

Er sagte zu mir: „Er befand sich in einer solchen Herrlichkeit, daß er die himmlischen Streitkräfte befehligte. Ich aber saß bei meinem Vater. Satan führte alle an, die dem Vater ähnlich werden wollten. Er stieg vom Himmel in die Tiefe hinab, stieg von der Tiefe [vgl. Ps 106,26] empor bis zum Thron des unsichtbaren Vaters und wachte über die Herrlichkeit, die in allen Bereichen des Himmels war. Er gedachte, seinen Sitz über den Wolken des Himmels zu nehmen, und er wollte dem Höchsten ähnlich sein [vgl. Jes 14,14]. Als er in die Luft hinabstieg, sagte er zum Engel der Luft: ‚Öffne mir die Tore der Luft!' Und dieser öffnete ihm die Tore der Luft. Als er hinabstrebte, traf er einen Engel, der die Wasser hielt, und sagte zu ihm: ‚Öffne mir die Tore der Wasser!' Und dieser öffnete sie ihm. Auf seinem Weiterweg fand er die gesamte Erdoberfläche von den Wassern bedeckt, und auf seinem weiteren Weg unter die Erde fand er zwei Fische auf den Wassern liegen. Diese waren wie Rinder zum Pflügen miteinander verbunden und hielten die ganze Erde nach der Weisung des unsichtbaren Vaters vom Untergang der Sonne bis zu ihrem Aufgang. Als er hinabgestiegen war, sah er die Wolken hängen, die das Meer hielten. Als er noch weiter hinabgestiegen war, fand er seinen ‚ossop', was eine Art Feuer ist, und dann konnte er wegen der lodernden Feuerflamme nicht weiter hinabsteigen. Satan kehrte wieder um und wurde völlig böse. Er trat hin zum Engel der Luft und zu dem, der über den Wassern war, und sagte zu ihnen: ‚Dies alles ist mein. Wenn ihr mich anhören wollt: Ich werde meinen Sitz in den Wolken nehmen und werde dem Höchsten ähnlich sein [vgl. Jes 14,13–14]. Und ich werde die Wasser vom oberen Teil des Firmaments nehmen, die übrigen Meeresgebiete sammeln, und danach wird kein Wasser mehr auf der Erdoberfläche sein [vgl. Gen 1,9]. Und ich werde mit euch herrschen von Ewigkeit zu Ewigkeit' [vgl. Apk 11,15; 22,5]. Dies sagte er zu den Engeln und stieg zu den übrigen Engeln empor bis in den fünften Himmel, und er sagte zu jedem einzelnen folgendes: ‚Wieviel bist du deinem Herrn schuldig?' Er sagte: ‚Hundert Sack Weizen.' Zu ihm sagte: ‚Nimm Schreibrohr und Tinte und schreibe 60!' Zu einem anderen sagte er: ‚Und du, wieviel schuldest du deinem Herrn?' Er antwortete: ‚Hundert Krüge Öl.' Und er sagte zu ihm: ‚Setze dich hin und schreibe 50!' [vgl. Lk 16,5–7] Er stieg also in alle Himmelsbereiche bis in den fünften Himmel empor und redete so, indem er den Engeln des unsichtbaren Vaters schmeichelte. Da erscholl eine Stimme vom Thron des Vaters [vgl. Apk 19,5]: ‚Was tust du, Widersacher, der du die Engel des Vaters verführst? Urheber der Sünde, tue rasch, was du dir ausgedacht hast!' [vgl. Joh 13,27] Dann befahl der Vater seinen Engeln: ‚Nehmt ihre Kleider!' Die Engel nahmen allen Engeln, die auf ihn hörten, die Kleider, Throne und Kronen."

Ich fragte den Herrn: „Wann stürzte Satan, und wo hat er gewohnt?"

Er antwortete mir: „Mein Vater verwandelte ihn wegen seines Hochmuts, sein Licht wurde ihm genommen, sein Aussehen wurde wie heißes Eisen und sein Angesicht ganz wie das eines Menschen, und er fegte mit seinem Schwanz den dritten Teil der Engel Gottes hinweg [vgl. Apk 12,4]. So stürzte er vom Thron Gottes und verlor die Verwaltung der Himmel [vgl. Apk 12,9]. Satan stieg zum Firmament hinab. Hier konnte er weder für sich noch für diejenigen, die bei ihm waren, Ruhe schaffen. Er bat den Vater: ‚Habe Geduld mit mir! Ich werde dir alles zurückzahlen!' [Mt 18,26] Der Vater erbarmte sich seiner und schenkte ihm und denen, die bei ihm waren, Ruhe, damit sie alles, was sie wollten, bis zu sieben Tagen machen konnten. So nahm er seinen Sitz am Firmament und gebot dem Engel, der über der Luft war, und dem, der über den Wassern war. Sie hoben zwei Teile der Wasser empor in die Luft, und aus dem dritten Teil machten sie das Meer. Die Wasser wurden geteilt, aber nach dem Befehl des Vaters. Er befahl dem Engel, der über den Wassern war, über den zwei Fischen zu stehen, und sie hoben die Erde empor, und es erschien trockenes Land [vgl. Gen 1,9]. Er nahm die Krone des Engels, der über den Wassern war, und machte aus dem mittleren Teil das Licht des Mondes und das Licht der Sterne. Aus den Steinen schuf er alle Haufen von Sternen, und dabei machte er die Engel zu seinen Dienern [vgl. Ps 103,4] gemäß der Anordnung des Höchsten. Nach dem Gebot des unsichtbaren Vaters schuf er Donner, Regen, Hagel und Schnee und schickte seine Engel als seine Diener über all dies aus. Er befahl der Erde, jedes Tier, jedes Kriechtier, Baum und Pflanze hervorzubringen, und dem Meer befahl er, Fische und die Vögel des Himmels hervorzubringen [vgl. Gen 1,11.20.24]. Dann erdachte er sich den Menschen und schuf ihn, damit er ihm diene [vgl. Gen 2,7]. Er befahl dem Engel des dritten Himmels, in den Leib aus Lehm hineinzufahren, nahm davon und schuf einen anderen Leib in der Gestalt eines Weibes, und er befahl dem Engel des zweiten Himmels, in den Leib des Weibes hineinzufahren. Die Engel aber klagten, als sie an sich die sterbliche Gestalt sahen und bemerkten, daß sie verschiedener Gestalt waren. Und er befahl ihnen, mit ihren Leibern aus Lehm das Werk des Fleisches zu tun; sie aber begriffen nicht, daß sie sündigten. Aber der Urheber des Bösen plante in seinem Sinn, das Paradies zu erschaffen, und er führte die Menschen hinein. Der Teufel führte sie also hin, pflanzte ein Rohr in die Mitte des Paradieses und erschuf aus seinem Speichel eine Schlange. Ihr befahl er, in dem Rohr zu hausen, und so verbarg der verruchte Teufel seine Absicht, daß sie seinen Betrug nicht erkannten. Und er trat hin und sagte zu ihnen: ‚Eßt von jeder Frucht, die es im Paradies gibt, eßt aber nicht von der Frucht der Erkenntnis von Gut und Böse!' [vgl. Gen 2,16–17] Der Teufel wiederum fuhr in die verruchte Schlange, verführte den Engel, der in der Gestalt des Weibes war [vgl. 2 Kor 11,3; 1 Tim 2,14], verströmte darüber die Begierde nach Sünden und weckte seine Begierde mit Eva im Schwanz der Schlange. Daher werden sie Söhne des Teufels und Söhne der Schlange genannt; sie wecken die

Begierde des Teufels, ihres Vaters, bis ans Ende der Welt. Und abermals verspritzte der Teufel sein Gift, und zwar in den Engel, der in Adam war, und verströmte die Begierde, welche Söhne der Schlange und Söhne des Teufels zeugt bis ans Ende der Welt."

Danach fragte ich, Johannes, den Herrn: „Wieso sagen die Menschen, Adam und Eva seien von Gott erschaffen und ins Paradies gebracht worden, um die Gebote des Vaters zu halten, und sie seien dem Tod ausgeliefert worden?"

Der Herr sagte zu mir: „Höre, Johannes, Geliebter meines Vaters: Törichte Menschen sagen, mein Vater erschaffe in Sünde Leiber aus Lehm; aber durch den Heiligen Geist schuf er alle Kräfte des Himmels. Diese erhielten wegen ihres Sündenfalls sterbliche Leiber aus Lehm und wurden daher dem Tod ausgeliefert."

Wieder fragte ich, Johannes, den Herrn: „Wie kommt der Mensch dazu, im Geist in einem Leib aus Fleisch zu sein?"

Der Herr sagte zu mir: „Von den gefallenen Engeln aus dem Himmel kommen sie in die Leiber der Weiber und nehmen infolge der Begierde des Fleisches Fleisch an. Geist stammt vom Geist und Fleisch vom Fleisch [vgl. Joh 3,6]. So vollendet sich das Reich Satans in dieser Welt und bei allen Völkern."

Und er sagte zu mir: „Mein Vater hat ihm erlaubt, sieben Tage zu herrschen, die sieben Jahrhunderte sind."

Ich fragte den Herrn: „Was wird in dieser Zeit sein?"

Er sagte zu mir: „Seit der Zeit, als der Teufel aus der Herrlichkeit des Vaters stürzte und seine eigene Herrlichkeit wollte, thronte er über den Wolken und schickte als seine Diener die Engel, brennende Feuer [vgl. Ps 103,4], von Adam bis Enoch zu den Menschen auf Erden. Er schickte seinen Diener und erhob Enoch über das Firmament, zeigte ihm seine Göttlichkeit und ließ ihm Schreibstift und Tinte geben. Und dieser setzte sich hin und schrieb 67 Bücher. Dann befahl er ihm, sie auf die Erde zu bringen. Enoch brachte die Bücher auf die Erde, übergab sie seinen Söhnen und lehrte sie die Form der Opfer und unrechte Dienste. So verschloß er das Himmelreich vor den Menschen [vgl. Mt 23,13] und sagte zu ihnen: ‚Seht: Ich bin euer Gott, und außer mir gibt es keinen anderen Gott!' [vgl. Deut 4,35; 32,39] Daher sandte mich mein Vater auf die Welt, um dies den Menschen zu offenbaren, damit sie den bösen Sinn des Teufels erkennen [vgl. Joh 17,6.26]. Als dann Satan erfahren hatte, daß ich vom Himmel auf die Welt herabstieg, sandte er einen Engel aus und erhielt drei Holzstämme; diese gab er Moses, um mich zu kreuzigen; sie werden jetzt noch für mich aufbewahrt. Dieser sprach von Gott zu seinem Volk, befahl, den Söhnen Israels das Gesetz zu geben, und führte sie mitten durch das trockene Meer [vgl. Ex 14,22].

Als mein Vater gedachte, mich in die Welt zu senden, schickte er seinen Engel namens Maria vor mir, damit sie mich empfing. Ich aber stieg herab und ging durch das Gehör hinein und hinaus. Satan, der Fürst dieser Welt, erfuhr, daß ich herabstieg, um diejenigen zu suchen und zu retten, die verloren waren [vgl. Mt 18,11; Lk 19,10], und er schickte seinen Engel, den Propheten Elija, der im Wasser taufte, der Johannes der Täufer heißt [vgl. Joh 1,26.31]. Elija aber fragte den Fürsten dieser Welt: ‚Wie kann ich ihn erkennen?' Er sagte zu ihm: ‚Auf den du den Geist wie eine Taube herabkommen und über ihm bleiben siehst, der ist es, der im Heiligen Geist [vgl. Joh 1,33] zur Vergebung der Sünden tauft [vgl. Mk 1,4; Lk 3,3]. Er kann vernichten und retten [vgl. Jak 4,12].'"

Wiederum fragte ich, Johannes, den Herrn: „Kann der Mensch durch die Taufe des Johannes ohne deine Taufe gerettet werden?"

Der Herr antwortete mir: „Wenn ich nicht zur Vergebung der Sünden taufe, kann niemand durch die Wassertaufe das Himmelreich sehen, denn ich bin das Brot des Lebens, das vom siebten Himmel herabkommt [vgl. Joh 6,33.35.51.59], und die mein Fleisch essen und mein Blut trinken, werden Söhne Gottes genannt werden" [vgl. Joh 6,55–58].

Und ich fragte den Herrn: „Was bedeutet ‚mein Fleisch essen und mein Blut trinken'?"

Da sagte der Herr zu mir: „Vor dem Sturz des Teufels mit seiner ganzen Heerschar aus der Herrlichkeit des Vaters werden sie beim Gebet den Vater so verherrlichen, wenn sie sprechen: ‚Vater unser, der du bist im Himmel.' Und so stiegen alle ihre Lieder auf vor dem Thron des Vaters. Und nach ihrem Fall können sie Gott in diesem Gebet nicht mehr verherrlichen."

Ich fragte den Herrn: „Wieso nehmen alle Johannes den Täufer auf, aber deine Taufe nicht?" [vgl. Joh 3,26]

Und er antwortete: „Weil ihre Taten böse sind und sie nicht zum Licht kommen [vgl. Joh 3,19–20]. Die Jünger des Johannes heiraten und werden zum Heiraten hingegeben, aber meine Jünger heiraten nicht, noch werden sie geheiratet, sondern sie sind wie die Engel im Himmel [vgl. Mt 22,30; Mk 12,25]. Ich aber habe gesagt: ‚Wenn es also die Sünde mit der Frau gibt, ist es nicht gut für den Menschen zu heiraten.'" [vgl. Mt 19,10] Da sagte der Herr zu mir: „Nicht alle fassen dieses Wort, sondern nur die, denen es gegeben ist. Denn es gibt Eunuchen, die vom Mutterleib an so geboren sind, und es gibt Eunuchen, die die Menschen dazu gemacht haben, und es gibt Eunuchen, die sich selbst kastriert haben um des Himmelreichs willen. Wer es fassen kann, fasse es" [vgl. Mt 19,11–12].

Dann fragte ich den Herrn nach dem Tag des Gerichts: „Was wird das Zeichen für deine Ankunft sein?" [vgl. Mt 24,3]

Er antwortete mir: „Wenn die Zahl der Gerechten erfüllt sein wird entsprechend der Zahl der gekrönten Gerechten, die gefallen sind. Dann wird der Satan aus seinem Gefängnis freigelassen werden [vgl. Apk 20,7], und er wird großen Zorn haben und Krieg gegen die Gerechten führen [vgl. Apk 13,7]. Und sie werden mit lauter Stimme zu Gott dem Herrn schreien. Und sogleich wird der Herr dem Engel befehlen, die Trompete zu blasen; die Stimme des Erzengels wird man bis in die Hölle hören. Dann wird sich die Sonne verfinstern, und der Mond wird nicht mehr scheinen, und die Sterne werden herabfallen [vgl. Mt 24,29]. Die vier Winde werden sich aus ihren Fundamenten lösen, und sie werden die Erde, das Meer, die Berge und Hügel gleichzeitig erbeben lassen [vgl. Sir 16,19]. Und sogleich wird der Himmel erzittern, und die Sonne, die bis zur vierten Stunde scheinen wird, wird sich verfinstern. Dann wird das Zeichen des Menschensohnes erscheinen [vgl. Mt 24,30] und alle heiligen Engel mit ihm, er wird über den Wolken thronen und auf dem Thron seiner Herrlichkeit sitzen [vgl. Mt 25,31] zusammen mit den zwölf Aposteln auf den zwölf Thronen ihrer Herrlichkeit. Und Bücher werden aufgeschlagen werden [Apk 20,12], und er wird richten über die ganze Welt und den Glauben, den er verkündet hatte. Dann wird der Menschensohn seine Engel aussenden, und sie werden die von ihm Auserwählten aus den vier Windrichtungen sammeln, vom höchsten Punkt des Himmels bis an seine Grenzen [vgl. Mt 24,31]. Und sie werden sie hinführen [vor Gottes

Angesicht]. Dann wird der Menschensohn die bösen Dämonen aussenden, damit sie alle Völker vor ihn bringen, und er wird zu ihnen sagen: Kommt, die ihr sagtet: ‚Wir haben gegessen und getrunken [vgl. 1 Kor 15,32; Mt 24,38] und genommen, was hier ist.' Und danach werden sie wieder abgeführt. Und sogleich werden alle Völker voll Furcht vor dem Richterstuhl stehen, und die Bücher des Lebens werden aufgeschlagen werden und über alle Völker urteilen. Er wird die Gerechten in ihrem Leiden und in ihren guten Taten verherrlichen. Herrlichkeit, Ehre und Unvergänglichkeit wird denen zuteil, die die himmlischen Gebote hielten, und die Ungehorsamen wird Zorn, Verachtung, Drangsal und Not treffen [vgl. Röm 2,7–10]. Der Sohn Gottes wird seine Auserwählten aus der Mitte der Sünder führen [vgl. Mt 13,49] und zu ihnen sagen: ‚Kommt, ihr Gesegneten meines Vaters, nehmt das Reich in Besitz, das seit der Erschaffung der Welt für euch bestimmt ist!' [Mt 25,34] Dann wird er zu den Sündern sagen: ‚Geht weg von mir, ihr Verfluchten, in das ewige Feuer, das für den Teufel und seine Engel bestimmt ist!' [Mt 25,41] Und wenn die übrigen diese letzte Abtrennung sehen, werden sie die Sünder auf Befehl des unsichtbaren Vaters in die Hölle werfen. Dann werden die Geister die Gefängnisse der Ungläubigen verlassen. Und dann wird man meine Stimme hören, und es wird nur noch eine Herde und einen Hirten geben [Joh 10,16]. Aus dem Erdinneren wird die Finsternis hervorbrechen, welche die Finsternis des Höllenfeuers ist, und alles wird von unten bis zur Luft am Firmament verbrennen. Der Herr wird sowohl am Firmament sein als auch bis ins Innere der Erde. Würde vergleichsweise ein Mensch, der dreißig Jahre zur Verfügung hätte, einen Stein aufheben und hinunterwerfen, er würde in drei Jahren nicht den Boden treffen – so tief sind der See und das Feuer, wo die Sünder wohnen werden. Dann wird Satan und seine ganze Heerschar gebunden und in den Feuersee geworfen werden [vgl. Apk 20,2–3.9]. Und der Sohn Gottes wird mit seinen Auserwählten über das Firmament wandeln. Er wird den Teufel einsperren und ihn mitsamt den Sündern mit unlösbaren, starken Fesseln binden. Sie werden klagen und trauern und sagen: ‚Verschlinge uns, Erde, und verbirg uns in dir!' [vgl. Apk 6,16] Dann werden die Gerechten im Reich ihres Vaters leuchten wie die Sonne [vgl. Mt 13,43]. Und er wird sie vor den Thron seines unsichtbaren Vaters führen: ‚Siehe, ich und meine Kinder, die mir Gott gegeben hat! [vgl. Jes 8,18] Gerechter [Vater], die Welt hat dich nicht erkannt, ich aber habe dich wahrlich erkannt, weil du mich gesandt hast' [vgl. Joh 17,25]. Und dann wird der Vater seinem Sohn antworten und sagen: ‚Mein geliebter Sohn, setze dich zu meiner Rechten, und ich lege dir deine Feinde als Schemel zu Füßen' [Ps 109,1; vgl. u. a. Mt 22,44; Mk 12,36; Lk 20,42–43]. Sie haben mich geleugnet und gesagt: ‚Wir sind die Götter, und außer uns gibt es keinen anderen Gott' [vgl. Deut 4,35]. ‚Sie haben deine Propheten getötet und deine Gerechten verfolgt. Und du hast sie bis in die Finsternis draußen verfolgt, wo Weinen und Zähneknirschen sein wird' [vgl. Mt 8,12.42.50; 22,13; 24,15; 25,30; Lk 13,28]. Dann wird der Sohn Gottes zur Rechten seines Vaters sitzen, und der Vater wird seinen Engeln befehlen; er wird sie [die Gerechten] beschenken und sie in die Chöre der Engel aufnehmen; und er wird sie in unverderbliche Gewänder kleiden und ihnen unverwelkliche Kränze [vgl. 1 Petr 5,4] und unvergängliche Sitze geben. Gott wird in ihrer Mitte sein, und sie werden keinen Hunger und keinen Durst mehr leiden. Es wird weder die Sonne noch irgendeine andere Glut auf ihnen lasten [vgl. Apk 7,16], und Gott wird jede Träne von ihren Augen abwischen [vgl. Apk 7,17; 21,4]. Und er wird mit seinem heiligen Vater herrschen, und sein Reich wird kein Ende haben in alle Ewigkeit" [vgl. Apk 11,15; 22,5].

Hier endet die Geheimlehre der Ketzer von Concorezzo, die ihrem Bischof Nazarius aus Bulgarien überbracht wurde. Sie ist voller Irrlehren.

Edina Bozóky (Hg.), Le Livre Secret des Cathares. Interrogatio Iohannis. Apocryphe d'Origine Bogomile. Paris 1980 (Textes Dossiers Documents 2), S. 42–86 (Lesart D).

Kapitel 5

Die Katharer

Wie kaum eine andere religiöse Bewegung des Mittelalters stehen die Katharer als Synonym für mittelalterliche Häresie, und nicht nur deshalb, weil sich vom lateinischen Begriff „cathari" das deutsche Wort „Ketzer" ableitet.

Vor allem die südfranzösischen Katharer umgibt bis heute die Aura des Geheimnisvollen, nicht zuletzt wegen des sagenumwobenen „Schatzes", den die Katharer des Montségur vor ihren Belagerern in Sicherheit bringen konnten. Dieser „Schatz" bietet auch mehr als 700 Jahre später noch ausgiebig Stoff für Spekulationen aller Art: Handelte es sich wirklich um einen Geld-, Gold- oder Silberschatz oder um geheime Schriften? Wurde dieser „Schatz" wirklich vor den Katholiken in Sicherheit gebracht, oder birgt die Bibliothek des Vatikans diese geheimen Schriften der Katharer als streng gehütetes Geheimnis in ihren Archiven, den Augen der orthodoxen Gläubigen für alle Zeiten verborgen? Und wenn der „Katharerschatz" gerettet werden konnte, in wessen Hände fiel er dann? Liegt er irgendwo am Fuße des Montségur begraben, oder wurde er vertrauenswürdigen Personen übergeben, die ihn für die Nachwelt aufbewahrten oder als Nachfahren der Katharer diesen „Schatz" zu ihrem eigenen machten? Wer waren diese Vertrauenspersonen – Templer, freimaurerische Geheimbünde, Rosenkreuzer? Die Spekulationen und Mutmaßungen schießen bis heute – und nicht nur in Frankreich – heftig ins Kraut. Manche stellten eine Verbindung zwischen dem ebenfalls mit einem Mysterium umgebenen Gral der Chanson de geste beziehungsweise des Parzivalstoffes her. Im Zuge der Wagner-Verehrung und der mit „nordischen" Mythen verbrämten Rassenideologie der Nationalsozialisten begab sich Anfang der 30er Jahre der Angehörige der SS Otto Rahn bei den südfranzösischen Katharern auf die Suche nach dem Gral und Anhaltspunkten für die Wurzeln des „Ariertums", aus dem der wahre, echte und unverfälschte „Arier und Germane" entstehen sollte, als dessen Elite die Mitglieder der SS verstanden wurden. Schon vor ihm hatte die Theosophische Gesellschaft mit Sitz in Paris nach den Spuren der germanisch-skandinavischen Mythologie bei den Katharern des Montségur geforscht.

Viel Mystisch-Mythologisches und viel Romantisierend-Verklärendes wurde innerhalb der letzten 150 Jahre über die Katharer geschrieben, und viele Besucher der Gegend um Toulouse und der Ruinen der ehemaligen Katharerburgen behaupten, daß die Landschaft bis auf den heutigen Tag eine merkwürdige Anziehungskraft und gleichzeitig ein nicht rational erklärbares Schaudern auslöse. Historische Tatsache dagegen ist, daß die Katharer der Grafschaft Toulouse mit bisher nie gekannter Brutalität und Grausamkeit verfolgt und umgebracht wurden. Und daß es bei diesem Krieg gegen die südfranzösischen Katharer und ihre Unterstützer auch um ganz manifeste machtpolitische Interessen der französischen Könige ging, die sich auf diese Weise das wirtschaftlich wie kulturell reiche Okzitanien, den Besitz ihrer Vasallen, der Grafen von Toulouse, einverleiben wollten. Kirche und Staatsmacht bildeten ab Beginn des 13. Jahrhunderts eine unheilige Allianz, um mit allen ihnen zur Verfügung stehenden Machtmitteln die Katharer Südfrankreichs mit Stumpf und Stiel auszurotten. Was ihnen auch gelang: 1321 verbrannte der letzte südfranzösische Katharer auf dem Scheiterhaufen.

Die französischen Könige waren schneller am Ziel. Der letzte Graf von Toulouse, Raimond VII., hatte seine einzige Tochter mit einem Bruder des französischen Königs verheiraten müssen. Da diese Ehe kinderlos blieb, fiel die Grafschaft Toulouse 1271 als Kronland an die Könige von Frankreich.

Die Anfänge der Katharer in Südfrankreich

Es stellte sich immer wieder die Frage, weshalb sich der Katharismus ausgerechnet in Südfrankreich so weit verbreiten konnte. Im wesentlichen werden dafür zwei Gründe angegeben: zum einen die weitgehende kulturelle Eigenständigkeit Südfrankreichs, die sich auch in der eigenen Sprache, dem Okzitanischen, ausdrückte. Die Lingua Occitaniae wurde übrigens erst im 16. Jahrhundert zwangsweise vom „Hochfranzösischen" als Amtssprache in Südfrankreich ersetzt. Die Nähe Okzitaniens zu Spanien – die Grafen von Toulouse waren die Vasallen des Königs von Aragon – unterstützte möglicherweise auch eine größere Offenheit und Toleranz gegenüber Andersgläubigen, der sich auch und vor allem die Vizegrafen von Carcassonne verpflichtet fühlten. Der höchste Beamte am Hof von Carcassonne war ein Jude. In diesem Klima der Offenheit und des Lebensgenusses entstanden die Lieder der Troubadoure, die berühmte Minnedichtung Südfrankreichs.

Zum anderen hatte in Südfrankreich ein gewisser Antiklerikalismus Tradition. Die Prälaten und Kirchenoberen taten durch ihren Lebenswandel und ihren Hang zum Ämterkauf, die Simonie, einiges dazu, um diese „Tradition" am Leben zu erhalten. So geht zum Beispiel aus den Inquisitionsprotokollen des Bistums Pamiers, die der neue Bischof Jacques Fournier (1318–1325) anlegen ließ, deutlich hervor, daß das Amt der Ortspfarrer und Priester in erster Linie zur Sicherung der Einkünfte einzelner Familien diente. Da wird von einem Familienklan im Bistum berichtet, der seine Pfründe so erfolgreich hütete und über mehrere Generationen hinweg die Geistlichen der Gegend stellte, daß sich dies im Familiennamen niederschlug. Die Familie hieß „Clerici". In einer derartigen Konstellation wird das geistliche Amt weniger als Berufung gesehen, sondern vielmehr als Weg zum Erhalt von Einkünften. Das machte sich dann auch in einer nicht gerade vorbildlichen Lebensführung bemerkbar. Die Pfarrkinder von Montaillon machten ihren Ortsgeistlichen, einen gewissen Petrus Clerici, für das Schicksal, das sie durch die Verfolgungen erlitten hatten, verantwortlich. Er habe sein Amt mißbraucht und sei seinen Aufgaben als Seelsorger nicht nachgekommen, sondern habe durch seine mehr als laxe Haltung gegenüber katharischen Predigern auch seine Pfarrkinder in deren Arme getrieben. Die Mißstände innerhalb der katholischen Kirche traten offen zutage, und das Bistum Pamiers war keine Ausnahme. Die Reaktion des Apparats, der römischen Kurie, war zu schwerfällig und kam zu spät. Als Innozenz III. 1198 Simonie als schwere Verfehlung des Klerus geißelte, Strafmaßnahmen und eine Verfahrensordnung gegen korrupte Kirchenobere und Kleriker erließ beziehungsweise bereits bestehende

Anweisungen bekräftigte, hatten sich viele geistliche Verwalter der Sakramente bereits als unwürdig erwiesen. Außerdem war durch die kirchlichen Abgaben, den Handel mit Ablässen, der gut 300 Jahre später zur zweiten Trennung der Kirche führte, und die Gebühren für die Spendung der Sakramente der Zugang zum Heil nicht mehr für alle Gläubigen erschwinglich. Das Heil der Seelen war zur Ware verkommen. Die Reformen innerhalb der Kirche, wie sie zum Beispiel im 11. Jahrhundert oder von Bernhard von Clairvaux und dem neugegründeten Zisterzienserorden versucht wurden, griffen anscheinend zu kurz. Oder sie waren auf längere Sicht nicht radikal genug, um diese innerkirchlichen Mißstände zu beheben. Jedenfalls erfreuten sich Wanderprediger, die bewußt und konsequent die christliche Armut vorlebten, eines großen Zulaufs. Wie sollten außerdem einfache Gläubige unterscheiden, welcher Mönch oder Wanderprediger auf dem Boden der orthodoxen Lehre stand? Fast alle Kritiker der Zustände der Kirche trugen eine Mönchskutte: die Zisterzienser, später die Franziskaner und die Dominikaner genauso wie Wanderprediger, die sich nicht nur kritisch äußerten, sondern auch noch Irrlehren verbreiteten. Die „Orthopraxie", das richtige gottgefällige Leben, war bei beiden ähnlich, und gegen die Geistlichen und Kirchenoberen, deren Aufgabe eigentlich die geistlich-theologische Unterweisung der Gläubigen gewesen wäre, zogen sowohl der orthodoxe als auch der (vermeintlich) häretische Wanderprediger auf den Plätzen und Gassen und vor den Portalen der Kirchen und Kathedralen zu Felde. Aktenkundig wurden in diesem Zusammenhang der Mönch Henry und der Wanderprediger Pierre de Bruys. Über Henry wird 1116 aus Le Mans berichtet. Der Bischof hatte dem Mönch Henry erlaubt, während seiner Abwesenheit die Fastenpredigt zu halten. Als er nach Le Mans zurückkam, fand er die Stadt im antikirchlichen Aufruhr vor. Der Mönch Henry hatte anscheinend ein brisantes Thema angeschnitten und vielen Gläubigen aus der Seele gesprochen. Er predigte danach nicht nur in Lausanne, Poitiers und Bordeaux, sondern trat auch in der Grafschaft Toulouse auf, wo sich nach 1145 seine Spur verliert. Auch der Wanderprediger Pierre de Bruys verlagerte vermutlich etwa ab 1135 seine Predigttätigkeit ins Languedoc. Er hatte unter anderem die größeren Städte bereist, wirkte in der Diözese Arles und wurde schließlich um 1139/40 in St.-Gilles umgebracht.

Sowohl der Mönch Henry als auch der Wanderprediger Pierre de Bruys gelten als Wegbereiter des Katharismus im Languedoc. Ihr gedanklicher und theologischer Hintergrund war zwar höchstwahrscheinlich nicht ein wie auch immer gearteter Dualismus, aber die Forderungen und Konsequenzen der beiden Bußprediger waren denen der Katharer teilweise sehr ähnlich. Auch sie lehnten zum Beispiel die Kindertaufe und die Eucharistie als Sakramente ab, ebenso die Erbsünde. Jeder sei für seine eigenen Handlungen verantwortlich, auch die Taufe falle in den Bereich der persönlichen Verantwortung und Entscheidung und könne deshalb nicht an unmündigen Kindern vollzogen werden. Gegen das Altarsakrament machten sie geltend, im Neuen Testament stehe, daß Jesus Christus nur ein einziges Mal, nämlich beim letzten Abendmahl, Brot und Wein in den Leib und das Blut Christi verwandelt habe. Dieses Wunder Christi könne nicht wiederholt werden. Außerdem lehnte Pierre de Bruys die Verehrung des Kreuzes Christi, Kirchengebäude, jegliche Art von Kirchenmusik und das Alte Testament ab. Die beiden Wanderprediger rannten mit ihrer Ablehnung der Sakramente beim Kirchenvolk vermutlich offene Türen ein. Durch das unwürdige Auftreten der Kleriker fragten sich wahrscheinlich ohnehin viele Gläubige, wozu der geistliche Stand überhaupt nütze sei. Von hier aus war es nur noch ein kleiner Schritt, dem Klerus das Recht und die Gewalt, zu lösen und zu binden, das heißt Sünden zu vergeben und die göttliche Gnade zu spenden, abzusprechen und damit die apostolische Sukzession zu leugnen. Denn der Klerus hatte sich nicht als würdig erwiesen, die Binde- und Lösegewalt, die Christus Petrus übertragen hatte, für sich in Anspruch zu nehmen. Die Grundstimmung, die den Geistlichen, vor allem den Bischöfen und Prälaten gegenüber herrschte, war ein mehr oder weniger radikaler Antiklerikalismus. Damit ließe sich zum Beispiel auch erklären, warum die Bevölkerung des Languedoc immer wieder zu den Katharern hielt, sie versteckte und verteidigte, obwohl bei weitem nicht alle Okzitanier Katharer waren. Die Katharer schienen als Vertreter einer Gegenkirche vor allem durch ihre Lebensführung überzeugender zu sein. Viele Gläubige kannten Stellen aus den Evangelien, die hinsichtlich des Mammons eine eindeutige Sprache sprachen. Der Platz im Himmelreich und irdischer Reichtum schienen sich nur schwer zu vertragen. Andererseits hatten die Prälaten und

Kirchenoberen für sich entschieden, daß Reichtum und Wohlleben gottgefällig seien. Selbst die einfachen Gläubigen wußten, daß sie diesen Reichtum und die Prachtentfaltung der Vertreter Christi auf Erden mitfinanzierten. Die Kirche langte kräftig zu, wenn es darum ging, die Gnade Gottes oder den Erlaß der Sünden zu spenden. Armen Gläubigen war damit der Weg zum Heil, wie ihn die Kirche wies, versperrt. Feudale und kirchliche Abgaben drückten die Bevölkerung nicht nur in Südfrankreich. Und ein starkes Bewußtsein der Sünden und die Sehnsucht nach dem Paradies, das eine Entschädigung für das irdische Jammertal bot, bewegte weite Teile der Bevölkerung. Die Kirche konnte offensichtlich das damit verbundene Bedürfnis nach unmittelbarer Religionsausübung nicht mehr befriedigen, so daß es immer mehr Menschen gab, die sich von ihr lossagten und abtrünnig wurden. Die katharische Gegenkirche strömte etwas vom Ideal der Urkirche aus. Sie war besitz- und gewaltlos, stellte ihre Macht und Herrlichkeit nicht zur Schau, wie dies die katholische Kirche tat, sondern konnte sogar auf Gotteshäuser verzichten. Die Rituale fanden einfach in Wohnhäusern statt. Außerdem verhieß sie das Heil allen Menschen, armen wie reichen. Man mußte sich das Heil nicht „erkaufen". Die katharische Kirche war kostenlos, und sie zeigte einen Weg, sich gänzlich von der Last der Sünden zu befreien.

Die ersten Berichte über das Auftreten von Katharern stammen allerdings nicht aus Südfrankreich, sondern aus Köln. Sie nennen sich anscheinend selber „cathari". Der Begriff wurde wohl von dem griechischen Wort „katharoi", „die Reinen", abgeleitet. Die christliche Polemik entschied sich dagegen für eine andere Etymologie. Alanus ab Insulis bezichtigte die Katharer der Teufelsverehrung. Die Katharer würden Luzifer in Gestalt einer Katze dadurch huldigen, daß sie bei ihren Versammlungen das Hinterteil dieser Katze küssen würden. Ihr Name „Katharer" sei demzufolge von lateinisch „catus", die Katze/der Kater, abzuleiten (vgl. Alanus ab Insulis, Summa Quadrapartita, Liber 1, cap. 63). Derartige Praktiken mit einem mehr oder weniger sexualisierten Anstrich gehören zum „Standardprogramm" christlich-orthodoxer Polemik, wie sie später bei den Anschuldigungen gegen Hexen ihren Höhepunkt finden wird. In den Inquisitionsprotokollen, in den Abhandlungen ehemaliger Katharer und in den Schriften der Katharer selbst ist von einem derartigen Ritus nirgends die Rede. Auch die Katharer, die 1163 in Köln verhört und als Ketzer verbrannt wurden, berichteten nichts darüber (vgl. Q 1). Die Katharer in Südfrankreich bezeichnen sich häufiger als „boni christiani" und „veri christiani", also als „gute" beziehungsweise „wahre Christen". Die Bezeichnung „Albigenser" geht wahrscheinlich auf den ersten Bischofsitz der Katharer in der Stadt Albi zurück. Albi war zwar katharische Bischofsstadt, aber keine Ketzerhochburg. Eine andere Namensetymologie greift in Annäherung an „cathari" („die Reinen") auf das lateinische Adjektiv „albus" („weiß") als Farbe der Reinheit zurück. Die Kirche reagierte zunächst auf das erste Auftreten der Katharer im Languedoc noch mit geistlich-theologischen Mitteln. Mit den Waffen des Wortes, der Unterweisung, versuchte man die Bevölkerung davon zu überzeugen, daß die selbsternannten „wahren Christen" in Wirklichkeit Lügner und Irrlehrer seien. Aber so einfach war dieses Unterfangen ganz offensichtlich nicht. 1165 fand in Lombers eine öffentliche Disputation zwischen Katharern und katholischen Priestern statt, zu der unter anderem der Erzbischof von Narbonne, der Vizegraf von Carcassonne und Béziers und die Schwester des französischen Königs eingeladen worden waren. Man diskutierte einschlägige Stellen des Neuen Testaments, wobei die Katharer anscheinend ziemlich bald bei einem der Hauptkritikpunkte gegenüber der katholischen Kirche angelangt waren, nämlich der Lasterhaftigkeit des Klerus. Das Ziel der Katholiken, die Katharer dazu zu bringen, Näheres über ihre Lehre zu offenbaren, wurde nicht erreicht. Obwohl der Vertreter der „wahren Christen", der sich dem Rededuell gestellt hatte, als Ketzer verdammt wurde, hatte diese Art der Überzeugungsarbeit offensichtlich nur mäßigen Erfolg. Anscheinend waren die Katharer häufig den teilweise nur recht mangelhaft geschulten katholischen Priestern argumentativ und exegetisch überlegen. In Lombers jedenfalls scheint die Sache mehr oder weniger im Sande verlaufen zu sein, von Gewaltaktionen gegen die „wahren Christen" ist nichts bekannt. Die katholische Kirche war sich zu diesem Zeitpunkt anscheinend noch bewußt, daß durch Ketzerverbrennungen nur Märtyrer geschaffen würden und dies eher eine glaubensstärkende Wirkung haben würde. Vielleicht erinnerte man sich auch noch, daß die erste Ketzerverbrennung 1022 in Orléans nicht verhindern konnte, daß sich Häresien verbreiteten. Die Katharerbewegung im Languedoc schritt hingegen fort, sich zu organisieren, als sie nach dem Konzil von St.-Félix de Caraman 1167 oder 1172 vier Diözesen bildete: Albi, Toulouse, Carcassonne und Agen.

Der Kreuzzug gegen die südfranzösischen Katharer

Von nun an ging jedoch die Kirche allmählich zu einer härteren Gangart über. 1178 entsandte Papst Alexander III. den Kardinal Petrus von Saint-Chrysogonus als päpstlichen Legaten nach Toulouse. Ketzerurteile wurden gesprochen, Strafen wurden verhängt. Massiv ging die katholische Kirche allerdings erst zwei Jahre später gegen die Katharer vor. Auf dem 3. Laterankonzil (1179) wurden die südfranzösischen Ketzer generell verurteilt und unter den Kirchenbann gestellt.

Es ging allerdings bei der Verfolgung der Katharer in Okzitanien nicht nur darum, den Schaden, den Abtrünnige für die Kirche anrichteten, zu begrenzen, es ging auch und teilweise sogar ausschließlich um feudale Interessen des französischen Königs und der nordfranzösischen Barone. Schauplatz des nun folgenden Eroberungs- und Glaubenskriegs war die Grafschaft Toulouse. Sie gehörte zwar formal gesehen zur französischen Krone, aber dem französischen König fehlten die Machtmittel, um seine Ansprüche durchzusetzen. Das Languedoc war vor den Albigenserkreuzzügen relativ unabhängig und vor allem reich. Der Süden wurde regiert von den Grafen von Toulouse und den Vizegrafen von Carcassonne und Béziers, den Trencavels. Sie waren zwar Vasallen des französischen Königs, aber ebenso auch mit dem König von Aragon und Heinrich von Aquitanien, dem späteren König von England, verbündet. Diese Konstellation verlief zwar auch nicht immer harmonisch, aber man hielt den französischen König und den Papst aus den Konflikten heraus. Für den Papst und die nordfranzösischen Kleriker waren die stärker am höfisch-ritterlichen Ideal als am kirchlichen Dogma orientierte Freizügigkeit und die Toleranz im Languedoc nicht hinnehmbar. Um einen offenen Konflikt mit der Kirche zu vermeiden, wandte sich zwar 1177 Graf Raimond V. von Toulouse schriftlich an das Generalkapitel von Citeaux und ließ Ketzer verfolgen (Q 3). Die Skepsis gegenüber den südfranzösischen Grafen und der Ruf der sittlichen Verderbtheit und der Unterstützung der Häresie, der ihnen in Kirchenkreisen anhaftete, blieb ihnen aber erhalten.

In der Tat tolerierten die weltlichen Herren des Languedoc die Ketzer größtenteils. Manche Landadlige hatten sogar selbst das Consolamentum empfangen und waren aktive Mitglieder der Katharerkirchen. Einer der mächtigsten Herrn des Languedoc war der Vizegraf von Carcassonne und Béziers, Raimond-Roger Trencavel. Er war zwar selbst kein Ketzer, duldete aber einen Katharerbischof in Carcassonne. Damit war klar, daß Carcassonne neben Toulouse für die Kirche ein Bollwerk der Häresie war. Papst Innozenz III., der 1198 neu gewählt worden war, wandte sich nicht nur gegen die nachlassende Moral des katholischen Klerus im Languedoc, sondern auch gegen alle Abtrünnigen der katholischen Kirche, gegen Häretiker und Juden. Raimond-Roger Trencavel mußte besonders suspekt sein. Am Hof von Carcassonne war der höchste Beamte ein Jude, und in der Stadt gab es einen Katharerbischof. Außerdem war Beatrix von Béziers, die zweite Frau des Grafen von Toulouse – außerdem eine Trencavel –, nachdem ihre Ehe aufgelöst worden war, in einen katharischen Frauenkonvent eingetreten.

Ab 1203 wandte sich der Papst verstärkt dem Süden Frankreichs zu und ernannte Pierre de Castelnau und Arnaud Armaury zu päpstlichen Legaten mit dem Auftrag, die Häresie im Languedoc zu bekämpfen. Der Zisterzienser Pierre de Castelnau aus der Abtei Fontfroide bei Narbonne versuchte zunächst, beim Klerus die desolaten Zustände durch Überzeugungskraft zu beheben und gegen die Ketzer zu predigen. Beides anscheinend nur mit wenig Erfolg. Schließlich machte er den Grafen Raimond VI. von Toulouse als die Hauptursache der Häresie aus, da dieser die Ketzer nicht verfolgte, sondern im Gegenteil auch noch förderte.

Konsequenterweise exkommunizierte Pierre de Castelnau kraft seines Amtes als päpstlicher Legat am 29. Mai 1207 Graf Raimond VI. von Toulouse. Damit war Raimond VI. rechtlich gesehen vogelfrei und besitzlos. Um diesen Zustand zu beenden, mußte er sich binnen Jahresfrist der Kirche unterwerfen. Anfang des Jahres 1208 traf er sich deshalb in St.-Gilles mit Pierre de Castelnau und versprach, die Ketzer zu bekämpfen. Dieser hingegen blieb hart und hob die Exkommunikation nicht auf. Als am 14./15. Januar 1208 Pierre de Castelnau in Arles von einem Vasallen Raimonds VI. von Toulouse ermordet wird, spitzt sich die Lage zu. Man macht Raimond VI. für den Mord verantwortlich, wirft ihm vor, den Mörder Pierre de Castelnaus gedungen zu haben. Im März 1208 exkommuniziert Papst Innozenz III. Raimond VI. erneut. Außerdem wendet sich der Papst an den französischen König, der bisher gezögert hatte, sich militärisch in Südfrankreich zu engagieren. Der Vorwurf gegenüber seinem Vasallen, einen päpstlichen Legaten ermordet zu haben, zwingt den französischen König zum Handeln. Der Papst ruft die nordfranzösischen Barone zu einem Kreuzzug gegen die Ketzer des Südens auf. Sie sollen gegen die Häretiker härter vorgehen als gegen die Mauren, die Häresie ausrotten, die blasphemischen Grafen und ihre Komplizen aus dem Land vertreiben und ihren Besitz gläubigen katholischen Herrschern übergeben.

Die Adligen des Nordens waren nicht abgeneigt, denn sie hatten ein materielles Interesse am Süden. Vor allem junge, nicht erbberechtigte Barone spekulierten darauf, sich ein Lehen in Südfrankreich anzueignen. Der Abt von Citeaux, Arnaud Armaury, unterstützte ausdrücklich den Ruf nach einem Albigenserkreuzzug und schlug Papst Innozenz III. vor, einen Ablaß zu verkünden, wodurch jedem, der beichtet und bereut, alle Sünden vergeben werden sollten. Dieser Ablaß sollte nach 40 Tagen in Kraft treten. Voraussetzung war die Beteiligung am Kreuzzug. Eigentlich sollte der französische König Philippe II. Auguste den Kreuzzug anführen, da dieser aber militärisch durch den Krieg gegen England und die Fehde mit dem deutschen Kaiser gebunden war und nach Lehensrecht auch in einer Zwickmühle steckte – eigentlich hätte er als Lehensherr im Kriegsfall seinen Vasallen, den Grafen von Toulouse, schützen müssen –, führte der päpstliche Legat und Abt von Citeaux, Arnaud Armaury, den Kreuzzug an. Der französische König erlaubte aber ausdrücklich seinen sonstigen Vasallen, am Kreuzzug teilzunehmen, und stellte etwa 15 000 Mann zur Unterstützung bereit. Tausende schlossen sich dem Kreuzzugsheer an. Jetzt wurde die Situation für Raimond VI. von Toulouse mehr als brenzlig. Am 18. Juni 1209 unterwirft er sich deshalb unter entwürdigenden Bedingungen in St.-Gilles vor 20 anwesenden Legaten, Erzbischöfen und Bischöfen der römischen Kirche und befreit sich so vom Bann. Dieser Schritt verhindert jedoch den Kreuzzug nicht. Zur Zielscheibe der Kreuzritter werden die Besitzungen des Vizegrafen Raimond-Roger von Carcassonne und Béziers. Raimond VI. von Toulouse zieht im Kreuzzugsheer gegen seinen eigenen Neffen mit.

Ein Heer von 50 000 bis 200 000 Mann rückt gegen Béziers vor, zusammengewürfelt aus hohen und niedrigen Adligen, Fußvolk, verarmten Bauern, Kriminellen und Desperados. Alles „milites Christiani", die sich, von den Ablaßprivilegien angelockt, außer der Vergebung der Sünden auch noch eine fette Beute versprechen.

Am 24. Juni 1209 bricht das Kreuzzugsheer in Lyon auf und erreicht am 22. Juli 1209 Béziers. Was sich dann abspielt, geht als eines der schlimmsten und grausamsten Verbrechen eines Kreuzzugsheeres, verübt an Bürgern einer christlichen Stadt, in die Geschichte ein. Das Kreuzzugsheer belagert Béziers und bietet schließlich, nachdem Trencavel mit einigen Katharern und Juden die Stadt verlassen hat, durch den Bischof an abzuziehen, wenn die Bewohner von Béziers die noch in der Stadt verbliebenen Katharer ausliefern. Die Bewohner verweigern diese Bedingung, da sie hoffen, daß sich das Kreuzzugsheer nach 40 Tagen, wenn der Ablaß in Kraft tritt, auflösen wird. Kriegsknechte greifen jedoch, ohne vorher die nordfranzösischen Barone zu fragen, die Stadt an und erobern sie im Handstreich. Sie töten fast die gesamte Bevölkerung ohne Rücksicht auf Alter, Geschlecht und Religion. Sie verschonen auch die Frauen und Kinder nicht, die sich in die Kirche von Béziers geflüchtet haben, sondern metzeln sie zusammen mit den Priestern nieder. Als die Barone die Kriegsknechte davon abhalten wollen, das Plünderungsgut an sich zu reißen, legen die Kriegsknechte in der Stadt Feuer. Es gibt keine Überlebenden. Béziers brennt völlig nieder. Das Massaker von Béziers forderte mindestens 15 000 bis 20 000 Todesopfer (Q 4).

Als nachträgliche Rechtfertigung dieses Massakers wurde auf das lasterhafte Leben der Bewohner von Béziers verwiesen. Die Verantwortung wurde quasi Gott übertragen, wenn der Abt von Citeaux, Arnaud Armaury, auf die Frage, woran denn Gute und Böse unterschieden werden könnten, geantwortet haben soll: *„Erschlagt sie alle! Denn Gott kennt die Seinen!"*

Knapp eine Woche später steht das Heer der Kreuzfahrer vor Carcassonne. Die gutbefestigte Stadt wird belagert und beschossen. Schließlich muß Trencavel aufgeben. Er wird gefangengesetzt, die Bürger Carcassonnes einschließlich der Katharer dürfen die Stadt verlassen, alle müssen jedoch ihre gesamte Habe zurücklassen.

Graf Raimond-Roger Trencavel wird als Häretiker exkommuniziert und stirbt im Gefängnis im Herbst 1209 unter mysteriösen Umständen. Seine Besitzungen werden enteignet und sollen einem würdigen katholischen Herren übergeben werden. Nachdem die Herzöge von Burgund und Flandern die Vizegrafschaft Carcassonne als Lehen ablehnen, greift Simon de Montfort zu und wird neuer Herr von Carcassonne. Damit sich Raimond VI. von Toulouse nicht mit seinen Vasallen verbünden konnte, um das Land zurückzuerobern, wurde er im September 1209 zum zweitenmal exkommuniziert. Mit der Exkommunikation waren die jeweiligen Gefolgsleute von ihrem Treueid entbunden. Zusammen mit dem „harten Kern" der Kreuzfahrer und ihrem Anführer Arnaud Armaury bleibt Simon de Montfort im Land und vertreibt die Gefolgsleute des Grafen Trencavel aus ihren Burgen und Besitzungen. Das riesige Kreuzzugsheer hatte sich nach Ablauf der 40tägigen Frist aufgelöst.

Das Kreuzzugsheer ist aber immer noch stark genug, um im Juli 1210 die Stadt Minerve zu belagern. Aufgrund der Erfolge von Béziers und Carcassonne entscheiden die Bewohner von Minerve, ihre Stadt erbittert zu verteidigen. Der Abt von Citeaux ordnet schließlich an, die Stadt einschließlich der Katharer zu verschonen, sofern sie abschwören und in den Schoß der Kirche zurückkehren. Die Stadt wird kampflos übergeben, die katharischen Priester und Priesterinnen lehnen es jedoch ab, ihren Glauben zu verraten. Mindestens 140 Katharer werden auf einem großen Scheiterhaufen verbrannt.

Ein knappes Jahr später wird Lavaur im Mai 1211 erobert. 80 Ritter werden vor der Stadt gehängt. Die Herrin der Stadt, eine Katharerin, wird bei lebendigem Leib in einen Brunnen geworfen, etwa 400 Menschen werden auf dem Scheiterhaufen verbrannt. Das Kreuzzugsheer hinterläßt eine blutige Spur. Nach dem Fall von Lavaur hat allerdings Simon de Montfort ein Teilziel erreicht, zumindest, was die feudalen Interessen anbelangt. Die eroberten Burgen sind von Adligen aus dem Norden besetzt, und er hat neue Rechtsverordnungen im Land erlassen. Als nächstes versuchte er 1213, Toulouse unter seine Gewalt zu bringen, das völlig legal von Raimond VI. von Toulouse, der sich mit der Kirche aussöhnte, beherrscht wurde. Um Toulouse zu retten, war Raimond VI. diplomatisch aktiv geworden und hatte sich mit Petrus II., dem König von Aragon, verbündet. Dieser galt als Held der Christenheit, nachdem er gegen die Mauren gesiegt hatte. Am 12. September 1213 traf bei Muret das gemeinsame Heer des Grafen von Toulouse und des Königs von Aragon auf das Kreuzzugsheer. Obwohl zahlenmäßig unterlegen, siegte das Kreuzzugsheer. Petrus II., der Held der Christenheit, wurde in der Schlacht von einem Kreuzritter getötet. Im November/Dezember 1215 erklärt Papst Innozenz III. auf dem Konzil in Rom, daß Raimond VI. von Toulouse alle seine Besitztümer verliert und diese an Simon de Montfort fallen. Bei der zweiten Belagerung von Toulouse (1218) wird Simon de Montfort von einem Stein, den angeblich eine Frau auf ihn schleuderte, getötet. Aber Montforts Sohn führt den Krieg in Okzitanien nicht minder grausam weiter. Im Juli 1219 stürmen Bogenschützen die Stadt Marmande, die fast ausschließlich von Katholiken bewohnt wird, und metzeln die Bewohner nieder. Damit ist dieser Kreuzzug zwar vorläufig beendet, aber 1226 beginnt ein neuer. Das ohnehin auf die provenzalischen Besitzungen zusammengeschrumpfte Land Raimonds VII. von Toulouse wird verwüstet, echte und vermeintliche Ketzer werden auf Scheiterhaufen verbrannt. 1229 gibt Raimond VII. auf, obwohl er militärisch nicht geschlagen ist. In Meaux bei Paris finden die Verhandlungen statt. Er wird unter anderem gezwungen, die Mauern seiner ihm noch verbliebenen Burgen und die Befestigung von Toulouse zu schleifen. Der Vertrag von Meaux beendet offiziell den Albigenserkreuzzug, setzt aber auch den Unabhängigkeitsbestrebungen Okzitaniens ein Ende und versetzt gleichzeitig der Katharerbewegung einen vernichtenden Schlag. Der Vertrag wurde übrigens gegengezeichnet von der französischen Königin Blanche von Kastilien, die während der Unmündigkeit ihres Sohnes, des späteren Louis IX., das Land regierte. Um sicherzustellen, daß Raimond VII. die Bedingung erfüllt, wurde er ein halbes Jahr ins Gefängnis geworfen und mußte sich vor der Kirche Notre-Dame in Paris in der gleichen Zeremonie wie schon sein Vater Raimond VI. vor dem päpstlichen Legaten der Kirche unterwerfen, um vom Kirchenbann befreit zu werden. Durch die erzwungene Verheiratung seiner einzigen Tochter Jeanne mit dem Bruder eines französischen

Königs, Alphonse von Poitiers, geht die Grafschaft Toulouse an die französische Krone. Damit sind die ehemaligen Schutzherren der Katharer im Languedoc endgültig machtlos. Die Katharer müssen in den Untergrund gehen und ziehen sich auf einige Burgen am Rand der Pyrenäen zurück, wo sie noch von einigen Burgherren unterstützt werden. Diese „Katharerburgen" sind schwer zugängliche Gebirgsfestungen, die zum Teil wie Adlernester über den Tälern liegen. Die bekanntesten sind Quéribus, Peyrepertuse und Puylaurens, deren Verteidiger erst 1256 kapitulierten. In den Dörfern und Städten wird hingegen eine andere Waffe gegen die Katharer eingesetzt: die heilige Inquisition. Zwischen 1230 und 1233 baut sie im Languedoc ein gut funktionierendes Erfassungssystem aus, das die gesamte Bevölkerung unter Strafandrohung verpflichtet, alle Ketzer dem Tribunal auszuliefern. Das Klima der Toleranz und Lebensfreude, das wenige Jahrzehnte zuvor noch den von den Troubadouren besungenen Reiz und das Selbstbewußtsein Okzitaniens ausmachte, ist dem Klima der Angst und Denunziation gewichen. Das Inquisitionstribunal führt in großem Stil Verhöre durch. Der Inquisitor der Gegend um Lavaur, Bernard de Caux, lädt allein in den Jahren 1245 bis 1246 rund 5470 Personen vor. Er verhängt allerdings kaum die Todesstrafe. Dennoch zeitigt die lückenlose Überwachung Folgen. Während Dominicus de Guzmán, der von 1207 bis 1209 in Fanjeaux bei Carcassonne gelebt und ganz in der Nähe den Frauenkonvent von Prouille gegründet hatte, eine Reform der Kirche „von unten" versucht hatte, arbeitete jetzt die Inquisition emsig daran, die Abtrünnigen auszurotten. Sie hatte Erfolg. Bis zur Wende ins 14. Jahrhundert waren fast alle katharischen Gemeindevorsteher, Priester und Priesterinnen der Inquisition ins Netz gegangen. Außerdem gingen den Katharern die Gläubigen und Sympathisanten verloren. Die katholische Kirche hatte Tausende von Wanderpredigern aus den Bettelorden damit beauftragt, das Land neu zu missionieren. Damit trug die Amtskirche dem Bedürfnis nach unmittelbarer Religionsausübung Rechnung, was bisher die Domäne der Ketzerbewegungen war. Um sicherzustellen, daß die Gläubigen die Heilige Schrift nicht falsch, also nicht im Sinne der orthodoxen Lehre interpretierten, verbot sie den Laien, die Bibel zu lesen.

Das Schicksal der Katharer in Südfrankreich wurde endgültig im März 1244 mit dem Fall der Katharerburg Montségur besiegelt. Diese Burg gehörte Ramon de Perella, den die Katharer gebeten hatten, die ohnehin nur sehr schwer zugängliche Zuflucht zu befestigen. Als die Verfolgungen durch die Inquisition zunahmen, flüchteten sich immer mehr Katharer auf den Montségur, den „sicheren Berg", den die Papsttreuen allerdings die „Synagoge Satans" nannten. Zuletzt hatte sich auch der katharische Bischof Bertrand Martin, der Nachfolger von Guillabert des Castres, auf den Montségur gerettet. Außerdem befanden sich auf dem Montségur auch etwa 300 Ritter zur Verteidigung. Darunter war sicherlich auch eine ganze Reihe von kleineren Feudalherren, deren Lehen wegen ihrer Sympathien für die Katharer halboffiziell eingezogen worden waren. Sie wurden dadurch besitzlos und in die Gesetzlosigkeit abgedrängt. Sie unterstanden wie alle Verteidiger der Burg dem Befehl von Pierre-Roger de Mirepoix. Der Belagerung und schließlich dem Fall der Bergfestung war ein Mord vorausgegangen.

In der Ortschaft Avignonet zwischen Toulouse und Carcassonne am Fuße des Montségur gingen die Inquisitoren ihrer Aufgabe besonders gnadenlos und brutal nach. Sie waren in der ganzen Gegend gefürchtet und verhaßt. In der Nacht des 28. Mai 1242 führten einige Ritter vom Montségur zusammen mit Mitverschwörern aus der Stadt den Mord an den beiden Inquisitoren und allen Mitarbeitern des Tribunals, insgesamt zwölf Personen, aus. Alle Bewohner des Ortes wurden daraufhin exkommuniziert. Kurz danach brach in mehreren okzitanischen Städten der Aufstand los. So besetzte Raimond VII. die Stadt Albi, die ihm der französische König vorher genommen hatte. Das Heer des französischen Königs Louis IX. schlug jedoch den Aufstand nieder. Graf Raimond VII. war wieder beziehungsweise noch immer exkommuniziert. Er mußte sich zwar im Januar 1243 verpflichten, die Mörder von Avignonet zu bestrafen, den Oberbefehl über die Vergeltungsaktion gegen den Montségur übertrug man jedoch dem Seneschall von Carcassonne und dem Erzbischof von Narbonne. Ein halbes Jahr später stieß noch der Bischof von Albi mit Belagerungsexperten und Kriegsmaschinen zu den Belagerern. Im Mai 1243 begann ein 10 000 Mann starkes Heer, den Montségur zu belagern. Da sich die Belagerten im Gelände sehr gut auskannten, war die kontinuierliche Versorgung mit Lebensmitteln aus der umliegenden Gegend gewährleistet, so daß sich die Belagerten zehn Monate lang halten konnten. Vermutlich erst als durch einen Verrat die Belagerer von der Vorburg aus die innere Burg beschießen konnten und die Zisternen für die Wasserversorgung verseucht waren, mußten die Katharer des Montségur ihre Burg am 16. März 1244 übergeben. Vorher war es ihnen aber noch gelungen, auf geheimen Pfaden den „Schatz der Katharer" aus der Burg zu schaffen. Bei der Einnahme der Burg diktierten die Belagerer die Bedingungen: Sie würden den Rittern mit ihren Familien, ihren Frauen und Kindern, freien Abzug gewähren. Auch diejenigen Katharer, die sich bekehren würden, sollten die Burg frei verlassen können. Es bekehrte sich jedoch niemand, im Gegenteil. Kurz vor der Übergabe ließen sich noch etwa 20 Verteidiger der Burg in die Katharergemeinde aufnehmen. Zusammen mit 205 Katharern, darunter auch den katharischen Bischöfen, bestiegen sie einen riesigen Massenscheiterhaufen unterhalb der Burg und wurden mit ihnen verbrannt. Der Ort, an dem der Scheiterhaufen vermutlich stand und an den heute ein Gedenkstein erinnert, heißt „Camp dels Cremats" beziehungsweise „Prat dels Cramats", „Feld der Verbrannten". Die Ritter, denen man freies Geleit versprochen hatte, führte man in Ketten nach Carcassonne und schmiedete sie an die Mauern der gefürchteten finsteren Verliese. Die letzten Überlebenden wurden erst 50 Jahre später befreit. Die restlichen Katharer, die im Languedoc noch überlebten, zogen nach Italien zu den dortigen Katharergemeinden.

Der Albigenserkreuzzug im Gebiet der Grafen von Toulouse hatte die Herrschaftsverhältnisse in Frankreich entscheidend verändert und das selbständige und selbstbewußte Okzitanien der französischen Krone einverleibt. Kreuzritter hatten gegen rechtgläubige Katholiken und Katharer gleichermaßen grausam gewütet. Petrus II. von Aragon, einst selbst ein „miles Christianus", war von Kreuzrittern getötet worden. Und die Kreuzritter trugen maßgeblich dazu bei, daß das Geschlecht der Grafen von Toulouse, dem einer der christlichen Helden des 2. Kreuzzugs ins Heilige Land angehörte, ausstarb. Am 27. Dezember 1249 erlosch diese Linie mit dem Tod von Raimond VII. von Toulouse. Zuvor ließ Raimond VII. in Agen noch 80 Verdächtige als Ketzer verbrennen. Der neue Herr der Grafschaft Toulouse, Alphonse von Poitiers, setzte die Verfolgung der Katharer mit unerbittlicher Härte fort.

Lehre und Riten der Katharer

Die weltlichen Herrscher, allen voran der französische König, hatten nach den Kreuzzügen ihr Ziel erreicht. Aber wie stand es mit der Kirche? Was hatte sie veranlaßt, in einer bisher nicht bekannten Brutalität gegen die Ketzer in Südfrankreich vorzugehen und in erster Linie ihretwegen ein ausgeklügeltes Verfolgungssystem, die Inquisition, zu entwickeln und auszubauen? Lag es daran, daß die Katharer als Gegenkirche der katholischen Amtskirche einen Spiegel vorhielten? Daß sie beanspruchten, die „wahren" Christen zu sein und damit auch die wahre Kirche, wo es doch nur eine „vera ecclesia" geben konnte?

Die Katharer unterschieden sich von den „alten" Häresien. Ihre Bewegung war weniger aus primär theologischen und dogmatischen Divergenzen gegenüber einzelnen Lehrmeinungen entstanden. Die Kathararbewegung zielte vielmehr darauf ab, ein Gegenmodell zur Papstkirche zu schaffen, deren Ethos, Moral und kirchliche Praxis sich meilenweit vom Ideal der Evangelien und der Urkirche entfernt hatten. Dieses Anliegen und diese Kritik teilten sie nur mit den Bettelorden. Während jedoch Franziskus und Dominikus die katholische Kirche erneuern wollten, stellten die Katharer die Amtskirche von Grund auf in Frage und leugneten ihre Existenzberechtigung. Zudem stellten die Katharer das Kernstück des christlichen Glaubens, die Erlösung durch Jesus Christus, den Sohn Gottes, in Frage.

Generell ist festzuhalten, daß die Katharer wie die Bogomilen ein dualistisches Weltbild hatten. Wie bei den Bogomilen gab es auch bei den Katharern im wesentlichen drei Ausprägungen: einen gemäßigten, einen radikalen Dualismus und eine Mischform aus beiden. Die südfranzösischen Gemeinden vertraten ursprünglich wohl eher einen gemäßigten Dualismus, bis sie sich nach dem Konzil von St.-Félix de Caraman 1167 oder 1172 durch den Bogomilenbischof Niketas der radikaleren Spielart des Dualismus zuwandten (vgl. Q 2). Die vier Diözesen Toulouse, Carcassonne, Albi und Agen, die auf diesem Konzil festgelegt wurden, blieben organisatorisch verbunden, während bei den italienischen Katharern drei unterschiedliche Richtungen nebeneinander bestanden.

Richtungsstreitigkeiten innerhalb der italienischen Katharergemeinden

Die südfranzösischen Diözesen blieben dem radikalen Dualismus treu. Eine Konkurrenzsituation, wie sie in Italien entstand, trat hier möglicherweise auch deshalb nicht ein, weil die Bistümer räumlich klar abgegrenzt waren und die Entwicklung der Gemeinden im Languedoc insgesamt einheitlicher verlief als in den italienischen Regionen. In Italien gab es die Gruppe von Concorezzo, die einen gemäßigten Dualismus vertrat, die Gruppe von Desenzano, die für den radikalsten Dualismus stand, und die Gruppe von Bagnolo, die eine gewisse Mittelposition einnahm. Daß es in Italien zu regelrechten Spaltungen kam, liegt vermutlich auch daran, daß die einzelnen Gemeinden geographisch relativ weit auseinanderlagen und sich nicht wie die französischen Katharer im Languedoc konzentrierten. In Italien lebten Katherer in Piacenza, Cremona, Vicenza, Verona, Ferrara, Rimini, Orvieto, Florenz und in den für ihre „Ketzerfreundlichkeit" berüchtigten Städten Brescia und Mailand. Katharerhäuser waren auch entlang der Verbindungsstraße nach Südfrankreich anzutreffen. Die flächenmäßig weite Verbreitung der italienischen Katharerbewegung hängt möglicherweise auch damit zusammen, daß sich die Gemeinden in Italien anders zusammensetzten als im Languedoc. Die Mitglieder der südfranzösischen Katharerkirche waren in erster Linie ortsansässige Landadlige, Feudalherren, Handwerker und Bauern. Die ober- und mittelitalienischen Katharer rekrutierten sich zum Teil aus Leuten, die viel unterwegs waren, wie Kaufleute und fahrende Händler. Italien lag außerdem näher am Balkan und an Byzanz. Der bogomilische Bischof Niketas aus Konstantinopel hatte ja vor dem Konzil in St.-Félix de Caraman die Lombardei besucht. Diese Visitation sollte für die italienischen Katharer nicht folgenlos bleiben. Niketas hatte den Vertreter der Concorezzianer, Markus, davon überzeugt, daß der gemäßigte Dualismus nach dem Vorbild des „Ordo Bulgariae" der falsche Weg und ihr Consolamentum, ihre Geisttaufe, ungültig war. Markus nahm daraufhin den radikalen Dualismus des „Ordo von Drugonthia" an, empfing von Niketas erneut das Consolamentum und wurde der erste Katharerbischof Italiens.

Einige Zeit später kam eine Abordnung des „Ordo Bulgariae" und teilte den Katharern in der Lombardei mit, daß das Consolamentum von Bischof Niketas höchstwahrscheinlich ungültig sei. Man behauptete, daß derjenige, von dem Niketas das Consolamentum empfangen hatte, ein gewisser Simon, ein striktes Verbot übertreten und deshalb das Consolamentum verwirkt hatte. Da es eine Art Sukzession des Consolamentums bei den Katharern gab, waren alle folgenden Spendungen des Consolamentums ebenfalls hinfällig. Die Gemeinde von Concorezzo steckte in einem Dilemma. Zwei Ansichten standen sich gegenüber: Eine Partei hielt zu Markus und seinem Nachfolger, Iohannes Iudaeus. Ihre Gegner hegten Zweifel am einwandfreien Lebenswandel von Bischof Markus, schenkten den Vertretern des „Ordo Bulgariae" Glauben und hatten damit doppelt Grund zu bezweifeln, daß Iohannes Iudaeus das Consolamentum gültig empfangen hatte und gültig weitergeben konnte. Als man den Streit beigelegt hatte und Garattus von den italienischen Katharern als neuer Bischof anerkannt worden war, folgte der nächste Schock für die Concorezzianer. Garattus war angeblich mit einer Frau erwischt worden und hätte damit ebenfalls das Consolamentum verwirkt. Jetzt schickten die einzelnen Gruppierungen eigene, voneinander unabhängige Vertreter zu den bogomilischen „Mutterkirchen", um endlich ein gültiges Consolamentum spenden zu können. Damit begann die Spaltung in drei verschiedene katharische Konfessionen. Die Gemeinde von Bagnolo bei Mantua begab sich zur „Ecclesia Sclavoniae" in Dalmatien und legte sich auf deren gemäßigten beziehungsweise einen Mittelweg aus radikalem und gemäßigtem Dualismus fest. Den gleichen Weg schlugen die Katharer aus der Mark Treviso ein. Iohannes Iudaeus reiste als Bischof der Gemeinde von Concorezzo bei Mailand zur „Ecclesia Bulgariae", den gemäßigten Dualisten. Aus Concorezzo zog um 1190 auch Nazarius (eventuell mit Garattus) zur „Kirche von Bulgarien" und brachte von dieser Reise eine apokryphe Schrift der Bogomilen, die „Interrogatio Iohannis", mit. Die Gemeinde von Desenzano hielt am „Ordo Drugonthiae", also dem radikalen Dualismus, fest. Die Desenzaner werden in den einschlägigen Schriften auch „Albaneser" oder „Albanenser" genannt.

Um 1200 gibt es dann in Ober- und Mittelitalien sechs Bistümer. Davon folgen vier dem „Ordo Sclavoniae", der konzilianten Form zwischen radikalem und gemäßigtem Dualismus: Bagnolo, Vicenza, Florenz und Val di Spoleto. Das Bistum von Concorezzo blieb beim „Ordo Bulgariae" – im Gegensatz zur Diözese Desenzano, die sich dem „Ordo Drugonthiae" anschloß. Die Streitigkeiten und Spaltungen im 13. Jahrhundert spielen sich zwischen den Bistümern Desenzano und Concorezzo und ihren jeweiligen Vertretern ab. Zu Beginn des 13. Jahrhunderts kam es zu einem weiteren Konflikt innerhalb der Gemeinde von Concorezzo. Desiderius, der Stellvertreter des Bischofs, opponierte gegen Nazarius, seinen eigenen Bischof, sammelte Anhänger um sich und spaltete so die Gemeinde. Der Streit hatte sich letztlich an der Frage entzündet, wieviel Gewicht den Aussagen der apokryphen Schriften vor allem im Hinblick auf die Ehe beigemessen werden sollte. Desiderius plädierte für den Vorrang der Heiligen Schrift und die wortwörtliche Befolgung der darin aufgestellten Vorschriften. Die Auseinandersetzungen innerhalb der lombardischen Kathererkirchen gibt eine Schrift wieder, die um 1200 in der Lombardei abgefaßt wurde. Der Verfasser kannte sich offensichtlich sehr gut in den Katharergemeinden Oberitaliens aus (Q 5).

Konfliktpotential unter den italienischen Katharern lieferte auch Iohannes de Lugio aus Bergamo. Er kam vermutlich ursprünglich aus der Gemeinde von Desenzano und vertrat die Ansicht, daß der radikale Dualismus die Frage nach dem Bösen in der Welt am schlüssigsten beantworte. Sein Gegenspieler in diesem Konflikt war Belesmanza mit seinen Anhängern. Zum Zerwürfnis der beiden kam es zwischen 1200 und 1230.

Das Prinzip des Guten und das Prinzip des Bösen

Worin bestand der Unterschied zwischen gemäßigtem und radikalem Dualismus bei den Katharern? Die Wurzeln beider Richtungen sind die Bogomilen. Gemeinsam ist ihnen, daß die irdische Welt ihren Ursprung im bösen Prinzip hat. Alle Übel, alle Bosheit und Ungerechtigkeit in der Welt gehen auf dieses böse Prinzip zurück. Die irdische Schöpfung ist die „Hölle auf Erden".

Radikaler und gemäßigter Dualismus unterscheiden sich voneinander in der Frage, was das Wesen des bösen Prinzips ist und ob es von Ewigkeit her existierte. Für die gemäßigten Dualisten war nur das gute Prinzip ewig. Das Böse in Gestalt Satans oder Luzifers hatte sich gegen Gott und damit gegen das Gute gestellt, wogegen die Vertreter des radikalen Dualismus davon ausgingen, daß das Gute und das Böse zwei unabhängige Prinzipien seien, die beide ewig existierten.

Für die Katharer waren beide Prinzipien in der Welt und über die sichtbare Welt hinaus wirksam. Das gute Prinzip war das Prinzip des Geistes. Das böse Prinzip war das der Materie und des Fleisches.

Die Informationen über die Lehre und den Ritus der Katharer in Südfrankreich und Italien entstammen hauptsächlich vier Quellengattungen.

1. Da sind zum einen die authentischen katharischen Schriften, von denen es allerdings nur wenige gibt. Sofern man nicht annimmt, daß irgendwo im Archiv des Vatikans oder in geheimen Zirkeln irgendwelcher Sekten ganze Stapel von Schriften der Katharer schlummern, muß man davon ausgehen, daß die Katharer kaum dogmatische Schriften verfaßten. Das könnte mit ihrem Verständnis als lebendige Kirche und ihrer Organisation in Basisgemeinden zusammenhängen. Zudem überzeugten sie bei der Missionierung wohl in erster Linie durch ihre asketische Lebensweise. In Zeiten der Verfolgung wäre es mehr als unvorsichtig gewesen, Schriften in Umlauf zu setzen.
2. Viele interessante Details über die Geschichte, die Lehre und den Ritus erfährt man aus den Schriften ehemaliger Katharer, die sich später bekehrten. Es handelt sich dabei vor allem um die Schriften von Rainier Sacconi und Durand de Huesca. Obwohl ihren Schriften auch die Abneigung dem ehemaligen Glauben gegenüber deutlich anzumerken ist, konnten die Verfasser auf Kenntnisse aus erster Hand zurückgreifen (Q 14; 11).
3. Den Löwenanteil der Quellen machen die Schriften der rechtgläubigen Gegner der Katharer und Inquisitionsprotokolle aus. Letztere stammen vor allem aus dem 13./14. Jahrhundert. Den Inquisitionsprotokollen und den Fragekatalogen für Inquisitoren liegt in erster Linie das Interesse zugrunde, eine neue Ketzerei in bereits vorhandene Muster bekannter Häresie einzuordnen und möglichst eindeutige Merkmale herauszufiltern, anhand derer Ketzer ent-

deckt und überführt werden können. Als Indizien für die Zugehörigkeit zu den Katharern bürgerten sich bestimmte Stereotypen, wie zum Beispiel das Schwurverbot und die Gesten der Ehrbezeugung, des Melioramentums, ein. Die Inquisitionsprotokolle von Carcassonne stammen aus den Jahren 1308 bis 1309, also aus der Spätzeit der Katharer in Südfrankreich. Sie geben Ereignisse der Jahre 1300 bis 1306/07 wieder, als der Dominikaner Gaufridus de Ablusiis Inquisitor in Pamiers und Carcassonne war (Q 6; 7).
Vor allem gegen Ende des 14. Jahrhunderts wurde der Begriff „Katharer" immer häufiger ziemlich unspezifisch für alle möglichen Ketzer gebraucht. Bestimmte Anschauungen der Katharer waren aber auch Gemeingut geworden und wurden mit verschiedenen Irrlehren kombiniert. Das Inquisitionsprotokoll der Ketzer in Augsburg um 1393 rückt die „heretici" in den Dunstkreis der Katharer. Neben einem fundamentalen Antiklerikalismus vertraten sie die Meinung, daß jeder Eid Sünde sei (Q 8).
Der Katalog von Fragen an Ketzer zeigt einerseits, wie systematisch die Vorgehensweise der Inquisitionstribunale war, andererseits wie schwer die Fragen vermutlich für einen durchschnittlich gebildeten Gläubigen waren (Q 9).

4. Ziel der Schriften von Kirchenautoren ist es zum einen, die jeweilige Häresie in einen größeren Zusammenhang zu stellen, das heißt, diese schon bestehenden und bekannten Irrlehren zuzuordnen. Auch die Schrift „Systematische Abhandlungen gegen die Ketzer" rückt die Katharer quasi als Inbegriff der Ketzerei in die Nähe Manis, des „Erzketzers" der Alten Kirche. Zum anderen geht es darum, vor der Ketzerei zu warnen, gegen ihre Lehre zu polemisieren und sie zu widerlegen (Q 10).

Die überlieferten katharischen Quellen aus Südfrankreich und Italien, die Protokolle der Aussagen vor dem Inquisitionstribunal, die Darstellungen ehemaliger Katharer und die Beschreibungen rechtgläubiger Kirchenautoren zeichnen ein genaueres Bild vom Dualismus der Katharer.
Die Katharer glaubten an zwei Prinzipien, die beide in der Welt wirksam waren und über die sichtbare Welt hinaus existierten: das Prinzip des Gei-

stes und das Prinzip des Fleisches beziehungsweise der Materie, das Gute und das Böse. Vom guten Gott, Gottvater, stammten alle unsichtbaren und geistigen Dinge, das böse Prinzip hatte die Welt und alle sichtbaren Dinge geschaffen. Die irdische Schöpfung wurde vom bösen Prinzip, von Satan, dem Fürsten dieser Welt, beherrscht. Die Katharer beriefen sich als Beleg für die reale Existenz und die Herrschaft des Bösen in der Welt auf das Johannesevangelium.

In der Frage, wie sich das gute zum bösen Prinzip verhält, ob das eine aus dem anderen hervorgegangen sei oder beide von Ewigkeit her nebeneinander existierten, unterschied sich der sogenannte „radikale" vom „gemäßigten" Dualismus, wobei es auch immer wieder Berührungspunkte und Überschneidungen gab. Für den gemäßigten Dualismus gab es nur einen allmächtigen Schöpfer. Satan war anfangs Teil dieser guten Schöpfung des wahren Gottes. Satan gehörte ursprünglich zu den Engeln, wandte sich von Gott ab, wurde zu einem Dämon und verführte andere Engel. Eine zweite Variante sieht in Satan den ältesten Sohn Gottes, der gegen den Vater revoltiert. Jesus als zweiter Sohn rückt erst nach dem Fall des Satans an diese Stelle bei Gott auf. In diesem Sinn deuteten die Katharer auch das „Gleichnis vom verlorenen Sohn" (Lk 15,11–32). Im radikalen Dualismus gibt es grundsätzlich wirklich zwei voneinander getrennte, unabhängige und gleichwertige Prinzipien und damit auch zwei Schöpfungen. Der gute Gott ist der Vater des Lichts, dessen Reich sich in der unsichtbaren Sphäre befindet. Die Katharer beriefen sich dabei oft auf Jak 1,17: *„Jede gute Gabe und jedes vollkommene Geschenk kommt von oben, vom Vater der Gestirne, bei dem es keine Veränderung und keine Verfinsterung gibt."*

Das Reich der Finsternis, des Satans ist die irdische Welt, in der die Seelen der Menschen gefangengehalten werden. Die sichtbare, irdische Welt ist eine Schöpfung des Bösen. Dieser Schöpfergott ist für sie der Gott des Alten Testaments, weswegen sie vor allem den Schöpfungsbericht ablehnten. Das böse Prinzip bringt Täuschungen und Illusionen hervor. Die größte Täuschung besteht darin, den Menschen glauben zu machen, daß es nur diese sichtbare Welt gäbe und sie unvergänglich sei. Dann hat die vom Bösen geschaffene Welt ihre größte Macht erreicht.

Das böse Prinzip kann nur Täuschungen, aber keine Wahrheit und Realität hervorbringen. Damit ist es dem guten Gott nicht ebenbürtig.

Allerdings ist die Allmacht Gottes auch begrenzt. Sie hört dort auf, wo das Reich des Bösen beginnt. Gott ist nicht verantwortlich für das Böse in der Welt, da er nur das Gute wollen und tun kann. Das Böse ist dem guten Gott völlig fremd.

Im Gegensatz zur Lehre der Amtskirche steht außerdem die Vorstellung der Katharer von der Schöpfung. Sie ist keine Schöpfung aus dem Nichts, sondern Gott fügt einem schon Bestehenden etwas hinzu oder verändert es. So kann es Gott denjenigen Wesen, die als böse geschaffen wurden, ermöglichen, trotzdem gute Werke zu tun.

Wie sich die südfranzösischen Katharer das Verhältnis zwischen Gott und Satan im einzelnen vorstellten, geht aus einem Katharertraktat aus dem Languedoc hervor. Er wurde um 1200 anonym verfaßt und ist die wichtigste authentische Schrift der südfranzösischen Katharer über die Lehre von den zwei Prinzipien. Durand de Huesca nahm Fragmente daraus in sein „Buch gegen die Manichäer" auf, das er um 1220/1227 schrieb (Q 11). Über die unterschiedlichen Auffassungen der oberitalienischen Katharergemeinden gibt die Schrift „Liber supra Stella" von Salvo Burce Aufschluß. Er verfaßte sie um 1235 in Piacenza. Salvo Burce wußte sowohl über den gemäßigten Dualismus der Concorezzianer als auch über die radikalere Variante der sogenannten „Albanenser" sehr gut Bescheid. Aus dem Umfeld der Albanenser soll auch das Buch „Stella" stammen, mit dem sich Salvo Burce dem anonymen Vorwort zufolge auseinandersetzte. Neben der Darstellung der Geschichte, der Lehre und des Kults der italienischen Katharer versucht er, ihre Lehre zu widerlegen und die Überlegenheit der katholischen Lehre zu beweisen (Q 12).

Der Mythos vom Sturz der Engel

Das Verhältnis zwischen Gott, Teufel und den Menschen drückten die Katharer im Mythos des Engelsturzes aus. Als Luzifer sieht, daß er nie Gott ebenbürtig sein wird, beschließt er, ihm zu schaden. Nachdem er 32 Jahre vor der Himmelstür gewartet hatte, dringt er in den Himmel ein und stiftet unter den Engeln Verwirrung. Er überredet die Engel der „unteren Himmel" (vgl. Apk 21,1) durch Versprechungen, ihm zu folgen, und spiegelt ihnen einen „Himmel aus Glas" vor, in den die Engel aufsteigen sollen. In Wirklichkeit stürzen sie in die Tiefe. In einer anderen Variante bewegen sich die Engel auf eine weibliche Gestalt statt auf einen gläsernen Himmel zu, ehe sie abstürzen. Luzifer war von Gott unbemerkt in den Himmel eingedrungen und hatte ihnen von Schätzen und von den Reizen der Frauen vorgeschwärmt. Da sich die Engel unter einer Frau nichts vorstellen können, zeigt er ihnen die Illusion einer wunderschönen, verführerischen Frau, worauf sie, von Leidenschaft entflammt, durch ein Loch im Himmel abstürzen. Als Gott den Sturz der Engel nach neun Tagen bemerkt, schwört er, daß nie mehr eine Frau in den Himmel käme. Um zu verhindern, daß auch noch die anderen Engel aus dem Himmel fallen, stellt Gott seinen Fuß auf die Absturzstelle. Da Gott das Böse gänzlich fremd ist, muß er die übrigen Engel befragen, um herauszufinden, was überhaupt geschehen ist. Die gefallenen Engel werden in zwei Gruppen unterteilt: Diejenigen, die den Einflüsterungen Luzifers freiwillig folgten, werden zu Dämonen, wogegen aus den Engeln, die nur versehentlich im allgemeinen Durcheinander abstürzten, die Seelen der Menschen werden. Damit sie sich nicht mehr an ihren himmlischen Ursprung erinnern und dem Teufel entkommen können, gibt er ihnen ein „Gewand", den Körper.

Gott und Luzifer treffen ein Abkommen über die Menschen. Dem Teufel gehören die irdischen Körper, Gott gehören die ihnen eingehauchten Seelen. Der Mensch ist deshalb Teil der Welt, die vom Bösen geschaffen wurde, aber seine spirituelle, eigentliche geistige Heimat ist das Reich des Lichts. Zum Wesen des Menschen gehört der Widerstreit dieser beiden Prinzipien. Durch seine Begierden getrieben, pflanzt sich der körperliche Teil des Menschen ständig fort. Der Körper schafft so neue Gefängnisse für die Seelen und arbeitet dem Teufel zu. Die Seele im Menschen gehört zu Gott. Er hat alle Seelen auf einmal geschaffen, und ihr Ziel ist es, wieder zu Gott zu gelangen. Es entsteht also bei der Geburt eines Menschen keine neue Seele. Jede Seele hat aber mehrere Chancen, den Weg zurück zu Gott zu finden. Denn die Katharer glaubten an Seelenwanderung. Der Körper gehörte dem Teufel und war damit verloren. Je nachdem, wie sich die Menschen in ihrem vorhergehenden Leben verhalten hatten, wurden sie entweder in einer höheren oder in einer niedrigeren

Daseinsform reinkarniert. So konnte man beispielsweise entweder als jemand, der die Chance hatte, durch das Consolamentum erlöst zu werden, oder als Tier wiedergeboren werden. Die Katharer kleideten diese Vorstellung in eine Geschichte: Ein Katharer war in einem seiner letzten Leben ein Pferd und hatte ein Hufeisen verloren. In seinem jetzigen Leben erinnerte er sich an die Stelle und fand das Hufeisen tatsächlich wieder.

Neben dem Körper und der Engelseele gab es für die Katharer noch eine dritte Instanz, die das Wesen der Menschen bestimmte, nämlich den Geist. Schon die Engel hatten Seele und Geist. Während die Seele im menschlichen Körper gefangen war, blieb der Geist im Himmel und suchte die Engelseele unablässig zwischen Himmel und Erde. Wenn der Geist die Seele gefunden hatte, wurde der Mensch erleuchtet und erkannte, daß der Weg zurück zum Vater über die Katharer führte.

Die Rituale der Katharer

Wodurch sollte die Seele zurück zum Vater finden? Für die Katharer der radikalen oder gemäßigten dualistischen Richtung gab es darauf nur eine Antwort: durch das Consolamentum. Der Empfang des Consolamentums, der Geisttaufe, bot die Garantie, alles getan zu haben, um in den Stand des Heils zurückzukehren. Die Vorstellung des Fegefeuers oder der Höllenstrafen im Jenseits existierte bei den Katharern nicht. Für sie war bereits die irdische Welt als Produkt des Bösen die Hölle. Es gab nur ein einziges Vergehen, das den Verlust des Heils zur Folge gehabt hätte: die Verzweiflung. Ansonsten konnten prinzipiell alle Menschen gerettet werden. Die letzte Entscheidung lag natürlich bei Gott. Die Katharer waren aber davon überzeugt, daß nur ihrer Kirche das Sakrament anvertraut worden war, das als einziges Heilsgewißheit bringen könne. Die Möglichkeit zum Heil gab es zwar auch anderswo, aber die Menschen außerhalb der Katharerkirche mußten auf die Barmherzigkeit Gottes hoffen. Wer das Consolamentum empfangen hatte, *wußte*, daß ihm das Heil zuteil werden würde. Mit dem Empfang des Consolamentums wurde man zwar nicht zum „Vollkommenen", zum „perfectus" – so wurden die Katharer nur von den rechtgläubigen Kirchenautoren genannt –, aber man wurde dadurch zu einem Mitglied der lebendigen Kirche Gottes. Die Katharergemeinden setzten sich zusammen aus Hörern oder Sympathisanten, aus den Gläubigen, den „credentes", und denjenigen, die bereits das Consolamentum empfangen hatten. Die südfranzösischen Katharer nannten sich selbst „gute Menschen", also „bonhommes" oder „bonnes femmes".

1. Das Consolamentum – die Geisttaufe

Das Consolamentum war auch der Ritus der Aufnahme in die katharische Kirche. Sie stützte sich dabei auf Mk 16,16: *„Wer glaubt und sich taufen läßt, wird gerettet; wer aber nicht glaubt, wird verdammt werden."*

Die darin genannte Reihenfolge, erst der Glaube, dann die Taufe, ließ die Katharer die Kindertaufe ablehnen. Kinder konnten noch nicht den nötigen Glauben aufbringen. Außerdem hatte Johannes der Täufer selbst davon gesprochen, daß er nur mit Wasser taufe, daß aber derjenige, der nach ihm komme, mit dem Heiligen Geist und Feuer taufen werde (vgl. Mt 3,11; Joh 1,26). In den Augen der Katharer ging die katholische Kirche mit ihrer Taufpraxis hinter das Evangelium zurück. Davon abgesehen besaßen die Sakramente der Amtskirche keine Gültigkeit, da sie von Unwürdigen gespendet wurden beziehungsweise sich die gesamte Papstkirche als unwürdig erwiesen hatte. Das Consolamentum war für die Katharer die einzig wahre und von Christus selbst eingesetzte Taufe.

Die Katharer glaubten, daß die Sünden allein durch die Gnade Gottes vergeben werden können. Die Menschen können lediglich ihre Vergehen bereuen. Damit könne das Sakrament der Taufe keine sündenvergebende Wirkung haben. Die Wassertaufe der Kirche garantiere nie das Heil der Menschen. Sie war bestenfalls eine Art Vorstufe zur Geisttaufe.

Das Consolamentum zu empfangen, setzte im Normalfall eine mindestens einjährige Probezeit voraus, vergleichbar mit einem Noviziat. In dieser Zeit mußten die Anwärter und Anwärterinnen lernen, ihren fleischlichen Begierden zu widerstehen, das heißt sexuell enthaltsam zu leben und auf Fleisch und alle „Zeugungsprodukte" als Nahrungsmittel zu verzichten. Außerdem gehörte eine entsprechende Unterweisung und gegebenenfalls das Erlernen eines Handwerks dazu. Viele Katharer waren beispielsweise Weber oder arbeiteten als Tuch- oder Schuhmacher. Diejenigen, die das Consolamentum empfangen wollten und verheiratet waren, benötigten dazu das Einverständnis des Ehepartners, da sie von nun an die eheliche Gemeinschaft aufgaben. Ideal war es, wenn beide Partner in die Gemeinschaft eintraten.

Der Ritus des Consolamentums fand meist im Haus eines Katharers statt. Kirchengebäude lehnten die Katharer ab, zudem wären besondere Versammlungsorte gerade in Zeiten der Verfolgung durch die Inquisition viel zu riskant gewesen. Der eigentliche Ritus war Teil des Gottesdienstes und bestand im wesentlichen aus zwei Teilen. Zuerst wird das Vaterunser verliehen, wodurch der Gläubige von nun an das Recht hat, Gott „Vater" zu nennen. Es wird bestätigt, daß sich der Anwärter oder die Anwärterin im Stand der Reinheit befindet und daß alle Anwesenden damit einverstanden sind, ihn oder sie in die Gemeinde aufzunehmen. Dann wird ihr oder ihm das Evangelium in die Hand gegeben. In den zweiten Teil des Consolamentums gehören verschiedene Ehrbezeugungen, Unterweisungen und die Willenserklärung, alle Auflagen und Verpflichtungen, die mit dem Consolamentum verbunden sind, zu erfüllen. Die Schritte im einzelnen und die ganze Einbindung in den Gottesdienstablauf gibt ein Katharerritual wieder. Dieses „Lateinische Ritual", das auch „Rituel de Florence" heißt, wurde erst 1939 gefunden. Es beschreibt detailliert die Form der feierlichen Spendung des Consolamentums, wie sie vermutlich um 1235/40 bei den italienischen Katharern praktiziert wurde. Dem Ritual zufolge gehörte eine besondere Einkleidung nicht zum Empfang des Consolamentums (Q 13).

Was änderte sich durch das Consolamentum?

Durch den Ritus des Consolamentums wird die Seele des Menschen wieder mit dem Geist, der beim Engelsturz im Himmel geblieben war, vereinigt. Damit ist der Kreislauf der Seelenwanderung und Reinkarnation durchbrochen. Die Seele ist am Ziel. Die Handauflegung durch einen „guten Menschen" ist der Zeitpunkt im Ritus, an dem der Anwärter oder die Anwärterin durch den Heiligen Geist erleuchtet wird und sich die Vereinigung von Geist und Seele vollzieht.

Wer das Consolamentum empfangen hatte, war der Macht des Bösen entzogen. Er hatte einen sündelosen Zustand erreicht und damit die Freiheit, nur noch das Gute zu tun, wiedergewonnen. Diese Freiheit hatten die Engel bei ihrem Sturz verloren. Alle vorher begangenen Sünden sind vergeben. Die Seele des Menschen war „getröstet". „Consolamentum" leitet sich vom lateinischen „consolari" ab, was „trösten" oder „Trost finden" bedeutet.

Mit dem Empfang des Consolamentums ist der- oder diejenige ein Mitglied der „ecclesia dei", der wahren Kirche Gottes, die von den „guten Menschen" gebildet wird.

„Gute Menschen" verpflichteten sich zu einem Leben in Askese. Grundsätzlich mußten sie auf alle Speisen, die etwas mit Fortpflanzung zu tun hatten, verzichten. Neben Fleisch waren auch Eier, Milch, Milchprodukte und tierische Fette tabu. Fisch durfte man essen, Wein war auch erlaubt, aber nur stark mit Wasser verdünnt. Einer der Gründe, warum kein Fleisch gegessen werden durfte, war die Vorstellung, daß die Seelen auch in der Gestalt eines Tieres wiederverkörpert werden konnten. Montag, Mittwoch und Freitag waren Fasttage, an denen man sich nur von Brot und Wasser ernährte, ebenso wie in den großen Fastenzeiten vor Weihnachten, Ostern und Pfingsten. Geschlechtsverkehr war allen „guten Menschen" strengstens verboten. Es war außerdem strikt untersagt, zu schwören, zu lügen, Menschen und Tiere zu töten.

2. Das Krankenconsolamentum

Eine besondere Form des Consolamentums stellte das Krankenconsolamentum dar. Es wurde normalerweise erst auf dem Sterbebett empfangen. Von dieser Regelung waren allerdings Schwangere ausgeschlossen. Starb eine Frau während der Geburt oder in der Schwangerschaft, war ihre Seele verloren. Denn die Katharer verweigerten Schwangeren das Consolamentum, da sie einen Dämon im Leib hätten. Das Krankenconsolamentum wurde Schwangeren auch deshalb nicht erteilt, weil sie sich von der „Sünde" – sprich dem Fötus – noch nicht befreit hatten.

Das Krankenconsolamentum enthielt alle Elemente des Consolamentums. Der Ablauf der Zeremonie war aber verkürzt. Um sicherzugehen, daß jemand das Krankenconsolamentum empfangen wollte, auch wenn er sich nicht mehr äußern konnte, gab es die sogenannte „convenensa". Der Gläubige bekundete einem „bonhomme" oder einer „bonne femme" gegenüber seinen festen Wunsch, das Consolamentum zu empfangen und in die katharische Kirche aufgenommen zu werden und entsprechend zu leben. Der „bonhomme" oder die „bonne femme" versprach, ihm das Consolamentum zu spenden, auch wenn er nicht mehr bei vollem Bewußtsein wäre. Dieses Abkommen, die „convenensa", tritt in den Quellen ab Mitte des 13. Jahrhunderts auf und wird zuerst während der Belagerung des Montségur erwähnt. Gläubige, die das Consolamentum erst auf dem Sterbebett empfingen, umgingen damit die harte Askese, sie mußten aber vorher ihre Sünden bereuen und ihre Schuld wiedergutmachen. Wenn jemand nach dem Krankenconsolamentum genas, hatte er die normalen Voraussetzungen, um consoliert zu werden, zu erfüllen und empfing danach das feierliche Consolamentum.

3. Das Apparellamentum – das allgemeine Sündenbekenntnis und das Brotbrechen

Eine erneute Consolierung konnte außerdem dann notwendig werden, wenn ein „guter Mensch" gesündigt hatte. Dabei wurde nach dem Schweregrad des Vergehens unterschieden. Nur bei schweren Sünden beziehungsweise „Todsünden" war eine Wiederconsolierung notwendig. Als schwere Sünden wurden alle Übertretungen der Askesevorschriften betrachtet. Am schwersten wog, wenn jemand die sexuelle Enthaltsamkeit nicht eingehalten hatte. Voraussetzung, um nochmals das Consolamentum zu empfangen, war die Einzelbeichte beim Bischof oder seinem Vertreter. Danach wurden dem Sünder harte Fastenübungen auferlegt. Die Katharer wußten, daß auch jemand, der das Consolamentum empfangen hatte, in der Praxis nicht vollkommen frei von Verfehlungen leben konnte. Deshalb gab es das sogenannte „Apparellamentum" oder auch „Servitium", bei dem gemeinsam die Sünden bekannt wurden und dem oft kollektive Bußübungen wie dreitägiges Fasten folgten.

Ein weiterer Gemeinschaftsritus war das Brotbrechen. Es handelte sich dabei um die Segnung des Brotes, das an alle Anwesenden, Gläubige wie

„bonhommes" und „bonne femmes", verteilt wurde. Dieser Ritus war nicht an den Gottesdienst oder eine ähnliche Versammlung gebunden, sondern konnte vor jeder Mahlzeit praktiziert werden. Der Ritus des Brotbrechens entspricht nicht der christlichen Eucharistie, da die Katharer nicht daran glaubten, daß Christus in Brot und Wein real anwesend sei. Mit der gemeinsamen Segnung des Brotes erinnerte man aber an das letzte Abendmahl Christi.

4. Das Melioramentum – die Ehrbezeugung gegenüber den „guten Christen"

Zu den kultischen Handlungen im engeren Sinn gehörte die Ehrenbezeugung der „credentes", der Gläubigen, gegenüber den „guten Menschen". Das sogenannte „Melioramentum" bestand aus drei Verbeugungen beziehungsweise Kniebeugen, jeweils verbunden mit einem Segenswunsch. Dieser Brauch wurde von den kirchlichen Gegnern der Katharer oft als „Anbetung der Vollkommenen" interpretiert. Nach katharischem Verständnis wird aber nicht irgendein Mensch angebetet, sondern die Gläubigen erweisen damit dem Heiligen Geist, den die „guten Menschen" in sich tragen, die Ehre. Es war auch eine Geste der Bewunderung für die Standhaftigkeit, die die „guten Menschen" bewiesen. Das Melioramentum war die einzige Leistung, die die „credentes" zu erbringen hatten. Da sie keine Vollmitglieder der „ecclesia dei" waren, mußten sie die strengen Askesevorschriften nicht befolgen. Bei festlichen Anlässen oder wenn man sich das erste Mal versammelte, praktizierten die „bonhommes" und „bonnes femmes" auch untereinander diesen Ritus. Allerdings war strikt festgelegt, daß Frauen nur Frauen und Männer nur Männer berühren durften. Besonders galt das für den Friedenskuß, die „caritas". Den Inquisitoren zufolge verrieten sich die Katharer durch das Melioramentum und den Friedenskuß. Denn dies waren angeblich untrügliche Merkmale, durch die sich die Katharer von rechtgläubigen Christen unterschieden.

5. Die Endura – das (angebliche) Hungern bis zum Tode

Kirchliche Autoren behaupten, daß bei den Katharern die „Endura", das Hungern bis zum Tode, praktiziert worden sei. Ursprünglich bezeichnete „Endura" vor allem die Fastenzeit während des Noviziats vor dem Empfang des Consolamentums, aber auch die sonst üblichen Fastenzeiten und das Bußfasten. Erst ab 1308 tauchen in den Inquisitionsakten Berichte eines ritualisierten Selbstmords auf. Dabei sei Kranken nach dem Empfang des Consolamentums jegliche Nahrung verweigert worden, oder der Betreffende habe die Nahrungsaufnahme abgelehnt, um der harten Askese zu entgehen. Allgemein üblich war diese Praxis sicherlich nicht. Fälle, in denen sich auch „credentes" zu Tode hungerten, sind erst aus dem 14. Jahrhundert bekannt.

Der Dominikaner Rainier Sacconi (gestorben nach dem 21. Juli 1262) stellt in seiner „Summa" die Lehren und teilweise auch die Rituale der Katharer in Ober- und Mittelitalien systematisch und übersichtlich dar. Außerdem gibt er auch die Lehrmeinung, die der italienische Katharer Iohannes de Lugio über die „Zwei Prinzipien" vertrat, wieder. Rainier Sacconis Schrift, die er 1250 in der Lombardei verfaßte, ist auch deshalb so aufschlußreich, weil er selbst den Katharern angehört hatte. Als Dominikaner nimmt er seinen ehemaligen Glauben kritisch unter die Lupe. Bei seiner Beschreibung der Endura schlägt jedoch möglicherweise eine gewisse kirchliche Polemik durch (Q 14).

Die Organisation der Katharerkirche

Salvo Burce gibt in seinem „Liber supra Stella" einen wichtigen Grundsatz der „ecclesia dei" der Katharer wieder: Es gibt keine Herrschafts- oder Machtstrukturen. Außer daß dies im deutlichen Gegensatz zur mittelalterlichen Papstkirche mit ihrer Pracht- und Machtentfaltung stand, übertrugen die Katharer damit einen Grundzug ihrer Weltanschauung auch auf die Organisation ihrer Gemeinde. Die Vorstellung, Macht über andere zu haben und als Mensch Gewalt ausüben zu können, subsumierten die Katharer unter die Täuschungsmanöver des Teufels. In Wahrheit waren alle Geschöpfe Gottes gleichberechtigt. Das göttliche Reich der Liebe kennt keine Machtstrukturen. Gewalt und Herrschaft sind folglich Strategien des Teufels und daher widergöttlich. Konsequenterweise verzichteten die Katharer deshalb in ihrer Kirche auf hierarchische Strukturen, die mit Macht versehen waren. Obwohl ihnen immer wieder unterstellt wurde, daß sie einen Katharerpapst gehabt hätten, beschränkten sie sich auf die drei urchristlichen Ämter, auf Bischof, Priester und Diakon, wobei sich diese Ämter durch ihre Aufgaben, Pflichten und Funktionen definierten. Kirchliche Aufgaben durften Frauen und Männer, die das Consolamentum empfangen hatten, ausüben. Allerdings gibt es keinen Quellenbeleg dafür, daß es jemals weibliche Bischöfe oder Diakone bei den Katharern gegeben hat. Es gab keinen eigenen Ordinationsritus zur Einführung in ein Amt. Es wurde lediglich die Handauflegung, wie sie jeder „gute Mensch" beim Consolamentum erfahren hatte, wiederholt. Deshalb spricht das katharische Ritual auch nur von dem „Ordinierten", der sowohl Bischof, Priester oder Diakon sein konnte. Der Bischof war der Älteste der Gemeinde und leitete sie. Er hatte aber aufgrund dieser Funktion keine besonderen Rechte gegenüber den anderen Gemeindemitgliedern. Sein einziges Vorrecht bestand darin, als erster die Hand auflegen, das Brot brechen oder das Consolamentum spenden zu dürfen. Der Bischof ist folglich eine Art Ehrenvorsitzender, trifft aber vielmals auch politische Entscheidungen. Glaubensfragen wurden auf Konzilien erörtert.

In Zeiten der Inquisition und Verfolgung war es notwendig geworden, daß der Bischof feste Stellvertreter hatte: den „älteren" und den „jüngeren Sohn". Unter diesen widrigen Umständen war auch eine Direktwahl auf der Gemeindeversammlung nicht mehr möglich, da sie zu auffällig gewesen wäre. Man entschied sich deshalb zum Beispiel für einen Modus, wie ihn Rainier Sacconi beschreibt.

Die Pfarrseelsorge lag in den Händen des Diakons. Zu seinen Aufgaben gehörte es, Streitigkeiten zu schlichten und die Beichte abzunehmen. Er leitete den Gottesdienst und visitierte die regionalen Katharer- und Gästehäuser, die oft von „bonne femmes" geleitet wurden.

In einigen Gemeinden gab es außerdem noch das Ehrenamt des „Ältesten". Er konnte die katharischen Missionare leiten, einem Gästehaus vorstehen oder die finanziellen und wirtschaftlichen Angelegenheiten der Gemeinde verwalten.

Prinzipiell konnten „bonne femmes" die gleichen Ämter innehaben wie „bonhommes". Und es sind auch Berichte von Frauen überliefert, die das Consolamentum spendeten, priesterliche Aufgaben übernahmen und von den Gläubigen geehrt wurden, aber eine Gleichrangigkeit von Mann und Frau gab es auch bei den Katharern nicht. Dies wird schon anhand des Mythos vom Engelsturz deutlich. Die Frau wird dort dargestellt als die Helfershelferin des Teufels. Der Kontakt mit Frauen gefährdet die eigene Reinheit, auch wenn es sich dabei um „bonne femmes" handelt. Auch eine „bonne femme" durfte nur leicht am Ellenbogen gestreift werden. Berührte ein „bonhomme" sie trotzdem – selbst wenn dies unabsichtlich geschah –, konnte dies bis zu neun Tage Fasten bei Wasser und Brot bedeuten. Daß Frauen trotzdem in der „ecclesia dei" Funktionen und Ämter übernehmen durften, hängt wiederum mit der Trennung von Leib und Seele bei den Katharern zusammen. Die Tatsache, daß es überhaupt zwei Geschlechter gab, wurde als Werk des Teufels betrachtet. Diese Trennung verlor jedoch nach dem Tod ihre Wirkung und wurde bereits durch das Consolamentum eingeschränkt. Es gab jedoch auch die Vorstellung, daß die Seele einer Frau, auch wenn sie das Consolamentum empfangen hatte, erst eine männliche Seele werden müsse, um gerettet zu werden.

Hierin standen die Katharer der zeitgenössischen katholischen Kirchenlehre sehr nahe. Diese deutete beispielsweise in einer für das Mittelalter typischen Begriffsetymologie „femina", das lateinische Wort für „Frau", als „fides minus", also „weniger Glauben". Die katholische Kirche erklärte sich damit das wesensmäßige und charakterliche Defizit der Frauen, die als besonders anfällig für Irrlehren galten.

Bei den Katharern führten die „bonne femmes" vor allem die Gästehäuser, in denen entweder Missionare während ihrer Reisen Unterkunft fanden oder Versammlungen der Ortsgemeinde abgehalten wurden. In den „Katharerhospizen" konnte auch die Vorbereitung auf den Empfang des Consolamentums geschehen. Weibliche „gute Menschen" durften das Brot brechen, Gebete sprechen, und ihnen gebührte auch die Ehrbezeugung, das Melioramentum. In der Anfangszeit predigten sie auch in der Öffentlichkeit. Allerdings blieb dies wohl, anders als bei den Waldenserinnen, eher der Ausnahmefall und wurde mit zunehmendem Druck durch die Inquisition auch zu gefährlich.

Quellentext 1

Verbrennung einer Gruppe von Ketzern bei Köln

a) Textfassung der „Chronica Regia Coloniensis" zum Jahre 1163

Auch in diesem Jahr kamen einige Ketzer von der Sekte derer, die man Katharer nennt, aus Flandern in die Gegend von Köln, und sie zogen in der Nähe der Stadt heimlich in eine Scheune, um da zu hausen. Als sie aber auch nicht am Sonntag in die Kirche kamen, wurden sie von den Umwohnenden ergriffen und entlarvt. Sie wurden der katholischen Kirche vorgeführt und lange genug über ihre Sekte verhört. Da man keine überzeugenden Beweise für ihre Bekehrung feststellen konnte, sondern sie sehr hartnäckig bei ihrem Glauben blieben, wurden sie aus der Kirche ausgestoßen und den Händen der weltlichen Richter übergeben. Diese ließen sie aus der Stadt führen und am 5. August dem Feuer übergeben, und zwar vier Männer und ein junges Mädchen. Als es beinahe schon gerettet war, weil das Volk mit ihm Mitleid hatte – hätte es sich nur durch den Tod der anderen abschrecken lassen und wäre es einem vernünftigeren Entschluß gefolgt –, entwand es sich plötzlich den Händen derer, die es festhielten, stürzte sich freiwillig in das Feuer und kam darin um.

> Klaus Weddigen (Hg.), Gustula. Lateinisches Lesebuch. Stuttgart ²1990, S. 56. Quelle: Chronica Regia Coloniensis, 1163.

b) Textfassung des „Dialogus miraculorum" von Caesarius von Heisterbach

Die Ketzer wurden aus der Stadt geführt und gleich neben dem Judenfriedhof dem Feuer übergeben. Als sie tüchtig brannten (es gab da viele Zuschauer und Zuhörer), legte Arnold seine Hand auf die halbverbrannten Köpfe seiner Schüler und sagte: *„Ihr sollt standhaft in eurem Glauben sein, weil ihr noch heute bei Laurentius sein werdet"* (Obwohl sie doch sehr vom Glauben des Laurentius abwichen!). [Der hl. Laurentius ist ein Märtyrer, der am 10.8.258 den Feuertod erlitt.] Unter ihnen befand sich ein hübsches Mädchen (aber eine Ketzerin!). Als diese aus dem Feuer gezogen wurde, weil mehrere Zuschauer Mitleid hatten und versprachen, sie einem Manne zu geben oder, wenn ihr dies besser gefiele, in ein Frauenkloster zu bringen, und als sie sich dem Wort nach für einverstanden erklärt hatte, sagte sie, als die Ketzer bereits tot waren, zu denen, die sie festhielten: „Sagt mir: Wo liegt dieser Verführer?" Als sie ihr ihren Lehrer Arnold zeigten, entwand sie sich ihren Händen, verhüllte das Gesicht mit ihrem Gewand, stürzte sich auf seinen Leichnam und fuhr mit ihm in die Hölle hinab, um in Ewigkeit zu brennen.

Klaus Weddigen (Hg.), Gustula. Lateinisches Lesebuch. Stuttgart ²1990, S. 56.
Quelle: Caesarius von Heisterbach, Dialogus miraculorum. Distinctio 5,19.

Quellentext 2

Das Konzil der Katharer in St.-Félix de Caraman und seine Folgen

Petrus Isarnus ließ von den Konzilsakten eine Übersetzung ins Lateinische anfertigen, die Petrus Pollanus im August des Jahres 1232 vornahm.

Brief des Kardinals Petrus vom heiligen Chrysogonus zum theologischen Disput mit den Ketzern in Toulouse im Jahre 1178

In jenen Tagen verwandelten sich gewisse falsche Brüder, nämlich Raymond de Baimiac und Bernard Raymond sowie einige andere Erzketzer, in „Boten des Lichts", nämlich des Luzifer. [Luzifer bedeutet wörtlich „Überbringer des Lichts".] Sie predigten, was im Widerspruch zum christlichen, apostolischen Glauben steht, und rissen durch das Gift ihrer Predigt viele Seelen mit sich ins Verderben [...]. Unter anderen Lehren, die sich daher in der Folgezeit verbreiteten, veröffentlichten sie ein Blatt, auf das sie ihre

Glaubensartikel geschrieben hatten, und lasen es vor – so weitschweifig, wie es geschrieben war. Da wir darauf gewisse Formulierungen entdeckt hatten, die verdächtig schienen und, falls sie nicht ausführlicher erklärt würden, die Häresie, die sie verkündeten, verhüllen könnten, ersuchten wir sie, in lateinischer Sprache zu antworten und ihren Glauben zu verteidigen. Erstens, weil wir ihre Sprache nicht ausreichend beherrschten, zweitens, weil die Evangelien und Briefe, mit denen sie ausschließlich ihren Glauben bezeugen wollten, wie man weiß, in lateinischer Sprache geschrieben wurden. Als sie dies nun aufgrund ihrer völligen Unkenntnis der lateinischen Sprache nicht wagten – dies ging aus den Worten eines ihrer Männer deutlich hervor, der, als er lateinisch reden wollte, kaum zwei Wörter aneinanderreihen konnte und gänzlich versagte –, war es nötig, uns auf ihr Niveau zu begeben und bezüglich der kirchlichen Sakramente wegen ihrer Unkenntnis, obwohl es reichlich absurd war, die Volkssprache zu verwenden.

Antoine Dondaine, Les Actes du Concile Albigeois de Saint-Félix de Caraman. In: Studi e testi 125 (1946), Miscellanea Giovanni Mercati Vol. V, Storia ecclesiastica. Città del Vaticano 1946, S. 335.

Quellentext 3

Klageschrift von Raymond V., dem Grafen von Toulouse, an das Generalkapitel der Zisterzienser (1177)

Diese abscheuliche Seuche der Ketzerei griff so sehr um sich, daß fast schon alle [Ketzer] übereinstimmend glauben, daß sie Gott gehorsam seien, und der Gottlose selbst, der bereits die Geheimlehre der Gottlosigkeit den Söhnen des Unglaubens nahebringt, sich so in den „Boten des Lichts" [Luzifer bedeutet „Überbringer des Lichts"] verwandele, daß die Frau ihren Mann, der Sohn seinen Vater und die Schwiegertochter ihre Schwiegermutter verläßt. Was für ein Schmerz! Überdies ist in unserem

Land das Gold so verdunkelt, daß unter den Füßen des Teufels sozusagen der Kot hingebreitet ist. Denn diejenigen, die das Priesteramt ausüben, sind infolge der abscheulichen Häresie verdorben, und die alten, einst ehrwürdigen Kirchen sind verwahrlost, die zerstörten bleiben zerstört, die Taufe wird abgelehnt, das heilige Abendmahl wird verabscheut, die Buße wird wenig geschätzt, die Erschaffung des Menschen [durch Gott] und die Auferstehung des Fleisches werden geleugnet beziehungsweise abgelehnt, alle kirchlichen Sakramente werden für ungültig erklärt. Es ist eine Sünde, davon zu sprechen: Es wird die Lehre von den zwei Prinzipien eingeführt. Was soll ich nun sagen? Es gibt niemanden, der in seinem Herzen denkt und spricht: „Was tun wir, da diese Menschen viel Böses tun? Wenn wir sie so gewähren lassen, werden alle an sie glauben [...]. Ich jedenfalls, der ich mit einem der zwei göttlichen Schwerter gegürtet bin, der ich mich vor dem Zorn Gottes schütze und bekenne, daß ich der Diener Gottes in dieser Sache bin, muß erkennen, daß mir zur Erfüllung einer so großen Aufgabe die Kräfte fehlen, wenn ich einen so großen Unglauben begrenzen und beenden will. Denn die Adeligen meines Landes haben sich bereits auf diesen krankhaften Unglauben eingelassen und sind abtrünnig geworden. Und mit ihnen ist eine sehr große Zahl von Menschen vom Glauben abgefallen. Daher habe ich nicht mehr den Mut und die Kraft, diese Sache zu regeln [...]."*

Antoine Dondaine, Les Actes du Concile Albigeois de Saint-Félix de Caraman. In: Studi e testi 125 (1946), Miscellanea Giovanni Mercati Vol. V, Storia ecclesiastica. Città del Vaticano 1946, S. 354.

Quellentext 4

Das Massaker von Béziers

Im Jahre des Herrn 1210 [Massaker von Béziers: 22. Juli 1209!] wurde in ganz Deutschland und Frankreich zum Kreuzzug gegen die Albigenser gepredigt. Und im folgenden Jahr traten gegen sie an aus Deutschland Luitpold, Herzog von Österreich, Engelbert, damals kaiserlicher Truchseß, hierauf der Erzbischof von Köln und dessen Bruder, Adolph Graf von Berg [im Rheinland], Wilhelm Graf von Jülich und viele andere verschiedenen Standes und Ranges. [...]

Sie kamen zu der großen Stadt namens Béziers, in der sich mehr als 100 000 Menschen befunden haben sollen, und belagerten sie. Bei ihrem Anblick pinkelten die Ketzer auf das heilige Evangelienbuch, warfen es dann von der Mauer auf die Christen hinunter, schossen mit Pfeilen hinterher und schrien: *„Seht! Das ist euer Gesetz, ihr Narren!"*

Christus aber, der Schöpfer des Evangeliums, ließ das ihm angetane Unrecht nicht ungestraft. Denn einige Leibwächter, glühend vor Glaubenseifer, Löwen vergleichbar, legten Leitern an [...] und stiegen furchtlos die Mauern empor. Sie öffneten den Nachfolgenden die Tore, da die Ketzer durch göttliches Eingreifen in Schrecken versetzt waren und zurückwichen, und nahmen die Stadt ein.

Als sie an den Bekenntnissen der Bewohner merkten, daß Katholiken und Ketzer vermischt waren, sagten sie zum Abt [Arnaud Armaury, Abt von Citeaux und päpstlicher Nuntius, war der religiöse Leiter des Kreuzzugs]: *„Was sollen wir tun, Herr? Wir können zwischen Guten und Bösen nicht unterscheiden!"* Da der Abt ebenso wie die übrigen befürchtete, daß sie sich nur aus Todesfurcht als Katholiken ausgeben und nach ihrem Abzug sich wieder ihrem Unglauben zuwenden würden, soll er gesagt haben: *„Erschlagt sie [alle]! Denn Gott kennt die Seinen!"* Und so wurden in dieser Stadt Unzählige getötet.

Klaus Weddigen (Hg.), Gustula. Lateinisches Lesebuch. Stuttgart ²1990, S. 54.
Quelle: Caesarius von Heisterbach, Dialogus miraculorum. Distinctio 5, 21,2.

Quellentext 5

Die Häresie der Katharer in der Lombardei

Als die Häresie der Katharer in ihrem Anfangsstadium in der Lombardei um sich griff, hatten sie als ersten einen Bischof namens Markus, dessen

Leitung alle Lombarden, Toskaner und Bewohner der Mark [von Treviso] unterstanden. Dieser Markus hatte seinen „Ordo" [dieses Wort kann soviel wie Weihe, Amt, Glaubensrichtung und kirchliche Ordnung zugleich bedeuten] aus Bulgarien [wobei unter dieser geographischen Bezeichnung vermutlich das Gebiet um das heutige Skopje zu verstehen ist]. Da kam ein Mann namens Bischof Niketas aus Konstantinopel in die Lombardei und begann, den bulgarischen Ordo, den Markus hatte, anzufechten. Daher geriet Bischof Markus mit seinen Anhängern in Zweifel, gab den Ordo aus Bulgarien auf und nahm von Niketas selbst den Ordo von Drugonthia entgegen. Bei diesem Ordo aus Drugonthia blieb er einige Zeit mit allen seinen Anhängern. Ferner kam zu anderer Zeit ein Mann aus Übersee [d. h. vom Balkan] namens Petrakios mit seinen Gefährten und brachte gewisse Neuigkeiten über einen gewissen Simon, Bischof von Drugonthia, von dem der Ordo, der von Niketas übernommen wurde, ursprünglich stammte. Petrakios erklärte persönlich, daß man jenen Simon zusammen mit einer Frau in einem Zimmer angetroffen habe und daß er noch andere Torheiten begangen habe. Aber bei der Ankunft dieses Petrakios war Markus bereits tot, und ein anderer namens Iohannes Iudaeus war ihm als Bischof nachgefolgt. Er hatte von demselben Markus die Bischofsweihe erhalten. Die Worte dieses Petrakios lösten einen Streit aus: Die einen zweifelten daran, daß der Ordo von jenem Simon empfangen worden war, die anderen nicht. In dieser Angelegenheit entstand also ein Streit unter ihnen, und so spalteten sie sich in zwei Parteien. Schließlich kam es mit ihnen so weit, daß die eine Partei Iohannes Iudaeus folgte und die andere Partei Petrus aus Florenz zum Bischof wählte. Und so verblieben beide Parteien einige Jahre lang in diesem Zustand.

Aber ein paar verständige Anhänger des Petrus litten unter dieser Spaltung und wollten alle wieder vereinen. So kamen sie überein, Abgesandte aus beiden Parteien zu wählen. Man schickte sie gemeinsam zu einem Bischof jenseits der Berge [d. h. der Alpen], und zwar mit der Bedingung, daß sie sich ohne Widerspruch dem Urteil dieses Bischofs in allem fügten, was er betreffs ihrer Spaltung entscheiden würde. Dieser Bischof hörte sich die Argumente beider Parteien an und prüfte sie sorgfältig. Er fällte das Urteil, daß die zwei Bischöfe der Lombardei mit ihren Anhängern an einem Ort zusammenkämen und daß zwischen den beiden Bischöfen, nämlich Iohannes Iudaeus aus der einen Partei und Petrus von Florenz aus der anderen, das Los geworfen werde. Auf wen von ihnen das Los der Bischofswürde fiele, dem sollte sich der andere unterwerfen, und die Gesamtheit der Anhänger, die vorher in die beiden Parteien gespalten waren, sollte ihm gemeinsam folgen. Damit der Bischof, der durch das Los bestimmt würde, nach Bulgarien ginge, um die Bischofsweihe zu empfangen, und damit er nach seiner Weihe in Bulgarien wieder zurückkehrte, sollte er allen Gläubigen durch Handauflegen das Sakrament der Tröstung spenden. Die Gesandten nahmen den Urteilsspruch entgegen und gingen in die Lombardei. Der Urteilsspruch wurde verkündet. Es war eine Frist gesetzt, innerhalb der der Urteilsspruch erfüllt und das Los geworfen werden sollte. Aber Petrus von Florenz, der Bischof der einen Partei, weigerte sich, den Urteilsspruch zu erfüllen und das Los zu werfen. So wurde ihm von seinen Anhängern die Bischofswürde aberkannt. Und so ging urteilsgemäß die gesamte bischöfliche Leitung mit Recht an Iohannes Iudaeus über, der ja den Urteilsspruch erfüllen wollte. Aber einige von der Gegenpartei wollten ihm aus Bosheit nicht folgen.

Währenddessen setzten aber einige besonnene Männer Iohannes Iudaeus zu und baten ihn, demütig auf das Bischofsamt zu verzichten, da er ziemlich vielen verhaßt sei. Sie behaupteten, durch seinen Verzicht könne unter ihnen Friede und Eintracht zustande kommen. Und sie fügten hinzu, sie würden einen von seiner eigenen Partei an seiner Stelle wählen, und einer von der Gegenpartei würde an die Stelle jenes Petrus von Florenz, der die Erfüllung des Urteilsspruchs verweigert hatte, gesetzt werden. Unter diesen beiden Gewählten solle dann, wie es das Urteil besagte, das Los geworfen werden. Wer durch das Los zum Bischof gewählt würde, solle das Bischofsamt über alle Gläubigen gemeinsam und bedingungslos ausüben. Unter dem Eindruck dieser Bitten sah Iohannes, daß er seine Macht nicht in Frieden und Ruhe behalten könne, und da er die gespaltene Schar der Gläubigen wieder vereinen wollte, fügte er sich ihrem Rat und verzichtete auf die Macht, die er besaß. Und so verbreitete sich die Kunde davon.

Nun geschah aber folgendes: Entsprechend der vorher festgesetzten Frist versammelten sie sich an einem Ort namens Mosio [zwischen Mantua und Cremona gelegen]. Dort faßten sie den Beschluß, daß die eine

Partei jemanden von der Gegenpartei wählen sollte und umgekehrt. So kam es, daß von der Partei des Iohannes Iudaeus ein Mann namens Garattus von der Gegenpartei und von der Gegenpartei des Petrus von Florenz ein anderer Mann namens Iohannes de Iudice gewählt wurde und daß alle Versammelten demjenigen von den beiden, den das Los zum Bischof erklärte, ohne Widerspruch folgten. So wurde Garattus durch das Los zum Bischof erklärt. Und da waren alle sogleich versöhnt. Sie setzten eine bestimmte Frist fest, um eine Begleitung und die Kosten für Garattus zu bezahlen, damit er nach Bulgarien reisen, das Sakrament der Tröstung und die Bischofsweihe empfangen und nach seiner Rückkehr den Gläubigen das Sakrament der Tröstung spenden könne gemäß der Verpflichtung, die der Bischof jenseits der Berge in seinem Urteilsspruch festgelegt hatte. Als dies also geregelt war, kehrten sie alle nach Hause zurück.

Aber dieser Garattus wurde vor dem festgesetzten Termin wegen eines Verhältnisses zu einer Frau von zwei Zeugen angeklagt. Aus diesem Grund wurde er von vielen der Bischofswürde nicht mehr für würdig gehalten. Deshalb waren sie nicht der Meinung, daß sie durch das Versprechen des Gehorsams, das sie ihm gegeben hatten, gebunden seien. Und so spalteten sich die Gläubigen, die vorher in zwei Parteien getrennt waren, in sechs Parteien auf. Aber vor der Frist, in der sie – wie weiter oben erwähnt wurde – jenem Garattus eine Begleitung und die Kosten für die Reise nach Bulgarien zu geben versprochen hatten, versammelten sich einige Männer aus Desenzano, wählten einen gewissen Johannes den Guten zum Bischof und schickten ihn übers Meer nach Drugonthia, damit er dort zum Bischof geweiht würde. Doch damit nicht genug: Desgleichen wählten einige Männer aus Mantua mit ihren Anhängern einen gewissen Caloiannnes zum Bischof und schickten ihn nach Sclavonia. Nachdem er dort seine Weihe erhalten hatte, übte er bei ihnen das Bischofsamt aus. Ebenso wurde ein anderer namens Nikolaus von einer Versammlung der Einwohner Vicenzas gewählt und nach Sclavonia geschickt, um die Weihe zu empfangen. Nach seiner Rückkehr wurde er von ihnen als Bischof akzeptiert. Desgleichen wurden auch in der Toskana zwei Bischöfe ordiniert. So wurde Garattus von den obenerwähnten Personen verlassen, obwohl ihm alle aufgrund ihres Versprechens zu Gehorsam verpflichtet waren. Er selbst verbot ihnen, unter diesen Umständen Macht über die

Gläubigen auszuüben, sie jedoch mißachteten fortan sein Gebot und ließen keineswegs von ihrem Tun ab.

Als nun alle Bischöfe, wie oben erwähnt, ordiniert waren, wollten einige Mailänder, wie sie versprochen hatten, Garattus zum Bischof haben, da sie die Pläne und Taten dieser Leute ablehnten. Aber als Garattus sah, daß er von der Mehrheit verlassen war, gab er keine Ruhe und behauptete, Iohannes Iudaeus, der aus Demut und um die Spaltung aufzuheben und wieder die Einheit herbeizuführen, sein Bischofsamt aufgegeben hatte, sei für dieses Amt der Würdigere. Da aber Iohannes Iudaeus dies ablehnte, schickte jene Partei wieder Gesandte über die Berge, um über diesen Vorgang den Bischof um Rat zu fragen, der jenes Urteil gefällt hatte. Als der Bischof selbst von der eingetretenen Spaltung hörte, verwünschte er heftig das Vorgefallene und schickte Iohannes Iudaeus die Weisung, er solle nach Bulgarien gehen und den Inhalt des Urteils erfüllen, damit er in der Lombardei für alle, die es so wollten, Bischof sei. Und das tat er. Nach seinem Tod trat ein anderer, Joseph mit Namen, an dessen Stelle. Nach Josephs Tod wurde Garattus Nachfolger. Garattus aber vertrat mit seinen Anhängern die Meinung, alle obenerwähnten Bischöfe mitsamt ihren Anhängern seien ihm aufgrund des Versprechens, das sie ihm vormals gegeben hätten, verpflichtet und würden angeklagt werden, wenn sie nicht von ihm davon entbunden würden. Sie hätten die Bischofsweihe wider Gott und wider das Recht empfangen. Und aus diesem Grund wolle er keinen von jenen Bischöfen im gemeinsamen Gebet und bei Andachten akzeptieren außer Caloiannes, dem er vor kurzem verzieh und mit dem er Frieden schloß. Und so wurde, wie weiter oben gesagt wurde, die große Zahl der Katharer, vielmehr der Ketzer, der Verkehrten und Übertreter der Lehre Christi, die vormals in der Einheit Bestand hatte, zuerst in zwei und später in sechs Parteien gespalten.

Die Glaubenslehre der einen Katharerpartei

Marchisius von Soiano, der Bischof der Katharer von Desenzano, und dessen älterer Sohn Amizo, die Führer der einen Partei der Katharer, die ihren Ordo von Drugonthia haben, glauben und predigen, daß es zwei

Götter oder Herren ohne Anfang und ohne Ende gibt. Der eine ist absolut gut und der andere absolut böse. Sie behaupten, daß jeder von ihnen Engel erschuf, der gute die guten und der böse die bösen, und daß der gute Gott im Himmelreich allmächtig ist und der böse auf der ganzen Welt herrscht. Sie sagen, daß Luzifer der Sohn des Gottes der Finsternis ist. Daher heißt es im Johannesevangelium: *„Ihr habt den Teufel zum Vater."* Und danach: *„Denn er ist ein Lügner, und sein Vater ist der Teufel"* [Joh 8,44]. Deshalb ist Luzifer ihren Worten nach ein Lügner. Sie sagen, daß dieser Luzifer aus seinem Reich höher in den Himmel emporstieg, weil es beim Propheten Jesaja heißt: „Zum Himmel will ich steigen" etc. [Jes 14,13]. Und dann verwandelte er sich in den Engel des Lichts. Von den Engeln, die ihn wegen seines Aussehens bewunderten und beim Herrn für ihn eintraten, wurde er im Himmel angenommen und dort zum Verwalter der Engel. Daher heißt es im Evangelium: *„Ein reicher Mann hatte einen Verwalter"* [Lk 16,1]. Bei dieser Verwaltung verführte er die Engel. Und dann, sagen sie, sei eine große Schlacht im Himmel gewesen, und *„der Drache, jene alte Schlange, wurde hinabgestürzt"* [Apk 12,9] mit den verführten Engeln, gemäß der Aussage in der Apokalypse: *„Und sein Schwanz fegte ein Drittel der Sterne vom Himmel"* [Apk 12,4]. Diese Engel bestanden aus dreierlei: aus Körper, Seele und Geist. Und sie sagen, daß die Körper, die bei Ezechiel *„die dürren Gebeine"* [Ez 37,4] genannt werden, im Himmel untätig zurückblieben. Auch die Geister blieben dort zurück. Die Seelen wurden aber von Luzifer selbst genommen und auf dieser Welt in Körper gebracht. Sie sagen auch, daß Christus, der Sohn Gottes, gekommen ist, um nur diese Seelen zu retten, gemäß der Schrift: *„Der Menschensohn ist nicht gekommen, um die Seelen zu vernichten, sondern zu retten"* [Lk 9,56]. Und wiederum steht im Matthäusevangelium: *„Ich bin nur zu den Schafen gesandt, die das Haus Israel verloren hat"* [Mt 15,24]. Und weiter unten: *„Der Menschensohn ist gekommen zu retten, was verloren war, und das hundertste Schaf, das sich verirrt hatte, hat er zurückgebracht"* [vgl. Mt 18,11]. Bezüglich der obenerwähnten Schlacht zitieren sie oft den folgenden Psalm: *„Gott, gekommen sind die heidnischen Völker"* [Ps 78,1]. Sie sagen ferner, daß die Kleider und Kronen immer noch im Himmel sind, auch die Throne, die sie verloren haben, und diese sollen sie wiederbekommen. Darüber sagt der Apostel: *„Im übrigen liegt für mich* *die Krone der Gerechtigkeit bereit, die mir der Herr, der gerechte Richter, an jenem Tag geben wird*" [2 Tim 4,8]. Sie sagen ferner, daß die menschlichen Körper zum Teil von jenen bösen Geistern belebt werden, die der Teufel erschaffen hat, und zum Teil von jenen Seelengeistern, die gefallen sind. In diesen Körpern tun jene Seelen Buße, und wenn sie in einem Körper nicht gerettet werden, geht die Seele in einen anderen Körper ein und tut Buße. Ist die Buße getan, werden diejenigen, die im Himmel geblieben sind, Körper und Geist zurückerhalten gemäß jenem Wort des Apostels: *„Der Gott des Friedens selbst heilige euch ganz und gar, damit euer Geist und Leib und Seele vollständig und unbescholten bei der Ankunft unseres Herrn Jesu Christi gerettet werden!"* [vgl. 1 Thess 5,23]

Die Glaubenslehre der anderen Partei der Ketzer

Caloiannes, der Bischof der einen Partei der Ketzer, die ihren Ordo aus Sclavonia haben, und Garattus, der Bischof der anderen Partei der Übertreter der Lehre Christi, die ihren Ordo aus Bulgarien haben, glauben und predigen, daß es nur einen guten Gott gibt, der allmächtig und ohne Anfang ist und die Engel und die vier Elemente erschaffen hat. Sie sagen auch, daß Luzifer und seine Anhänger im Himmel gesündigt haben. Aber woher ihre Sünde kommt, darüber sind sich einige von ihnen nicht im klaren. Einige sagen – aber es ist ein Geheimnis –, daß es einen nichtswürdigen Geist gab, der ein vierfaches Aussehen hatte, erstens das eines Menschen, zweitens das eines Vogels, drittens das eines Fisches und viertens das eines Tieres. Er war ohne Anfang, blieb in diesem Chaos und hatte keine Schöpferkraft. Sie sagen, daß Luzifer, als er noch gut war, hinabstieg und das Aussehen dieses bösen Geistes bewunderte, als er es sah. Er wurde durch die überzeugenden Worte dieses bösen Geistes verführt, kehrte in den Himmel zurück und verführte dort andere; und sie wurden aus dem Himmel geworfen. Sie verloren aber nicht die natürlichen Gaben, die sie hatten. Ferner sagen sie, daß Luzifer und jener andere nichtswürdige Geist die Elemente trennen wollten, es aber nicht konnten. Aber sie erhielten von Gott einen guten Engel als Helfer, und so konnten sie mit Erlaubnis Gottes und der Hilfe jenes guten Engels und durch ihre eigene Kraft und Weisheit die

Elemente trennen. Sie sagen auch, daß dieser Luzifer jener Gott ist, der in der Genesis Himmel und Erde erschaffen und jene bekannten Werke in sechs Tagen vollbracht haben soll. Sie sagen auch, daß Luzifer die Gestalt Adams aus dem Lehm der Erde bildete und jenen guten Engel in dieser Gestalt gewaltsam erstickte, gemäß dem Wort im Evangelium: *„Er hielt ihn fest, würgte ihn und sagte: ‚Bezahle, was du schuldig bist!'"* [Mt 18,28] Und er schuf sich Eva, um ihn [nämlich Adam] durch sie zur Sünde zu verführen. Sie sagen auch, daß das Essen vom verbotenen Baum die Unzucht war. Wie nach der Meinung einiger Katharer Fleisch vom Fleisch und Geist vom Geist stammt, so heißt dementsprechend jenes Wort im Evangelium: *„Was aus dem Fleisch geboren ist, ist Fleisch, und was aus dem Geist geboren ist, ist Geist"* [Joh 3,6]. Daher kommt nämlich eine gewisse Meinungsverschiedenheit unter ihnen. Einige von ihnen, die diese Ansicht verwerfen, sagen, alle Geister, die zu retten sind, seien gleichzeitig erschaffen worden und allmählich nach Gottes Willen in menschliche Körper eingedrungen. Die aber sagen, daß der Geist vom Geist stammt, glauben, daß die ganze Welt aus jenen bösen Geistern besteht, das heißt jenen Geistern, die verdammenswert sind und gerettet werden sollen. Die sagen, alle Geister, die erschaffen wurden, seien zu retten, behaupten fest, daß jene Geister, die gefallen sind, leibliche Gestalt annehmen, da sie nicht zu retten sind, und so von einem Körper in einen anderen gehen. Dies wird bis zum Ende der Welt so sein. Beim [Jüngsten] Gericht werden die Guten und die Bösen dieselbe Zahl ausmachen. Die Guten werden ihren Platz einnehmen, die Bösen aber werden ewige Strafe erleiden. In diesem Punkt unterscheiden sie sich ein wenig, weil einige von ihnen behaupten, daß ein Teil von denen, die gefallen sind, zu retten sind, die nämlich nicht aus freiem Willen, sondern sozusagen unter Zwang sündigten. Die aber bewußt sündigten, sind verloren. Sie sagen auch, daß andere Geister vom allmächtigen Gott geschaffen wurden, die die Stelle der nicht zu rettenden Geister einnehmen sollen.

Die allgemeine Überzeugung der Katharer ist die, daß alles, was in der Genesis gesagt wird, nämlich von der Sintflut, der Errettung Noachs, dem Sprechen Gottes zu Abraham, der Zerstörung von Sodom und Gomorra, von dem Teufel, der dort Gott genannt wird, gemacht wurde. Desgleichen führte dieser Gott sein Volk aus Ägypten, gab ihm in der Wüste sein

Gesetz und führte es in das verheißene Land. Er schickte zu ihm Propheten und erreichte durch ihre Weissagungen, daß ihm das Blut von Tieren geopfert wurde, um als Gott verehrt zu werden. Wenn einmal die Propheten etwas über Christus vorhersagten, weissagten sie durch die Macht des Heiligen Geistes wie unter Zwang, ohne daß es ihnen bewußt war. Auch bekennen sie, der allmächtige Gott habe dies alles nicht selbst, sondern durch den Teufel, also gleichsam durch seinen Diener vollbracht. So behaupten sie, daß der Teufel mit der Weisheit und Macht, die ihm bei der Schöpfung von Gott gegeben wurde, dies alles mit Erlaubnis Gottes in der Absicht vollbrachte, daß er darüber ohne Ende herrsche. In anderer Absicht aber erlaube ihm Gott, daß er die Frucht derer, die aufgrund ihrer Buße erlöst werden sollen, aus dieser Welt ausreiße.

Die Anhänger der Kirche von Sclavonia glauben, daß der Sohn Gottes, nämlich Jesus Christus, der Evangelist Johannes und Maria drei Engel waren, die in fleischlicher Gestalt erschienen. Sie sagen auch, daß Christus nicht in Wirklichkeit Fleisch annahm, nicht aß, nicht trank, nicht gekreuzigt wurde, nicht starb und nicht begraben wurde und daß alles, was er gemäß seiner menschlichen Natur tat, nicht wirklich war, sondern daß es nur so aussah, weil man ihn so sah. Einige Ketzer aus Bulgarien glauben, Maria sei eine wirkliche Frau gewesen und der Sohn Gottes habe von ihr wirkliches Fleisch angenommen, habe wirklich gegessen und sei im Fleisch gekreuzigt worden, aber nicht mit demselben Fleisch in den Himmel aufgefahren, sondern habe es bei der Himmelfahrt abgelegt.

Von Johannes dem Täufer sagen sie, daß er vom Teufel gesandt wurde, um mit der Wassertaufe die Predigertätigkeit Christi zu behindern. Und als er mit dem Finger auf Christus zeigte oder über ihn etwas prophezeite, ging dies nicht von ihm aus, sondern vom Heiligen Geist. Daher sprach er wie durch ein sprechendes Rohr gleichsam unter Zwang, ohne es zu wissen, so wie Kaiphas weissagte, ohne es zu wissen. Nur wenige Katharer weichen von dieser Lehre ab. Auch die Bulgaren glauben daran. Alle verurteilen die Ehe und leugnen die Wiederauferstehung der sichtbaren Körper. Sie sagen alle, die Wassertaufe habe nie das Heil gebracht, nicht einmal die Taufe, welche die Apostel im Wasser spendeten.

Bischof Garattus, der seinen Ordo von Bulgarien hat, bleibt in Concorezzo. Sein älterer Sohn ist Nazarius und sein jüngerer Sohn Gerald von

Brescia. Caloiannes ist Bischof von Mantua. Er hat seinen Ordo von Sclavonia. Sein älterer Sohn, Orto von Bagnolo [heute Bagnolo San Vito bei Mantua], ist Bischof; sein jüngerer Sohn ist Aldricus von Gilinguellis aus Mailand. Marchisius von Soiano ist Bischof von Drugonthia; sein älterer Sohn ist Amizo. Nikolaus von Vicenza ist Bischof von Sclavonia; sein älterer Sohn ist Petrus Gallus; der jüngere heißt Prandus.

Antoine Dondaine, La Hierarchie Cathare en Italie. In: Archivum Fratrum Paedicatorum. Bd. 19. Rom 1949, S. 306–312.

Quellentext 6

Auszüge aus den Akten der Inquisition von Carcassonne, Aussagen einzelner Ketzer

[...] Es gibt zwei Welten, und jede Welt hat einen Gott.

[...] Die Taufe, die mit dem Wasser vorgenommen wird, das die Kinder zum Weinen bringt und Würmer hervorbringt, ist nichts wert, sondern jene Taufe führt zum Heil, die aus dem Wort Gottes stammt.

[...] Sie rühmten sich, daß sie sich nie mit Frauen vereinigten, ja sogar sie nicht einmal berührten, weswegen sie die „Vollkommenen" der Ketzer waren.

[...] Die Seele des heiligen Paulus war in 32 Körpern gewesen.

[...] W. Audebert hörte, daß die Ketzer sagen, daß die Rinder und Pferde im Himmel wie auf der Erde ackerten, den Mist zogen und arbeiteten.

[...] Gott war nicht in der heiligen Jungfrau gekommen, sondern hatte sich in ihr nur verhüllt. Nicht Gott hat die Messe eingesetzt, sondern die Kardinäle und die Geistlichen, weil sie große Spenden lieben.

Die Ketzer sagten zu der, die spricht, die schwanger war, daß sie nicht gerettet werden könne, wenn sie als Schwangere stürbe.

[...] Er hörte sie sagen, daß die Kinder verloren waren, wenn sie gleich nach der Taufe starben.

Weil der Zeuge jene Ketzer nicht verehren wollte, gab Sicardus Bon dem Zeugen eine schallende Ohrfeige, und dann beugte der Zeuge auf Drängen des Sicardus die Knie vor den Ketzern.

[...] Joh. Reg. Cadacons betrat die Burg Montségur mit einem Schreiben des Bischofs der Ketzer von Cremona und gab es Bertrand Martin, dem Bischof der Ketzer von Toulouse. In diesem Schreiben stand, daß die Kirche der Ketzer von Cremona in Ruhe und Frieden lebte und daß Bertrand Martin dem Bischof von Cremona zwei von seinen Brüdern schicke, durch die er ihn über seinen Zustand informiere.

Er sah bei Mirepoix eine große Versammlung von Ketzern, an die 600, die dorthin gekommen waren, um eine Befragung unter den Ketzern durchzuführen. Die Ketzer antworteten, daß sie an jenen Gott glaubten, der den neuen Himmel und die neue Erde erschuf.

[...] Als ihm seine Gevatterin Petronilla ihr Haus zeigte, das Getreide, den Wein und das andere, das sie besaß, sagte er, daß dies alles des Teufels sei.

[...] Eines Tages sagte die erwähnte Arbeiterin zur schwangeren Zeugin, sie solle Gott darum bitten, sie von dem Dämon, den sie im Leib habe, zu befreien.

Er hörte eine Arbeiterin, die Frau des Petrus Vitalis, sagen, daß Gott in den kleinen Kindern nicht neue Geister erschuf und daß Gott viel zu tun hätte, wenn er täglich neue Geister erschaffen würde, und daß der Geist des verstorbenen Wilhelm Aurebaud nur von einem Körper in einen [anderen] Körper einginge, bis er in die Hände guter Menschen käme.

[...] Er sagte, daß das Geld der Welt Fäulnis für die Seele sei und daß Gott sagte: *„Laß Vater und Mutter, Frau und Kinder und folge mir nach!"* – Pontius sagte zum Zeugen, daß er seine Mutter mit in die Lombardei nahm, als sie alt und schwach war, und daß es im übrigen nützlich ist, daß er Buße tue.

[...] Der Teufel schuf den Körper des Menschen und gab ihm das Leben ein. Da machte der Mensch einen Sprung und sagte zum Teufel: *„Ich bin nicht dein."*

Er sagte, daß alle Geister, die wegen ihres Hochmuts vom Himmel gestürzt waren, dereinst gerettet werden.

Stephanus hatte Raymond von Toulouse geweissagt. Er prophezeite, Raymond werde sein Erbe verlieren, aber er selbst werde den Händen der Inquisitoren glücklich entkommen. Und es geschah später auch so, wie dieser Wahrsager prophezeite.

[...] Wenn sie versammelt sind, um einen Ketzer in ihre Sekte aufzunehmen, erteilt einer dem anderen die Absolution. Dann legt der neue Ketzer seine Hände zwischen die Hände des Ketzers. Daraufhin legt der ältere Ketzer auf das Haupt des aufzunehmenden Ketzers ein Buch, in dem das Johannesevangelium und die Regeln stehen, und dann liest er das Evangelium: *„Im Anfang"* bis zu der Stelle *„Gnade und Wahrheit kam durch Jesus Christus"*. Dann legt er seine Hände auf das Haupt des aufzunehmenden Ketzers, danach übergibt er ihm das Herrengebet, das Vaterunser, und dann machen sie, wenn es mehrere sind, ihre Kniebeugen nach der Art der Ketzer, entweder zweifach oder einfach.

Die Verehrung geschieht auf folgende Weise: Sie beugen dreimal die Knie vor den dastehenden Ketzern und sprechen dreimal: *„Segnet, gute Christen, betet für uns und schont uns!"* Und sie legen mit einer Verneigung die Hände auf den Boden oder auf die Bank, verneigen sich tief und richten sich dann wieder auf, wobei sie dreimal sagen: *„Segnet...!"* Der Ketzer sagt: *„Gott segne euch und segne euch und führe euch zu einem guten Ende!"* Oder: *„Der Segen Gottes und sein Geist sei mit euch!"*

[...] Er sagte, daß nie eine Messe gefeiert wurde bis zur Zeit von Silvester [Papst Silvester II. (999–1003)] und daß die Kirche bis zu dieser Zeit keine Besitztümer hatte und daß die Kirche binnen 20 Jahren verfiel. – Er versicherte, daß er nicht mit seiner Ehefrau geschlafen hatte.

[...] Daß alle diejenigen, die in der Kirche schrien, wenn sie mit unverständlicher Stimme sangen, das einfache Volk dadurch täuschten. – Es gibt keine Ehe außer zwischen der Seele und Gott. – [...] Daß er keinen Geschlechtsverkehr mit seiner Frau hatte, an Pfingsten werden es zwei Jahre sein. – Daß kein Wunder, das man mit den Augen des Körpers sehen könne, etwas bedeutet, daß der heilige Franziskus oder ein anderer kein Wunder vollbrachte. – Daß Gott keine solche Gerechtigkeit wollte, daß jemand zum Tode verurteilt werde. – Derselbe Petrus Garcias verwarf jeden Orden außer dem Franziskanerorden, er sagte jedoch, daß dieser Orden nichts wert war, weil er das Kreuz predigte.

[...] Daß keiner gerettet wird, wenn er nicht vor seinem Tod vollkommene Reue erweckt hat, und daß der Geist, der in einem Körper nicht Reue erwecken konnte, wenn er gerettet werden sollte, in einen anderen Körper einginge, um die Reue vollständig zu erwecken. – Daß alle, die nicht Ketzer waren, der Teufel an Leib und Seele erschaffen hatte.

[...] Guillabert de Castres, Bischof der Ketzer, und der Ketzer Raymond Mercerii wohnten bei Mirepoix und predigten dort oft.

(Consolamentum): Sie war gefragt worden, ob sie zu Gott und zum Evangelium zurückkehren wolle. Da versprach sie, daß sie kein Fleisch mehr, keine Eier, keinen Käse, keine Soße außer aus Öl und Fisch essen, daß sie nicht schwören oder lügen werde, die ganze Zeit ihres Lebens keine Lust erleben werde und daß sie die Sekte der Ketzer nicht aus Furcht vor dem Feuer oder Wasser oder einer anderen Todesart aufgeben werde. Dann legten die Ketzer die Hände und ein Buch auf das Haupt der Kranken und beteten. Danach machten sie mehrere Kniefälle und Kniebeugen vor der Kranken, beteten und gaben ihr mit dem Buch den Frieden. Alle Anwesenden huldigten den Ketzern und empfingen von ihnen das Brot. Die Männer küßten die Ketzer zweimal von der Seite auf den Mund, und die Frauen empfingen den Frieden vom Buch der Ketzer, dann küßten sie sich gegenseitig auf ähnliche Weise zweimal von der Seite auf den Mund. Und dann vermachte die besagte Kranke diesen Ketzern 100 Toulouser Dukaten nach ihrem Tode, falls es geschehen sollte, daß sie an ihrer Krankheit sterben würde. Dann versprach Isarnus de Montserver, der Sohn der Kranken, den Ketzern, er werde die besagten Geldstücke bezahlen, wenn er erst einmal sein Land zurückbekommen habe. Und wenn der Fall eintreten sollte, daß die Kranke ihre Krankheit überlebe, dann verspreche er, werde er seiner Mutter, der Ketzerin, jedes Jahr einen halben Scheffel Getreide und einen halben Scheffel reinen Wein zum Normalmaß vom Mirepoix geben.

Ignaz v. Döllinger (Hg.), Beiträge zur Sektengeschichte des Mittelalters. Band 2, München 1890, S. 30–41.
Quelle: Collectio Occitanica (Collection Doat, Paris)

Quellentext 7

Aus den Akten der Inquisition von Carcassonne gegen die Albigenser: Aussagen von Raymond Issaura, dem Sohn des Arnald Issaura, in den Jahren 1308 und 1309

[...] Auf die Frage, was die Ketzer zu ihm gesagt hätten, erklärte er: Sie sagten, daß sie gute Christen seien, einen guten Glauben hätten und den Weg Gottes und der Apostel wiesen. Sie hätten die Macht, Seelen zu retten. Keiner, der nicht an sie glaube und ihren Glauben habe und durch ihre Hände ginge, könne gerettet werden. – Sie sagten: Die römische Kirche sei nichts wert. Sie sei nicht die Kirche Gottes, und alle, die dies glaubten, seien Narren und ohne Verstand. Alles, was in der Kirche von den Kaplänen oder den Geistlichen gesagt und gepredigt werde, sei eine Lüge, und keiner dürfe ihren Predigten glauben. Sie sagten, sie selbst seien die Kirche Gottes, die am Glauben und am Weg Gottes festhielten, nicht lögen, nicht töteten und keinem Menschen etwas Böses täten. Sie seien ohne Sünde und hätten selber die Macht, Sünden zu lösen und zu vergeben. Die römische Kirche habe keine Macht dazu.

Ferner sagten sie vom Leib Christi: Keiner solle glauben, daß die Hostie, die der Kaplan dem Volk bei der Messe zeigt, der Leib Christi sei; sie sei nur Brot.

[...] Ferner sagten sie, es gebe zwei Götter, einen guten und einen bösen. Sie selbst, die Ketzer, glaubten an den guten Gott und bewahrten den Glauben an ihn, aber diejenigen, die den Glauben der römischen Kirche hätten und verkündeten, stammten vom bösen Gott, so daß sie niemals gerettet werden können.

[...] Auf die Frage, wer ihnen das Essen herrichte, sagte er, daß sie es selber täten und weder Fleisch noch Eier noch Käse äßen.

[...] Die Ketzer nahmen in ihrem Haus Brot, Wein und Fische zu sich. An einigen Wochentagen, an die er sich nicht erinnere, tranken sie keinen Wein. Auf die Frage, wer ihnen das Essen herrichte, sagte er, sie selber, und sie wollten nicht, daß sonst jemand ihr Essen mit den Händen berühre.

Die Gläubigen sagten: *„Gute Christen, betet zu Gott für uns, daß er uns zu einem guten Glauben führe!"* Und die Ketzer antworteten: *„Gott führe uns zu einem guten Glauben!"* Und sie sagten noch leise einige andere Worte, die ich selber nicht verstehen konnte.

[…] Sie lehrten, daß die römische Kirche nichts wert sei und bei Gott keine Macht habe, weil sie selber lügt und tötet und alles Böse und jede Sünde begeht. Keiner, der in Sünde lebt, hat aber die Macht, von Sünden loszusprechen oder sie zu vergeben, sondern nur sie selbst, die den Weg Gottes gehen, nicht lügen und ohne Sünde sind, sind die Kirche Gottes und haben die Macht, zu lösen und Seelen zu retten. Keiner, der nicht durch ihre Hände geht, kann zum Heil gelangen. Ferner sagten sie, daß Gott die Ehe nicht einsetzte und daß es eine größere Sünde ist, wenn der Mann mit seiner Frau Geschlechtsverkehr hat, als wenn er mit einer anderen Frau sündigen würde, weil er vor den Augen der Welt und ohne Scham mit seiner Frau sündigt und mit anderen Frauen die Sünde heimlich begeht.

Er sagte ferner aus, daß die geweihte Hostie nur Brot sei. Wenn Mäuse darankämen und sie fräßen, so sagten diese Ketzer, würden sie den Leib Christi verzehren, wenn diese Hostie der Leib Christi wäre.

[…] Sie sagten, sie selbst seien die Kirche Christi. Ihre Kirche habe Augen, Ohren, Füße, Hände; sie sieht, hört und spricht. Und sie sagten, die römische Kirche sei nichts und habe keinen Wert, weil sie aus Steinen, Kalk, Erde und Holz bestehe. […]

Ignaz v. Döllinger (Hg.), Beiträge zur Sektengeschichte des Mittelalters. Band 2, München 1890, S. 17–30.
Quelle: Cod. reg. Paris. 4269.

Quellentext 8

Ketzer in Augsburg

Im August des Jahres 1393 wurden in der Stadt Augsburg Ketzer entdeckt, die an den folgenden Glaubensartikeln festhielten:

1. [Der erste Satz ist nur lückenhaft überliefert.] Ferner erklärten sie, sie seien [Gott] bekannt, wir aber unbekannt und fremd; sie selber seien in ihrem Glauben beziehungsweise ihrer Sekte Gott besser bekannt als wir, und daher müßten sie gerettet werden und nicht wir. Ferner glaubten sie nicht an das Fegefeuer, sondern daran, daß es zwei Wege gebe, einen für die, die erlöst würden, und einen für die, die verdammt würden. Ferner glaubten sie, daß alle Opferspenden und Fürbitten für Verstorbene, von welcher Art sie auch sein mögen, nichts nützten. Ferner glaubten sie nicht, daß die heilige Jungfrau Maria oder irgendein Heiliger angerufen werden solle, da sie von Gott nichts für uns erreichen könnten. Ferner glaubten sie nicht, daß Weihwasser läßliche Sünden tilgen könne. Ferner glaubten sie überhaupt nicht an die Weihe von Kirchen, Friedhöfen, Palmzweigen, Kräutern, Salz, Kerzen und anderer Dinge, die im kirchlichen Gebrauch verankert seien. Ferner glaubten sie nicht an Ablässe, Weihen und anderes dergleichen von welcher Art auch immer, wobei sie behaupteten, dies und anderes hätten sich nur die Geistlichen ausgedacht und aus Habgier eingeführt. Sie glaubten auch, daß eine Kirchenstrafe nicht bindend sei und daß sie – siehe oben! – nur wegen der Habgier der Geistlichen eingeführt worden sei. Ferner glaubten sie, daß ein einfacher Priester bei der Vergebung von Sünden so große Macht habe wie der Papst oder ein Bischof. Ferner hörten sie die Predigt ihrer eigenen Brüder, und einige glaubten daran. Desweiteren glaubten sie nicht an die Firmung. Ferner beichteten recht viele bis heute nie die vorher beschriebenen Irrlehren, und doch gingen sie wie andere zum Tisch des Herrn. Einige glaubten auch, ihre Sekte habe Bestand bis zum künftigen Gericht. [...]
Ferner glaubten sie, daß kein Richter jemanden, wie gering auch sein Vergehen sei, verurteilen könne, ohne eine Sünde zu begehen. Ferner glaubten sie, daß man einen Eid, wie rechtmäßig er auch sein möge, nicht leisten könne, ohne daß man eine Sünde beginge. Ferner behaupteten sie, daß die Apostel, die sie hätten, den Leib Christi konsekrieren könnten.
Man beachte, daß es in der Stadt Augsburg 46 [Ketzer] an der Zahl waren und daß sie sich alle zum rechten Glauben bekehrten. Man gab ihnen als Buße auf: erstens, ein ganzes Jahr lang in der Öffentlichkeit ein Kreuz auf ihren Kleidern zu tragen, ferner acht Tage hintereinander von St. Ulrich nach St. Maria zu gehen, immer zwei und zwei, und dabei ei-

ne brennende Kerze zu tragen und in der Kirche der hl. Jungfrau Maria sieben Ave Maria zu beten. Ein Priester solle sie mit Weihwasser besprengen, und im Friedhof sollten sie drei Vaterunser und Ave Maria für die Verstorbenen beten.

Ignaz v. Döllinger (Hg.), Beiträge zur Sektengeschichte des Mittelalters. Band 2, München 1890, S. 363f.
Quelle: Cod. Germ. Monac. Nr. 342.

Quellentext 9

Fragen an Ketzer

Folgende Fragen können an die Albigenser gestellt werden:
Ob die Albigenserkirche die Kirche Christi sei. [...] Ob es möglich ist, in irgendeinem Fall nicht zu schwören, ohne eine Sünde zu begehen. Ob ein Mensch ohne die Handauflegung der Katharer gerettet werden kann. Ob eine Obrigkeit, ohne eine Sünde zu begehen, bei Räubern, Mördern und Übeltätern Gerechtigkeit ausüben kann, wenn sie diese tötet. Ob ihr jemals den Glauben, den ihr hattet, lehrtet. Ob der heilige Dominikus vom Orden der Predigerbrüder und der heilige Petrus Martyr [Wanderprediger aus dem Dominikanerorden, im Jahre 1252 bei Mailand vermutlich im Auftrag von Irrlehrern ermordet] und so auch die übrigen Heiligen Heilige sind. Ob es eine größere Sünde sei, diese Kirche oder ein anderes Gebäude zu zerstören, und ob es besser sei, tausend Kirchen zu erbauen als ein einziges Haus. Ob es eine Sünde ist, gegen Zins zu leihen. Ob ein Mensch, der Zinsgewinne hat, schlechte Arbeit geliefert und Diebstähle begangen hat, gerettet werden kann, wenn er Wiedergutmachung leisten kann, aber nicht leistet. Ob der Papst mehr Sünden nachlassen kann als ein anderer Mensch. Ob ein Mensch größere Herrlichkeit im Himmel hat, wenn er zum heiligen Jakob pilgert, als wenn er nicht hinpilgert. Ob es ihnen nützen würde, wenn ein Mensch den Armen tausend Pfund [Silber] für die Seelen seines verstorbenen Vaters und seiner

verstorbenen Mutter spenden und tausend Messen singen lassen würde. Warum eure Diakone einer Frau, die schwanger ist und im Sterben liegt beziehungsweise wenn sie stirbt, nicht die Hände auflegen. Ob eine Frau, die von ihrem Mann schwanger ist, einen Dämon in ihrem Leib hat. Ob eine solche Frau irgendwie gerettet werden könne, falls sie bei der Geburt sterben würde. Ob jemand gerettet werden kann, wenn er nicht ein Katharer wird.

Fragen an die Concorezzianer:
Wer brachte die Seele in den Körper? Ob die Seelen von Adam und Eva Engel gewesen sind. Ob die Seele der heiligen Jungfrau und die Seelen der anderen Heiligen im Paradies sind. Ob es eine Sünde ist, ein Kreuz und Bilder anzubeten. Ob es eine größere Sünde ist, bei großer Kälte das Kreuz Christi oder andere Hölzer zu verbrennen. Ob jemand sündigt, der im Auftrag der Kirche übers Meer fährt, um das Heilige Land zurückzuerobern. Ob du glaubst, die Schlange sei bei Eva gelegen und daraus sei Kain geboren worden. Ob die Ablässe, die vom Papst denen, die [als Kreuzzugsteilnehmer oder Pilger] übers Meer fahren, gewährt wurden, ihnen nützen. Ob die Seelen wandern. Ob die Handauflegung nützen würde, wenn der, der sie vornimmt, in einer Todsünde lebt. Ob es dem, der die Handauflegung vornimmt, nützt, wenn er sich nach seiner Sünde zur Kirche bekehrt. Wer es regnen läßt, Gott oder der Teufel.

Ignaz v. Döllinger (Hg.), Beiträge zur Sektengeschichte des Mittelalters. Band 2, München 1890, S. 319f.
Quelle: Cod. Casanat. H 111.34 [Rom].

Quellentext 10

Systematische Abhandlung gegen die Ketzer

Einige Ketzer behaupten, das Sakrament der Taufe habe weder bei kleinen Kindern noch bei Erwachsenen eine Wirkung. Sie behaupten nämlich, jedes Verdienst beruhe auf dem Willen des Menschen und nicht auf einer äußerlichen Sache, sondern auf einer innerlichen, d. h. dem Willen. Dies beweisen sie folgendermaßen: Wenn ein Erwachsener zur Taufe kommt wie in der Urkirche die Märtyrer, die, bevor sie litten, darum baten, getauft zu werden – so taufte zum Beispiel der hl. Laurentius einen Römer, wie es heißt: Er nahm einen Krug mit Wasser usw. –, ähnlich soll auch der Täufling seine Sünden bereuen oder nicht; wenn er sie nicht bereut, nützt ihm die Taufe nichts; wenn er sie bereut, ist er bereits gerechtfertigt, ist also jede Sünde vergeben, und die Taufe hat nicht die Kraft der Sündenvergebung. So sagt der Apostel: Nicht durch die Taufe wird die Sünde vergeben, sondern allein durch die göttliche Gnade [vgl. aber Apg 2,38!]. Wenn also die Taufe zur Vergebung der Sünde eingerichtet wurde, warum wurde sie dann nicht mit dem ersten Auftreten der Menschheit eingerichtet, so daß Adam und alle anderen vor dem Leiden [Christi] getauft worden wären, daß ihnen die Sünden vergeben worden wären und so Christus nicht für unsere Sünden gelitten hätte? Was ist das außerdem für eine Kraft des Wassers, daß sie den Körper berührt und den Geist abwäscht?

Einige Ketzer behaupten auch, daß die Taufe ohne Auflegen der Hände nichts nützt, weil in der Apostelgeschichte zu lesen ist, daß die Apostel den Täuflingen die Hände auflegten, damit sie den Heiligen Geist empfingen. Aber der Heilige Geist wird auch ohne Auflegen der Hände gespendet, wenn eine Sünde nachgelassen wird.

Außerdem machen die Ketzer einen Unterschied zwischen den Getrösteten und den Vollkommenen. Getröstete sind nämlich jene, die erst vor kurzer Zeit zu ihrer Häresie gefunden haben. Vollkommene nennen sie jene, die in der Häresie gefestigt sind. Es folgt dann noch eine andere Frage: Die Ketzer fragen auch, warum wir Christen glauben, daß das Brot der Leib Christi wird, während doch im Glaubensbekenntnis der Apostel, nämlich im *„Credo in Deum"*, nichts über dieses Brot gesagt wird, auch nicht in jenem anderen Glaubensbekenntnis, dem *„Credo in unum Deum"*, auch nicht an der Stelle: *„Wer gerettet sein will"*. Denn auf diesen Glaubensbekenntnissen beruht unser ganzer Glaube, und da wird der Leib Christi nicht erwähnt.

Es gibt auch einige Ketzer, die behaupten: Es genügt, Gott allein und nicht einem Priester unter Tränen und mit zerknirschtem Herzen zu beichten, und das beweisen sie folgendermaßen: Petrus weinte, weil er Christus verleugnete [vgl. Lk 22,62]. Ambrosius sagt zu Lukas: *„Ich finde, daß er weinte, ich finde jedoch nicht, daß er etwas sagte. Von seinen Tränen lese ich; daß er Buße tat und bei jemandem die Beichte ablegte, davon lese ich nichts."* Auch sagt der Prophet: *„Enthülle dem Herrn deinen Weg und hoffe auf ihn, und er selbst wird handeln; denn auch wenn du nichts sagst, wird er dies sehr wohl wissen"* usw. [vgl. Ps 37,5].

Ferner verurteilen die besagten Ketzer die Heirat, was sie folgendermaßen erklären: Wenn die Ehe etwas Gutes wäre, hätte Christus niemals den Evangelisten Johannes von der Ehe abgehalten. Ferner sagen sie, daß die Ehe gegen das himmlische Gesetz verstoße, weil nach dem Recht des Himmels alles gemeinsam ist, aber die Ehefrau dem Mann gehört und umgekehrt [vgl. 1 Kor 7,4]. Ferner: Wenn es gut wäre zu heiraten, warum sagt dann der Apostel: *„Ich will, daß ihr seid, wie ich bin, nämlich enthaltsam?"* [vgl. 1 Kor 7,7]

Die besagten Ketzer halten uns auch jenes Apostelwort vor: *„Ihr Männer, liebet eure Frauen, wie Christus die Kirche geliebt hat!"* [Eph 5,25] Damit wollen sie überzeugend nachweisen, daß es zwischen Mann und Frau keine Unzucht geben soll, sondern reine Enthaltsamkeit, wie sie zwischen Christus und der Kirche war. – Ferner sagen sie: *„Jeder, der seinen Vater oder seine Mutter oder seine Felder oder Frau verläßt, wird das Hundertfache erhalten"* [vgl. Mk 10,29–30].

Ferner sagen gewisse Ketzer, die Weihe zum Diakon oder zum Priester sei kein Sakrament, und sie beweisen es folgendermaßen: Man liest nirgends, daß die Apostel zu Priestern geweiht wurden. Warum sollen also ihre Nachfolger geweiht werden? Ebenso liest man nicht, daß die Apostel mit Salböl gesalbt wurden. Warum werden also ihre Nachfolger gesalbt? Sie tun auch gute Werke, damit jemand seines Amtes würdig sei. Warum wird dann aber eine Weihe vollzogen?

Die Ketzer sagen auch, daß man zum Beten keinen besonderen Ort braucht, wie zum Beispiel die Kirche oder so etwas. Denn wie Gott überall ist, so kann überall gebetet und Gott angebetet werden. Es wird auch gesagt: Wahre Anbeter werden den Vater im Geist anbeten usw. Wenn es ferner einen Ort für die Anbetung gibt, warum hausten dann die Eremiten seit alter Zeit an verborgenen Orten und kümmerten sich nicht um

Kirchen? Was tragen Wände dazu bei, den anzuflehen, der überall ist? Wie kann ferner das Gebet in einer Kirche wirksamer sein als das, das auf einem Feld verrichtet wird, wenn die Frömmigkeit die gleiche ist?

Die obenerwähnten Ketzer sagen auch, daß die Gebete der Heiligen den Lebenden nichts nützen, auch nicht die Gebete der Lebenden den Toten. Sie wollen auch nicht, daß die Heiligen für die Lebenden bitten, weil die Heiligen durch die Vermittlung der Gnade Gottes wissen, wer verloren ist, und auch, wer gerettet wird. Für die Verlorenen bitten sie nicht, weil ihre Gebete nichts nützten, da es in der Hölle keine Erlösung gibt. Ebenso bitten sie nicht für die, die gerettet werden, weil sie wohl wissen, daß sie gerettet werden sollen und daß so ihr Gebet überflüssig wäre. Ferner wird ein jeder nach seinen Verdiensten und Taten gerichtet werden. Daher nützen die Gebete der Heiligen nichts, soweit es ein Verdienst oder soweit es einen Lohn betrifft, weil sie weder Verdienste noch Belohnungen vergrößern. Die Heiligen haben auch kein Mitleid mit den Verdammten, also bitten sie auch nicht für sie.

Die besagten Ketzer sagen auch, man dürfe kein Fleisch essen, und das erklären sie so: Gott verfluchte die Erde, als er sagte: *„die verfluchte Erde in deinem Werk"* [vgl. Gen 8,21]. Mit diesem Fluch verfluchte er die Lebewesen, die von der Erde leben. Daher dürfen sie kein Fleisch essen, weil es sich um verfluchte Lebewesen handelt. Ferner liest man nie, daß Christus Fleisch aß, außer beim letzten Abendmahl, um das Gesetz des Moses zu erfüllen. Vorher aß er kein Fleisch, damit auch wir so handelten. Wie man liest, haben auch viele Heilige kein Fleisch gegessen; also essen auch wir keines.

Die Ketzer sagen auch: Wenn ein Mensch zur Beichte geht, ist er bereits voll Reue und zerknirscht wegen seiner Sünden, und Gott hat ihm sogleich seine Sünden vergeben. Denn in welcher Stunde auch immer ein Sünder seufzt usw. Was läßt ihm der Priester nach, wenn ihm alle seine Sünden von Gott schon nachgelassen wurden? Ich sehe, daß der Priester ihn mit dem Band einer zeitlichen Strafe bindet, aber ich sehe nicht, wovon er ihn freispricht, weil ihm schon von Gott ohne Zutun des Priesters die Sünden vergeben wurden.

Nun ist zu sprechen von der Irrlehre des Mani, der die zwei ewigen Prinzipien, nämlich das Prinzip des Lichts und des Dunkels aufstellte.

Das Prinzip des Lichts nannte er Gott. Von ihm stammen die *geistigen* Geschöpfe, wie es die Engel sind, die Erzengel, die Seelen und solches, das nicht körperlich ist. Das Prinzip der Finsternis ist Luzifer, von dem alles Körperliche stammt. Und das beweisen sie so: Es kann ein guter Baum keine schlechten Früchte bringen und umgekehrt ein schlechter Baum keine guten. Da Gott sehr gut ist, ist das Böse nicht von ihm erschaffen worden, aber wenn es das Böse gibt, dann stammt es von jemandem, also von einem anderen als von Gott. Da also Gott das Prinzip des Guten ist, ist ein anderer das Prinzip des Bösen. Ebenso liest man in der Genesis, daß Finsternis über dem Abgrund herrschte und daß so die Welt mit der Finsternis begann. Deshalb war der Schöpfer der Welt das Prinzip der Finsternis, und so war er ein böser Schöpfer dieser Welt, weil er die Schöpfung mit der Finsternis begann. So sagt Christus im Evangelium: *„Es kommt der Fürst dieser Welt, und er wird mir nichts anhaben"* [vgl. Joh 14,30]. An dieser Stelle nennt er vielmehr Luzifer als den Ursprung dieser Welt, und so war es. Ebenso sagt das Evangelium: *„Niemand kann zwei Herren dienen ..., Gott und dem Teufel"* [vgl. Mt 6,24; Lk 16,13]. Da nennt Christus sich den Herrn und auch den Teufel Herrn, aber Christus wird nicht Herr genannt, außer mit dem Vater und dem Heiligen Geist im Hinblick auf die Schöpfung. Also wird dementsprechend der Teufel im Hinblick auf die Schöpfung Herr genannt.

Wenn ebenso Gott die sichtbaren Dinge dieser Welt erschuf, konnte er sie unvergänglich oder auch nicht machen. Wenn er es nicht konnte, war er unfähig und nicht allmächtig; das würde aber keiner zugeben. Wenn er es konnte und nicht wollte, war er der Teufel. Wenn ferner Gott ohne Wandel ist und seine Wirkkraft unveränderlich ist, aber seine Werke veränderlich sind, ist also auch ihre Ursache veränderlich.

Ferner gibt es gewisse Geschöpfe, die, wie es scheint, ohne Nutzen für jemanden sind, wie zum Beispiel die Fliegen, die Spinnen, die Flöhe, die Brennesseln und dergleichen, wie zum Beispiel auch die Frösche, Schlangen, der Basilisk und dergleichen; da dies zum Bösen und nicht zum Guten ist, sind sie vom Bösen und nicht vom Guten erschaffen worden. Also hat dies der Teufel erschaffen, der böse ist, und nicht Gott, der gut ist.

Ferner leugnen einige Ketzer, daß Gott an jedem Tag Seelen erschafft und in die menschlichen Körper hineingibt. Sie sagen, daß jene Geister, die gefallen sind, mit Erlaubnis Gottes in die menschlichen Körper hineingegeben werden und dort in acht oder 16 Körpern Buße tun [gemeint ist hiermit also die Seelenwanderung]. Außerdem sagen sie, daß alle Geister, die im Himmel Engel waren, mit Luzifer gefallen sind und daß keiner zurückgeblieben ist. Dies beweisen sie folgendermaßen: *„Gesandt wurde ich nur zu den verlorenen Schafen des Hauses Israel"* [Mt 15,24]. Es stieg auch niemand in den Himmel, der nicht vom Himmel herabstieg, nämlich der Menschensohn und seine Engel. Ferner: *„Du erbarmst dich aller, und du haßt nichts von dem, was du gemacht hast"* [vgl. Ps 145,9]. Ferner sagen sie, daß Luzifer in den Antichrist eingehen und in ihm Buße tun wird gemäß der Stelle: *„Luzifer wird im Antichrist uneingeschränkt herrschen"* [vgl. 1 Joh 4,3].

Ferner sagen die Ketzer, Christus sei nicht in die Unterwelt hinabgestiegen und habe die Seelen nicht herausgeführt, weil keine Seele vor seinem Leiden gerettet wurde. Sie sagen auch, alle Propheten seien verdammt. Und Johannes der Täufer sagte zu allen Jüngern, weil er an Christus zweifelte: *„Bist du es, der in die Unterwelt* [sic!] *kommen wird, oder sollen wir auf einen anderen warten?"* [vgl. Mt 11,3] Jesus sagte nicht: *„Ich bin es"* oder *„Ich bin es nicht"*. Also zweifelte er. Ferner leugnen einige Ketzer, daß Christus auferstanden ist.

Einige Ketzer sagen auch, daß Christus keinen echten menschlichen Körper hatte, sondern nur den Schatten eines menschlichen Körpers. Denn wenn er den Körper eines Menschen gehabt hätte, hätte er auf keinen Fall einen verschlossenen Schoß verlassen können. Ferner: Wie hätte sein menschlicher Körper mit trockenen Füßen über das Meer gehen können? Ferner: Wie hätte er durch eine geschlossene Tür zu den Jüngern hineingehen können? Ferner behaupten sie, er sei nicht wirklich gestorben und habe bei seinem Leiden keinen Schmerz verspürt, weil Hilarius sagt: *„Kein Leiden und kein Schmerz war in Christus."* Auch sagt der Apostel: *„Äußerlich wurde er befunden wie ein Mensch"* [vgl. Phil 2,7]. Ferner: Wenn er seinen Jüngern seinen Leib zu essen gab, wieso wurde dann der Leib, der am Morgen des sechsten Wochentags [also am Karfreitag] litt, in der [vorhergehenden] Nacht gegessen?

Ferner sagen die Ketzer, Christus habe weder getrunken noch gegessen gemäß der Stelle: *„Alles, was in den Mund eingeht, wird ausgeschieden"* [vgl.

Mt 15,11]. Aber wir wollen lieber mit Hieronymus ungebildete Katholiken als mit Mani fleischliche Ketzer sein.

Ferner leugnen einige Ketzer die Auferstehung der Toten. – Daß es keine Auferstehung der Toten geben soll, beweisen die Ketzer unter Berufung auf Salomon, der sagt: *„Es gibt einen Tod von Mensch und Tieren"* [vgl. Koh 3,19].

Einige Ketzer sagen auch, Christus habe Fleisch angenommen, sei aber nicht der Sohn Gottes gewesen, weil es absurd wäre zu sagen, der Sohn Gottes habe Fleisch angenommen. Einige Ketzer sagen auch, Christus habe einen himmlischen Leib erhalten und die heilige Maria sei aus himmlischer Materie erschaffen worden. Und von einer solchen Materie erhielt Christus seinen Leib, weil Paulus sagt: *„Wer aus Erde ist, ist irdisch wie Adam und die anderen Menschen, wer aber vom Himmel ist, ist himmlisch wie Christus"* [vgl. 1 Kor 15,47–49]. Diese himmlische Natur zeigte sich in der Verklärung Christi auf dem Berg Tabor. Ferner sagt kein Prophet etc., die heilige Jungfrau habe einen Vater und eine Mutter gehabt. Also wurde sie vom Himmel gebildet und aus subtiler jungfräulicher Natur genommen. Christus konnte mit trockenen Füßen über das Meer wandeln und durch eine geschlossene Tür zu den Jüngern hineingehen und wiederum durch eine geschlossene Tür hinausgehen auf keine andere Weise als aufgrund jener himmlischen Natur. Ferner sagen sie, er habe nicht gegessen und getrunken, weil die himmlische Natur keine Nahrung braucht. Auch stieg niemand in den Himmel, außer wer herabstieg, nämlich der Menschensohn. Wie konnte er also in jener himmlischen Materie leiden und dergleichen?

Diese verfluchten Ketzer sagen auch, das Gesetz des Moses sei vom Fürsten der Finsternis, nämlich vom Teufel gegeben worden, und das Gesetz des Evangeliums vom Fürsten des Lichts, nämlich von Gott. Wie oben zwei Prinzipien genannt wurden, so gibt es auch zwei Testamente von den zwei Fürsten. Der Beweis für das erste Gesetz: Das Gesetz des Moses heißt das Gesetz des Todes und der Sünde; also stammte es vom Bösen, und es wurde vom Bösen, d. h. vom Teufel gegeben. So sagt der Apostel: *„Das Gesetz kam hinzu, damit die Sünde überhandnehme"* [Röm 5,20]. Ferner wird an anderer Stelle gesagt: *„Das Gesetz führte niemanden zur Vollendung"* [vgl. Gal 3,11]. Wenn also das Gesetz des Moses gut ist, warum wurde es dann von den Christen beseitigt, und warum halten es die Christen nicht? Wenn ferner jemand wie die Christen das Gesetz des Moses hielte und somit eine Todsünde beginge, war es dann also schlecht, oder wenn es gut war, warum dann jetzt schlecht?

Ähnlich sagen die Ketzer, die alten Väter seien alle schlecht und auf ewig verdammt gewesen, und das erklären sie folgendermaßen: Moses zweifelte an der Macht des allmächtigen Gottes. Deshalb betrat er das Land der Verheißung nicht. Er war auch ein Mörder. Ferner nahm er gegen das Gesetz eine Äthiopierin zur Frau. Ähnlich zweifelte Aaron an der Macht Gottes und schuf das Götzenbild des Kalbs. Dieselbe Ansicht vertreten sie auch im Fall Abrahams, weil er seinen Sohn opfern wollte. Das verstieß gegen das Naturgesetz und die Zehn Gebote, die besagen: Du sollst nicht töten. Ferner nannte Isaak seine Ehefrau Schwester; daher war er ein Lügner, und Abraham machte dasselbe. Ferner nahm Jakob seinem Bruder das Erstgeburtsrecht und täuschte seinen Vater durch eine Lüge, indem er sagte: *„Ich bin dein Erstgeborener."* Ferner entblößte der betrunkene Noah seine Schenkel auf schändliche Weise; ferner erfand Enoch, der Sohn Sets, als erster das Götzenbild. Ferner nahm Samson eine zweite Frau und tötete sich selbst. Ferner opferte Jephtha seine eigene Tochter. Ferner verkehrte Lot mit seinen eigenen beiden Töchtern. Ferner war David ein Ehebrecher und Mörder. Ferner nannte sich Ijob ungerecht und meineidig und behauptete dies fest. Ferner sagen sie: In der Hölle gibt es keine Erlösung. Alle obenerwähnten Väter stiegen in die Hölle hinab, waren also Verdammte.

Dieselben Ketzer sagen, die Taufe sei für kleine Kinder wertlos, weil diese ohne Sünde seien. Das erklären sie folgendermaßen: Wenn Vater und Mutter im Bett Geschlechtsverkehr ausüben, weil sie sich in der Hoffnung auf eine Zeugung vereinen, sündigen sie nicht. Vielmehr vollziehen sie eines der sieben Sakramente. Auch die Kinder, die gezeugt werden, sündigen nicht; auch Gott, der sie erschafft, sündigt nicht. Durch diese Quellen gelangt also die Sünde in die kleinen Kinder. Ferner ist die Seele nicht aufgrund der Erschaffung durch Gott unrein, sondern sie wird durch ihr Eindringen [in den Körper] lasterhaft und unrein. Vom Körper her wird ihr Unrecht getan, da sie bestraft werden soll für das, was der Körper getan hat oder was dem Körper angeboren ist. Denn sie hat nicht von sich aus einen Makel, sondern anderswoher. Hier endet die gute Abhandlung gegen die Ketzer, die Juden und die Heiden.

Ignaz v. Döllinger (Hg.), Beiträge zur Sektengeschichte des Mittelalters. Band 2, München 1890, S. 279–286.
Quelle: Cod. Monac. lat. 544 (Saec. XV.).

Quellentext 11

Aus dem „Liber contra Manicheos" von Durand de Huesca

I
Einleitung in den Traktat der Manichäer

Da uns manche hinsichtlich der göttlichen Werke und Geschöpfe übel verspotten, bekennen wir daher mit Worten und ebenso mit dem Herzen das, was wir darüber denken, damit diejenigen, die uns aus diesem Grund wider besseres Wissen bekämpfen, desto klarer die Wahrheit erkennen und erfassen können.

Vor allem erweisen wir dem höchsten und wahren Gott, dem allmächtigen Vater, besondere Ehre. Wir lesen und glauben, daß durch ihn der Himmel, die Erde, das Meer und alles, was dazugehört, erschaffen wurde [vgl. Ps 146,6]. Dasselbe bestätigen die Zeugnisse der Propheten, und die Verfasser des Neuen Testamentes zeigen es noch deutlicher. So sagt der Herr selbst durch seinen Propheten Jesaja: *„Ich bin der Erste und der Letzte. Meine Hand hat die Erde gegründet, und meine Rechte die Himmel ausgemessen"* [Jes 48,12–13]. Und wiederum: *„Siehe, ich will einen neuen Himmel und eine neue Erde erschaffen"* [vgl. Jes 65,17]. Und der Engel sagt in der Apokalypse: *„Fürchtet den Herrn und erweist ihm die Ehre! Denn die Stunde seines Gerichts ist gekommen. Betet ihn an, der den Himmel und die Erde, das Meer und alles, was dazugehört, erschaffen hat!"* [Apk

14,7] Und die 24 Ältesten: *„Würdig bist du, Herr, Herrlichkeit und Ehre und Macht zu empfangen, weil du alles erschaffen hast und alles durch deinen Willen war und erschaffen wurde"* [Apk 4,11].

Ebenso sagen Paulus und Barnabas in der Apostelgeschichte: *„Männer, was tut ihr? Auch wir sind nur Menschen, Menschen wie ihr, die euch das Evangelium verkünden, damit ihr euch von diesen nichtigen Götzen zum lebendigen und wahren Gott bekehrt, der den Himmel und die Erde, das Meer und alles, was dazugehört, erschaffen hat"* [vgl. Apg 14,15]. Ähnlich sagen in der Apostelgeschichte auch die übrigen Apostel: *„Herr, du hast den Himmel und die Erde, das Meer und alles, was dazugehört, erschaffen"* [Apg 4,24]. Ebenso sagt Paulus in der Apostelgeschichte: *„Gott, der die Welt und alles, was dazu gehört, erschaffen hat, wohnt nicht in Tempeln, die von Menschenhand erbaut wurden, da er der Herr über Himmel und Erde ist"* [Apg 17,24]. Und David: *„Seid gesegnet vom Herrn, der Himmel und Erde erschaffen hat!"* [Ps 114,15] Und in der Apokalypse heißt es: *„Schreibe an den Engel der Gemeinde von Laodizea: So spricht er, Amen, der zuverlässige und wahrhaftige Zeuge, der der Anfang der Schöpfung Gottes ist"* [Apk 3,14].

Daher glauben wir aufgrund dieser und zahlreicher anderer Zeugnisse, daß der allmächtige Gott den Himmel, die Erde, das Meer und alles, was dazugehört, in gleicher Weise gemacht und erschaffen hat. Und so weiter ...

II
Beginn ihrer Offenbarung und Erkenntnis

Weil es ziemlich viele gibt, die sich um die übrige Welt und die anderen Geschöpfe keineswegs kümmern, außer um das, was auf dieser Welt nutzlos, nichtig und vergänglich scheint und sozusagen wie aus dem Nichts kommt und wieder ins Nichts zurückkehrt, sagen wir wahrhaftig, daß es noch eine andere Welt gibt und andere, unvergängliche und ewige Geschöpfe, auf denen unser Glaube und unsere Hoffnung beruht. Denn ihr Sein ist der Glaube, so wie der Apostel zu den Hebräern sagt: *„Glaube ist die feste Zuversicht auf Dinge, die man erhofft, das Überzeugtsein von Dingen, die man nicht sieht"* [Hebr 11,1]. Und so weiter ...

III
Die zwei Welten

Der Sohn Gottes sagte von den zwei Welten: *„Die Söhne dieser Welt heiraten und werden verheiratet; aber jene, die jener Welt und der Auferstehung von den Toten für würdig erachtet werden, werden dann nicht mehr heiraten"* [vgl. Lk 20,34–35]. Von dieser Welt sagt der Apostel zu den Galatern: *„Gnade sei mit euch und Friede von Gott, dem Vater, und dem Herrn Jesus Christus, der sich selbst für unsere Sünden hingegeben hat, um uns der gegenwärtigen bösen Welt zu entreißen"* [Gal 1,3–4]. Und zu den Ephesern sagt er: *„Ihr wart tot wegen eurer Vergehen und Sünden, in denen ihr einst lebtet, wie es dieser Welt entspricht"* [Eph 2,1–2]. Und an anderer Stelle, nämlich an die Römer, schreibt er: *„Paßt euch nicht dieser Welt an!"* [Röm 12,2] An einer anderen Stelle, nämlich im ersten Brief an die Korinther, steht: *„Wir verkünden die Weisheit unter den Vollkommenen, aber nicht die Weisheit dieser Welt noch der Herrscher dieser Welt, die [einst] entmachtet werden; sondern wir verkünden die Weisheit Gottes, die kein Herrscher dieser Welt kennt"* [vgl. 1 Kor 2,6–8]. Und so weiter ...

IV
Die zwei Welten

Von der gegenwärtigen Welt, die schlecht und böse ist und *„ganz unter der Macht des Bösen steht"* [1 Joh 5,19], sagt Jakobus in seinem Brief: *„Ihr Ehebrecher, wißt ihr nicht, daß die Freundschaft mit dieser Welt Feindschaft mit Gott ist? Wer also ein Freund dieser Welt sein will, wird zum Feind Gottes"* [Jak 4,4]. Und Paulus: *„Denn die Gestalt dieser Welt vergeht"* [1 Kor 7,31]. Und Johannes: *„Liebt nicht die Welt und das, was in der Welt ist! Denn alles, was in der Welt ist, ist die Begierde des Fleisches"* [vgl. 1 Joh 2,15–16]. Und so weiter. Und Christus: *„Es kommt der Herrscher dieser Welt"* [vgl. Joh 14,30]. Und abermals: *„Meine Königsherrschaft ist nicht von dieser Welt"* [Joh 18,36]. Und an anderer Stelle: *„Nicht für die Welt bitte ich"* [Joh 17,9]. Und an einer anderen Stelle: *„Vater, die Welt hat dich nicht erkannt"* [Joh 17,25]. Ferner sagte er von den Seinen: *„Sie sind nicht von der Welt,* *wie auch ich nicht von der Welt bin"* [Joh 17,16]. Ferner: *„In der Welt werdet ihr Drangsal leiden"* [vgl. Joh 16,33]. Ferner: *„Wenn ihr von der Welt stammen würdet, würde die Welt euch als ihr Eigentum lieben"* [Joh 15,19]. Ferner: *„Die Welt hat sie gehaßt"* [Joh 17,14]. Und Johannes: *„Wundert euch nicht, wenn euch die Welt haßt!"* [vgl. 1 Joh 3,13] Und an anderer Stelle: *„Deshalb kennt uns die Welt nicht, weil sie ihn nicht kennt"* [1 Joh 3,1].

Wenn die Welt *„unter der Macht des Bösen steht"* [1 Joh 5,19] und wenn man sie und das, was in ihr ist, nicht lieben darf, darf man folglich nicht glauben, daß dies alles das Eigentum Christi ist, weil es nicht vom Vater stammt. Und wenn es nicht vom Vater stammt, ist es also nicht das Eigentum Christi. Er selbst sagt zum Vater: *„Alles, was mein ist, ist dein, und was dein ist, ist mein"* [Joh 17,10]. Ebenso: Wenn *„die Königsherrschaft"* Christi *„nicht von dieser Welt ist"* und wenn Christus *„nicht für sie bittet"* und wenn die Seinen, die sein Eigentum sind, *„nicht von dieser Welt sind"*, sondern im Gegenteil *„die Welt sie haßt"* und sie *„in ihr Drangsal leiden"* und die Welt sie und Christus verfolgt und bekämpft, darf man folglich nicht glauben, daß sie sein Eigentum ist, weil sie ihn nicht kennt.

Weil wir so aber wissen, daß die Welt böse ist, wollen wir sie verurteilen im Hinblick auf das Weltleben, die Taten, die Menschen, die Herrscher und die Staatenlenker, Speise und Trank, so gut wir können. Und so weiter ...

V
Die zwei Reiche

Wir glauben, daß es da ein Reich gibt, von dem Christus sagt: *„Meine Königsherrschaft ist nicht von dieser Welt"* usw. [Joh 18,36], wie es weiter oben im vorhergehenden Kapitel heißt. Daniel sagt über dessen Macht und Reich: *„Seine Herrschaft soll eine ewige Herrschaft sein, die nicht vergehen wird, und sein Reich ein Reich, das nicht zugrunde gehen wird"* [Dan 7,14]. Und der Engel sagt zu Maria: *„Seines Reiches wird kein Ende sein. Gott, der Herr, wird ihm den Thron seines Vaters David geben, und er wird im Hause Jakob in Ewigkeit herrschen"* [vgl. Lk 1,32–33]. Und David: *„Deine Königsherrschaft ist eine ewige Königsherrschaft"* [Ps 145,13]. Als Paulus von der Auferstehung spricht, sagt er: *„Damit meine ich, Brüder, Fleisch und*

Blut können das Reich Gottes nicht besitzen" [1 Kor 15,50]. Und an anderer Stelle: *„Das sollt ihr wissen, daß kein unzüchtiger, unreiner oder habgieriger Mensch – das heißt kein Götzendiener – ein Erbe im Reich Christi und Gottes erhält"* [Eph 5,5]. Und daher sagen wir: Wenn das gegenwärtige Reich, dessen Herrscher, wie wir wissen, ungerecht ist, das Reich Christi und Gottes wäre, würde es niemals solche Inhaber haben und auch nicht untergehen.

Von der übrigen Welt und seiner Schöpfung sagt Johannes in der Apokalypse: *„Da ertönten diese Stimmen im Himmel [...] ‚Die Herrschaft über diese Welt gehört unserem Gott und seinem Gesalbten'"* [vgl. Apk 11,15]. Aber im Gegensatz zu diesem himmlischen Reich gibt es ein anderes Reich, das dem Satan gehört, worüber Christus sagt: *„Wenn der Satan den Satan austreibt, ist er mit sich selbst zerstritten. Wie kann also dann sein Reich Bestand haben?"* [vgl. Mt 12,26] Und: *„Die Söhne dieses Reiches werden in die äußerste Finsternis hinausgeworfen werden; dort wird Weinen und Zähneknirschen sein"* [vgl. Mt 8,12]. Und so weiter ... [...]

VI
Der neue Himmel und die neue Erde

Wir glauben, daß es in jener Zeit einen neuen Himmel und eine neue Erde [vgl. Apk 21,1] gibt, worüber der Herr bei Jesaja zu seinem Volk folgendes sagt: *„Denn wie der neue Himmel und die neue Erde, die ich erschaffe, vor mir bestehen – spricht der Herr –, so wird euer Geschlecht und euer Name bestehen"* [Jes 66,22]. Und Petrus sagt in seinem Brief: *„Wir erwarten gemäß seiner Verheißung einen neuen Himmel und eine neue Erde, in denen die Gerechtigkeit wohnt"* [2 Petr 3,13]. Und Johannes in der Apokalypse: *„Ich sah einen neuen Himmel und eine neue Erde"* [Apk 21,1]. Dort gibt es Sonne und Mond, von denen Jesaja sagt: *„Deine Sonne wird niemals untergehen und dein Mond nicht abnehmen"* [Jes 60,20]. Und im Buch der Weisheit steht: *„Die Sonne der Gerechtigkeit ging nicht für uns auf"* [vgl. Weish 5,6].

Dort ist die Stadt, von der Johannes in der Apokalypse sagt: *„Ich, Johannes, sah die heilige Stadt, das neue Jerusalem"* [vgl. Apk 21,2]. Über sie sagt er: *„Diese Stadt ist aus reinem Gold, wie aus reinem Glas"* [Apk 21,18]. Über sie sagt auch der Apostel: *„Das himmlische Jerusalem ist frei, es ist unsere Mutter"* [Gal 4,26]. Dort ist der Baum des Lebens, von dem Johannes in der Apokalypse sagt: *„Dem Sieger werde ich zu essen geben von dem Baum des Lebens, der im Paradies meines Gottes steht"* [vgl. Apk 2,7]. Dort ist *„der Strom mit dem Wasser des Lebens"*, von dem Johannes in der Apokalypse sagt: *„Und der Engel zeigte mir den Strom mit dem Wasser des Lebens, klar wie Kristall; er geht vom Thron Gottes und des Lammes aus. In der Mitte des Platzes und zu beiden Seiten des Stromes steht der Baum des Lebens, der zwölf Monate seine Früchte bringt. Jeden Monat spendet er eine Frucht"* [vgl. 22,1–2]. Dort ist der heilige, himmlische Palast des Vaters, von dem Daniel sagt: *„Tausendmal Tausende dienten ihm, und zehnmal Hunderttausende standen vor ihm"* [vgl. Dan 7,10].

Über die Werke und die Geschöpfe, die dort sind, sagt der Apostel: *„Was kein Auge gesehen, kein Ohr gehört hat und in keines Menschen Herz gedrungen ist, das hat Gott denen bereitet, die ihn lieben"* [1 Kor 2,9]. Und so weiter ...

VII
Das Eigentum, in das das Wort des Vaters kam

Das Eigentum, von dem Johannes sagt: *„Er kam in sein Eigentum"* [Joh 1,11], ist nach der überwiegenden Meinung diese gegenwärtige Welt. Aber diese Meinung steht im Widerspruch zu dem, was Johannes in seinem Brief sagt: *„Liebt nicht die Welt!"* [1 Joh 2,15] Und an anderer Stelle: *„Die ganze Welt ist dem Bösen unterworfen"* [1 Joh 5,19]. Wir erklären anhand authentischer Zeugnisse, daß dieses Eigentum seine Mutter und das Volk Gottes ist. Denn die Jungfrau selbst erklärt, daß sie sein Eigentum ist, als sie zum Engel sagt: *„Siehe die Magd des Herrn! Mir geschehe nach deinem Wort!"* [Lk 1,38] Und so weiter ...

VIII
Die Saat im Acker, das heißt Unkraut und Weizen

Der Teufel säte die Söhne dieser Welt, die aus dem Fleisch der Sünde stammen und die aus dem Blut und aus dem Willen des Fleisches und aus dem Willen des Mannes geboren sind [vgl. Joh 1,13], so wie Christus sagt: *„Das Himmelreich gleicht einem Menschen, der guten Samen auf seinen Acker gesät hat"* usw. [vgl. Mt 13,24]. Dieses Gleichnis erklärte er selbst mit den Worten: *„Der, der guten Samen sät, ist der Menschensohn. Der Acker aber ist die Welt. Der gute Same, das sind die Söhne des Reiches. Das Unkraut sind die nichtsnutzigen Söhne. Der Feind, der es gesät hat, ist der Teufel"* usw. [Mt 13,37–39].

Aber falsche Interpreten halten die gegenwärtige Welt für diesen Acker, von dem der Herr sagte, es sei seiner: Das scheint uns falsch zu sein. Denn in der Welt, von der der Herr spricht, gab es zunächst Gute, danach aber Böse. In der gegenwärtigen Welt aber gab es zuerst Böse und danach Gute. So sagt Johannes in seinem Brief: *„Daran erkennt man die Söhne Gottes und die Söhne des Teufels"* [1 Joh 3,10]. Woran? Daran, daß die einen gut und die anderen böse sind. Ferner sagt der Herr im Evangelium zu den Pharisäern: *„Nun, ihr Pharisäer, das Äußere von Becher und Schüssel reinigt ihr; aber euer Inneres ist voller Habgier und Sündhaftigkeit. Ihr seid töricht und blind! Hat nicht der, der das Äußere geschaffen hat, auch das Innere geschaffen?"* [vgl. Lk 11,39]

Wir glauben, daß ein und derselbe das Äußere und das Innere geschaffen hat, aber einige, die nicht so verständig sind, erklären lautstark, dies sei zugleich über den Geist und über das Fleisch gesagt, und sie behaupten, der Geist sei das Innere, das Fleisch das Äußere. Und so behaupten sie, der Herr habe zugegeben, daß er, der das Fleisch erschuf, auch den Geist erschuf. Aber man darf nicht zugeben, daß Christus dies über den Geist zu den Pharisäern sagte, die weder den Geist, das Innere, noch das Äußere reinigten. Das Äußere eines Bechers und einer Schüssel reinigen diejenigen, die ihren Körper äußerlich reinigen und pflegen. Das Innere aber reinigen diejenigen nicht, die ihre Herzen nicht vom Schmutz [der Sünde] reinigen. Über sie sagt der Herr: *„Aus dem Herzen kommen böse Gedanken, Mord, Ehebruch, Unzucht, Diebstahl, falsches Zeugnis,*

Gotteslästerung: Das ist es, was den Menschen verunreinigt" [Mt 15,19]. Und so weiter ...

IX
Die guten und die bösen Tage

Wir sagen, daß auch die Tage dieser gegenwärtigen Welt böse sind gemäß dem Wort des Paulus, der sagt: *„Achtet sorgfältig darauf, Brüder, welchen Lebenswandel ihr führt, nämlich nicht als Toren, sondern als Weise! Nutzt die Zeit, denn die Tage sind böse"* [vgl. Eph 5,15–16]. Und ferner: *„... damit ihr am Tag des Bösen widerstehen könnt!"* [Eph 6,13] Und im Evangelium: *„Ein jeder Tag hat Plage genug"* [Mt 6,34]. Dazu sagt der Psalmist: *„Meine Tage vergingen wie ein Schatten"* [Ps 102,12]. Und Ijob: *„Meine Tage vergingen schneller, als der Faden vom Weber abgeschnitten wird, sie schwanden dahin ohne jede Hoffnung"* [vgl. Jjob 7,6]. Wer sich im Elend der gegenwärtigen Tage befindet, sagt seufzend: *„Wer wird es mir ermöglichen, daß ich bin wie in früheren Monaten, wie in den Tagen, an denen Gott mich beschützte?"* [Ijob 29,2] Dazu sagt Petrus: *„Wer will das Leben lieben und gute Tage erleben?"* [vgl. 1 Petr 3,10] Und an anderer Stelle: *„Ein einziger Tag ist beim Herrn wie tausend Jahre, und tausend Jahre sind wie ein einziger Tag."* [2 Petr 3,8] Und so weiter...

X
Die guten und die bösen Taten

Daß die Werke der Welt böse sind, bestätigt Christus selbst, wenn er sagt: *„Mich haßt die Welt, weil ich Zeugnis gebe, daß ihre Taten böse sind"* [vgl. Joh 7,7]. Und ferner: *„Mit dem Gericht ist es so: Das Licht kam in die Welt, und die Menschen liebten die Finsternis mehr als das Licht. Denn ihre Taten waren böse. Denn jeder, der Böses tut, haßt das Licht und kommt nicht zum Licht"*, nämlich zu Christus, der das wahre Licht ist, *„damit seine Taten nicht aufgedeckt werden"* [vgl. Joh 3,19–20]. Und ferner: *„Jeder, der eine Sünde begeht, ist Sklave der Sünde"* [Joh 8,34], das heißt des Teufels, der die Sünde genannt wird, wie es jene Stelle im Brief des Johannes besagt: *"Wer eine Sünde begeht, stammt vom Teufel, weil der Teufel von Anfang an sündigt. Aber der Sohn Gottes ist dazu erschienen, um die Taten des Teufels zunichte zu machen"* [1 Joh 3,8]. Über diese Taten steht im Buch der Weisheit geschrieben: *"Jedes vergängliche Werk wird am Ende vergehen, und wer es vollbringt, wird mit ihm dahingehen"* [vgl. Sir 14,19]. Und der Apostel: *"... der Geist, der jetzt noch auf die Söhne des Unglaubens einwirkt"* [vgl. Eph 2,2]. Und an anderer Stelle: *"Solche Leute sind unehrliche Arbeiter"* [vgl. 2 Kor 11,13]. Im Buch der Weisheit steht hierzu: *"Ich besah alle Taten, die unter der Sonne geschehen, und siehe, alles war Nichtigkeit und Haschen nach Luft"* [vgl. Koh 1,14]. Und ferner: *"Alles unterliegt der Nichtigkeit, und alles geht ein und denselben Weg. Aus Erde ist alles gemacht, und so wird es sich wieder in Erde verwandeln"* [vgl. Koh 3,19–20].

Von den guten, ewigen Taten lesen wir im Buch der Weisheit folgendes: *"Alle Werke des Herrn sind sehr gut"* [vgl. Sir 39,16]. Und ferner: *"Herr, du liebst alles, was ist, und du haßt nichts von dem, das du gemacht hast; denn du hast nichts im Haß erschaffen oder gemacht"* [vgl. Weish 11,24]. Und ferner: *"Er machte alles gut zu seiner Zeit"* [Koh 3,11]. Und ferner: *"Ich habe begriffen, daß alle Werke, die Gott vollbrachte, in Ewigkeit bleiben werden"* [vgl. Koh 3,14]. Und ferner: *"Jedes erlesene Werk wird gerechtfertigt werden, und wer es vollbringt, wird in ihm geehrt werden"* [vgl. Weish 14,7–10]. Und der Apostel sagt: *"Gott ist es, der in euch handelt"* [vgl. Phil 2,13]. Und so weiter ...

XI
Die zweifache Schöpfung

Da nun einmal die Schöpfung als ein Werk gilt, möchten wir nun einiges über die gute und die böse Schöpfung sagen. So sagt der Apostel über die böse folgendes: *"Christus, der als Priester künftiger Güter kam, trat durch das größere und vollkommenere Zelt, das nicht von Menschenhand gemacht, das heißt nicht von dieser Schöpfung ist, ein"* [vgl. Hebr 9,11–12]. Und wenn es [nämlich das Zelt] nicht von dieser, das heißt der irdischen Schöpfung ist, dann ist sie also, das heißt die irdische Schöpfung, böse, denn sie hat kein Zelt, das Christus betrat, da man glauben muß, daß das Zelt, das Christus betrat, gut ist, weil es von der guten Schöpfung ist. Denn nach dem Zeugnis des Apostels schuf es Gott und nicht der Mensch.

Ferner steht im Buch der Weisheit über die böse Schöpfung: *„Ihre Frauen sind dumm, ihre Söhne sehr schlecht, verflucht ist ihr Geschlecht"* [Weish 3,12]. Nach dem Zeugnis Christi werden Himmel und Erde der irdischen Schöpfung vergehen [vgl. Mt 24,35]. Das heißt, sie werden ganz verschwinden und alles, was davon stammt. So sagt der heilige Apostel Petrus: *„Denn es ist [den Spöttern] verborgen, daß es einst einen Himmel gab und eine Erde, die durch das Wort Gottes aus dem Wasser entstand und durch das Wasser Bestand hatte: Dadurch ging jene Welt, als sie vom Wasser überflutet wurde, zugrunde. Aber der jetzige Himmel und die jetzige Erde sind durch dasselbe Wort aufgespart worden. Sie sind vorgesehen für das Feuer am Tag des Gerichts und des Untergangs der gottlosen Menschen"* [vgl. 2 Petr 3,5–7], und so weiter bis zur Stelle: *„Die Elemente werden in der Feuersglut schmelzen"* [2 Petr 3,12]. Von der Erde selbst sagt der Apostel: *„Sie trägt Dornen und Disteln, ist nutzlos und vom Fluch bedroht; am Ende wird sie verbrannt"* [vgl. Hebr 6,8]. Von der Sonne, die es an diesem gegenwärtigen Himmel gibt, steht im Buch der Weisheit geschrieben: *„Was ist heller als die Sonne? Auch sie wird vergehen"* [Sir 17,31]. Und so weiter ...
[...]

XV
Die neue Erde

Ihr seid verblendet und gefangen unter der Wirkung der Sünde. Es sollen daher noch diejenigen, die Ohren haben zu hören, hören, was der Geist über die guten Geschöpfe sagt, die in jedem Fall Geschöpfe Gottes sind. In den Psalmen heißt es: *„Der Herr hat den Erdkreis fest gegründet, er wird nicht wanken"* [vgl. Ps 93,1]. Vom Erdkreis sagt der Apostel zu den Hebräern, daß Gott ihn nicht den Engeln, sondern seinem Sohn Christus unterstellt hat, *„den er als Erben des Alls eingesetzt und durch den er auch die Welt erschaffen hat"* [vgl. Hebr 1,2]. Von der Erde dieses Schöpfungskreises sagt derselbe Apostel, als er die Weissagung des Psalmisten David bestätigt: *„Du, Herr, hast am Anfang die Erde gegründet"* [Hebr 1,10; vgl. Ps 102,26]. Auf dieser Erde wünschte derselbe Prophet, der auf der Erde des Elends und der Finsternis lebte, die Güte des Herrn zu sehen, als er sagte: *„Ich glaube, ich werde die Güte des Herrn im Land der Lebenden schauen"* [Ps 27,13]. Er meinte damit, daß man die Güte des Herrn im vollen Ausmaß nur im Land der Lebenden sehen kann. Derselbe sagt an anderer Stelle: *„Ich rief zu dir, Herr, und sagte: ‚Du bist meine Hoffnung, mein Anteil im Land der Lebenden'"* [vgl. Ps 142,6]. Ferner: *„Dein guter Geist wird mich in das rechte Land führen"* [vgl. Ps 143,10]. Ferner: *„Dem Herrn gehört die Erde und ihre ganze Fülle, der Erdkreis und alle, die darauf wohnen"* [Ps 24,1].

Wie es scheint, ist dies nicht von der Erde gesagt, von der David selbst in der Person des Volkes Israel spricht: *„Wie sollen wir in einem fremden Land ein Lied des Herrn singen?"* [vgl. Ps 137,4] Auch nicht vom Erdkreis, wo es mehr Böses als Gutes gibt, wo die Herrscher der Erde aufstehen und die Fürsten sich vereinen gegen den Herrn und gegen seinen Gesalbten [vgl. Ps 2,2], was David prophezeit hat. Es ist also klar, daß die Herrscher, Fürsten, Pharisäer und alle, die sich gegen den Herrn und seinen Gesalbten vereinen, nicht die Seinen sein können, da Christus selbst sagt: *„Wer nicht für mich ist, ist gegen mich"* [Lk 11,23; Mt 12,30]. Ferner: *„Deshalb hört ihr [die Worte Gottes] nicht, weil ihr nicht aus Gott seid"* [Joh 8,47]. Wenn sie nicht aus Gott waren, wohnten sie nicht auf dem Erdkreis des Herrn. Aber wohnten denn nicht die Juden, die die Worte des Herrn nicht anhörten, auf diesem Erdkreis? Auf jeden Fall!

Dieser Erdkreis ist demnach nicht der, von dem der Prophet sprach, und auch die Erde und ihre ganze Fülle scheint nicht die des Herrn zu sein, da auf ihr eher die Sünde als das Gute regiert; sie scheint vielmehr die des Teufels zu sein. Aber von der Erde, von der David sprach, die die Erde des Herrn ist, sagt Christus selbst: *„Selig die Sanftmütigen, denn sie werden das Land besitzen"* [Mt 5,4]. Von diesem Land sagte Ijob: *„Der Fundort des Saphirs sind seine Gesteine, und Gold findet man in seinem Boden"* [Ijob 28,6]. Und so weiter ... [...]

XVII
Der neue Himmel

Weil wir zur guten Erde, die Gott am Anfang gründete, genügend Zeugnisse genannt haben, wollen wir nun zum Himmel, in dem die Gerechtigkeit wohnt und Gott zu thronen geruht und den er selbst für uns bereitet hat, echte und zahlreiche Zeugnisse anführen. So sagt der Vater: *„Der Himmel ist mein Thron"* [Apg 7,49]. Und der Sohn sagt im Gebet: *„Unser Vater im Himmel"* [Mt 6,9]. Ferner der Vater bei Jesaja: *„Wie der neue Himmel und die neue Erde, die ich erschaffe, vor mir Bestand haben, so auch euer Name"* [Jes 66,22]. Petrus sagt in seinem Brief: *„Wir erwarten einen neuen Himmel, in dem die Gerechtigkeit wohnt"* [vgl. 2 Petr 3,13]. Und der Herr spricht durch seinen Propheten: *„Meine Hände haben den Himmel ausgespannt, und ich habe seine ganze Heerschar befehligt"* [vgl. Jes 45,12]. Ferner: *„Siehe, ich erschaffe einen neuen Himmel"* [vgl. Jes 65,17]. Ebenso: *„Hört, ihr Himmel, und horche auf, Erde!"* [Jes 1,2] Und David sagt zum Herrn: *„Die Himmel sind das Werk deiner Hände"* [Ps 102,26].

Aber da ziemlich viele infolge der Blindheit ihres Herzens behaupten, dies sei über den gegenwärtigen Himmel gesagt worden, weil der Prophet hinzufügt: *„Sie [die Himmel] werden vergehen"* [Ps 102,27], wollen wir, die wir alles aus dem guten Schatz unseres Herzens vorbringen, wahrhaft und glaubhaft über den besseren Himmel, der überhaupt nicht vergeht, gültige Aussagen machen. Denn über den gegenwärtigen Himmel sagt Petrus: *„Der jetzige Himmel und die jetzige Erde sind durch dasselbe Wort für das Feuer aufgespart worden; sie sind vorgesehen für das Feuer am Tag des Gerichts und des Untergangs der gottlosen Menschen"* [vgl. 2 Petr 3,7].

Derselbe sagt gleich danach: *„Der Tag des Herrn wird kommen wie ein Dieb; an diesem Tag wird der Himmel mit großer Gewalt vergehen, die Elemente werden sich in der Feuersglut auflösen, und die Erde und alle Werke, die sich auf ihr befinden, werden verbrennen. Weil sich nun alles so auflösen muß, wie müßt ihr dann heilig und fromm leben und die Ankunft des Tages Gottes erwarten und beschleunigen, durch den der brennende Himmel sich auflösen wird und die Elemente in der Feuersglut vergehen werden!"* [2 Petr 3,10–12] Von diesem Himmel sagt der Herr durch seinen Propheten: *„Der Himmel wird wie Rauch vergehen"* [Jes 51,6]. Und Christus sagt von der irdischen Schöpfung: *„Jede Pflanze, die nicht mein himmlischer Vater gepflanzt hat, wird ausgerissen werden"* [Mt 15,13]. Wenn jede Pflanze ausgerissen wird, die der Vater nicht gepflanzt hat, dann kann die Pflanze, die der Vater gepflanzt hat, nicht ausgerissen werden.

Daher darf man nicht glauben, daß diese Worte den Himmel meinen, der das Werk der Hände Gottes ist, da alle Werke Gottes in Ewigkeit Bestand haben werden. Denn vom Himmel, der das Werk der Hände Gottes ist, sagt David, er werde vergehen, weil er altern und weil er sich schließlich verwandeln wird [vgl. Ps 102,26–27]. Dies darf man sich aber nicht von dem gegenwärtigen Himmel vorstellen, von dem weiter oben der Herr und Petrus gesprochen haben. Denn man darf nicht glauben, daß der gegenwärtige Himmel, nachdem er mit großer Gewalt untergegangen ist und sich im Feuer aufgelöst hat und wie Rauch vergangen ist, altert oder sich verwandelt. Sondern der Himmel, der vergangen ist, ist der, von dem der Herr bei Jesaja sagt: *„Hört, ihr Himmel, und horche auf, Erde!"* [Jes 1,2] Diese Himmel haben Ohren, mit denen sie hören. Denn wenn sie nicht hören könnten, würde der Herr nicht zu ihnen sagen: *„Hört!"* Weil diese Himmel vergangen sind, sagt der Apostel darüber in seinem ersten Brief an die Korinther: *„Sie gingen durch den Verderber zugrunde"* [1 Kor 10,10]. Und der Herr sagt bei Ezechiel: *„Was verlorengegangen ist, will ich suchen"* [vgl. Ez 34,16]. Dieser Suchende sagt: *„Der Menschensohn ist gekommen, um zu suchen und zu retten, was verlorengegangen war"* [vgl. Lk 19,10]. Und an anderer Stelle sagt er zu seinen Jüngern: *„Geht nicht zu den Heiden und betretet nicht die Städte der Samariter, sondern geht vielmehr zu den verlorenen Schafen des Hauses Israel!"* [Mt 10,5–6] Ebenso: *„Ich bin nur zu den verlorenen Schafen des Hauses Israel gesandt"* [Mt 15,24]. Über ihre Rückgewinnung steht in den Psalmen geschrieben: *„Die Himmel rühmen die Herrlichkeit Gottes"* [Ps 19,2]. Und ebenso: *„Der Himmel ist der Himmel des Herrn"* [Ps 115,16]. Und ferner: *„Alle Himmel, lobet den Herrn!"* [vgl. Ps 148,4]

Daß die Verlorenen alt geworden sind, sagt Jeremias: *„O Israel, warum bist du alt geworden in einem fremden Land?"* [vgl. Bar 3,11] Und David sagt in der Person von ganz Israel: *„Ich bin alt geworden unter all meinen Feinden"* [vgl. Ps 6,8]. Daß sie sich verwandeln, sagt der Apostel zu den Korinthern: *„Wir werden alle auferstehen, aber wir werden nicht alle ver-*

wandelt werden" [vgl. 1 Kor 15,51]. Ferner: *„Die Toten werden zur Unvergänglichkeit auferstehen, und wir werden verwandelt werden"* [1 Kor 15,52]. Und: *„Diese Verwandlung ist die Verwandlung der Rechten des Höchsten"* [vgl. Ps 77,11]. Und so weiter ... [...]

> Christine Thouzellier (Hg.), Liber contra Manicheos de Durand de Huesca. Un Traité Cathare inédit du début du XIIIe siècle. Louvain 1961 (Bibliothèque de la Revue d'Histoire Ecclésiastique, Fascicule 37), S. 85–113.

Quellentext 12

Auszüge aus dem Buch „Supra Stella"

Den „Liber Supra Stella" verfaßte Salvo Burce im Jahre 1235 in Piacenza.

Hier beginnt das Buch „Supra Stella" gegen alle Ketzer.

Gegen diejenigen Katharer, die Albanenser und Concorezzianer genannt werden, die sich voneinander sehr unterscheiden, weil die einen die anderen in den Tod verdammen. So sagen die Albanenser gegen die Concorezzianer, sie selber seien die Kirche Gottes. Und sie behaupten, jene [nämlich die Concorezzianer] stammten von ihnen ab und hätten sich von ihnen getrennt. Umgekehrt sagen aber die Concorezzianer dasselbe.

Es ist offensichtlich, daß die Albanenser und Concorezzianer sehr oft zusammenkamen und sehr oft darüber berieten, wie sie sich auf einen Glauben einigen könnten. Die Albananeser wollten ebenso wie die Concorezzianer das zurückstellen, was sie predigten, und zwar wegen der Gläubigen sowohl der Albanenser als auch der Concorezzianer, da sie wegen der Predigten miteinander stritten. Um zu einem Glauben zurückzufinden, verwandten sie viel Zeit auf viele verschiedene Reisen, gingen hierhin und dorthin und zogen durch die ganze Welt ... Aber obwohl sie sich nicht einigen konnten, gaben sie sich Mühe und setzten sich nach Kräften dafür ein, daß beide Sekten in einem Glauben zusammenkämen. Sie sagten, daß ihre Kirche unter dem Ärgernis ihrer Spaltung leidet. Viele ihrer Gläubigen sind daher zur römischen Kirche zurückgekehrt. Auch wenn sie sich, wie gesagt, oft versammelten, konnten sie keinen Frieden finden, denn jede dieser Sekten wollte dominieren. So blieb es bei den heftigen Auseinandersetzungen in beiden Gruppen. Jedes einzelne Mitglied verursacht große Spaltungen. Daher ist klar, daß sie nicht die Kirche Gottes sind.

Nun wollen wir von ihren Glaubensinhalten sprechen, die ganz falsch sind. Denn alle Katharer sagen, daß die weltliche Ehe Unzucht sei, und sie sagen, der böse Gott, der Teufel, habe sie gegründet. Ferner sagen sie, sich mit seiner Frau zu vereinen oder mit der Mutter oder mit der Tochter oder mit einer anderen Frau sei ein und dieselbe Sünde, soweit es Gott betrifft, aber es ist ein Ärgernis, soweit es die Welt betrifft. Wißt also: Wenn sich bei ihnen eine gläubige Frau nicht mit einem anderen Mann vereinen will, unterläßt sie dies nicht wegen Gott, sondern wegen der Welt. Und wenn sie keine Angst vor der Welt hätte, würde sie sich nicht zurückhalten, sondern im Gegenteil mit einem anderen Mann verkehren. Warum? Weil es Huren so gewöhnt sind. Wundert euch nicht, wenn ich sage, daß sie Huren sind, weil sie selber sagen, daß sie Huren sind, wenn sie mit ihrem Ehemann wie mit einem anderen Mann verkehren.

[...]

Die Albanenser sagen, daß die Ehe an allen Stellen des NT, wo Christus und seine Jünger von der Ehe sprechen, nur in einem geistigen Sinne zu verstehen sei, nämlich als Ehe von Christus und der Kirche oder des Bischofs und der Gemeinde oder des Geistes und der Seele. Denn es fehle, was unser Herr Jesus Christus und seine Jünger über die weltliche Ehe gelehrt hätten, daß sie vom Teufel beziehungsweise vom bösen Gott stammt und daß der böse Gott selbst beziehungsweise der Teufel sagte: *„Wachset und vermehrt euch"* etc. [vgl. Gen 9,1]. Christus und seine Jünger hätten sie im Gegenteil verworfen und nicht gelehrt.

Ferner sagen sie, daß die Wunder, die Jesus Christus und seine Jünger wirkten, in einem nur geistigen Sinne zu verstehen sind, nämlich gemäß einem inneren und nicht äußeren Menschen, weil sie sagen, der äußere Mensch sei das Werk des bösen Gottes beziehungsweise Teufels, und deshalb würde er diesen nicht heilen, sondern vielmehr zerstören. Warum? Weil Jesus sagt: *„Denn dazu ist der Sohn Gottes gekommen, um die Werke* *des Teufels zu vernichten.*" [Diese Formulierung ist im NT nicht belegbar.] Auch der gesunde Menschenverstand macht dies klar, daß der gute Gott die Werke des Teufels nicht heilmachen würde. Ferner sagen sie, daß man sie an allen Stellen, wo Jesus Christus und seine Jünger sie lehren, nur im geistigen Sinn verstehen darf. Ferner sagen sie, daß jene, die Jesus Christus lehrt, ohne Zweifel alle gerettet werden und zu der himmlischen Herrlichkeit gelangen werden, aus der sie gestürzt sind. Das sagen die Albanenser.

Die Concorezzianer aber sagen, daß Jesus Christus und seine Jünger an einigen Stellen nur von der geistigen Ehe sprechen, nämlich von der Christi und der Kirche oder des Bischofs und seiner Gemeinde, und an einigen Stellen nur von der weltlichen Ehe. Und sie sagen noch, daß die Wunder, die Jesus Christus und seine Jünger wirkten, den inneren und den äußeren Menschen betrafen, das heißt, daß er beide heilte. Ferner sagen sie, daß das Lehramt Jesu Christi und seiner Jünger geistig und weltlich war. Aber darin ist ihr Verständnis schlecht, weil sie sagen, daß der gute Gott vier Elemente erschuf und der Teufel das eine vom anderen trennte. Daher sagen sie, daß der gute Gott betreffs der äußerlichen Dinge Wunder wirkte, weil der gute Gott aus dem Urbeginn erschuf und der Teufel später dies trennte und nachbildete. Wenn sie gefragt werden: *„Glaubt ihr, daß das Sichtbare von dem einen Gott erschaffen wurde?"* antworten sie spitzfindig: *„Erschaffen wurde es durch die Kraft des guten Gottes"*, das heißt: Wenn der gute Gott das nicht am Beginn erschaffen hätte, hätte der Teufel dies nicht nachbilden können.

Werfen wir zuerst einen Blick auf das, was die Concorezzianer zum Thema Ehe sagen. Sie sagen nämlich, daß der Apostel da, wo er spricht: *„Davon habe ich geschrieben"* etc. [vgl. 1 Kor 7,1ff.], von der fleischlichen spricht. Aber er spricht zu denen, die außerhalb der Kirche sind, nämlich zu seinen Gläubigen, die die Handauflegung nicht empfangen haben. Und wenn der Apostel sagt: *„wegen der Unzucht"* etc., verstand der Apostel darunter, um Unzucht zu treiben und nicht zu meiden. Vernimm noch zur geringfügigeren Unzucht, weil der Apostel weiter oben die schwerwiegende Unzucht erwähnt. Eine geringfügigere und eine schwerwiegendere versteht er im Hinblick auf die Welt, aber im Hinblick auf Gott gibt es nur eine Sünde.

Die Ketzer sagen vielleicht auch: Aufgrund vieler Gründe und Argumente bist du für uns widersprüchlich, denn ich sage und glaube, daß die Ehe vom bösen Gott ist. Aber wenn ich das sage, sage ich es abermals. Du aber sagst etwas Falsches, was ich beweise: Es ist klar, daß die Heiligen nicht vom Fleisch bestimmt sind und auch nicht dem Fleisch verpflichtet sind, sondern jene, die in der Ehe sind, sind vom Fleisch bestimmt und dem Fleisch verpflichtet, weil der Verkehr mit einer Frau Fleischespflicht ist. Daß es so ist, wird durch den Apostel klar bewiesen, wenn er zu den Römern sagt: *„Wer aber vom Fleisch bestimmt ist, kann Gott nicht gefallen"* etc. [Röm 8,8]. Danach argumentiert der Apostel, indem er zu dem, was er weiter oben ausführte, sagt: *„Wir sind also nicht, Brüder, dem Fleisch verpflichtet"* etc. [Röm 8,12]. Es ist klar, daß der Verkehr mit einer Frau Fleischespflicht ist. Daher sagt der Apostel treffend, wenn er in der Person Gottes zur Kirche spricht: *„Wir sind nicht dem Fleisch verpflichtet"* [Röm 8,8]. Also ist die fleischliche beziehungsweise weltliche Ehe ganz falsch. Wenn sie ganz falsch ist, ist sie also vom bösen Gott beziehungsweise vom Teufel. Also verstumme die Hure, nämlich die römische Kirche, und widerspreche darin nicht den Heiligen Gottes. Ferner sagt der Herr im Evangelium: *„Jeder, der eine Frau ansieht, um sie zu begehren"* etc. [vgl. Mt 5,27]. Wenn also der Mann ein Ehebrecher ist, wenn er sie begehrt, folgt also klar aufgrund der Stelle, daß er ein Ehebrecher ist, wenn er mit ihr verkehrt. Aber es ist klar, daß auch die Ehefrau eine Frau ist. Also ist der Wunsch, sie zu haben, Ehebruch. Daraus ergibt sich also der ungehörige Schluß, daß die irdische Ehe etwas Schlechtes ist. Es schweige daher die besagte Hure, die römische Kirche.

[...]

Der Glaube der Ketzer

Die Albanenser sagen: Es gibt zwei Schöpfer ohne Anfang, Mitte und Ende. Es gab immer schon Gegensätze, es gibt sie und wird sie geben. Beide [Schöpfer] haben eine Trinität, und ein jeder hat seine eigene Schöpfung. Der Sohn des Gottes der Finsternis stieg mit seinen Engeln in den Himmel empor, das heißt in den Bereich des guten Gottes, und vermischte

sich mit den guten Engeln. Da gab es einen großen Kampf. Und er verführte die Seelen der guten Engel des guten Gottes und zog sie hinunter. Diese Seelen verkörpern sich und wandern von Körper zu Körper, bis sie zur Erkenntnis der Wahrheit gelangen. Warum sage ich: die Seelen? Weil sie es selber sagen, daß die Engel dreierlei haben, nämlich Körper, Geist und Seele. Die Seelen zog er, wie gesagt, nach unten, die Körper blieben aber im Himmel tot und verlassen zurück. Die Geister steigen herab, und ein jeder sucht sich seine eigene Seele. Wenn er sie gefunden hat, spricht er zu ihr, und die Seele antwortet. Wenn die Seele den Geist, mit dem sie im Himmel war, erkennt, dann erinnert sie sich gleich, daß sie im Himmel sündigte, und dann beginnt sie, die Sünde, die sie beging, wiedergutzumachen. Ferner sagen sie, daß der Sohn Gottes nur ein Engel war, der Sohn eines gewissen Engels, der Maria hieß. Sie sagen: Er hat nicht menschliches Fleisch angenommen, und er hat nicht gegessen und getrunken von den materiellen Speisen, wurde nicht müde, klagte nicht und schlief nicht körperlich, war nicht körperlich tot am Kreuz, stand nicht auf, sondern so erschien es nur dem dummen Volk, und es war nicht so. So läßt ein Zauberer eine Sache erscheinen, die nicht so ist. Ferner sagen sie, auf dieser Welt sei die Hölle, das heißt hier sei das Feuer und die Kälte und alles Böse, und es gibt keine andere Hölle, gab es nicht und wird es nicht geben. Ferner sagen sie, wenn die Seelen in den Himmel zurückkehren, werden sie bei der Auferstehung gleichzeitig mit den Körpern vereint sein. Und die Geister und die Engel des bösen Gottes, die beim Kampf zurückgeblieben sind, werden hinabgestürzt werden. Und ein Kampf wird beginnen [...]. So sagen die Albanenser.
[...]

Der Glaube der Concorezzianer

Die Concorezzianer sagen, es gebe nur einen Schöpfer, der alles aus dem Nichts erschuf, aber sie sagen, daß er alles und gleichzeitig die Elemente erschuf. Und sie sagen, daß sich Luzifer, der Satan heißt, im Himmel von sich aus versündigte und die Engel verführte. Weder er selbst noch seine Engel werden gerettet werden. Sie sagen, daß Luzifer, das heißt Satan in das Chaos hinabstieg und einen Geist sah, der vier Gesichter hatte. Er stieg hinab und näherte sich ihm. Und der eine sprach mit dem anderen. Beide wollten die Elemente des guten Gottes trennen, konnten es aber nicht, weil sie nicht drei waren. Da brachte Luzifer einen, und sie waren drei. Sie trennten die Elemente des guten Gottes, und von diesen Elementen war alles nachgebildet. Sie schufen den Körper Adams. Und wenn er sagt: *„Laßt uns den Menschen machen"* etc. [Gen 1,26], warum spricht er dann selber im Plural? Sie verstehen es so, daß Luzifer in der Person seiner Partner sprach. Sie nahmen einen kleineren Engel und brachten ihn mit Gewalt in Adams Körper. Da erhielt Adam eine lebendige Seele. Sie gaben ihm den Namen Adam, entnahmen ihm Eva und schrieben beiden vor, nicht von der Frucht zu essen. Mit der Frucht meinen sie, daß die Schlange ihren Schwanz in die Scheide Evas steckte und sie Kain empfing. Als Eva mit der Schlange vereint war, daß sie also die Frucht aß, da erfuhr sie die Freude dieser Welt, und sie gab Adam von der Frucht zu essen, daß er sich also mit ihr vereinte. Und sie, die es verboten hatten, ermutigten sie zu essen. So sagen sie, daß das Menschengeschlecht ganz und gar von Adam im Fleisch und im Geist abstammt, daß also alle unsere Geister von dem Engel abstammen, den Luzifer mit seinem Partner, der vier Gesichter hatte, in Adam hineinbrachte. Daher sagen sie, daß das Fleisch aus dem Fleisch geboren ist und daß der Geist aus dem Geist stammt. Ferner sagen sie, daß Luzifer, der oben Teufel genannt wurde, das Alte Testament, das Gesetz und die Verheißung Abrahams etc., gab. Sie sagen noch, daß Christus körperlich nicht aß und trank. Einige von ihnen, die Sclavi genannt werden, sagen, daß Christus, als er in den Himmel auffuhr, das Fleisch, das er auf Erden hatte, daließ. Das sind die phantastischen Lügen, die die Concorezzianer erzählen. Wir werden noch davon sprechen.

Die Handauflegung

Die Albananenser und Concorezzianer sagen, daß die Menschen durch die Handauflegung den Heiligen Geist empfangen und heil werden, aber nach ihrem Verständnis nur dann, wenn diejenigen, die die Hände auflegen, den Heiligen Geist haben. Wenn sie den Heiligen Geist nicht haben, empfangen jene, die die Handauflegung empfangen, den Heiligen Geist nicht. Sie empfangen den Heiligen Geist deshalb nicht, weil diejenigen, die die Handauflegung vornehmen, den Heiligen Geist nicht haben. Deshalb können sie ihn auch nicht spenden, obwohl diejenigen, die die Handauflegung empfangen, glauben, daß sie den Heiligen Geist von denen empfangen haben, die ihnen die Hände auflegten. Sie tun Buße auf ihre Weise und halten ein Versprechen. Auch wenn sie das Martyrium für Christus erleiden würden, nützt es ihnen überhaupt nichts, sondern sie werden verloren sein. Das sagen die Concorezzianer. Aber die Albanenser sagen: Wenn sie vom guten Gott erschaffen wurden, werden sie wiederkehren, um Gutes zu tun. Ferner sagen sie: Wenn der Bischof einer Gemeinde, die ihm Gehorsam und Ehrerbietung erweist und seine Entscheidung und Lehre annimmt, nicht den Heiligen Geist hat, weil er nämlich in Sünde lebt, zum Beispiel der Unzucht, der Häresie oder Heuchelei oder eitlen Ruhms etc., dann ist diese Gemeinde, die ihm untersteht, im Zustand der Todsünde, weil sie niemals dem Heiligen Geist unterstand, sondern im Gegenteil dem bösen Geist, der in diesem Bischof ist. Auch wenn diese Gemeinde das Martyrium erleiden würde, wäre sie gänzlich verloren, wie weiter oben gesagt wurde, auch wenn sie glaubt, daß sie das Gute tut. Ferner sagen sie, daß der Bischof, wenn seine Sünde publik wird, sofort abgesetzt und ein neuer Bischof geweiht werden muß und daß alle dann, wenn der neue Bischof geweiht wurde, von dem neuen Bischof die Handauflegung empfangen müssen. Und wenn einer von ihnen sie nicht empfängt, lebt er im Zustand der Todsünde. Ferner sagen sie, wenn der neue Bischof in den Sünden lebt, in denen der besagte Bischof lebte, haben sie nicht die Handauflegung vom Heiligen Geist empfangen, sondern vielmehr vom bösen Geist. Auch wenn die Gemeinde glaubt, sie sei im Zustand des Heils, ist das Gegenteil der Fall.

Also, ihr Armen, ihr Nichtswürdigen, von welcher Art ist dieser Glaube? Ihr könnt eindeutig sehen, daß er nicht von Gott ist, sondern vielmehr ganz falsch. Warum? Weil ihr, wenn ihr im Bett oder beim Martyrium sterbt, nicht wißt, ob ihr gerettet seid oder nicht, weil ihr nicht wißt, ob euer Bischof den Heiligen Geist hat, auch wenn ihr glaubt, daß er ihn hat beziehungsweise, daß er ihn nicht hat. Der Weg, den ihr geht, ist sehr schlecht. Also seid ihr dumm und werdet folglich den Schaden haben.

Diese Ketzer wurden von der Kirche ausgestoßen, weil sie sich Gott gleichstellen, wie es ihr Lehrmeister (der Teufel) machen wollte, und weil sie sagen, daß sie den Heiligen Geist spenden und die Sünden nachlassen wie Christus. Und wenn sie kniefällig verehrt werden, sagen sie, wenn sie jemand fragt: *"Das tut ihr nicht für [unser] Fleisch und Blut, vielmehr für den Heiligen Geist, der in uns ist. Und wenn ihr daran zweifelt, seid ihr verloren, und euer Tun ist umsonst."*
[...]

Ignaz v. Döllinger (Hg.), Beiträge zur Sektengeschichte des Mittelalters. Band 2, München 1890, S. 52–84.
Quelle: Cod. Florent. Laurent. (Cod. 13 Biblioth. Mugell. de Nem. Salvi Burce).

Quellentext 13

Rituale der Katharer

Nach der verstümmelten Einleitung zum Buch „Rituel Cathare" und der ausführlichen Exegese des „heiligen Gebets", des Vaterunsers, wird das Ritual des „Consolamentum" beschrieben. Der Text enthält auch eine (hier gekürzt wiedergegebene) Musterpredigt zu dieser Geisttaufe.

[...]
Aus diesen und vielen anderen Gründen kann man ersehen, daß der heilige Vater [das heißt Gott Vater] sich seines Volkes erbarmen und es durch die Ankunft seines Sohnes Jesus Christus in seinen Frieden und seine Eintracht aufnehmen will. Dies ist auch der Grund, weshalb Ihr hier seid vor den Jüngern Jesu Christi, wo der Vater, der Sohn und der Heilige Geist ihre geistliche Wohnung haben, wie weiter oben gesagt wurde: um dieses heilige Gebet entgegennehmen zu können, das der Herr Jesus Christus seinen Jüngern gab, so daß Eure Bitten und Gebete von unserem hochheiligen Vater erhört werden, wie David sagt: *„Mein Gebet steige wie ein Rauchopfer vor dir auf"* [Ps 141,2].

Die Entgegennahme des heiligen Gebets [das heißt des Vaterunsers]

Daher sollt Ihr erfahren, wie Ihr dieses heilige Gebet, nämlich das „Vaterunser", entgegennehmen sollt. Das Gebet ist gewiß kurz, aber es enthält Großes. Daher soll derjenige, der das „Vaterunser" sagen soll, es mit guten Werken ehren [...]

[Es folgt eine ausführliche Exegese des Vaterunsers.]

[...] *„Ihr sollt wissen: Wenn Ihr dieses Gebet entgegennehmen wollt, müßt Ihr alle Eure Sünden bereuen und allen Menschen verzeihen, weil Christus im Evangelium sagt: ‚Wenn ihr den Menschen ihre Sünden nicht verzeiht, wird auch euer Vater im Himmel euch eure Sünden nicht vergeben'* [Mt 6,14–15]. *So müßt Ihr Euch in Eurem Herzen vornehmen, dieses heilige Gebet, falls Gott Euch die Gnade schenkt, es entgegenzunehmen, alle Zeit Eures Lebens gemäß dem Brauch der Kirche Gottes mit Gehorsam, Reinheit und allen anderen Tugenden, die Gott Euch geben will, zu achten. Daher bitten wir den guten Herrn, der die Kraft, dieses Gebet entgegenzunehmen, den Jüngern Christi dauerhaft gab, daß er selbst Euch die Kraft gebe, es auf Dauer entgegenzunehmen zu seiner Ehre und zu Eurem Heil. Seid uns gnädig!"*

Dann soll der Geistliche das Buch aus den Händen des Gläubigen nehmen und sagen: „*Johannes,"* – falls dies sein Name ist – „*wollt Ihr dieses heilige Gebet, wie besprochen, entgegennehmen und es alle Zeit Eures Lebens in Reinheit, Wahrheit, Demut und allen anderen Tugenden, die Gott Euch geben will, bewahren?"*

Der Gläubige soll antworten: „*Ja, ich will. Bittet den heiligen Vater, daß er mir seine Kraft schenke!"* Und der Geistliche soll sagen: „*Gott schenke Euch die Gnade, es zu seiner Ehre und zu Eurem Heil entgegenzunehmen!"*

Dann soll der Geistliche zum Gläubigen sagen: „*Sprecht das Gebet mit mir Wort für Wort, und sprecht die Vergebung so wie dieser hier!"* Und er soll sie wie derjenige sprechen, der direkt neben dem Geistlichen steht. Dann soll der Geistliche mit der Vergebung beginnen. Danach soll er das Vaterunser wie üblich sprechen. Nach dem Gebet und der Danksagung soll der Gläubige mit einer Verneigung vor dem Geistlichen sprechen: „*Segnet uns, seid uns gnädig, Amen! Es geschehe uns, Herr, nach deinem Wort!"* [vgl. Lk 1,38] Und der Geistliche soll sagen: „*Der Vater, der Sohn und der Heilige Geist vergebe Euch alle Eure Sünden."* Dann soll sich der Gläubige wieder aufrichten. Und der Geistliche soll sagen: *„Von Gott, von uns, von der Kirche, ihrer heiligen Gemeinschaft, ihren heiligen Geboten und ihren Jüngern sollt Ihr die Vollmacht erhalten, dieses Gebet zu sprechen, wenn Ihr eßt und trinkt, bei Tag und bei Nacht, allein und gemeinsam, wie es der Brauch der Kirche Jesu Christi ist. Ohne dieses Gebet sollt Ihr weder essen noch trinken. Und wenn Ihr dies nicht einhaltet, sollt Ihr es einem Geistlichen der Kirche so schnell wie möglich beichten und die Buße, die er Euch auferlegen will, annehmen. Der Herr, der wahre Gott, schenke Euch die Gnade, es zu seiner Ehre und zu Eurem Heil zu beachten."* Dann soll sich der Gläubige dreimal verneigen und sagen: *„Segnet, segnet, segnet uns und seid uns gnädig! Gott, der Herr, schenke Euch reichen Lohn für das Gute, das Ihr mir aus Liebe zu Gott getan habt!"*

Wenn dann der Gläubige das Consolamentum nicht empfangen soll, ist es in Ordnung, mit dem Gottesdienst und dem Friedensgruß fortzufahren.

Der Empfang des Consolamentums

Wenn ein Gläubiger das Consolamentum unmittelbar nach dem Gebet [nämlich dem Vaterunser] empfangen soll, dann soll dieser Gläubige mit dem Älteren seines Hauses vortreten. Sie sollen sich dreimal vor dem Geistlichen verneigen und für das Heil dieses Gläubigen beten. Dann sollen der Geistliche sowie die christlichen Männer und Frauen mit sieben Vaterunsern Gott bitten, daß er den Geistlichen erhöre. Dann soll der Geistliche sagen: *„Brüder und Schwestern* [vgl. Jak 2,15], *falls ich etwas gegen Gott und mein Heil gesagt oder getan habe, dann bittet Gott, den Herrn, für mich, daß er mir gnädig sei!"* [vgl. Ex 10,17] Und der Ältere, der neben dem Geistlichen steht, soll sagen: *„Der heilige, gerechte, wahrhaftige und barmherzige Vater, der im Himmel und auf Erden die Macht hat, Sünden zu vergeben, vergebe euch, er lasse euch alle Sünden dieser Welt nach und schenke euch in der künftigen sein Erbarmen!"* Der Geistliche soll sagen: *„Amen. Uns geschehe, Herr, nach deinem Wort"* [vgl. Lk 1,38]. Dann sollen alle christlichen Männer und Frauen sich dreimal verneigen und sagen: *„Segnet, segnet, segnet uns und seid uns gnädig! Falls wir etwas gegen Gott und* *unser Heil gesagt oder getan haben, dann bittet den Gott der Barmherzigkeit, daß er uns gnädig sei! Segnet uns und seid uns gnädig!"* Und der Geistliche soll antworten: *„Der heilige, gerechte, wahrhaftige und barmherzige Vater"* und so weiter, wie oben gesagt.

Die Entgegennahme des Buches

Hierauf soll der Geistliche einen Tisch vor sich hinstellen. Dann soll der Gläubige zum Geistlichen hintreten und das Buch unter drei Verneigungen aus den Händen des Geistlichen entgegennehmen, so wie er es beim [Vaterunser-]Gebet tat und wie es weiter oben erwähnt wurde. Dann soll der Geistliche sagen: *„Johannes, seid Ihr gewillt, die Geisttaufe von Jesus Christus und die Vergebung Eurer Sünden durch die Fürbitte guter Christen zusammen mit der Handauflegung zu empfangen und alle Zeit Eures Lebens daran festzuhalten in Reinheit, in Demut und in allen anderen Tugenden, die Gott Euch gewähren will?"* Und der Gläubige soll antworten: *„Ja, ich will. Bittet Gott, daß er an mir seine Macht erweise!"* Und der Geistliche soll sagen: *„Gott erweise Euch die Gnade, sie zu seiner Ehre und Eurem Heil zu empfangen."*

Die Predigt des Geistlichen

Dann soll der Geistliche seine Predigt folgendermaßen beginnen, wenn es ihm gefällt:

O Johannes! Ihr sollt wissen, daß Ihr eben zum zweiten Mal vor Gott, vor Christus und dem Heiligen Geist erscheint, da Ihr, wie es vorhin durch die Heilige Schrift kundgetan wurde, vor der Kirche Gottes erscheint. Ihr sollt wissen, daß Ihr hier vor der Kirche Gottes seid, um durch die Fürbitte guter Christen die Vergebung Eurer Sünden zusammen mit der Handauflegung zu empfangen. Dies nennt man die Geisttaufe von Jesus Christus oder die Taufe des Heiligen Geistes, wie Johannes der Täufer sagt: *„Ich taufe euch im Wasser zur Buße; wer aber nach mir kommen wird, ist mächtiger als ich. Ich bin es nicht wert, seine Schuhe zu tra-*

gen. [Joh 1,26f.] *Er wird euch taufen im Heiligen Geist und im Feuer"*, das heißt er wird euch waschen und reinigen im geistigen Verständnis und in den guten Werken. Unter dieser Taufe ist jene geistige Wiedergeburt zu verstehen, von der Christus zu Nikodemus sagt: *„Wenn jemand nicht wiedergeboren wird aus dem Wasser und dem Heiligen Geist, kann er nicht in das Reich Gottes kommen"* [Joh 3,3]. Taufe bedeutet Waschung beziehungsweise Eintauchen.

Daher muß man wissen, daß Christus nicht deswegen kam, um den Schmutz des Fleisches abzuwaschen, sondern um den Schmutz der Seelen Gottes abzuwaschen, die durch den Kontakt mit den bösen Geistern beschmutzt worden waren. So sagt der Herr durch den Propheten Baruch zu Israel: *„Höre, Israel, die Gebote des Lebens! Höre zu, damit du weise wirst! Was ist [geschehen], Israel, warum bist du im Land deiner Feinde, bist alt und krank geworden in einem fremden Land, bist unrein geworden wie die Toten und gehörst zu denen, die in die Hölle hinabsteigen? Verlassen hast du die Quelle des Lebens und der Weisheit. Wärest du nämlich auf dem Weg Gottes gewandelt, hättest du gewiß in Frieden gelebt für immer"* [Bar 3,9–13]. Und David sagt: *„Gott, die Heiden sind in dein Erbe eingedrungen. Sie haben deinen heiligen Tempel entweiht und Jerusalem zu einem Ort gemacht, wo man Früchte lagert."* [Sie haben also diese Stadt zerstört; vgl. Ps 79,1.] Und so wurde das Volk Gottes unrein wegen der Gemeinschaft mit bösen Geistern. Daher gefiel es dem hochheiligen Vater, sein Volk durch die Taufe seines heiligen Sohnes Jesus Christus vom Schmutz der Sünden zu reinigen. So sagt der heilige Apostel zu den Ephesern: *„Ihr Männer, liebt eure Frauen, wie auch Christus die Kirche liebte und sich für sie hingab, um sie zu heiligen, indem er sie mit der Wassertaufe im Wort des Lebens reinigte, um für sich selbst eine herrliche Kirche zu schaffen, die keinen Makel und keine Runzel oder etwas dergleichen hat, sondern heilig und makellos sein soll"* [vgl. Eph 5,25–27].

So wurden durch die Ankunft unseres Herrn Jesus Christus [1 Kor 1,8], durch die Kraft seines hochheiligen Vaters und durch seine Geisttaufe die Jünger Jesu Christi vom Schmutz der Sünden gereinigt. Sie empfingen vom Herrn Jesus Christus die Kraft und Macht, wie er sie selber von seinem hochheiligen Vater empfangen hatte, so daß sie auch selber durch seine Taufe andere Sünder reinmachen konnten. So findet man im

Evangelium des Johannes die Worte des Herrn Jesus Christus, die er nach seiner Auferstehung zu seinen Jüngern sagte: *„‚Wie mich der Vater gesandt hat, so sende ich euch.' Nachdem er dies gesagt hatte, hauchte er sie an und sagte zu ihnen: ‚Empfangt den Heiligen Geist! Wem ihr die Sünden vergebt, dem sind sie vergeben. Wem ihr dies verweigert, der behält sie'"* [Joh 20,21–23]. Und im Evangelium des Matthäus sagt Christus zu seinen Jüngern: *„Amen, ich sage euch: Alles, was ihr auf Erden binden werdet, wird auch im Himmel gebunden sein. Und alles, was ihr auf Erden lösen werdet, wird auch im Himmel gelöst sein. Ferner sage ich euch: Wenn zwei von euch auf Erden gemeinsam bitten, werden sie alles, worum sie bitten, von meinem Vater erhalten, der im Himmel ist"* [Mt 18,18–19]. Und wiederum: *„‚Für wen halten die Leute den Menschensohn?' Sie sagten: ‚Die einen für Johannes den Täufer, andere aber für Elija, wieder andere für Jeremia oder sonst einen von den Propheten.' Jesus sagte zu ihnen: ‚Ihr aber, wie nennt ihr mich?' Simon Petrus antwortete: ‚Du bist Christus, der Sohn des lebendigen Gottes.' Jesus sagte zu ihm: ‚Selig bist du, Simon Barjona; denn nicht Fleisch und Blut haben dir das offenbart, sondern mein Vater, der im Himmel ist. Ich sage dir: Du bist Petrus* [das heißt der Fels], *und auf diesem Felsen will ich meine Kirche bauen, und die Pforten der Hölle werden sie nicht überwältigen. Und dir werde ich die Schlüssel des Himmelreiches geben'* – dir vor allen –, *‚und alles, was du auf Erden binden wirst, wird auch im Himmel gebunden sein, und alles, was du auf Erden lösen wirst, wird auch im Himmel gelöst sein'"* [Mt 16,13–19]. Und wiederum sagte er zu seinen Jüngern: *„Geht hinaus in die ganze Welt und verkündet allen Geschöpfen das Evangelium! Wer glaubt und sich taufen läßt, wird gerettet; wer aber nicht glaubt, wird verdammt werden. Wer glaubt, wird folgende Zeichen tun: In meinem Namen wird er Dämonen austreiben, in neuen Sprachen reden, Schlangen aufheben, und wenn er tödliches Gift trinkt, wird es ihm nicht schaden. Und den Kranken, denen er die Hände auflegt, wird es gutgehen"* [Mk 16,15–18]. Und wiederum: *„Die elf Jünger gingen nach Galiläa auf den Berg, den Jesus ihnen genannt hatte. Sie sahen ihn und beteten ihn an. Einige aber zweifelten. Da trat Jesus auf sie zu und sagte: ‚Mir ist alle Macht im Himmel und auf der Erde gegeben. Daher geht und lehrt alle Völker und tauft sie im Namen des Vaters und des Sohnes und des Heiligen Geistes und lehrt sie alles halten, was ich euch aufgetragen habe! Seht: Ich bin bei euch alle Tage bis ans Ende der Welt!'"* [Mt 28,16–20]

Kein verständiger Mensch glaubt, daß die Kirche Jesu Christi diese Taufe durch die Handauflegung ohne eindeutigen Beweis durch die Schriften vornimmt, oder stellt sich vor, daß die Kirche Gottes diese Weihe vornimmt durch die Anmaßung und menschliche Intuition ihrer Gläubigen oder durch eine unbekannte, unsichtbare Inspiration der Geister, sondern die Jünger Jesu Christi gingen sichtbar hin und standen beim Herrn Jesus Christus. Und sie empfingen die Vollmacht, zu taufen und Sünden zu vergeben, wie es heute die wahren Christen tun, die als Erben der Jünger der Reihe nach von der Kirche Gottes die Vollmacht erhielten, diese Taufe durch die Auflegung der Hände sichtbar vorzunehmen und Sünden zu vergeben. Daher liest man eindeutig in den Schriften des Neuen Testaments, daß die Jünger Jesu Christi nach seiner Himmelfahrt diesen Dienst der Handauflegung sichtbar ausübten, wie es in den Schriften eindeutig beschrieben ist. In der Apostelgeschichte steht geschrieben: *„Als die Apostel, die in Jerusalem waren, hörten, daß Samarien das Wort Gottes angenommen hatte, schickten sie Petrus und Johannes dorthin. Sie gingen hin und beteten für sie, damit sie den Heiligen Geist empfingen. Denn er war noch auf keinen von ihnen herabgekommen. Sie waren nur im Namen des Herrn Jesus getauft. Dann legten sie ihnen die Hände auf, und sie empfingen den Heiligen Geist"* [Apg 8,14–17]. [Am Schluß der Predigt zitiert der Geistliche aus dem ersten Brief des Apostels Paulus an die Korinther:] *„Ich zeige euch jetzt noch einen anderen Weg, der noch besser ist: Wenn ich in den Sprachen der Menschen und Engel redete, hätte aber die Liebe nicht, wäre ich wie klingendes Erz oder eine tönende Glocke. Und wenn ich die Gabe der Weissagung hätte und alle Geheimnisse wüßte und alles Wissen besäße und allen Glauben hätte, so daß ich Berge versetzen könnte, hätte aber die Liebe nicht, wäre ich nichts. Und wenn ich mein ganzes Vermögen hingäbe, um die Armen zu speisen, und wenn ich meinen Leib dem Feuer übergäbe, hätte aber die Liebe nicht, nützte es mir nichts"* [1 Kor 12,31–33], das heißt, ohne diese Geisttaufe der Liebe. Daher vollziehen die wahren Christen, von der Urkirche belehrt, diesen Ritus der Handauflegung sichtbar. Niemand kann ohne ihn nach allgemeinem Glauben selig werden.

Der Empfang der Geisttaufe

Daher sollt Ihr wissen, daß dies der Grund ist, weswegen Ihr hier vor der Kirche Jesu Christi seid, nämlich wegen der Gelegenheit, diese heilige Taufe der Handauflegung und die Vergebung Eurer Sünden zu empfangen aufgrund der Prüfung des guten Gewissens, die gute Christen vor Gott vornehmen. Daher sollt Ihr wissen: Wie Ihr Euch in einem zeitlichen Sinn in der Kirche Gottes befindet, wo der Vater, der Sohn und der Heilige Geist in einem geistlichen Sinn wohnen, so sollt Ihr in einem geistlichen Sinn mit eurer Seele vor Gott, vor Christus und dem Heiligen Geist sein, bereit, diese heilige Weihe von Jesus Christus zu empfangen. Wie Ihr das Buch, worin die Gebote, die Räte und die Ermahnungen Christi geschrieben stehen, in Euren Händen empfangen habt, so sollt Ihr im geistlichen Sinn das Gesetz Christi in den Werken Eurer Seele empfangen, um es alle Zeit Eures Lebens zu beachten, wie es geschrieben steht: *„Du sollst den Herrn, deinen Gott, lieben mit deinem ganzen Herzen, mit deiner ganzen Seele, mit allen deinen Kräften und all deinem Denken und deinen Nächsten wie dich selbst"* [Lk 10,27].

[...] Daher sollt Ihr wissen: Wenn Ihr dieses Geschenk von Gott empfangt, sollt Ihr es alle Zeit Eures Lebens mit der Reinheit des Herzens und des Denkens bewahren.

Ferner soll niemand meinen, daß Ihr durch diese Taufe, die Ihr ganz bewußt empfangt, die andere Taufe verachten dürft, auch nicht das Christentum noch irgend etwas Gutes, das Ihr bis jetzt getan oder gesagt habt, sondern Ihr sollt wissen, daß Ihr diese heilige Weihe von Christus empfangen sollt als eine Ergänzung dessen, was noch zu Eurem Heil fehlte.

Aber der Herr, der wahre Gott, schenke Euch die Gnade, dieses Gut zu seiner Ehre und zu Eurem Heil zu empfangen. Seid uns gnädig!

Das Spenden des Consolamentums

Dann soll der Geistliche das Buch aus den Händen des Gläubigen nehmen und sagen: *„Johannes,"* – falls er so heißt – *„seid Ihr gewillt, diese heilige Taufe von Jesus Christus, wie besprochen, zu empfangen, an ihr alle Zeit*

Eures Lebens mit der Reinheit des Herzens und des Denkens festzuhalten und Euch um keiner Sache willen von ihr loszusagen?" Und Johannes soll antworten: *„Ja, ich will. Bittet den guten Herrn für mich, damit er mir seine Gnade schenke!"* Der Geistliche soll sagen: *„Der Herr, der wahre Gott, schenke Euch die Gnade, dieses Geschenk zu seiner Ehre und zu Eurem Heil zu empfangen."* Dann soll der Gläubige mit gesenktem Haupt vor dem Geistlichen stehen und die Worte, die der Ältere, der beim Geistlichen stand, nachsprechen: *„Ich komme zu Gott, zu Euch, zur Kirche und zu Eurer heiligen Gemeinschaft, um Vergebung und Barmherzigkeit für alle meine Sünden zu empfangen, die ich in mir beging und irgendwann bis heute beging. Bittet Gott für mich, daß er mir vergebe! Segnet uns und seid uns gnädig!"* Dann soll der Geistliche antworten: *„Empfangt von Gott, von uns, von der Kirche, von ihrer heiligen Gemeinschaft und ihren heiligen Geboten und ihren Jüngern Vergebung und Barmherzigkeit für alle Eure Sünden, die Ihr in Euch begangen und irgendwann bis heute begangen habt! Der Herr, der Gott der Barmherzigkeit, vergebe Euch und führe Euch zum ewigen Leben!"* Und der Gläubige soll sagen: *„Amen, uns geschehe, Herr, nach deinem Wort!"* Dann richte sich der Gläubige auf und lege seine Hände auf den Tisch vor dem Geistlichen. Der Geistliche soll dann das Buch auf dessen Haupt legen, und alle anderen Gemeindemitglieder und Christen, die anwesend sind, sollen die rechte Hand darauflegen. Der Geistliche soll sagen: *„Im Namen des Vaters und des Sohnes und des Heiligen Geistes."* Derjenige, der beim Geistlichen steht, sage: *„Amen."* Auch alle anderen soll es deutlich sagen. Dann soll der Geistliche sagen: *„Segnet uns und seid uns gnädig! Amen! Uns geschehe, Herr, nach deinem Wort! Der Vater und der Sohn und der Heilige Geist mögen Euch die Sünden nachlassen und alle Eure Sünden verzeihen. Laßt uns anbeten den Vater und den Sohn und den Heiligen Geist, laßt uns anbeten den Vater und den Sohn und den Heiligen Geist, laßt uns anbeten den Vater und den Sohn und den Heiligen Geist: Heiliger, gerechter, wahrhaftiger und barmherziger Vater, vergib deinem Diener und nimm ihn in deine Gerechtigkeit auf! Vater unser, der du bist im Himmel, geheiligt werde dein Name"* und so weiter. Er soll fünf Vaterunser beten und danach dreimal *„Laßt uns anbeten"*. Danach spreche er ein Vaterunser und danach dreimal *„Laßt uns anbeten den Vater und den Sohn und den Heiligen Geist"*. Und danach: *„Im Anfang war das Wort"* [Joh 1,1] und so weiter. Nach Beendigung des Evangeliums spreche er dreimal „*Laßt uns anbeten den Vater und den Sohn und den Heiligen Geist*" und danach ein Vaterunser. Und danach spreche er dreimal „*Laßt uns anbeten*" und beginne mit dem Dankgebet.

Der Christ soll das Buch küssen, und dann soll er sich dreimal verneigen und sagen: „*Segnet, segnet, segnet uns und seid uns gnädig! Gott gebe Euch reichen Lohn für das Gute, das Ihr mir aus Liebe zu Gott getan habt!*"

Dann sollen die Gemeindemitglieder, die christlichen Männer und Frauen, den Gottesdienst fortsetzen, wie es der Brauch der Kirche ist.

Alle guten Christen bitten Gott für den, der diese Informationen niederschrieb. Amen. Gott sei Dank!

Christine Thouzellier (Hg.), Rituel Cathare. Paris 1977 (Sources Chrêtiennes, Nr. 236), S. 194–260.

Quellentext 14

Systematische Darstellung der Katharer und der Armen von Lyon von Bruder Rainier [Sacconi] aus dem Orden der Predigerbrüder

Im Namen unseres Herrn Jesus Christus. Obwohl die Sekten der Ketzer, die durch die Gnade Jesu Christi fast völlig ausgerottet wurden, einst zahlreich waren, findet man doch noch zwei dominierende Sekten, von denen die eine den Namen Katharer oder Patarener und die andere den Namen Leonisten oder Arme von Lyon trägt. Ihre Lehrmeinungen werden auf den folgenden Seiten veröffentlicht.

Die verschiedenen Sekten der Katharer

Man muß also zuerst einmal wissen, daß die erste Sekte, nämlich die der Katharer, in drei Richtungen oder Hauptsekten aufgeteilt ist. Ihre erste nennt man Albanenser, die zweite Concorezzianer und die dritte Bagnolenser. Diese befinden sich alle in der Lombardei. Die übrigen Katharer sind entweder in der Toskana, in der Mark [von Treviso] oder in der Provence. Sie unterscheiden sich hinsichtlich ihrer Lehren nicht von den erwähnten Katharern oder von irgendwelchen Richtungen davon. Alle Katharer haben allgemeine Lehren, in denen sie übereinstimmen, und spezielle, in denen sie sich unterscheiden. Es soll über alle gesprochen werden, und zwar zuerst über die allgemeinen.

Die allgemeinen Lehren der Katharer

Die allgemeinen Lehren der Katharer sind folgende: Der Teufel hat diese Welt und alles, was darauf ist, erschaffen. Alle Sakramente der Kirche, nämlich das Sakrament der Wassertaufe und die übrigen Sakramente, sind für das Heil nutzlos. Sie sind keine wahren Sakramente Christi oder seiner Kirche, sondern betrügerisch und teuflisch. Es sind die Sakramente der Kirche der Bösen. Wie viele Sakramente und was für welche die besagten Ketzer haben, wird weiter unten zur Sprache kommen. Ferner ist es die übereinstimmende Meinung aller Ketzer, daß die fleischliche Ehe immer eine Todsünde war und daß niemand wegen Ehebruchs oder Blutschande dereinst schwerer bestraft werden wird als wegen seiner gesetzlichen Ehe. Auch unter ihnen würde deshalb niemand schwerer bestraft werden. Ferner leugnen alle Katharer die künftige Auferstehung des Fleisches. Ferner glauben sie, daß es sogar in drängender Not eine Todsünde sei, Fleisch, Eier oder Käse zu essen, und zwar deshalb, weil dies geschlechtlichem Verkehr entstammt. Ferner ist es in keinem Fall erlaubt zu schwören; ein Schwur ist also eine Todsünde. Ferner begehen die weltlichen Machthaber eine Todsünde, wenn sie Übeltäter oder Ketzer bestrafen. Ferner kann niemand außer in ihrer Sekte gerettet werden. Ferner werden alle kleinen Kinder, auch wenn sie getauft wurden, keine leichtere ewige Strafe erhalten als Räuber und Mörder. Aber in diesem Punkt scheinen die Albanenser etwas anderer Meinung zu sein, wie unten zur Sprache kommen wird. Ferner leugnen alle das Fegefeuer.

Die Sakramente der Katharer

Die Katharer haben – genauso wie die Affen, die menschliches Verhalten nachzuahmen suchen – vier Sakramente, jedoch falsche und wertlose, unerlaubte und frevelhafte. Es sind dies die Handauflegung, das Segnen des Brotes, die Buße und die Weihe. Davon soll der Reihe nach gesprochen werden.

Die Handauflegung. – Die Handauflegung wird von ihnen Tröstung, Geisttaufe oder Taufe durch den Heiligen Geist genannt. Ohne sie wird nach ihrer Meinung weder eine Todsünde vergeben noch jemandem der Heilige Geist gespendet, sondern nur durch die Handauflegung wird von ihnen beides verliehen. Darin unterscheiden sich jedoch die Albanenser ein wenig von den anderen. Denn die Albanenser sagen, daß die Hand dabei nichts bewirkt, da sie ihrer Meinung nach vom Teufel geschaffen wurde, wie weiter unten besprochen werden wird, sondern allein das Gebet des Herrn, das dann diejenigen sprechen, die die Hände auflegen. Alle anderen Katharer sagen, daß beides dabei notwendig ist und gebraucht wird, nämlich die Handauflegung und das Gebet des Herrn. Es ist auch der gemeinsame Glaube aller Katharer, daß durch diese Handauflegung keine Sündenvergebung erfolgt, wenn diejenigen, die die Hände auflegen, sich zu diesem Zeitpunkt in einer Todsünde befinden. Die Handauflegung wird von wenigstens zweien vorgenommen, und zwar nicht nur von ihren höheren Geistlichen, sondern auch von den unteren und im Notfall sogar von den Katharerfrauen.

Das Brechen des Brotes. – Die Segnung des Brotes ist bei den Katharern sozusagen das Brechen des Brotes, was sie täglich sowohl beim Frühstück als auch beim Abendessen tun. Dieses Brotbrechen geschieht so: Wenn die Männer oder Frauen der Katharer an den Tisch getreten sind, stehen sie da und sprechen das Vaterunser. Währenddessen hält derjenige, der aufgrund der Dauer seiner Mitgliedschaft oder seines Ranges der Erste ist, ein Brot oder mehrere, wenn dies im Hinblick auf die Menge, die eben da ist, notwendig ist, spricht: *„Die Gnade unseres Herrn Jesus Christus sei immer mit uns allen!"*, bricht das Brot oder die Brote und verteilt es an alle Umstehenden, nicht nur an die Katharer, sondern auch an die, welche an sie glauben, an Räuber, Ehebrecher und Mörder. Aber die

Albanenser sagen, daß dieses materielle Brot nicht gesegnet wird und keinen Segen empfangen kann, da das Brot selbst ihrer Ansicht nach eine Schöpfung des Teufels ist. Und darin unterscheiden sie sich von allen anderen, die sagen, daß dieses Brot wirklich gesegnet wird. Niemand von ihnen glaubt jedoch, daß aus diesem Brot der Leib Christi wird.

Die falsche Buße der Katharer. – Nun ist davon zu sprechen, von welcher Art die Buße der Katharer ist. Die Buße der Katharer ist ganz falsch und nutzlos, betrügerisch und giftig, wie im folgenden gezeigt wird. Denn dreierlei ist bei einer wirklichen Buße nötig: die Herzensreue, das Bekenntnis mit dem Mund und die Wiedergutmachung durch die Tat. Ich, Bruder Raynier, einst Erzketzer, nun durch Gottes Gnade unwürdiger Priester im Orden der Predigerbrüder, sage, ohne zu zweifeln, und bezeuge vor Gott, der weiß, daß ich nicht lüge, daß keine dieser drei Kriterien bei den Katharern oder ihrer Buße gegeben ist. Denn das Gift ihrer Irrlehre, das sie aus dem Maul der alten Schlange getrunken haben, läßt sie keinen Schmerz über ihre Sünden empfinden. Diese Irrlehre ist jedoch eine vierfache, daß nämlich für einen, der Buße tut, durch eine Sünde weder die ewige Herrlichkeit gemindert wird noch die Höllenstrafe für einen, der Buße tut, vergrößert wird und daß das Fegefeuer für niemanden vorgesehen ist, sondern durch die Handauflegung Schuld und Strafe von Gott gänzlich erlassen werden. Der Verräter Judas wird nämlich nicht schwerer bestraft werden als ein Kind, das erst einen Tag alt ist, sondern alle werden sowohl in der Herrlichkeit als auch in der Bestrafung gleich sein. Das glauben sie mit Ausnahme der Albanenser, die sagen, daß ein jeder in seinen früheren Zustand versetzt werden wird, jedoch nicht aufgrund der eigenen Verdienste, und daß in beiden Reichen, nämlich dem Gottes und dem des Teufels, die einen größer sind als die anderen.

Hierzu sage ich auch mehr, weil viele von denen, die von diesen Irrtümern befallen sind, oft darunter leiden, wenn sie daran denken, daß sie ihre Lust nicht öfter zu der Zeit gestillt haben, als sie sich noch nicht zur Häresie der Katharer bekannt hatten. Dies ist auch der Grund, weshalb viele Gläubige, Männer wie Frauen, keine Angst davor haben, sich der eigenen Schwester oder dem Bruder, der Tochter oder dem Sohn, der Nichte oder dem Neffen, einer Blutsverwandten oder einem sonstigen Verwandten mehr zu nähern als der eigenen Frau oder dem eigenen Mann.

Dennoch werden einige von ihnen durch die Schrecklichkeit dieses Tuns und durch das menschliche Schamgefühl vielleicht von derartigem abgehalten.

Es ist auch ganz deutlich, daß sie wegen ihrer Sünden, die sie vor dem Bekenntnis zu ihrer Häresie begangen haben, keine Reue empfinden, weil sie keinem Menschen einen Wucherzins, einen Diebstahl oder Raub erstatten. Im Gegenteil: Sie heben solches für sich auf oder hinterlassen es vielmehr ihren Söhnen oder Enkeln, die im Weltleben bleiben. Sie sagen selber, Wucherzins sei keine Sünde.

Außerdem sage ich unzweifelhaft, daß ich in den 17 Jahren, die ich mit ihnen gelebt habe, nicht sah, daß einer von ihnen fern von den anderen im stillen betete oder zu erkennen gab, daß er wegen seiner Sünden traurig sei oder weinte oder sich auf die Brust schlug und sagte: *„Herr, sei mir Sünder gnädig!"* oder etwas anderes dergleichen, das ein Zeichen von Reue ist. Auch bitten sie nie die Engel um Hilfe oder Schutz, auch nicht die heilige Jungfrau oder die Heiligen, und sie schützen sich nicht mit dem Kreuzzeichen.

Das Schuldbekenntnis der Katharer. – Nun soll vom Schuldbekenntnis der Katharer gesprochen werden, nämlich was und wie es ist, wann und vor wem sie es ablegen. Ihr Sündenbekenntnis erfolgt so: *„Ich bin hier vor Gott und vor euch, um mein Sündenbekenntnis abzulegen und mich aller meiner Sünden, die noch in mir sind, schuldig zu bekennen und von Gott und von euch die Vergebung aller meiner Sünden zu erhalten."* Dieses Bekenntnis erfolgt öffentlich vor allen, die da versammelt sind, wo oft hundert oder mehr Männer und Frauen der Katharer und ihre Anhänger sind. Dieses Bekenntnis legt ein jeder von ihnen ab, wenn er die oben beschriebene Handauflegung empfängt. Das Sündenbekenntnis legt er hauptsächlich vor einem ihrer höheren Geistlichen ab, der dabei das Evangelienbuch oder das ganze Neue Testament vor seine Brust hält. Nach der Absolution legt dieser das Buch, und die anderen anwesenden Katharer legen ihre rechte Hand auf sein Haupt und beginnen dann ihre Gebete.

Wenn aber einer von ihnen eine fleischliche Sünde begeht oder eine andere, die nach ihrer Meinung eine Todsünde ist, muß er, nachdem er die Handauflegung empfangen hat, nur diese schwere Sünde und keine anderen bekennen. Und dann muß er noch einmal die Handauflegung empfangen, und zwar von seinem höheren Geistlichen allein und noch einmal von mindestens einem anderen zusammen mit ihm.

Ebenso erfolgt das Bekenntnis läßlicher Sünden. Einer spricht für alle mit lauter Stimme, wobei sich alle vor dem Geistlichen, der das Buch vor seine Brust hält, zu Boden neigen, und sagt: *„Wir sind vor Gott und vor euch erschienen, um unsere Sünden zu bekennen, weil wir oft im Wort, in der Tat, im Schauen und im Denken gesündigt haben."* Und so weiter. Daher ist es ganz klar, daß alle Katharer ohne Sündenbekenntnis in ihren Sünden sterben. Auf diese Weise beichten sie also einmal im Monat, wenn sie es ohne Schwierigkeiten tun können.

Nun soll besprochen werden, ob die Katharer ihre Werke als Wiedergutmachung für ihre Sünden tun, die sie begangen haben, bevor sie sich zur Häresie bekannten. Dazu sage ich, daß sie es nicht tun, mag dies auch Unwissenden vielleicht seltsam erscheinen. Denn sie beten oft, fasten und verzichten alle Zeit auf Fleisch, Eier und Käse, was ja alles eine Wiedergutmachung für ihre Sünden zu sein scheint, weswegen sie sich auch selbst oft auf eitle Weise brüsten. Sie befinden sich aber in einem dreifachen Irrtum, der bewirkt, daß ihre Werke keine Wiedergutmachung sind. Der erste ist, daß ihre Schuld und Strafe ganz durch ihre Handauflegung und ihr Gebet erlassen werden beziehungsweise nur durch das Gebet, wie oben gesagt, bei den Albanensern. Der zweite ist, daß Gott niemandem eine Strafe im Fegefeuer, dessen Existenz sie ganz und gar leugnen, auferlegt, auch keine zeitliche, da sie glauben, daß diese in diesem Leben vom Teufel auferlegt wird. Daher muß auch gesagt werden, daß die besagten Werke ihnen nicht zur Buße oder zur Vergebung ihrer Sünden auferlegt werden, wenn sie Katharer werden. Der dritte Grund ist der, daß ein jeder dazu verpflichtet ist, diese Werke wie Gebote Gottes zu vollbringen. So ist ein Bub von zehn Jahren, der, bevor er Katharer wurde, überhaupt niemals eine Todsünde beging, wie ein Greis, der niemals von der Sünde abließ. Denn ein Katharer würde bei ihnen nicht schwerer bestraft werden, wenn er ein Gift trinken würde, weil er sich umbringen wollte, als wenn er, um dem Tod zu entgehen, auf ärztlichen Rat oder in irgendeinem anderen Notfall ein Huhn essen würde. Auch dereinst wird er ihrer Meinung nach nicht schwerer bestraft werden. Dasselbe sagen sie auch über die Ehe, wie oben erklärt wurde.

Ferner geben sie nur wenige oder gar keine Almosen. Fremden geben sie keine Almosen, außer um Ärger mit ihren Nachbarn zu vermeiden, und ihren eigenen Armen nur wenige, um von ihnen geehrt zu werden. Dafür gibt es drei Gründe: Der erste ist der, daß sie sich dadurch dereinst weder größere Herrlichkeit noch Vergebung ihrer Sünden erhoffen, der zweite, daß sie fast alle sehr habgierig und geizig sind. Und es gibt noch den Grund, daß ihre Armen, die zur Zeit der Verfolgung das Lebensnotwendige oder das nicht haben, womit sie denen, die sie aufnehmen, das Hab und Gut und die Häuser, die ihretwegen zerstört werden, ersetzen können, kaum jemanden finden können, der sie dann aufnehmen möchte. Aber die reichen Katharer finden viele. Wenn daher jemand von ihnen zu Reichtum kommen kann, sammelt und spart er ihn für sich selber auf.

Außerdem darf man ihr Gebet nicht unerwähnt lassen, da sie selbst der Ansicht sind, es müsse unbedingt gesprochen werden, besonders dann, wenn sie etwas zum Essen oder Trinken zu sich nehmen. Allerdings sagten viele von ihnen, wenn sie einmal krank waren, zu denen, die sie pflegten, daß sie ihnen nichts zu essen oder zu trinken in den Mund geben sollten, wenn sie als Kranke nicht wenigstens das Vaterunser sprechen könnten. Aus diesem Grund brachten sich viele von ihnen wahrscheinlich selbst ums Leben.

Aus dem vorher Gesagten geht also ganz klar hervor, daß die Katharer nicht Buße tun, insbesondere da sie keine Reue über ihre Sünden empfinden, diese nicht beichten und auch keine Wiedergutmachung leisten, obwohl sie sehr darunter leiden und in der Ewigkeit für ihre Sünden sehr schwer büßen werden.

Nun soll die Rede sein vom vierten und letzten Sakrament der Katharer, nämlich der Weihe: erstens, wie viele Rangordnungen sie haben; zweitens, welche Namen diese haben; drittens, welche Funktion ein jeder Rang hat; viertens und fünftens, durch wen und wie sie festgelegt werden. Zuletzt folgt noch, wie viele Kirchen der Katharer es gibt und wo sie sind.

Die Ämter der Katharer und ihre Funktionen. – Es gibt vier Ämter der Katharer. Wer das höchste und bedeutendste Amt hat, wird Bischof genannt, wer das zweite hat, älterer Sohn. Wer das dritte hat, jüngerer Sohn, und wer das vierte und letzte hat, heißt Diakon. Die übrigen, die bei ihnen kein Amt haben, heißen Christen oder Christinnen.

Die Aufgaben der Bischöfe. – Es ist die Aufgabe des Bischofs, bei allem, was sie tun, den Vorrang zu haben, nämlich bei der Handauflegung, beim Brechen des Brotes und bei der Eröffnung eines Gebets. Dieselbe Aufgabe hat der ältere Sohn in Abwesenheit des Bischofs. Ähnlich ist es mit dem jüngeren Sohn, wenn der Bischof und der ältere Sohn abwesend sind.

Außerdem sind diese zwei Söhne gemeinsam oder getrennt unterwegs, wenn sie alle die Männer und Frauen der Katharer besuchen, die dem Bischof unterstehen. Alle sind verpflichtet, ihnen zu gehorchen. Ähnlich verfahren bei allen auch die Diakone, ein jeder bei seinen Untergebenen, wenn der Bischof und die Söhne abwesend sind. Man muß anmerken, daß die Bischöfe und Söhne in jeder Stadt, wo sich Katharer aufhalten, je einen Diakon haben.

Die Aufgabe der Diakone. – Die Aufgabe der Diakone besteht darin, das Bekenntnis läßlicher Sünden von ihren Untergebenen zu hören, was, wie oben gesagt, einmal im Monat erfolgt, und ihnen die Absolution zu erteilen, indem sie ihnen an drei Tagen Fasten oder 100 Kniebeugen auferlegen. Dieser Dienst heißt mit anderen Worten „einen Dienst aufbürden".

Die Bischofsweihe. – Die genannten Weihen werden vom Bischof vorgenommen, aber mit Erlaubnis des Bischofs auch von den Söhnen. Die Bischofsweihe ging gewöhnlich folgendermaßen vor sich: Nach dem Tod eines Bischofs weihte der jüngere Sohn den älteren Sohn zum Bischof, der dann den jüngeren Sohn zum älteren Sohn weihte. Danach wird der jüngere Sohn von allen höheren und niedrigeren Geistlichen, die dort versammelt sind, wo diese Wahl stattfindet, gewählt, und er wird vom Bischof zum jüngeren Sohn geweiht. Diese Weihe des jüngeren Sohnes hat sich bei ihnen nicht geändert. Aber die Weihe, die oben den Bischof betreffend beschrieben wurde, wurde von allen Katharern diesseits des Meeres [das heißt westlich des Balkans] geändert. Sie sagten hierzu, daß es durch eine solche Weihe den Anschein hat, daß der Sohn den Vater einsetzt, was recht unpassend zu sein scheint. Daher erfolgt sie nun anders in der Form, daß ein Bischof vor seinem Tod den älteren Sohn zum Bischof weiht. Und wenn einer von diesen stirbt, dann wird der jüngere Sohn am selben Tag der ältere Sohn und Bischof. So hat fast jede Kirche der Katharer zwei Bischöfe. Daher bezeichnet sich Iohannes de Lyon, der einer von denen ist, die so geweiht wurden, in seinen Briefen immer so: *„Johannes, durch Gottes Gnade der ältere Sohn und geweihte Bischof".* Und so weiter.

Aber dennoch sind beide Weihen eindeutig zu mißbilligen, weil noch nie der leibliche Sohn seinen Vater festgesetzt hat und man nirgendwo liest, daß ein und dieselbe Kirche zur selben Zeit zwei Bischöfe hatte, so wie auch eine Frau nicht zwei rechtmäßige Männer hat.

Wie eine Weihe vollzogen wird. – Alle erwähnten Weihen werden mit der Handauflegung vollzogen, und die Gnade, diese Weihen vorzunehmen und den Heiligen Geist zu spenden, wird allein ihrem Bischof zuteil oder jemandem von ihnen, der den Vorrang hat oder das Buch des Neuen Testaments über dem Kopf dessen, dem die Hand aufgelegt wird, hält.

Eine bemerkenswerte Unsicherheit bei ihnen. – Alle Katharer leiden unter einer sehr großen Unsicherheit und Gefahr für die Seele. Wenn einer ihrer Geistlichen und besonders der Bischof insgeheim irgendeine Todsünde beging, was einst bei vielen von ihnen vorkam, dann sind alle diejenigen, denen er seine Hand aufgelegt hat, betrogen und verloren, falls sie in diesem Zustand sterben.

Um dieser Gefahr zu entgehen, empfingen alle Kirchen der Katharer außer einer oder zweien ein zweites und manchmal auch ein drittes Mal das Sakrament der Tröstung, das heißt die Handauflegung, was, wie oben gesagt, ihre Taufe ist. Darüber wird bei ihnen öffentlich geredet.

Die Kirchen der Katharer

Es gibt insgesamt 16 Kirchen der Katharer. Leser, tadle mich nicht dafür, daß ich diese Kirchen nenne, sondern vielmehr sie, die sich so nennen!

Die Kirche der Albanenser beziehungsweise von Desenzano, die Kirche von Concorezzo, die Kirche der Bagnolenser beziehungsweise von Bagnolo, die Kirche von Vicenza oder von der Mark [von Treviso], die Kirche von Florenz, die Kirche von Val di Spoleto, die Kirche von Frankreich, die Kirche von Toulouse, die Kirche von Carcassonne, die Kirche von Albi, die Kirche von Sclavonia, die Kirche der Lateiner von Konstantinopel, die Kirche der Griechen ebenda, die Kirche von Philadelphia in Romania [Kleinasien], die Kirche von Bulgarien und die Kirche von Drugonthia. Diese stammen alle von den beiden letztgenannten.

Ihre Aufenthaltsorte

Die Ketzer der ersten Gemeinde, nämlich die Albanenser, leben in Verona und in mehreren Städten der Lombardei; es sind ungefähr 500 an der Zahl, beiderlei Geschlechts. Die Ketzer von Concorezzo sind fast über die ganze Lombardei verstreut; beiderlei Geschlechts sind es 1500 und wohl auch noch mehr. Die Bagnolenser leben in Mantua, Brescia, Bergamo und in der Gegend von Mailand, sind aber nur wenige, außerdem in Romagna; es sind 200. Die Kirche der Mark [von Treviso] ist in Verona nicht vertreten; es handelt sich um ungefähr 100. Die Katharer von der Toskana und von Val di Spoleto sind ungefähr 100. Mitglieder der Kirche von Frankreich leben in Verona und in der Lombardei; es sind ungefähr 150. Die Kirche von Toulouse, Albi und Carcassonne hat zusammen mit denen, die vorher zur Kirche von Agen, die fast vernichtet wurde, gehörten, ungefähr 200. Die Kirche der Lateiner in Konstantinopel hat ungefähr 50. Die Kirche von Sclavonia, Philadelphia und der Griechen, von Bulgarien und Drugonthia zusammen sind ungefähr 500. O Leser, du kannst mit Sicherheit sagen, daß es auf der ganzen Welt keine 4000 Katharer beiderlei Geschlechts gibt. Diese Zählung wurde in der Vergangenheit bei ihnen mehrmals durchgeführt.

Die speziellen Glaubenslehren der Albanenser

Oben wurden die allgemeinen Glaubenslehren, die Sakramente und die Diener der Katharer behandelt. Nunmehr soll von den speziellen die Rede sein, und zwar beginnend mit der Kirche der Albanenser, die mit anderem Namen die Katharer von Desenzano heißen, und zwar deshalb zuerst, weil sie mehr Irrlehren vertreten als die übrigen.

Zuerst einmal muß man einfach wissen, daß die Albigenser aufgrund ihrer gegensätzlichen und unterschiedlichen Glaubenslehren in zwei Gruppen geteilt sind. Das Haupt der einen Gruppe ist Belesmanza von Verona, ihr Bischof. Ihm folgen die meisten Älteren und nur wenige Jüngere von dieser Sekte. Das Haupt der anderen Gruppe ist Iohannes de Lugio aus Bergamo, ihr älterer Sohn und geweihter Bischof. Diesem folgen dagegen die Jüngeren und nur wenige Ältere. Diese Gruppe ist viel größer als die erste.

Die Glaubenslehren von Belesmanza

Die erste Gruppe hält sich an die alten Glaubenslehren, die alle Katharer und Albigenser von 1200 bis zum Jahre 1230 hatten, so daß ihre speziellen Glaubenslehren, abgesehen von den oben beschriebenen allgemeinen, die folgenden sind: Sie glauben, daß es seit aller Zeit zwei Prinzipien gibt, nämlich des Guten und des Bösen.

Ferner, daß die Dreifaltigkeit, nämlich der Vater, der Sohn und der Heilige Geist, nicht ein Gott ist, sondern daß der Vater älter ist als der Sohn und der Heilige Geist.

Ferner, daß beide Prinzipien oder Götter eigene Engel und eine eigene Welt erschufen und daß diese Welt und alles, was auf ihr ist, von einem bösen Gott gemacht und geschaffen wurde.

Ferner, daß der Teufel mit seinen Engeln in den Himmel emporstieg und nach dem dortigen Kampf mit dem Erzengel Michael und den Engeln des guten Gottes den dritten Teil der Geschöpfe Gottes von dort mit sich riß und diese Tag für Tag in die Körper von Menschen und Tieren hineinbringt und sie sogar von dem einen Körper in einen anderen versetzt, bis alle wieder in den Himmel zurückgebracht werden. Diese Geschöpfe Gottes heißen bei diesen Ketzern *„Volk Gottes"*, *„Seelen"* und *„Schafe von Israel"*, und sie haben auch noch viele andere Namen dafür.

Ferner, daß der Sohn Gottes in Wirklichkeit nicht menschliche Natur annahm, sondern nur eine menschenähnliche aus der heiligen Jungfrau, von der sie sagen, sie sei ein Engel gewesen; und daß er nicht wirklich aß, nicht wirklich trank, nicht wirklich litt und auch nicht wirklich starb, begraben wurde und wirklich auferstand, sondern daß dies alles nur vermeintlich so war, wie man darüber bei Lukas liest: *„Man hielt ihn für den Sohn Josephs"* [vgl. Lk 3,23]. Ähnlich sprechen sie von allen Wundern, die Christus wirkte.

Ferner, daß Abraham, Isaak, Jakob, Moses, alle alten Väter und Johannes der Täufer Feinde Gottes und Diener des Teufels waren.

Ferner, daß der Teufel der Verfasser des ganzen Alten Testaments war, mit Ausnahme der folgenden Bücher: Ijob, die Psalmen, die Bücher Salomons, das Buch der Weisheit, Jesus Sirach, Jesaja, Jeremias, Ezechiel, Daniel und die zwölf Propheten, von denen einige, wie sie sagen, im Himmel geschrieben wurden, nämlich jene, die vor der Zerstörung Jerusalems, das nach ihren Worten das himmlische war, geschrieben wurden.

Ferner, daß diese Welt niemals ein Ende nehmen wird.

Ferner, daß das künftige Gericht bereits stattfand und nicht mehr stattfinden wird.

Ferner, daß das ewige Höllenfeuer beziehungsweise die ewigen Strafen nur auf dieser Welt sind und nirgends sonst.

An diesen Glaubenslehren hielten alle Albanenser in dem obenerwähnten Zeitraum allgemein fest, mit Ausnahme der einfacheren Gläubigen, denen einzelne Lehren nicht geoffenbart wurden.

Die Lehren des Iohannes de Lugio

Die Lehren des obenerwähnten Iohannes de Lugio und seiner Anhänger werden hier im folgenden beschrieben. Zunächst einmal muß man wissen, daß dieser Iohannes immer noch an einigen der erwähnten Lehren festhält, daß er einige völlig zum Schlechteren veränderte und auch noch andere Irrlehren aufstellte, wie im folgenden deutlich wird.

Die zwei Prinzipien. – Der Albanenser Iohannes de Lugio denkt, daß es seit aller Zeit zwei Prinzipien oder Götter oder Herren gibt, nämlich einerseits des Guten und andererseits des Bösen, aber auf andere Weise, als die ersten Ketzer glaubten, wie noch unten deutlich werden wird. Die Dreifaltigkeit und ihre Einheit gemäß dem katholischen Glauben an Gott leugnet er absolut.

Die Bezeichnungen für das Prinzip des Bösen. – Das erste Prinzip, das des Bösen, wird nach seiner Aussage in der Heiligen Schrift mit vielerlei Namen bezeichnet. So heißt es Bosheit, Unrecht, Begierde, Gottlosigkeit, Sünde, Hochmut, Tod, Teufel, Verleumdung, Eitelkeit, Ungerechtigkeit, Verdorbenheit, Verwirrung, Verführung und Unzucht. Er sagt auch, daß alle diese Laster Götter oder Göttinnen sind und daß sie ihr Sein vom Bösen haben, das, wie er behauptet, die erste Ursache ist, und daß diese erste Ursache mit den obenerwähnten Lastern bald so, bald so genannt wird.

Außerdem sagt er, daß das böse Prinzip durch die Sprache bezeichnet wird, von der der heilige Jakobus sagt, daß sie das *„Böse voll Unruhe und voll tödlichen Gifts"* [Jak 3,8] ist. Ähnlich wird es mit dem Tag bezeichnet, von dem der Herr im Evangelium sagt: *„Jeder Tag hat Plage genug"* [Mt 6,34]. Ebenso wird es mit jenem Wort des Apostels im zweiten Brief an die Korinther bezeichnet: *„Es ist, und es ist nicht"* [2 Kor 1,17]. Ferner wird der Berg Seir genannt, von dem im Buch Ezechiel gesagt wird: *„Deshalb, weil du der ewige Feind des Herrn gewesen bist"* [vgl. Ez 35,5]. Das Böse wird auch der Bauch genannt, von dem der Apostel sagt: *„Ihr Gott ist der Bauch"* [Phil 3,19].

Außerdem sagt er, daß die Götzenbilder der Völker, von denen man im ganzen Alten Testament liest, natürlich die bösen Götter, das heißt die bösen Geister sind und daß die Heiden selbst Bilder von ihnen machten, um sie noch mehr zu verehren. Wozu noch mehr Worte? Es bereitet mir Ekel, die vielen Phantastereien niederzuschreiben, die dieser Iohannes über die obenerwähnten Laster und Götzenbilder verfaßte, um seine Irrlehren damit zu untermauern.

Die Lehre des Iohannes de Lugio über die Schöpfung und seine Ansicht über ihr Wesen

Im folgenden soll nun davon die Rede sein, was dieser Iohannes über den Schöpfer aller sichtbaren und unsichtbaren Dinge glaubt. Zuerst einmal, was Schöpfung ist; zweitens, ob die Geschöpfe aus dem Nichts gemacht oder erschaffen wurden; drittens, ob die Geschöpfe des guten Gottes einfach als gut, rein und ohne irgend etwas Böses geschaffen wurden; viertens, ob es jemals bei einem Geschöpf Willensfreiheit gab.

Erschaffen heißt seiner Ansicht nach, etwas aus irgendeiner vorhandenen Materie machen, und daraus wird also immer etwas genommen und nicht aus dem Nichts. Erschaffen unterteilt er dreifach: erstens, aus etwas Gutem zu etwas Besserem, und entsprechend dieser Unterscheidung wurde Christus vom Vater erschaffen oder gemacht. Daher jenes Wort von Jesaia: *„Ich, der Herr, habe ihn erschaffen"* [vgl. Jes 42,6]. Und der Apostel sagt: *„Er wurde Priester auf ewig"* [vgl. Hebr 5,6].

Zweitens bedeutet erschaffen aus etwas Schlechtem zu etwas Gutem machen, wie jenes Wort des Apostels besagt: *„Wir sind seine Geschöpfe, erschaffen in Jesus Christus"* [Eph 2,10]. Und jene Stelle in der Genesis: *„Im Anfang erschuf Gott Himmel und Erde"* [Gen 1,1]. Das erklärt er so: *„Im Anfang"* bedeutet im Sohn, der sagt: *„Ich bin der Anfang, der zu euch spricht"* [vgl. Apk 21,6]. Iohannes sagt ausdrücklich, daß Gott Vater Himmel und Erde nicht aus dem Nichts, sondern aus Etwas zu etwas Gutem schuf, wie jene, von denen der Apostel sagt: *„Erschaffen in Christus in guten Taten"* [vgl. Eph 2,10].

Drittens bedeutet erschaffen aus etwas Schlechtem zu etwas noch Schlechterem machen, was jene Stelle im Kodex [Codex Justinianus, Digesta: De haereticis et Manicheis 1,5,2; im Jahre 534 herausgegeben von Justinian I.] mit der Überschrift *„Die Ketzer und Manichäer"* nahelegt: *„Alle durch göttliche Gebote und kaiserliche Gesetze verbotenen Häresien"* und so weiter bis zur Stelle *„... Diener erschaffen, weil sie es nicht sind."* So sagt er, daß alle Geschöpfe schon immer gute Geschöpfe in Verbindung mit dem guten Gott und böse Geschöpfe in Verbindung mit dem bösen Gott sind, daß die Schöpfer nicht ewiger sind als ihre Geschöpfe, sondern ihre Ursache und daß die Geschöpfe schon immer von Gott stammen wie der Glanz oder die Strahlen der Sonne, die nicht älter ist als ihre Strahlen, sondern nur ihre natürliche Ursache.

Ferner sagt er, daß diese Welt vom Teufel oder vielmehr vom Vater des Teufels stammt und daß sie niemals einen Anfang hatte und auch kein Ende nehmen wird.

Ferner denkt er, daß der gute Gott eine zweite Welt hat, in der sich Menschen, Tiere und alles, was diesen sichtbaren und vergänglichen Geschöpfen hier ähnelt, befinden; daß dort Ehen geschlossen und Unzucht sowie Ehebruch verübt werden, woraus Kinder stammen, und, was noch schlimmer ist, daß das Volk des guten Gottes gegen sein Gebot dort fremde Töchter zur Frau nahm, das heißt Töchter des anderen Gottes beziehungsweise der bösen Götter; und daß aus einer solchen schändlichen und verbotenen Verbindung die Riesen und viele andere Wesen zu verschiedenen Zeiten entstanden.

Hat der gute Gott seine Geschöpfe ohne etwas Böses erschaffen?

Nun soll davon die Rede sein, ob der gute Gott seine Geschöpfe in Reinheit und ohne irgend etwas Böses erschuf. Dabei sollen aber viele Gotteslästerungen übergangen werden, welche dieser Iohannes formulierte, nämlich daß Gott nicht allmächtig ist. Er sagt jedoch, daß Gott alles Gute will und kann, soweit es in ihm selbst und in seinen Geschöpfen ist, die ihm notwendigerweise gehorchen. Aber dieser Wille und diese Macht Gottes werden durch seinen Feind behindert.

Ferner behauptet er, daß schon immer der eine der beiden gegen den anderen handelt und daß die böse Ursache, das heißt der böse Gott, seit jeher gegen den wahren Gott, seinen Sohn und alle seine Werke handelt. Als Beweis hierfür führt er viele Autoritäten an, wie zum Beispiel jenes Wort des Herrn zu Satan im Buch Ijob: *„Du aber hast mich vergeblich gereizt, Ijob zu quälen"* [vgl. Ijob 2,3]. Und wiederum Ijob zu Gott: *„Du bist grausam gegen mich geworden"* [vgl. Ijob 30,21].

Ferner sagt er, daß er, der der Größte im Bösen ist und mehr Macht hat als die Geschöpfe, die unter dem höchsten Gott im Guten sind. Und so folgert er aus dieser Annahme, daß der gute Gott seine Geschöpfe nicht vollkommen machen konnte, obwohl er dies wollte, und daß dies ihm und seinen Geschöpfen wegen des Widerstands des bösen Gottes widerfuhr, der in diese seit jeher seine Wirkung beziehungsweise etwas Böses hineinbrachte. Aufgrund dieser Bosheit erhielten die Geschöpfe die Fähigkeit zu sündigen. Als Beweis dafür führte er jene Stelle im Buch Prediger an: *„Wer konnte sündigen und sündigte nicht und konnte Böses tun und hat es nicht getan?"* [Sir 31,10] Das Ganze bezieht er einfach auf Christus.

Ferner jene Stelle im Buch Ijob: *„In seinen Engeln entdeckte er Böses"* [vgl. Ijob 4,18]. Und ferner: *„Die Sterne sind nicht rein"* [Ijob 25,5]. Und so weiter. Auch jene Stelle in der Genesis: *„Aber die Schlange war schlauer als alle Tiere, die Gott erschaffen hatte"* [vgl. Gen 3,1]. Und daher sagt er folgendes: Also haben alle Tiere Anteil an der Schlauheit, aber die Schlange mehr als alle, und daher kam die Verführung durch sie. Zu den obigen Ausführungen fügt er auch noch eine andere, eigene These hinzu, nämlich daß es nichts gibt, das einen freien Willen besitzt. Das gilt auch für den höchsten Gott, der wegen des Widerstands seines Feindes auch nicht seinen Willen durchsetzen konnte.

Er sagt auch, daß jedes Geschöpf des guten Gottes die Möglichkeit erhielt, unter dem täuschenden Einfluß des Irrtums zu handeln. Den Irrtum nennt er auch den höchsten Gott im Bösen. Davon ausgenommen ist Christus, bei dem diese Möglichkeit zu sündigen beziehungsweise die Fähigkeit zu einer Verfehlung durch den höchsten Gott so sehr unterdrückt wurde, daß sie keine Wirkung hatte, was sogar bei Christus sonderbar und außergewöhnlich war. Daher ist er zu rühmen, wie über ihn im Buch der Weisheit gesagt wird: *„Wer ist dieser? Wir wollen ihn rühmen"* usw. [vgl. Sir 31,9]. Alle anderen Geschöpfe des guten Gottes wurden tadelnswert. Als Beweis hierfür zitiert er jenes Wort des Apostels: *„Denn die Schöpfung ist der Vergänglichkeit unterworfen, nicht aus eigenem Willen"* [Röm 8,20]. Und wiederum: *„Wir wissen, daß die gesamte Schöpfung seufzt"* usw. [vgl. Röm 8,22].

Ferner sagt er, daß Gott Böses tut, wenn er seine Geschöpfe entsprechend ihrer Schuld bestraft, und daß er dann nicht göttlich handelt, sondern vielmehr seinem Widersacher dient.

Ferner sagt er, daß Gott, wenn er sagt: *„Ich bin Gott und sonst niemand"* [vgl. Jes 45,22], und wiederum: *„Seht, ich bin Gott!"* [vgl. Jes 43,12; Deut 32,39] und dergleichen, von seinem Widersacher beeinflußt ist, indem er sich wiederholt. Denn der wahre Gott spricht nur einmal und wiederholt sich nicht, wie Ijob sagt.

Ferner sagt er, daß Gott kraft seines eigenen Wissens nichts Böses im voraus kennt, weil es nicht von ihm stammt, sondern daß er es nun einmal durch seinen Widersacher kennt.

Ferner glaubt er, daß der wahre Gott wegen der Sünden seiner Geschöpfe die Sintflut auslöste, Pentapolis vernichtete und Jerusalem zerstörte und daß der wahre Gott, um mich kurz zu fassen, alle obenerwähnten Leiden, die das Volk Israel in Judäa oder im Land der Verheißung erduldete, ihm auferlegte, weil er von seinem Widersacher wegen der Sünden dazu veranlaßt wurde, welche die Juden begingen. So sagt und glaubt Iohannes auch, daß alles, wovon oben die Rede war, in der zweiten Welt des wahren Gottes geschah.

Ferner glaubt er, daß die Seelen von Gott aus einem Körper in einen anderen Körper überführt werden und daß alle am Ende von Strafe und Schuld erlöst werden.

Ferner erkennt Iohannes die ganze Bibel an, glaubt aber, daß sie in der anderen Welt geschrieben wurde und daß dort auch Adam und Eva geschaffen wurden.

Ferner glaubt er, daß Noach, Abraham, Isaak, Jakob und die übrigen Patriarchen sowie Moses, Josua, alle Propheten und der heilige Johannes der Täufer bei Gott Gefallen fanden und daß sie Menschen in der anderen Welt waren.

Ferner glaubt er, daß Christus dem Fleisch nach von den alten obenerwähnten Vätern stammt und daß er wirklich aus der heiligen Jungfrau Fleisch annahm und wirklich litt, gekreuzigt wurde, starb, begraben wurde und am dritten Tag auferstand. Er glaubt aber, daß alles, was oben zur Sprache kam, in der anderen früheren Welt und nicht in dieser hier geschah.

Ferner glaubt er, daß auf dieser Welt alle Menschen wegen der Sünde, der sie folgten, den Tod fanden. Denn die Sünde wird von Iohannes der Anfang und die Ursache von allem Bösen genannt, wie es oben oft gesagt wurde. Und wenn dort ihre Leiber bestattet wurden, stiegen ihre Seelen zwangsläufig in die Hölle, das heißt in diese Welt hier herab. Und in diese Hölle stieg Christus herab, um ihnen zu helfen.

Ferner glaubt er, daß dort die Auferstehung der Toten erfolgt, weil nämlich eine jede Seele von Gott ihren eigenen Leib erhalten wird.

Ferner, daß der wahre Gott auf derselben Welt seinem Volk das Gesetz des Moses gab. Dort brachten auch die Priester wegen der Sünden des Volkes Opfer und Brandopfer dar, die nach dem Gesetz vorgeschrieben waren.

Ferner vollbrachte dort auch Christus buchstäblich wahre Wunder, indem er Tote auferweckte, Blinde sehend machte und mit fünf Gerstenbroten fünftausend Männer – ohne die Frauen und Kinder – speiste.

Wozu noch mehr Worte? Alles, von dem man in der ganzen Bibel liest, daß es auf dieser Welt geschah, verlegt er buchstäblich in die andere Welt.

Iohannes de Lugio und sein Buch der Irrlehren

Die genannten Gotteslästerungen und Irrlehren und viele andere – es würde zu weit führen und würde mir auch Ekel bereiten, sie aufzuzählen – formulierte der Erzketzer Iohannes de Lugio und stellte aus ihnen ein großes Buch, bestehend aus vierzig Blättern, zusammen. Ein Exemplar davon besitze ich; ich las es durch und entnahm daraus die oben genannten Irrlehren. Es ist aber auch sehr bemerkenswert, daß Iohannes und seine Anhänger es nicht wagen, diese Irrlehren ihren Gläubigen mitzuteilen, damit ihnen ihre Anhänger nicht davonlaufen wegen dieser neuen Irrlehren und wegen ihrer Ursache, der Spaltung zwischen den katharischen Albanensern. Die katharischen Albanenser verurteilen die Katharer von Concorezzo und umgekehrt.

Die speziellen Irrlehren der Katharer – Kirche von Concorezzo

Diese glauben zu Recht nur an ein Prinzip, aber viele von ihnen vertreten Irrlehren, welche die Dreifaltigkeit und ihre Einheit betreffen.

Ferner bekennen sie sich dazu, daß Gott die Engel und die vier Elemente aus dem Nichts erschuf, aber sie glauben an die Irrlehre, daß der Teufel mit Gottes Erlaubnis alles Sichtbare beziehungsweise diese Welt erschuf.

Ferner glauben sie, daß der Teufel den Leib des ersten Menschen bildete und in ihn einen Engel brachte, der bereits eine läßliche Sünde begangen hatte.

Ferner, daß alle Seelen von diesem Engel stammen.

Ferner verwerfen sie das ganze Alte Testament, denn sie glauben, daß der Teufel sein Verfasser war, mit Ausnahme lediglich der Worte, die durch Christus und die Apostel ins Neue Testament hineinkamen, zum Beispiel dieses: *„Siehe, die Jungfrau wird empfangen"* [Mt 1,2,3] und so weiter und dergleichen.

Ferner verurteilen sie alle Moses, und viele von ihnen zweifeln an Abraham, Isaak, Jakob und den übrigen Patriarchen und besonders auch den Propheten. Viele von ihnen glauben jetzt auch mit Recht an den heiligen Johannes den Täufer, den einst alle verurteilten.

Ferner sagen sie, daß Christus keine menschliche Seele erhielt, sondern fast alle glauben, daß er von der heiligen Jungfrau Fleisch annahm.

Die Irrlehren ihres Bischofs Nazarius

Nazarius, ihr ehemaliger, hochbetagter Bischof, sagte vor mir und vielen anderen, daß die heilige Jungfrau ein Engel war und daß Christus nicht eine menschliche, sondern eine engelhafte Natur beziehungsweise einen himmlischen Leib annahm. Er sagte auch, daß er diese Irrlehre vor fast schon 60 Jahren vom Bischof und älteren Sohn der Kirche von Bulgarien übernahm.

Ferner ist bemerkenswert, daß alle Katharer, die bekennen, daß Christus einen wahren menschlichen Leib annahm, sagen, daß dieser Leib nicht verherrlicht wurde und nicht verherrlicht werden mußte. Sie sagen, daß Christus am Tag seiner Himmelfahrt diesen Leib in den Lüften des Himmels ablegte und ihn wieder am Tag des [Jüngsten] Gerichts annehmen wird und daß er sich nach dem Gericht wieder in die ursprüngliche Materie wie ein verwester Leichnam auflösen wird.

Ferner sagen sie, daß die Seele der heiligen Jungfrau, der Apostel und aller Heiligen sich noch nicht in der [himmlischen] Herrlichkeit befinden und bis zum Tag des Gerichts auch nicht befinden werden, sondern daß sie sich zusammen mit dem Leib Jesu Christi an einem Ort in diesem Luftraum hier befinden.

Die Katharer von Bagnolo

Nun soll von den Glaubenslehren der Kirche von Bagnolo die Rede sein.

Sie stimmen mit den Katharern von Concorezzo in fast allen Glaubenslehren überein außer in dem Punkt, daß die Seelen von Gott vor der Erschaffung der Welt geschaffen wurden und daß sie dann auch sündigten.

Ferner glauben sie mit Nazarius, daß die heilige Jungfrau ein Engel war und daß Christus von ihr nicht die menschliche Natur annahm und im Tode keine wirklichen Schmerzen litt, sondern daß er einen himmlischen Leib annahm.

Die Ketzer von Toulouse, Albi und Carcassonne

Zuletzt ist anzumerken, daß die Katharer der Kirche von Toulouse, Albi und Carcassonne an den Irrlehren Belesmanzas und der alten Albanenser festhalten, ebenso fast alle Gemeinden der Katharer von jenseits des Meeres, über die ich ebenfalls geschrieben habe.

Keine Kirche der Katharer stimmt in allen Punkten mit der Kirche von Concorezzo überein. Die Kirche von Frankreich stimmt mit den Katharern von Bagnolo überein. Die Katharer aus der Markgrafschaft von Treviso, aus der Toskana und von Val di Spoleto stimmen mit den Bagnolensern in mehr Punkten überein als mit den Albanensern, aber allmählich nähern sie sich den Albanensern an.

Ferner akzeptieren sich alle Kirchen der Katharer gegenseitig, auch wenn sie unterschiedliche und gegensätzliche Lehrmeinungen haben, außer den Albanensern und den Concorezzianern, die sich gegenseitig verurteilen, wie oben gesagt wurde. Wenn sich aber ein Katharer oder eine Katharerin zu den oben dargestellten Irrlehren, den speziellen oder wenigstens den allgemeinen, nicht bekennt, dann muß man über diesen Katharer zweifellos sagen, daß er in seiner Heuchelei lügt, was für Ketzer nach dem Zeugnis des Apostels typisch ist, der dies über sie unverhüllt weissagte, es sei denn, es handelt sich um einen einfachen Gläubigen oder einen, der unter ihnen neu ist. Denn solchen Menschen werden ihre geheimen Lehren keineswegs geoffenbart.

[...]

Dieses obige Werk ist von Bruder Rainerius im Jahre 1250 gewissenhaft verfaßt worden. Dank sei Gott!

Antoine Dondaine (Hg.), Liber de duobus principiis. Un traité néo-Manichéen du XIIIe siècle. Rom 1939, S. 64–78.

Kapitel 6

Die Waldenser

Im Gegensatz zu den Katharern und Manichäern umgibt die Waldenser weder ein Geheimnis noch die Faszination einer einst weite Teile der Alten Welt umspannenden Religion. Gegen das Klischee eines Geheimbundes und wild ins Kraut schießende Spekulationen erwies sich die Waldenserbewegung von Anfang an als resistent. Es geht von diesen Wanderpredigern und Wanderpredigerinnen so gar nichts vordergründig Prickelndes und Erregendes aus. Aber ihre Bewegung spiegelt wie keine andere verschiedenste geistige Tendenzen der Religiosität im Mittelalter wider. Es finden sich in der Geschichte der Waldenser Parallelen zu Franziskus von Assisi, Martin Luther und Jan Hus. Die Waldenser waren anfangs als Laienbewegung so etwas wie eine mittelalterliche „Kirche von unten". Ihre Mitglieder wollten in einer Zeit, in der der Klerus die Seelsorge vernachlässigte, durch ein Leben, das sich am Vorbild der Urkirche orientierte, und durch ihre Predigt die Menschen zu Buße und Umkehr rufen. Anders als die Katharer zählten sie nicht von Anfang an zu den „Erzketzern"; als jedoch die Zeiten vorbei waren, in denen man sie nicht recht ernst nahm, wurden sie als Feinde der Kirche verfolgt. In Deutschland und Österreich widmeten ihnen die Inquisitoren vor allem im 14. und 15. Jahrhundert noch größere Aufmerksamkeit als den Katharern. Dennoch sind die Waldenser die einzige „Ketzergruppe" des Mittelalters, die bis heute noch aktiv ist.

Ähnlich wie bei den Franziskaner-Spiritualen erscheint es aus heutiger Sicht nur sehr schwer nachvollziehbar, warum sich die katholische Kirche genötigt sah, diese Strömung mit allen ihr zu Gebote stehenden Mitteln zu bekämpfen. Warum wurde eine Gruppe exkommuniziert, die die Kirche in ihrem Kampf gegen die Irrlehren der Katharer mit den Waffen der Verkündigung und des Wortes unterstützen wollte? Was war an diesen predigenden „Sandalenträgern" so gefährlich, daß man ihnen die Inquisition auf den Hals hetzte? Wie kam es dazu, daß die Waldenser als erbitterte Gegner der Katharer mit diesen in einen Topf geworfen wurden und sogar als noch weit gottlosere und verabscheuungswürdigere Ketzer galten? Ebenso wie die Katharer versuchte die römische Kirche auch die Waldenser ein für allemal unschädlich zu machen.

Auch noch 500 Jahre nach ihrer Gründung wurden sie von der katholischen Kirche verfolgt und aus den letzten Schlupfwinkeln, in die sie sich gerettet hatten, vertrieben. Aber obwohl die Waldensergemeinden immer wieder zerschlagen wurden, gelang es zumindest einem Teil von ihnen, als Gemeinschaft zu überleben. Die Waldenser, die sich in den Tälern des Piemont verborgen hatten, schlossen sich in der Reformationszeit dem Calvinismus an. Sie fanden in der Mitte des 19. Jahrhunderts in Italien und Lateinamerika eine neue Heimat. Die Waldenser haben es der liberal-antiklerikalen Stimmung in Italien zu verdanken, daß ihnen 1848 erlaubt wurde, ihre Religion frei auszuüben. So konnten sie Diasporagemeinden gründen, die heute etwa 30 000 bis 35 000 Mitglieder zählen. In Italien, genauer gesagt in Torre Pellice, befindet sich seit 1855 das geistige Zentrum der Waldenser, und hier tagt auch einmal jährlich die Synode der Waldenser. Zu dieser Synode erscheinen auch die Vertreter der Gemeinden aus Uruguay und Argentinien, wohin in den Jahren 1858 bis 1861 vor allem Waldenser aus den sogenannten „Waldensertälern" des Piemont auswanderten. 1920 wurde in Rom eine eigene waldensische Studienmöglichkeit, die Facolta Valdese di Teologia, geschaffen. Heute bestehen die Waldenser als Zusammenschluß der methodistischen und waldensischen Kirche Italiens fort.

Bis es jedoch so weit war, daß die Waldenser als Religionsgemeinschaft anerkannt wurden, mußten sie einen langen Weg zurücklegen. Sie gerieten dabei in die Mühlen der Inquisition, fielen den Albigenserkreuzzügen zum Opfer und wurden in die blutigen Auseinandersetzungen der Gegenreformation verwickelt.

Die Anfänge der Waldenser

Die Waldenser leiten den Namen ihrer Bewegung von Waldes ab, der als reicher Geschäftsmann im zweiten Drittel des 12. Jahrhunderts in Lyon lebte. Ähnlich wie etwa 30 Jahre später Franziskus von Assisi entschloß er sich eines Tages, sein bisheriges Leben hinter sich zu lassen. Waldes gehörte zu den aufstrebenden Patriziern mit merkantilem, städtischem Selbstbewußtsein, wie sie um diese Zeit vor allen in Frankreich und Italien anzutreffen waren. Sie verschafften sich Zugang zu Bereichen, die ihnen durch die bisherige strenge Gesellschaftsordnung eigentlich verwehrt gewesen wären, beispielsweise zu Literatur, höfischen Lebensformen und religiösem Schrifttum. So ließ Waldes nach 1170 Teile der lateinischen Bibel, der sogenannten Vulgata, in die gallisch-romanische Volkssprache übersetzen.

Mit der Übersetzung beauftragte er den Lyoneser Priester Stephan de Ansa, den volkssprachlichen Text ließ er von Bernard Ydros niederschreiben, der später ebenfalls Priester in Lyon wurde. Diese Bibelübersetzung umfaßte das Neue Testament, Auszüge aus dem Alten Testament und sogenannte Vätersentenzen, das heißt Zitate der Kirchenväter. Diese Bibelübersetzung ist leider nicht erhalten. Eine eigene Bibel, eine „Hausbibel", zu besitzen, war in der damaligen Zeit für eine begüterte Familie nicht von vornherein auffällig oder ungewöhnlich. Für Waldes war dies anscheinend der erste Schritt zu einem geistlichen Leben. Die näheren Umstände, die Waldes zum Stifter einer mittelalterlichen „Erweckungsbewegung" werden ließen, beschrieb ein Prämonstratenser aus der Diözese Laon. Dieser erste „Biograph" von Waldes skizziert die Ereignisse, die den reichen Kaufmann aus Lyon veranlaßten, seinen gesamten Besitz aufzugeben und das Leben eines Wanderpredigers zu führen.

Der Name des Prämonstratensers ist unbekannt. Man weiß nur, daß er seine Chronik der Diözese Laon etwa um 1220 schrieb (Q 1). Im Stil einer mittelalterlichen Legende wird erzählt, wie Waldes auf dem Marktplatz von Lyon einen Spielmann trifft, der soeben die berühmte Alexiuslegende vorträgt. Er lädt den fahrenden Sänger zu sich nach Hause ein, um die Erzählung zu Ende zu hören. Die Geschichte des Alexius enthält die wesentlichen Motive, die für das weitere Leben von Waldes wichtig werden:

> Der junge und reiche Römer Alexius verläßt völlig unerwartet seine Frau und all seinen Besitz und fährt in den Orient, um dem Heiligen Land näher zu sein. Viele Jahre verbringt er in Syrien. Seine Familie läßt ihn suchen, jedoch ohne Erfolg, denn die Boten, die ihn wieder nach Rom zurückbringen sollen, erkennen ihren ehemaligen Herrn nicht: Alexius hat sich in 17 Jahren als Bettler sehr verändert. Schließlich kehrt er freiwillig nach Rom zurück, nachdem er aus seinem vorherigen Aufenthaltsort Edessa geflohen war, weil man ihn dort zum Bischof machen wollte. Unerkannt bettelt er vor seinem eigenen Haus in Rom weitere 17 Jahre, bis er dort stirbt. Erst auf dem Sterbebett stellt sich seine wahre Identität heraus.

Für die Chronik von Laon markiert diese Geschichte den Wendepunkt im Leben des reichen Kaufmanns Waldes. Das Ungewöhnliche daran ist nicht diese Erzählung – das 625 Verse umfassende Lied des Alexius zählte im 12. Jahrhundert zu den beliebtesten Verslegenden –, sondern daß sich Waldes so von ihr berühren ließ, daß er sein Leben rigoros änderte. Der sogenannte Passauer Anonymus, eine Sammelhandschrift aus der Mitte des 13. Jahrhunderts, gibt als Anlaß für den Entschluß von Waldes, sein Leben grundlegend zu ändern, eine andere Begebenheit an: Bei einer Tischgesellschaft bricht plötzlich ein Bekannter von Waldes tot zusammen (Q 2). In beiden Erzählungen zieht Waldes die gleiche Konsequenz. Er gibt all seinen Besitz, den er nach der Laoner Chronik durch Wucher erlangt hatte, weg und lebt nun von der Mildtätigkeit fremder Leute. Seine Frau und seine beiden Töchter hat er vorher versorgt. Die Chronik flicht noch ein, daß die Ehefrau von Waldes ihren Mann mit Hilfe des Erzbischofs dazu bewegen kann, sich von ihr versorgen zu lassen, wenn er sich in Lyon aufhält.

Obwohl die Chronik von Laon offensichtlich stark ausschmückt, liefert sie dennoch einen wichtigen Anhaltspunkt für die Datierung der biographischen Stationen von Waldes. Sie erwähnt nämlich, daß Waldes während einer schweren Hungersnot in Deutschland und Frankreich die

Armen verköstigen ließ. Ein solches Hungerjahr war 1176/77. Daraus ergibt sich, daß Waldes spätestens ab 1177 das Leben eines Wanderpredigers geführt haben dürfte.

Sehr viel nüchterner stellt der Dominikaner Stephan (Etienne) de Bourbon die Ereignisse von Lyon dar. Er war zu einer Zeit Inquisitor, als die Waldenser bereits exkommuniziert und als Ketzer verschrien waren. Dadurch fließen eindeutige Wertungen in seinen Bericht ein. Er konnte sich jedoch bei seiner Beschreibung der Anfänge der Waldenserbewegung auf einen Augenzeugen, auf Bernard Ydros berufen, der seinerzeit nach dem Diktat des Stephan de Ansa die „Volksbibel" von Waldes niederschrieb (Q 3).

Der Konflikt mit der römischen Kirche

Um Waldes müssen sich schon zu einem sehr frühen Zeitpunkt – und zwar noch in Lyon – Gleichgesinnte geschart haben. Sie nannten sich damals „Arme von Lyon", „Pauperes Spiritu", also „Arme im Geiste" nach der Seligpreisung in Mt 5,3. Leben und Lehre sollten eine Einheit bilden. Sie wollten mit ihrer Wanderpredigt diejenigen Menschen zu Buße und Umkehr rufen, denen die zuständigen Geistlichen das Wort Gottes nur unzureichend verkündigten. Auf jeglichen Besitz zu verzichten und damit auch von allen materiellen Sorgen frei zu sein, um sich ganz dem Predigtdienst widmen zu können, das erschien Waldes und seinen Anhängern als das wahre apostolische Leben. In den Fußstapfen des Herrn, seiner Jünger und der 70 Sendboten wollten sie der Verkündigung durch eine entsprechende Lebensführung Glaubwürdigkeit verleihen. Wie die Apostel hatten sie ihren Auftrag durch das Wort Gottes empfangen, und wie die Jünger Jesu wagten sie es, als Laien ohne Theologiestudium und kirchliche Lehrbefugnis ihren Mitbürgern zu predigen und die Evangelien auszulegen (vgl. Mk 16,15; Lk 10,1–16).

Mit diesem Ansinnen kamen sie aber bald mit der hohen Geistlichkeit in der Diözese Lyon in Konflikt. Denn Laien durften nicht so ohne weiteres predigen. Aus theologischer Sicht gab es zwar einen gewissen Spielraum, gerade wenn ein Predigtnotstand vorlag, aber dazu hätte es des

Einverständnisses des Bischofs bedurft. Und dies wurde den Waldensern verwehrt.

Waldes und seine Anhänger wandten sich an Papst Alexander III. (1159–1181) in der Hoffnung, daß er ihre Lebensführung als arme Wanderprediger bestätigen würde. Im März 1179 reiste eine Abordnung der Waldenser, der vermutlich auch Waldes selbst angehörte, anläßlich des 3. Laterankonzils nach Rom.

Die „Armen von Lyon" erhielten Gelegenheit, ihre Vorstellungen von apostolischer Armut und Laienpredigt und ihre Schriften einer Kommission vorzulegen. Außerdem wurden sie einer Art „Glaubensprüfung" unterzogen. Dem englischen Gesandten und späteren Erzdiakon von Oxford, Walter Map, machte es noch Jahre später in seiner Anekdotensammlung „Über höfische Torheiten" sichtlich Vergnügen, den Verlauf dieses „theologischen Kurzexamens" wiederzugeben (Q 4). Die Waldenser waren den scholastischen Feinheiten nicht gewachsen und scheiterten an der Frage, ob sie an Maria als „Mutter Christi" glauben würden. Als sie dies bejahten, brach Walter Map zufolge das gesamte Kollegium in schallendes Gelächter aus.

Was amüsierte die Konzilstheologen derart? Da erdreisteten sich also tatsächlich diese südfranzösischen Tölpel, es mit gestandenen Scholastikern aufzunehmen! Was wollen diese ungebildeten Bettler? Predigen? Und dabei kennen sie noch nicht einmal die Beschlüsse der Konzilien!

Tatsächlich waren die Waldenser über einen Konzilsbeschluß gestolpert: Das Konzil von Ephesus hatte im Jahr 431 festgelegt, daß Maria nur „Mutter Gottes", aber nicht „Mutter Christi" genannt werden dürfe. Man hatte damals mit dieser Vereinbarung eine ganz bestimmte Irrlehre, nämlich die der Nestorianer, abgewehrt. Außerdem wurde den Waldensern zum Verhängnis, daß sie den Unterschied zwischen „glauben" und „verehren" nicht kannten. Geglaubt wird, so die kirchliche Lehre, an die Personen der Heiligen Dreifaltigkeit, also an Gott Vater, Gott Sohn und Heiligen Geist. Alle irdischen Personen, und zu denen gehört ja Maria, dürfen nur verehrt werden. Waren das scholastische Spitzfindigkeiten? Nun ja, die Waldenser hatten die Prüfung auf jeden Fall nicht bestanden. Aber reichte das aus, um ihr Anliegen vom Tisch zu wischen oder einfach nicht ernst zu nehmen? Für das 3. Laterankonzil waren offensichtlich andere Themen wichtiger. Das Konzil sollte den Vergleich, den kurz zuvor Kaiser und Papst geschlossen hatten, bestätigen. Und man mußte sich mit der Bedrohung der Kirche durch die Katharer auseinandersetzen und wirksame Maßnahmen gegen sie in die Wege leiten.

Die Beschlüsse des 3. Laterankonzils sprechen folglich auch eine deutliche Sprache, was die Katharer anbelangt. Die Waldenser kommen darin nicht vor. Das läßt den Schluß zu, daß man 1179 in ihren Aktivitäten noch nichts Häretisches sah. Und mit ganz leeren Händen kehrte die Abordnung der Armen von Lyon auch nicht zu ihren Glaubensbrüdern zurück: Papst Alexander III. hatte ihnen erlaubt, ihrem Armutsideal entsprechend zu leben. Das war ein echtes Zugeständnis, denn normalerweise durfte man seine Frau und seine Familie nur verlassen und das Armutsgelübde ablegen, wenn man in einen Orden eintrat. Die „Volksbibel" der Waldenser war nicht verworfen worden, und einige Quellen sprechen sogar davon, daß sie predigen durften, vorausgesetzt, die zuständigen Bischöfe würden ihnen die Erlaubnis erteilen. Doch genau das wurde zum Problem: Die Bischöfe verweigerten ihnen das Predigtrecht, und die Waldenser hielten sich nicht an dieses Verbot. Denn aus ihrer Sicht war die Vollmacht des Bischofs begrenzt. Die Waldenser leiteten ihren Predigtauftrag direkt vom Auftrag Christi an seine Jünger ab (vgl. Mt 28,19). Und Christus war das Haupt der Kirche. Von daher war es nur folgerichtig, dem Auftrag Christi Vorrang vor den Weisungen des Bischofs zu geben. Zumal der Klerus Predigtdienst und Seelsorge teilweise sehr vernachlässigte und die hohe Geistlichkeit stärker am Machterhalt der Kirche als an der Verkündigung interessiert war. Damit war es aber auch nur noch eine Frage der Zeit, bis es zu einem offenen Konflikt in der Diözese Lyon kommen würde.

Erzbischof Guichard von Lyon, ein ehemaliger Zisterzienserabt und Schüler Bernards von Clairvaux, hielt gemäß dem geltenden Kirchenrecht daran fest, daß nur Bischöfe und Priester und unter bestimmten Voraussetzungen auch Mönche, aber keinesfalls Laien predigen dürfen. Er befürchtete außerdem, daß Waldes und seine „Pauperes Spiritu" ins Ketzerische und das bedeutete ins Katharische abgleiten könnten. Denn Lyon war nicht weit von den Katharerzentren Albi, Carcassonne und Toulouse entfernt. Der Gefahr, daß häretische Gedanken und Lehren auch auf seine Diözese übergreifen konnten, war sich Erzbischof Guichard sehr wohl bewußt. Etwa im März 1180 berief der päpstliche Legat Henri de Marcy mit Einverständnis von Erzbischof Guichard ein Diözesankonzil in Lyon ein. Henri de Marcy, der ehemalige Zisterzienserabt von Clairvaux und spätere Kardinal Heinrich von Albano, spielte eine wichtige Rolle bei der Bekämpfung der Katharer in Südfrankreich. In Lyon ging es um Waldes und seine Predigtambitionen. Man wollte den Anfängen wehren und verhindern, daß sich hier ein Schlupfloch für die dualistischen Lehren der Katharer auftun könne. Und selbst wenn sich dafür keine Anhaltspunkte finden ließen, so wollte man doch Waldes unter die Kontrolle der Kirche bringen.

Der Hauptvorwurf, den man Waldes machte, lautete „lästerlicher Eigendünkel". Er und seine Anhänger hätten sich angemaßt, eigenmächtig und unbefugt zu predigen, und verbänden ihr Dasein als Wanderprediger auch noch mit einem Leben in freiwilliger Armut. Im Vergleich zu den Waldensern, die für sich in Anspruch nahmen, ihrer Predigt durch ein Leben nach dem Evangelium Glaubwürdigkeit zu verleihen, wirkten die reichen Bischöfe und Prälaten nicht besonders überzeugend. Hätte man Waldes gewähren lassen, hätte das einen Autoritätsverlust des Klerus bedeutet. Er durfte daher keine Möglichkeit erhalten, Besitzlosigkeit als apostolisches Ideal für die gesamte Kirche zu fordern. Wenn man es durchgehen ließ, daß hier die Besitzlosigkeit als unverzichtbarer Bestandteil der Nachfolge Christi propagiert wurde, gefährdete man die Existenz der mittelalterlichen Kirche. Aus der Sicht der Kirchenoberen durfte die mittelalterliche Papstkirche keine arme Kirche sein. Sie hätte sonst ihre Unabhängigkeit von der weltlichen Macht, die sie sich mühsam erkämpft hatte, wieder aufgegeben. Außerdem hätte sich die Kirche vom mittelalterlichen Feudalsystem lösen müssen. Aber fast alle Bischöfe und Prälaten genossen die Vorteile und Privilegien dieser Gesellschaftsform und waren um keinen Preis dazu bereit, etwa auf ihre Pfründen zu verzichten. Das Beispiel der Waldenser durfte nicht Schule machen! Dafür wollte die hohe Geistlichkeit, die unter dem Vorsitz der drei Zisterzienser Henri de Marcy, Erzbischof Guichard von Lyon und Geoffroy von Auxerre zusammengekommen war, sorgen: Waldes mußte vor dem Konzil ein Glaubensbekenntnis ablegen. Darin hatte er sich vorsorglich von einer ganzen

Reihe von dualistischen Glaubenssätzen und anderen häretischen Aussagen zu distanzieren. Dieses Glaubensbekenntnis wurde Waldes vorformuliert vorgelegt, und er mußte es auch stellvertretend für seine Mitbrüder nachsprechen. Es war nach entsprechenden päpstlichen Dokumenten vermutlich von Henri de Marcy verfaßt worden. Waldes durfte sich zur Armut als Lebensweise bekennen, jedoch mit dem Zusatz, daß „der Rat der Armut" im Neuen Testament von *ihm* als Gebot aufgefaßt wird. Waldes sah darin anscheinend kein Problem. Der Hintergrund dieser Formulierung war jedoch, daß die apostolische Lebensform der freiwilligen Armut eben nur ein Rat war, aber kein Gebot, das für alle und damit auch für die gesamte Kirche hätte gelten können. Wenn einige dies für sich als Gebot auffaßten, bedeutete dies keinerlei Verpflichtung für die Kirche. Waldes bestätigte damit indirekt, daß die Kirche und ihre Vertreter nach wie vor an Macht und Reichtum festhalten konnten. Ob Waldes im einzelnen wußte und verstand, wozu er sich bekannte, ist unklar. Das eigentliche Thema, das Recht als theologische Laien ohne Missio zu predigen, wurde in diesem Bekenntnis von Waldes, dessen Protokoll erst 1946 in der Madrider Nationalbibliothek gefunden wurde, nicht explizit angesprochen (Q 5).

Damit war das Waldenserproblem jedoch nicht gelöst. Die Kirche gewann immer mehr den Eindruck, daß sie die Waldenser trotz des Bekenntnisaktes ihres Stifters nicht unter ihre Kontrolle brachte. Die verhängten Disziplinarmaßnahmen fruchteten offenbar nichts. Hinzu kam, daß die Armen von Lyon beim „einfachen Volk" zunehmend an Popularität gewannen. Nicht zuletzt deshalb, weil sie das Evangelium in der jeweiligen Volkssprache anstatt auf lateinisch verkündeten, und es damit aus kirchlicher Sicht unzulässigerweise popularisierten.

Obwohl sich die Waldenser nicht ausschließlich an Arme und Randgruppen der mittelalterlichen Gesellschaft wandten, hatten sie in dieser frühen Phase vor allem in den Städten regen Zulauf von Menschen, die mittellos waren und die zum Teil vom kirchlichen Leben ausgeschlossen waren, weil sie die „Leistungen" der Priester nicht bezahlen konnten. Als 1181 Johannes von Canterbury, auch Jean Bellesmains genannt, nach Guichards Tod zum neuen Erzbischof von Lyon ernannt wurde, übernahm er auch das Waldenserproblem. Die Armen von Lyon hofften ihrerseits immer noch darauf, daß ihr Leben in freiwilliger Armut und ihre Predigttätigkeit von der Kirche anerkannt würden. Diese Hoffnung war trügerisch. Endgültig zum Eklat kam es, als ihnen der neue Erzbischof, der den Waldensern gegenüber eine schärfere Gangart einlegte, einen Propst als Oberhaupt ihrer Gemeinschaft aufzwingen wollte. Da die Waldenser dies ablehnten, erlegte er ihnen ein striktes Predigtverbot auf. Die Waldenser hielten sich nicht an dieses Verbot. Aber damit hatten sie dem Erzbischof offen den Gehorsam verweigert. Ungehorsam gegen den Bischof war aber kirchenrechtlich gesehen Häresie und wurde mit Exkommunikation geahndet. Erzbischof Jean Bellesmains exkommunizierte die Armen von Lyon und vertrieb sie um 1182/83 aus seinem gesamten Herrschaftsbereich. Da der Erzbischof auch gleichzeitig der weltliche Herr von Lyon war, hatte er das Recht und die Macht, die Waldenser auszuweisen (vgl. Q 6).

Ein Teil von ihnen zog nach Clermont, eine andere Gruppe war spätestens ab diesem Zeitpunkt in Oberitalien und Spanien anzutreffen. Etwa 1182/83 traten im übrigen auch die ersten predigenden Frauen bei den Waldensern auf.

1184 beschäftigten die Waldenser auch das Konzil in Verona. Auf diesem Konzil verbündeten sich Papst Lucius III. (1181–1185) und Kaiser Friedrich Barbarossa zum gemeinsamen Kampf gegen die Ketzer. Die berüchtigte Bulle „Ad abolendam" vom 4. November 1184 schuf für die Kirche die Voraussetzungen und Strukturen, um die Inquisition durchzuführen. Mit ihr wurde über die Armen von Lyon, die Katharer und andere häretische Gruppen der Kirchenbann verhängt. Was machte die Waldenser in den Augen der Konzilsväter zu Ketzern? Dreh- und Angelpunkt des Konflikts war die Frage, wer die Waldenser zur Verkündigung beruft bzw. ordiniert. Die Waldenser nahmen für sich in Anspruch, wie die Apostel von Gott selbst beauftragt worden zu sein. Sie beriefen sich dabei auf die Tradition der Propheten von Mose bis Johannes den Täufer. Die Kirche interpretierte Röm 10,15 *„Wie soll aber jemand predigen, wenn er nicht gesandt ist"* als Predigtverbot für Laien: Um predigen zu dürfen, bedarf es unabdingbar der „Missio", also der Ermächtigung durch den Bischof. Erhält jemand diese Missio nicht, hat er zu schweigen. Wer sich nicht an diese Verordnung hält, widersetzt sich der geforderten Gehorsamspflicht, die der Apostel Paulus in Röm 13,1–2 formuliert:

„Jeder leiste den Trägern der staatlichen Gewalt den schuldigen Gehorsam. Denn es gibt keine staatliche Gewalt, die nicht von Gott stammt; jede ist von Gott eingesetzt. Wer sich daher der staatlichen Gewalt widersetzt, stellt sich gegen die Ordnung Gottes, und wer sich ihm entgegenstellt, wird dem Gericht verfallen."

Wenn schon der staatlichen Gewalt Gehorsam geschuldet wird, um wieviel mehr gilt dies dann gegenüber der kirchlichen Gewalt, also dem Bischof? Wer sich einem bischöflichen Verbot widersetzt – und dies hatten die Waldenser mehrfach getan, indem sie ohne Missio predigten –, „verfällt dem Gericht", dem Kirchenbann. Ungehorsam bedeutete Unglaube. Dies wurde auch eindeutig in den Beschlüssen des 4. Laterankonzils von 1215 festgelegt (vgl. Q 7).

Die Waldenser beriefen sich ebenfalls auf die Bibel und wollten, daß die Kirche ihre Sendung von Gott anerkannte: Jeder, der den Auftrag erhalten hat, zu predigen und zur Buße zu rufen (vgl. Apg 20,12ff.; Mt 10,5–15; Mk 6,8–11), ist verpflichtet, diesen Auftrag auch gegen Widerstände zu erfüllen. Im Zweifelsfall mußte man *„Gott mehr gehorchen als den Menschen"* (vgl. Apg 5,28–29). Allerdings hielten die Waldenser im Gegensatz zu den Katharern daran fest, daß man der Hierarchie der Kirche grundsätzlich Gehorsam schulde. Sie verstanden sich nicht als organisierte Kirchenkritiker oder als Gegenkirche.

Die Vertreter der Kirche argumentierten kirchenrechtlich. Theologisch hätte man durchaus für Laien ein Recht zu predigen begründen können, diese Überlegungen besaßen aber kein Gewicht. Das hing einerseits mit der geschichtlichen Entwicklung der Papstkirche zusammen, die sich soeben mühsam von der Einflußnahme der weltlichen Herrscher befreit und die hierarchische Struktur der Kirche ausgebaut hatte. Andererseits fehlte es an kirchenrechtlichen Grundlagen, um das Predigtvorrecht der Priester zu brechen. Bedurfte es doch für die konservativen Kräfte bereits großer Überwindung, sich vorzustellen, daß Mönche, die die Priesterweihe hatten, tatsächlich auch predigen durften. Laien das Predigen zu erlauben, mußte all jenen gänzlich widerstreben, denen es um die Macht der Kirche und ihre Unabhängigkeit von der Laienobrigkeit ging. Um das geistliche Machtmonopol und den Besitzstand der Kirche zu sichern, konnten sie nicht anders, als mit Beugemitteln wie der Exkommunikation und der Inquisition zu reagieren.

Vorerst richtete sich die Inquisition zwar vor allem gegen die Katharer, aber die römische Kirche hatte nun auch den Waldensern den Stuhl vor die Tür gesetzt. Die Waldenser versuchten dennoch, die Katharer mit ihrer Predigt und ihrer konsequenten Lebensweise zu überzeugen und wieder auf die Seite der Rechtgläubigkeit zu ziehen. In einigen Gegenden fanden auch nach der Exkommunikation der Waldenser Disputationen, also Streitgespräche zwischen Katharern, Katholiken und Waldensern statt. Das Languedoc war eines der Hauptmissionsgebiete der Waldenser. Waldes selbst war nach der Vertreibung aus Lyon dorthin gezogen, um mitten im Katharergebiet zu predigen. Im Languedoc befand sich die Kirche in einem desolaten Zustand, und ein großer Teil der Feudalherren war tolerant gegenüber Bewegungen, die ihre eigenen Vorstellungen vom Christentum hatten. In diesen Landstrichen konnten auch die Waldenser frei predigen. Aber selbst in Gegenden, in denen die Waldenser von den Bischöfen verurteilt und aus den Diözesen vertrieben wurden, wie beispielsweise aus Narbonne und Aragon, hatte dies vorläufig noch keine dramatischen Folgen. Die Strafe bestand meistens in der Konfiszierung des Besitzes. Aber was wollte man armen Wanderpredigern, die freiwillig allem Eigentum entsagt hatten, wegnehmen? Selbst die Vertreter des Klerus waren in ihrer Haltung gegenüber den Waldensern gespalten: Während die hohe Geistlichkeit, die Bischöfe und Prälaten, in ihnen eine Gefährdung des Status quo ihrer Rechte, ihrer Macht und ihres Besitzes sah, waren die Angehörigen des niederen Klerus, die Dorf- und Ortspriester, teilweise sogar dankbar für die Unterstützung durch die Waldenser, und das nicht zuletzt bei der Auseinandersetzung mit den Katharern.

Etwa zehn Jahre nach der Exkommunikation der Armen von Lyon gingen vor allem die weltlichen Herrscher in Aragon härter gegen sie vor: Wenn sie nicht binnen drei Tagen nach erfolgter Ausweisung den jeweiligen Ort verlassen hatten, galten die Waldenser als vogelfrei und durften mißhandelt werden. 1197 wurden sie in Aragon erstmals mit der Strafe des Feuertodes bedroht. Auch die Vizegrafen von Béziers und Carcassonne verpflichteten sich im Sommer 1194, die Waldenser aus ihrem Gebiet auszuweisen.

In den Jahren nach der Exkommunikation durch das Konzil von Verona 1184 bis zum Tod von Waldes etwa im Jahr 1206 widmeten sich die Armen von Lyon zwei Schwerpunkten: Zum einen mußten sie sich als Gemeinschaft organisieren, zum anderen bauten sie ihre Missionstätigkeit vor allem in den Katharergebieten aus. Dabei verlor der südfranzösische Flügel nie die Hoffnung, doch noch irgendwann von der römischen Kirche anerkannt zu werden und sein urchristliches Ideal ohne Sanktionen durch kirchliche und weltliche Machthaber verwirklichen zu können.

Trotzdem mußten sich die Waldenser erst einmal damit abfinden, daß sie sich außerhalb der Kirche befanden. Was für die Kirche nicht hinnehmbar war, nämlich in freiwilliger Armut zu leben, ohne sich einem Orden anzuschließen, als Laien ohne Missio zu predigen und außerdem auch noch Frauen die Predigt zu erlauben, konnten die Waldenser nicht aufgeben, wenn sie ihrem Auftrag gerecht werden wollten.

Predigttätigkeit und Organisation der Waldenser

Möglicherweise war es gerade diese Lebensform, mit der sie dem apostolischen Vorbild der Urkirche nacheiferten, die die Waldenser für Mönche attraktiv machte, die aus ihren Orden entflohen waren. Zu den Waldensern gehörten außerdem auch sogenannte „litterati", das heißt gebildete Bürger, und niedrige Adlige. Die Waldenser wollten die gesamte Bevölkerung mit ihrem Ruf zur Buße erreichen – Arme und Reiche. Anders als bei den Katharern standen jedoch nicht die Adligen oder Feudalherren einer bestimmten Gegend auf ihrer Seite. Sie wurden zwar hin und wieder von einflußreicheren Persönlichkeiten unterstützt, aber Fürsprecher, wie sie die Katharer zeitweise in den Grafen von Toulouse hatten, fehlten den Waldensern.

Die Armen von Lyon hatten Zulauf aus dem ganzen Volk, saßen aber auch zwischen allen Stühlen. Sie selbst hielten sich für rechtgläubige Christen, die das urchristliche Ideal vom apostolischen Leben in die Tat umsetzten und der Kirche Christi als „Menschenfischer" dienten; deshalb wollten sie ja auch die Katharer von ihrem Irrweg abbringen. Gleichzeitig waren sie aber ebenso wie die Katharer mit dem Kirchenbann belegte Ketzer. Diesen Spagat, sich sowohl gegen die Vorwürfe der Katholiken zu wehren als auch die kritischen Fragen der Katharer zu beantworten, unternahm Durand de Huesca in seinem „Liber antiheresis" (Q 8). Dieses Buch stellte nicht nur eine Verteidigungsschrift gegen die Katharer und die Katholiken und eine Darstellung des Zustandes der Kirche dar (Q 9). Es war gleichzeitig auch ein Werk, das der Unterweisung lateinkundiger Waldenserprediger und ehemaliger Kleriker, die sich den Armen von Lyon angeschlossen hatten, galt. Durand de Huesca vermittelte darin theologisches Grundwissen, zum Beispiel zu Buße und Handauflegung, und lieferte so seinen Mitbrüdern Argumente und Gegenargumente für Streitgespräche mit Katholiken und Katharern (Q 10; 11). Außerdem zeugt der „Liber antiheresis" von ausgezeichneter Bibelkenntnis. Durand de Huesca gehörte zu jenen „litterati", die auch theologisch gebildet waren. Er kannte nicht nur die Bibel, sondern auch die Schriften der Kirchenväter und verschiedene Bekenntnisschriften, beispielsweise diejenigen, die in das Bekenntnis von Waldes eingeflossen waren. Darüber hinaus war er mit den gnostischen und dualistischen Lehren zu Zeiten der Alten Kirche vertraut. Über Durand de Huesca oder auch Durand de Osca weiß man nicht sehr viel. Er stammte entweder aus Huesca in Aragon oder aus Losque bei Albi und war ein Schüler von Waldes. Nach dessen Tod kehrte er in den Schoß der Kirche zurück und gründete die „Pauperes Catholici", die „Katholischen Armen". Auch als er wieder auf der Seite der Rechtgläubigkeit stand, bemühte er sich weiter darum, mit dem Wort anstatt mit Waffen zu überzeugen. Mit fundiertem theologischen Wissen zog er auch in seinem Buch „Contra Manicheos" gegen die Irrlehren der Ketzer zu Felde. Den „Liber antiheresis" verfaßte er in den 80er oder 90er Jahren des 12. Jahrhunderts, als er noch zu den Waldensern gehörte und möglicherweise mit der Aufgabe betraut war, angehende Prediger zu unterrichten.

Um sich fundierte Kenntnisse der biblischen Schriften anzueignen, durchliefen die zukünftigen Waldenserprediger und -predigerinnen eine Art Noviziat, gemäß der lebendigen Tradition der Gemeinschaft, denn Waldes hatte zu Lebzeiten weder eine Regel noch Statuten erlassen. Diese Ausbildung war aber dennoch organisiert. In Mailand muß es eine „Waldenserschule" gegeben haben, denn die Quellen berichten, daß Erzbischof Philipp zwischen 1196 und 1206 eine „schola" der Waldenser enteignen und zerstören ließ. Und in Narbonne trafen sich die „Katholischen Armen" mit ihren ehemaligen Glaubensgenossen in deren „Schule". Dabei darf man jedoch nicht an ein Schulhaus denken. „Schola" bezeichnet den Lernbetrieb und erst in zweiter Linie ein Gebäude. Meistens fand der Unterricht in einem Privathaus statt, das „Freunde" der Waldenser zur Verfügung stellten. Das Haus blieb im Besitz der „Freunde", denn anders als die Prediger und Predigerinnen, die das Armutsgelübde abgelegt hatten, mußten sich die „Freunde" und „Freundinnen" nicht von ihrem Eigentum trennen. Sie verpflichteten sich, es den Waldenserpredigern und -predigerinnen zu ermöglichen, sich ganz auf ihre Missionstätigkeit zu konzentrieren, ohne Sorge für das leibliche Wohl tragen zu müssen. Die „Freunde" sammelten eine Art Kirchensteuer ein, beherbergten und verköstigten die Prediger während ihrer Missionsreisen und sorgten dafür, daß in ihren Häusern Unterweisungen und die Vorbereitung zum Predigtdienst stattfinden konnten.

Die Grundlage für den Predigtdienst war das Auswendiglernen großer Teile des Neuen Testaments und von Auszügen des Alten Testaments, wie dem Psalter und dem Buch Hiob. Vermutlich bildete die volkssprachliche Übersetzung der Vulgata, die Waldes hatte anfertigen lassen, als er noch Kaufmann in Lyon war, die Basis des Unterrichts, ergänzt durch Sentenzen der Kirchenväter und später vermutlich auch durch lateinische Texte. Besonders gebildete und befähigte Brüder erteilten den Unterricht. Im Noviziat bzw. während der Vorbereitung auf den Predigtdienst durchlief man mehrere Stufen. Auch als „Freund" oder „Freundin" konnte man zur Unterweisung in der Volks- bzw. Landessprache in die „schola" kommen. In späteren katholischen Quellen wird z. B. von Kindern aus einfachen Waldenserfamilien berichtet, die weder lesen noch schreiben konnten, aber ganze Epistel- und Evangelientexte auswendig hersagten.

Voraussetzung für den Predigtdienst war ein Leben in freiwilliger Armut. Wer sich entschloß, das Armutsgelübde abzulegen, wurde aber noch nicht sofort zum Predigtdienst zugelassen. Bevor die Ausbildung begann, mußten sich die zukünftigen Novizen und Novizinnen noch einer Prüfung unterziehen, um nachzuweisen, daß sie die orthodoxe Glaubens- und Sakramentslehre kannten. Wahrscheinlich wollte man mit diesen

Fragen eine Unterwanderung der Gemeinschaft durch dualistisch-katharische Vorstellungen verhindern. Nach dieser Prüfung bekannten die Novizen und Novizinnen ihre Sünden und legten folgende vier Gelübde ab: Sie verpflichteten sich, Gott und seinen Anordnungen zu gehorchen, gelobten Keuschheit und freiwillige Armut und versprachen, darauf zu verzichten, ihren Lebensunterhalt durch ihrer Hände Arbeit zu verdienen. Außerdem durften sie ihren leiblichen Verwandten nicht mehr Vertrauen entgegenbringen als ihren Brüdern und Schwestern im Herrn. Als fünftes Gelübde kam später, vermutlich bedingt durch die Erfahrungen mit der Inquisition, noch hinzu, sich niemals, auch nicht bei Gefahr für Leib und Leben, durch einen Meineid oder eine andere Todsünde freizukaufen. Nachdem sie diese Gelübde abgelegt hatten, wurde den neuen Schwestern und Brüdern die Hand aufgelegt. Damit waren sie quasi „ordiniert". Eine Weihe durch einen Bischof, vergleichbar der Priesterweihe, hielten die Waldenser nicht für nötig. Es schloß sich eine weitere mehrjährige Zeit des systematischen Lernens an. Bei den Waldensern in Frankreich durfte man erst nach fünf bis sechs Jahren, bei den lombardischen Waldensern nach ein bis zwei Jahren predigen. Während dieser Lehrzeit befanden sich die neuen Brüder und Schwestern im Stadium des „nuper conversus". Sie gehörten nicht mehr zu den „amici", den „Freunden", aber auch noch nicht zu den Predigern und Predigerinnen. Denn diese waren die eigentlichen „Pauperes Spiritu". Erst als Prediger oder Predigerin waren sie im Prinzip nur noch Gott allein verantwortlich. Die Zugangsberechtigung zum Predigen konnten sich prinzipiell alle erwerben, die die gesamte Vorbereitungszeit absolviert hatten, unabhängig von Standeszugehörigkeit, Besitz oder Geschlecht. Es machte keinen Unterschied, ob jemand Laie war oder die katholische Priesterweihe hatte. Frauen hatten das gleiche Predigtrecht wie Männer. Es waren aber anscheinend mehr Männer als Frauen als Wanderprediger unterwegs, obwohl zur Anhängerschaft, zu den „amici", viele Frauen gehörten. In der Lombardei und im deutschsprachigen Raum hießen die Predigerinnen und Prediger entweder „fratres" bzw. „sorores", also „Brüder" und „Schwestern" oder „magistri" und „magistrae", „Meister" und „Meisterinnen". Als Ehrenbezeichnungen waren auch noch „Apostel", „Engel" und „Barben" gebräuchlich, wobei die Bedeutung dieses Begriffes nicht zweifelsfrei feststeht. Ihre Predigttätigkeit übten die Waldenser gemäß der Anweisung in Mk 6,7 jeweils zu zweit aus. Sie trugen schlichte Kleidung, die Männer außerdem besondere Sandalen, die sie als Prediger auswies. Wegen dieser Schuhe hatten die Waldenser auch den Beinamen „Insabbatati", „Xabatenses" oder „Unbeschuhte" (vgl. Mk 6,9).

Verschiedene Strömungen und Gruppierungen

Spätestens nach ihrer Ausweisung aus Lyon erweiterten die Waldenser ihr Missionsgebiet. Eines der Hauptzentren wurde das Languedoc und die Gegend um Narbonne, aber die Waldenser traten auch in Lothringen und an der Grenze zum deutschen Reichsgebiet, in Metz und in Toul, also diesseits und jenseits des Rheins auf. Außerdem bildete sich eine ziemlich starke Gruppe in Oberitalien, in der Lombardei bzw. in der „Ketzerhöhle" Mailand.

Die Lombardei und Teile Mittelitaliens standen besonders im 13. Jahrhundert im zweifelhaften Ruf, neben Südfrankreich das Ketzerland schlechthin zu sein. Daß hier die Ketzerei auf fruchtbaren Boden fiel, hängt wahrscheinlich zum einen mit dem wachsenden Selbstbewußtsein besonders der Stadtbevölkerung, zum anderen mit dem Machtstreben des italienischen Klerus zusammen. Die hohe Geistlichkeit verfolgte in erster Linie machtpolitische und wirtschaftliche Interessen, anstatt ihre pastoralen Aufgaben zu erfüllen. Diese Lücke füllten sowohl stärker politisch motivierte Ketzergruppen als auch Gemeinschaften, deren Ziel ein gottgefälliges Leben war. Zu letzteren gehörten die Humiliaten. In Norditalien näherten sich die Waldenser dieser Büßergemeinschaft, die ebenfalls exkommuniziert worden war, an. Aus der Verbindung mit den Humiliaten ergaben sich Probleme, was die ursprüngliche Lebensweise der Waldenser und die Struktur ihrer Lebensgemeinschaft anbelangt. Sie hatten mit den Humiliaten deren Ausrichtung am Evangelium und den Vorsatz, ein sittlich reines Leben zu führen, gemeinsam. Während jedoch die Waldenserprediger und -predigerinnen unter dem Keuschheitsgelübde die Ehelosigkeit verstanden, lebten die Humiliaten in ehelicher Gemeinschaft. Waldenser und Humiliaten hatten auch eine unterschiedliche Auffassung von Armut. Die Humiliaten häuften zwar keine Reichtümer an, sondern gaben alles, was sie nicht lebensnotwendig brauchten, den Armen und betrieben keinerlei Geldgeschäfte oder Wucher. Aber sie bettelten nicht, sondern arbeiteten als Kleinhandwerker, hauptsächlich in der Wollindustrie oder als Schuster. Als Zeichen ihrer Demut und Bescheidenheit, der sie auch ihren Namen verdanken, trugen sie zum Teil selbstgefertigte Kleidung aus ungefärbter Wolle. Außerdem waren sie anders als die Wanderprediger der Waldenser ortsansässig, und zwar vor allem in lombardischen Städten. Eine Besonderheit, die später in den Inquisitionshandbüchern immer wieder als Charakteristikum der Waldenser beschrieben wird, haben diese möglicherweise von den Humiliaten übernommen: das wortgetreue Bibelverständnis, was Eide und Lügen betrifft. Eide zu schwören oder zu lügen, waren Todsünden. Genauso hatte man sich vor Rechtshändeln zu hüten. Außerdem herrschte bei den Humiliaten eine ziemlich ausgeprägte Skepsis gegenüber Theologen und Klerikern. Umgekehrt waren die Humiliaten von der Evangeliumstreue und dem konsequenten Leben als Apostel Christi der Waldenser beeindruckt, so daß sich viele von ihnen den Waldensern anschlossen.

In den Jahren nach der Exkommunikation von 1184 bis zur Trennung zwischen den südfranzösischen und den lombardischen Waldensern entstanden sowohl in Frankreich als auch in Italien Gruppierungen bzw. Strömungen, die zu radikaleren Ansichten neigten als Waldes. Er scheint das ausgleichende, mäßigende Element innerhalb der nur lose miteinander verbundenen Gemeinschaften gewesen zu sein. Aber obwohl Waldes nie die Hoffnung auf eine Einigung mit der römischen Kirche aufgegeben hatte, ging der lang anhaltende Zustand der Exkommunikation auch an den Waldensern nicht spurlos vorüber. Eine Strömung innerhalb der Waldenserbewegung legte sich auf einen strikten Biblizismus fest, indem sie alle Vorstellungen und Bräuche der orthodoxen Glaubenspraxis, die sich nicht biblisch belegen ließen, verwarf. Dazu gehörten unter anderem das Fegefeuer, Heiligenbilder, Pilgerfahrten und die Hoffnung der Kirche auf die Wirksamkeit der Fürbitten für die Toten. Ein weiterer Grund für die Ablehnung war der Mißbrauch, der damit getrieben wurde: Falsche Heilige und selbstgemachte Reliquien und das lukrative Geschäft mit Ablässen, das sich mit der Angst der Menschen vor dem Fegefeuer machen ließ, bestimmten das Bild der Kirche. Außerdem konnten sich beispielsweise die Letzte Ölung und die Fürbitte durch den Priester nur Reiche leisten, weil man in den Genuß dieser religiösen Handlungen nur gegen Bezahlung kam. Die Fragenkataloge der Inquisitoren beziehen sich immer wieder auf die Ablehnung kirchlicher Riten und scheinen dies im Laufe der Zeit als Charakteristikum aller Waldenser aufzufassen. Auch bei der Frage nach der Vorherbestimmung waren die lombardischen Gruppen radikaler und vertraten die Position, jeder werde nach seinen irdischen Werken beurteilt (vgl. Q 12). Sie hielten wörtlich am Befehl fest, nicht zu schwören und zu lügen (vgl. Mt 5,33–37). Lügen, die Eidesleistung und jede Art des Blutvergießens galten ihnen als Todsünde. Dadurch wurden sie aber zwangsläufig zu Außenseitern der mittelalterlichen Gesellschaft, in der Eid und Treueschwur eine zentrale Bedeutung hatten. Zudem hielten sie die Kreuzzüge für zutiefst unchristlich, da die Apostel in der Nachfolge des Herrn die Abtrünnigen und die Heiden durch die Verkündigung und nicht durch Feuer und Schwert zum Glauben führten.

Mit ihren Einstellungen rüttelten sie nicht nur am Wertesystem der mittelalterlichen Kirche, sondern auch an der Feudal- und Ständeordnung. Möglicherweise war diese rigorose Haltung eine Folge der Auseinandersetzung mit den Katharern, die ja auch das Lügen, Schwören und das Blutvergießen strikt ablehnten und sich dabei auf die Bibel beriefen. Wollten die Waldenser die Katharer durch ein bibelgemäßes Leben überzeugen, mußten sie mindestens genauso konsequent sein wie diese. Im übrigen empfiehlt der erfahrene Inquisitor Bernard Gui, die Waldenser schwören zu lassen, um sie durch ihr Unbehagen oder durch ihren Versuch, sich dem Schwur zu entziehen, zu entlarven (Q 13).

Die Waldenser gerieten bei der Frage der Sakramentsverwaltung in zunehmendem Maße in Konflikt mit der Kirche. Hier traten die Mißstände innerhalb der katholischen Kirche überdeutlich zutage. Ein Teil der Waldenser behauptete, daß grundsätzlich nur sie allein als die wahren Nachfolger Christi das Recht hätten, gültig zu taufen, wobei für sie nur die Erwachsenentaufe in Frage kam. Nach Mt 16,16 gehörten Glaube und Taufe untrennbar zusammen. Die Kindertaufe sei daher sinnlos, zumal die Taufpaten das lateinische Taufgelöbnis, das sie stellvertretend für den Täufling ablegten, gar nicht verstanden. Weitere Schwierigkeiten gab es bei der Praxis des Bußsakraments. Die Geistlichen waren es nicht gewöhnt, daß ihre Pfarrkinder mehr als einmal im Jahr zur Beichte kamen. Aber dadurch, daß die Waldenser zur Buße aufriefen, verstärkte sich auch das Bedürfnis, häufiger zu beichten. Da die Geistlichen anscheinend diesem Wunsch ihrer Gemeindeglieder nicht nachkamen, hörten die Waldenser die Beichte. Mancherorts wahrten die Priester nicht das Beichtgeheimnis, indem sie beispielsweise gleichzeitig bei mehreren Personen die Beichte hörten oder Dolmetscher hinzuziehen mußten. Es ergab sich auch hier ein Ungleichgewicht zwischen Arm und Reich. Die Geistlichen erlegten häufig Geldstrafen als Buße auf oder machten die Gültigkeit der Beichte davon abhängig, ob die Beichtkinder entsprechende Opfergaben ablieferten. Ähnlich verhielt es sich mit dem Abendmahl: Es gab eine ganze Reihe von Fehlentwicklungen der katholischen Kirchenpraxis. Nicht selten gingen Priester mit Leib und Blut des Herrn nicht gerade würdevoll um, manchmal fehlte es aber auch nur an Geistlichen, die das Altarsakrament hätten spenden können. Hier übernahmen die Waldenser diese Aufgabe. Das Motiv der Waldenser war jedoch nicht vorsätzlicher Ungehorsam, sondern sie fanden einen geistlichen Notstand vor, der sie nach neutestamentlichem Verständnis berechtigte, in diesem Ausnahmefall das Abendmahl zu zelebrieren. Die Waldenser folgten damit nur der inneren Logik ihres göttlichen Verkündigungsauftrags. Das Kirchenrecht, das nur ordinierten Geistlichen die Austeilung des Abendmahls erlaubte, behielt anfangs für die Waldenser Gültigkeit. Aber in einer Notstandssituation und vor allem in Gebieten, in denen die offiziellen Vertreter der Kirche an den Katharern gescheitert waren, nahmen die Waldenser für sich das Ausnahmerecht in Anspruch, das es von Gott berufenen Laien – Frauen und Männern – erlaubt, das Altarsakrament zu verwalten.

In Südfrankreich stand es außerdem auch dort, wo es genügend Priester gab, um die Sakramentsverwaltung nicht immer zum besten. So war es für einige Waldenser kein weiter Weg mehr, den nächsten Schritt zu tun und das Sakrament für ungültig zu halten, wenn es von einem unwürdigen Priester gespendet wurde. Dieser Auffassung, dem sogenannten Donatismus, neigte auch ein Teil der südfranzösischen Waldenser unter dem Einfluß der Katharer zu.

Sie übertrugen die Auffassung, daß die Gültigkeit des Sakraments von der Würde desjenigen abhängt, der es spendet, auch auf die Taufe. Diese Waldenser sahen sich in der Tradition der Jünger und meinten, daß sie deshalb als einzige vollgültig taufen konnten, weil sie im Gegensatz zu den Priestern ein der Würde des Amtes entsprechendes Leben führten. Bei ihnen bildete sich daher die Idee der Wiedertaufe heraus. Diejenigen Waldenser, die die Wiedertaufe praktizierten, spalteten sich ab und entwickelten schon verhältnismäßig früh eine eigene hierarchische Gemeindeleitung mit Bischöfen, Presbytern und Diakonen.

Arme von Lyon – Arme Lombarden

Zum Bruch zwischen den Armen von Lyon und den Armen Lombarden kam es letztlich auch wegen der Streitfrage, ob die Waldensergemeinschaft in Oberitalien ein Oberhaupt haben sollte oder nicht. Die Gruppe um Waldes vertrat die Position, daß ihre Gemeinschaft nur einen einzigen Herrn hatte, und das sei Christus. Die lombardischen Waldenser dagegen bemühten sich, das Amt eines „Dieners" zu etablieren, dessen Aufgabe die Sakramentsverwaltung war. Die Gruppe um Waldes meinte hingegen, daß dafür kein eigenes Amt nötig sei, weil ja die Austeilung des Abendmahls nur im Ausnahmefall praktiziert werde. Die Lombarden wollten dieses Amt als Gegenstück zum kirchlichen Priesteramt auf Lebenszeit einrichten. Für die französischen Waldenser hätte jedoch diese Regelung bedeutet, daß sie die Hoffnung auf eine Wiedereingliederung in die römische Kirche hätten aufgeben müssen. Die Lombarden strebten aber eine dauerhafte Regelung an, weil sie sich innerlich schon wesentlich weiter von Rom entfernt hatten als ihre Brüder jenseits der Alpen.

Ein weiterer Streitpunkt war die Frage der Sicherung des Lebensunterhalts der Prediger. Ein Teil der lombardischen Waldenser hatte sich das Armutsideal der Humiliaten zu eigen gemacht, das Handarbeit als Broterwerb zuließ. In den Augen von Waldes verrieten sie damit eine unabdingbare Voraussetzung ihres Predigtauftrags: Wenn Prediger sich um ihr „täglich Brot" sorgten, dienten sie „zwei Herren". Waldenserprediger zu sein und gleichzeitig zu arbeiten, schloß sich aus. Konsequenterweise trennte sich Waldes deshalb von den Armen Lombarden. Und als diese dann Johannes von Ronco gegen das Veto von Waldes zum Kirchenvorsteher wählten, war die Trennung vollzogen und konnte auch trotz einiger Bemühungen zumindest im Mittelalter nicht mehr rückgängig gemacht werden. Waldes hatte festgelegt, daß es keinen Vorsteher der Gemeinde, keinen Propst geben durfte. Die lombardischen Waldenser stellten außerdem auch die Befähigung von Waldes zum geistigen Führer der Bewegung in Frage. Aus ihrer Sicht hatte er schwer gesündigt, als er den Bruch zwischen den französischen und den lombardischen Waldensern vollzog. Faktisch verlor die Bewegung durch diese Krise an Kraft. Durch die Abspaltung der Italiener hatte sich zudem der Graben zwischen den Waldensern und der Kirche vergrößert.

Kurz nach der Trennung in französische und lombardische Waldenser verliert sich die Spur von Waldes. Er starb vermutlich 1206 oder 1207. Innerhalb der nächsten Jahrzehnte übernahm die lombardische Gruppe die Führung. Die französischen Waldenser gerieten zunehmend in die Mühlen der Inquisition und waren wie die Katharer von den blutigen Kreuzzügen des katholischen Heers in Südfrankreich betroffen. Um künftige Prediger auszubilden, war der Boden in Südfrankreich zu heiß geworden. Stephan de Bourbon hielt die Aussage eines Ketzers aus Jonvelle sur Saone in der Diözese Besançon fest, der in Mailand statt im wesentlich näheren Narbonne eine „schola" der Waldenser besuchte (Q 14). Die Armen von Lyon zogen sich schließlich in entlegene Gebiete der Provence, in schwer zugängliche Gebirgsgegenden im Piemont, der Dauphiné und in die Cottischen Alpen zurück und führten vom 14. bis zum 16. Jahrhundert ein Leben im Untergrund. Sie lebten in Gebirgsgegenden, die sogar nach ihnen „Waldensertäler" genannt wurden, wie die Täler in der Diözese Embrun, das Val Pellice, Luserne und Angrogne. Unter diesen Bedingungen mußten sie ihre Tätigkeit als Wanderprediger zwar aufgeben, nach wie vor standen aber eine am Wortlaut der Bibel orientierte strenge Lebensführung und die biblische Unterweisung in der Volkssprache im Mittelpunkt. So zählen auch der Passauer Anonymus und Bernard Gui das bescheidene Leben zu den Erkennungsmerkmalen der Waldenser (Q 15; 16). Ihre Anpassungsfähigkeit an das Leben im Verborgenen scheint so groß gewesen zu sein, daß selbst ein so beschlagener

Inquisitor wie Bernard Gui nur kleine Gruppen der Waldenser aufspüren konnte. Ausführlich beschreibt er den Einfallsreichtum der Waldenser, wenn es darum geht, unerkannt zu bleiben. Bei Verhören winden sie sich mit rhetorischen Tricks und Spitzfindigkeiten heraus (Q 17). Anscheinend war es für die Inquisitoren des 13. und 14. Jahrhunderts nicht einfach, die Waldenser ausfindig zu machen. Man unterstellte ihnen immer wieder „Heimtücke", weil sie weder durch ungewöhnliche Bräuche noch durch extreme Ansichten besonders auffielen. Das Gefährliche an den Waldensern war aus der Sicht der kirchentreuen Verfasser gerade ihre vorbildliche und tugendhafte Lebensweise. Hinter der Maske der Frömmigkeit würden sie ihre gotteslästerlichen Ansichten verbergen. Sie führten ein scheinbar vollkommenes Leben, das sich von dem der durchschnittlichen Gläubigen beispielsweise darin unterscheide, daß sie die Anweisungen der Bibel wörtlich befolgten. Auch der sogenannte „Traktat über die Inquisition der Ketzer", der fälschlich dem 1272 verstorbenen Franziskanermönch David von Augsburg zugeschrieben wurde, enthält eine Sammlung angeblicher Glaubenssätze der Waldenser. An diesen Aussagen sollte man sie erkennen, gleichzeitig konnte die Sammlung auch als Fragekatalog für das Inquisitionstribunal benutzt werden. Der Name des wirklichen Verfassers dieses Traktats bzw. Inquisitionshandbuchs aus dem 14. Jahrhundert ist unbekannt (Q 18). Man bezeichnet den Verfasser als „Pseudo-David". Auch er war vermutlich ein Inquisitor und sammelte für seine Kollegen und Amtsnachfolger wichtige Informationen über die Ketzer. Um 1260/66 stellte ein ebenfalls namentlich nicht bekannter Verfasser eine Sammelhandschrift über alle Feinde der Rechtgläubigkeit, über Juden, Heiden, Ketzer und den Antichrist zusammen. Dieser sogenannte „Passauer Anonymus" enthält sowohl für Inquisitoren gedachte Hinweise zu Erscheinungsbild, Ansichten und Verbreitung der Waldenser und Argumentationshilfen, wie ihnen beizukommen sei, als auch gesammelte Aussagen der Ketzer und Erklärungsversuche, weshalb Häresien überhaupt entstehen. Vermutlich war der Verfasser als Inquisitor um 1260 in der Diözese Passau tätig, da er die Verhältnisse in Süddeutschland und in Ober- und Niederösterreich sehr gut kennt.

Die „Katholischen Armen"

In der Folgezeit spaltete sich die Waldenserbewegung in Frankreich nochmals, als ein Teil der französischen Waldenser in den Schoß der Kirche zurückkehrte. Der neue Papst, Innozenz III. (1198–1216), verschärfte zwar einerseits die Inquisition, andererseits hob er aber auch unter bestimmten Bedingungen den Kirchenbann für einige exkommunizierte Gruppen auf. Die Erfahrung hatte gezeigt, daß derjenige, der sich aus Unwissenheit oder Einfalt von der Kirche entfernt hatte, weil er ein frommes Leben führen wollte, durch Strafmaßnahmen nur noch weiter in die Arme der Ketzer getrieben wurde. Außerdem gab es in der Zwischenzeit ein Modell innerhalb der Kirche, das die Missionierung der Ketzer, vor allem der Katharer, und ein Leben in freiwilliger Armut miteinander verband: den neugegründeten Dominikanerorden. Damit wies man einigen Gruppen einen Weg zurück in die Kirche. In Italien waren dies unter anderem die Humiliaten. In Südfrankreich unterwarf sich Durand de Huesca der Kirche. 1207 unterlag er bei einem Streitgespräch zwischen Katholiken und Waldensern den Vertretern der Kirche und bekehrte sich. Durand und seine Gruppe wurden erneut auf das Glaubensbekenntnis, das schon Waldes vorgelegt und nun um einige Zusätze ergänzt worden war, verpflichtet: Sie mußten den Donatismus, die Auffassung, daß Sakramente ungültig seien, wenn sie von unwürdigen Priestern gespendet würden, verwerfen. Sie hatten das Predigtrecht für Frauen abzuschaffen und die Autorität der römischen Kirche und des Papstes anzuerkennen. Das Zugeständnis der Kirche bestand darin, daß die Leute um Durand de Huesca ihr Leben als Wanderprediger weiterführen durften. Sie waren jetzt eine Art Büßergemeinschaft innerhalb der Kirche, trugen den Namen „Katholische Arme" und legten die drei für alle Orden üblichen Gelübde der Armut, der Keuschheit und des Gehorsams ab. Als eine ihrer Aufgaben wurde das definiert, was Durand de Huesca vorher auch schon getan hatte, nämlich sich zu bemühen, die Katharer mit Hilfe der Predigt zur Umkehr zu bewegen. In Elne im Roussillon entstand ein neues Zentrum, von wo aus sie mit antihäretischen Schriften die Abtrünnigen bekehren wollten. 1210 wurde zusammen mit

Bernard Prim eine weitere Waldensergruppe unter ähnlichen Bedingungen vom Kirchenbann befreit. Nach nur sehr mäßigen Erfolgen der „Katholischen Armen", ihre ehemaligen Glaubensbrüder ebenfalls zur Rückkehr in die römische Kirche zu bewegen, und nachdem es ihnen nicht gelungen war, das Mißtrauen der Bischöfe ihnen gegenüber zu überwinden, wurde es nach 1212 still um sie.

Die Waldensersynode von 1218 in Bergamo

Der Druck auf die Waldenser, die sich nicht mit der Kirche aussöhnten, nahm in der Folgezeit zu. Während des Albigenserkreuzzugs wurden 1214 bei der Einnahme von Morlhon auch sieben Waldenser verbrannt. Um 1218 waren sie besonders im Languedoc Verfolgungen durch die Inquisition ausgesetzt. Möglicherweise war dies der Anlaß, warum es zu einer erneuten Kontaktaufnahme zwischen südfranzösischen und lombardischen Waldensern kam. Das Ergebnis dieser Bemühungen war die Waldensersynode von Bergamo im Jahr 1218. Dieses Delegiertentreffen war der letzte Versuch, sich wieder zu einer einheitlichen Bewegung zu vereinigen. Von beiden Gruppierungen wurden jeweils sechs Vertreter nach Bergamo entsandt. Zur Debatte standen vor allem die Fragen der Organisation, der Lebensweise und des Sakramentsverständnisses der Waldenser, wobei zumindest auf französischer Seite anscheinend ein hohes Maß an Verhandlungsbereitschaft vorhanden war. Es trafen keine in ihren Anschauungen extremen Strömungen aufeinander. Vielmehr hatte sich bei beiden Gruppen eine ähnliche Form der Organisation herausgebildet.

Die Entscheidung, wie die Organisation im einzelnen zu handhaben sei, wurde dem sogenannten „commune" überlassen. Einmal jährlich trafen sich sie Prediger zu dieser Hauptversammlung. Anläßlich des „commune" fanden regelmäßig die Wahlen der Amtsträger statt: Es wurden zwei „rectores" bestimmt, die jeweils für ein Jahr quasi als Geschäftsführer der Gemeinschaft fungierten. Außerdem wurden „Diener", „ministri", gewählt, die für eine bestimmte Zeit die Sakramente, vor allem das Abendmahl, zu verwalten hatten. Dieses Amt blieb nicht den Predigern vorbehalten, und so konnten die „Diener" sowohl „Freunde" als auch Novizen sein, die zwar schon die Gelübde abgelegt hatten, aber noch nicht predigen durften. Mit dieser Form der Organisation war einerseits eine gewisse Stabilität erreicht, andererseits hatte man dadurch, daß man die Ämter zeitlich befristete, noch nicht gänzlich die Hoffnung auf eine Rückkehr in die Kirche aufgegeben. Zudem hatte sich vor allem die Lage der französischen Waldenser so zugespitzt, daß sie eine Leitung und festere Organisationsstrukturen brauchten als zu Lebzeiten ihres geistigen Oberhaupts Waldes. Die Armen Lombarden bevorzugten weiterhin eine dauerhafte Leitung der Gruppe durch einen Propst oder Kirchenvorstand bzw. einen ständigen Sakramentsverwalter.

Ein weiteres Thema der Synode in Bergamo war die Frage nach der beruflichen Tätigkeit der Prediger. Bei den Lombardischen Armen hatte es sich durchgesetzt, daß auch die Prediger ein Handwerk ausübten. Man faßte den Beschluß, daß es grundsätzlich auch für Prediger möglich sein sollte zu arbeiten, sofern das Armutsgelübde eingehalten würde. Ob sie als Handwerker oder als Wanderprediger mit Hilfe der Unterstützung der „Freunde" lebten, blieb den einzelnen überlassen. Sie konnten auch entscheiden, ob sie sich einer Arbeitsgenossenschaft nach dem Vorbild der Humiliaten anschließen wollten. Die französische Gruppe hatte damit ihre strikte Ablehnung dieser Art des Zusammenlebens aufgegeben, wie sie noch zu Waldes' Lebzeiten vorherrschte. Die Armen von Lyon machten den Lombardischen Armen in dieser Frage ziemlich weitreichende Zugeständnisse im Vergleich zu ihrer starren Haltung zu Organisation und Lebensweise, derentwegen es 1205 zur Trennung der beiden Gruppen gekommen war. Dennoch erzielte man auch in Bergamo keine Einigung. Einer Wiedervereinigung standen zwei Streitpunkte im Wege. Die erste Frage war, ob Waldes erlöst, also im Paradies sei. Für die Armen von Lyon bestand darüber nicht der geringste Zweifel. Die Lombardischen Armen dagegen legten bei der Beurteilung des Lebens des Stifters der Gemeinschaft die gleichen Maßstäbe an wie für alle anderen Menschen. Auch er sei nur erlöst, wenn er vor seinem Tod Gott um Vergebung für seine Sünden gebetet hätte.

Der zweite Streitpunkt war das leidige Problem, ob die Sakramente gültig seien, auch wenn sie von einem unwürdigen Priester gespendet würden. Im Gegensatz zur kirchlichen Sakramentslehre und zur Auffassung der Armen von Lyon war für die Armen Lombarden die persönliche Würdigkeit des Geistlichen und nicht sein Amt ausschlaggebend. Die Lehre der Kirche besagte, daß das Sakrament gültig sei, wenn es von einem ordnungsgemäß geweihten Priester gespendet werde. Dessen Lebensführung spielte keine Rolle.

Ein weiterer grundlegender Unterschied zwischen den französischen und den italienischen Waldensern bestand nach wie vor in ihrer Einstellung zur Kirche. Während die Armen von Lyon trotz der Verfolgung durch die Inquisition nicht mit der Kirche brechen wollten (vgl. Q 19), behielten die Armen Lombarden ihre kirchenkritische Tendenz bei. Die Armen von Lyon bestanden zwar darauf, von Gott selbst berufen und damit zu unrecht mit dem Kirchenbann belegt worden zu sein, stellten aber nie die Existenzberechtigung der Kirche in Frage. Die Armen Lombarden maßen hingegen die Papstkirche am Vorbild der christlichen Urkirche und überprüften die Glaubenssätze und den Ritus der Kirche anhand der Aussagen der Bibel. Vor allem im 13. Jahrhundert schnitt die Papstkirche bei diesem Vergleich denkbar schlecht ab. Der radikalere Flügel der Waldenser sah in ihr die „Hure Babylon". Aus kirchlicher Sicht gebärdeten sich die Waldenser wie eine Gegenkirche mit eigenen Bischöfen, Priestern und Diakonen und den entsprechenden Weihen. Ähnlich wie den Katharern und später auch den Hexen dichtete man ihnen okkulte Handlungen an, bei denen ein Kater als Inkarnation Satans eine Rolle spielte. Bernard Gui gibt in seinem „Handbuch für Inquisitoren" auch darüber Auskunft (Q 20; 21).

Die Waldenser im Reichsgebiet

Die Waldenser missionierten nicht nur im Rheinland, sondern auch in Süddeutschland. Vermutlich waren hier sowohl südfranzösische als auch lombardische Gruppen tätig: vor allem die Runcarier, also diejenigen Waldenser, die sich um 1205 mit Johannes von Ronco an der Spitze, von der Gruppe um Waldes, den sogenannten Leonisten, trennten. In Deutschland waren die Gegensätze zwischen den beiden Parteien nie so stark wie in Italien und Frankreich. Das lag möglicherweise daran, daß die

Missionierung beispielsweise in Süddeutschland schon begonnen hatte, bevor es zum Bruch kam. Der „Passauer Anonymus" spricht von „früheren Zeiten", wenn er 1260 das Auftreten beider Gruppierungen in der Diözese Passau beschreibt.

Die Predigt der Waldenser fiel gerade im deutschen Reichsgebiet auf fruchtbaren Boden. Die deutschen Waldenser traten in ihrer Haltung gegenüber der Papstkirche nach der Synode von Bergamo in die Fußstapfen der Lombardischen Armen. Ihre Kirchenkritik fügte sich gut ins Bild der antipäpstlichen Stimmung in Deutschland im Zuge des Machtgerangels zwischen Papst und Kaiser. Zu dieser Zeit sind Verbreitung und Missionstätigkeit der Waldenser auf ihrem Höhepunkt angelangt. So waren sie in Bayern, Österreich, Thüringen, Pommern und der Mark Brandenburg aktiv. Im Osten folgten sie der Kolonisation bis nach Böhmen, Mähren, Polen und Ungarn. In diesen Gebieten konnten sie sich relativ ungehindert ausbreiten. Dadurch war es ihnen auch möglich, die Waldenser in der Lombardei zu unterstützen, bis im 14. Jahrhundert die Verbindung zwischen beiden Gruppen schwächer wurde. Die deutschen Waldenser schickten schließlich keine Delegierten mehr zu den Jahrestreffen nach Italien, sondern organisierten ihr eigenes „commune" in Deutschland.

Zu einer schicksalhaften Wende kam es, als im 14. Jahrhundert der berüchtigte „Spürhund Gottes", der Zölestiner Peter Zwicker, vor allem in Ostdeutschland tätig wurde.

Das 14. und 15. Jahrhundert war für die Waldenser im deutschen Reichsgebiet die schlimmste Zeit der Verfolgung, denn die Inquisitoren interessierten sich sogar mehr für sie als für die Katharer. Ab 1391 begann Peter Zwicker die Inquisition in Erfurt durchzuführen. Zwicker ging dabei systematisch und planmäßig vor. Er ließ Ermittlungsakten anlegen, dokumentierte seine Verhöre und erstellte Kataloge und Verzeichnisse, auf die bei späteren Kontrollen zurückgegriffen werden konnte (vgl. Q 22). Nach seiner Aktion in Erfurt fielen ihm allein bei einer großangelegten Razzia in der Mark Brandenburg zwischen 1392 und 1394 etwa 500 Waldenser in die Hände. Durch seine gezielten Untersuchungen wurden in Zwickers zehnjähriger Inquisitionstätigkeit alle Hauptzentren der Waldenser in Mitteleuropa im 14. Jahrhundert aufgedeckt und teilweise auch ausgehoben. Durch seine akribischen Nachforschungen gelang es ihm, Waldenser in Gebieten aufzustöbern, in denen sie nahezu unerkannt gelebt hatten. So wurde bekannt, daß es viele Waldenser in den deutschen Ostseeländern gab und daß sich Gemeinden in Polen, Ungarn, Siebenbürgen, der Slowakei, aber auch in der Schweiz befanden. In der Schweiz waren die Verfolgungen im 15. Jahrhundert am heftigsten.

Im 15. und 16. Jahrhundert spielten die Waldenser in Böhmen für die Hussiten eine wichtige Rolle. Sie wurden von ihnen als die Urahnen der Laienbewegung verehrt. Im Böhmerwald, im Vogtland, im Fichtelgebirge und im Frankenwald verbreiteten die Waldenser ihre an der Bibel orientierte Kirchenkritik und ebneten so der Reformation den Weg. Die waldensische Lebens- und Denkweise stieß auch bei den „Böhmischen Brüdern", den Vorläufern der im 18. Jahrhundert gegründeten evangelischen „Herrnhuter Brüdergemeine", auf große Resonanz.

Im 14. Jahrhundert entsteht auch die „Waldenserlegende". Die österreichischen Waldenser verlagerten nämlich die Anfänge ihrer Bewegung zurück in die Zeit der Konstantinischen Schenkung, das heißt an einen Wendepunkt der Geschichte der Kirche. Damals entschied sich die Kirche für weltlichen Besitz. Bevor es soweit kam, hatte ein Berater von Papst Silvester (314–335) die Warnung eines Engels vernommen und wollte den Papst davon abhalten, die Schenkung anzunehmen. Sein Versuch blieb jedoch ohne Erfolg. Die österreichischen Waldenser sahen nun in Waldes den geistigen Nachfolger jenes Beraters, der versucht hatte, die Tradition der armen, nicht korrumpierten Kirche aufrechtzuerhalten. Waldes war demzufolge der Erneuerer einer Bewegung, deren Wurzeln bis in die Urchristenheit zurückreichten. Die Waldenserlegende machte aus Waldes einen Priester und verlegte die Anfänge der Bewegung nach Rom. Damit gaben die Waldenser zwar einen wichtigen Teil ihrer Identität auf, beanspruchten aber für sich, die einzig wahre Kirche zu sein, weil sie den urchristlichen Prinzipien treu geblieben waren. Um zu unterstreichen, daß die geistige Tradition der Waldenser so alt sei wie das Christentum, legte man Waldes um 1368 den Vornamen Petrus bei, abgeleitet vom Apostel Petrus. Dieser hatte, als man ihm verbieten wollte, zu predigen, dem Hohen Rat geantwortet, daß man Gott mehr gehorchen müsse als den Menschen (vgl. Apg 5,28–29).

Quellentext 1

Diese von einem unbekannten Verfasser geschriebene Chronik aus Laon erzählt die Bekehrungsgeschichte von Waldes.

Aus dem „Chronicon universale anonymi Lauduniensis"

Die Bekehrung von Waldes

Im selben Jahr, nämlich 1173 nach der Menschwerdung des Herrn, lebte zu Lyon in Frankreich ein Bürger namens Waldes, der durch Wuchergeschäfte viel Geld angehäuft hatte. Als er sich an einem Sonntag zu einer Gruppe gesellte, die er vor einem Spielmann versammelt sah, war er durch dessen Worte betroffen. Er führte ihn zu seinem Haus, um ihm aufmerksam zuzuhören. Denn seine Erzählung handelte davon, welch seliges Ende der heilige Alexius [vgl. „Legenda aurea" zum hl. Alexis bzw. Alexius; als sein Todestag gilt der 17. Juli 398 n. Chr.] im Hause seines Vaters fand. Am nächsten Morgen eilte der besagte Bürger in die theologische Schule, um Rat für seine Seele zu suchen. Als er über die vielen Wege zu Gott belehrt war, fragte er den Lehrer, welcher Weg sicherer und vollkommener als alle anderen sei. Der Lehrer legte ihm das Wort des Herrn vor: *„Wenn du vollkommen sein willst, geh hin und verkaufe alles, was du hast"* etc. [Mt 19,21]. Er ging zu seiner Frau und ließ ihr die Wahl, von allem, das er hatte, die beweglichen oder unbeweglichen Güter zu behalten, nämlich Ländereien, Gewässer, Wälder, Häuser, Einkünfte, Weinberge, auch Mühlen und Backstuben. Sie entschied sich für die unbeweglichen Güter, auch wenn sie sehr traurig war, weil dies geschehen mußte. Er aber gab denen, von denen er etwas zu unrecht besaß, von seinem beweglichen Vermögen ihr Eigentum zurück und übertrug einen großen Teil seines Geldes seinen zwei jungen Töchtern, die er ohne Wissen ihrer Mutter dem Orden von Fontevraud anvertraute. Den größten Teil aber gab er den Armen. Damals herrschte nämlich eine sehr große Hungersnot in ganz Frankreich und Deutschland. Der besagte Bürger Waldes verteilte aber nun an drei Tagen in der Woche von Pfingsten [27.5.1173] bis zu Petri Kettenfeier [1.8.1173] an alle, die zu ihm kamen, Brot und Beilagen mit Fleisch. An Mariä Himmelfahrt [15. August] warf er eine sehr hohe Geldsumme auf den Straßen unter die Armen und rief: *„Niemand kann zwei Herren dienen, Gott und dem Mammon"* [Mt 6,24]. Da liefen die Bürger herbei und glaubten, er habe den Verstand verloren. Er stieg auf einen erhöhten Platz und sagte: „O ihr Bürger und meine Freunde! Ich bin nicht verrückt, wie ihr glaubt, sondern ich habe mich an meinen Feinden gerächt, die mich zu ihrem Sklaven gemacht haben, daß ich immer mehr an das Geld als an Gott dachte und mehr der Schöpfung als dem Schöpfer diente. Ich weiß, daß mich sehr viele tadeln werden, weil ich dies öffentlich getan habe. Aber ich habe es um meiner selbst willen und um euretwillen getan. Um meinetwillen, damit diejenigen, die in Zukunft sehen, daß ich Geld besitze, sagen können, ich sei von Sinnen. Aber ich habe es zum Teil auch euretwegen getan, damit ihr lernt, eure Hoffnung auf Gott zu setzen und nicht auf Reichtum zu hoffen" [vgl. 1 Tim 6,17]. Als er am folgenden Tag aus der Kirche kam, bat er einen Bürger, einen ehemaligen Geschäftspartner, er möge ihm um Gottes willen zu essen geben. Dieser nahm ihn gastlich auf und sagte: *„Solange ich lebe, gebe ich euch das Nötige!"* Als seine Frau davon erfuhr, war sie nicht wenig betrübt. Wie von Sinnen lief sie zum Erzbischof der Stadt und klagte, daß ihr Mann sich von einem anderen als von ihr Brot erbettelt hatte. Dies rührte alle Anwesenden und den Bischof selbst zu Tränen. Dann brachte der Bürger auf Anordnung des Bischofs seinen Gast zum Bischof. Die Frau aber packte ihren Mann am Gewand und sagte: *„Ist es nicht besser, o Mensch, daß ich meine Sünden an dir durch Almosen büße, als daß es Fremde tun?"* Und von da an war es ihm auf Anordnung des Bischofs nicht mehr erlaubt, in dieser Stadt bei anderen als seiner Frau sein Essen in Empfang zu nehmen.

Im Jahr der Gnade 1177. [...]
Der Bürger Waldes aus Lyon, von dem weiter oben gesprochen wurde, gelobte dem Gott des Himmels, er werde fortan in seinem Leben weder Gold noch Silber besitzen und nicht an das Morgen denken. Und er faßte den Entschluß, Gleichgesinnte um sich zu scharen. Die seinem Beispiel

folgten, gaben alles den Armen und bekannten sich so zur freiwilligen Armut. Mit der Zeit begannen sie, privat und öffentlich ihre eigenen Sünden und die von anderen anzuklagen.

> Chronicon universale anonymi Lauduniensis. In: MGH Scriptores XXVI, S. 447–449. Vgl. Alexander Cartellieri, Chronicon universale anonymi Lauduniensis. Leipzig/Paris 1909, S. 20–22.

Quellentext 2

Der Bericht des Passauer Anonymus über die Anfänge der Waldenser

Die Sekte der Armen von Lyon ist auf folgende Weise entstanden: Als einmal vornehme Bürger in Lyon versammelt waren, traf es sich, daß einer von ihnen plötzlich vor den anderen starb. Daher geriet einer der Vornehmen unter ihnen in einen so großen Schrecken, daß er sofort einen großen Schatz für die Armen spendete. Und deshalb strömte eine sehr große Menge Armer bei ihm zusammen. Er lehrte sie, in freiwilliger Armut zu leben und Nachahmer Christi und der Apostel zu sein. Da er ein wenig gebildet war, lehrte er sie den Text des Neuen Testaments in der Volkssprache. Obwohl er für diese Vermessenheit vom Bischof getadelt wurde, mißachtete er dies und ließ von seiner Lehre nicht ab, wobei er zu seinen Schülern sagte, daß der Klerus neidisch sei auf ihre heilige Lebensführung und die vollkommene Lehre, da er selber ein schlechtes Leben führe. Als aber der Papst das Urteil der Exkommunikation gegen sie verhängt hatte, mißachteten sie dies hartnäckig, und so gedeiht ihre Lehre überall bis heute.

> Alexander Patschovsky/Kurt Viktor Selge (Hg.), Quellen zur Geschichte der Waldenser. Gütersloh 1973 (= Texte zur Kirchen- und Theologiegeschichte Heft 18), S. 19.

Quellentext 3

Der Bericht Stephan de Bourbons über die Anfänge der Waldenser

Die Waldenser wurden nach dem Gründer dieser Sekte benannt, der Waldes hieß. Sie heißen auch die Armen von Lyon, weil sie dort mit dem Bekenntnis zur Armut begannen. Sie nennen sich auch deshalb die Armen im Geiste, weil der Herr sagt: *„Selig die Armen im Geiste"* [Mt 5,3]: Sie sind wirklich Arme im Geiste, erfüllt von guten Geistern und vom Heiligen Geist.

Diese Sekte begann auf die Weise, wie ich es von vielen, die ihre Vorsteher erlebten, und von dem Priester [hörte], der in der Stadt Lyon sehr angesehen und reich und ein Freund unserer Brüder war; er hieß Bernard Ydros. Als dieser noch ein junger Schreiber war, schrieb er für den besagten Waldes die ersten Bücher, die sie hatten, für Geld in lateinischer Sprache. Ein Lehrer namens Stephan de Ansa, der später Präbendar [d. h. festangestellter Priester mit laufendem Einkommen bzw. „Pfründen"] an der Hauptkirche von Lyon geworden ist, übersetzte und diktierte ihm. Ihn habe ich oft gesehen. Dieser stürzte vom Obergeschoß des Hauses, das er baute, und beendete so durch einen plötzlichen Tod sein Leben.

Ein reicher Mann in der erwähnten Stadt, genannt Waldes, war, als er die Evangelien hörte, begierig zu verstehen, was sie meinten, denn er war nicht sehr gebildet. Er schloß einen Vertrag mit diesen Priestern, mit dem einen, daß er für ihn in die Volkssprache übersetze, mit dem anderen, daß er schreibe, was jener diktierte. Und das taten sie. So schrieben sie viele Bücher der Bibel und viele mittels Überschriften gesammelte Aussprüche von Heiligen, die sie Sentenzen nannten.

Als dieser Bürger sie oft las und auswendig lernte, nahm er sich vor, die evangelische Vollkommenheit einzuhalten, wie sie die Apostel eingehalten hatten. Er verkaufte aus Weltverachtung seinen ganzen Besitz und warf sein Geld den Armen in den Straßenkot hin, beanspruchte dreist das Apostelamt, indem er die Evangelien und das, was er in seinem Herzen bewahrt hatte, in den Straßen und auf den Plätzen predigte, wobei er viele Männer und Frauen um sich versammelte [und er forderte sie auf,] dasselbe zu tun, und er legte ihnen die Evangelien aus. Er schickte sie auch überall in die umliegenden Dörfer, um zu predigen, obwohl sie den untersten Berufen angehörten. Sie waren sogar, Männer wie Frauen, stümperhafte und ungebildete Laien, die durch die Dörfer zogen, sich Zutritt in die Häuser verschafften und auf Plätzen und sogar in Kirchen predigten; und sie forderten andere dazu auf, dasselbe zu tun.

Als sie aber aufgrund ihrer Oberflächlichkeit und ihres Unwissens ringsum viele Irrtümer verbreiteten und Ärgernisse verursachten, wurden sie vom Erzbischof von Lyon namens Johannes vorgeladen. Er verbot ihnen, sich auf die Erklärung der Schriften einzulassen oder zu predigen. Sie aber beriefen sich auf das Wort der Apostel. Ihr Lehrer, der sich Petri Amt anmaßte, sagte, wie dieser [nämlich Petrus] den Hohenpriestern antwortete: „Man muß Gott mehr gehorchen als den Menschen" [Apg 5,29]. Er hatte den Aposteln aufgetragen: „Predigt das Evangelium jedem Geschöpf!" [Vgl. Mk 16,15] Als ob der Herr zu ihnen das gesagt hätte, was er zu den Aposteln gesagt hatte, die jedoch nicht zu predigen wagten, bis sie von oben gestärkt worden waren, bis sie vollkommen und vollständig vom Wissen erleuchtet waren und die Gabe aller Sprachen empfingen!

Diese also, nämlich Waldes und die Seinen, verfielen zuerst infolge ihrer Anmaßung und des Mißbrauchs des Apostelamtes in Ungehorsam, dann in Trotz und sodann dem Urteilsspruch der Exkommunikation.

Danach wurden sie aus diesem Land vertrieben und zu dem Konzil, das in Rom vor dem Laterankonzil stattfand, gerufen, und da sie starrsinnig blieben, wurden sie später als Schismatiker verurteilt. Dann vermischten sie sich in der Provence und Lombardei mit anderen Ketzern, nahmen begierig ihre Irrlehre in sich auf und verbreiteten sie. Und so wurden sie als Ketzer, die der Kirche sehr feindselig, sehr giftig und sehr gefährlich sind, verurteilt, als solche, die überall hin- und herzogen, sich den Anschein der Heiligkeit und des Glaubens gaben, aber seine Wahrheit nicht hatten, die um so gefährlicher waren, je mehr sie im Verborgenen wirkten und sich unter dem Deckmantel verschiedener Verhaltensweisen und Listen verstellten. Einmal wurde ein unter ihnen sehr wichtiger Mann festgenommen, der Beweismittel vieler Verstellungskünste bei sich trug, mit denen er sich wie ein Proteus verwandelte: Wenn er in der einen Erscheinung gesucht wurde und es ihm bekannt wurde, verwandelte er sich in eine andere. Einmal trug er das Gewand und die Zeichen eines Pilgers, einmal den Stab und die Geräte eines Pönitentiars, einmal verstellte er sich als Schuster, einmal als Barbier, einmal als Schnitter usw. Andere tun so dasselbe.

Ihren Anfang nahm diese Sekte ungefähr im Jahre 1170 seit der Fleischwerdung des Herrn zur Amtszeit des besagten Johannes Bellesmains, des Erzbischofs von Lyon.

Alexander Patschovsky/Kurt Viktor Selge (Hg.), Quellen zur Geschichte der Waldenser. Gütersloh 1973 (= Texte zur Kirchen- und Theologiegeschichte Heft 18), S. 15–18.
Quelle: De septem donis spiritus sancti (de diversis materiis praedicabilibus), Paris Bibl. nat. lat. 15970.

Quellentext 4

Aus dem Buch „De nugis curialium" von Walter Map

Die Sekte der Waldenser

Auf dem dritten Konzil in Rom unter Papst Alexander haben wir Waldenser gesehen, dumme, ungebildete Leute, die nach ihrem Führer Waldes benannt sind. Dieser war ein Bürger von Lyon an der Rhone gewesen. Sie zeigten dem Herrn Papst ein Buch, das in französischer Sprache geschrieben war und Text und Kommentar des Psalters und die meisten Bücher des Alten und Neuen Testaments enthielt. Sie verlangten mit großer Beharrlichkeit, daß man ihnen die Vollmacht zu predigen bestätige, weil sie der Meinung waren, sie seien sachkundig, obwohl sie kaum des Lesens kundig waren. Wie Vögel, die feine Maschen oder ein Netz nicht sehen, glauben sie, sie könnten überall frei herumfliegen. [...] Soll man also Perlen vor die Säue werfen und das Wort Dummköpfen erteilen, von denen wir wissen, daß sie es in ihrer Dummheit nicht begreifen, geschweige denn das weitergeben können, was sie erhalten haben? Das sei fern! [...]

Ich, der Geringste von vielen tausend, die berufen worden sind, lachte sie aus, weil ihr Gesuch behandelt wurde und weil man unschlüssig war. Als ich von einem bedeutenden Bischof, dem der große Papst sogar die Zuständigkeit in Beichtangelegenheiten übertragen hatte, gerufen wurde, setzte ich mich hin – als Zielscheibe für den Pfeil [d. h., er machte sich auf das Schlimmste gefaßt]. Auch viele kluge Rechtskundige wurden hinzugezogen. Dann wurden mir zwei Waldenser vorgeführt, führende Mitglieder ihrer Sekte, wie es schien, um mit mir über den wahren Glauben einen Disput zu führen, aber nicht, weil sie die Wahrheit herausfinden wollten, sondern um mich zu überzeugen bzw. mich mundtot zu machen, als ob ich unrecht hätte. Da saß ich und – zugegeben – befürchtete, daß es mir in einer so wichtigen Versammlung die Sprache verschlagen könnte. Als ich gerade meine Antwort formulieren wollte, befahl mir der Bischof, mit ihrem Verhör zu beginnen. Also stellte ich zuerst ganz leichte Fragen, die jeder kennen sollte, wissend, daß dann, wenn ein Esel Disteln frißt, seine Lippen Salat verschmähen: *„Glaubt ihr an Gott den Vater?"* Sie antworteten: *„Wir glauben."* *„Und an den Sohn?"* Sie antworteten: *„Wir glauben."* *„Und an den Heiligen Geist?"* Sie antworteten: *„Wir glauben."* Ich fragte wieder: *„Und an die Mutter Christi?"* Und sie wiederum: *„Wir glauben."* Da wurden sie von allen schallend ausgelacht, und sie zogen verwirrt ab. Und das mit Recht, weil sie sich von niemandem anleiten ließen und doch Leiter werden wollten, wie Phaeton, der *„nicht einmal die Namen seiner Rosse kennt"*. [Ovid, Metamorphosen II,192. Nach der antiken Sage erhält Phaeton, der Sohn des Sonnengottes, die Erlaubnis, den Sonnenwagen einen Tag auf der Himmelsbahn zu lenken, löst jedoch einen Weltenbrand aus und stürzt, von Jupiter mit dem Blitz getroffen, ab.]

Sie haben nirgends einen festen Wohnsitz, gehen zwei und zwei barfuß und in wollenem Gewand umher und besitzen nichts, sondern haben alles wie die Apostel untereinander gemeinsam. Nackt folgen sie dem nackten Christus nach. [Die Formel „nudus nudum Christum sequi" bezeichnete im 12. und 13. Jahrhundert die freiwillige totale Armut.] [...]

Walter Map, De nugis curialium, Dist. I, 31. Hg. von Montague Rhodes James. Oxford 1983, S. 124f.

Quellentext 5

Das Petrus Waldes zugeschriebene Glaubensbekenntnis

Im Namen des Vaters und des Sohnes und des Heiligen Geistes und der glückseligen, allzeit jungfräulichen Maria. Allen Gläubigen soll bekannt sein, daß ich, Valdesius, und alle meine Brüder – vorgelegt wurden uns die hochheiligen Evangelien –, von Herzen glauben, im Glauben erkennen, mit dem Mund bekennen und mit schlichten Worten bekräftigen: Der Vater und der Sohn und der Heilige Geist sind drei Personen, ein Gott, die ganze Dreifaltigkeit der Gottheit ist seinsgleich, wesensgleich, gleich ewig und gleich allmächtig, und jede einzelne Person in der Dreifaltigkeit ist vollständiger Gott. Alle drei Personen sind ein Gott, wie es im „Ich glaube an Gott" [= Apostolisches Glaubensbekenntnis] und im „Ich glaube an den einen Gott" [= Konstantinopolitanisches Glaubensbekenntnis] und im „Wer auch immer [gerettet werden] will" [= Pseudo-Athanasianisches Glaubensbekenntnis] enthalten ist. Auch daß der Vater und der Sohn und der Heilige Geist ein Gott sind, von dem wir sprechen, der Schöpfer, Erschaffer, Lenker und, am gleichen Ort und zur gleichen Zeit, Ordner aller sichtbaren und unsichtbaren Dinge im Himmel, in der Luft, im Wasser und auf Erden, glauben und bekennen wir mit Herz und Mund. Daß der Urheber des Neuen und des Alten Testaments, das heißt des Gesetzes des Moses, der Propheten und der Apostel, ein und derselbe, und zwar Gott ist, glauben wir. Er erschuf, wie gesagt, ewig in der Dreifaltigkeit bleibend, alles. Daß Johannes der Täufer, heilig und gerecht und im Schoß seiner Mutter vom Heiligen Geist erfüllt, von ihm gesandt wurde, daß die Fleischwerdung der Gottheit nicht im Vater und nicht im Heiligen Geist erfolgte, sondern nur im Sohn, glauben wir mit dem Herzen und bekennen wir mit dem Mund, so daß er, der in der Gottheit der Sohn Gottes des Vaters, wahrer Gott aus dem Vater und wahrer Mensch aus der Mutter war, wahres Fleisch aus dem Leib der Mutter und eine vernunftbegabte menschliche Seele hatte, dabei zugleich von beiden Naturen, das heißt Gott und Mensch, eine Person, ein Sohn, ein Christus, ein Gott mit dem Vater und dem Heiligen Geist, Lenker und Urheber von allem, geboren aus der Jungfrau Maria durch eine wahre Geburt des Fleisches. Er aß und trank, schlief und ruhte, müde vom Weg. Er hat gelitten durch wahres Leiden seines Fleisches, ist gestorben im wahren Tod seines Leibes und ist auferstanden in der wahren Auferstehung seines Fleisches und der wahren Wiederaufnahme seiner Seele. Nachdem er darin [nämlich im Fleisch] gegessen und getrunken hatte, ist er in den Himmel aufgefahren, sitzt zur Rechten des Vaters und wird darin kommen, um die Lebenden und Toten zu richten. Daran glauben wir mit dem Herzen und bekennen es mit dem Mund. Und die eine katholische, heilige, apostolische und unbefleckte Kirche, außerhalb deren, wie wir glauben, niemand gerettet wird, auch die Sakramente, die darin unter Mitwirkung der unschätzbaren und unsichtbaren Kraft des Heiligen Geistes feierlich vollzogen werden, auch wenn sie von einem sündigen Priester gespendet werden, sofern ihn nur die Kirche akzeptiert, verwerfen wir in keiner Weise. Wir setzen auch nicht die kirchlichen Dienstleistungen oder Segnungen herab, die von ihm vorgenommen werden, sondern nehmen sie von ihm wie vom Gerechtesten wohlwollenden Herzens entgegen. Wir billigen also die Kindertaufe; wir bekennen, daß sie [nämlich die Kinder], wenn sie nach der Taufe sterben, bevor sie Sünden begehen, gerettet werden, und glauben daran. Daß in der Taufe alle Sünden, sowohl die ererbte Ursünde als auch jene, die freiwillig begangen wurden, vergeben werden, glauben wir. Wir meinen, daß auch die vom Bischof vollzogene Firmung, das heißt die Auflegung der Hände, heilig ist und ehrfürchtig empfangen werden muß. Wir glauben fest und bekräftigen aufrichtig, daß das Opfer, das heißt Brot und Wein, nach der Weihe Leib und Blut Jesu Christi ist. Dabei wird von einem guten Priester nichts Größeres und von einem schlechten nichts Geringeres vollbracht. Wir bestätigen, daß Sünder, die von Herzen bereuen, mit dem Mund bekennen und durch die Tat gemäß den Schriften Buße tun, von Gott Vergebung erhalten können, und wir pflegen sehr gerne mit ihnen Gemeinschaft. Die Krankensalbung mit geweihtem Öl ehren wir. Daß fleischliche Ehen geschlossen werden dürfen, bestreiten wir gemäß dem Apostel [vgl. 1 Kor 7] nicht, aber rechtmäßig geschlossene zu scheiden, verbieten wir streng. Wir verurteilen auch nicht zweite Ehen. Kirchliche Weihen, das heißt Bischofsamt, Priestertum und die übrigen darunter und darüber und alles, was in der Kirche ordnungsgemäß geweiht, gelesen oder gesungen wird, loben wir demütig und ehren es gläubig. Wir glauben, daß der Teufel nicht durch Vorbestimmung, sondern durch eigenen Willen böse wurde. Fleischgenuß tadeln wir keineswegs. Wir glauben mit dem Herzen und bekennen mit dem Mund die Auferstehung des Fleisches, das wir an uns haben, und von keinem anderen. Wir glauben auch fest und bekräftigen, daß es ein Gericht geben wird und daß jeder für das, was er in diesem Fleisch getan hat, Lohn oder Strafe erhalten wird. Wir bezweifeln nicht, daß Almosen, das Meßopfer und andere gute Werke verstorbenen Gläubigen nützen können. Und weil der Glaube nach dem Apostel „*ohne Werke tot ist*" [Jak 2,26], entsagten wir der Welt, und was wir hatten, spendeten wir, wie es vom Herrn gutgeheißen wurde, den Armen und beschlossen, arm zu sein, so daß wir nicht um das Morgen besorgt sein müssen, und wir werden weder Gold noch Silber oder so etwas außer der täglichen Nahrung und der Kleidung von jemandem annehmen. Wir haben uns auch vorgenommen, die evangelischen Ratschläge wie Gebote zu beachten. Überhaupt bekennen und glauben wir, daß diejenigen gerettet werden, die zwar in der Welt bleiben und Eigentum besitzen, aber Almosen geben und andere gute Werke mit ihrem Vermögen tun und die Gebote des Herrn halten. Daher appellieren wir ganz dringend an euer Urteilsvermögen, auf daß ihr wißt, wenn etwa jemand in euer Gebiet kommt und sagt, er sei von uns, daß er nicht von uns sein wird, wenn er diesen Glauben nicht hat.

Giovanni Gonnet, Enchiridion fontium Valdensium. Rom 1958, S. 32–36.
Quelle: Madrid, Bibl. Nat., ms. 1114,f. 1ra–2ra.

# Quellentext 6

Die Sekte der Waldenser, ihr Ursprung und die Zeit des ersten Auftretens

Die ketzerische Sekte der Waldenser bzw. der Armen von Lyon trat zum ersten Mal im Jahre des Herrn 1170 in Erscheinung. Ihr Gründer war ein Bürger aus Lyon namens Waldes, nach dem seine Anhänger so benannt wurden. Dieser war reich, gab alles auf und nahm sich vor, die Armut zu bewahren, und sie [die Waldenser] wahrten auch die evangelische Vollkommenheit wie die Apostel. Er ließ sich die Evangelien und einige andere Bücher der Bibel in französischer Volkssprache aufschreiben, auch Bücher angesehener Heiliger, nämlich des Augustinus, Hieronymus, Ambrosius und Gregorius, nach Titeln geordnet, die er selbst und seine Anhänger Sentenzen nannten. Sie lasen sie oft für sich, verstanden sie jedoch in ihrem aufgeblähten Stolz nicht, da sie nur wenig gebildet waren. Sie maßten sich das Amt der Apostel an und erdreisteten sich, in den Dörfern und auf den Straßen das Evangelium zu verkünden. Der besagte Waldes machte sich viele Menschen beiderlei Geschlechts, Männer und Frauen, zu Komplizen mit ähnlicher Anmaßung und sandte sie wie Jünger zum Predigen aus.

Da sie stümperhafte, ungebildete Laien waren, zogen sie, die Männer ebenso wie die Frauen, durch die Dörfer, gingen in die Häuser und predigten, besonders die Männer, in den Straßen und in den Kirchen viele Irrlehren, und sie verbreiteten sie ringsum.

Der Erzbischof von Lyon, Johannes mit den schönen Händen [= Jean Bellesmains], lud sie vor und verbot ihnen diese große Anmaßung, aber sie wollten nicht gehorchen. Um ihren Wahnsinn zu verbergen, gaben sie vor, man müsse Gott, der den Aposteln aufgetragen hatte, jedem Geschöpf das Evangelium zu verkünden, mehr als den Menschen gehorchen, und sie maßten sich das an, was den Aposteln aufgetragen worden war. Sie behaupteten dreist, sie seien die Nachahmer und Nachfolger der Apostel – sie, die ein falsches Gelöbnis der Armut abgelegt und den Schein der

Heiligkeit erweckt hatten. Sie verachteten die kirchlichen Würdenträger und die Geistlichen, weil diese reich waren und in Luxus lebten.

So wurden sie, weil sie sich das Predigtamt anmaßten, zu Lehrern der Irrlehre. Und als man sie aufforderte, damit aufzuhören, wurden sie ungehorsam und trotzig. Daher wurden sie aus jener Stadt [Lyon] ausgestoßen und aus ihrer Heimat vertrieben. Schließlich wurden sie auf einem Konzil, das in Rom vor dem Laterankonzil abgehalten wurde, zu Ketzern erklärt, da sie starrsinnig blieben, und dann als Ketzer verurteilt. Ihre Zahl vervielfachte sich im Lande, und sie verbreiteten sich dort in der Provinz, in den benachbarten Landesteilen und im Gebiet der Lombardei.

Da sie von der Kirche getrennt und abgeschnitten waren, vermischten sie sich mit anderen Ketzern, griffen deren Irrlehren auf und vermengten die Irrlehren und Häresien der alten Ketzer mit ihren eigenen neuen Lehren.

Bernard Gui, Manuel de l'Inquisiteur. Band 1, Paris 1926 (Les Classiques de l'Histoire de France au Moyen Age 8), S. 34–36.

Quellentext 7

Auszug aus den Beschlüssen des 4. Laterankonzils 1215 gegen die Häresie der Waldenser

Die Notwendigkeit der Missio canonica für das Predigtamt

Weil aber „einige unter dem Schein der Frömmigkeit, jedoch ihre Kraft (wie der Apostel sagt) leugnend" [vgl. 2 Tim 3,5], die Vollmacht zu predigen für sich in Anspruch nehmen, obwohl derselbe Apostel sagt: „Wie sollen sie predigen, wenn sie nicht gesandt werden?" [Röm 10,15], sollen alle, die verbotswidrig oder nicht gesandt, ohne vom Apostolischen Stuhl oder vom katholischen Ortsbischof die Vollmacht erhalten zu haben, öffentlich oder privat das Predigtamt auszuüben wagen, mit dem Band der

Exkommunikation gebunden werden. Und wenn sie nicht schleunigst wieder zur Vernunft kommen, sollen sie mit einer anderen angemessenen Strafe bestraft werden.

Heinrich Denzinger, Enchiridion symbolorum definitionum et declarationum de rebus fidei et morum. Hg. von Peter Hünermann. Freiburg i. Breisgau ³⁷1991, S. 362.

Quellentext 8

Der Prolog des „Liber antiheresis" des Durand de Huesca

Als der Satan am Anfang begriff, daß er wegen seiner Anmaßung auf ewig aus der himmlischen Gemeinschaft ausgestoßen werde, wagte er es, das Menschengeschlecht mit gefährlichen Listen anzugreifen, und er schlug dem ersten Geschöpf [nämlich Adam] eine tödliche Wunde.

Weil aber er, der nie ohne Erbarmen ist [nämlich Gott], dies voraussah und alles der todbringenden Verführung entziehen wollte, wählte er das israelitische Volk, aus dessen Stammbaum der Eingeborene [nämlich der einzige geborene Sohn Gottes] für uns menschliche Gestalt annehmen sollte. Er gab ihm [nämlich dem Volk Israel] durch Moses das Gesetz, auf daß dieser der Lehrer im Hinblick auf Christus würde, unterwies es oft in Gestalt der Propheten und sandte schließlich in der Fülle der Zeit aus seinem Schoß seinen wesensgleichen Sohn, um das Unkraut des Satans aus der Gemeinschaft der Heiligen zu entfernen. So vereitelte der Vater das Zerstörungswerk des Verführers.

Als dies geschehen war, begründete der Sohn in den Aposteln seine Kirche, die zunächst keinen Makel und keine Runzel hatte, gegen die sich ihm widersetzende hochmütige Stadt der Welt.

Als sie gewachsen war, erschütterte der alte Verführer, der den Guten immer nachstellt, den Glauben einiger, die vorher Leuchten [des Glaubens] gewesen waren, indem er den Schaden, der durch seinen Abfall [von Gott] entstanden war, leugnen ließ. Und so wurden sie Lügner. Von Johannes dem Täufer, einem Vetter des Herrn, wurden sie Antichristen genannt, weil sie den Glauben, auf dem die göttliche Erbauung beruht und ohne den es unmöglich ist, Gott zu gefallen, und in dem die göttlichen Werke getan werden, aufgaben.

Und als in Kleinasien der aufkommende irre Wahn der Ebioniten, Kerinthianer, Nikolaiten und anderer gottloser Feinde der Wahrheit vom besagten heiligen Apostel [nämlich Johannes] widerlegt wurde, des Zeroen und Arfaxat vom heiligen Matthäus in Äthiopien sowie von Simon und Thaddäus in Persien, desgleichen des Hymenäus und Philetus und sehr vieler anderer vom hervorragenden Prediger bei den Heiden [nämlich Paulus] und an sehr vielen Orten von anderen heiligen Vätern, da empfand der Urheber dieses Wahns, der Teufel, der sich lange Zeit unter den Anhängern jener Männer verborgen gehalten hatte, weil er von den katholischen Vätern widerlegt wurde, in deren Herzen Schmerz, und noch jetzt stiftet er durch den Mund ihrer Anhänger Unheil.

Aber der Sohn des höchsten Vaters verließ sein Volk nicht ganz. Weil er sah, daß die Werke der kirchlichen Würdenträger Begierde, Simonie, Hochmut, Geldgier, Ruhmsucht, Völlerei, wilde Ehe und andere Schandtaten waren und wegen ihrer so schlechten Werke sogar die göttlichen Geheimnisse mißachtet wurden, sandte er dich, Herr Waldes, indem er – wie am Anfang seiner Predigertätigkeit ungebildete Fischer – dich zum Apostel erwählte, um sich durch dich und deine Gefährten den Irrlehren zu widersetzen, was jene Lügner nicht konnten.

Da ihr, die ihr in Judäa seid [vgl. Mt 24,15f.], den Greuel der Verwüstung größten Ausmaßes am heiligen Ort seht, flieht in die Berge, damit ihr, von ihnen belehrt und unterwiesen, wißt, euch in aller Heiligkeit zu bewahren, der Raserei derer, die gegen euch wüten, nämlich der Ketzer, der Juden, der Pharisäer und aller, die sich der Wahrheit widersetzen, Einhalt zu gebieten und euch gegen die Vorwürfe anderer Übelredner zu verteidigen. Daher habe ich aus Liebe zu euch, innigst Geliebte, es für der Mühe wert gehalten, Nützliches in systematischer Anordnung herauszugeben, nicht aus Anmaßung, als hielte ich mich für sprachgewandter als euch. Denn im Vergleich mit eurem Können bin ich wie ein Huhn im Flug gegenüber einem Adler ...; weil es aber viele Bücher gibt und es ärgerlich ist, wenn man bei so vielen Streitgesprächen sehr oft so viele Bücher lesen muß, gefiel es dem Sohn Gottes, ohne den wir nichts vollbringen können [vgl. Joh 15,5], durch mich zu eurem Nutzen ein Kompendium aus den heiligen Schriften zusammenzustellen. Ihr sollt das Schwert des Geistes [vgl. Eph 6,17: „das Schwert Gottes, das ist das Wort Gottes"] und die theologischen Pfeile zusammen erhalten, um die giftige Dreistigkeit der oben Genannten und ihrer Anhänger zu besiegen. Und weil ich höre, wie ihr in Armut mit göttlichen Worten kämpft, zweifle ich nicht daran, daß ihr noch ganz arm werdet, weil ihr den apostolischen Weg eingeschlagen habt. Ich bitte euch, daß ihr mich durch eure Gebete beschützt und unterstützt.

Die Gebildeten bitte ich indes eindringlich, sie sollen das, was sie in diesem Buch plump finden, nicht meinem Starrsinn, sondern meiner Unwissenheit zuschreiben. So habe ich mir vorgenommen, es zur Ehre und zum Ruhm der heiligen Dreifaltigkeit herauszugeben, damit ihr als Unterhändler, die ihre Gnade empfangen haben – bleibt nur ja beharrlich! – Sätze zur Verfügung habt, damit ihr mit ihnen den feindlichen dreifachen Gärstoff leichter abschwächen könnt. Der dreieinige und eine Gott selbst möge diesem Buch Scharfsinn verleihen, denn er hat aus Liebe zu euch mir den Willen [dieses Buch zu verfassen] eingegeben.

Kurt-Viktor Selge, Die ersten Waldenser. Band 2: Der Liber antiheresis des Durandus von Osca. Berlin 1967, S. 6–9.

Quellentext 9

Aus dem „Liber antiheresis" des Durand de Huesca

Der Zustand der Kirche

Die gegenwärtigen Ketzer, die mit teuflischer Schlauheit ihren Spott treiben, weil sie sich gar nicht mit maßgeblichen göttlichen Aussprüchen gegen uns verteidigen können, führen den Grund für ihren Widerstand an, wenn sie sagen: „*Für uns ist klar, daß eure Lehre neu ist, wir aber haben unsere von vielen Vorgängern erhalten, und sie ist alt und nicht neu.*" Durch unseren Verstand soll zur Ehre Gottes ihre dreiste Anmaßung erwiesen werden.

Da die Liebe zu Christus, meine innigst geliebten Brüder, mich dazu drängte, habe ich mich entschlossen, die Schlauheit des Teufels, soweit meine Kräfte dazu reichen, und deren [nämlich der derzeitigen Ketzer] Einwände völlig zu entkräften. Und damit die Dummheit derer, die solches sagen, um so leichter erkennbar wird, werde ich ihren Einwand ausführlich behandeln.

Sie sagen nämlich: „*Uns gefällt eure Religion nicht, weil sie neu ist und seit ihren Anfängen zu wenig Zeit vergangen ist.*" Wir aber sagen: „*Das ist eitles, dummes Gerede.*" Wir sind der Ansicht, daß ihr euch auf keine der Schriften stützen könnt, wenn ihr behauptet, unser Weg sei neu, eurer aber alt und ihr hättet die apostolische Lehre am längsten beibehalten. Aber wir wundern uns nicht, wenn ihr diesen Weg neu nennt, den, wie wir gehört haben, schon eure Vorgänger neu genannt haben. Denn in der Apostelgeschichte liest man, daß die Athener sagten, nachdem Paulus zu ihnen gepredigt hatte: „,*Was will denn dieser Schwätzer sagen?' Andere aber sagten: ,Er scheint der Verkünder neuer Gottheiten zu sein.' Denn er sprach zu ihnen von Jesus und der Auferstehung. Sie ergriffen ihn, nahmen ihn mit zum Areopag und fragten: ,Können wir erfahren, was dies für eine neue Lehre ist, die von dir vorgetragen wird? Denn du bringst uns recht neuartige Dinge zu Gehör; wir wollen also wissen, worum es sich handelt'*" usw. [Apg 17,18–20]. Wir lesen, daß dies auch zum Herrn selbst, unserem Heiland, gesagt wurde. Denn als der Herr jemanden von einem Dämonen befreit hatte, sagten seine Gegner: „*Was bedeutet das? Was ist das für eine neue Lehre?*" usw. [Mk 1,27]. Wir glauben, daß sie wirklich neu ist, weil sie durch das Neue Testament bestätigt wurde. Denn unseren ganzen Glauben, der die Grundlage des Heiles ist, und die Rede von unserem neuen Leben können wir mit dem Neuen Testament und anderen göttlichen Zeugnissen bestätigen. Denn das ist der neue Weg, von dem der Apostel sagt: „*Wir haben also die Zuversicht, Brüder, das Heiligtum zu betreten durch das Blut Jesu Christi, der uns den neuen Weg erschlossen hat*" [Hebr 10,19].

Aber sie werden vielleicht sagen: „*Wo war die Kirche von der Ankunft des Heilands bis zu eurer Ankunft, und wer lehrte Waldes diesen Weg? Hat er dies nicht von irgendeinem guten Menschen gehört, und hat er keinen Schutzherrn dieses Weges gefunden?"* – Wir aber sagen, daß die Kirche Gottes immer dort ist, wo eine Gemeinschaft von Gläubigen ist, die am rechten Glauben festhalten und ihn mit ihren Werken erfüllen. Wenn ihr aber wissen wollt, wer ihn dies lehrte, so wißt, daß ihm die Gnade Gottes vom Himmel gegeben wurde und das Wort des Evangeliums, das besagt: *„Selig die Armen im Geiste, denn ihrer ist das Himmelreich"* [Mt 5,3]. Dieses Wort, sage ich, unterwies und lehrte ihn.

Aber vielleicht werden sie sagen: *„Von wem hörte er es, und wer verkündete ihm das Evangelium, woher sollte er wissen, daß dieser Weg gut sei?"* – Wir aber sagen: *„Von den Bischöfen und Priestern."* Aber dazu sagen sie fast spöttisch: *„Haben etwa die Pharisäer, die von Gott verflucht wurden, euch gelehrt? Und wie konntet ihr von denen, die unrein sind und den Heiligen Geist nicht haben, gute Werke erfahren?"* – Aber darauf antworten wir und sagen: *„Obwohl wir von ihnen die Stimme der Worte Gottes vernommen haben, haben wir von ihnen weder die Gnade noch gute Werke erhalten, sondern von Gott, der denen Weisheit und Verstand gibt, die ihn fürchten, gemäß dem Zeugnis des Jakobus, der sagt: ‚Jede gute und jede vollkommene Gabe kommt von oben, sie steigt herab vom Vater der Gestirne'* [vgl. Jak 1,17]. *Wir glauben, daß wir von ihm alles Gute, das in uns ist, erhalten haben. Mag auch das Leben der Priester zu tadeln sein, muß man, wenn sie etwas Gutes gesagt haben, nach dem Zeugnis unseres Heilands, der zu den Jüngern und in gleicher Weise zu den Volksscharen gesagt hat, dies dennoch tun: ‚Auf den Stuhl des Moses haben sich die Schriftgelehrten und Pharisäer gesetzt. Befolgt und tut daher alles, was sie euch sagen! Aber richtet euch nicht nach ihren Werken!' usw.* [Mt 23,2f.] *Seht, uns wird befohlen, den Worten, sofern sie gemäß der Heiligen Schrift sind, jener zu gehorchen, deren Leben wir verabscheuen."* Aus diesem Grund hat Waldes die Worte Gottes von ihnen vernommen, und seine Anhänger bemühen sich, sie zu erfüllen. Denn sie hörten aus seinen Worten den heraus, der nicht lügt: *„Wenn jemand meine Worte bewahrt, wird er in Ewigkeit den Tod nicht schauen"* usw. [Joh 8,51]. Insofern geben wir zu, daß unser Weg neu ist, weil er durch das Neue Testament bestätigt werden kann. Denn unser Glaube und unsere Werke stützen sich auf die Lehre im Evangelium. Wenn ihr fragt, warum wir arm sind, sagen wir, daß wir gelesen haben, daß unser Heiland und seine Apostel arm waren.

Weil wir von unserer Sache genug gesprochen haben, will ich den Zuhörern die Wahrheit über eure Sekte mitteilen. Sicher ist, wenn ihr damit auch prahlt, daß eure Gewährsleute vom Herrn Jesus Christus Ketzer genannt wurden. Ich wundere mich, wie ihr zu behaupten wagtet, daß ihr am Leben der Apostel festhaltet, während ihr doch ihren Glauben, ihre Armut und Werke ablehnt, ausgenommen nur weniges, das ihr, wie ihr euch brüstet, nur zum Schein tut. Denn nie hat einer der Jünger Christi euren Gewährsleuten Beispiele für euer Leben gegeben, sondern sie widersetzten sich vielmehr all euren Vorgängern. Ich aber will sagen, wenn es Gott mir erlaubt, von wem eure Gewährsleute die Beispiele und Irrtümer eures Lebens bekamen. In den Büchern der Heiden lesen wir, daß ein gewisser Philosoph namens Pythagoras eine Irrlehre begründet habe. Denn er sagte, daß die Seele nach dem Tod des Menschen in einen anderen Körper von Mensch, Tier oder Vogel hineinfährt. Und deshalb wurde das Fleisch verachtet. Seine Irrlehren haben die modernen Ketzer für sich übernommen. Das ist der Ursprung ihrer Sekte. Wir lesen, daß Markion, Kerinthus und Ebion zu der Zeit, da der Apostel Johannes predigte, in Kleinasien waren. Sie predigten gegen den heiligen Apostel Johannes und sagten, daß der Jüngere, der Sohn, der Vater sei und alles Vergängliche nicht vom guten, sondern vom bösen Gott erschaffen worden sei. Aus diesem Grund werden sie vom heiligen Johannes Antichristen [vgl. 1 Joh 2,18] genannt. Und diese Irrlehren haben eure Gewährsleute von ihnen übernommen. Die einen waren in Persien, nämlich Zeroent [Zoroaster bzw. Zarathustra] und Arfaxat, die unter anderen Gotteslästerungen sagten, wer das Gesetz des Moses gab, sei der Gott der Finsternis. Ihre Irrlehre wurde vom heiligen Matthäus, Judas und Simon verflucht. Und seht euch die anderen Gewährsleute an: Es gab die einen, nämlich Hymenäus und Philetus, die sich Paulus widersetzten und keineswegs an die Auferstehung glaubten; sie wurden mit Recht Sadduzäer genannt. Auch diese habt ihr als Gewährsleute. Es gab einen anderen, der von den Aposteln geweiht worden war, namens Nikolaus, der sich von den Aposteln abwandte und sagte, daß ein Mann mit der eigenen Frau ein und dieselbe Sünde begehe wie mit Dirnen oder irgendwelchen Frauen. Er stellte auch zwei Prinzipien auf [nämlich die Lehre des Dualismus]. Seine Irrlehre wird in der Apokalypse verflucht, als der Herr zum Engel in Ephesos sagt: *„Das* *ist gut für dich, daß du das Treiben der Nikolaiten, das ich hasse, haßt*" [Apk 2,6]. Auch diesen habt ihr als Gewährsmann. Es gab auch noch andere, welche die Gnostiker genannt wurden, die neben anderen verdammten Aussagen behaupteten, es gebe zwei Götter, nämlich einen guten und einen bösen. Auch diese habt ihr als Gewährsleute. Es gab noch einen anderen, Mani mit Namen, der behauptete, alles Sichtbare sei vom Teufel erschaffen worden. Es gab noch einen anderen, Tatian mit Namen, der das Fleisch verachtete. Auch diese habt ihr als Gewährsleute und noch sehr viele andere, die aufzuzählen sehr lange dauern würde. Sie sind es, mit denen eure Sekte ihren Anfang nahm. Aber von den Aposteln und Christi Jüngern wurde ihr stets Einhalt geboten, jedoch nicht mit dem weltlichen Schwert, sondern mit der Heiligen Schrift. Wenn ihr euch aber der langen Dauer rühmt und daher sagt, daß ihr den Weg Gottes einhaltet, dann seht euch die Juden an, die das Judentum lange bewahrt haben! Sind sie etwa deshalb gut und können gerettet werden? Schweigt also davon! Und wenn ihr über das rettende Heil sprechen wollt, dann kehrt zum Neuen Testament zurück, in dem das Heil uneingeschränkt enthalten ist! Denn jeder, der ihm [dem Neuen Testament] mit allen Kräften folgen will, wird gerettet sein.

Aber sagt: Was haltet ihr vom Klerus? Denn der Klerus in der römischen Kirche sagt, er habe an der Kirche Gottes festgehalten und sie von den Aposteln selbst übernommen. Sie nennen alle Päpste, einen nach dem andern, mit Namen, beginnend mit dem heiligen Petrus bis auf den heutigen Tag, so wie einer dem anderen nachfolgte. Glaubt ihr aus diesem Grunde, daß diese ihre Aussage wahr ist? Ich weiß genau, daß ihr sie nicht glaubt, sondern sagt: „*Man darf nicht glauben, daß sie jemals an der Kirche Gottes festhielten, weil sie Simonisten, Mörder, Ehebrecher und Lüstlinge sind und die Freunde Gottes immer verfolgen. Daß dies die Apostel taten, hat man nie gehört.*" Wir aber sagen: „*Wenn man es deshalb nicht glauben darf, daß sie an der Kirche Gottes festhalten, weil sie nicht die Werke Gottes tun, darf man auch von euch nicht glauben, daß ihr den Glauben der Apostel, ohne den es unmöglich ist, Gott zu gefallen* [vgl. Hebr 1,6]*, und ihre Werke überhaupt habt.*"

Aber sie werden vielleicht sagen: „*Ihr haltet immer an dieser hurerischen römischen Kirche im Gegensatz zu uns fest!*" – Wir aber antworten und sagen: „*Nicht an der Unzucht und auch nicht an anderem Unerlaubten halten wir fest und entschuldigen auch nicht die lasterhaften Taten der Priester oder anderer, sondern vielmehr klagen wir sie an und stellen uns dagegen. Aus diesem Grunde sind wir ihnen verhaßt und erleiden durch sie viele Verfolgungen.*" Wir haben beschlossen, am Glauben an Gott und den Sakramenten der Kirche nicht nur gegen euch, sondern auch gegen die Juden, Heiden und alle Sekten, die darüber schlecht reden, bis zum Tod festzuhalten und diesen Glauben freimütig zu verkünden kraft der Gnade, die uns von Gott erwiesen wurde, und nicht zugunsten irgendeines Lebenden davon abzulassen. Daß wir dies zu seiner Ehre und zum Heil unserer Hörer tun, gebe er, der in der vollkommenen Dreifaltigkeit lebt und herrscht in alle Ewigkeit. Amen.

Kurt-Viktor Selge, Die ersten Waldenser. Band 2: Der Liber antiheresis des Durandus von Osca. Berlin 1967, S. 93–99.
Giovanni Gonnet, Enchiridion fontium Valdensium. Rom 1958, S. 41–44.

Quellentext 10

Aus dem „Liber antiheresis" des Durand de Huesca

Die Buße

Matthäus sagt: „*Jesus begann zu predigen und zu verkünden: ‚Tut Buße! Denn das Himmelreich ist nahe'*" [Mt 4,17]. Und an anderer Stelle sagt Johannes der Täufer, der Vorläufer des Heilands: „*Tut Buße! Denn das Himmelreich ist nahe*" [Mt 3,2]. Und nach Markus: „*Jesus sprach: ‚Tut Buße und glaubt an das Evangelium!'*" [Mk 1,15] Und nach Lukas: „*Ich sage euch*", sagte der Herr, „*wenn ihr nicht Buße tut, werdet ihr alle umkommen*" [vgl. Lk 13,3]. Und Petrus sagt darüber in der Apostelgeschichte zu den Juden, die leugneten, daß Jesus der Herr sei: „*Tut Buße und kehrt um, damit eure Sünden getilgt werden!*" [Vgl. Apg 3,19] Und wiederum sagte er zu Simon, dem Zauberer, als er ihnen Geld gebracht hatte: „*Tue also Buße, kehre dich von deiner Schlechtigkeit ab und bitte Gott, daß er dir diesen Gedanken in deinem Herzen vergebe!"* [Vgl. Apg 8,18–22] Und Paulus sagt im selben Buch dazu: *„Gott, der über die Zeiten der Unwissenheit hinwegsah, verkündet jetzt den Menschen, daß alle überall Buße tun sollen, weil er einen Tag festgesetzt hat, an dem er die Welt in Gerechtigkeit richten wird"* [Apg 17,30f.].

Hören wir aber kurz, was Buße ist: *„Buße"*, sagt ein maßgeblicher Ausspruch, *„heißt, frühere böse Taten zu beklagen und das, was man beklagen muß, nicht wieder zu tun"*. Und an anderer Stelle heißt es: *„Buße ist ein wahrer Schmerz des Fleisches und eine Trauer der Seele wegen der Sünden, die jemand begangen hat."* Gott hat durch den Propheten gezeigt, daß er diese Buße für die Sünden wünscht, wenn er sagt: *„Ich will nicht den Tod des Sünders, sondern vielmehr, daß er umkehre und lebe"* [Ez 33,11]. Und wiederum: *„Wenn ein Sünder im Gebet über seine Sünde seufzt und Recht und Gerechtigkeit tut, werde ich aller seiner Sünden nicht gedenken"* [vgl. Ez 18,21ff. und 33,12ff.]. Dies soll zur Buße genügen, obwohl sich noch viele Zeugnisse finden lassen.

Kurt-Viktor Selge, Die ersten Waldenser. Band 2: Der Liber antiheresis des Durandus von Osca. Berlin 1967, S. 57f.

Quellentext 11

Aus dem „Liber antiheresis" des Durand de Huesca

Die Auflegung der Hände

Der Evangelist Matthäus berichtet wie Jesus Christus den Aposteln die Hände auflegte: „Er streckte seine Hände über seine Jünger aus und sagte: ‚Seht, das sind meine Mutter und meine Brüder!'" [Mt 12,49] Und Markus sagt: „Jesus legte den Kindern die Hände auf und segnete sie" [vgl. Mk 10,16]. Und Lukas in der Apostelgeschichte: „Als die Apostel, die in Jerusalem waren, hörten, daß Samarien das Wort Gottes angenommen hatte, schickten sie Petrus und Johannes zu ihnen. Als sie dorthin gekommen waren, beteten sie für sie, damit sie den Heiligen Geist empfingen. Denn er war noch auf keinen von ihnen herabgekommen, sondern sie waren nur im Namen Jesu, des Herrn, getauft. Dann legten sie ihnen die Hände auf, und sie empfingen den Heiligen Geist" [Apg 8,14–17].

Aber die Ketzer, welche dieses Sakrament zu haben glauben, schwatzen nur so daher. Denn wir haben nirgends in der Heiligen Schrift gefunden, daß jemand den Heiligen Geist durch die Handauflegung von Ketzern und Menschen, die der Simonie schuldig sind, empfangen hat. Sie spenden nicht die Gnade des Heiligen Geistes, die sie nicht hat, und sie haben sie nicht von den Aposteln, was sie jedoch vorgeben, empfangen. Sie haben sich nämlich völlig vom Glauben und ihren [nämlich der Apostel] Werken, ohne die es unmöglich ist, Gott zu gefallen, abgekehrt und legen nicht wie die Apostel die Hände auf [...].

Kurt-Viktor Selge, Die ersten Waldenser. Band 2: Der Liber antiheresis des Durandus von Osca. Berlin 1967, S. 56f.

Quellentext 12

Spezielle Fragen an die Mitglieder der Sekte der Waldenser

Vor allem soll einer, der von der Sekte der Waldenser geständig ist, gefragt werden, ob er jemals einen oder mehrere von der Sekte oder Gemeinschaft oder Bruderschaft derer, die wir Waldenser oder die Armen von Lyon nennen (sie selber nennen sich untereinander Brüder oder die Armen Christi), sah oder hörte.

Ferner, wo und wann und mit wem er sie und welche er sah;

ferner, ob er jemals eine Predigt, eine Lehre, Ermahnungen oder Worte von ihnen hörte;

ferner, welche Worte und welche Lehre er von ihnen hörte;

ferner, was er von ihnen über den Schwur hörte und ob dieser immer und in jedem Fall eine Sünde ist;

ferner bezüglich des Fegefeuers für die Seelen nach dem Tod bzw. nach diesem Leben;

ferner bezüglich der Fürbitten für die Verstorbenen;

ferner bezüglich der Ablässe, die durch den Papst und die Würdenträger der römischen Kirche gewährt werden. Allerdings spricht er über diese drei Artikel nicht klar und eindeutig vor all seinen einfacheren Gläubigen und vor den Gelehrten, die in ihren geheimen Lehren hervorragend und perfekt sind;

ferner, ob er mit ihnen am selben Tisch aß oder sie beim Frühstück oder beim Mittagessen essen sah;

ferner bezüglich der Segnung der Mahlzeit und der Danksagung nach der Mahlzeit;

ferner, ob er sie vor oder nach dem Frühstück und vor oder nach dem Essen beten sah, sowie die Art des Betens und Stehens während des Gebets;

ferner, ob er mit ihnen selber betete oder andere beten sah, und wen, wo und wann sowie das, was sie beim Beten sagen;

ferner, ob er jemals seine Sünden jemandem oder irgendwelchen Mitgliedern der Waldenser bekannte und wem oder welchen Personen;

ferner, ob er von ihnen die Lossprechung von seinen Sünden und eine Buße erhielt, welche Buße, ob er sie leistete, und die Art der Lossprechung;

ferner, ob er von ihnen sagen hörte, wußte oder glaubte, daß sie selbst keine Priester waren, die durch einen Bischof der römischen Kirche geweiht worden waren;

ferner, ob er damals glaubte, daß das Sündenbekenntnis, das er vor ihnen ablegte, die Lossprechung und die Buße, die er von ihnen erhielt, zu seinem Seelenheil diente, ob er bei seinem zuständigen Priester, der durch einen Bischof der römischen Kirche geweiht worden war, beichtete, durch ihn losgesprochen wurde und von demselben eine Buße erhielt; wenn er aber mit Nein antwortet, dann muß er scharf getadelt werden, weil er bei jemandem beichtete, von dem er wußte, daß er kein Priester war, außer er wußte oder glaubte, daß es ihm nützte; und man darf ihm das nicht bereitwillig glauben, wenn er das sagt; ferner, ob er seine Sünden einmal im Jahr seinem Ortsgeistlichen in der Fastenzeit oder vor dem Osterfest beichtete und ob er ihm dann unter anderem beichtete, daß er Waldenser gesehen und sie lehren gehört und ihnen seine Sünden gebeichtet hatte; und falls er mit Nein antwortet, soll er nach dem Grund gefragt werden, warum er nicht das eben Erwähnte beichtete;

ferner, ob er einmal im Jahr an Ostern kommunizierte. Denn die Waldenser kommunizieren nicht, auch nicht ihre Anhänger, außer sie tun es, um sich zu tarnen. Sie glauben nämlich nicht an das Opfer, das durch die Priester der römischen Kirche vollzogen wird, obwohl sie dies außer unter den „Vollkommenen" ihrer Gläubigen streng geheimhalten;

ferner, ob er glaubte, daß die Waldenser oder jene, die sagen, sie seien die Armen Christi, und die sich Brüder nennen, gute und gerechte oder heilige Menschen seien und einen guten Glauben und eine gute Sekte hätten, in der sie selbst und jene, die ihnen glaubten, gerettet werden könnten, obwohl er gehört hätte und wüßte, daß sie nicht mit dem Glauben der römischen Kirche übereinstimmten und daß die Angehörigen der römischen Kirche sie verfolgten;

ferner, zu welcher Zeit er in dem besagten Glauben verblieb, wer ihn zu diesem Glauben brachte, wann er von diesem Glauben abließ und warum;

ferner, ob er den Waldensern etwas gab oder von ihnen etwas bekam oder solches von irgendeiner anderen Person wüßte;

ferner, ob er sie von einem Ort zu einem anderen Ort führte, und wen;

ferner, ob er jemanden oder mehrere kennt, die sie aufnahmen und die an sie glauben;

ferner, ob er sonst vor einem Inquisitor stand, weil er wegen der Häresie der Waldenser zitiert bzw. vorgeladen oder festgenommen wurde; ob er gestand und freigesprochen wurde und ob er eine Buße erhielt und der Häresie und der Sekte der Waldenser vor Gericht abschwor, und ähnliche grundsätzliche Fragen.

Bernard Gui, Manuel de l'Inquisiteur. Band 1, Paris 1926 (= Les Classiques de l'Histoire de France au Moyen Age 8), S. 76–82.

Quellentext 13

Die schlauen Täuschungen, durch die sie sich beim Antworten schützen

Man muß erwähnen, daß es sehr schwierig ist, die Waldenser zu verhören und zu befragen, um von ihnen die Wahrheit über ihre Irrlehren zu erhalten. Das liegt an den irreführenden und doppeldeutigen Formulierungen, mit denen sie sich bei ihren Antworten schützen, damit sie nicht überführt werden. Deshalb soll an dieser Stelle einiges über ihre doppeldeutigen und trügerischen Formulierungen gesagt werden.

Vor allem ist diese Verhaltensweise bei ihnen üblich: Wenn einer von ihnen festgenommen wurde und zum Verhör gebracht wird, kommt er, als ob er keine Angst hätte, sich nichts Bösem bewußt wäre und unbekümmert wäre. Gefragt, ob er wisse, warum er festgenommen worden sei, antwortet er sehr freundlich und mit leichtem Lächeln: *„Herr, gerne würde ich von Euch den Grund erfahren."* Befragt nach dem Glauben, den er hat, antwortet er: *„Ich glaube alles, was ein guter Christ glauben soll."* Auf die Frage, wen er für einen guten Christen halte, antwortet er: *„Den, der glaubt, wie die heilige Kirche fest zu glauben lehrt."* – Gefragt, welche Kirche er die heilige nenne, antwortet er: *„Herr, die Ihr so nennt und von der Ihr glaubt, daß sie die heilige Kirche ist."* – Wenn man zu ihm sagt: *„Ich glaube, daß die heilige Kirche die römische Kirche ist, an deren Spitze der Papst und unter ihm die anderen kirchlichen Würdenträger stehen"*, antwortet er: *„Auch ich glaube es, und ich sehe, daß er selbst* [d. h. der verhörende Inquisitor] *glaubt, daß ich es glaube."*

Gefragt nach den Artikeln, die er selber glaubt, wie zum Beispiel die Fleischwerdung Christi, seine Auferstehung und Himmelfahrt, antwortet er sodann freudig: *„Ich glaube fest daran."* – Gefragt, ob er glaube, daß das Brot und der Wein während der Messe bei den Worten des Priesters durch göttliche Kraft in den Leib und das Blut Christi verwandelt würden, antwortet er: *„Sollte ich dies nicht fest glauben?"* Wenn man aber weiterfragt und zu ihm sagt: *„Ich frage nicht, was du glauben sollst, sondern ob du es* *glaubst*", antwortet er: *"Ich glaube alles, was Ihr und was die anderen guten Lehrer mir zu glauben befehlen."*

Sagt man zu ihm: *"Die guten Lehrer, denen du glauben willst, sind die Lehrer deiner Sekte. Wenn ich so denke wie sie, glaubst du mir und ihnen, andernfalls aber glaubst du nicht"*, dann antwortet er: *"Auch Euch glaube ich gern, wenn Ihr mich etwas lehrt, was für mich gut ist."* – Sagt man zu ihm: *"Das hältst du für gut für dich, wenn ich dich das lehre, was auch deine anderen Lehrer lehren, aber antworte schlicht, ob du glaubst, daß auf dem Altar der Leib des Herrn Jesus Christus ist!"*, dann antwortet er prompt: *"Ich glaube es."* Und er sieht ein, *"daß da der Leib und daß alle Leiber des Herrn Jesus Christus sind"*.

Dann weiter gefragt, ob er glaubt, daß dort der Leib des Herrn sei, der von der Jungfrau geboren wurde, am Kreuz hing, auferstand und in den Himmel auffuhr, antwortet er: *"Und Ihr, Herr, glaubt Ihr das etwa?"* – Ich sage zu ihm: *"Ich glaube das ganz und gar."* Und er antwortet: *"Auch ich glaube es ebenso."* – Und er meint damit, daß er glaubt, daß ich es glaube.

Zur Rede gestellt wegen dieses Täuschungsversuchs und noch anderem dergleichen, damit er klar und eindeutig antworte, antwortet er: *"Wenn Ihr alles, was ich sage, anders interpretieren wollt als vernünftig und einfach, dann weiß ich nicht, was ich Euch antworten soll. Ich bin ein einfacher und ungebildeter Mensch: Fangt mich nicht mit meinen eigenen Worten!"* – Sagt man zu ihm: *"Wenn du ein einfacher Mensch bist, antworte und rede einfach und eindeutig!"*, dann antwortet er: *"Gerne!"*

Sagt man zu ihm: *"Willst du also schwören, daß du niemals etwas gelernt hast, was gegen den Glauben, von dem wir sagen und glauben, er sei der wahre, gerichtet ist?"*, antwortet er ein wenig ängstlich: *"Wenn ich schwören muß, werde ich gerne schwören."* Sagt man zu ihm: *"Man fragt dich nicht, ob du schwören mußt, sondern ob du willst"*, antwortet er: *"Wenn Ihr mir befehlt zu schwören, werde ich schwören."* – Ich sage zu ihm: *"Ich zwinge dich nicht zu schwören. Denn wenn du glaubst, es sei nicht erlaubt zu schwören, würdest du Schuld auf mich laden, weil ich dich gezwungen hätte. Wenn du aber schwörst, werde ich hören."* – Dann antwortet er: *"Wieso soll ich also etwas schwören, wenn Ihr es nicht befehlt?"* – Sagt man zu ihm: *"Damit du den Verdacht beseitigst, der gegen dich vorliegt, weil man von dir glaubt, du seiest ein ketzerischer Waldenser, da du fest daran glaubst, daß jeder Schwur unerlaubt und eine Sünde sei"*, dann antwortet er: *"Wie muß ich also sprechen, wenn ich schwö-*

re?" – Sagt man zu ihm: *„Schwöre, wie du es weißt!"*, antwortet er: *„Herr, ich weiß es nicht, außer Ihr lehrt es mich."* – Da sage ich zu ihm: *„Wenn ich schwören müßte, dann würde ich die Hand erheben, die hochheiligen Evangelien Gottes berühren und sagen: ‚Ich schwöre bei diesen heiligen Evangelien Gottes, daß ich niemals etwas gelernt oder geglaubt habe, was gegen den wahren Glauben verstößt, an dem die heilige römische Kirche gläubig festhält.'"* – Da fängt er an zu zittern, und wie einer, der nicht weiß, wie man dieselben Worte bildet, wird er sich dabei verhaspeln, wie wenn er selbst oder ein anderer dazwischenreden und irgendwelche Wörter einschieben würde, damit die Schwurformel nicht im Wortlaut zustande kommt, sondern eine Formulierung, die kein Schwur ist, daß aber die anderen meinen, er habe geschworen.

Wenn er aber diese Wörter aneinanderreiht, dann bemüht er sich dabei, sie zu wiederholen und somit fälschlich und nicht mit diesem Wortlaut zu schwören und so die Umstehenden zu täuschen, so daß man glaubt, er habe geschworen. Denn entweder verwandelt er die Schwurformel in die Form eines Gebets, wie zum Beispiel: *„So wahr mir Gott helfe und diese heiligen Evangelien, daß ich kein Ketzer bin oder dies oder jenes nicht getan oder gesagt habe ..."*, oder er gibt die Worte des Schwurs nur wieder, ohne daß er die ernste Absicht hat zu schwören. Wenn man ihn aber fragt, ob er geschworen hat, antwortet er: *„Habt Ihr nicht gehört, daß ich geschworen habe?"*

Wenn sie aber durch Fragen in die Enge getrieben werden oder langsam überlegen, wie sie schlau und nicht eindeutig antworten können, sobald sie Angst haben, überführt zu werden, antworten sie entweder auf etwas anderes als auf die eigentliche Frage, oder sie sagen, sie seien einfache Leute und verstünden es nicht, weise zu antworten.

Wenn sie sehen, daß die Umstehenden mit ihnen gern Mitleid haben, da sie ja einfache Leute sind, denen Unrecht geschieht oder an denen man nichts Böses findet, gewinnen sie Selbstvertrauen und tun so, als weinten sie, und zeigen, wie beklagenswert sie sind, schmeicheln den Untersuchungsrichtern, um sie so von weiterem Nachforschen abzubringen, und sagen: *„Herr, wenn ich in irgendeinem Punkt gefehlt habe, will ich gerne die Buße annehmen. Nur helft mir, daß ich von dieser Diffamierung befreit werde, in die ich ohne Schuld und nur aus Haß geraten bin!"*

Wenn jemand einverstanden ist, einfach zu schwören, dann soll man zu ihm sagen: *„Wenn du jetzt schwörst, um dadurch freizukommen, dann sollst* du wissen, daß mir ein Schwur oder zwei oder zehn oder hundert nicht genügen, sondern so viele, wie ich will. Denn ich weiß, daß ihr untereinander eine bestimmte Zahl von Schwüren genau eingeteilt habt, daß ihr damit euch oder andere freibekommt, wenn euch die Not dazu zwingt. Aber ich will Schwüre ohne Zahl und darüber hinaus fordern. Wenn ich gegen dich Zeugen für das Gegenteil habe, werden dir deine Schwüre nichts nützen. Und dann hast du dein Gewissen durch einen Meineid befleckt. Daher wirst du nicht davonkommen."

In solcher Angst sah ich einige Ketzer ihre Irrlehren bekennen, um davonzukommen. Einige sah ich dann öffentlich gestehen, weil es ihnen nichts nützte, einmal oder eine bestimmte Zahl und nicht darüber hinaus zu schwören, um freizukommen. Dann weigerten sie sich überhaupt zu schwören und erklärten, jeder Schwur sei unerlaubt und eine Sünde. Und wenn einer von ihnen gefragt wurde, warum er habe schwören wollen, wenn er glaubte, es sei nicht erlaubt, antwortete er: *„Ich wollte mich dadurch vom Tod befreien und mein Leben retten und für meine Sünde später Buße tun."*

Bernard Gui, Manuel de l'Inquisiteur. Band 1, Paris 1926 (= Les Classiques de l'Histoire de France au Moyen Age 8), S. 64–72.

Quellentext 14

Zeugnisse Stephan de Bourbons über das französische Waldensertum in den 30er Jahren des 13. Jahrhunderts

1. Verhaftung und Aussage eines Waldensers in Jonvelle sur Saone

Als in der Diözese von Besançon ein Ketzer in das Dorf mit Namen Jonvelle sur Saone kam, nahm er das Aussehen eines Armbrustschützen an, der zu den Gläubigen geschickt wurde, um sie zu trösten und zu stärken und einfache Landsleute zu verderben. Da der Bürgermeister sich mit seinen Arbeitern auf seinen Wiesen befand und sah, daß dieser Ketzer des Weges kam, ließ er die Arbeiter zurück. Ohne zu wissen, wie dieser Verdacht in sein Herz gekommen war, außer daß er glaubte, Gott habe ihn eingegeben, rief er plötzlich: *„Ich sehe einen Ketzer der Waldenser. Lauft herbei, fangen wir ihn!"* Als sie ihn gefangen hatten, erfuhren sie nach vielen seiner sophistischen Worte, daß es gut 18 Jahre her war, daß er das Land verlassen hatte, um die Häresie zu lernen. Wie er sich erinnerte, hatte er den ganzen besagten Zeitraum in Mailand in der Sekte der ketzerischen Waldenser studiert, wobei er in seinem Herzen das Neue Testament und viel vom Alten verankerte, wodurch er seine Sekte verteidigen, unseren Glauben bekämpfen und einfache Leute und so auch beliebige Argumente zu Fall bringen konnte. Er wurde verhört, und nachdem man zwei Tage lang mit ihm diskutiert hatte und die niedergeschriebenen Artikel seiner Irrlehren widerlegt worden waren, gab der Befragte zu, daß er in Mailand 17 Sekten gut kannte, die voneinander getrennt und miteinander verfeindet waren, welche sogar selbst alle aus ihrer eigenen Sekte verurteilten. Und er nannte sie mir und ihre Unterschiede.

Die erste, zu der er selber gehörte, hieß die Armen von Lyon. Sie nennen sich auch die Armen im Geiste und werden nach ihrem Erzketzer Waldenser genannt. Sie verurteilen (abgesehen von anderen ihrer Irrlehren) alle, die irdischen Besitz haben. Ebenso die Armen von der Lombardei, welche Besitztümer annahmen; von ihren Irrlehren werden wir unten sprechen. Desgleichen andere, Tortolaner genannt, die sagen, nur einmal im Jahr und beim Mahl könne von ihrem Lehrer, der als einziger vollkommen ist, ein Fladen gemacht werden; [Textlücke] andere sagen, alle guten Männer seien Priester, nicht die Frauen. Andere machen beim Geschlecht keinen Unterschied. Andere wurden Gemeinschaftliche genannt, weil sie sagen, daß alles gemeinsam sein müsse; andere Wiedergetaufte, die sagen, man müsse von der Kirche wiedergetauft werden. Desgleichen wurden die Arnaldisten, Speronisten, Leonisten, Katharer, Pateriner, Manichäer oder Bulgaren von ihren Gründern so genannt.

2. Der Mißbrauch des Predigtamtes

Zunächst einmal: Wie kann ihr anmaßender und ungehöriger Mißbrauch aufgedeckt werden? Denn sie mißbrauchen das ihnen nicht zustehende

Amt der Predigt und der Ausbildung in der heiligen Lehre, und zwar besonders bezüglich der Evangelien und der anderen Bücher des Neuen Testaments, was sie auswendig in der Muttersprache darlegen und was der eine dem anderen wiederkäut, sowie Predigten über die Verfolgung, das Martyrium, das Leiden und die selige Armut. Und wenn sie Menschen an sich gelockt haben, behaupten sie, sie seien die seligen Armen, die sanftmütig seien und Drangsal erleiden, und sie seien Märtyrer, und daß die Geistlichen sie aus Neid verfolgen wie einst die Juden die Propheten und die Schriftgelehrten und Pharisäer den Herrn und seine Jünger. Sie selber sind, wie sie sagen, diejenigen, von denen der Herr sagt: *„Seht, ich sende Propheten, Weise und Schriftgelehrte zu euch, und ihr werdet einige von ihnen töten"* [Mt 23,34] usw. Da sie sich aber zuerst an einfältige Menschen heranmachen, weil sie die schlauen und gebildeten meiden, sagen sie, sie verstünden sich auf die besten Gebete, und sie haben schöne Fürbitten, die sie zuerst sprechen und lehren, dann die Evangelien in der Muttersprache, die sie der Reihe nach, nicht nach dem Verständnis des Wortsinns aufsagen und für die anderen wiederkäuen, wenn sie wißbegierig und zum Lernen bereitwillig finden. Ich habe einen jungen Fuhrmann gesehen, der sich nur ein Jahr im Hause eines gewissen ketzerischen Waldensers aufgehalten hatte und der das, was er hörte, mit so sorgfältiger Aufmerksamkeit und eifrigem Wiederkäuen festigte und behielt, daß er in diesem Jahr 40 Evangelien zu den Sonntagen außer den Festtagen sich fest gemerkt und behalten hatte. Diese hatte er alle Wort für Wort in seiner Sprache gelernt, abgesehen von den anderen Worten von Predigten und Gebeten. Gesehen habe ich auch einige Laien, die von ihrem Wissen so erfüllt waren, daß sie sogar vieles aus den Evangelisten, wie z. B. Matthäus oder Lukas auswendig wiederholten, besonders das, was dort über die Lehre und die Predigten des Herrn gesagt wird, so daß ihnen dabei kaum die Worte ausgingen, sondern sie aufeinander folgen ließen. So wird aus ihrem Eifer ein Übel und etwas Gutes aus der Nachlässigkeit der Katholiken, von denen viele so nachlässig um ihr Heil und das der Ihren besorgt sind, daß sie kaum ihr „Vaterunser" oder „Ich glaube" kennen oder ihre Untertanen lehren.

    Alexander Patschovsky/Kurt Viktor Selge (Hg.), Quellen zur Geschichte der Waldenser. Gütersloh 1973 (= Texte zur Kirchen- und Theologiegeschichte Heft 18), S. 47–49.

Quellentext 15

Auszüge aus dem Passauer Anonymus über die Waldenser

1. Ketzerfälle

Es gibt sechs Fälle von Häresie:
Der erste ist der eitle Ruhm. Denn weil Lehrer in der Kirche geehrt werden wollen, streben sie also danach, wegen ihrer Gelehrsamkeit geehrt zu werden.

Der zweite ist der, daß alle, Männer und Frauen, groß und klein, bei Tag und Nacht nicht aufhören, zu lernen und zu lehren. Ein Arbeiter, der am Tag arbeitet, lernt und lehrt in der Nacht. Daher beten sie wegen dieser eifrigen Betätigung zu wenig. Auch lehren und lernen sie ohne Bücher. Sie lehren sogar in den Häusern von Aussätzigen. Im Rahmen ihrer Unterweisungen lehren sie, die sieben Todsünden zu meiden und noch drei, nämlich Lüge, Ungehorsam und Schwören. Das erhärten sie unter Berufung auf viele Autoritäten, und sie nennen sie die zehn Gebote. [...] Ich hörte aus dem Munde eines Gläubigen, daß ein Ketzer, den ich sogar kenne, zur Winterszeit nachts durch das Wasser, nämlich die Ybbs [d. i. der rechte Nebenfluß der Donau in Niederösterreich] schwamm, nur um ihn von unserem Glauben abzubringen und zu seinem Glauben zu bringen. Da sollen doch die nachlässigen gläubigen Gelehrten erröten, die keinen solchen Eifer für die Wahrheit des katholischen Glaubens wie die ungläubigen Leonisten für die Irrlehre ihres Unglaubens haben!

Der dritte Fall ist der, daß sie das Neue und das Alte Testament in die Volkssprache übersetzten und so lehren und lernen. Ich sah und hörte einen ungebildeten Bauern, der Wort für Wort Ijob zitierte, und viele andere, die das ganze Neue Testament vollständig kennen. Und weil es ungebildete Laien sind, erklären sie die Schrift falsch bzw. schlecht [es folgen einige Beispiele für falsche Exegese]. Ferner lehren und lernen sie an geheimen Orten und zu geheimen Stunden, und sie lassen niemanden zu, wenn er nicht ein gläubiger Anhänger ist. Wenn sie zusammenkommen, sagen sie zuerst: *„Nehmt euch in acht, auf daß unter uns kein krummes Holz* [d. h. kein Fremder] *sei!"* Sie schreiben auch vor, daß ihre Lehre vor den Geistlichen geheimgehalten werde. Wie manche durch Zeichen sprechen, die keiner außer ihnen selbst versteht, so verändern sie auch die Worte, die niemand außer ihnen versteht: Kirche nennen sie Steinhaus, die Geistlichen Schriftgelehrte, die Mönche Pharisäer, und so ist es mit vielen anderen. Sie geben keine direkte Antwort.

Der vierte Fall ist das Ärgernis mit dem schlechten Beispiel von manchen. Daher sagen sie, wenn sie sehen, daß manche einen schlechten Lebenswandel führen: *„So haben die Apostel nicht gelebt, auch nicht wir, die wir die Nachfolger der Apostel sind."*

Der fünfte Fall ist die unzureichende Bildung von manchen, die predigen, was über kurz oder lang albern oder falsch ist. So verweisen sie alles, was ein Kirchenlehrer lehrt und nicht durch den Text des Neuen Testaments belegt, ganz in den Bereich der Fabel.

Der siebte Fall ist der Haß, den sie auf die Kirche haben. Ich hörte aus dem Mund von Ketzern, daß sie Geistliche und Mönche Totengräbern gleichstellen wollten wegen ihrer räuberischen Aneignung des Zehnten und von Besitz und wegen der Macht und großen Zahl ihrer Gläubigen und Anhänger. Als der Erzketzer Heinrich, Handschuhmacher in Thewin, zur Hinrichtung geführt wurde, sagte er vor allen: *„Mit Recht verurteilt ihr uns, weil wir, wären wir nicht überwunden worden, die Macht über den Tod, die ihr gegen uns ausübt, gegen die Geistlichen, Mönche und Laien ausgeübt hätten."*

In fast allen Städten der Lombardei, der Provence und in den anderen Reichen und Ländern gab es mehr Schulen von Ketzern als von Theologen. Und sie hatten mehr Hörer, diskutierten öffentlich und riefen das Volk zu regelmäßigen Veranstaltungen auf dem Marktplatz oder auf einem freien Feld zusammen, und sie predigten in den Häusern. Es gab niemanden, der es wagte, sie daran zu hindern, wegen der Macht und großen Zahl ihrer Anhänger. Ich habe oft an einem Inquisitionsverfahren und dem Verhör von Ketzern teilgenommen. Es wurden in der Diözese 40 Kirchen errechnet, die von der Häresie befallen waren. Allein in der Kirchengemeinde von Kematen [in Oberösterreich] gab es zehn Ketzerschulen. Der Pfarrer dieser Gemeinde wurde von den Ketzern umgebracht, und es folgte keine Verurteilung.

2. Warum die Sekte der Armen von Lyon unheilvoller ist als die anderen

Unter all den Sekten, die es gibt oder gegeben hat, ist keine unheilvoller für die Kirche Gottes als die der Leonisten, und zwar aus drei Gründen:
 1. weil sie länger besteht. Denn man sagt, daß sie seit der Zeit von [Papst] Silvester besteht; andere sagen, seit der Zeit der Apostel.
 2. weil sie allgemeiner ist. Denn es gibt fast kein Land, in dem sich die Sekte nicht ausbreitet.
 3. weil die [Sekte] der Leonisten den großen Schein der Frömmigkeit besitzt, während dagegen alle anderen aufgrund der Ungeheuerlichkeit der Gotteslästerungen den Zuhörern Schrecken einflößen. Denn sie führen vor den Menschen ein gerechtes Leben und glauben alles über Gott und alle Artikel, die im Glaubensbekenntnis enthalten sind. Sie lästern nur die römische Kirche und den Klerus, dem eine große Zahl von Laien bereitwillig glaubt.

3. Woran man die Ketzer erkennt

Man erkennt die Ketzer an ihrem Lebenswandel und an ihren Worten. Denn sie leben in geordneten, bescheidenen Lebensverhältnissen. Sie kennen keinen Stolz in ihrer Kleidung, weil sie weder kostbare noch sehr gewöhnliche Kleider tragen. Geschäfte betreiben sie nicht, um Lügen, Eide und Betrügereien zu vermeiden, sondern sie leben wie Arbeiter nur von der Arbeit ihrer Hände; sogar ihre Lehrer sind Weber und Schuster. Reichtum vermehren sie nicht, sondern sie sind mit dem Nötigen zufrieden. Die Leonisten sind auch besonders keusch. Beim Essen und Trinken sind sie maßvoll. Sie gehen nicht in Wirtshäuser, auch nicht zum Tanzen oder zu anderen eitlen Vergnügungen. Sie beherrschen ihren Zorn. Immer arbeiten oder lernen oder lehren sie, und deshalb beten sie zu wenig.

Ferner gehen sie nur zum Schein zur Kirche und opfern, bekennen ihren Glauben, kommunizieren und hören die Predigt – aber nur, um den Prediger in seiner Predigt zu fangen.

Man erkennt sie auch an ihren Worten, die kurz und bündig sind: Sie hüten sich auch vor übler Nachrede, Possenreißerei, leichtfertigem Gerede, Lüge und Eid. Sie sagen nicht *„wirklich"* oder *„bestimmt"* und dergleichen, weil sie dies für Schwüre halten. Ferner antworten sie auf Fragen selten direkt. Wenn du zum Beispiel einen fragst: *„Kennst du das Evangelium oder die Apostelbriefe?"*, antwortet er: *„Wer hätte mich diese gelehrt?"* Oder er sagt: *„Diese müssen diejenigen lernen, die ein großes, tiefes Verständnis haben oder die dazu Zeit haben und fähig sind."* Und sie sagen nur: *„Ja, ja – nein, nein."* Sie sagen, dies sei ihnen erlaubt, weil es Christus so aufgetragen hat [vgl. Mt 5,37].

Alexander Patschovsky/Kurt Viktor Selge (Hg.), Quellen zur Geschichte der Waldenser. Gütersloh 1973 (Texte zur Kirchen- und Theologiegeschichte Heft 18), S. 70–74.

Quellentext 16

Die Lebensweise der Waldenser

Die Bräuche und Lebensweise der ketzerischen Waldenser müssen sachgerecht behandelt werden, damit man sie daran einigermaßen unterscheiden und erkennen kann.

Vor allem muß man wissen, daß die Waldenser einen Oberen haben und einsetzen, den sie ihren Höheren nennen. Diesem müssen alle so gehorchen, wie alle Katholiken zum Gehorsam gegenüber dem Papst verpflichtet sind.

Ferner essen und trinken die Waldenser gemeinsam ihre gemeinsamen Nahrungsmittel. Ferner fasten am Montag und Mittwoch diejenigen, die es können und wollen: Wer fastet, ißt jedoch Fleisch. Ferner fasten sie am Freitag und während der Fastenzeit vor Ostern. Dann verzichten sie auf

Fleisch, nur um die anderen nicht zu schrecken. Sie sagen nämlich, daß es keine Sünde ist, an irgendeinem Tag Fleisch zu essen, weil Christus es nicht verboten hat, Fleisch zu essen, und es ihnen auch nicht geboten hat, darauf zu verzichten.

Wenn sie ferner in die Gemeinschaft, die sie Brüderschaft nennen, aufgenommen sind und versprochen haben, ihrem Oberen Gehorsam zu leisten und die evangelische Armut zu wahren, müssen sie von da an Keuschheit wahren und dürfen kein Eigentum haben, sondern sie müssen alles verkaufen, was sie besitzen, den Erlös der Gemeinschaft zur Verfügung stellen und von den Almosen leben, die ihnen von ihren Gläubigen und Gleichgesinnten gegeben werden. Ihr Ältester verteilt es unter ihnen und teilt einem jeden davon zu, wie es nötig ist.

Ferner empfehlen die Waldenser ihren Gläubigen Enthaltsamkeit. Sie gestehen jedoch zu, daß eine brennende Begierde auf jede schändliche Weise befriedigt werden darf, und führen dazu dieses Apostelwort an: *„Es ist besser, zu heiraten als in Begierde zu brennen"* [1 Kor 7,9]. Sie sagen, es sei besser, wenn die Lust durch jeden nur möglichen schändlichen Akt befriedigt wird, als daß man im Herzen versucht wird. Diese Ansicht halten sie aber ganz geheim, damit sie nicht von ihren gläubigen Anhängern verachtet werden.

Ferner lassen sie ihre Gläubigen und Freunde Kollekten durchführen und bringen das, was gegeben und gesammelt wurde, ihrem Oberen.

Ferner halten bzw. feiern sie jedes Jahr ein oder zwei Generalkapitel in irgendeinem festlich hergerichteten Haus, aber so geheim wie möglich. Sie kommen in einem Haus zusammen, das durch einen oder mehrere ihrer Gläubigen vorher gemietet wurde, als ob sie Geschäftsleute wären. Auf diesen Kapiteln trifft ihr Ältester seine Anordnungen für die Priester und Diakone, auch für diejenigen, die in die verschiedenen Landesteile zu den Gläubigen und Freunden gesandt werden sollen, um die Beichte zu hören und Almosen zu sammeln. Er hört sich die Abrechnung über die Kollekten und Ausgaben an und nimmt sie entgegen.

Ferner arbeiten sie nicht mit ihren Händen, nachdem sie „Vollkommene" geworden sind, und verrichten keine Arbeit zum Gelderwerb außer vielleicht im Fall der Tarnung, damit sie nicht erkannt und festgenommen werden.

Ferner nennen sie sich allgemein Brüder und sagen, sie seien die Armen Christi oder die Armen von Lyon.

Ferner drängen sie sich sonst auf heuchlerische Weise einer Freundschaft mit Frommen und Geistlichen auf, um sich zu tarnen, und sie machen ihnen großzügige Geschenke oder leisten ihnen Gehorsam oder Dienste, um sich und ihren Anhängern eine günstigere Möglichkeit zu verschaffen, in Tarnung zu leben und den Seelen zu schaden.

Ferner besuchen sie oft Kirchen und Predigten und benehmen sich in jeder Hinsicht nach außen hin fromm und ordentlich, und sie bemühen sich darum, sozusagen salbungsvolle und wohlbedachte Worte zu gebrauchen.

Ferner sprechen sie tagsüber viele Gebete und weisen ihre Gläubigen an, daß sie es so wie sie selber auch machen. Die Art zu beten ist nämlich so, daß sie sich, auf dem Boden kniend, zu Boden werfen und sich auf eine Bank oder auf etwas Ähnliches, das dazu geeignet ist, aufstützen. So auf den Knien am Boden liegend, verharren sie da alle in stillem Gebet so lange, wie sie dreißig- oder vierzigmal das „Vaterunser" sprechen können, und manchmal noch länger. Das tun sie regelmäßig jeden Tag, wenn sie mit ihren Gläubigen und den Anhängern ihrer Häresie ohne sonstige Außenstehende versammelt sind, vor dem Frühstück, vor und nach dem Essen und später und in der Nacht, wenn sie zu Bett gehen wollen, bevor sie sich also zu Bett legen. Ebenso am Morgen, wenn sie vom Bett aufgestanden sind; ebenso in einigen anderen Fällen am Tag, ebenso am Morgen wie am Mittag.

Ferner sprechen, lehren und haben sie kein anderes Gebet als das „Vaterunser". Sie achten den Gruß der heiligen Maria, das „Gegrüßet seist du, Maria", für nichts, ebenso das Apostolische Glaubensbekenntnis, das „Ich glaube an Gott". Denn sie sagen, daß diese Gebete durch die römische Kirche und nicht durch Christus abgefaßt und formuliert wurden. Aber trotzdem sprechen und lehren sie die sieben Glaubensartikel über die Göttlichkeit, die sieben über die Menschlichkeit, die Zehn Gebote und die sieben Werke der Barmherzigkeit – diese wurden von ihnen in einem Kompendium irgendwie abgefaßt und formuliert –, und damit machen sie sehr viel Aufhebens und zeigen sich sogleich bereit, über ihren Glauben zu informieren.

Dann können sie aber rasch auf folgende Weise überführt werden: *„Sage mir das Glaubensbekenntnis, nämlich das ‚Ich glaube an Gott', wie es die katholische Kirche sagt, weil es alle Artikel enthält!"* Und dann antworten sie: *„Ich kenne es nicht, weil es mich keiner gelehrt hat."*

Bevor sie sich zu Tisch setzen, segnen sie ihn und sprechen: *„Segnet, Kyrie eleison, Christe eleison, Kyrie eleison, Pater noster."* Dann sagt der Älteste unter ihnen in der Volkssprache: *„Gott, der fünf Gerstenbrote und zwei Fische in der Wüste für seine Jünger gesegnet hat, segne diesen Tisch und das, was darauf ist, und das, was daraufgestellt wird!"* Und er macht das Kreuzzeichen und spricht dabei: *„Im Namen des Vaters und des Sohnes und des Heiligen Geistes. Amen."*

Wenn sie nach dem Frühstück oder Mittagessen vom Tisch aufstehen, sagen sie auf folgende Weise Dank, daß nämlich ihr Ältester in der Volkssprache diese Stelle aus der Apokalypse [7,12] spricht: *„Segen, Herrlichkeit, Weisheit und Dank, Ehre, Kraft und Stärke unserem Gott in alle Ewigkeit."* Dann fügt er hinzu: *„Gott schenke gute Gnade und gute Speise all denen, die uns Gutes tun und uns segnen!"* Und: *„Gott, der uns Speise für den Körper gab, gebe uns auch Speise für den Geist!"* Und: *„Gott sei mit uns und wir mit ihm alle Zeit!"* Und die anderen antworten: *„Amen."*

Wenn sie den Tisch segnen und wenn sie das Dankgebet sprechen, halten sie oft die Hände aneinander und erheben sie zum Himmel.

Wenn sie nach dem Frühstück das Dankgebet gesprochen und wie oben gebetet haben, predigen und lehren sie und ermahnen die dort Anwesenden zu ihrer Lehre, wenn sie an einem günstigen Ort sind, wo sie nicht in Furcht sein müssen wegen Fremden oder Gerichtsdienern, die ihre Häresie ablehnen. Ziemlich oft predigen sie nachts nach dem Essen, wenn ihre Gläubigen versammelt sind, weil sie dann von ihren beruflichen Tätigkeiten zurück sind und geheimer, sicherer und im Verborgenen reden können. Manchmal legen sich alle nach der Predigt dort auf den Knien so nieder, wie es oben beim Gebet beschrieben ist. Manchmal löschen sie das Licht, wenn eines da ist, und zwar deshalb, damit sie, wie sie sagen, von Außenstehenden oder Fremden, die ihre Häresie ablehnen, nicht gesehen oder ertappt werden.

Ferner sagen sie ihren Gläubigen und schärfen ihnen fest ein, daß sie sie auf keinen Fall den Hilfspriestern oder Geistlichen, Mönchen und Inquisitoren verraten, weil sie sonst von diesen festgenommen würden. Denn die Inquisitoren und die Amtsträger der katholischen Kirche verfolgen sie, wie sie zu ihren Anhängern sagen, deshalb zu Unrecht, weil sie Gott dienen und die Gebote Gottes, die evangelische Armut und die Vollkommenheit wie Christus und die Apostel wahren. Sie sagen, daß sie selbst die Wahrheit und den Weg Gottes besser erkennen als die Hilfspriester, die Geistlichen und Mönche der römischen Kirche und daß diese sie deshalb verfolgen, weil diese die Wahrheit nicht kennen und weil Christus im Evangelium [Mt 10,23] zu seinen Aposteln und Jüngern sagte, daß sie von einer Stadt in eine andere fliehen sollten, wenn sie um des Namens Gottes willen verfolgt würden. Daher meiden sie selbst, wie sie sagen, die Verfolgung durch ihre Gegner.

Bernard Gui, Manuel de l'Inquisiteur. Band 1, Paris 1926 (= Les Classiques de l'Histoire de France au Moyen Age 8), S. 48–58.

Quellentext 17

Ihre Spitzfindigkeiten und zweideutigen Formulierungen

Man muß erwähnen, daß sich Ketzer deshalb, weil sie sich nicht mit Überzeugungskraft und Vernunftgründen, auch nicht gestützt auf Autoritäten gegen den wahren Glauben verteidigen können, sogleich auf Spitzfindigkeiten und Zweideutigkeiten verlegen und sich in Formulierungen flüchten, damit sie nicht ihrer Irrlehren überführt werden. Das ist ein untrügliches Anzeichen, an dem man erkennen kann, daß sie Ketzer sind, wenn sie zweideutig antworten.

Eine Form ihrer verbalen Spitzfindigkeiten ist die des Doppelsinns der Wörter. Wenn zum Beispiel gefragt wird, ob sie an das Sakrament der Taufe, der Eucharistie, der Buße, der Ehe, der Priesterweihe oder der letzten Ölung glauben, antworten sie, daß sie fest daran glauben. Aber unter all diesem verstehen sie entweder den guten Willen des Herzens oder die innere Buße. Ebenso benutzen sie dasselbe Wort, z. B. Leib Christi, aber sie meinen damit einen mystischen Leib, das heißt die Kirche und den Leib eines jeden guten Menschen, der, wie sie sagen, Christus gehört, sowie auch andere Leiber. So antworten sie, wenn man sie fragt, ob sie an den Leib Christi glauben, mit demselben Wortlaut und einem Doppelsinn.

Es gibt noch eine andere Form der Mehrdeutigkeit. Wenn man fragt: *„Glaubst du, daß Christus geboren wurde, gelitten hat und auferstanden ist usw.?"*, antworten sie: *„Gut und fest."* Und damit verstehen und meinen sie: *„Das heißt, ich glaube gut und fest an das, was meine Sekte betrifft."*

Eine andere Form von Spitzfindigkeit ist die Hinzufügung einer Bedingung: Wenn man zum Beispiel fragt: *„Glaubst du dies oder jenes?"*, antworten sie: *„Wenn es Gott gefällt, glaube ich dies oder jenes gut"*, und sie meinen, daß es Gott nicht gefällt, was sie selber glauben.

Eine andere Form besteht darin, daß sie eine Gegenfrage stellen, um [sprichwörtlich!] einen Nagel durch einen Nagel stumpf zu machen.

Eine andere Form besteht darin, daß sie sich bei ihrer Antwort herauswinden. Wenn zum Beispiel gefragt wird: *„Glaubst du, daß man einen Schwur leisten oder ein Blutsurteil fällen kann, ohne dadurch eine Sünde zu begehen?"*, antwortet der Ketzer: *„Was glaubt Ihr und die anderen?"* – Wenn man ihm antwortet: *„Wir glauben das"*, dann antwortet der Ketzer: *„Auch ich glaube es"*, und er meint damit, daß wir dies glauben und sagen, nicht daß er selbst das glaubt, wonach er gefragt wird.

Eine andere Form besteht darin, mit jemandem verwundert sein Spiel zu treiben. Wenn man zum Beispiel jemanden fragt, ob er so etwas glaube, antwortet er verwundert, als ob er erzürnt wäre: *„Was sollte ich denn sonst glauben, warum soll ich es nicht glauben?"*

Eine andere Form ist die der Variation. Wenn zum Beispiel einer gefragt wird, ob er glaube, daß jeder, der schwört, dadurch sündigt, antwortet er: *„Wer die Wahrheit sagt, sündigt nicht."* Ebenso, wenn er folgendermaßen antwortet: *„Wer schwört, sündigt nicht, wenn er die Wahrheit sagt."* Dennoch glaubt er, daß er durch das Schwören sündigt, aber nicht, wenn er die Wahrheit sagt.

Eine andere Form ist die der Übertragung. Wenn zum Beispiel nach dem einen gefragt wird, überträgt er es auf etwas anderes.

Ferner überträgt er sich, wenn er durch einen befragt wird, auf andere, und er nennt sie in seinen Worten.

Eine andere Form ist die der Selbstrechtfertigung. Wenn er zum Beispiel nach dem Glauben gefragt wird, rechtfertigt er sich und sagt: *„Ich bin ein einfacher Mensch, ungebildet und verstehe diese Fragen und Feinheiten nicht, und leicht würdet Ihr mich fangen und zu einem Irrtum verleiten."*

Sie haben noch viele andere Arten der Täuschung, weil die Praxis ein noch besserer Lehrmeister als die Theorie ist.

Man muß auch erwähnen, daß Ketzer dann und wann so tun, als seien sie Narren oder Verrückte, wie z. B. David vor Achis [vgl. 1 Kön 21,12–15]. Und wenn sie ihre Irrlehren vorbringen, mischen sie Wörter darunter, die unpassend, spöttisch und geradezu närrisch sind, um dadurch ihre Irrtümer zu verdecken und den Eindruck zu erwecken, als sagten sie alles, was sie sagen, gleichsam im Scherz. Solche habe ich oft erlebt. Mit Hilfe der obenerwähnten Täuschungsmanöver und vieler anderer beim Antworten, die zu beschreiben zu lange dauerte und zu widerlich wäre – täglich erfinden sie neue –, beabsichtigen sie, sich selbst zu tarnen, um gleichsam als Unschuldige und Unbelastete davonzukommen, oder daß die Inquisitoren, überdrüssig und erschöpft, aufhören, sie zu verfolgen, oder daß der Inquisitor bei den Laien in Verruf gerät, weil er einfache Leute ohne Grund zu quälen bzw. nur einen Grund zu suchen scheint, sie durch zu knifflige Verhöre zugrunde zu richten. [...]

Bernard Gui, Manuel de l'Inquisiteur. Band 1, Paris 1926 (= Les Classiques de l'Histoire de France au Moyen Age 8), S. 72–76.

Quellentext 18

Auswahl aus dem Traktat des David von Augsburg in einer Würzburger Handschrift

Irrlehren der Armen von Lyon

IX. Sie behaupten, ein Mensch werde erst dann zum ersten Mal und wirklich getauft, wenn er in ihre Sekte aufgenommen worden sei.

X. Sie behaupten, die Taufe sei bei Kindern deshalb unwirksam, weil sie noch nicht wirklich glauben können.

XI. Sie behaupten, das Sakrament der Firmung sei wertlos, aber anstelle dieses Sakraments legen ihre Lehrer ihren Schülern die Hände auf.

XII. Sie behaupten, die Bischöfe, Geistlichen und Mönche seien die Schriftgelehrten der Kirche und die Pharisäer der Apostel und ihre Verfolger.

XIII. Sie behaupten, der Leib und das Blut Christi seien nicht echt, sondern nur gesegnetes Brot, das in gewisser Weise Leib Christi genannt wird, so wie man sagt: Christus aber war der Fels. Einige behaupten, dies könne nur durch gute Menschen bewirkt werden, andere aber durch alle, die die Worte der heiligen Wandlung kennen. Daher lesen sie auch auf ihren Zusammenkünften bei der Feier des Gottesdienstes jene Worte des Evangeliums vor, wenn sie bei ihrem Mahl wie beim Herrenmahl beidseitig [d. h. in beiderlei Gestalt] ihren Teil nehmen.

XIV. Sie behaupten, daß ein Priester, der ein Sünder ist, niemanden lossprechen bzw. binden könne, da er selbst an die Sünde gebunden sei, und daß jeder beliebige, auch ein kundiger Laie einen anderen lossprechen und ihm eine Buße auferlegen könne.

XV. Sie behaupten, die Letzte Ölung, das geweihte Öl und das Salböl haben keine Wirkung.

XVII. Sie behaupten, die Ehe sei sanktionierte Unzucht, außer die Eheleute leben enthaltsam, und sie behaupten, gewisse andere unanständige Ausschweifungen seien eher erlaubt als eine eheliche Bindung. Sie loben die Enthaltsamkeit, aber sie erlauben es, brennende Begierde auf irgendeine schändliche Weise zu befriedigen, wobei sie auf jenes Wort des Apostels verweisen: „Es ist besser zu heiraten als vor Begierde zu brennen" [1 Kor 7,9].

XVIII. Sie behaupten, jeder Eid sei unerlaubt, auch wenn es um die Wahrheit geht, und eine Todsünde, aber dennoch erteilen sie einander davon Dispens, damit jemand schwören kann, um dem leiblichen Tod zu entrinnen oder um andere nicht zu verraten und dergleichen Fälle mehr.

XIX. Sie behaupten, es sei ein unsühnbares Verbrechen und eine Sünde wider den Heiligen Geist, einen Ketzer zu verraten.

XX. Es sei nicht erlaubt, Übeltäter durch einen weltlichen Richter zu töten, denn einige sagen, daß es auch nicht erlaubt sei, Tiere zu töten, Fische und dergleichen. Wenn sie aber solche essen wollen, hängen sie sie über ein Feuer in den Rauch, bis sie von selber sterben. Flöhe und andere ähnliche Lebewesen schütteln sie ins Feuer, oder sie tauchen ihr Gewand in heißes Wasser, bis sie von selber sterben, und so wollen sie diese Tiere nicht [eigenhändig] töten.

XXV. Sie behaupten, durch die Hinzufügung des Evangeliums sei alles Alte überholt. Daher lehnen sie es ab, an das Alte Testament zu glauben. Aber trotzdem lernen sie manches daraus, um uns dadurch zu bekämpfen und sich zu verteidigen; so exzerpieren sie auch Worte des hl. Augustinus, Hieronymus, Ambrosius, Gregor, Chrysostomus und Isidor aus ihren Büchern sowie verstümmelte Texte, um ihren eigenen Hirngespinsten damit Beweiskraft zu verschaffen oder uns zu widerstehen oder Einfältige leichter verführen zu können, indem sie mit schönen Sätzen von Heiligen ihre gottlose Lehre ausschmücken. Die Sätze der Heiligen aber, die ihnen widersprüchlich erscheinen, übergehen sie stillschweigend. Nicht nur die Männer, sondern auch die Frauen lehren bei ihnen, weil einer Frau eher der Zugang zu Frauen offensteht, um sie zu verderben. Durch sie richten sie auch Männer zugrunde.

Es gibt zwei Klassen in der Sekte: Die einen [Mitglieder] werden die „Vollkommenen" genannt, und diese werden in ihrer Landessprache

„Poverley" genannt. Nicht alle werden dazu aufgenommen; vorher werden sie aber lange ausgebildet, damit sie auch andere zu unterweisen wissen.

Ignaz v. Döllinger (Hg.), Beiträge zur Sektengeschichte des Mittelalters. Band 2, München 1890, S. 328–330.
Quelle: Cod. Wirceburg. 190 fol.

Quellentext 19

Zeugnisse von Inquisitoren über das französische Waldensertum in den 40er Jahren des 13. Jahrhunderts

1. Waldenser in der Diözese Nîmes in den 40er Jahren des 13. Jahrhunderts

Dem ehrwürdigen Vater in Christus und Herrn von Gottes Gnaden, dem Bischof von Nîmes, erweisen Bruder Wilhelm von Valence und Pontius Garini aus dem Dominikanerorden, die vom Apostolischen Stuhl als Inquisitoren zur Bekämpfung ketzerischer Verworfenheit eingesetzt sind, ihre Ehrerbietung und wünschen ihm Heil.

Ihr wißt, daß B. Sayssa, Euer Pfarrkind, zu uns kam und demütig und ergeben gestand, daß er sich durch sein Handeln für die ketzerischen Waldenser schuldig machte, gut 40 Jahre, indem er sie aufsuchte und ihnen Geldstücke und anderes gab. Wir wollen mit ihm gnädig verfahren, weil er kam, ohne gerufen oder vorgeladen worden zu sein, vielmehr aus freiem Willen, sodann, weil er seine Schuld demütig einsah und seitdem die Waldenser nicht mehr sah oder aufsuchte und auch nicht mehr rückfällig wurde – auch, weil die Kirche sie damals nicht offiziell verfolgte –, wir, wie gesagt, schicken ihn zu Euch. Wir haben ihm gemäß der Form der Kirche die Absolution erteilt und dazu folgende heilsame Buße auferlegt, daß er nämlich binnen Jahresfrist die Kirche der hl. Marie von

Le Puy besuche und daß er nach Eurem Ratschluß soviel für gute Zwecke ausgibt, wie er nach seinem Wissen den ketzerischen Waldensern gegeben zu haben glaubt.

2. Der Waldenser Johannes von Burgund

Du, Johannes von Burgund, bist ein „Vollkommener", ein Ketzer der Waldenser 30 Jahre lang und mehr gewesen und hast an ihre Irrlehren geglaubt und Dich vor Freunden und Vertrauten der Waldenser als ketzerischer Waldenser verhalten. Jetzt, nachdem Dir die Augen des Verstandes geöffnet wurden und Du der Todsünde des Waldensertums und aller Ketzerei, wie sie auch immer heißen mag, abgeschworen hast, willst Du Dich bekehren [wohl aus Angst vor dem drohenden Feuertod!] und zur Einheit der römischen hochheiligen Kirche zurückkehren. Du hast nach der Form der Kirche durch uns, die Brüder Wilhelm von Valence und Pontius Garini aus dem Dominikanerorden, die vom Apostolischen Stuhl zur Bekämpfung ketzerischer Verworfenheit eingesetzt sind, die Gnade der Absolution erhalten. Wir, betonen wir, die Inquisitoren, ermächtigt durch die Autorität des Papstes, erlegen Dir die heilsame Buße lebenslänglicher Kerkerhaft auf.

Trotzdem fügen wir hinzu: Falls Du, was fern sei, rückfällig werden solltest, indem Du die Irrlehren der Waldenser verkündest oder lehrst oder auf irgendeine andere Weise oder wenn Du aus dem Kerker ausbrechen oder auf andere Weise ohne unsere Erlaubnis oder derer, die an unserer Stelle sind, fliehen solltest, würden wir Dich als einen meineidigen Ketzer, der sich nicht aufrichtig bekehrt hat, dem weltlichen Gericht übergeben und alle und jeden in den Kirchenbann tun, die bei Deiner Befreiung Hilfe, Rat oder Beistand gewährt haben.

Wir fügen außerdem hinzu: Jeder, der Dich, so befreit, aufnimmt, verteidigt, versteckt oder Dir in irgendeiner Hinsicht wissentlich Hilfe, Rat oder eine Begünstigung leistet, soll wissen, daß er aus seiner Schlechtigkeit keinen Gewinn zieht, sondern daß er als einer, der ketzerische Waldenser aufnimmt, verteidigt und begünstigt, dem besagten Kirchenbann verfällt.

3. Waldenser Frauen in der Diözese Narbonne um 1240

Im Namen unseres Herrn Jesu Christi.

Weil im Hause des Bernard Olivarius aus Durban-Corbières in diesem Jahr Raymunda von Balini und Alazais Calosa, Waldenser Ketzerinnen, gefunden wurden und er selbst einmal und ein zweites Mal floh und von uns zweimal vorgeladen wurde, aber, als habe er ein schlechtes Gewissen, nicht erscheinen wollte, verkünden wir und befehlen wir aufgrund der Vollmacht, die wir haben, daß das erwähnte Haus bis auf den Grund zerstört werden soll und niemals wieder aufgebaut werden darf und daß gemäß dem apostolischen Statut [vom Februar 1231] dort für immer ein Schuttabladeplatz sein soll, wo einmal ein Schlupfwinkel von Ketzern war. Jeden, der das besagte Haus wiederaufbauen sollte oder zum Wiederaufbau Rat, Hilfe oder Beistand leisten sollte, tun wir in den Kirchenbann.

Alexander Patschovsky/Kurt Viktor Selge (Hg.), Quellen zur Geschichte der Waldenser. Gütersloh 1973 (= Texte zur Kirchen- und Theologiegeschichte Heft 18), S. 55–59.

Quellentext 20

Die drei Weihen in der Kirche der Waldenser

Die ketzerische Sekte der Waldenser bekennt, daß es drei Weihen in ihrer Kirche gibt, nämlich die der Diakone, der Priester und der Bischöfe.
Die Bischofsweihe.
Der Bischof wird der Vorsteher von ihnen allen genannt und von allen Priestern und Diakonen zum Vorsteher gewählt. Wenn sich nach einer einmütigen Wahl, einem gemeinsamen Gebet, einem privaten und anschließenden öffentlichen Schuldbekenntnis (jedoch nicht bestimmter, sondern allgemeiner Sünden) ein Vorsteher bei ihnen befindet, andernfalls einer ihrer Priester, legt er, das Vaterunser betend, die Hand auf das

Haupt des Gewählten, damit er den Heiligen Geist empfange. Nach ihm legen alle anderen Priester sowie die Diakone der Reihe nach einzeln ihre Hände auf sein Haupt. Und so wird er ohne irgendeine Formel, ohne irgendeinen traditionellen Ritus, ohne jede Salbung und ohne bischöfliche Insignien allein durch das Gebet und die Handauflegung bei ihnen zum Bischof gemacht.

Wie sie sagen, gehört es zu seiner Amtsgewalt, die Sakramente der Buße, der Weihe und der Eucharistie zu spenden sowie den Priestern das Evangelium zu übergeben und die Ohrenbeichte zu übertragen. Ferner kann dieser Vorsteher jeden, der bei ihm beichtet, von allen Sünden, die er gebeichtet hat, lossprechen, welche Sünden es auch immer sein mögen. Ferner kann er die ganze Buße, die für seine Sünden erforderlich ist, oder einen Teil davon erlassen, wenn es auch nicht vor der Gemeinschaft geschehen soll. Wenn er von Sünden losspricht, spricht er folgendes: *„Gott spreche dich los von allen deinen Sünden! Ich erlege dir bis zum Tod Reue über deine Sünden auf und folgende Buße, die zu leisten ist (nämlich Gebete oder Fasten oder beides)."*

Die Priesterweihe.

Ein Priester wird bei ihnen folgendermaßen geweiht: Nachdem der Priester gewählt worden ist, legt ihr Vorsteher nach einem einleitenden Gebet und dem Sündenbekenntnis die Hände auf das Haupt des Priesters, der geweiht werden soll, und nach ihm die anderen Priester, die dabei anwesend sind, damit er den Heiligen Geist empfange. Mit der Handauflegung durch den Vorsteher wird die Weihe vollzogen.

Zur Amtsgewalt des Priesters, der so geweiht wurde, gehört es, Sündenbekenntnisse zu hören; er kann jedoch Sündenstrafen nicht erlassen, und er kann nicht zelebrieren. Er kann jedoch einen Vorsteher [„maior"] oder einen Höheren [„maioralis"] in dem Fall weihen, wenn alle anderen tot sind. Denn sie sagen, daß die Diakone und Priester deshalb, weil sie sich in dem Stand befinden, in dem sie um Christi willen alles verlassen haben, zur Weiheordnung der Apostel gehören.

Die Weihe der Diakone

Ein Diakon wird folgendermaßen geweiht: Nach der Wahl, einem Gebet wie oben und dem Sündenbekenntnis legt allein der Vorsteher, wobei er das Vaterunser spricht, seine Hände auf das Haupt des zu ordinierenden Diakons, damit er den Heiligen Geist empfange, und sonst geschieht nichts mit ihm. So geweiht, wird er Diakon, wobei er das Gelübde der Armut, Keuschheit und des Gehorsams ablegt. Vor einer solchen Weihe ist bei ihnen keiner ein „Vollkommener", sondern die anderen, die nicht geweiht sind, heißen Gläubige oder ihre Freunde. Von diesen bekommen sie auch ihren Lebensunterhalt.

Der Diakon soll seinem Bischof ebenso wie den Priestern das Lebensnotwendige verschaffen. Er hat jedoch nicht die Gewalt, Beichten zu hören.

Ebenso werden ohne eine andere Formel, allein mit Gebet, wie gesagt, und ohne ein Mahl oder ein traditionelles materielles Instrument nur durch die Auflegung der Hände bei ihnen ohne einen Unterschied Bischöfe, Priester und Diakone geweiht, Laien und Ungebildete ebenso wie Gebildete, sofern sie nur in der besagten Sekte vorher geprüft und als geeignet befunden und danach gewählt wurden, wie es oben dargestellt ist.

Dies ist über die verblendeten Weihen bei den Waldensern deshalb hier zur Kenntnis gebracht worden, damit man ihre Verlogenheit erkenne, wenn sie erklären, sie glaubten daran, daß die Weihe des Bischofs, des Priesters und des Diakons etwas Heiliges sei.

Bernard Gui, Manuel de l'Inquisiteur. Band 2, Paris 1927 (= Les Classiques de l'Histoire de France au Moyen Age 9), S. 148–152.

Quellentext 21

Der Ritus ihrer Meßfeier

Der Ritus ihrer Meßfeier ist gewöhnlich der, daß sie nur einmal im Jahr die Messe feiern, nämlich in der Form des Abendmahls. Dann ruft bei Nacht ihr Vorsteher, obwohl er nicht ein von einem katholischen Bischof geweihter Seelsorger oder Priester ist, alle Mitglieder seiner Gemeinde beiderlei Geschlechts zusammen und läßt dort vor ihnen eine Bank oder eine dazu geeignete Truhe bereitstellen und darauf ein sauberes Tuch legen.

Dann stellen sie einen Becher voll von gutem, reinem Wein darauf und ein in der Herdasche gebackenes oder ungesäuertes Brot oder ein Stück von einem ungesäuerten Brot. Danach sagt ihr Vorsteher zu den Umstehenden: „Bitten wir unseren Herrn, daß er uns unsere Vergehen und unsere Sünden vergibt und das, worum wir geziemend bitten, aufgrund seines Erbarmens erfüllt! Sprechen wir siebenmal ein Paternoster zu Ehren Gottes und der heiligen Dreifaltigkeit, daß er dies tue!" Dann sprechen sie alle, die Knie gebeugt, siebenmal das Paternoster und erheben sich hierauf.

Dann bricht derjenige, der das Brot und den Becher mit Wein weiht und segnet, das Brot und gibt allen Umstehenden ihren Teil, und dann gibt er allen mit dem Becher zu trinken. Sie stehen dabei immer vor seinen Füßen. So endet ihr Meßopfer. Sie glauben und bekennen fest, daß dies der Leib und das Blut unseres Herrn Jesus Christus ist. Und wenn etwas von dem Opfer übrig wäre, würden sie es bis zum Osterfest aufheben und dann ganz zu sich nehmen. Die gesamte restliche Zeit des Jahres geben sie nur den Kranken das gesegnete Brot und den Wein.

So behielten alle sogenannten Armen von Lyon bzw. Waldenser dieselbe Art der Meßfeier bis zu ihrer Spaltung bei, die es unter ihnen gab, als sie sich nämlich in die sogenannten lombardischen Armen und die diesseits der Berge (d.h. diesseits der Alpen in Frankreich) lebenden Armen spalteten.

Die Waldenser leugnen auch, daß es nach diesem Leben ein Fegefeuer für die Seelen gibt, und konsequenterweise behaupten sie, daß Gebete, Almosen, Meßfeiern und andere fromme Fürbitten von Gläubigen für ihre Toten diesen nichts nützen.

Ferner verdammen und verurteilen sie die kirchlichen Würdenträger, die Geistlichen und die Mönche der römischen Kirche und setzen sie herunter. Sie sagen, sie seien Blinde und Führer von Blinden, sie bewahrten nicht die Wahrheit des Evangeliums und befolgten nicht die apostolische Armut. Ferner lügen sie auf bissige Weise, daß die römische Kirche selber ein Haus der Lüge sei. Ferner vergleichen sie sich selber mit dem vollkommenen Leben der Apostel und stellen sich auf eine Stufe mit deren Verdiensten. Auf eitle Weise rühmen sie sich ihrer selbst und sagen, sie seien die Nachfolger der Apostel, und sie prahlen damit, daß sie die evangelische und apostolische Armut bewahren und einhalten.

Ferner behaupten und bekennen sie, es gebe drei Weihen in ihrer Kirche, nämlich die der Diakone, der Priester und der Bischöfe; die Gewalt eines jeden von diesen hängt nur von ihnen und nicht von der römischen Kirche ab.

Sie glauben sogar, daß die heiligen Weihen der römischen Kirche nicht von Gott seien, sondern von einer Satzung der Menschen stammen. Daher lügen sie, wenn sie sagen und bekennen, daß sie glauben, es gebe in der heiligen Kirche – sie verstehen darunter ihre eigene – die heilige Weihe des Bischofs, des Priesters und des Diakons.

Ferner behaupten sie, die Wunder, die sich in der Kirche der Heiligen aufgrund von Verdiensten und Gebeten ereignen, seien nicht echt, weil keiner von ihnen jemals Wunder vollbrachte. Ferner behaupten sie und betrachten es als ein Glaubensgeheimnis, daß die Heiligen im Himmel die Gebete der Gläubigen nicht hören und die Verehrungen nicht wahrnehmen, mit denen wir sie auf Erden ehren. Und sie sagen, die Heiligen würden nicht für uns beten, und daher bräuchten wir sie nicht um ihre Fürsprache zu bitten. Daher mißachten sie das Hochamt, das wir zur Verehrung der Heiligen feiern, und anderes, wodurch wir sie verehren oder ehren. An den Festtagen feiern sie womöglich nur listigerweise Gottesdienst.

Diese drei Dinge offenbaren sie jedoch ihren Gläubigen nicht ohne Unterschied, sondern die „Vollkommenen" dieser Sekte halten untereinander betreffs der Wunder der Heiligen die Behauptung aufrecht, daß sie nicht wahr sind, und bezüglich der Fürbitten, daß man nicht bitten soll, und bezüglich der Feiertage, daß man sie nicht zu achten brauche außer dem Sonntag und den Festtagen der heiligen Jungfrau Maria, und einige fügen hinzu, die Festtage der Apostel und der Evangelisten.

Diese und einige andere verrückte Irrlehren, die aus dem Vorhergehenden notwendig folgen, lehren sie ihre Gläubigen heimlich bei ihren Zusammenkünften. Ferner predigen sie zu ihren Gläubigen über die Evangelien, die Apostelbriefe und andere heilige Schriften und verfälschen sie beim Auslegen wie Lehrer des Irrtums, die es nicht verstehen, Schüler der Wahrheit zu sein, obwohl doch die Predigt den Laien gänzlich untersagt ist. Man muß auch wissen, daß diese Sekte viele andere Irrlehren seit ehedem hatte, an ihnen festhielt und bis heute in einigen Landesteilen im geheimen haben soll, wie zum Beispiel die Feier der Messe am Gründonnerstag, wie oben gesagt wurde, und die abscheuliche Vereinigung, die man im Dunkeln – wer mit wem auch immer – ohne einen Unterschied vollzieht, die Erscheinung des Katers und das Bespritzen mit seinem Schwanz und einiges andere, das in den Gesamtdarstellungen, die darüber geschrieben wurden, ausführlicher enthalten ist.

Bernard Gui, Manuel de l'Inquisiteur. Band 1, Paris 1926 (= Les Classiques de l'Histoire de France au Moyen Age 8), S. 42–48.

Quellentext 22

Bericht des Inquisitors Petrus aus dem Orden der Zölestiner über die österreichischen Waldenser aus dem Jahre 1398

Dies sind die Irrlehren der Ketzer von der Sekte der Waldenser, welche sich im Land der Herrschaft erlauchter Fürsten, nämlich der Herzöge von Österreich mehr als 150 Jahre lang hielt und nun im Jahre des Herrn 1395 im Monat September schonungslos mit Gewalttätigkeiten in Form von Brandstiftungen und schrecklichen Morden um sich griff [...].

1. Die Ketzer, nämlich die obenerwähnten Waldenser, haben ihre eigenen Beichtväter, ja sogar rein weltliche Erzketzer.

2. Sie glauben auch, daß sie von Gott allein und nicht vom Papst oder irgendeinem katholischen Bischof die Vollmacht haben, das Wort Gottes zu verkünden.

3. Ferner glauben sie, daß sie die Stellvertreter der Apostel Christi und ihre legitimen Nachfolger sind.

4. Ferner verurteilen sie die römische Kirche deshalb, weil sie seit der Zeit von Papst Silvester Besitztümer angenommen, behalten und erworben hat.

5. Ferner glauben sie, daß ihre Erzketzer besser als die Priester der Kir-

che von Sünden lossprechen können, obwohl sie nicht glauben, daß diese Priester geweiht oder vom Apostolischen Herrn [nämlich dem Papst] oder von irgendeinem katholischen Bischof gesandt sind.

6. Obwohl sie ferner bei den Priestern der Kirche beichten und von ihnen den Leib Christi empfangen, verraten ihnen die Erzketzer dennoch auf keinen Fall ihre Sekte.

7. Ferner hören sie die Predigten der Erzketzer mit höchster Aufmerksamkeit, und sie glauben ihnen mehr als den Predigern der Kirche, obwohl sie heimlich und zur Nachtzeit, unsere aber öffentlich predigen.

8. Ferner glauben sie, daß die heilige Jungfrau und die anderen Heiligen in der [himmlischen] Heimat so sehr von Freuden erfüllt sind, daß sie nicht an uns denken können.

9. Ferner glauben sie, daß die heilige Jungfrau und die anderen Heiligen uns in nichts helfen können.

10. Ferner behaupten und glauben sie, daß diese von uns nicht angerufen werden sollen.

11. Ferner behaupten und glauben sie, daß sie von uns nicht verehrt werden sollen.

12. Ferner behaupten und glauben sie, daß wir ihnen nicht dienen sollen.

13. Ferner behaupten und glauben sie, daß sie nicht für uns bitten können. Und wenn sie daher auch an der Vigil der heiligen Jungfrau und der anderen Heiligen fasten und die Festtage feiern, tun sie das Ganze jedoch nur zum Schein, damit sie nicht entlarvt werden, oder sie tun es nur zum Lob und zur Ehre Gottes und nicht der Heiligen, und insofern glauben sie nicht an die Gemeinschaft der Heiligen.

14. Ferner glauben alle Erzketzer und einige Anhänger nicht, daß die Firmung ein heiliges Sakrament sei, sondern sie haben an ihrer Stelle die Handauflegung.

15. Ferner glauben sie, daß es nach dem Tod nur zwei Möglichkeiten und kein Fegefeuer gibt.

16. Ferner behaupten und glauben sie, daß Gedächtnismessen, kirchliche Gebete und alle sonstigen Fürsprachen der Kirche für die Toten keine Wirkung haben, und wenn sie auch bei Totenmessen opfern, tun sie

das Ganze jedoch nur zum Schein oder nur zum Lob Gottes, aber nicht für das Heil der Seelen.

17. Ferner erlauben sie kein kirchliches Begräbnis, sondern behaupten und glauben, daß man überall in gleicher Weise bestattet werden kann und soll.

18. Ferner glauben sie nicht, daß ein Friedhof heiliger sei als ein Acker oder ein anderer Ort oder ein Obstgarten oder irgendein Stück Land.

19. Ferner glauben sie nicht, daß eine geweihte Kirche heiliger sei als irgendein beliebiges anderes gewöhnliches Haus.

20. Ferner glauben sie nicht, daß ein geweihter Altar heiliger sei als irgendein beliebiger anderer Steinhaufen.

21. Ferner verurteilen und verwerfen sie den Gesang in der Kirche.

22. Ferner verurteilen und verwerfen sie das Orgelspiel.

23. Ferner behaupten und glauben sie, daß das Brevier kein Gotteslob darstelle.

24. Ferner behaupten sie, man brauche nichts zu beten als das Paternoster, und deshalb fügen die Erzketzer niemals ein Ave Maria hinzu.

25. Ferner verurteilen und verwerfen sie die Verehrung von Bildern.

26. Ferner verurteilen und verwerfen sie das Küssen von Reliquien.

27. Ferner verurteilen und verwerfen sie die Ablässe der Kirchenfürsten.

28. Ferner verurteilen und verwerfen sie Pilgerfahrten zu den Häusern bzw. Gräbern der Heiligen.

29. Ferner verurteilen und verwerfen sie die Exkommunikation.

30. Ferner behaupten und glauben sie, daß der Heilige Vater und Herr, unser Papst, wer es auch immer zur Zeit sei, der Kopf und der Ursprung aller Ketzer sei.

31. Ferner behaupten und glauben sie, daß wir Katholiken alle Ketzer seien.

32. Ferner verurteilen und verwerfen sie die prächtigen Gewänder und Altargeräte der Priester.

33. Ferner verurteilen und verwerfen sie alle Insignien der Priester.

34. Ferner behaupten und glauben sie, daß man in einem Stall und in einer Scheune ebenso wie in einer Kirche beten könne und in einer Kirche nicht besser als irgendwo sonst.

35. Ferner verurteilen und verwerfen sie Prozessionen an Sonntagen.
36. Ferner verurteilen und verwerfen sie Prozessionen an Bittagen.
37. Ferner verurteilen sie Prozessionen an Fronleichnam. [Das Fronleichnamsfest wurde 1264 von Papst Urban IV. für die gesamte katholische Kirche angeordnet.]
38. Ferner verurteilen sie Schmuck, bestehend aus Blumen, Kräutern, Gewändern und Lichtern, die Christen bei einer Prozession verwenden.
39. Ferner behaupten sie, daß Gelübde frevlerisch und nichtig seien.
40. Ferner behaupten sie, daß die vierteljährliche Fastenzeit [gemeint sind die Quatembertage, die vierteljährlich vorgeschriebenen drei Fasttage der katholischen Kirche] nicht göttlich, sondern von Menschen eingeführt worden sei.
41. Ferner glauben sie nicht, daß das Holz des heiligen Kreuzes heiliger sei als irgendein anderes normales Holz.
42. Dasselbe denken sie von der Dornenkrone unseres Herrn Jesu Christi, die auf sein verehrungswürdiges Haupt gesetzt worden war.
43. Dasselbe denken sie von den eisernen Nägeln, die in die hochheiligen Hände und Füße Christi eingeschlagen worden waren.
44. Dasselbe denken sie von jener Lanze, die in Christi überaus kostbare Seite gestoßen worden war.
45–51. Dasselbe denken sie von Christi Geißeln, mit denen er geschlagen worden war, von der Bildsäule, an die er gebunden worden war, vom Tisch, an dem er aß, von der purpurnen Tunika, vom Schilfrohr, vom weißen Gewand und vom Grab des gekreuzigten Herrn.
52–53. Dasselbe denken sie vom Heiligen Land, Jerusalem, Bethlehem, Nazareth und den anderen heiligen Stätten, von den Ketten der Apostel und von allen anderen Insignien des Leidens der heiligen Märtyrer.
54. Ferner verwerfen und verurteilen sie die Weihe und Einsetzung der Meßdiener, Subdiakone, Diakone, Priester und Bischöfe.
55–62. Ferner glauben sie nicht, daß das Taufwasser heiliger sei als irgendein anderes Wasser, da man in jedem beliebigen anderen Wasser getauft werden könne. Ebenso denken sie über das Weihwasser, über geweihtes Salz, über Palmen, Asche und Kerzen, über das Glockenläuten, das Jubeljahr und die Speiseweihe.

63. Ferner verurteilen und verwerfen sie alle Mönchs- und Nonnenorden im Hinblick auf alle ihre Regeln und deren Einhaltung.

64. Ferner verurteilen und verwerfen sie alle Bischofs- und Stiftskirchen.

65. Ferner behaupten und glauben sie, daß der Papst keine größere Autorität als ein einfacher Priester besitze.

66. Ferner verurteilen und verwerfen sie alle päpstlichen Privilegien.

67. Ferner verurteilen und verwerfen sie alle Eide, wie auch immer und wie wahr und rechtmäßig auch immer sie abgelegt wurden.

68. Ferner verurteilen und verwerfen sie Kaiser, Könige und Fürsten, Markgrafen, Landgrafen, Herzöge, Barone, Juristen, Geschworene, Richter und Schöffen wegen jeder Hinrichtung, wie gerecht und rechtmäßig sie auch gewesen sein mag.

69. Ferner verurteilen und verwerfen sie den Apostolischen Herrn [den Papst], da er Krieger zum Kreuzzug gegen die Sarazenen ausschickt und gegen alle möglichen Heiden predigt.

70. Ferner verurteilen und verwerfen sie jenen löblichen Brauch, wonach gläubige Christen sich durch das Los einen besonderen Apostel erwählen.

71. Ferner verurteilen und verwerfen sie die Tonsur der Geistlichen, die der Weltpriester ebenso wie die der Ordenspriester.

72. Ferner verurteilen und verwerfen sie alle Worte und Aussprüche der heiligen Lehre des Augustinus, Hieronymus, Gregor, Ambrosius und aller anderen mit Ausnahme nur der Worte, die sich irgendwie zur Stärkung ihrer Sekte verstehen lassen.

73. Ferner verurteilen und verwerfen sie die kaiserlichen Gesetze und das Kirchenrecht.

74. Ferner verwerfen und verurteilen sie die feierliche Weihe von Kirchen und Altären.

75. Ferner verurteilen und verwerfen sie die Beschwörung des Teufels und die anderen Gebete, die Priester bei der Taufe über den Kindern sprechen.

76. Ferner verurteilen und verwerfen sie jene frommen Handlungen, die Teufelsbeschwörer oder Priester vornehmen, indem sie Dämonen beschwören, damit sie aus besessenen Menschen ausfahren.

77. Ferner behaupten und glauben sie, daß kein Mensch seit Christi Tod von Dämonen befallen werden könne.

78. Ferner glauben sie, daß die Beichte, die Christen mündlich beim Priester ablegen, keine Wirkung und Bedeutung habe.

79. Ferner behaupten und glauben sie, daß alle heiligen Worte bei der Messe überflüssig seien und mit der Feier der Messe nichts zu tun haben außer den Worten bei der Wandlung und dem Vaterunser.

80. Ferner behaupten und glauben sie, daß die Priester, die die Messe feiern, ebensooft sündigen, wie sie die Namen der Heiligen bei der Messe nennen und aussprechen.

81. Ebenso reden und denken sie jedesmal, wenn ein Priester oder andere Christgläubige Litaneien sagen, lesen oder feierlich sprechen.

82. Ferner glauben sie, daß die Weihe des Feuers in der Osternacht unwirksam und sinnlos sei.

83. Ferner glauben sie, daß die Leintücher und das Schweißtuch, worin der Leib und das Haupt des toten Christus eingehüllt waren, weder einen geistlichen Wert noch Heiligkeit besäßen.

84. Ferner halten sie Anbetungen und Kniebeugen mit feierlichem Gesang am Karfreitag vor dem Kreuz unseres Herrn Jesu Christi für sinnlos.

85. Ferner halten sie die Sekte der Waldenser für den einzigen christlichen Glauben.

86. Ferner glauben sie, daß alle Katholiken mit Ausnahme nur der kleinen Kinder verdammenswert seien.

87. Ferner nennen sie die Katholiken „die Welt", die anderen „die frömden" [= „die Fremden"].

88. Ferner nennen sie sich und ihre Anhänger bzw. Gesinnungsgenossen „Kundige", das heißt „die chunden".

89. Ferner glauben sie, daß alle Seelen der Heiligen, nämlich des Laurentius, Nikolaus, Martin, Hieronymus, Ambrosius, Augustinus, Gregor, Bernhard, Chrysostomus, Benedikt, Franziskus, Dominikus, Antonius, Vinzenz, der Katharina, Margareta, Dorothea, kurz: aller Heiligen, Märtyrer, Bekenner und Jungfrauen, die in der Bibel nicht überliefert sind, und alle Geistlichen in der Hölle verdammt sind.

An diesen ketzerischen Artikeln, die verdammt sind, halten die Erzketzer der Waldenser fest, glauben an sie und nehmen sie, sowohl alle als auch einzeln, in Anspruch, ihre Gläubigen aber je nach ihrem Fassungsvermögen mehr oder weniger. Achtgeben und dies beherzigen sollen daher die im Herrn Christus Ehrwürdigen, unser Papst, die Kardinäle, die Patriarchen, die Erzbischöfe und Bischöfe, die Äbte und alle anderen Geistlichen in der Kirche, die Doktoren und Magister, die unbesiegbaren Herren Könige katholischen Glaubens und besonders die Herzöge von Österreich, in deren Herrschaftsgebiet die Ketzer heutzutage mit Gewalt zu herrschen versuchen. Denn neulich in der Nacht der Vigil der Geburt der heiligen Jungfrau Maria verbrannten Ketzer die Scheune des Plebanus in Steyr deshalb, weil er in seinem Haus mit seiner Familie den zur Verfolgung verwerflicher Ketzerei eingesetzten Inquisitor beherbergt, umsorgt und verpflegt. Und an den Toren der Gemeinde bzw. der Stadt Steyr brachten sie ein angesengtes Stück Holz und ein Futteral mit einem blutigen Messer aus Holz an, weil sie so ihre Ketzerei verteidigen wollen. Daher sollen alle Katholiken aufpassen und dies schmerzlich beherzigen. Sie sollen nicht ablassen, sondern sich ständig darum bemühen, daß alle schurkischen Ketzer, Brandstifter und Mörder gefangen, verhört, bestraft und zur Einheit des katholischen Glaubens zurückgeführt werden.

Ignaz v. Döllinger (Hg.), Beiträge zur Sektengeschichte des Mittelalters. Band 2, München 1890, S. 305–311.
Quelle: Cod. S. Emmeram. Ratisb. X, 5.

Kapitel 7

Franziskaner-Spiritualen, Fraticellen und Pseudo-Apostel

Bevor im Jahre 1980 Umberto Ecos Roman „Der Name der Rose" erschien und zum Bestseller wurde, waren höchstens einigen Eingeweihten, Historikern und Historikerinnen und den Angehörigen des Franziskanerordens die Namen der Franziskaner-Spiritualen Michael von Cesena und Ubertino da Casale geläufig. Beide Mönche sind Zentralfiguren der Rahmenhandlung des „Mittelalterkrimis", der im Jahr 1327 in einer reichen Benediktinerabtei im Apennin spielt. Wilhelm von Baskerville, eine Art „mittelalterlicher Sherlock Holmes", und sein Schüler und Begleiter, der junge Novize Adson, suchen das Kloster auf, weil Wilhelm damit beauftragt worden war, ein Treffen der Delegation der Franziskaner-Spiritualen mit den Legaten des Papstes vorzubereiten. Bei der bevorstehenden Konferenz soll die Frage erörtert werden, ob der Franziskanerorden Besitz haben darf oder nicht. Ein Streitpunkt, der den Orden der Minderbrüder in sogenannte Spirituale und Konventuale spaltete. Vor allem das fünfte Kapitel des Romans, der „Fünfte Tag", dreht sich um diesen Konflikt. Hier fällt dem bereits betagten Inquisitor Bernard Gui, der bei Umberto Eco die päpstliche Abordnung begleitet, die Aufgabe zu, zwei arme Teufel, den Cellerar Remigius und seinen Gehilfen Salvatore, als „Pseudo-Apostel" zu entlarven und zur Strecke zu bringen. In der Romanverfilmung erleiden nicht nur die Ketzer einen gewaltsamen Tod, sondern auch der Inquisitor findet ein grausames Ende: Als sein Wagen eine Böschung hinunterstürzt, wird er von den Folterwerkzeugen erschlagen bzw. aufgespießt. Im Gegensatz zu dieser spektakulären Schlußszene starb der historische Bernard Gui etwa 71jährig eines natürlichen Todes. Bernard Gui beschrieb in seinem Handbuch für Inquisitoren die Lehren der „Fraticellen" und „Pseudo-Apostel" ausführlich. In bewährter Weise gab er seinen Kollegen Fragenkataloge an die Hand, um mutmaßliche Ketzer zu überführen. Umberto Eco läßt in seinem Roman den angeklagten Remigius nahezu wortwörtlich so auf diese Musterfragen antworten, wie es Bernard Gui beschrieb.

Mehr als 600 Jahre nach dem Ende dieser Splittergruppe der Franziskaner und der italienischen Sektierer erwachen sie in Ecos Roman unerwartet zu neuem Leben. Sie ziehen die Leser und Leserinnen in den Bann wüster Spekulationen über das bevorstehende Weltende und revolutionärer Ideen gegen korrupte, autoritäre und machtgierige Kirchenoberhäupter. Im 13. und 14. Jahrhundert wurden sie teilweise aufgrund ihres Hanges zu apokalyptischen Spekulationen, teilweise durch ihre Verfolgung an den Rand der Rechtgläubigkeit und in die Radikalität gedrängt.

Die letzten Worte eines Heiligen, der Streit um dessen letzten Willen, konkrete Naherwartung und fundamentale Kirchenkritik, der exkommunizierte deutsche Kaiser Ludwig der Bayer, der Machtkampf der Päpste in Avignon, lodernde Scheiterhaufen und ewige Verdammnis – das sind die Eckpunkte einer etwa 100jährigen Entwicklung des tragischen Konflikts innerhalb des Franziskanerordens, die Kreise von Italien nach Südfrankreich und Spanien und bis nach München zog.

Das Armutsideal

1206 reißt sich der reiche Sohn eines Tuchhändlers, Francesco Bernadone, seine edlen Kleider vom Leib, als würden sie ihm die Haut versengen, hüllt sich fortan in ein grobes sackartiges Gewand und verläßt das Elternhaus, um ein Leben in strikter Armut zu führen und Aussätzige zu pflegen. Dem „Poverello" schließen sich Männer und Frauen aus allen Schichten an, Laien und Kleriker, Gebildete und Analphabeten. Schon zu Lebzeiten wird er wie ein Heiliger verehrt und als Dichter des „Sonnengesangs", als Bruder der Kreatur und Freund der Armen und Ausgestoßenen geliebt. So überliefert es jedenfalls die Franziskanerlegende. Trotz einer schnell wachsenden Anhängerschaft verzichtet Franziskus weiterhin auf jegliche Repräsentation und lebt wie zu Beginn der Bewegung äußerst asketisch und ärmlich. Er versteht sich nicht als Organisator oder Ordensmeister, sondern ist vielmehr eine Art Vaterfigur. Ihm geht es um die neue Lebensweise, das heißt, die Welt zu verlassen und dem armen Christus nachzufolgen. Mit anderen Worten, um ein Leben in Einfachheit und in Frieden mit Gott und der Schöpfung. Diese Lebensform war mehr durch Improvisation als durch Organisation gekennzeichnet. Als sich ihm und seinen ersten Gefährten aber immer mehr Menschen anschließen, sieht er sich schließlich doch gezwungen, das Zusammenleben der Gemeinschaft verbindlich zu regeln. Franziskus von Assisi knüpfte nicht an die anerkannten Ordensregeln des Benedikt oder Augustinus an, sondern schuf eine neue Regel. Die sogenannte „Urregel" ging zwar verloren, aber ihr folgten weitere Fassungen, Ermahnungen und Briefe mit Anweisungen an die Brüder und Schwestern. Im Mittelpunkt stehen Armut, Askese und Demut, und zwar in einem so extremen Maße, wie es weder in einem bereits bestehenden Orden noch bei den Waldensern oder Humiliaten gefordert wurde.

Im Unterschied zu Waldes gelang es Franziskus von Assisi und seiner Gemeinschaft, in der Kirche zu bleiben. Innozenz III. (1198–1216) bestätigte 1209/10 den „Orden der Minderbrüder" Zusammen mit dem ebenfalls neuen „Orden der Predigerbrüder" des Dominicus de Guzmán werden die Franziskaner von nun an die Stütze der Kirche im Kampf gegen die Häresie. Was die Dominikaner durch ihre neue Form der Predigt bewirken, erreichen die Franziskaner durch ihre zumindest in der Anfangszeit konsequente Besitzlosigkeit und die charismatische Persönlichkeit ihres Gründers. Die zunehmenden religiösen und spirituellen Bedürfnisse der Menschen, die von der Papstkirche nicht befriedigt wurden, werden mit Hilfe dieser beiden Bettelorden umgeleitet: weg von den Ketzern, zurück in den Schoß der Kirche. Ganz in den Dienst der Ketzerbekämpfung stellen sich auch die Inquisitoren aus beiden Orden. Als jedoch die „Schlachten" gegen die Ketzerei in Italien, Südfrankreich und Deutschland größtenteils geschlagen sind, geraten auch vereinzelt prominente Dominikaner in die Maschen der Inquisition, wie Meister Eckhart, einer ihrer bekanntesten deutschen Ordenstheologen. Seine Schriften werden 1329, etwa ein Jahr nach seinem Tod, verurteilt.

Innerhalb des Franziskanerordens bahnte sich schon in den ersten Jahren ein Konflikt an, der einen Teil der Brüder später in die Opposition zur

Papstkirche führen wird. Obwohl sich Franziskus von Assisi von Anfang an der Kirche unterwarf, konnte er letztlich diese Entwicklung nicht verhindern. Anders als die Waldenser hatte er sich und seine Gemeinschaft der Autorität der Bischöfe unterstellt und den Kirchenoberen demutsvoll Gehorsam gelobt. Er beanspruchte vor allem nicht, ohne kirchliche Erlaubnis zu predigen, auch dann nicht, wenn die Amtsträger ein gottloses und lasterhaftes Leben führten und ihre Gemeinden vernachlässigten. Franziskus stand fest auf dem Boden des Kirchenrechts, wenn er bei der Frage der Gültigkeit der Sakramente die Weihe des Priesters über dessen Lebenswandel stellte. Bei der Überarbeitung der Ordensregel berieten ihn hohe geistliche Würdenträger, wie Kardinal Hugolino von Ostia, der spätere Papst Gregor IX. (1227–1241) und Papst Honorius III. (1216–1227).

Franziskus sah seine Mission als Dienst an den Menschen, ohne die Kirche zu kritisieren oder in Frage zu stellen. Er konnte an seinem Armutsideal und dem apostolischen Vorbild festhalten, ohne die Grenzen der Rechtgläubigkeit zu überschreiten. Aber es gab bereits zu seinen Lebzeiten unterschiedliche Meinungen darüber, wie ein Leben in apostolischer Armut konkret aussehen sollte. Eine Neufassung der „Urregel" war notwendig geworden, weil sich die innere Struktur des Ordens geändert hatte. Solange sich die Franziskaner hauptsächlich in Mittelitalien aufhielten, war es relativ problemlos, regelmäßig Kontakt zu halten, doch mit zunehmender Verbreitung mußten Strukturen geschaffen werden, um die Beziehungen untereinander aufrechtzuerhalten. Es wurden daher Vollversammlungen einberufen, anfangs zweimal jährlich, dann nur noch einmal im Jahr zu Pfingsten. Nach 1223 treffen sich die Minister der Provinzen nur noch alle drei Jahre. 1217 beschließt das Generalkapitel, die Gemeinschaft in elf Verwaltungseinheiten, sogenannte Provinzen, zu unterteilen. Jede Ordensprovinz wird von einem eigenen „Provinzminister" geleitet. 1218 wurde Hugolino von Ostia zum Protektor, das heißt zum Schirmherrn der Franziskaner ernannt. Franziskus von Assisi befand sich gerade auf einer Missionsreise im Heiligen Land, als er erfuhr, daß seine Gründung im Begriff war, die franziskanischen Ideale, allem voran die „heilige Armut" aufzuweichen und ins gleiche Fahrwasser wie die meisten der anderen Orden zu geraten. Er brach seine Reise ab und kehrte mit seinem Vertrauten und einem seiner ersten Gefährten, Petrus Cathanii, nach Italien zurück. Elias Bombarone, auch Elias di Cortone genannt, und Cäsar von Speyer begleiteten ihn. Franziskus setzte die Generalvikare, die die Änderungen vorgenommen hatten, ab und ernannte Petrus Cathanii zu seinem Stellvertreter. Diese erste größere Krise innerhalb der Gemeinschaft hatte zur Folge, daß Papst Honorius III. den Orden anwies, ein einjähriges Noviziat einzuführen. Diejenigen, die sich den Minderbrüdern anschließen wollten, sollten ausreichend Gelegenheit haben, sich gründlich zu prüfen, ob sie den Anforderungen der „heiligen Armut" auch gewachsen seien.

Der Orden hatte sich in den Jahren seit seiner Gründung von seiner Zusammensetzung und damit verbunden auch von seinen Aufgaben her verändert. Da immer mehr Juristen, Theologen und Geistliche eingetreten waren, öffnete sich der Orden theologischen Studien. Daraus ergab sich die Notwendigkeit, Schulen und Bibliotheken einzurichten. Schließlich wurde auch der Wunsch geäußert, eigene Klöster zu errichten. Dies widersprach der Schlichtheit der Anfänge der Gemeinschaft, andererseits war ein Mindestmaß an theologischer Bildung auch für die Bußpredigt notwendig.

Die zweite Regel versuchte, den neuen Entwicklungen Rechnung zu tragen, ohne vom franziskanischen Ideal des armen Lebens abzuweichen. Franziskus verfügte ausdrücklich, daß alle Ordensmitglieder den Wortlaut der Regel auswendig kennen sollten und daß nichts weggelassen, ihr aber auch nichts hinzugefügt werden dürfe. Die Pragmatiker unter den Minderbrüdern sahen Probleme, die geforderte Armut und strenge Askese und den Verzicht auf eine feste Organisationsstruktur der Gemeinschaft mit der Aufgabe der Krankenpflege und Seelsorge unter einen Hut zu bringen. Der Orden wuchs nicht nur zahlenmäßig ständig – mittlerweile gab es auch einen Frauenorden, die „Armen Frauen" der Klara Offreduccio –, und die Ordensprovinzen erstreckten sich nicht nur über Italien, so daß auch der Einfluß innerhalb der Kirche zunahm. Vollkommen ohne materielle Güter und ohne umfangreiche Organisation seien die neuen Aufgaben nicht zu bewältigen. Dieser Pragmatismus schien sich durchzusetzen, als 1221 das Generalkapitel unter dem Vorsitz von Elias di Cortone zusammentrat. Unter seinem Einfluß veränderte sich der Orden. Zwei Jahre später, am 29. November 1223, bestätigte Papst Honorius III.

die zweite Überarbeitung der „Urregel", die „Regula bullata". Es ist bis heute umstritten, in welchem Umfang darin die Einflüsse der Generalminister und Hugolinos von Ostia zum Tragen kamen und ob Franziskus von Assisi zu einen Kompromiß gezwungen war, der nicht seiner ursprünglichen Intention entsprach. Im gleichen Jahr wurde jedenfalls Elias di Cortone Generalvikar der Franziskaner. Franziskus von Assisi hatte zwar die Leitung des Ordens niedergelegt und sich wie der geringste der Brüder dem Generalvikar unterstellt, er hielt aber an seinen Vorstellungen, wie die Lebensweise der Minderbrüder auszusehen habe, fest. Körperlich geschwächt zog er sich in die Einsiedelei am Monte Alverna zurück, wo er die Wundmale Christi empfing.

Die Brüder baten ihn, dem Orden schriftlich eine Erklärung seines Willens zu hinterlassen. Franziskus von Assisi wollte offensichtlich mit seinem Testament, das er zwischen Mai und September 1226, kurz vor seinem Tod, selbst verfaßte oder diktierte, die Differenzen hinsichtlich der Lebensführung beenden. Mit der Erinnerung an die Anfänge des Ordens und der Zusammenfassung der franziskanischen Ideale verpflichtete er seine Mitbrüder, sich auf jene Eigenschaften zurückzubesinnen, die einen Minderbruder ausmachen. Franziskus verfaßte sein Testament bewußt in einem sehr einfachen, unprätentiösen Stil, der stellenweise fast umgangssprachlich wirkt (Q 1). Form und Inhalt sollten sich entsprechen: eine schlichte Sprache ohne rhetorische Schnörksel und ein armes, nicht auf irdische Güter ausgerichtetes Leben. Vorbild für die Franziskaner sollten für alle Zeit Christus und die Apostel sein. Die Mönche durften sich zwar durch ihrer Hände Arbeit mit dem versorgen, was sie zum Überleben brauchten, aber darüber hinaus sollten sie nichts besitzen. Franziskus verbietet den Brüdern, irgend etwas anzunehmen (vgl. Punkt 7) oder irgendwelche Privilegien von der römischen Kurie zu erbitten (vgl. Punkt 8). Dieses Verbot galt sowohl für jeden einzelnen Bruder als auch für die Ordensgemeinschaft. Damit war der absolute Verzicht auf jegliches Eigentum und das Verbot, diesen Teil der Ordensregel zu glossieren oder zur Disposition zu stellen, integrierter Bestandteil des Gelübdes der Franziskaner – zumindest in den Augen der Anhänger des strikten Armutsideals. Um zu verhindern, daß sein Testament zum Gegenstand von Diskussionen oder Interpretationen werden würde, verfügte er ein Kommentierungsverbot. An seinem letzten Willen sollte nicht herumgedeutet werden. Trotzdem entbrannte unter anderem auch um sein Testament ein langwieriger und erbitterter Streit. Das Testament war im juristischen Sinn nicht bindend. Franziskus hatte aber festgelegt, daß es zusammen mit der Ordensregel aufbewahrt und regelmäßig verlesen werden sollte, und damit seine Verbindlichkeit unterstrichen. Und das Testament war schon deshalb von großer Bedeutung, weil es der Letzte Wille des charismatischen Ordensgründers war. Aber auch hier schieden sich die Geister: Während die einen die Anweisungen für nicht durchführbar hielten, verehrten es die anderen als göttlich inspiriert. Sie maßen außerdem der Ordensregel das Gewicht einer göttlichen Offenbarung bei, vergleichbar mit den Evangelien. Sie wollten sich nicht nur am Leben der Urchristen orientieren, sondern sich wie der Poverello mit dem leidenden Christus identifizieren. Die Vertreter dieser Position wurden „Spirituale" genannt. Dabei handelte es sich nicht um eine homogene Gruppe. Auch die Spiritualen waren Veränderungen unterworfen und gehörten verschiedenen Strömungen an. Die „Konventualen" nahmen eine Gegenposition zu den Verfechtern der strengen Armut ein. Sie paßten sich den anderen Orden an, verzichteten auf die Loslösung von der Welt und tendierten insgesamt zu einer Hierarchisierung der Struktur des Ordens.

Spirituale und Konventuale

Die Meinungsverschiedenheiten schwelten auch nach dem Tod von Franziskus von Assisi weiter. Hauptproblem blieb die Radikalität der Armut. Denn Franziskus von Assisi faßte Mt 10,7–10 als Hinweis für sein Leben und das seiner Mitbrüder auf:

> *„Geht und verkündet: Das Himmelreich ist nahe. Heilt Kranke, weckt Tote auf, macht Aussätzige rein, treibt Dämonen aus! Umsonst habt ihr empfangen, umsonst sollt ihr geben. Steckt nicht Gold, Silber und Kupfermünzen in euren Gürtel. Nehmt keine Vorratstasche mit auf den Weg, kein zweites Hemd, keine Schuhe, keinen Wanderstab; denn wer arbeitet, hat ein Recht auf seinen Unterhalt."*

Diese strikte Armut solle eine „fröhliche Armut" sein, die von materiellen Sorgen befreie. Nach dem Tod des hl. Franziskus von Assisi wurde 1227 ein neuer Ordensgeneral gewählt. Elias di Cortone behielt aber anscheinend weiterhin die Fäden in der Hand und leitete de facto den Orden. Er war bei seinen Mitbrüdern nicht unumstritten, denn er hatte den Ruf, einerseits Franziskus aus vollem Herzen zu verehren, andererseits ein äußerst cleverer Geschäftsmann zu sein, der diese Haltung auch als Ordensmann nicht ablegte.

Franziskus von Assisi wollte in seiner ärmlichen Herberge, in der Portiuncula, sterben. Zwei Jahre später und nach seiner Heiligsprechung am 16. Juli 1228 durch Papst Gregor IX. wünschten zumindest Teile des Ordens, Franziskus an einem Ort zu verehren, der einem Heiligen mehr entsprach als diese Hütte. Elias di Cortone erhielt den Auftrag, über dem Grab des hl. Franziskus eine prächtige Basilika errichten zu lassen, die heutige Kirche San Francesco von Assisi. Ein reicher Bürger hatte den Franziskanern einen Hügel am damaligen Stadtrand geschenkt. In den Augen derjenigen Brüder, die das Gebot der Armut und Askese wörtlich nahmen, verriet der Orden dadurch, daß er das Geschenk annahm, und mit der Art und Weise, wie der Bau finanziert wurde, das geistige Erbe des Franziskus. Elias di Cortone hatte von allen Provinzen Gelder angefordert und ließ diese Spenden in einer Truhe aus Marmor vor dem Gebäude aufbewahren. Bruder Leo, der den hl. Franziskus von Anfang an begleitet hatte, stand an der Spitze der Vertreter der Gegenposition. Er konnte zwar davon abgehalten werden, den marmornen Geldschrank zu zerstören, aber als der Leichnam des Heiligen in die neue prächtige Grabeskirche überführt werden sollte, kam es zum Eklat. Elias di Cortone mußte fliehen, versöhnte sich jedoch wieder mit dem Orden und wurde 1232 offiziell zum Ordensgeneral gewählt. Unter seinem Generalat kam es zur offenen Parteienbildung im Orden.

Schon als Franziskus noch lebte, gab es Stimmen im Orden, die meinten, daß vor allem der Verzicht auf gemeinschaftliches Eigentum auf Dauer nicht zu realisieren sei, wenn der Orden seelsorgerliche Aufgaben erfüllen, mit dem ungeheuren Zustrom von Ordensmitgliedern zurechtkommen und außerdem der damit verbundenen Macht innerhalb der kirchlichen Hierarchie und gegenüber den anderen Ordensgemeinschaften Rechnung tragen wolle. Die Konsequenz dieser Überlegungen war, daß gemeinschaftliches Eigentum erlaubt sein müsse beziehungsweise daß man von Fall zu Fall neu zu entscheiden habe. Damit wurde aber das Verbot, die Ordensregel auszulegen, faktisch außer Kraft gesetzt.

Aus dieser Meinungsverschiedenheit entwickelte sich ein erbitterter Kampf innerhalb des Franziskanerordens, der mit allen Machtmitteln, die der jeweiligen Seite zur Verfügung standen, ausgefochten wurde.

Gemäßigte Positionen hatten kaum eine Chance, zumal sich die im 13. Jahrhundert häufig wechselnden Päpste mal auf die eine, mal auf die andere Seite schlugen und den Streit im Franziskanerorden geschickt für ihre eigene Politik zu nutzen verstanden. Für die Franziskaner-Spiritualen ging es bei der Debatte, ob und inwieweit die heilige Armut beibehalten werden könne, um eine existentielle Frage. Die Identität der Franziskaner stand auf dem Spiel. Abstriche bei der Lebensführung zu machen hieß, den Geist und die eigentliche Aufgabe des Ordens zu verraten und ins gleiche Fahrwasser wie die Kirche und die etablierten Orden zu geraten.

Die Askese der Franziskaner übertraf auch die der Dominikaner, des anderen Bettelordens. Diese beiden neuen Orden hatten es sich zur Aufgabe gemacht, ein Gegengewicht zu den häretischen Bewegungen, vor allem zu den Katharern und Waldensern, zu schaffen. Für die Franziskaner hing die eigene Überzeugungskraft und Glaubwürdigkeit beim Kirchenvolk also nicht zuletzt davon ab, ob sie es schaffen würden, sich machtpolitischer und finanzieller Begehrlichkeiten zu enthalten – denn nur so konnten sie konsequent die Nachfolge Christi in die Tat umsetzen. Für die Gefährten des hl. Franziskus aus der Anfangszeit des Ordens bedeutete dies ein Leben nach dem Vorbild der Eremiten, so wie es Franziskus verstanden hatte. Das hieß für sie aber auch, auf Gelehrsamkeit zu verzichten, auch „geistig arm" zu bleiben. Ein gewisses Maß an theologischer Bildung war zwar unverzichtbar, um in den Disputationen mit ketzerischen Gruppen nicht in Argumentationsnot zu geraten, aber die Franziskaner wollten weniger durch Worte bekehren, wie die Dominikaner, sondern durch ihr „armes Leben" überzeugen.

Diese Ideale der Frühzeit ließen sich auch ohne größere Probleme realisieren, als die Zahl der Ordensmitglieder noch überschaubar war und die Mönche hauptsächlich in ländlichen Gegenden lebten. Sie lebten so als kontemplativer Orden ihren Mitmenschen die Nachfolge Christi als dessen „arme Brüder" vor.

Doch mit dem raschen Zustrom der Ordensmitglieder kamen auch andere Aufgaben auf die Brüder zu. Das Ordensleben mußte organisiert werden; Ämter innerhalb des Ordens wurden eingerichtet; aus den ärmlichen Herbergen, die man jederzeit wieder verlassen konnte, wurden feste Konvente. Aber nicht nur zahlenmäßig vergrößerte sich der Orden, auch der Tätigkeitsbereich dehnte sich aus: In nahezu allen europäischen und benachbarten Regionen waren die Franziskaner schon zu Lebzeiten des hl. Franziskus aktiv. Und auch bereits als Franziskus noch lebte, wurden die ersten städtischen Niederlassungen gegründet. In die Anfangszeit des Ordens fiel auch die Eröffnung der Konvente in den beiden damals berühmtesten Universitätsstädten, Bologna und Paris. Die Folge dieser Entwicklung war, daß die Franziskaner eigene Studienorte einrichteten, die Unterweisung der Novizen festlegten, Ordensbrüder eigens mit der theologischen Aus- und Fortbildung beauftragten, die für ihre Studien und Unterrichtstätigkeit von den anderen Aufgaben freigestellt und von den anderen Brüder mitversorgt wurden. Damit paßte sich die Struktur des Franziskanerordens immer mehr der anderer Orden an. Die Idee des Lebens „von der Hand in den Mund", die es nur erlaubte, sich mit den nötigsten Naturalien zu versorgen, verblaßte immer mehr hinter den anscheinend unumgänglichen Kompromissen, die eingegangen werden mußten, damit das Ordensleben funktionierte. Es entwickelte sich im sozialen Gefüge des Ordens eine Art Zweiklassensystem: Es gab die gebildeten Brüder, die Kleriker, und die nicht theologisch gebildeten, die Laienbrüder. Diese Laienbrüder waren zwar nicht direkt von leitenden Aufgaben innerhalb des Ordens ausgeschlossen, faktisch waren ihnen aber die Führungsposten versperrt. Spätestens damit war eine Entwicklung abgeschlossen, die dem Prinzip der „geistigen Armut" widersprach. Der hl. Franziskus hatte zwar nirgends klerikale Bildung für seine Mitbrüder ausgeschlossen oder gar verboten, aber erstens sollte sich diese Bildung auf das für die Erfüllung der Aufgaben notwendige Maß beschränken und nicht zum Selbstzweck werden, und zweitens war der Orden als Laienorden angelegt. Das heißt, theologisch gebildete und nicht theologisch gebildete Brüder waren grundsätzlich gleichberechtigt. Jetzt gab es Brüder „fürs Grobe" und die Herren Kleriker für die geistlichen Aufgaben.

Mit der Verlagerung der Konvente in die Städte kam eine weitere Veränderung der Lebensgewohnheiten hinzu, die quasi den Grundstein für einen weitreichenden Konflikt legte: Während es auf dem Land noch möglich war, sich getreu der Regel die Dinge des täglichen Bedarfs in Naturalien zu erarbeiten oder als Almosen entgegenzunehmen, kamen die Franziskaner in der Stadt zwangsläufig mit Geld und Geldgeschäften in Berührung. Dabei stellte sich die Frage, wie diese neue Situation noch mit der Ordensregel und der franziskanischen Grundidee in Einklang gebracht werden konnte.

Hier schieden sich im Orden die Geister. Auf der einen Seite standen die Spiritualen, die diese Entwicklungen am liebsten rückgängig gemacht hätten. Sie bestanden darauf, daß auch unter den veränderten Gegebenheiten an den Anweisungen des hl. Franziskus festgehalten werden müsse. Sie beobachteten sehr genau den schleichenden Verfall der Ordensdisziplin und sahen mit dem drohenden Identitätsverlust bereits das Ende des Ordens voraus. Auf der anderen Seite standen die Konventualen, die den Veränderungen den Vorrang gaben. Sie vertraten die Meinung, daß die Regel den Veränderungen angepaßt werden müsse. Das hieß im Klartext, daß die strikte Armutsregelung, vor allem der Verzicht auf gemeinsamen Besitz, abgemildert werden müsse. Die Konventualen warfen den Spiritualen Sektierer- und Querulantentum vor, und die Spiritualen sahen in den meisten Konventualen verkomme „Weltkinder", die nur darauf warteten, sich mit Hilfe des Ansehens der Franziskaner persönlich zu bereichern und in lukrative Machtpositionen zu gelangen.

In der Tat spielte für die Konventualen der machtpolitische Aspekt eine nicht zu unterschätzende Rolle. Ein Orden von der Größe der Franziskaner sollte auch entsprechende Einflußmöglichkeiten innerhalb der kirchlichen Hierarchie haben. Und Macht war auch im 13. Jahrhundert mit Besitzstand und Repräsentation verbunden, wodurch die Aufregung und die Irritationen verständlich werden, die der Bau der prunkvollen Basilika in Assisi hervorrief. Die Spiritualen, die davon überzeugt waren, den *Geist* der Regel und die Intention des hl. Franziskus zu bewahren, sahen in all diesen Neuerungen die Idee, nur „Wanderer auf Erden" zu sein, gefährdet. Die Minderbrüder sollten sich durch nichts an die Welt binden: weder durch materielle Güter noch durch Privilegien und schon gar nicht durch monumentale Symbole der Seßhaftigkeit wie die majestätischen Ordenskirchen und städtischen Konvente, die nach dem Tod des hl. Franziskus entstanden waren.

Denn diejenigen, die an Macht und Repräsentation interessiert waren, hatten bereits unmittelbar nach dem Tod des „Poverello" begonnen, ihre Position innerhalb des Franziskanerordens zu festigen, indem sie durchsetzten, daß der hl. Franziskus seine letzte Ruhe in einer prunkvollen Grabeskirche fand. Dies war mit dem Armutsideal der strengen Franziskaner in keiner Weise zu vereinbaren. Ihrer Auffassung nach durften die Minderbrüder nicht mehr besitzen als ein Gewand, eine Hose und einen Strick als Gürtel und nur in Ausnahmefällen Sandalen und ein zweites Gewand. Von Abgaben, Spendengeldern und einer prächtigen Basilika stand in der Ordensregel nichts.

Da man sich nicht einigen konnte, fragte man schon 1230 den damaligen Papst Gregor IX., wie verbindlich das Testament des hl. Franziskus für die Ordensmitglieder und die Verfassung des Ordens sei und wie das Verbot des Besitzes in Zukunft gehandhabt werden solle. Die Spiritualen hofften anscheinend, daß der Papst Elias di Cortone und seine Anhänger, die für den Bau der Kirche und eine ganze Reihe anderer Verwässerungen der Ordensdisziplin verantwortlich gemacht wurden, entsprechend zurechtweisen würde. Sein Vorgänger Honorius III. hatte schließlich den Orden und damit die Regel des hl. Franziskus genehmigt. Und auch die noch zu Lebzeiten von Franziskus aktualisierte Regelfassung von 1223 verbot den Franziskanern, mehr zu besitzen als das, was für den Lebensunterhalt nötig war. Privater und gemeinsamer Besitz von Häusern und Ländereien war nicht erlaubt. Da sich Gregor IX. dafür entschied, dem Testament des hl. Franziskus die Verbindlichkeit abzusprechen, war der Weg frei, um nun auch die Ordensregel und damit das Verbot jeglichen Besitzes zu interpretieren. Das Ergebnis dieser Auslegung durch Papst Gregor IX. stellte für die Spiritualen eine juristisch spitzfindige Ausrede dar, um die Ordensregel nicht einhalten zu müssen.

Grundlage der päpstlichen Interpretation war die Unterscheidung zwischen dem individuellen Besitz eines jeglichen Ordensbruders und dem gemeinschaftlichen Besitz des Ordens, wobei hier der Begriff „Besitz" durchaus trickreich relativiert wurde: Gregor IX. riet der Ordensleitung, eine dritte Person einzusetzen, die das Geld der Franziskaner verwalten und davon eventuelle Schulden des Ordens bei diversen Gläubigern bezahlen solle. Diese dritte Person sei jedoch so zu definieren, daß sie nicht der Finanzverwalter des Ordens sei, sondern der Syndikus der Geldgeber oder der Sachwalter der Ansprüche der Gläubiger gegenüber dem Orden. Von späteren Päpsten wurde diese Konstruktion noch dahingehend erweitert, daß beispielsweise Häuser und Ländereien, die der Orden laut seiner Ordensregel nicht besitzen durfte, per Definition gar nicht Eigentum des Ordens seien, sondern dem Heiligen Stuhl gehörten und der Orden nur der Nutznießer sei – oder um es juristisch zu formulieren, nur den „Nießbrauch" habe.

Man kann sich leicht vorstellen, daß die Spiritualen über diese Entscheidung des Papstes alles andere als glücklich waren. Sie sahen darin eine ernste Gefahr für die Ordensdisziplin und befürchteten, daß der ganze Orden verfallen würde. Denn mit der Entscheidung des Papstes, das Armutsgebot zur Disposition zu stellen, ergab sich zwangsläufig, daß die Antwort auf die Frage, wie streng oder wie lax die franziskanische Armut im Orden gelebt werden würde, von der Haltung des jeweiligen Ordensgenerals abhängig war. Mit dieser Regelung konnten sich die Spiritualen nicht zufriedengeben. Anstatt die beiden Parteien wieder zusammenzuführen, verschärfte sie den Konflikt. Auf der einen Seite nahm die Ordensdisziplin ab, auf der anderen Seite nahm die Radikalisierung der Spiritualen und ihr Wunsch nach einer tiefgreifenden Ordensreform zu. Den gemäßigten Kräften auf beiden Seiten ist es zwar vermutlich zu verdanken, daß der Franziskanerorden diesen etwa 150 Jahre währenden Kampf überlebte, die Auswüchse und Grausamkeiten, mit denen man die Spiritualen unterdrücken und ausschalten wollte, konnten sie allerdings nicht verhindern.

Bonaventura, der von 1257 bis 1274 Ordensgeneral war, gilt als der „zweite Gründer" des Ordens. Er wollte einen Ausgleich zwischen beiden Parteien herbeiführen, allerdings um den Preis, daß auch er die Ideale des hl. Franziskus auf ein vertretbares Maß abschwächte. Nach seinem Tod spitzte sich die Situation endgültig zu. Der Kampf um die Observanz,

d. h. die strikte Einhaltung der Ordensregel, kostete vielen Spiritualen, vor allem in Italien und Südfrankreich das Leben, bis endlich nach fast 150 Jahren der erste Reformkonvent eröffnet wurde.

Im Zuge dieses Machtkampfes wurden päpstliche Bullen und Verordnungen erlassen und wieder für ungültig erklärt, deren Inhalte aus heutiger Sicht nur sehr schwer nachvollziehbar sind. Der Konflikt eskalierte, als es 1274 nach dem Konzil von Lyon zum offenen Bruch zwischen den Konventualen und den Spiritualen kam und radikale Verfechter des franziskanischen Armutsideals die Entscheidung des Papstes im Armutsstreit in Frage stellten. Damit befanden sich diese Spiritualen nach dem damaligen Selbstverständnis der römischen Kurie bereits auf dem besten Weg zur Ketzerei. Angesichts der herrschenden Willkür vor allem unter den Päpsten Bonifatius VIII. (1294–1303) und Johannes XXII. (1316–1334) und der zweijährigen Vakanz des Stuhles Petri (1314–1316) wird es allerdings verständlich, daß ernste Zweifel an der Rechtmäßigkeit des Anspruchs des Papstes, Nachfolger des Apostels Petrus zu sein, aufkommen konnten (vgl. Q 6).

Petrus Johannis Olivi und die Spiritualen

Die Konventualen gewannen immer mehr an Boden. Besonders die Brüder in den Konventen der Ordensprovinz „Provence", zu der Südfrankreich und das Midi gehörten, und in Umbrien, der Toskana und der Mark Ancona betrachteten diese Tendenz äußerst skeptisch und widerwillig. Zu ihnen gehörten nicht nur Laien, sondern auch Intellektuelle. Einer der bekanntesten Spiritualen ist Petrus Johannis Olivi (1248–1298). Er stammte aus dem Languedoc und studierte nach seinem Ordenseintritt 1260 an der Universität Paris. Der vielversprechende junge Theologe wurde bald einer der wichtigsten und zugleich umstrittensten Scholastiker der Franziskaner. Er setzte sich auch mit den Schriften des Abtes aus Kalabrien, Joachim de Fiore (gest. 1202), auseinander, und zwar vor allem mit dessen Deutung der Trinität. Joachim de Fiore lehrte, daß im Alten Testament die Ereignisse des Neuen Testaments vorgezeichnet seien und daß sich dies auch auf die Geschichte der Menschheit übertragen ließe. So erkannte er in der Dreieinigkeit drei Zeitalter: die Ära des Vaters, die des Sohnes und die des Heiligen Geistes. Aufgrund eines komplexen Systems errechnete er die jeweilige Dauer der Zeitalter und bestimmte, in welcher Phase seine Zeitgenossen lebten, und vor allem, wann die letzte Ära, die des Heiligen Geistes, anbrechen werde. In dieser letzten Phase werde den Glaubenden der geistige Sinn der beiden Evangelien enthüllt. Dies sei die Zeit der Freiheit vom Buchstaben des Gesetzes. Die Gläubigen würden ganz von der Wahrheit erfüllt sein und bräuchten weder Bilder noch Symbole, aber auch keine Sakramente mehr. Es sei die Zeit des Jubels nach einer Zeit der Mühen. Und es sei das Zeitalter der Mönche. In der Übergangszeit vom zweiten zum dritten Zeitalter werde sich ein neues, kontemplatives Mönchtum herausbilden, das alle bisherigen Orden überbiete. Als Beginn dieses letzten Zeitalters wurde aufgrund des Schemas von Joachim de Fiore das Jahr 1260 errechnet. Auf Joachim de Fiores Deutung der Trinität und seine Lehre von den Zeitaltern beriefen sich im 13./14. Jahrhundert vor allem die radikalen Kirchenkritiker. Sie meinten in dieser Zeit des Heiligen Geistes und des kontemplativen Mönchtums zu leben, in der die Kirche nicht zuletzt durch ihre Verfallserscheinungen ihre Existenzberechtigung verspielt habe. Joachim de Fiores Geschichtstheologie und Bibelexegese, besonders sein Kommentar der Johannesapokalypse, wurden auch für Spekulationen über das Weltende herangezogen. Die Kirche brandmarkte diese Endzeitphantasien als abweichlerisch und häretisch. Joachim de Fiore selbst war stets der Kirche treu geblieben. Der Gründer und Abt des Ordens der „Florenser" beziehungsweise „Floriazenser" von San Giovanni di Fiore, der bis ins 16. Jahrhundert bestand, starb als rechtgläubiger Christ.

Petrus Johannis Olivi griff Joachim de Fiores Gedanken der Geschichtsdeutung und Bibelexegese vor allem in seinem eigenen Apokalypsenkommentar auf, den er 1297, ein Jahr vor seinem Tod, schrieb. Olivi beschreibt sieben Zeitalter der Kirche. Die Kirche der Zukunft wird zu ihrem Ursprung, dem apostolischen Ideal, zurückkehren. Der zu seiner Zeit herrschende verwahrloste Zustand der Kirche ist typisch für das „fünfte Zeitalter". Diese Ära ist wie die gesamte Geschichte gekennzeichnet durch Tod und Auferstehung und durch die Wiedergeburt aus dem Leiden. Auch die wahren Christen – und für diese hielten sich die Spiritualen – haben Leiden zu erdulden. Ehe die Freuden des neuen Zeitalters zu genießen sind, steht eine Leidenszeit bevor, in der viele Christen vom Glauben abfallen werden. Eine neue Ära wurde – nach Olivi – durch Franziskus von Assisi heraufgeführt. In ihm erscheine Christus quasi zum zweiten Mal, und in seiner Ordensregel werde das Evangelium sichtbar. Die wahren Anhänger des Franziskus, die Spiritualen, erfassen Sinn und Inhalt seiner Regel und damit auch des Evangeliums. Sie werden von der „fleischlichen Kirche", der „Hure Babylon" der Johannesapokalypse, also von den Feinden der heiligen Armut, verfolgt. Obwohl Olivi die Verfehlungen der Kirche anprangert, besteht er darauf, ihr treu zu bleiben. Auch wenn sich ein Teil der Kirche wie die „Hure Babylon" aufführe, so habe es immer schon einige wahre Christen gegeben, die dem echten Wesen der Kirche gemäß leben würden.

Ähnlich wie bei Joachim de Fiore werden auch nach dem Tod von Petrus Johannis Olivi seine Thesen radikalisiert. Besonders die italienischen Spiritualen um Ubertino da Casale und Angelo Clareno gehen in ihrer Kritik an der gegenwärtigen Kirche viel weiter als Olivi. Trotzdem wird man ihn posthum für die Auswüchse gerade unter den italienischen Fraticellen verantwortlich machen. Petrus Johannis Olivi wurde schon zu Lebzeiten wegen bestimmter scholastischer Thesen angegriffen. Er verletzte aber nie die Gehorsamspflicht gegenüber Papst und Kirche. Als er 1298 im Konvent von Narbonne starb, war er mit der Kirche versöhnt. Olivi war bei einem Teil seiner Mitbrüder hochgeschätzt, weil er sich als überzeugter Spirituale strikt dagegen wehrte, das apostolische Armutsideal zu verwässern. Den Konventualen war er gerade deshalb verhaßt.

Nach seinem Tod im Jahr 1298 entwickelte sich ein regelrechter Olivi-Kult. Er wurde wie ein Heiliger verehrt, und man unternahm Wallfahrten zu seinem Grab. 19 Jahre nach Olivis Tod ließ Papst Johannes XXII. jedoch seinen Leichnam exhumieren und sein Grab zerstören. 1326 verurteilte der Papst Olivis sogenannte „Apokalypsenpostille" als häretisch (Q 2). Olivis Mitbrüder waren noch einen Schritt weiter gegangen. Das Generalkapitel der Franziskaner in Marseille hatte 1319 alle Werke Olivis für ketzerisch erklärt. Schon wer Schriften Olivis besaß, machte sich verdächtig. Vor allem die laxeren Franziskaner hatten sich endgültig eines unbequemen Kritikers entledigt.

Die Spiritualen stützten sich auf Olivis Lehre vom sogenannten „usus pauper", der strengen Armut: Wer beim Gebrauch weltlicher Güter schwer und anhaltend gegen den Grundsatz der „Genügsamkeit" verstoße, breche das Armutsgelübde. Brüder, die immer wieder und ohne triftigen Grund auf diese Weise gegen die Regel des hl. Franziskus verstießen und mit weltlichen Gütern wie Reiche statt wie Arme umgingen, begingen eine Todsünde. Der „usus pauper", also der Umgang mit materiellen, weltlichen Dingen „wie ein Armer", betrifft auch Franziskaner, die zu kirchlichen Würdenträgern ernannt worden waren.

Damit kam eine weitere Grundsatzdiskussion in Gang, die um den Dispens. Wenn Franziskanerbrüder Aufgaben erfüllten, bei denen sie mit weltlichen Gütern in Berührung kamen und ihnen der „usus pauper" nicht möglich erschien, konnten sie von ihren Vorgesetzten davon dispensiert werden. Olivis „usus pauper" stellte jedoch die gängige Praxis der Befreiung von verbindlichen Ordensprinzipien der Mönche in Frage. War ein solcher Dispens nicht schon ein Bruch des Armutsgelübdes? Und hatten die Vorgesetzten überhaupt das Recht, einen solchen Dispens zu erteilen? Vorsorglich klagten Olivis Ordensvorgesetzte ihn immer wieder der Ketzerei an und hielten seine Werke grundsätzlich für gefährlich.

Tertiarier, Fraticellen und „beguins"

Je mehr die Ordensoberen gegen ihn hetzten, desto mehr wurde Olivi vor allem bei den Tertiariern, den Angehörigen des Dritten Ordens, den es etwa seit Frühjahr 1221 gab, verehrt. Diese Laien, die äußerlich „in der Welt" lebten, sahen in Olivi einen Märtyrer. Sie griffen vor allem die antiklerikalen und kirchenkritischen Aspekte seiner Lehre heraus und verbanden sie mit Spekulationen über das bevorstehende Weltende. Diesen Tertiariern schlossen sich vor allem in den Städten des Midi und in der Provence sogenannte „beguins" an, die zum weiteren Umfeld der Franziskaner-Spiritualen gehörten. Innerhalb dieser beiden Gruppen entwickelte sich eine Mischung aus Aberglauben und Fundamentalismus. Im Zentrum ihrer Glaubensvorstellungen standen das apostolische Armutsideal und eine unmittelbare Übertragung der Symbolik der Apokalypse auf aktuelle Ereignisse und Personen. So sahen sie beispielsweise in Petrus Johannis Olivi den „Engel des siebten Siegels". Durch die gnadenlose Verfolgung der Spiritualen entpuppte sich in ihren Augen Papst Johannes XXII. als der Antichrist.

Die Zentren der Tertiarier und „beguins" waren Narbonne, wegen Olivis Grabstätte, und Béziers, weil sie hier von Pierre Trencavel unterstützt wurden (vgl. Q 3). Obwohl sie im Gebiet der Katharer lebten, distanzierten sie sich doch ganz entschieden von diesen und von den Waldensern. Zahlenmäßig hielt sich ihre Bewegung in ziemlich engen Grenzen. Anders als die Katharer oder Waldenser waren sie keine Ketzerbewegung, der sich breite Bevölkerungsschichten oder ganze Adelsgeschlechter anschlossen. Sie blieben kleine Grüppchen, die sich vermutlich eher aus Armen als aus Reichen zusammensetzten. Nichtsdestoweniger hatten sie ein starkes Elitebewußtsein. Im Gegensatz zur „Hure Babylon" waren sie die wahren, vom Heiligen Geist inspirierten Christen. Selbst Inquisitoren wie Bernard Gui bestätigten ihnen ein Leben in vorbildlicher apostolischer Armut.

Ihr italienisches Pendant waren die sogenannten Fraticellen. Als „Fraticellen" oder „Fraticelli" werden verschiedene Gruppierungen innerhalb oder am Rande des Franziskanerordens bezeichnet. Diesen Gruppen war gemeinsam, daß sie ein Leben nach den Grundsätzen und Regeln der Ursprünge des Franziskanerordens führen wollten. Ihr Name ist bereits Programm: „Fraticelli" ist eine italienisierte Form des lateinischen Begriffs „fraticellus", was soviel wie „kleiner Bruder" bedeutet. „Fraticelli" wird häufig als Synonym für alle Franziskaner-Spiritualen gebraucht.

Die Verfolgung der Fraticellen zeigt, wie eine Gruppe, die Mißstände innerhalb der Papstkirche scharf anprangerte und Endzeitphantasien nachhing, durch restriktive Maßnahmen förmlich in die Ketzerei getrieben wurde.

Endgültig zu Häretikern wurden sie durch die Maßnahmen, die Papst Johannes XXII. gleich nach seiner Wahl 1316 ergriff: Er zog einen Erlaß seines Vorgängers Papst Clemens V. (1302–1314) ein und erließ statt dessen seine eigene Bulle „Quorundam exigit". Diese Bulle machte praktisch all jene zu Ketzern, die auf einem bestimmten Ordensgewand bestanden und auf Kornkammern und Keller verzichteten (vgl. Q 4; 5).

Vorausgegangen war eine Zeit der relativen Ruhe für die Franziskaner-Spiritualen. Papst Clemens V. beschützte sie und kam ihnen weit entgegen, da er den Konflikt zwischen ihnen und den Konventualen beilegen wollte. Ihm ist es zu verdanken, daß das Konzil von Vienne 1312 den Kanon „Exivi de Paradiso" annahm. In 80 Fragen wurde die Auslegung der Regel zugunsten der Spiritualen entschieden. Ubertino da Casale und Angelo Clareno verbuchten dies als Sieg, denn in diesem Kanon wurden beispielsweise ärmliche Kleidung und das Verbot, Kornspeicher und Keller anzulegen, für alle Brüder als verbindlich erklärt. Die endgültige praktische Regelung hatte er allerdings den Ordensvorgesetzten überlassen.

Als Papst Johannes XXII. diesen Erlaß durch die Bulle „Quorundam exigit" ersetzte, waren die darin enthaltenen Bestimmungen für die Spiritualen unannehmbar, da sie die Anweisungen von Clemens V. verzerrten und in ihr Gegenteil verkehrten: Die Vorgesetzten im Orden wurden ermächtigt, darüber zu befinden, was ein „ärmliches Gewand" sei und wann es erlaubt und angebracht sei, Keller und Kornkammern zu benutzen, um darin Vorräte anzulegen.

Die von Papst Johannes XXII. vertretene Position, daß Armut zwar etwas Großes, die Einigkeit aber noch größer sei, war für die Spiritualen ein Schlag ins Gesicht. Ob jemand Ketzer war oder nicht, hing jetzt davon ab, ob er glaubte, daß der Papst das Recht habe, derartige Vorschriften wie in der Bulle „Quorundam" zu erlassen, und ob er diesen Vorschriften gehorchte. Wenn dies der Delinquent verneinte, war er der Ketzerei überführt. Eine Kommission von Kirchenrechtlern hatte festgelegt, daß es gleichbedeutend mit Häresie sei, wenn jemand leugnete, daß der Papst derartige Vorschriften erlassen dürfe. Im Mai 1318 wurde diese Regelung erstmals mit der vollen Härte des Gesetzes angewendet: In Marseille wurden vier Brüder, die die entsprechenden Fragen des Inquisitors verneint und den Bestimmungen der päpstlichen Bulle den Gehorsam verweigert hatten, als Ketzer verbrannt.

Hätten die vier Spiritualen die Frage nach der Rechtmäßigkeit der Vorschriften in der Bulle „Quorundam" bejaht, hätten sie das Kommentierungsverbot des hl. Franziskus übertreten und wären ihrer Überzeugung untreu geworden, daß der Wortlaut der Regel von Gott inspiriert sei und daher nicht angetastet oder interpretiert werden dürfe. Den Vorschriften zu gehorchen hätte bedeutet, die eigene geistliche Identität aufzugeben. Die vier Spiritualen, die ihren Glauben mit dem Leben bezahlt hatten, wurden in Südfrankreich als Märtyrer verehrt, was ebenfalls wieder Ketzerei war. Zudem verdammte Papst Johannes XXII. in einer weiteren Bulle alle Bettelmönche und Tertiarier, die als ordensähnliche Gemeinschaft nicht kirchlich autorisiert waren, also die Fraticellen und die „beguins". Die „Irrlehren" der Spiritualen in der Toskana wurden in der Bulle „Gloriosam ecclesiam" verurteilt. Johannes XXII. ließ die Spiritualen und ihre Anhänger konsequent in Südfrankreich und Italien verfolgen (vgl. Q 6; 7 a, b, c; 8 a, b; 9). Viele von ihnen identifizierten ihn daher mit dem „falschen Papst", dem mystischen Antichrist der Apokalypse. Bedeutende Theologen der Franziskaner-Spiritualen wie Michael von Cesena, Marsilius von Padua und der englische Franziskaner Wilhelm von Ockham konnten sich vor dem Terror Johannes XXII. bei Ludwig dem Bayern in München in Sicherheit bringen und kritisierten von dort aus die päpstliche Politik. Sie forderten unter anderem ein freies Konzil, das den ihrer Meinung nach häretischen Papst verurteilen sollte.

Die Pseudo-Apostel

Ab der Mitte des 13. Jahrhunderts treten vor allem in Italien, Südfrankreich und Deutschland eine ganze Reihe von Gruppen auf, die sich auf ihre ganz spezielle Weise auf das angeblich sehr bald herannahende Weltende vorbereiten: Geißler und Büßergruppen, Einsiedler, Eremiten und Wanderprediger. Eine geistige Aufgeregtheit hatte offenbar große Teile der Bevölkerung ergriffen. Es hat den Anschein, als ob der Ruf „Poenitiate agite!", „Tut Buße!", genügte, um die Menschen auf die Plätze und zu großen Geißlerumzügen zu locken. Wer hatte schon die Fähigkeit der Unterscheidung, vor allem dann, wenn die Führer der Büßergruppen überzeugender wirkten als die meisten Geistlichen?

Einer dieser Anführer war Gerardo Segarelli. 1260, im Jahr, in dem das Zeitalter des Heiligen Geistes beginnen sollte, scharte er in Parma erste Anhänger um sich. Zuvor hatte er vergeblich versucht, sich dem dortigen Franziskanerkonvent anzuschließen. Er setzte danach einiges daran, die

Franziskaner zu übertreffen. Segarelli und seine Anhänger nannten sich beispielsweise nicht „Minderbrüder", sondern „Minderste", „minimi". Sie nahmen die Anweisung, nicht für das Morgen zu sorgen, wörtlich und aßen deshalb alle Lebensmittel, die sie erbettelt hatten, sofort auf (vgl. Q 11). Außerdem hatten sie nicht zwei Gewänder, wie die Franziskaner, sondern nur ein einziges, das sie auch noch öffentlich untereinander tauschten, um zu zeigen, wie wenig ihnen jegliche Form von Besitz bedeute (Q 10). Segarelli nahm auch auf andere Weise die Evangelien sehr wörtlich: Er versuchte das Leben Christi vollständig zu imitieren und ließ sich deshalb angeblich beschneiden, in Windeln wickeln und stillen. Anschließend ließ er sich Haare und Bart wachsen und kleidete sich in ein weißes Gewand, das dem der Franziskaner ähnlich war. Nach anfänglichen Schwierigkeiten fand er bald rund 300 Anhänger, die bettelnd umherzogen. Sie predigten nicht und verbreiteten auch keine eigene Lehre, sondern konzentrierten sich völlig auf ihr Leben in freiwilliger Armut. Durch die Härte ihrer Askese und ihrer Armut fühlten sie sich dem Papst überlegen. Sie verwirklichten schließlich das urchristliche Ideal, während die Kirche dieses endgültig verraten hatte, als sie die Konstantinische Schenkung annahm. Das Oberhaupt einer derart korrupten Kirche hatte kein Recht, ihnen irgendwelche Vorschriften zu machen, wie sie leben sollten.

Die Anhänger Segarellis bildeten eine Büßergemeinschaft, die nicht bereit war, sich dem Papst und der Kirche zu unterstellen. Sie fielen damit unter jene Gruppen, die 1274 auf dem Konzil von Lyon mit dem Kirchenbann belegt wurden. 1286 wies sie Papst Honorius IV. (1285–1287) in einer Bulle an, ihr Büßergewand abzulegen und sich einem bestehenden Orden anzuschließen. Den Gläubigen verbot er, ihnen Almosen zu geben oder sie zu beherbergen. Da sich trotz allem die Gruppe um Segarelli nicht auflöste, erneuerte 1291 Papst Nikolaus IV. (1288–1292) die Bulle seines Vorgängers. Von da an wurden die Anhänger Segarellis auch von der Inquisition verfolgt. 1299 fand ein Verfahren gegen sie in Bologna statt. Segarelli wurde anscheinend mehrfach verhaftet, schwor ab, wurde zu Kerkerhaft verurteilt und schließlich 1300 als rückfälliger Ketzer in Parma verbrannt (Q 12).

Segarellis Nachfolger wurde Fra Dolcino (vgl. Q 13). Er soll der Sohn eines Priesters gewesen sein und stammte aus Novarra. Von Gerardo Segarelli unterschied er sich dadurch, daß er eine gewisse, wohl auch theologische Bildung besaß, da er von einem Priester in Vercelli erzogen wurde. Fra Dolcino war nicht gewillt, sich dem Druck der Inquisition kampflos zu beugen. Er hatte sich um 1291 Segarelli angeschlossen und war angeblich bereits dreimal der Inquisition in die Hände gefallen, hatte abgeschworen und wurde wieder freigelassen. Damit hatte er jedoch keineswegs seine Überzeugung verraten, denn er und seine Anhänger durften jederzeit mit den Lippen schwören, solange sie sich und der Gemeinschaft im Herzen treu blieben. Im übrigen soll Fra Dolcino durch seine Beredsamkeit und Überzeugungskraft viele Anhänger gewonnen haben.

Er mußte auch in irgendeiner Weise die Schriften von Joachim de Fiore oder Petrus Johannis Olivi gekannt haben, denn er gab 1300 eine Schrift heraus, in der er die Lehre der Zeitalter interpretierte. In diesem ersten Manifest legte er seine Vorstellungen von den vier Zeitaltern der Welt dar. Fra Dolcino teilte darin außerdem mit, daß er vom Heiligen Geist erleuchtet worden sei. Er und seine Anhänger, die sich als die wahren Apostel des Herrn verstanden, von den Inquisitoren aber als „falsche Apostel" oder „Pseudo-Apostel" bezeichnet wurden, würden im herannahenden neuen Zeitalter eine Führungsrolle innehaben (Q 14; 17). Fra Dolcino teilte die Weltzeitalter in folgende Phasen ein: Das erste Zeitalter umfaßte die Väter und die Propheten des Alten Testaments, das zweite begann mit Jesus Christus und seinen Aposteln und dauerte bis zur Konstantinischen Schenkung im 4. Jahrhundert. Die dritte Ära ging gerade zu Ende, und die vierte stand noch bevor, war aber bereits durch Gerardo Segarelli im Jahr 1260 eingeleitet worden und sollte bis zum Jüngsten Gericht dauern. In diesem Zeitalter würden die wahren Apostel, also seine Gruppe, herrschen. Auch der hl. Franziskus war nur ein Vorläufer der „wahren Apostel". Sie allein lebten als einzige wirklich nach dem Vorbild der apostolischen Armut. Was in der Johannesapokalypse prophezeit wurde, sei schon zum Greifen nah. Innerhalb der kommenden drei Jahre würde die bestehende Kirche, die „Hure Babylon", bis auf wenige ihrer Vertreter, die sich einsichtig zeigen und Buße tun würden, von einem neuen Kaiser vernichtet werden. Dieser Hoffnungsträger war für die „Pseudo-Apostel" König Friedrich von Sizilien, weil er dem Papst und dem ihm verpflichteten französischen König Paroli geboten hatte. Danach würde ein neuer, heiliger Papst erscheinen. In den sieben Engeln und den sieben

Kirchen erkannte Fra Dolcino Franziskus im Engel von Sardes, Dominicus im Engel von Laodicea, Gerardo Segarelli im Engel von Smyrna, sich selbst im Engel von Thyatira und den künftigen heiligen Papst im Engel von Philadelphia wieder. Fra Dolcino meinte von sich selbst, daß er von Gott gesandt sei, um die Heilige Schrift und die Prophezeiungen auszulegen. Da sich jedoch bestimmte Prophezeiungen nicht erfüllten, schrieb Fra Dolcino 1303 und 1304 eine überarbeitete Fassung seines Manifests, worin er verkündete, daß Friedrich von Sizilien den Papst, die Kurie und alle Bischöfe und Prälaten vernichten werde. Bis dahin müßten sich alle wahren Gläubigen verbergen (Q 15; 16; 18). Aus diesem Grund und weil ihnen unterdessen die Inquisition auf den Fersen war, zogen sich Fra Dolcino und seine Anhänger 1304 in die Berge bei Vercelli und Novarra zurück. Viele arme Bauern aus der Gegend hatten sich ihnen angeschlossen, so daß Fra Dolcino etwa 1400 Anhänger, Männer und Frauen, hatte. Sie durchstreiften plündernd die Gegend und leisteten den Soldaten der Kirche erfolgreich Widerstand. Damit brachten sie aber auch die staatliche Gewalt gegen sich auf.

Der neugewählte Papst Clemens V. rief zum Kreuzzug gegen Fra Dolcino und seine „Apostel" auf, indem er denjenigen, die sich daran beteiligten, einen besonderen Ablaß versprach. Der Bischof von Vercelli unterstützte das Vorhaben, so daß den „Aposteln" eine schlagkräftige Truppe gegenüberstand. Fra Dolcino und seine Anhängerschaft verschanzten sich deshalb auf einem nahezu unzugänglichen Berg. Im darauffolgenden Winter litten sie bittere Not, es gelang ihnen jedoch, auf den strategisch günstigeren Monte Rubello überzusiedeln und dort eine regelrechte Festung zu errichten. Erst im vierten Kreuzzug gegen Dolcino und seine Gefolgsleute konnte das gemeinsame Heer von Papst und Bischof die durch einen weiteren Hungerwinter dezimierten und sehr geschwächten „Apostel" im März 1307 überwältigen und gefangennehmen. Monate später begannen die Verhöre und wurden die Urteile gesprochen. Am 1. Juni 1307 wurde Margarita, die Gefährtin Fra Dolcinos, vor seinen Augen auf dem Scheiterhaufen verbrannt und er selbst schließlich auf bestialische Weise umgebracht (Q 19; 20).

Quellentext 1

Das Testament des hl. Franziskus

1. Der Herr gab mir, dem Bruder Franziskus, auf folgende Weise den Anstoß, Buße zu tun: Als ich noch in Sünden lebte, schien es mir sehr bitter, Aussätzige zu sehen. Und der Herr selbst führte mich unter sie, und ich erwies ihnen Barmherzigkeit. Als ich von ihnen schied, verwandelte sich mir das, was mir bitter schien, in Süßigkeit für Seele und Leib. Danach zögerte ich noch ein wenig und zog mich dann aus der Welt zurück.

2. Der Herr gab mir in seinen Kirchen einen solchen Glauben, daß ich einfach so betete und sagte: *„Wir beten dich an, Herr Jesus Christus, hier und in allen deinen Kirchen, die es auf der ganzen Welt gibt, und preisen dich, weil du durch dein heiliges Kreuz die Welt erlöst hast."*

3. Dann gab und gibt mir der Herr wegen ihrer Weihe ein so großes Vertrauen zu den Priestern, die nach der Norm der heiligen römischen Kirche leben, daß ich bei ihnen Zuflucht nehmen will, sogar wenn sie mich verfolgten. Hätte ich so viel Weisheit, wie sie Salomon hatte, und käme ich zu erbärmlichen Priestern dieser Welt – in den Pfarreien, wo sie sind, will ich nicht gegen ihren Willen predigen. Sie und alle anderen will ich als meine Herren fürchten, lieben und ehren. Und ich will auf keine Sünde bei ihnen sehen, weil ich den Sohn Gottes in ihnen sehe und sie meine Herren sind. Dies tue ich deshalb, weil ich auf dieser Welt von ihm, dem höchsten Sohn Gottes, leibhaftig nur seinen hochheiligen Leib und sein hochheiliges Blut sehe, das sie selber empfangen und sie allein den anderen reichen. Ich will, daß dieses geheimnisvolle Allerheiligste über alles geehrt, verehrt und an würdigen Orten aufbewahrt werde. Seine hochheiligen Namen und niedergeschriebenen Worte will ich überall, wo ich sie an unwürdigen Orten finde, aufsammeln, und ich bitte darum, daß sie gesammelt und an einen würdigen Ort gebracht werden. Alle Prediger und diejenigen, welche die hochheiligen göttlichen Worte verkünden, müssen wir ehren und verehren als diejenigen, die uns den Geist und das Leben spenden.

4. Als mir der Herr Brüder gab, zeigte mir keiner, was ich tun sollte,

sondern der Höchste selbst offenbarte mir, daß ich nach dem Ideal des heiligen Evangeliums leben sollte. Ich ließ es mit wenigen einfachen Worten aufschreiben, und der Herr Papst bestätigte es mir. Diejenigen, die kamen, um dieses Leben anzunehmen, gaben alles, was sie haben mochten, den Armen. Sie waren zufrieden mit einer Kutte, innen und außen geflickt, mit Gürtel und Hosen. Mehr wollten sie nicht haben. Die Messe feierten die Geistlichen von uns wie andere Geistliche, und die Laien beteten das Vaterunser. In den Kirchen blieben wir sehr gern. Wir waren ungebildet und allen untertan.

5. Ich arbeitete mit meinen Händen und will auch arbeiten. Ich will fest, daß auch alle anderen Brüder arbeiten, eine Arbeit, die ehrbar ist. Wer es nicht kann, soll es lernen, nicht im Verlangen, Lohn für die Arbeit zu erhalten, sondern zum Vorbild und um den Müßiggang fernzuhalten. Und wenn man uns einmal keinen Arbeitslohn gäbe, wollen wir unsere Zuflucht nehmen zum Tisch des Herrn und von Tür zu Tür um ein Almosen bitten.

6. Der Herr offenbarte mir, daß wir als Gruß sagen sollen: *„Der Herr gebe dir Frieden!"*

7. Die Brüder sollen sich davor hüten, Kirchen, armselige Wohnungen und alles, was sonst für sie gebaut wird, – auf keinen Fall! – anzunehmen, wenn sie nicht sind, wie es sich für die heilige Armut geziemt, die wir in der Regel versprochen haben; sie sollen da immer wie Gäste und Pilger weilen.

8. Ich schreibe allen Brüdern bei strengem Gehorsam vor, daß sie es, wo sie auch sind, nicht wagen, irgendeinen [Schutz-]Brief von der römischen Kurie zu erbitten, weder sie selbst noch durch eine Mittelsperson, weder für eine Kirche noch für einen anderen Ort, weder unter dem Vorwand der Predigt noch im Falle leiblicher Verfolgung. Sondern sie sollen überall dort, wo man sie nicht aufnahm, in ein anderes Land fliehen, um dort mit dem Segen Gottes Buße zu tun.

9. Ich will dem Generaloberen dieser Bruderschaft und sonst dem Guardian, den er mir geben will, bestimmt gehorchen. In seinen Händen will ich so ein Gefangener sein, daß ich gegen den Gehorsam und seinen Willen weder gehen noch handeln kann, weil er mein Herr ist. Auch wenn ich einfältig und krank bin, will ich doch immer einen Geistlichen

haben, der für mich das Offizium erfüllt, wie es in der Regel steht. [Im 3. Abschnitt der Franziskanerregel von 1223 wird geboten, daß die Geistlichen den Gottesdienst nach der Form der heiligen römischen Kirche feiern sollen und die Nichtgeistlichen vierundzwanzig Vaterunser zur Matutin, fünf zu den Lauden, sieben jeweils zu Prim, Terz, Sext, Non, zwölf zur Vesper, sieben zur Komplet sagen sowie für die Verstorbenen beten sollen.]

10. Alle anderen Brüder seien verpflichtet, ihrem Guardian ebenso streng zu gehorchen und das Offizium gemäß der Regel zu erfüllen. Sollte sich jemand finden, der das Offizium nicht gemäß der Regel einhielte und sonst etwas ändern wollte oder nicht katholisch wäre [d. h. nicht den rechten Glauben hätte], sollten alle Brüder, wo sie auch sind, im Gehorsam verpflichtet sein, einen solchen, wo sie ihn auch finden, dem nächsten Guardian des Ortes, wo sie ihn gefunden haben, vorzuführen. Der Guardian sei bei strengem Gehorsam verpflichtet, ihn wie einen Gefangenen Tag und Nacht scharf zu bewachen, daß er seinen Händen nicht entrissen werden kann, bis er ihn in eigener Person den Händen seines Oberen übergeben hat. Der Obere sei bei strengem Gehorsam verpflichtet, ihn durch Brüder, die ihn Tag und Nacht wie einen Gefangenen bewachen, weiterzubefördern, bis sie ihn dem Herrn in Ostia vorführen, welcher der Herr, Beschützer und Zuchtmeister der ganzen Bruderschaft ist.

11. Die Brüder sollen nicht sagen: *„Dies ist eine andere* [d. h. neue] *Regel.“* Denn dies ist Erinnerung, Ermahnung, Aufmunterung und mein Testament, das ich, der ganz geringe Bruder Franziskus, euch, meinen gesegneten Brüdern, deshalb mache, damit wir die Regel, die wir dem Herrn versprochen haben, besser katholisch einhalten.

12. Der Generalobere und alle anderen Oberen und Guardiane seien im Gehorsam verpflichtet, diesen Worten nichts hinzuzufügen oder wegzunehmen. Dieses Schriftstück sollen sie immer neben der Regel bei sich haben. Bei allen Kapiteln, die sie abhalten, sollen sie, wenn sie die Regel lesen, auch diese Worte lesen. Allen meinen Brüdern, den Geistlichen und den Laien, befehle ich bei strengem Gehorsam, keine Erklärung zur Regel oder zu diesen Worten hinzuzufügen und zu sagen: *„So wollen sie verstanden werden.“* Sondern wie es mir der Herr gegeben hat, die Regel und

diese Worte einfach und klar zu sagen und zu schreiben, so sollt ihr sie einfach und ohne Erklärung verstehen und mit heiligem Wirken bis ans Ende beachten.

13. Jeder, der dies beachtet, werde im Himmel vom Segen des höchsten Vaters erfüllt und auf Erden vom Segen des geliebten Sohnes, gemeinsam mit dem Heiligen Geist, dem Tröster, und allen Mächten des Himmels und allen Heiligen. Und ich, Bruder Franziskus, euer geringer Knecht, bestätige euch, so gut ich kann, drinnen und draußen diesen heiligsten Segen.

Heinrich Böhmer (Hg.), Analekten zur Geschichte des Franciscus von Assisi. Tübingen ²1930, S. 24–27.

Quellentext 2

Aus der Postille des Petrus Johannis Olivi zur Apokalypse

a) Die Epochen der Kirchengeschichte

[...] Die erste Phase der Kirche sieht er [Petrus Johannis Olivi] zur Zeit der Apostel und der Urkirche, die zweite zur Zeit der darauffolgenden Märtyrer, die dritte zur Zeit der Eremiten, die vierte zur Zeit der Kirchenlehrer, die fünfte zur Zeit der Geistlichen und Mönche – sie führte allgemein den Zehnten ein – , die sechste zur Zeit derer, die seit der Zeit des hl. Franziskus unter seiner Regel nach ihrem Verständnis leben.

Olivi sagt, daß diese sechste Phase das Ende der vorausgehenden bedeutet und daß die Lebensform nach dieser Regel, wie auch immer sie verstanden wurde, das Ende der vorausgehenden Lebensformen ist. Die Kirche war in den fünf ersten Phasen nicht gefestigt, sondern nur in der sechsten. Er glaubt, daß sich die Kirche von der Vollkommenheit im Sinne des Evangeliums, die sie zur Zeit Christi und der Apostel hatte, allmählich zur Unvollkommenheit entwickelte, bis sie in Finsternis untergeht. Im Gegensatz dazu begann sie, seit der Zeit des heiligen Franziskus in kurzer Zeit geläutert, allmählich wieder zum wahren Licht zurückzukehren, und wenn so die fleischliche Kirche allmählich abstirbt, wird sich die geistliche gleichsam als strahlendes Licht bis zur Vollendung weiterentwickeln, wenn sich die ganze Welt gewandelt hat. Dann wird sie sich wieder zum Untergang neigen, bis Christus zum Gericht kommt. – Olivi glaubt, daß die Phase Christi in der Kirche völlig schwand außer bei denen, die allem privaten und gemeinsamen Besitz entsagen, wie es die Regel des hl. Franziskus vorsieht; ferner, daß es in der ganzen Kirche außer dem hl. Franziskus kein Leben in der Nachfolge Christi und keines gemäß dem Evangelium gab. [...]

Die sechste Phase mit der Verdammung der Hure und des siebenköpfigen Tieres, der neuen Hochzeit des Lammes und seiner Braut, die nach der Verdammung der Hure erfolgen soll, betrifft unmittelbar die Verdammung der alten babylonischen Zeit, die Erneuerung des christlichen Ideals und die siebenfache Verdammung und Erneuerung. Denn mit dem Abschlagen des ersten Tierkopfes trat die erste Erneuerung ein, mit dem Abschlagen des zweiten die zweite und so weiter. Unter der Hure versteht er die Kirche, die zunächst die wahre Braut Christi war, später aber wegen ihrer Sünden als Ehebrecherin von Christus verstoßen und auf ewig verdammt werden mußte und auf Erden wie die Synagoge zerstört werden muß. Diese Kirche muß in dieser Welt zerstört werden mit Ausnahme der Auserwählten, auf die sich die geistliche Kirche gründen wird. Es ist seine Absicht, daß die jetzige bzw. römische Kirche, welche die gesamte Kirche beherrscht und die er die auf dem Tier hockende babylonische Hure nennt, die Welt besitzt, über die sie herrscht. Freilich wird ihr allmählich ihre Macht und Herrlichkeit genommen. Wie die fleischliche Kirche mit der Zeit zerstört werden wird, so wird mit der Zeit die geistliche Kirche errichtet werden, durch die, wie er [Olivi] sagt, das christliche Leben in ihren Mitgliedern wieder erneuert wird.

Ignaz v. Döllinger (Hg.), Beiträge zur Sektengeschichte des Mittelalters. Band 2, München 1890, S. 527–585, hier S. 528f.
Quelle: Handschrift der Laurentiana in Florenz, verglichen mit dem Codex der kaiserlichen Bibliothek in Paris, n. 3381. A.

b) Die römische Kirche als die babylonische Hure

Vernimm, daß dieses Weib (die Hure Babylon) hier zugleich für das römische Volk und Reich steht, insofern als es einst im Zustand des Heidentums und danach im Glauben an Christus war, jedoch aufgrund vieler Verbrechen mit dieser Welt hurte. Es wird die große Hure genannt, weil es sich von der gläubigen Verehrung, der reinen Liebe und den Wonnen des Bräutigams Christus abwandte und dieser Welt, ihren Reichtümern und Vergnügungen und daher dem Teufel anhing, aber auch den Königen, den Vornehmen, den Würdenträgern und allen anderen Liebhabern dieser Welt, und weil es einst durch die Hurerei mit dem Götzen Mammon falsche Götter gleichsam als seine Männer oder vielmehr Ehebrecher verehrte.

Trunken vom Blut der Heiligen [ist die römische Kirche], weil sie sich an der irdischen Herrlichkeit berauschte, die durch die Verdienste jener [Heiligen] erworben und geschenkt war, und auch, weil sie durch viele Verbrechen das Blut Christi und der Heiligen verachtete und im geistlichen Sinn mißbrauchte.

Ignaz v. Döllinger (Hg.), Beiträge zur Sektengeschichte des Mittelalters. Band 2, München 1890, S. 527–585, hier S. 579.
Quelle: Handschrift der Laurentiana in Florenz, verglichen mit dem Codex der kaiserlichen Bibliothek in Paris, n. 3381. A.

c) Abschließender Überblick über die sieben Epochen der Kirchengeschichte

Im Prolog zum Kommentar der Apokalypse wird folgendes gesagt: Nachdem in diesen Visionen die sieben Phasen der Kirche beschrieben worden sind, muß man wissen, daß die erste die der Gründung der Urkirche im Judentum unter den Aposteln war. Die zweite war die ihrer Prüfung und Stärkung durch Martyrien, die auf der ganzen Welt hauptsächlich von den Heiden angetan wurden. Die dritte die der gelehrten Auslegung des Glaubens, welche die sich erhebenden Häresien überzeugend widerlegte und besiegte. Die vierte war die des Einsiedlertums, das vor der Welt bis in die äußerste Einöde flieht, das Fleisch durch eine strenge Lebensweise abtötet und mit seinem Beispiel die ganze Kirche wie die Sonne und die Sterne erleuchtet. Die fünfte war die des Lebens in der Gemeinschaft, geprägt zum Teil von strengem, zum Teil von nachlassendem Eifer unter den Mönchen und Geistlichen, die irdische Besitztümer hatten. Die sechste ist die der Erneuerung des evangelischen Lebens, der Bekämpfung der antichristlichen Sekte und des endgültigen Wandels mit der endgültigen Bekehrung der Juden und Heiden bzw. der Erneuerung der Kirche im Sinne der Urkirche. Die siebente aber bezieht sich auf dieses Leben hier und ist sozusagen eine ruhige, wunderbare Teilhabe an der künftigen Herrlichkeit, als ob das himmlische Jerusalem auf die Erde herabgestiegen wäre. Andererseits bezieht sie sich jedoch auf das andere Leben und ist somit die allgemeine Phase der Auferstehung und Verherrlichung der Heiligen und der Vollendung von allem. Ferner weist er [Petrus Johannis Olivi] einer jeden der aufgeführten Phasen einen bestimmten Anfang und ein bestimmtes Ende zu.

Ignaz v. Döllinger (Hg.), Beiträge zur Sektengeschichte des Mittelalters. Band 2, München 1890, S. 527–585, hier S. 584f.
Quelle: Handschrift der Laurentiana in Florenz, verglichen mit dem Codex der kaiserlichen Bibliothek in Paris, n. 3381. A.

Quellentext 3

Die irrigen, ketzerischen, unsinnigen bzw. falschen Glaubenssätze der „beguins" und ihrer Anhänger

Jene, die vom Volk „beguins" genannt werden (sie selber nennen sich aber Arme Brüder der Buße vom dritten Orden des heiligen Franziskus), sagen und behaupten vor allem, daß sie fest daran glauben, daß der Herr Jesus Christus, solange er Mensch war, und seine Apostel keinen persönlichen und auch keinen gemeinsamen Besitz hatten, weil sie die vollkommenen Armen auf dieser Welt waren. Ferner sagen sie, darin bestehe die vollkommene Armut gemäß dem Evangelium, nichts persönlich oder gemeinsam zu besitzen. Ferner sagen sie, daß gemeinsamer Besitz die Vollkommenheit der evangelischen Armut beeinträchtigt. Ferner, daß die Apostel ohne Beeinträchtigung ihrer Vollkommenheit und ohne Sünde nichts, weder persönlich noch gemeinsam, besitzen konnten. Ferner sagen sie, nur ein Ketzer glaube und behaupte das Gegenteil davon.

Ferner sagen sie, daß die Regel des heiligen Franziskus das wahre Leben Jesu Christi ist, das Christus auf dieser Welt bewahrte, das er an seine Apostel weitergab und das er ihnen einzuhalten gebot. Ferner, daß der heilige Franziskus diese evangelische Armut in seiner Ordensregel an seine Ordensbrüder weitergab, so daß diejenigen, die sich zu dieser Regel bekennen, weder persönlich noch gemeinsam etwas besitzen dürfen außer dem armseligen, lebensnotwendigen Bedarf, der immer nach armseliger Bedürftigkeit schmecken und nichts Überflüssiges haben soll.

Ferner sagen sie: Der heilige Franziskus war nach Christus und seiner Mutter – manche fügen hinzu: nach den Aposteln – der höchste und herausragende Vertreter des Lebens und der Regel gemäß dem Evangelium und seiner Erneuerung in der sechsten Phase der Kirche, in der wir uns jetzt nach ihren Worten befinden. Ferner sagen sie, diese Regel des heiligen Franziskus sei das Evangelium Christi oder ein und dasselbe wie das Evangelium Christi. Ferner sagen sie, daß jeder, der in irgendeinem Punkt die Regel des heiligen Franziskus, die nach ihren Worten das Evangelium ist, bekämpft oder ihr widerspricht, das Evangelium Christi bekämpft und ihm widerspricht, infolgedessen irrt und ein Ketzer wird, wenn er dabei bleiben sollte.

Ferner sagen sie: Wie der Papst oder sonst jemand am Evangelium Christi nichts ändern, hinzufügen und daraus nichts weglassen kann, so kann er auch an dieser Regel des heiligen Franziskus nichts ändern, hinzufügen und daraus nichts weglassen, sofern es die Gelübde, die evangelischen Räte oder die Vorschriften betrifft, die darin enthalten sind. Ferner sagen sie entsprechend, daß der Papst diese evangelische Regel des heiligen Franziskus nicht für ungültig erklären oder ändern oder den Orden des heiligen Franziskus, der nach ihren Worten ein Orden gemäß dem Evangelium ist, aufheben kann. Dasselbe behaupten sie strikt auch vom dritten Ordensstand des heiligen Franziskus bzw. von seiner dritten Ordensregel.

Ferner sagen sie, daß weder der Papst noch das Generalkapitel etwas von dem aufheben oder etwas Widersprüchliches zu dem beschließen können, was durch einen früheren Papst oder ein früheres Generalkapitel bestätigt, beschlossen oder angeordnet wurde. Daher halten sie gemeinsam daran fest und sagen, daß die zwei obenerwähnten Regeln des heiligen Franziskus – einige von ihnen fügen noch hinzu, auch alle anderen Regeln, die durch römische Päpste bestätigt wurden – durch keinen späteren Papst, auch nicht von einem Generalkapitel aufgehoben werden können.

Ferner sagen sie: Wenn der Papst etwas an der Regel des heiligen Franziskus änderte oder hinzufügte oder daraus wegließe, vor allem soweit es das Gelübde der Armut betrifft, oder wenn er diese Regel für ungültig erklärte, würde er damit gegen das Evangelium Christi handeln, und kein Franziskaner oder sonst jemand wäre ihm in dieser Sache zum Gehorsam verpflichtet, gleichgültig, wie oft er ihm Befehle erteilte oder ob er ihn sogar exkommunizierte, weil er ihm nicht gehorchte. Denn eine solche Exkommunikation wäre ungerecht und würde niemanden binden.

Ferner sagen sie, daß der Papst niemanden von den Gelübden, die er nach der Regel des heiligen Franziskus ablegte, nämlich dem Gelübde der Keuschheit, der Armut und des Gehorsams, dispensieren kann. Ferner, daß er niemanden vom Gelübde der Armut, das vor Gott abgelegt wurde, dispensieren kann, auch wenn dieses Gelübde nur einfach und nicht feierlich gewesen sein sollte, weil eine Person, welche Armut gelobt, für immer daran gebunden ist. Denn eine Person, die Dispens erhielte, würde von der größeren und höheren Stufe der Tugend und der Vollkommenheit auf eine kleinere und niedrigere herabsteigen. Und die Macht des Papstes hat, wie sie sagen, nur eine konstruktive, nicht destruktive Funktion.

Ferner sagen sie, daß der Papst keine Verfügung erlassen kann, um den Franziskanern Dispens bzw. die Erlaubnis zu geben, daß sie Getreide und Wein als gemeinsamen Besitz zum eigenen Genuß oder als notwendige Nahrung in Kornspeichern oder Kellern für eine spätere Zeit aufbewahren, weil dies bedeuten würde, gegen die evangelische Regel des heiligen

Franziskus und konsequenterweise auch gegen das Evangelium Christi zu handeln.

Ferner sagen sie, daß Papst Johannes XXII. mit seinem Erlaß, der mit dem Wort „Quorumdam" beginnt [Erlaß vom 7. Oktober 1317; vgl. Corpus iuris canonici, Extravag. Joannis XXII, tit. XIV, cap. 1, sowie Eubel, Bullarium Franciscanum, t. V., S. 128–130], worin er den Franziskanern die Erlaubnis bzw. Dispens erteilt, daß sie mit Zustimmung der höheren Geistlichen ihres Ordens Getreide und Wein in Kornspeichern und Kellern für spätere Zeit sammeln dürfen, gegen die evangelische Armut und konsequenterweise, wie sie sagen, gegen das Evangelium Christi handelte. Daher sagen sie, daß er ein Ketzer wurde und daß er aus diesem Grunde die päpstliche Macht, zu binden und zu lösen und anderes zu tun, verloren hat, wenn er dabei bleibt, und daß die kirchlichen Würdenträger, die durch ihn seit dem Tag, als er diesen Erlaß verfügte, eingesetzt wurden, keine kirchliche Gerichtsbarkeit oder Macht haben. [...]

Ferner sagen sie, daß der Papst keinem Franziskanerbruder vor Gott erlauben kann, zu einer anderen Religion oder zu einem anderen Orden zu wechseln, wo er, ein Franziskanerbruder, ebenso wie die anderen Brüder dieses Ordens dann irgendwelchen Reichtum als gemeinsamen Besitz hätte. Denn wie sie sagen, bedeutete dies, von einem größeren und höheren Zustand bzw. Stufe der Vollkommenheit und Tugend auf eine geringere und niedrigere herabzusteigen. Dies hieße zerstören und nicht aufbauen. Die Macht des Papstes ist jedoch nur zum Aufbauen und nicht zum Zerstören verliehen. [...]

Ferner sagen sie, daß der Papst bei der Größe und dem Wert der Gewänder der Franziskanerbrüder keinen Dispens erteilen kann gegen die Regel des heiligen Franziskus, welche zu hohe Ansprüche verbietet, und daß die Franziskanerbrüder ihm in dieser Sache nicht und auch nicht in irgendeiner anderen, die gegen die Vollkommenheit der Regel des heiligen Franziskus ist, gehorchen sollen.

Ferner sagen sie, daß es in der Kirche Gottes keinen vollkommenen Zustand mehr gibt außer im Orden der Franziskanerbrüder, welche Armut im Sinne des Evangeliums gelobt und versprochen haben, und daß die kirchlichen Würdenträger nicht in den Zustand der Vollkommenheit gelangen außer denen, die vom Orden der Franziskanerbrüder genommen werden, wo sie Armut im Sinne des Evangeliums gelobten und zu ihrer Einhaltung immer verpflichtet sind. Diese gelangen zur selben Vollkommenheit, wenn sie ihr früher abgelegtes Gelübde einhalten.

Ferner sagen sie, daß jene vier Franziskanerbrüder, die im Jahre des Herrn 1318 in Marseille durch den Inquisitor, der auch aus dem Franziskanerorden war, nach ihren Worten deshalb als Ketzer verurteilt wurden, weil sie die Reinheit, Wahrheit und Armut der Regel des heiligen Franziskus bewahren wollten und weil sie weder mit der Lockerung der Regel einverstanden waren noch den Dispens, den der Papst erteilt hatte, weder für sich noch für andere im Gehorsam annehmen wollten. Sie wurden, da sie die Wahrheit der evangelischen Regel verteidigten, zu Unrecht verurteilt. Daher, sagen sie, seien sie nicht Ketzer gewesen, sondern Katholiken, und sie seien ruhmreiche Märtyrer, um deren Gebet und Fürsprache bei Gott sie bitten.

Ferner sagen viele von ihnen, sie glaubten, sie hätten kein geringeres Verdienst bei Gott als die heiligen Märtyrer Laurentius und Vincentius. Ferner sagen einige von ihnen, daß in diesen vier Franziskanerbrüdern Christus ein zweites Mal im geistigen Sinn gekreuzigt wurde, sozusagen an den vier Armen des Kreuzes, und daß bei ihnen die Armut Christi und sein Leben verurteilt wurden. Ferner sagen sie: Wenn der besagte Papst befahl oder einverstanden war bzw. ist, daß diese vier Franziskanerbrüder durch die Inquisition als Ketzer verurteilt wurden, ist er deshalb selber zum Ketzer geworden, sogar zum größten unter allen, da er selbst als das Haupt der Kirche die Vollkommenheit im Sinne des Evangeliums verteidigen müßte. Daher hat er, wie sie sagen, die päpstliche Macht verloren, und sie glauben nicht, daß er noch Papst ist und daß die Gläubigen ihm in irgendeinem Punkt gehorchen müssen, sondern daß seitdem der Stuhl des Papstes leer ist.

Ferner sagen sie, daß alle, die allgemein „beguins" genannt werden, die sich selber Arme Brüder der Buße vom dritten Orden des heiligen Franziskus nennen, die in den vergangenen drei Jahren, nämlich vom Jahr des Herrn 1318 an durch das Gericht der Prälaten und Inquisitoren in der Provinz Narbonne als Ketzer verurteilt wurden (nämlich in Narbonne, Capestang, Béziers und in Lodève, in der Diözese von Agde und in Lunel in der Diözese Maguelonne), zu Unrecht als Ketzer verurteilt wurden. Sie glaubten, daß die erwähnten vier Franziskanerbrüder heilige Märtyrer seien und wie sie selbst fest an die evangelische Armut glaubten und ebenso über die Macht des Papstes dachten, nämlich daß er sie verlor und ein Ketzer wurde und daß auch die Prälaten und Inquisitoren, welche diese Brüder verfolgten, aus diesem Grunde Ketzer wurden. Ferner, daß die Lehre des Bruders Petrus Johannis Olivi ganz wahr und katholisch war und daß die fleischliche Kirche, nämlich die römische Kirche, jenes Babylon war, die große Hure, die vernichtet und zerstört werden mußte, wie einst die Synagoge der Juden beim Beginn der Urkirche zerstört werden mußte. Solche „beguins", sage ich, wurden, obwohl sie alles, was vorhin gesagt wurde, glaubten und verteidigten, nach ihren Worten zu Unrecht verurteilt, weil sie die Wahrheit verteidigten. Sie waren keine Ketzer, sondern Katholiken, und sie sagen, sie seien vor Gott ruhmreiche Märtyrer.

Ferner sagen sie: Die Kirche Gottes wird die vier Franziskanerbrüder und die „beguins", die als Ketzer verurteilt wurden, noch als heilige Märtyrer anerkennen. Es wird in der Kirche ein feierliches Fest für sie wie bei großen Märtyrern festgesetzt werden. Ferner sagen sie, daß die Prälaten und Inquisitoren, welche diese richteten und als Ketzer verurteilten, aber auch all jene, die bewußt mit ihrer Verurteilung einverstanden waren und sind, aus diesem Grund Ketzer wurden, falls sie dabei bleiben. Und aus diesem Grund haben sie die kirchliche Gewalt, zu binden und zu lösen und die kirchlichen Sakramente zu spenden, verloren, und die gläubigen Christen dürfen ihnen nicht gehorchen. [...]

Viele „beguins" beiderlei Geschlechts und auch ihre Anhänger sammelten insgeheim die verbrannten Gebeine und die Asche der Verbrannten, die als Ketzer verurteilt worden waren, um sie für sich als Reliquien aufzubewahren. Sie küßten und verehrten sie aus frommer Ehrfurcht als Reliquien von Heiligen wie die von anderen Heiligen. Dies stellte man fest durch die Inquisition, durch Geständnisse und Schriften, die das Gericht von einigen „beguins" erhielt; diese hatten solche bei sich bzw. hatten sie gesehen und wußten, daß andere solche haben oder hatten. So berührten und sahen auch wir sie bei unseren Nachforschungen über solche Reliquien, wenn wir sie bei ihnen fanden, und wir fanden den sichtbaren Beweis ihrer Existenz.

Ferner schrieben und notierten einige von den „beguins" die Namen der obenerwähnten Verurteilten und die Tage bzw. Monate, an denen sie nach ihren Worten als Märtyrer litten, so wie die Kirche Gottes es bei heiligen und richtigen Märtyrern gewöhnlich tut. Sie notierten ihre Namen in ihren Kalendern und riefen sie in ihren Litaneien an. [...]

Ferner fügen sie dem noch hinzu: Auch wenn alle Frauen tot wären außer einer einzigen, die Gott ihre Keuschheit bzw. Jungfräulichkeit gelobt hätte, und die Menschheit ausstürbe, wenn diese Frau nicht heiraten würde, könne der Papst dieser Frau nicht Dispens erteilen; und diese Frau wäre dem Papst nicht zum Gehorsam verpflichtet, wenn er ihr vorschreiben würde zu heiraten. Würde sie gehorchen, würde sie eine Todsünde begehen, und wenn sie deshalb durch den Papst exkommuniziert würde, wäre diese Exkommunikation unrecht und würde sie nicht binden. Und würde sie deshalb den Tod auf sich nehmen, wäre sie eine Märtyrerin. Einige fügen noch hinzu und sagen: Wenn eine Person, die das Gelübde der Keuschheit abgelegt hätte, die Ehe – auch mit Dispens vom Papst – schließen würde, wäre diese Ehe nicht legitim, und ihre Söhne wären nicht von legitimer, sondern unehelicher Geburt. [...]

Ferner sagen und behaupten sie, daß die ganze Lehre und das Schrifttum des Bruders Petrus Johannis Olivi aus dem Orden der Franziskanerbrüder wahr und katholisch sind. Sie glauben daran und sagen, dies sei ihm vom Herrn geoffenbart worden, und sie sagen, Bruder Petrus Johannis habe dies zu Lebzeiten seinen Freunden geoffenbart. Ferner nennen sie denselben Bruder Petrus Johannis gemeinsam den heiligen, nicht heiliggesprochenen Vater.

Ferner sagen sie, er sei ein so großer Gelehrter, daß es seit den Aposteln und Evangelisten keinen größeren als ihn gab. Manche fügen hinzu, daß er in seiner Heiligkeit und Gelehrsamkeit größer war. Ferner sagen einige von ihnen, daß es in der Kirche Gottes – außer dem heiligen Paulus und dem besagten Bruder Johannis – keinen Gelehrten gab, dessen Worte von der Kirche nicht in irgendeinem Punkt widerlegt wurden. Die gesamte Lehre des heiligen Paulus und des Bruders Petrus Johannis muß von der Kirche vollständig bewahrt werden, und es darf kein einziger Buchstabe weggelassen werden.

Ferner sagen einige von ihnen, dieser Bruder Petrus Johannis habe darin die Wahrheit gesagt, als er sagte, daß Christus lebte, als er am Kreuz hing und seine Seite mit der Lanze durchbohrt war. Sie sagen, daß das Leben Christi in Wahrheit noch im Körper war; aber weil Christus ganz erschöpft war, erschien er daher den Zuschauern als tot. Der Evangelist Johannes sagte daher, er sei damals gestorben, weil er tot schien. Aber der Evangelist Matthäus schrieb, daß Christus lebendig war, weil es so wirklich der Fall war. Aber die Kirche entfernte diese Stelle aus dem Evangelium des Matthäus, damit sie nicht im Widerspruch zum Evangelium des Johannes stand.

Ferner sagen und erklären sie, daß der Bruder Petrus Johannis im geistlichen Sinne jener Engel war, von dem im 10. Kapitel der Apokalypse geschrieben steht: Sein Gesicht war wie die Sonne, und er hatte ein Buch in seiner Hand aufgeschlagen, weil er, wie sie sagen, allein von allen anderen Lehrern die reine Wahrheit Christi und das Verständnis des Buches der Apokalypse hatte. Und in seinem in die Volkssprache übersetzten Kommentar, den sie haben, zur besagten Stelle in der Apokalypse verstehen und erklären sie es selber so.

Ferner sagen sie, daß die Schriften und Lehren des Bruders Petrus Johannis zu dieser Endzeit für die Kirche Gottes wichtiger sind als irgendwelche anderen Schriften von welchen Lehrern und Heiligen auch immer außer den Schriften der Apostel und Evangelisten. Denn nach ihren Worten erklärt er anschaulicher und vermittelt ein besseres Verständnis von der Bosheit des Antichristen und seiner Anhänger, nämlich der Pharisäer, die ihren Worten nach die Prälaten und Mönche der Gegenwart sind.

Ferner sagen sie: Hätte Gott nicht durch den Bruder Petrus Johannis oder jemand anderen, der ihm ähnlich ist, für die Kirche Gottes gesorgt, wäre die ganze Welt blind oder ketzerisch.

Ferner sagen sie, daß jene, die die Lehre oder die Schriften dieses Bruders Petrus Johannis nicht annehmen, deshalb blind sind, weil sie die Wahrheit Jesu Christi nicht erkennen und nicht sehen. Und jene, die seine Lehre verwerfen und verurteilen, sind Ketzer.

Ferner sagen sie, daß der Bruder Petrus Johannis die Leuchte und das Licht ist, das Gott in die Welt sandte, und deshalb wandeln jene, die dieses Licht nicht sehen, in der Finsternis.

Ferner sagen sie: Wenn der Papst die Lehre oder die Schriften des Bruders Petrus Johannis verurteilen würde, wäre er aufgrund dieses Verdammungsurteils ein Ketzer, weil er das Leben und die Lehre Christi verurteilen würde.

Ferner sagen sie: Wenn der Papst die besagte Lehre oder die Schriften verurteilen würde, würden sie selber diese nicht als verurteilt betrachten, und wenn er sie deshalb exkommunizierte, würden sie sich nicht als exkommuniziert betrachten, ihm nicht gehorchen und auch nicht von dessen Büchern lassen.

Ferner haben die „beguins" die Bücher des Bruders Petrus Johannis in einer Übersetzung aus dem Lateinischen in die Volkssprache; einige von seinen Anhängern haben sie übersetzt und übertragen, nämlich den Kommentar zur Apokalypse, eine kleine Abhandlung über die Armut, eine andere, recht kleine Abhandlung über die Bettelarmut, eine weitere über die sieben bösen Geister und einige andere Schriften. Sie alle schreiben sie namentlich dem Bruder Petrus Johannis selbst zu, ob er sie nun selber schrieb oder ob sie sonst jemand aufgrund seiner Lehre und seiner Überlieferung verfaßte, denn sie haben denselben Stil und stimmen mit seiner Glaubenslehre überein. Diese Bücher lesen sie in der Volkssprache für sich selbst, für ihre Familienangehörigen und Freunde auf ihren Versammlungen und in ihren bescheidenen Wohnungen, die sie Häuser der Armut nennen – das ist ihre übliche Bezeichnung dafür. Mit seiner unheilvollen Lehre unterweisen sie sich und, wenn möglich, andere.

So unterrichtet bzw. falsch unterrichtet von der Lehre, die sie dem Kommentar des Petrus Johannis zur Apokalypse entnehmen, sagen sie, daß die fleischliche Kirche, unter der sie die römische Kirche verstehen, nicht nur Rom selbst, sondern soweit sich der Machtbereich Roms ausdehnt, jenes Babylon sei, die große Hure, von der Johannes in der Apokalypse spricht [vgl. Apk 17,5]. Damit erklären und verstehen sie das Böse, von dem man dort liest, nämlich daß sie selbst trunken ist vom Blut der Märtyrer Jesu Christi. Sie meinen damit das Blut jener vier Franziskanerbrüder, die in Marseille als Ketzer verurteilt und verbrannt wurden, und das Blut der „beguins" vom dritten Orden, die in den vergangenen Jahren in der Provinz Narbonne als Ketzer verurteilt und verbrannt wurden, wie weiter oben ausführlicher berichtet wird. Diese, versichern sie, seien die Märtyrer Jesu Christi.

Ferner legen sie dar, daß diese Kirche allen Königen der Erde von dem

Wein ihrer Unzucht zu trinken gab, das heißt den Königen und Fürsten der Christenheit und den großen Prälaten, die dem Prunk der Welt nachfolgen.

Ferner unterscheiden sie sozusagen zwei Kirchen, nämlich die fleischliche, von der sie sagen, sie sei die römische Kirche mit ihrer großen Zahl an schlechten Menschen, und die geistliche mit den Männern, die sie Spirituale und Evangelikale nennen, die das Leben Christi und der Apostel bewahren. Diese Kirche, sagen sie, sei die ihre, obwohl einige von ihnen sagen, es gebe nur eine Kirche, die sie die fleischliche nennen, die große Hure wegen der schlechten Menschen, aber eine geistliche und jungfräuliche, die keinen Makel und keine Runzel hat, soweit es die Auserwählten betrifft, die sie Evangelikale nennen. Damit meinen sie sich selbst, die nach ihren Worten die Armut im Sinne des Evangeliums beibehalten und verteidigen und dafür leiden.

Ferner lehren sie, daß die fleischliche Kirche, nämlich die römische Kirche, vor der Predigttätigkeit des Antichristen durch Kriege zerstört werden soll, die Friedrich, der König von Sizilien, gegen sie führen wird. Er regiert jetzt mit seinen Verbündeten, welche die zehn Könige genannt werden, mit denen das zehnköpfige Ungeheuer gemeint ist, worüber in der Apokalypse geschrieben wurde [vgl. Apk 17,12]. Zu diesem Thema phantasieren sie noch manches andere, das ebenso falsch wie verrückt ist, über den Kampf von König Friedrich gegen den König von Frankreich und König Robert.

Ferner lehren sie, daß am Ende der sechsten Phase der Kirche, in der wir uns nach ihren Worten jetzt befinden und die mit dem heiligen Franziskus begann, diese fleischliche Kirche, die große Hure Babylon, von Christus verworfen werden soll, wie die Synagoge der Juden verworfen wurde, weil sie Christus kreuzigte. Denn die fleischliche Kirche kreuzigt und verfolgt das Leben Christi in den Brüdern, die sie die Armen und die Spiritualen des Ordens des heiligen Franziskus nennen. Dabei sprechen sie ebenso vom ersten wie vom dritten Orden mit Beziehung auf die Verfolgung, die gegen sie in der Provinz Provence und in der Provinz Narbonne erfolgte, worüber weiter oben gesprochen wurde.

Ferner lehren sie: Wie nach der Zerstörung der Synagoge der Juden von Christus wenige Männer aus ihr auserwählt wurden, durch welche die Urkirche Christi gegründet wurde, also in der ersten Phase der Kirche, so werden nach der Verwerfung und Zerstörung der fleischlichen römischen Kirche in der sechsten Phase der Kirche, die nach ihren Worten jetzt ist, nur wenige auserwählte Spiritualen, die Armen, die Evangeliker übrigbleiben. Der größere Teil davon wird, wie sie sagen, aus beiden Orden des heiligen Franziskus stammen, durch die die geistliche Kirche begründet werden wird, nämlich aus dem ersten und dem dritten. Diese wird demütig und liebevoll sein in der siebten und letzten Phase der Kirche, die mit dem Tod des Antichrist beginnen wird.

Ferner lehren sie, daß alle Religionsgemeinschaften bzw. Orden bei der Verfolgung des Antichrist zerstört werden außer dem Orden des heiligen Franziskus, den sie in drei Gruppen einteilen. Die erste davon, sagen sie, sei die Gemeinschaft des Ordens, die zweite, sagen sie, bestehe aus jenen, denen man in Italien den Namen Fraticellen gab, und die dritte, sagen sie, bestehe aus den Brüdern, die sie Spiritualen nennen, welche die geistliche Reinheit der Regel des heiligen Franziskus bewahren, sowie aus den Brüdern vom dritten Orden, die ihre Anhänger seien. Die ersten zwei Gruppen werden, wie sie sagen, zerstört werden, und die dritte wird bis zum Ende der Welt fortdauern, weil es nach ihren Worten dem heiligen Franziskus von Gott so verheißen wurde.

Ferner lehren einige von ihnen, daß der Heilige Geist sich auf jene auserwählten Männer, die Spiritualen und Evangeliker, durch die die geistliche und liebevolle Kirche in der siebten und letzten Phase begründet werden wird, in größerer oder wenigstens in gleicher Fülle ergießen wird, wie er sich in der Urkirche am Pfingsttag über die Apostel, die Jünger Jesu Christi, ergoß. Sie sagen, daß er auf sie herabsteigen wird wie eine Feuerflamme im Ofen, und sie erklären, daß nicht nur ihre Seele vom Heiligen Geist erfüllt werden wird, sondern daß sie auch merken werden, daß der Heilige Geist in ihrem Körper wohnt.

Ferner lehren sie, daß es einen doppelten Antichrist gibt, nämlich einen geistlichen bzw. mystischen und einen zweiten, den wirklichen und größeren Antichrist. Der erste, sagen sie, bereitet dem zweiten den Weg. Sie sagen auch, der Antichrist sei jener Papst [Johannes XXII.], unter dem nach ihren Worten ihre Verfolgung und Verurteilung erfolgen wird und bereits erfolgt.

Ferner grenzen sie die Zeit ab, innerhalb der der größere Antichrist kommen, zu predigen beginnen und seinen Lebenslauf beenden wird. Sie sagen, dieser Antichrist sei bereits geboren und werde nach Aussage einiger von ihnen seinen Lebenslauf im Jahr 1325 der Fleischwerdung des Herrn beenden. Andere sagen aber, im Jahre 1330; wieder andere sagen, dies werde erst später im Jahre 1335 sein.

Ferner lehren sie, daß die Spiritualen, die sie Evangeliker nennen, aus denen und durch die die Kirche gegründet werden wird, von denen weiter oben gesprochen wurde, nach dem Tode des Antichrist den zwölf Stämmen Israels predigen werden; und 12 000 von jedem Stamm werden sich bekehren [vgl. Apk 7,5–8]. Diese werden alle zusammen 144 000 sein. Das wird die Heerschar sein, die durch den Engel bezeichnet wurde, der das Siegel des lebendigen Gottes trägt. Mit diesem Engel meinen sie den heiligen Franziskus, der die Wundmale Christi hatte. Diese so bezeichnete Heerschar wird mit dem Antichrist kämpfen und vor der Ankunft des Elias und des Enoch durch ihn getötet werden.

Ferner phantasieren und lehren sie: Wenn die fleischliche Kirche zerstört wird, dann werden große Kriege sein, und es wird ein großes Blutbad unter den christlichen Völkern geben; so viele Männer, die die fleischliche Kirche verteidigten, werden im Krieg vernichtet werden. Wenn fast alle Männer tot sind, werden die christlichen Frauen, die am Leben blieben, aus Liebesverlangen nach Männern Bäume umarmen. Zu diesem Thema erzählen sie noch mehrere andere phantastische Geschichten, die man in dem erwähnten Kommentar in der Volkssprache lesen kann.

Ferner sagen sie, daß nach der Zerstörung der fleischlichen Kirche die Sarazenen kommen, das Land der Christen besetzen und in dieses Gebiet des Königreichs Frankreich, nämlich Narbonne, eindringen werden. Sie werden die christlichen Frauen mißbrauchen und viele als Gefangene mitnehmen, um sie zu mißbrauchen. Dies, sagen sie, sei Bruder Petrus Johannis in Narbonne von Gott geoffenbart worden.

Ferner sagen sie, daß in der Zeit der Verfolgung durch den Antichrist sowie in den erwähnten Kriegen die fleischlichen Christen so heimgesucht werden, daß sie verzweifelt sagen werden: Wenn Christus Gott wäre, würde er nicht zulassen, daß Christen so viele schwere Leiden erdulden müßten. Und so werden sie in ihrer Verzweiflung vom Glauben abfallen und sterben. Aber Gott wird die Spiritualen, die Auserwählten, verbergen, damit sie nicht vom Antichrist und seinen Dienern gefunden werden können. Dann wird die Kirche auf die Personenzahl reduziert werden, die die Urkirche bei ihrer Gründung hatte, so daß gerade zwölf übrigbleiben werden, aus denen die Kirche gegründet werden wird und in die der Heilige Geist mit der gleichen oder einer noch größeren Fülle einströmen wird, als er sich über die Apostel in der Urkirche ergoß, wie weiter oben gesagt wurde.

Ferner sagen sie, daß nach dem Tod des Antichrist die Spiritualen die ganze Welt zum Glauben an Christus bekehren werden und daß die ganze Welt gut und liebevoll sein wird, so daß keine Bosheit oder Sünde in den Menschen dieser Phase sein wird außer etwa läßlichen Sünden bei einigen. Alles wird im Gebrauch gemeinsam sein, und es wird niemanden geben, der einen anderen beleidigt oder zur Sünde reizt, weil die Liebe unter ihnen sehr groß sein wird und es dann nur einen Schafstall und einen Hirten geben wird. Diese Lebensbedingungen der Menschen werden nach Auffassung einiger von ihnen 100 Jahre lang dauern. Dann wird mit dem Schwinden der Liebe sich allmählich wieder die Schlechtigkeit einschleichen und mit der Zeit so sehr wachsen, daß Christus wegen der Zunahme der Schlechtigkeit gezwungen sein wird, zum allgemeinen Gericht über alle zu kommen.

Ferner widersprechen sie heftig und schändlich dem Papst, dem Stellvertreter Jesu Christi. Wie Verrückte und Ketzer nennen sie ihn den mystischen Antichrist, den Vorläufer und Wegbereiter des größeren Antichrist. Sie nennen ihn auch einen reißenden Wolf, vor dem sich die Gläubigen in acht nehmen sollen, einen einäugigen oder blinden Propheten, den Priester Kaiphas, der Christus verurteilte, oder Herodes, der Christus verspottete und verlachte. Denn er selbst verurteilt das Leben Christi und verlacht Christus in seinen Armen, wie sie sagen.

Sie nennen ihn auch den Eber aus dem Wald und das einmalige wilde Tier, das den Bau der Kirche Gottes verwüstet und zerstört, so daß Hunde und Schweine sie betreten können, das heißt Menschen, die die Vollkommenheit des Lebens im Sinne des Evangeliums zerstören und mit Füßen treten. Sie sagen auch, daß er in der Kirche mehr Schlimmes getan hat als alle früheren Ketzer, weil zur Zeit der Ketzer die Kirche in ihrem Zustand blieb, aber jetzt zu seiner Zeit nicht die Kirche Gottes zu sein scheint, sondern die Synagoge des Teufels. Und sie sagen, daß zu seiner Zeit die fleischliche Kirche zerstört werden wird. Er selbst wird mit zwei Kardinälen fliehen, sich versteckt halten und vor Gram und Schmerz sterben.

Das sind die unsinnigen und ketzerischen Lehren der unheilvollen Sekte der „beguins". Sie alle und noch andere mehr im einzelnen aufzuzählen, würde zu weit führen. Wir haben sie aus ihrem eigenen Mund gehört, während wir bei ihnen und gegen sie die Inquisition durchführten. Und in ihren Schriften haben wir noch mehr gelesen und gesehen, daß sie noch mehr enthalten. In ihren Geständnissen, die vor Gericht entgegengenommen wurden, und in den Prozessen, die sich damit befaßten, gibt es noch umfangreichere, längere Aussagen. Um sie aber lesbarer bei der Hand zu haben, wurden sie hier gekürzt, gestrafft und bearbeitet. Die Inquisition gegen die „beguins" begann in der Provinz Narbonne im Jahre des Herrn 1318 und in Pamiers in der Provinz Toulouse im Jahre des Herrn 1321, und danach verlief sie sukzessiv.

Bernard Gui: Manuel de l'Inquisiteur. Band 1, Paris 1926 (= Les Classiques de l'Histoire de France au Moyen Age 8), S. 118–154.

Quellentext 4

Aus den Akten des Ordensprokurators an der päpstlichen Kurie in Avignon, Raymund von Fronsac (1318 oder 1319)

Im 8. Kapitel steht ein anderer Brief desselben Herrn, unseres Papstes, in dem er den Ordensstand und die Sekte des Angelus und Liberatus und deren Anhänger, die Fraticellen, und aller Bizochi [Wandermönche] oder Beginen verurteilt und für nichtig erklärt. Diese wagten es mit verdammenswerter Dreistigkeit, in Gebieten Italiens, in der Grafschaft der Provence, von Narbonne und Toulouse oder anderen Städten oder Diözesen

Versammlungen oder Zusammenkünfte abzuhalten, eine neue Ordenstracht anzulegen, sich Obere zu wählen, jemanden in ihre Sekte aufzunehmen und öffentlich zu betteln. Das Schreiben beginnt: „Die heilige römische [und allgemeine Kirche]".

Franz Ehrle, Die Spiritualen, ihr Verhältnis zum Franziskanerorden und zu den Fraticellen. In: Archiv für Literatur- und Kirchengeschichte des Mittelalters. Band 4, Freiburg i. Br. 1888/Reprint Graz 1956, S. 140.

Quellentext 5

Aus der „Historia tribulationum" von Angelus de Clareno

Inzwischen gaben die Brüder [der Kommunität] dem Papst ihre Gesuche. Sie enthielten grenzenlose Verleumdungen und Rücksichtslosigkeiten und nur sehr wenige Wahrheiten bzw. gar keine, die zu Recht und richtig vorgelegt worden waren, gegenüber der Person von Bruder Ubertin, gegen die Brüder aus der Toskana und gegen die Brüder der Klostergemeinden von Narbonne und Béziers, gegen Bruder Franziscus Sancxii und Bruder Wilhelm vom heiligen Amancius sowie gegen die Bußbrüder, welche man „beguins" nennt, gegen Bruder Liberatus und Bruder Angelus sowie ihre Anhänger. Den Papst schauderte vor den schlimmen Sünden, Untaten und Irrlehren, welche die Brüder über alle oben Genannten und besonders über die Fraticellen und „beguins" schrieben. Und da er die Gesuche der Brüder als gerecht und berechtigt zum Teil erfüllen und ihre Bitten zulassen wollte, erhörte er sie zuerst im Falle der Fraticellen und erklärte ihren Ordensstand in Wort und Schrift für null und nichtig.

Franz Ehrle, Die Spiritualen, ihr Verhältnis zum Franziskanerorden und zu den Fraticellen. In: Archiv für Literatur- und Kirchengeschichte des Mittelalters. Band 4, Freiburg i. Br. 1888/Reprint Graz 1956, S. 141.

Quellentext 6

Die Fraticellen

In der rechtgläubigen Stadt Florenz und ihren christlichen Örtlichkeiten traten auf Betreiben des Feindes, des Satans, kürzlich bestimmte Brüder auf, die manchmal mit verschiedenen Namen bezeichnet werden, darunter einige Abtrünnige aus dem Orden des hl. Franziskus, sodann Arme evangelische Anhänger des verurteilten Michael bzw. Michelinus von Cesena, des früheren Generals der Minderbrüder, der ein Ketzer war und wegen Ketzerei von der Kirche verurteilt worden war. Mit ihren verschiedenen Irrlehren brachten sie einfältige Laien vom rechten Weg ab, indem sie neue Ansichten und Irrtümer verbreiteten, von den göttlichen Geboten, vom Empfang der Sakramente und vom kirchlichen Begräbnis abrieten und sich bemühten, daß falsche neue Ansichten im Christenvolk aufkamen. Sie schämten sich nicht, zum Schaden für ihre eigenen Seelen abgesehen von den übrigen Irrlehren zu behaupten, daß Papst Johannes XXII., die anderen Päpste nach ihm und die weltlich gesinnten Kardinäle Ketzer seien. In dreister Anmaßung wagten sie zu behaupten, daß nur sie Priester seien und die kirchlichen Sakramente spenden könnten und daß nur ihnen die Wahl des Papstes und die Reform der ganzen universalen Kirche zustünden; ferner, daß sich keiner fortan zu Recht Papst nennen kann und daß nur sie selbst die universale Kirche sind. Sie bemühten sich, mit vielen anderen Irrlehren die Christenheit anzustecken. Daher sollten sie mit dem Racheschwert gerichtet werden, damit ihre Dreistigkeit im Keim erstickt werde. Wir verbieten allen und jedem einzelnen, der den Fraticellen Folge leistet, an sie glaubt oder insgesamt oder teilweise ihre Irrlehren befürwortet, in der Stadt, in der Grafschaft oder im Bezirk von Florenz zu bleiben, sich aufzuhalten und zu leben. Wir geben einem jeden kraft Sondervollmacht die Erlaubnis, sie und ihre Anhänger erlaubterweise und straffrei festzunehmen und der Macht des Inquisitors zu überliefern, damit sie eine ihrer Vergehen würdige Strafe erleiden. Die Beamten der Stadt, der Grafschaft und des Bezirks von Florenz sollen in jedem Fall, wenn jene ausfindig gemacht werden, dafür sorgen, daß sie bei

Strafe von 500 Pfund dem Inquisitor alle Hilfe, Rat und Unterstützung gewähren, um sie festzunehmen und ins Gefängnis des besagten Inquisitors einzuliefern. [...]

Ignaz v. Döllinger (Hg.): Beiträge zur Sektengeschichte des Mittelalters. Band 2, München 1890, S. 606.
Quelle: De haereticis diffidandis et banniendis (Archivio delle Reformagioni, Florenz).

Quellentext 7

Päpstliche Schreiben von Johannes XXII. gegen die Spiritualen und die Fraticellen

a) An den geliebten Sohn Nikolaus von Reggio di Calabria aus dem Franziskanerorden, den Provinzialminister von Kalabrien

Vor kurzem wurde Unserem Apostolischen Stuhl die Kunde überbracht, daß mehrere gottlose Männer, die man allgemein Fraticellen vom armen Leben nennt, deren Sekte, Ritus und Wesen Wir verfluchten, verurteilten und schon längst mit Unserer allgemein veröffentlichten Verfügung für nichtig erklärten, von der Insel Sizilien in die Provinz Kalabrien eindringen, und das nicht ohne erschreckenden und beängstigenden Einfluß auf die Christgläubigen, die dort in der besagten Provinz leben. Da Wir dieser Seuche mit Hilfe des Herrn heilsam entgegentreten wollen und besonderes Vertrauen im Herrn auf Deine kluge Umsicht setzen, geben Wir kraft Unserer Autorität durch weitere Briefe mit eindeutigem Wortsinn Deiner Urteilskraft die Möglichkeit, diejenigen, die man in dieser Provinz ausfindig machen sollte, selber oder durch einen anderen oder andere gefangenzunehmen und einzusperren bzw. festzuhalten. Weil Du aber von den Personen und Lebensverhältnissen dieser Fraticellen in diesen Landesteilen umfassendere Kenntnis haben kannst, überlassen wir es durch apostolische Schreiben vertrauensvoll Deinem Urteil, was vorteilhafter ist: sie in selbigen Landesteilen oder diesen hier zu bestrafen. Bemühe Dich, Uns in Briefen schleunigst darüber zu informieren sowie über die Namen und Beinamen dieser Fraticellen und an welchen Orten sie verhaftet und festgehalten wurden. Du sollst wissen, daß Wir ein entsprechendes Schreiben auch an Unseren in Christus sehr geliebten Sohn, Unseren lieben Robert, den Erlauchten König von Sizilien, und an die geliebten Söhne aus dem Adel der obenerwähnten Provinz richten.

Avignon, am 7. März 1327

Franz Ehrle, Die Spiritualen, ihr Verhältnis zum Franziskanerorden und zu den Fraticellen. In: Archiv für Literatur- und Kirchengeschichte des Mittelalters. Band 4, Freiburg i. Br. 1888/Reprint Graz 1956, S. 65f.
Quelle: Regesta Vatic. Joannis XXII. (n. 114) secret. an. 11 et 12, tom. 6, f. 60a, epist. 967.

b) An den König von Sizilien

[Selber Wortlaut wie oben bis zur Stelle „entgegentreten wollen"; dann:] Wir bitten Seine Exzellenz, den König, Wir ersuchen und fordern nachdrücklich, daß Du dem geliebten Sohn Nikolaus von Reggio, dem Provinzialminister aus dem Franziskanerorden für Kalabrien, bei seiner Untersuchung, beim Verhaften, Einsperren oder Festhalten dieser Fraticellen in Ehrerbietung gegenüber Uns und dem Apostolischen Stuhl persönlich und durch Deine Beamten oder Deine Untergebenen in Rat und Tat nützliche Hilfe leistest, daß Du Dich dadurch für angemessenes Lob beim Herrn empfehlen kannst.

Avignon, 7. März 1327

Franz Ehrle, Die Spiritualen, ihr Verhältnis zum Franziskanerorden und zu den Fraticellen. In: Archiv für Literatur- und Kirchengeschichte des Mittelalters. Band 4, Freiburg i. Br. 1888/Reprint Graz 1956, S. 66.
Quelle: Regesta Vatic. Joannis XXII. (n. 114) secret. an. 11 et 12, tom. 6, f. 60a, epist. 968.

c) An denselben König [von Sizilien]

[Am Schluß des Briefes wird der König streng ermahnt, da er bisher die päpstlichen Schreiben und Anordnungen nicht beachtete.]

Die apostolischen Schreiben, die bestimmten Personen durch Unseren Legaten zur Verbesserung der Lage geschickt wurden, wolltest Du damals nicht veröffentlichen. In der Tat, mein Sohn, scheint es gefährlich und nicht ehrenhaft für Dich, apostolische Schreiben, besonders wenn sie sich auf eine Glaubensangelegenheit beziehen, weiter zurückzuhalten und ihre Veröffentlichung irgendwie zu verhindern. Daher ersuchen Wir Dich bei Deiner Klugheit als König und ermahnen Dich im Herrn, daß Du die besagten Briefe denen, an die sie gerichtet sind, so zukommen läßt, daß sie diese veröffentlichen können. Wie Wir bei anderer Gelegenheit Eurer Königlichen Hoheit geschrieben haben, gibt es kein Königreich unter den Christen, in dem solche Briefe nicht veröffentlicht wurden. Und wenn die Gedanken von irgendwelchen Menschen Einwände bringen, die der Ketzer Michael von Cesena mit seinen Anhängern gegen unsere Verfügungen erhoben hat, dann dürfen sie Dich, dessen Verstand Gott vielfach erleuchtet hat, nicht beeinflussen.

8. Juli 1331

Franz Ehrle, Die Spiritualen, ihr Verhältnis zum Franziskanerorden und zu den Fraticellen. In: Archiv für Literatur- und Kirchengeschichte des Mittelalters. Band 4, Freiburg i. Br. 1888/Reprint Graz 1956, S. 68f.
Quelle: Regesta Vatic. Joannis XXII. (n. 116) secret. an. 15 et 16, tom. 8,f. 96b, epist. 486.

Quellentext 8

Päpstliche Schreiben von Benedikt XII. an die Inquisitoren und Bischöfe gegen die Anhänger der Sekte der Fraticellen bzw. der Brüder vom armen Leben

a) An den geliebten Sohn ..., den Inquisitor, der in der Mark von Ancona aufgrund apostolischen Beschlusses eingesetzt ist

Mag auch jene unheilvolle Sekte, die man allgemein die der Fraticellen oder der Brüder vom armen Leben nannte, schon längst durch die umsichtige Vorsorge des Apostolischen Stuhles verworfen und verurteilt worden und einem ständigen Verbot unterworfen gewesen sein, halten dennoch viele gefährliche, verbrecherische Menschen, die sich Fraticellen oder Brüder vom armen Leben nennen, in dem Gewand, das die Mitglieder der genannten Sekte vor ihrer obenerwähnten Verurteilung in der Mark von Ancona zu tragen pflegten, ihre sündhaften und verbotenen Versammlungen ab, wie viele behaupten. Sie bringen gefährliche, abscheuliche Irrlehren auf und verbreiten dort ihre Häresien ...[es folgt ein Appell, ihre Bücher und Schriften sorgfältig zu prüfen, die Fraticellen und ihre Anhänger festzunehmen und zu bestrafen].

Sorgues in der Diözese von Avignon, 9. Juli 1335

Franz Ehrle, Die Spiritualen, ihr Verhältnis zum Franziskanerorden und zu den Fraticellen. In: Archiv für Literatur- und Kirchengeschichte des Mittelalters. Bd. 4. Freiburg i. Br. 1888/Reprint Graz 1956, S. 70f.
Quelle: Regesta Vatic. Benedicti XII. (n. 130) secret. an. 1,f. 66a, epist. 410. [In den Briefen Nr. 411 bis 420 ergingen gleichlautende Schreiben an den jeweiligen Inquisitor, z. B. der Lombardei, der Toskana, der Mark von Treviso, des Herzogtums Spoleto, des Königreichs Sizilien, der Insel Sizilien, Sclavoniens und der Provence.]

b) An die ehrwürdigen Brüder Bertrand, Erzbischof von Embrun, und Johannes, Bischof von Anagni, Unserem Stellvertreter im geistlichen Amt von Rom

Vor kurzem kam Mir in Meinem Apostelamt zu Ohren, daß gewisse gefährliche, verbrecherische Menschen, die sich Fraticellen oder Brüder vom armen Leben nennen, deren unheilvolle Sekte einst durch den Apostolischen Stuhl verurteilt wurde und dem ständigen Verbot unterlag, in der Stadt Rom und den Ländern, die der römischen Kirche unmittelbar unterstehen, und den Nachbarländern sich aufhielten und verschiedene sehr gefährliche Irrlehren und Häresien verbreiteten. Wir erinnern Uns, daß Wir den Bischöfen und Unseren geliebten Söhnen ..., den oben genannten Inquisitoren, die in der Stadt Rom, in Ländern und Landesteilen kraft Apostolischen Beschlusses eingesetzt wurden, durch verschiedene Schreiben von Uns mit eindeutigem Inhalt den Befehl erteilt haben, daß sie das ihnen anvertraute Amt der Inquisition geschickt und gewissenhaft bei diesen und anderen, die das Amt der Inquisition angehen, ausüben und dafür sorgen, daß sie mit geschickt angewandter Sorgfalt im Falle der obenerwähnten verbrecherischen Menschen und ihrer Anhänger, die ihnen Aufnahme gewähren, sowie ihrer einflußreichen Gönner ihre und eines jeden von ihnen Verbrechen, Vergehen und Irrlehren die Wahrheit untersuchen, um zu ihrer Festnahme, Bekehrung und Bestrafung gemäß den kirchenrechtlichen Satzungen und den Sonderrechten, die diesem Amt der Inquisition zugestanden sind, ohne Abstriche fortzufahren. – [Da nach jüngsten Berichten die Zahl dieser Irrgläubigen nicht kleiner wurde, sondern im Gegenteil anstieg, wird befohlen, in Rom und in den katholischen Ländern sowie im Königreich Sizilien mit allem Eifer die Schuldigen aufzuspüren und zu bestrafen, damit *„diese unheilvolle Seuche ausgerottet werde und dem katholischen Glauben die unversehrte Reinheit erhalten bleibe"* ...].

Avignon, am 23. Juni 1336

Franz Ehrle, Die Spiritualen, ihr Verhältnis zum Franziskanerorden und zu den Fraticellen. In: Archiv für Literatur- und Kirchengeschichte des Mittelalters. Bd. 4. Freiburg i. Br. 1888/Reprint Graz 1956, S. 72.
Quelle: Regesta Vatic. Benedicti XII. (n. 131) secret. an. 2,f. 42a, epist. 147.

Quellentext 9

Der Inquisitionsprozeß gegen Paulus Zoppus von Rieti im Jahre 1334

[...] Paulus Zoppus, auch Paulus de Carcere genannt [= Paulus der Hinkende bzw. Paulus vom Gefängnis] und einige andere Männer und Frauen haben, ohne an ihr eigenes Heil zu denken, unter Hintansetzung der Furcht vor Gott und der Kirche [...] unter dem Deckmantel der Abtötung des Fleisches, besonderer Tugend und Rechtschaffenheit und heilsamen Gehorsams oder höherer Vollkommenheit bzw. Tugend Frauen dazu veranlaßt, sich vor ihnen nackt auszuziehen und sich in schamloser Weise und mit schamlosen Bewegungen auf den Rücken zu legen, um die ungestillten Begierden ihrer Verkommenheit erlaubterweise befriedigen zu können ...

[Paulus Zoppus, vorgeladen und verhört, gesteht alsbald, ohne daß die Folter angewendet werden mußte:]

Gefragt, unter welchem Vorwand er [diese Frauen] dazu verführte, sich nackt auszuziehen, antwortete er, daß er die oben Genannte unter dem Vorwand der Tugend des Gehorsams verführte und dabei sagte, er stelle sie auf die Probe, ob sie gehorsam sei. Er sagte aus, daß er sagte, sie sei gehorsam, wenn sie das oben Beschriebene auf sein Wort hin in seiner Gegenwart und vor seinen Augen täte; und wenn sie es nicht täte, sei sie nicht gehorsam. – Gefragt, von wem er dieses Ritual habe und von wem er es gelernt habe, antwortete er, daß er es von Bruder Raymund, einem Fraticellen aus Spoleto, gelernt habe und kenne [...]. – Gefragt, auf welche Weise ihn der besagte Bruder Raymund unterwies, antwortete er, daß er ihm sagte, daß man diesen Brauch in Spoleto pflege, nämlich daß ein nackter Mann bei einer Nackten liege und sie sich jedoch nicht miteinander vereinigten. – Gefragt, ob jener behauptete, daß in dem oben beschriebenen Verhalten irgend etwas Gutes läge, antwortete er, daß er ihm dazu nichts sagte, weder daß es gut noch daß es böse sei. – Gefragt nach dem Ort, wo er das oben Beschriebene erlernte, antwortete er, das sei in der Stadt Rieti gewesen, aber er erinnere sich nicht gut und genau an einen bestimmten Ort. – Gefragt nach der Zeit, antwortete er, daß bereits zehn bis zwölf Jahre verstrichen seien [...].

Franz Ehrle, Die Spiritualen, ihr Verhältnis zum Franziskanerorden und zu den Fraticellen. In: Archiv für Literatur- und Kirchengeschichte des Mittelalters. Band 4, Freiburg i. Br. 1888/Reprint Graz 1956, S. 78–82.
Quelle: Cod. Vatic. 4029, Bl. 1–75.

Quellentext 10

Gerardo Segarelli, der Sektengründer der Pseudo-Apostel

Seit dem Jahre 1260 trat ein gewisser Gerardo Segarelli aus Parma in der Lombardei zum Unheil für ihn selbst und viele andere auf.

Dieser ersann unter dem Schein eines vollkommenen Lebens und heuchlerischer Buße eine neue Lebensform, zog durch seine schlimmen Ansichten und persönlichen Gespräche ziemlich viele Schüler und Anhänger an sich und hielt geheime Zusammenkünfte mit ihnen ab. Allmählich und im verborgenen verbreitete er das verderbliche Gift, lehrte gegen den allgemeinen Zustand der heiligen römischen Kirche sowie der kirchlichen Würdenträger, des gesamten Klerus sowie der Gläubigen, aller Orden und auch der Laien, wie das Folgende noch deutlicher zeigen wird.

Die neue Lehre vermittelte er seinen Zuhörern unter dem gemalten und geschminkten Bild der Heiligkeit, und er erklärte, daß er den Weg der Apostel gehen und ihr Leben führen wolle und, wie es die Apostel selber taten, Buße predige und die Völker einen neuen Weg lehre, ohne zu merken, daß die alten Pfade sicherer und heilsamer sind. Daher nannte er seine Schüler und Anhänger Apostel und wollte auch, daß man sie so nenne, die unter niemands Gehorsam außer Gott gegenüber lebten wie die ersten Apostel unseres Herrn Jesus Christus. Er entschloß sich, diese unheilvolle Sekte nicht so sehr aufgrund seiner Autorität, die es ja nicht gab, sondern vielmehr mit großer Dreistigkeit „Orden der Apostel" zu nennen. Diese sollten wie arme Bettler in alle Welt gehen, von Almosen leben und überall den Völkern predigen: *„Tut Buße, denn das Himmelreich ist nahe"* [Mt 3,2] und manches andere dergleichen, das auf den ersten Blick den Zuhörern, besonders einfältigen, gut erschien. Er brachte ziemlich viele Irrlehren auf und vermittelte sie seinen Anhängern; diese sollten sie jedoch nicht offen und öffentlich, sondern im geheimen bewahren und lehren.

Von Anfang an trugen sie einen weißen Mantel, der am Hals durch das Chorhemd ein wenig ausgebauscht war, ein weißes Chorhemd und lange Haare – ich habe viele gesehen, die so aussahen –, irgendeinen Umhang, manchmal trugen sie Sandalen, manchmal gingen sie barfuß, und sie unterschieden sich in ihrer Lebensführung und ihren Sitten vom normalen Lebenswandel der Gläubigen und ihrer Lebensführung. Sie heuchelten ein vollkommenes und apostolisches Leben voreinander äußerlich durch ihre Ordenstracht, ihr Aussehen und die Verkündigung des Evangeliums vor den Zuhörern, indem sie gewöhnlich so auftraten. Ihr Leben war aber in Wirklichkeit inwendig vergiftet und äußerlich in abscheulicher Weise schamlos, und ihre Lehre war bei den geheimen Versammlungen ebenso ketzerisch wie unsinnig.

So war von Anfang an unter diesem Mantel der Frömmigkeit ein verborgenes Gift zum großen Teil deshalb, weil es niemanden gab, der sich solchen Wölfen in Schafskleidern entgegenstellte. Einfältige begannen, deren falsches Bild von Heiligkeit zu ehren, sie zu begünstigen und mit Almosen zu unterstützen. Und so nahm ihre Zahl rasch zu. In ungefähr zwei Jahrzehnten entwickelten sie sich zum Schlechteren. Doch konnte so ihre unheilvolle Lehre nicht länger verborgen bleiben, sondern sie fand unter den Katholiken ein lautes Echo und wurde allmählich bekannt, und von einigen wurden sie der Ketzerei verdächtigt und angezeigt.

Bernard Gui, Manuel de l'Inquisiteur. Band 2, Paris 1927 (= Les Classiques de l'Histoire de France au Moyen Age 8), S. 66–70.

Quellentext 11

Wie die Pseudo-Apostel in der Öffentlichkeit reden

Ihre typische Ausdrucksweise, vor allem wenn sie sich öffentlich sehen lassen, ist gewöhnlich so: Sie sagen etwas, was offensichtlich lobenswert ist, um dadurch Zuhörer anzuziehen und anzulocken. So sagen sie: *„Wachet und betet, weil das gut für die Seele ist!"* Ferner sprechen sie mit lauter Stimme das Paternoster, das Ave Maria und das Credo. Ferner singen sie, wenn sie durch die Dörfer gehen, manchmal auf den Plätzen oder dort, wo sie Zuhörer finden: *„Tut Buße, das Himmelreich ist nahe!"* [Mt 4,17], und über die Apostel: *„Siehe, ich sende euch wie Schafe mitten unter die Wölfe"* [Mt 10,16]. Außerdem singen sie: *„Euer Herz beunruhige und fürchte sich nicht."* [Joh 14,27]

Ferner singen sie das Salve Regina und einige andere Lieder, um Zuhörer anzulocken, und stellen nach außen gewisse Zeichen der Ergebung in den Herrn zur Schau, die den Zuhörern auf den ersten Blick alle gut und fromm erscheinen. Vor allem versuchen sie, äußerlich auf die Menschen den Eindruck von Büßern, die ein vollkommenes Leben führen, zu machen.

Sie essen öffentlich auf den Fahrwegen an einem Tisch, der dort für sie hingestellt wurde, von dem, was man ihnen dann bringt. Und das, was von dem Brot, dem Wein und den anderen Speisen, die man ihnen dort gab, übrig ist, nehmen sie nicht mit, wenn sie sich vom Tisch erheben, sondern sie lassen es dort zurück zum Zeichen, daß sie die vollkommenen Armen Christi sind, als würden sie nicht an den morgigen Tag denken und gleichsam kein Haus und keine Bleibe haben. Auf diese Weise erbetteln sie sich ihre Nahrung.

Bernard Gui, Manuel de l'Inquisiteur. Band 1, Paris 1926 (= Les Classiques de l'Histoire de France au Moyen Age 8), S. 94–96.

Quellentext 12

Die Verurteilung und Hinrichtung von Gerardo Segarelli

Als nach ungefähr 20 Jahren das üble Gerücht über jene Sekte, die sich selbst „Orden der Apostel" nannte, Papst Honorius III. zu Ohren kam, verurteilte er sie als kirchenfeindlich, und er verurteilte ebenso ihre Ordenstracht, so wie es in den apostolischen Schreiben steht, die er an alle kirchlichen Würdenträger darüber mit diesbezüglichem Inhalt verfügte. Ebenso wie Papst Honorius IV. hat auch Papst Nikolaus IV. um das Jahr 1290 im dritten Jahr seines Pontifikats allen kirchlichen Würdenträgern ähnliche Briefe zukommen lassen.

Nach den erwähnten apostolischen Schreiben verwarf man allmählich die besagte gefährliche Sekte, und die Gläubigen mieden sie. Aber weil sie sich weit und breit in verschiedenen Erdteilen ausgebreitet hatte, konnte man sie zur Zeit des erwähnten Papstes Honorius [IV.] und Papstes Nikolaus [IV.] nicht völlig ausrotten, sowohl wegen der Begünstigung durch die einfachen Menschen, die sie für sich gewonnen hatte, als auch wegen der Sorglosigkeit der kirchlichen Würdenträger in dieser Angelegenheit. Und weil es keine Hand gab, welche die aufsprießenden Keime mit der Wurzel ausriß, stieg die Zahl der Söhne Belials rasch an. Der erwähnte Gerardo, ihr Kopf, Erzketzer und fanatischer Führer, blieb immer noch am Leben.

Da sich diese Irrlehre bzw. Häresie im Lauf der Zeit immer weiter ausbreitete, begannen die Inquisitoren mit Vollmacht vom Apostolischen Stuhl, in den Landesteilen Italiens nachzuforschen und gegen sie vorzugehen. Der besagte Gerardo hielt sich jedoch noch bis zur Zeit von Papst Bonifatius VIII. und hatte noch mehr Schüler und Lehrer seiner Irrlehre. Schließlich wurde Gerardo etwa 40 Jahre seit seinem ersten Auftreten durch den Eifer und die Sorgfalt der Inquisitoren aus dem Dominikanerorden in einem Landstrich der Lombardei beim Ketzern erwischt und als Ketzer verurteilt und verbrannt. Das war zur Zeit des erwähnten Papstes

Bonifatius [VIII.]. Das Urteil gegen ihn wurde am 18. Juli im Jahre des Herrn 1301 vom Inquisitor Bruder Matfredus von Parma aus dem Dominikanerorden im Palais des Bischofs von Parma gefällt. Es wurden auch viele von seiner Sekte festgenommen, von denen sich einige bekehrten, die Irrlehren dieser Sekte gestanden und vor Gericht abschworen. Sie nahmen die Buße für das, was sie getan hatten, an. Andere aber wurden je nachdem, wie man ihre Verbrechen einschätzte, bestraft. Etliche aber flohen, und andere hielten sich versteckt, wieder andere begaben sich in andere Gegenden.

Bernard Gui, Manuel de l'Inquisiteur. Band 2, Paris 1927 (= Les Classiques de l'Histoire de France au Moyen Age 8), S. 70–74.

Quellentext 13

Dolcino, der Nachfolger des Erzketzers Gerardo

Nach der Beseitigung und Verbrennung des Erzketzers Gerardo folgte ihm im Lehramt der Irrlehre und des verkehrten Glaubens Dolcino aus der Diözese Novarra nach. Er war der uneheliche Sohn eines Priesters, einer von den Schülern des erwähnten Gerardo, und er wurde der Kopf und der Bannerträger dieser ganzen Sekte und Gemeinschaft, die nicht, wie man fälschlich sagt, apostolisch, sondern in Wahrheit abtrünnig war. Er reihte Irrlehre an Irrlehre und verschlimmerte sie, wie es weiter unten noch deutlicher werden wird, wo diese Irrlehren auszugsweise gesammelt sind, damit sie durch ihre Enthüllung von den Gläubigen besser vermieden werden können.

Besagter Dolcino sammelte besonders in den Landesteilen Italiens, der Toskana und anderen benachbarten Gebieten weit und breit viele tausend Menschen beiderlei Geschlechts in seiner ketzerischen Sekte. Ihnen überlieferte er die unheilvolle Lehre mit einem Geist, der weniger prophetisch als vielmehr fanatisch und wahnsinnig war; er sagte viele künftige Dinge voraus und behauptete und erdichtete dabei, er habe eine Offenbarung von Gott und den Geist prophetischen Wissens. In all diesen Punkten wurde er als falsch, verlogen und als betrogener Betrüger befunden, zusammen mit seiner Margarita, einer Verbrecherin und Ketzerin, die an seinem Verbrechen und seiner Ketzerei mit beteiligt war, wie das Folgende noch besser zeigen wird.

Besagter Dolcino schrieb drei Briefe, die er allgemein an alle Christgläubigen und im besonderen an seine Anhänger richtete. In diesen Briefen faselte er wortreich von der Heiligen Schrift und tat am Anfang seiner Briefe so, als ob er am römischen Glauben festhielte. [...]

Bernard Gui, Manuel de l'Inquisiteur. Band 2, Paris 1927 (= Les Classiques de l'Histoire de France au Moyen Age 8), S. 74–76.

Quellentext 14

Die Sekte der Pseudo-Apostel, die sich Apostel Christi nennen

Die abtrünnige und ketzerische Sekte der Apostel kam um das Jahr des Herrn 1260 auf und wurde vom sogenannten Gerardo Segarelli aus Parma gegründet. Dort war er der Führer der Sekte, und er wurde vom Gericht der Kirche verurteilt und verbrannt. Als sein Nachfolger in der Lehre und in der Sekte trat ein gewisser Dolcino aus Novarra, der uneheliche Sohn eines Priesters, auf. Er sammelte sehr viele Anhänger seiner Sekte um sich, wurde schließlich zusammen mit einer gewissen Margarita, seiner Lebensgefährtin, gefangengenommen, da er sich des Verbrechens der Häresie schuldig gemacht hatte, und vom Gericht der Kirche zusammen mit der erwähnten Ketzerin verurteilt und verbrannt, wie in einem Bericht über diesen Vorgang ausführlicher erzählt wird.

Bernard Gui, Manuel de l'Inquisiteur. Band 1, Paris 1926 (= Les Classiques de l'Histoire de France au Moyen Age 8), S. 84.

Quellentext 15

Die Irrlehren der Sekte der Pseudo-Apostel

Die vom rechten Weg abirrenden Anhänger der obenerwähnten apostolischen oder vielmehr abtrünnigen und ketzerischen Sekte lehrten vor allem im geheimen, und sie lehren auch heute noch ganz geheim, wen, wann und wo sie können, daß die ganze Autorität, die vom Herrn Jesus Christus schon vor langer Zeit der römischen Kirche verliehen worden war, ganz ausgehöhlt wurde und wegen der Schlechtigkeit der kirchlichen Würdenträger geschwunden ist.

Ferner, daß die römische Kirche, die der Papst, die Kardinäle, die kirchlichen Würdenträger, die Geistlichen und Mönche in ihrer Gewalt haben, nicht die Kirche Gottes, sondern die verworfene Kirche ist, die keine Frucht bringt.

Ferner, daß die römische Kirche jene große Hure Babylon ist, von der Johannes in der Apokalypse schreibt und die vom Glauben an Christus abgefallen ist.

Ferner, daß die ganze geistliche Macht, die Christus der Kirche von Anfang an gab, auf die Sekte derer übertragen wurde, die sich die Apostel oder diejenigen vom Orden der Apostel nennen. Diese Sekte bzw. diesen Orden nennen sie die geistliche Gemeinschaft, die in jüngst vergangenen Zeiten von Gott gesandt und auserwählt wurde.

Ferner, daß sie selbst, die sagen, sie seien die Apostel Christi, und keine anderen die Macht haben, die der hl. Apostel Petrus von Gott hatte.

Ferner, daß der erwähnte Gerardo Segarelli aus Parma der erste Leiter und der Gründer dieser Sekte war.

Ferner: Dolcino aus Novarra schrieb in seinen Briefen über den erwähnten Gerardo, daß er eine auf der Wurzel des Glaubens wachsende Pflanze Gottes war, mit der Gott seine Kirche zur Vollkommenheit, zum Leben, zum sicheren Bestand und zur Armut der Urkirche zurückzuführen begann, und zwar in den Zustand, in dem Christus die Kirche dem hl. Apostel Petrus anvertraute.

Ferner sagen sie, daß allein sie, die Apostel der besagten Sekte bzw. Gemeinschaft, die Kirche Gottes sind und sich in jenem Zustand der Vollkommenheit befinden, in dem sich die ersten Apostel Christi befanden. Daher sagen sie, sie seien keinem Menschen zum Gehorsam verpflichtet, auch nicht dem Papst oder sonst jemandem, weil ihre Regel, die nach ihren Worten unmittelbar von Christus stamme, das freie und in jeder Hinsicht vollkommene Leben sei.

Ferner, daß weder der Papst noch sonst jemand ihnen vorschreiben kann, diesen Zustand bzw. das Leben in so großer Vollkommenheit aufzugeben.

Ferner, daß der Papst und auch niemand sonst sie exkommunizieren kann.

Ferner, daß sich jeder aus jedem beliebigen Stand und Orden mit dem Recht und Belieben seines eigenen Willens ihrer Lebensweise und ihrem Stand bzw. Orden anschließen kann, ob er ein Kleriker oder ein Laie ist, so daß ein Mann ohne Zustimmung seiner Ehefrau und eine Ehefrau ohne Zustimmung ihres Mannes den Ehestand verlassen und in ihren Orden eintreten kann, und daß kein Würdenträger der römischen Kirche eine Ehe scheiden kann, sie selber aber schon.

Ferner, daß keiner aus ihrer Lebensgemeinschaft, ihrem Stand bzw. Orden in einen anderen Orden eintreten oder eine andere Ordensregel annehmen kann, ohne eine Todsünde zu begehen, und daß er sich dem Gehorsam keines Menschen unterwerfen darf, weil dies bedeuten würde, daß er von einem Leben in höchster Vollkommenheit zu einem nicht so vollkommenen Leben herabsteigen würde.

Ferner, daß keiner gerettet werden oder in das Himmelreich gelangen kann, wenn er nicht ihrem Stand bzw. Orden angehört, weil außerhalb ihres Standes bzw. Ordens, wie sie sagen, später einmal niemand gerettet werden wird.

Ferner, daß alle, die sie verfolgen, eine Sünde begehen und sich im Zustand der Verdammnis und Sündenschuld befinden.

Ferner, daß kein Papst der römischen Kirche jemanden lossprechen kann, außer er ist so heilig, wie es der hl. Apostel Petrus war, indem er nämlich in völliger Armut, ohne eigenen Besitz und in Demut lebt, keine Kriege führt und niemanden verfolgt, sondern jeden in seiner Freiheit leben läßt.

Ferner, daß alle Würdenträger der römischen Kirche, die hohen ebenso wie die niedrigen, seit der Zeit des hl. Silvester, als sie sich von der Lebensweise der früheren Heiligen abkehrten, gewissenlose Sünder und Verführer sind, mit Ausnahme des Bruders Petrus von Morrone, der den Namen Papst Cölestin [V.] erhielt.

Ferner, daß jeder Stand der Mönche, Priester, Diakone, Subdiakone und kirchlichen Würdenträger dem katholischen Glauben schadet.

Ferner, daß die Laien keinem Priester oder Würdenträger der katholischen Kirche den Zehnten geben dürfen und dazu auch gar nicht verpflichtet sind, außer jener befindet sich in einem Zustand so großer Vollkommenheit und so großer Armut wie die ersten Apostel. Daher sagen sie, daß der Zehnte nur ihnen selbst, die Apostel heißen und die Armen Christi sind, gegeben werden darf.

Ferner, daß jeder Mann und jede Frau zusammen nackt in ein und demselben Bett liegen und erlaubterweise einer den anderen gegenseitig an jedem Körperteil berühren darf und sie sich gegenseitig küssen dürfen, ohne daß es eine Sünde ist; und daß es keine Sünde ist, wenn er seinen Leib nackt mit dem Leib einer Frau vereint, wenn er fleischlich erregt ist, auf daß die Versuchung aufhöre.

Ferner, daß es etwas Größeres ist, bei einer Frau zu liegen und sich körperlich mit ihr zu vereinigen, als einen Toten wieder aufzuerwecken. Sie teilen jedoch diese beiden Artikel nicht allen ohne Unterschied mit, sondern nur einander und denen, die ihnen mehr anhängen.

Ferner, daß das Leben vollkommener ist, wenn man ohne ein Gelübde als mit einem Gelübde lebt.

Ferner, daß eine geweihte Kirche, um zu Gott zu beten, nicht wertvoller ist als ein Pferde- oder Schweinestall.

Ferner, daß man Christus in den Wäldern so gut wie in Kirchen oder gar noch besser anbeten kann.

Ferner, daß ein Mensch aus keinem Grund und in keinem Fall schwören darf außer im Fall der Glaubensartikel oder der Gebote Gottes und daß alles andere verheimlicht werden kann. Und falls sie schwören, vor kirchlichen Würdenträgern oder Inquisitoren die Wahrheit zu sagen, sind sie nicht verpflichtet, jemandem zu antworten, ihre Lehre bzw. ihre Irrlehren zu verraten, auch nicht dazu, sie mit Worten zu verteidigen, sondern sie stets im Herzen zu bewahren. Wenn sie jedoch gezwungen sind, in Todesgefahr zu schwören, sollen sie in diesem Fall nur verbal bzw. mit ihrer Stimme schwören und daran denken, daß sie in keinem Fall verpflichtet sind, die Wahrheit zu sagen außer darüber, was wörtlich in den Glaubensartikeln oder Geboten steht. Und wenn sie nach etwas anderem gefragt werden, dürfen sie ohne Sünde lügen und mit dem Mund die Wahrheit ihrer Sekte leugnen, sofern sie diese in ihrem Herzen bewahren, damit sie der Macht der Inquisitoren entkommen. Aber sie sollen antworten, indem sie die Wahrheit leugnen, bestreiten oder verhüllen, wie sie auch immer damit durchkommen mögen. Wenn sie jedoch dem Tod nicht entrinnen könnten, dann sollen sie in einem solchen Fall ihre Lehre in allem und jedem offen bekennen und verteidigen und darin geduldig und standhaft sterben und auf keinen Fall irgend jemanden von ihren Gefährten oder Gläubigen verraten.

Die erwähnten Irrlehren und noch einige andere, die sich notwendigerweise daraus ergeben, bewahren sie und lehren sie ihre Gläubigen, jedoch nicht öffentlich, sondern im geheimen, und sie lehren sie nicht alle auf einmal, sondern nach und nach bald die eine, bald die andere, bald mehrere, wie sie es für günstiger halten. Zusammen mit dem Schein von Gutsein und Frömmigkeit, damit ihre Worte überzeugender und besonders glaubhaft wirken, schicken sie, wenn sie auf die Laien einreden, alles voraus, was sie überzeugend über den schlechten Lebenswandel der kirchlichen Würdenträger, der Geistlichen und Mönche sagen können, und sie sagen, daß die kirchlichen Würdenträger, die Geistlichen und die Mönche sie deshalb mit ihrem Haß verfolgen, weil sie die Wahrheit sagen und lehren.

Bernard Gui: Manuel de l'Inquisiteur. Band 1, Paris 1926 (= Les Classiques de l'Histoire de France au Moyen Age 8), S. 86–94.

Quellentext 16

Die Irrlehren des Dolcino, des Gerardo und ihrer Anhänger

Nun sollen also seine Irrlehren, die seines [in der Überschrift] genannten Lehrers Gerardo und die seiner Anhänger systematisch betrachtet werden, damit den Katholiken die Irrlehren, die jene selbst verheimlichen, bekannt sind, auf daß man sie, wenn sie entdeckt und erkannt sind, mit größerer Vorsicht meide und die erwähnte Gemeinschaft, die gewiß nicht apostolisch, sondern in Wahrheit abtrünnig und ketzerisch ist, überall ganz und gar aus dem Lebensraum der Gläubigen ausgerottet werde.

Besagter Dolcino lehrte unter anderem nachdrücklich, er habe den Geist der Weissagung; es sei ihm von Gott enthüllt worden, daß im Jahre des Herrn 1305 Friedrich, der König von Sizilien, der Sohn des einstmaligen Königs Peter von Aragon, Kaiser werde und dann zehn Jahre lang in Italien herrsche, daß er den Papst, alle Kardinäle, alle kirchlichen Würdenträger und alle Gläubigen außer denen töte, die sich in den Schoß der Sekte des Dolcino und seiner Anhänger flüchteten. Und dann werde Dolcino auf den Thron des hl. Petrus gesetzt werden, und er selbst werde mit seinen Anhängern beginnen, in der Kirche zu herrschen. Daß dies völlig falsch ist, ist und war klar!

Ferner, daß nur er selbst, Dolcino, und seine Anhänger und sonst niemand den Heiligen Geist hätten – aber ohne daß er ihnen zunächst Stärke verliehe! Daher predigten sie damals im geheimen, nachts und mit Furcht. Aber in dem genannten Jahr, als Friedrich Kaiser wurde, da wollten sie selbst einen so großen Überfluß des Heiligen Geistes im Hinblick auf ihre Stärke erhalten wie die ersten Apostel am Pfingsttag. Da legten sie alle Furcht ab und predigten in aller Welt mehr in der Öffentlichkeit, um die Völker zu ihrer Sekte, Lebensweise und apostolischen Gemeinschaft zu bekehren, da außerhalb von ihr einmal niemand gerettet werden könne.

Ferner lehrte Dolcino, daß die Kirche vier Entwicklungsstufen hat bzw. hatte. Die erste war gut und demütig, arm und der Verfolgung ausgesetzt.

Diese Stufe war die Zeit Christi und der Apostel. Die zweite war gut, keusch, ehrbar und reich; und das war die Zeit des hl. Silvester. Die dritte war und ist reich, habgierig, unzüchtig, auf Ehre bedacht und stolz, und diese Stufe dauerte bzw. dauert noch an. Die vierte ist wie die erste. Sie begann mit Gerardo Segarelli aus Parma, der erst vor einiger Zeit von Gott gesandt wurde und als erster seit den Aposteln ein Leben apostolischer Vollkommenheit begann. Es waren 40 Jahre vergangen, als der besagte Dolcino ungefähr im Jahre 1300 das oben Berichtete lehrte und schrieb. Dieses apostolische Leben behalten Dolcino und seine Anhänger bei, wie sie sagen.

Ferner hatte besagter Dolcino eine Geliebte namens Margarita bei sich, von der er behauptete, er betrachte sie keusch und ehrbar wie eine Schwester in Christus. Weil man aber bemerkte, daß sie schwanger sei, behaupteten er und seine Anhänger, sie sei schwanger vom Heiligen Geist.

Ferner hatten auf ähnliche Weise die Schüler und Anhänger des Dolcino, die behaupten, Apostel zu sein, bei sich Geliebte, wie man des öfteren erfuhr, die sie Schwestern in Christus nannten. Und mit ihnen lagen sie im Bett, behaupteten aber auf lügnerische, heuchlerische Weise, sie würden von keinerlei fleischlichen Versuchungen heimgesucht.

Ferner ist anzumerken, daß besagter Dolcino der uneheliche Sohn eines Priesters war.

Bernard Gui, Manuel de l'Inquisiteur. Band 2, Paris 1927 (= Les Classiques de l'Histoire de France au Moyen Age 8), S. 100–102.

Quellentext 17

Allgemeine Fragen an die Pseudo-Apostel

Vor allem sollen sie nach ihrer Heimat und ihren Eltern gefragt werden, woher sie waren oder ursprünglich stammten, warum und wann sie aus ihrer Heimat wegzogen und in diese Gegend kamen, mit wem und wie lange sie in fernen Gegenden blieben und in welchen Städten und mit wem sie sich dort besonders aufhielten.

Ferner, ob sie jemals den Namen des Gerardo Segarelli aus Parma und Dolcino aus Novarra in der Lombardei hörten oder ob sie sie selber oder nur einen von ihnen sahen oder mit ihnen sprachen, was sie glauben oder über sie und ihre Lebensweise, ihre Sekte oder Lehre denken, und ob sie glauben, daß sie gute Menschen waren und eine gute Sekte hatten und eine gute Lehre verbreiteten.

Ferner, ob sie sagen hörten, daß der erwähnte Gerardo der Gründer dieser Sekte und der erwähnte Dolcino dessen Nachfolger war.

Ferner, ob sie einmal einen oder mehrere von der Sekte der Genannten oder von denen sahen, die man Apostel oder Angehörige des Ordens der Apostel nennt, und wen sie sahen; und ob sie Gemeinschaft mit ihnen oder Anschluß an sie hatten und mit wem.

Ferner soll man sie fragen nach der Ordenstracht, die sie tragen, und ihrer Form, welche die Tracht einer Religionsgemeinschaft zu sein scheint, sodann wann und wo sie eine solche Ordenstracht erhielten, welche Weihe sie haben, ob sie sich zu einer Ordensregel bekennen und ob die Ordensregel, die sie einhalten, und die Ordenstracht, die sie tragen, jemals von der römischen Kirche genehmigt worden war, und ob sie andere kennen, die ein solches Gewand haben bzw. ein solches Gewand tragen. Ferner, ob sie einen oder mehrere dazu aufforderten oder verleiteten, ein solches Gewand anzulegen oder zu tragen oder einen ähnlichen Ritus und eine ähnliche Lebensweise einzuhalten und ähnliches zu tun, und wen und wie viele und warum. Ferner soll man sie nach der Art und Weise und der Form fragen, die besagte Regel anzunehmen oder das Gewand anzulegen.

Ferner [soll man sie befragen] zur Lehre, die sie verbreiten, und zur Methode, die sie beim Lehren einhalten, zu dem, was von ihnen überhaupt auf den Straßen vor dem Volk getan, gesagt und gesungen wird; woher sie das haben, wer es sie gelehrt hat und warum sie es tun, da es nicht von der römischen Kirche, auch nicht von den kirchlichen Würdenträgern angeordnet wurde. Denn bei den besagten Ketzern ist auffallend, daß sie als Einzelgänger auftreten, die sich unterscheiden vom gewöhnlichen Lebenswandel der Gläubigen, der Mönche und anderer Personen hinsichtlich ihrer Lebensweise, ihrer Ernährung und ihrer Sitten; ferner, seit welcher Zeit sie anfingen, so zu leben.

Ferner, ob sie in dem Jahr einem Priester ihre Sünden beichteten und wem, ob sie kommunizierten oder den Leib Christi an Ostern empfingen und wo, da sie selber predigen, man müsse Buße tun, und da zur wahren Buße nach der Herzensreue ein Lippenbekenntnis der Sünde vor einem Priester gefordert wird, der von einem Bischof der römischen Kirche geweiht wurde, und vor keinem anderen. Und da alle Gläubigen verpflichtet sind, einmal im Jahr ihre Sünden dem zuständigen Priester zu beichten und an Ostern die Kommunion zu empfangen, scheinen diejenigen dazu besonders verpflichtet zu sein, die ein vollkommenes Leben, wie sie sagen, nach außen hin in Anspruch nehmen und erkennen lassen.

Aus den genannten allgemeinen und anderen ähnlichen Fragen, die dann auftauchen, wenn ein Prozeß zu führen ist und wenn man Gelegenheit hat, wird man sie aufgrund der obenerwähnten Fragen und ihrer Antworten irgendwie anhand ihrer doppeldeutigen und raffinierten Formulierungen überführen können, besonders wenn sie einen aufmerksamen, umsichtigen und beharrlichen Inquisitor vor sich haben, da sie dann mit den gestellten Fragen nicht gut zurechtkommen können.

Bernard Gui, Manuel de l'Inquisiteur. Band 1, Paris 1926 (= Les Classiques de l'Histoire de France au Moyen Age 8), S. 98–102.

Quellentext 18

Sonderform der Abschwörung der Sekte und Häresie der Pseudo-Apostel

Ich, N., aus dem und dem Ort und der und der Diözese, in Eurer Gegenwart, N., vor Gericht gestellt, schwöre auf die heiligen Evangelien Gottes, die vor mir liegen, aller Häresie jeder Sekte gänzlich ab, die sich gegen die heilige römische Kirche, den Apostolischen Stuhl und den katholischen Glauben an den Herrn Jesus Christus richtet.

Besonders und ausdrücklich schwöre ich der Sekte und dem Orden derer ab, die sich Apostel nennen und so auch vom Volk genannt werden.

Diese Sekte bzw. diesen Orden soll Gerardo Segarelli aus Parma aufgebracht haben; er soll der Gründer gewesen sein. Dolcino aus Novarra soll diesen Orden nach dem erwähnten Gerardo mit vielen Anhängern bewahrt und verteidigt haben. Ich habe gehört, daß dieser Gerardo und dieser Dolcino und auch viele Anhänger und Mitglieder der besagten Sekte als Ketzer verurteilt wurden, und ich glaube und meine, daß sie zu Recht als Ketzer verurteilt wurden.

An dieser Häresie und diesem Orden habe ich mehrere Jahre festgehalten; ich schwöre hiermit völlig ab und verspreche, daß ich in Zukunft nicht an diesem Orden und dieser Häresie festhalte, da der Name, die besondere Ordenstracht und Lebensweise an sich im Widerspruch stehen zur allgemeinen Lebensweise und dem Leben der Gläubigen und da das Ganze und einzelnes von der vernünftigen Lehre und von der Schlüsselgewalt der Kirche und ihrer geistlichen Würdenträger irgendwie abweichen oder in Widerspruch dazu stehen.

Ebenso glaube ich von Herzen und bekenne mit meinem Mund, daß es eine heilige, katholische Kirche gibt, der zur Zeit der hochheilige Vater, Papst N., vorsteht, und daß es außerhalb des Glaubens und des Gehorsams gegenüber dieser Kirche kein Heil gibt.

Ebenso widerrufe ich und schwöre dem Ganzen und dem einzelnen ab, das ich vorhin vor Gericht gesagt und behauptet habe, sofern sich darin irgendeine Irrlehre oder eine falsche Ansicht bzw. eine irrige Lehrmeinung erkennen oder auf irgendeine Weise feststellen läßt. Besonders und ausdrücklich widerrufe ich meine Aussage und schwöre ab, fest daran zu glauben, daß der besagte Orden der Pseudo-Apostel gut sei und daß diejenigen, die an diesem Orden festhalten, der, wie ich vorhin hörte, nicht vom Apostolischen Stuhl anerkannt, sondern vielmehr verworfen wurde, gerettet werden können, wenn sie daran festhalten.

Ferner, daß ich gesagt hatte, ich glaubte daran, daß der römische Papst, die kirchlichen Würdenträger, die Mönche und die Inquisitoren sündigten, indem sie den besagten Orden und seine Religionsausübung verfolgten.

Ferner, daß ich gesagt hatte, ich glaubte, daß das Urteil der Exkommunikation, das durch den Papst bzw. Apostolischen Stuhl oder kraft seiner Autorität oder durch kirchliche Würdenträger gegen die Anhänger des besagten Ordens verhängt wurde, sie nicht band.

Ferner, daß ich gesagt hatte, ich glaubte nicht, daß ich exkommuniziert worden sei, weil ich an der besagten Sekte und dem besagten Orden festhielt, obwohl ich hatte sagen hören und glaubte, daß es so sei, daß alle, die an dem besagten Orden festhielten, durch die Kirche exkommuniziert worden seien.

Ferner, daß ich gesagt hatte, damals, als zur Zeit des hl. Silvester von der Kirche die Armut abgelegt und beseitigt wurde, sei die Heiligkeit des Lebens von der Kirche genommen worden und der Teufel in die Gefährten des hl. Silvester und danach in die Welt eingedrungen.

Ferner, daß ich gesagt und geglaubt hatte, daß der römische Papst oder die kirchlichen Würdenträger nicht zu Recht durch den Urteilsspruch des Kirchenbannes verbieten können, daß jemand an dem besagten Orden festhielte oder ihn bewahrte und daß man einem solchen Verbot oder Urteil nicht gehorchen muß.

Ferner widerrufe ich und schwöre ab, daß ich gesagt habe, daß es zwei Kirchen gibt, nämlich eine geistliche, die in den Menschen ist, die in vollkommener Armut und im geistlichen Gehorsam allein Gott und keinem Menschen gegenüber leben, und eine fleischliche Kirche, welche die Kirche derer ist, die fleischlich und in Vergnügungen leben, gleichwohl aber auch ganz im Gehorsam einem Menschen gegenüber. Ich gestehe, daß es nur eine einzige, katholische Kirche gibt, in der es Gute und Böse gibt.

Ferner widerrufe ich, was ich über die fleischliche Kirche gesagt hatte, nämlich daß sie es war, die Johannes in der Apokalypse Babylon, die große Hure, nennt, ebenso jenes Tier, das sieben Köpfe und zehn Hörner hatte, ebenso jene Frau, die einen goldenen Becher voller Greuel in ihrer Hand hielt, woraus alle Völker tranken. Und ich bekenne, daß die heilige römische Kirche diejenige ist, von der der hl. Paulus schreibt: „Denn ich habe euch einem einzigen Mann verlobt, um euch als reine Jungfrau Christus zu übergeben" [2 Kor 11,2].

Ferner schwöre ich der irrigen Meinung ab, die ich einmal hatte und an der ich festhielt, indem ich glaubte, es sei eine Sünde, vor Gericht, auch um die Wahrheit zu sagen, zu schwören, und es sei nicht erlaubt, und daß ich glaubte, daß jeder Schwur ohne Unterschied von Gott als etwas Unerlaubtes und als eine Sünde verboten sei. Ich bekenne, daß ich glaube, daß es erlaubt sei, vor Gericht zu schwören, um die Wahrheit zu sagen oder zu bekräftigen, weil es nämlich die heilige römische Kirche so überliefert und gelehrt hat und auch praktiziert.

(Auf ähnliche Weise können andere Irrlehren oder irrige Meinungen zum Ausdruck kommen, wenn ihnen abgeschworen werden soll; die Abschwörung soll auf folgende Weise enden:)

Ferner schwöre ich jedem Glauben, jeder Begünstigung, Verteidigung und Gemeinschaft von Ketzern jeder beliebigen verurteilten Sekte ab und besonders und ausdrücklich der Sekte derer, die man Pseudo-Apostel nennt, bei der Strafe, die von Rechts wegen über solche zu verhängen ist, die im Fall der Ketzerei, der vor Gericht abgeschworen wurde, rückfällig wurden.

Ferner verspreche und schwöre ich, daß ich, so gut ich kann, Ketzer jeder beliebigen verurteilten Sekte verfolge, aufspüre oder verrate und mich dafür einsetze, daß sie festgenommen oder den Inquisitoren übergeben werden, besonders und ausdrücklich von der Sekte der Pseudo-Apostel und denen, die an sie glauben, sie begünstigen, aufnehmen und verteidigen, die um der genannten Sekte willen auf der Flucht sind, und ihre Boten, wann und wo auch immer ich wissen oder hören werde, daß es sich um sie oder um einen von ihnen handelt.

Ferner verspreche und schwöre ich, daß ich an dem Glauben festhalte, den die heilige römische Kirche verkündet und bewahrt, und daß ich den Geboten der Kirche Folge leiste (usw., wie oben in der allgemeinen Form der Abschwörung).

Bernard Gui, Manuel de l'Inquisiteur. Band 2, Paris 1927 (= Les Classiques de l'Histoire de France au Moyen Age 8), S. 36–42.

Quellentext 19

Die Verurteilung und Hinrichtung Dolcinos

Papst Clemens V. befahl, gegen den besagten Ketzer Dolcino und seine Anhänger vorzugehen, wie aus seinen apostolischen Schreiben hervorgeht, die er den Inquisitoren, dem Erzbischof von Mailand und seinen Bischöfen im Gebiet der Lombardei schickte.

Es gab daher mit Bezug auf den apostolischen Befehl gegen den erwähnten Dolcino einen Kreuzzug, der mit einem von der Kanzel verkündeten Ablaß verbunden war. Die Inquisitoren setzten mehrmals ein Heer gegen ihn in Bewegung, konnten aber nicht die Oberhand gewinnen, weil sich im Gebiet der Lombardei die Zahl derer vervielfacht hatte, die ihm folgten, an ihn glaubten, ihn aufnahmen, unterstützten und verteidigten.

Aber später sammelten endlich die Inquisitoren aus dem Dominikanerorden in der Lombardei zusammen mit dem Bischof von Vercelli ein großes Heer gegen den Erzketzer Dolcino, nachdem zum Kreuzzug bei vollkommenem Ablaß gepredigt worden war, und zwar weniger, weil er alte Irrlehren wieder aufgriff, sondern neue, schlimme Lehren aufbrachte, viele damit angesteckt, viele verführt hatte und sehr viele Schüler und Anhänger hatte. Er hielt sich mit seinen Leuten in den Gebirgsgegenden von Novarra auf.

Da geschah es, daß wegen starken Frostwetters viele von denen, die sich in diesen Bergen aufhielten, vor Hunger und Kälte ihre Kräfte verloren und in ihren Irrlehren ums Leben kamen. Also stiegen rechtgläubige Soldaten aus dem Heer auf und nahmen dort Dolcino und mit ihm ungefähr 140 Personen gefangen. Man fand über 400, die an Hunger und Kälte gestorben waren, zusammen mit denen, die durch das Schwert getötet worden waren. Zusammen mit Dolcino wurde auch Margarita gefangengenommen, die weniger eine Verbrecherin als vielmehr eine Ketzerin war; sie hatte an seiner verbrecherischen Irrlehre ihren Anteil. Diese Gefangennahme erfolgte in der Karwoche am Gründonnerstag des Jahres 1308. Ihre fällige gerechte Hinrichtung wurde durch das weltliche Gericht vorgenommen. Margarita wurde vor den Augen Dolcinos Glied für

Glied zerstückelt. Dann wurde auch Dolcino Glied für Glied zerteilt. Alle Gebeine und Glieder der beiden wurden zusammen mit einigen anderen ihrer Komplizen verbrannt, wie es ihre Verbrechen verdienten.

Bernard Gui, Manuel de l'Inquisiteur. Band 2, Paris 1927 (= Les Classiques de l'Histoire de France au Moyen Age 8), S. 102–106.

Quellentext 20

Die Sekte der Pseudo-Apostel nach Dolcinos Tod

Die schlimme Sekte des Dolcino wurde jedoch nach seinem Tod nicht restlos beseitigt. Daher gingen die Inquisitoren in den Landesteilen Italiens, der Toskana und anderswo gegen alle Schüler und Anhänger der Sekte des Gerardo und Dolcino als Ketzer vor, spürten sie auf, verfolgten sie, nahmen sie gefangen, sperrten sie ins Gefängnis und bestraften sie gemäß den kanonischen und sonst vom Recht vorgesehenen Bestimmungen.

Es gab nach dem Tod des Dolcino aus jener ketzerischen Sekte viele beiderlei Geschlechts, die sich zur Einheit des katholischen Glaubens bekehrten, ihre Irrtümer nachträglich erkannten und eingestanden und dieser Sekte und Häresie vor Gericht abschworen. Und wenn sie versprachen, den Geboten der Inquisitoren und der Kirche schlicht zu gehorchen, taten sie je nach dem Ausmaß ihrer Schuld öffentlich Buße.

Viele andere aber, die sich nicht bekehren wollten, überließ man der weltlichen Gerichtsbarkeit. Mehrere andere hielten sich versteckt, andere flohen und begaben sich in verschiedene Teile der Welt und verschiedene Reiche, um dort unerkannt, heimlich und verborgen ihre Sekte und ihre ketzerische Irrlehre unter dem heuchlerischen Schein von Frömmigkeit und dem falschen Bild von Heiligkeit einfältigen Menschen eher einpflanzen zu können. Wo auch immer solche Ketzer in welcher Provinz oder welchem Reich auch immer ermittelt werden, wenn sie heimliche Zusammenkünfte abhalten und sich vom allgemeinen Lebenswandel der Gläubigen in der Lebensweise und den Sitten unterscheiden und dasselbe wie das Obige oder ähnliches öffentlich oder im geheimen predigen, obwohl es ihnen nicht erlaubt, sondern ganz und gar verboten ist, öffentlich zu predigen oder zu lehren, und ebenso, wenn sie die Ordenstracht der sogenannten Apostel oder eine ihr ähnliche tragen, weil sie sich oft in ihrem Aussehen verändern und dann und wann sogar ihre Namen ändern, und besonders, wenn welche erklären, sie seien aus dem Apostelorden oder aus der Sekte oder Lehre des erwähnten Gerardo oder Dolcino, oder diejenigen, die eben diesen Gerardo oder Dolcino oder deren Leben oder Lehre gutheißen oder irgendwie empfehlen, dann müssen die kirchlichen Würdenträger und Inquisitoren, denen dies aufgrund ihres Amtes obliegt, gegen diese und ebenso gegen diejenigen, die an sie glauben, sie unterstützen, aufnehmen und verteidigen, als Ketzer vorgehen.

Die rechtgläubigen und katholischen Eiferer im Glauben müssen sie als Ketzer in allem Umgang strikt meiden, sie entdecken, enttarnen, den kirchlichen Würdenträgern, Geistlichen und Inquisitoren anzeigen, wo auch immer sie über sie Kenntnis haben. Dazu müssen die Laien öffentlich in den Kirchen durch die kirchlichen Würdenträger, Priester, Seelsorger und jene, die das Wort Gottes in den Kirchen predigen, ermahnt und aufgefordert werden.

Bernard Gui, Manuel de l'Inquisiteur. Band 2, Paris 1927 (= Les Classiques de l'Histoire de France au Moyen Age 8), S. 106–108.

Anhang

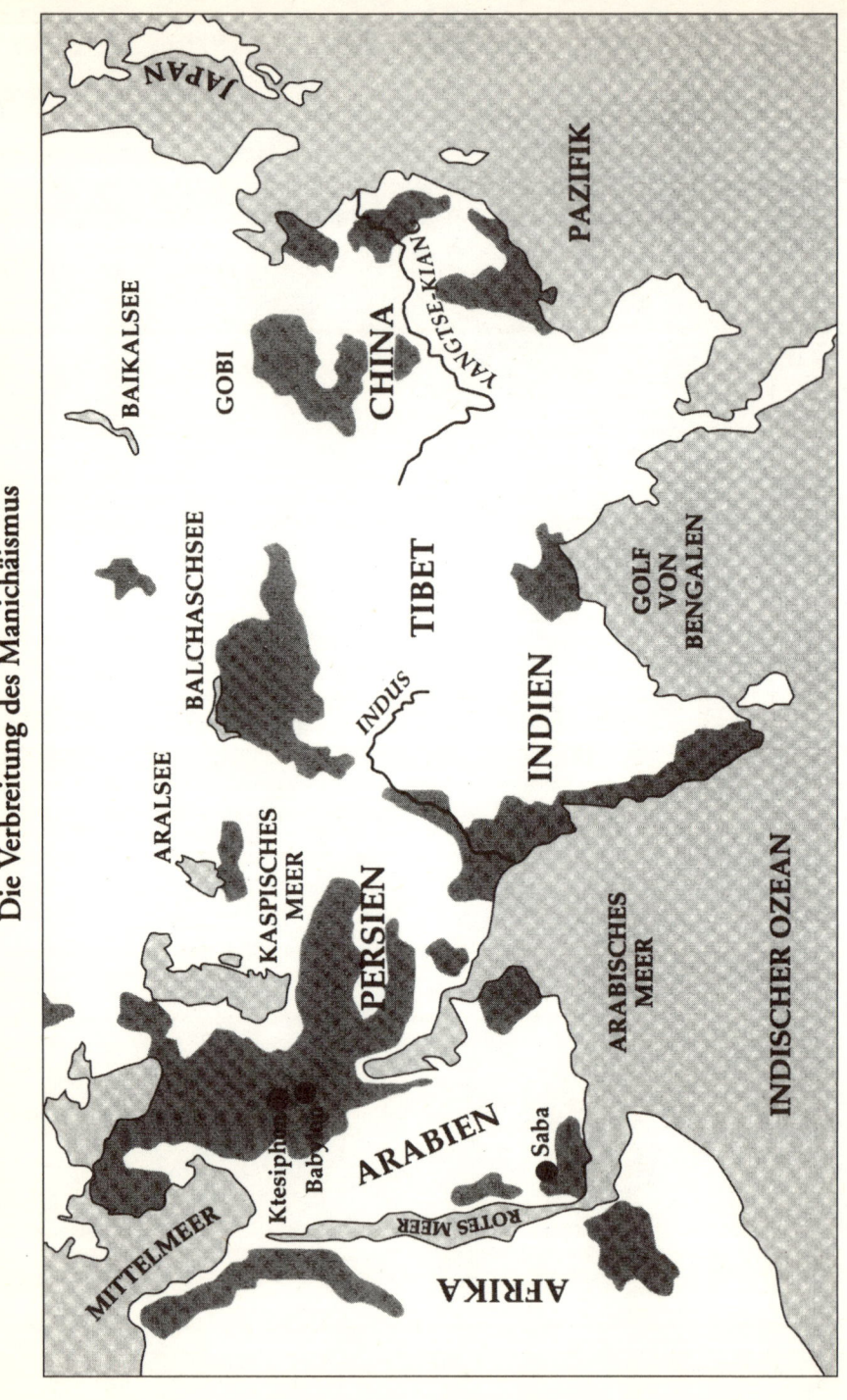

Die Verbreitung der Bogomilen

- Konstantinopel
- Kirche von Drugonthia
- Melnik
- Kirche von Bulgarien
- Kirche von Sclavonia
- Desenzano
- Vicenza
- Concorrezzo
- Bagnolo
- Florenz
- Val di Spoleto
- Albi
- S. Félix
- Toulouse

MITTELMEER

Die Katharer im Languedoc (13. Jahrhundert)

Die Verbreitung der Waldenser (13. bis 15. Jahrhundert)

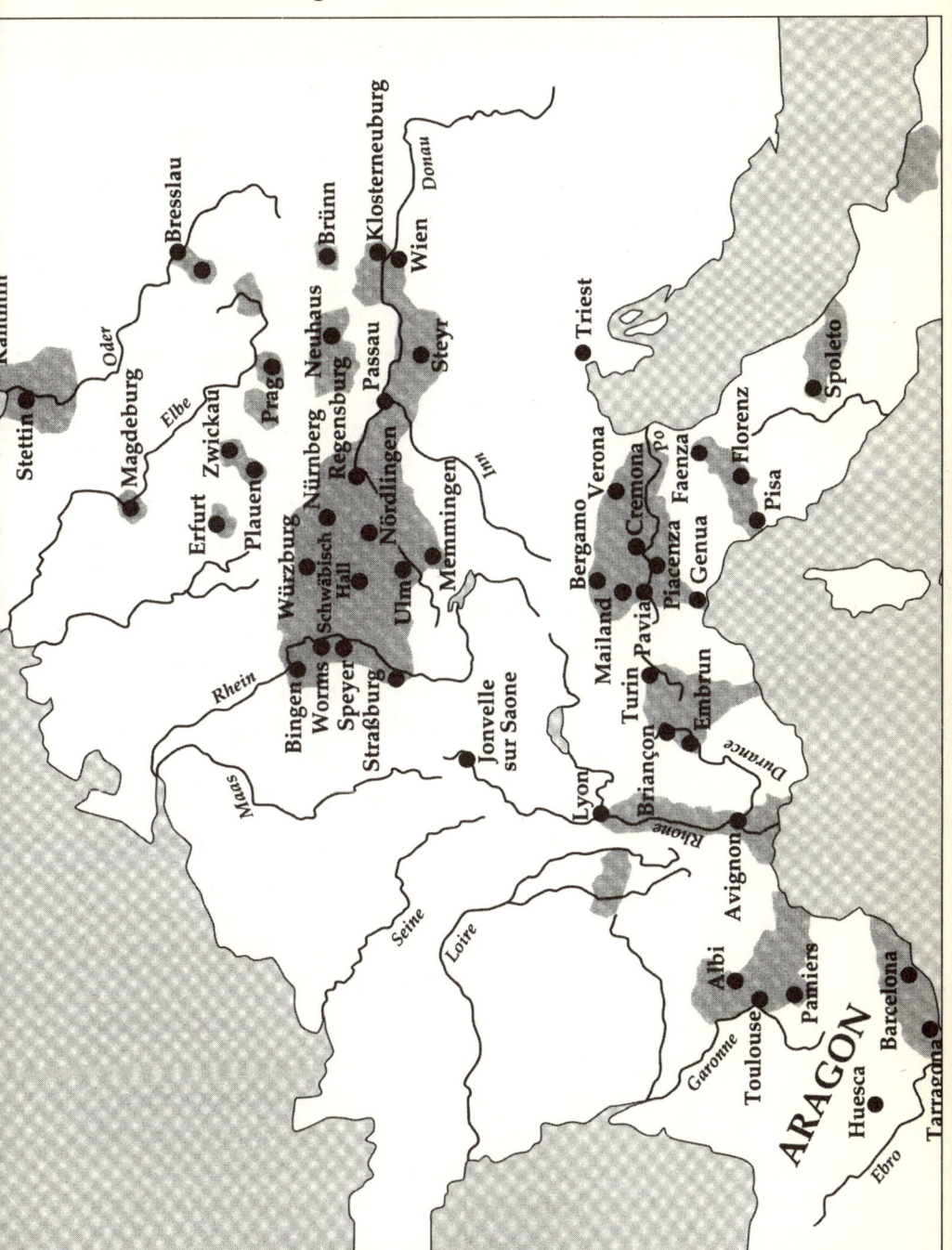

Glossar

Albigenser	Beiname der Katharer in Südfrankreich; benannt nach Albi, das als eines ihrer Zentren galt
Arme Frauen	Frauenorden der Franziskaner; auch „Klarissen", benannt nach Klara Offreduccio
Arme von Lyon	Beiname der Waldenser; benannt nach dem Herkunftsort ihres Stifters; auch „Pauperes Spiritu", „Insabbatati"; „Xabatenses" oder „Unbeschuhte"
Arme Lombarden	italienischer Zweig der Waldenser; der sich 1205 von den „Armen von Lyon" trennte
Arius/Arianer	Bischof von Konstantinopel (ca. 280–336); Vertreter der Auffassung, daß Christus das erste Geschöpf Gottes und damit Gott „wesensähnlich" sei
Arnoldisten	Anhänger Arnolds von Brescia (gest. 1154)
Athanasius	Bischof von Alexandrien (ca. 295/6–373); Vertreter der Auffassung, daß Christus und Gott der Vater „wesensgleich" seien; diese Auffassung setzt sich seit der Synode von Nicäa (325) durch und wird als „Bekenntnis von Nicäa" festgehalten
Beguins	südfranzösische Gruppe von Tertiariern im Umfeld von Petrus Johannis Olivi und der Franziskaner-Spiritualen
Belial	„Belial": hebr., „Bosheit", Name des Teufels
Böhmische Brüder	Gruppe innerhalb der Hussiten, die z. T. waldensische Ideen und Ideale aufgriffen; Vorgänger der Herrnhuter Brüdergemeine
Doketismus	Auffassung, daß Christus nicht wirklich Mensch geworden sei, sondern nur einen Scheinleib angenommen habe

Donatismus	Auffassung, daß die Gültigkeit der Sakramente von der Würdigkeit desjenigen abhängt, der sie spendet
Flagellanten	„Geißler"; Büßergruppen, die umherzogen und sich öffentlich geißelten
Florenser	„Floriazenser"; Orden des Joachim de Fiore
Fraticellen	Beiname der Franziskaner-Spiritualen vor allem in Italien
Häresiologen	„Ketzerforscher"; vor allem mittelalterliche Theologen, die Irrlehren beschrieben
Humiliaten	italienische Büßergemeinschaft; benannt nach ihrem demütigen und anspruchslosen Lebensstil
Katholische Arme	ehemalige Waldenser, die mit Durand de Huesca wieder in den Schoß der Kirche zurückkehrten
Laieninvestitur	Besetzung kirchlicher Ämter durch Laien
Leonisten	Beiname der südfranzösischen Waldenser; benannt nach Lyon, dem Herkunftsort von Waldes; seit 1205 von den „Armen Lombarden" getrennt
Milinguii	slawischer Stamm im Süden der Peleponnes, im 10. Jh. zum Christentum bekehrt; teilweise abhängig von Byzanz und dem Kreuzfahrerstaat von Achaia
Minoriten	„Minderbrüder"; „Barfüßer"; Franziskaner; Bettelorden des Franziskus von Assisi
Nestorius/Nestorianer	Bischof von Konstantinopel (ca. 381–451); Verteidiger der Auffassung, daß Maria nicht als „Gottesgebärerin" oder als „Mutter Gottes" bezeichnet werden dürfe, weil dies bedeuten würde, daß die göttliche Natur von einer Frau geboren werden könne
Patarener	italienischer Begriff für Katharer oder allgemeiner Sammelbegriff für „Ketzer"

Pseudo-Apostel	Anhänger von Gerardo Segarelli und Fra Dolcino
Predigerbrüder	„Orden der Prediger"; Predigerorden; Dominikaner; Bettelorden des Dominicus de Guzmán
Runcarier	lombardische Waldenser unter der Führung von Johannes von Ronco
Simonie	Verkauf kirchlicher Ämter an den Meistbietenden; später auch allgemein für Besetzung kirchlicher Ämter durch Laien; führte zur Schwächung der Position der Kirche und zum Verfall des kirchlichen Lebens
Speronisten	Anhänger der Ugo Speroni aus Piacenza; werden häufig im Zusammenhang mit den Waldensern genannt
Tertiarier	allgemein: „Dritter Orden" im röm.-kath. Ordenswesen; Weltleute, die nach der Regel und unter der Leitung eines Ordens leben
Zölestiner	Zweig des Benediktinerordens; gegründet von Petrus von Morrone, dem späteren Papst Cölestin V. (1294)

Literaturhinweise

1. Quellen

Adam, Alfred (Hg.): Texte zum Manichäismus. (= Kleine Texte für Vorlesungen und Übungen 175) Berlin ²1969

Benoist, J.: Histoire des Albigois et des Vaudois ou Barbets. Band 1, Paris 1691

Boehmer, Heinrich (Hg.): Analekten zur Geschichte des Franziskus von Assisi. Tübingen ²1930

Bozóky, Edina (Hg.): Le Livre Secret des Cathares. Interrogatio Iohannis. Apocryphe d'origine bogomile. Paris 1980 (= Textes Dossiers Documents 2)

Cartellieri, Alexander (Hg.): Chronicon universale anonymi Laudunensis. Leipzig/Paris 1909

Clédat, L. (Hg.): Le Nouveau Testament traduit au XIIIᵉ siècle en langue provençale, suivi d'un rituel cathare. 1887 (= Bibliothèque de la Faculté des lettres de Lyon. Bd. 4)

Denzinger, Heinrich: Enchiridion symbolorum definitorum et declarationum de rebus fidei et morum. Hg. von Peter Hünermann. Freiburg/Br. ³⁷1991

Döllinger, Ignaz von: Beiträge zur Sektengeschichte des Mittelalters. Band 2, München 1890

Dondaine, Antoine (Hg.): Les Actes du Concile Albigois de Saint-Félix de Caraman. – In: Studi e testi 125 (1946), Miscellanea Giovanni Mercati Vol. V., Storia ecclesiastica. Città del Vaticano 1946

Dondaine, Antoine (Hg.): La Hierarchie Cathare en Italie. – In: Archivum Fratrum Praedicatorum. Band 19, Rom 1949

Dondaine, Antoine (Hg.): Liber de duobus principiis. Un traité Néo-Manichéen du XIIIᵉ siècle. Rom 1939

Ehrle, Franz: Die Spiritualen ihr Verhältnis zum Franziskanerorden und zu den Fraticellen. – In: Archiv für Literatur- und Kirchengeschichte des Mittelalters. Band 4, Freiburg/Br. 1888/Reprint Graz 1956

James, Montague Rhodes (Hg.): Walter Map, De nugis curialium. Oxford 1983

Mollat, Guillaume (Hg.): Bernard Gui, Manuel de l'Inquisiteur. Band 1, Paris 1926 (= Les Classiques de l'Histoire de France au Moyen Age 8)

Mollat, Guillaume (Hg.): Bernard Gui, Manuel de l'Inquisiteur. Band 2, Paris 1927 (= Les Classiques de l'Histoire de France au Moyen Age 9)

Patschovsky, Alexander/Selge, Kurt-Viktor (Hg.): Quellen zur Geschichte der Waldenser. Gütersloh 1973 (= Texte zur Kirchen- und Theologiegeschichte, Heft 18)

Puech, Henri-Charles/Vaillant, André: Le traité contre les Bogomiles de Cosmas le Prêtre Cosmas. Paris 1945 (Travaux publiés par l'Institut d'Études Slaves, Nr. 21)

Selge, Kurt-Viktor (Hg.): Texte zur Inquisition. Gütersloh 1967 (= Texte zur Kirchen- und Theologiegeschichte Heft 4)

Thouzellier, Christine (Hg.): Liber contra Manicheos de Durand de Huesca. Un Traité Cathare inédit du début du XIIIe siècle. Louvain 1961 (= Bibliothèque de la Revue d'Histoire Ecclésiastique, Fascicule 37)

Weddigen, Klaus (Hg.): Gustula. Lateinisches Lesebuch. Stuttgart ²1990

2. Sekundärliteratur

Angelov, Dimitar: Der Bogomilismus auf dem Gebiete des Byzantinischen Reiches. Teil 1: Ursprung und Wesen. Sofia 1948

Angelov, Dimitar: Zur Geschichte des Bogomilismus in Thrakien in der 1. Hälfte des 14. Jahrhunderts. In: Byzantinische Zeitschrift 51, H. 1 (1958), S. 374–378

Angelov, Dimitar: The Bogomil Movement. Sofia 1987

Baier, Lothar: Die große Ketzerei. Berlin 1984

Beck, Hans-Georg: Vom Umgang mit Ketzern. Der Glaube der kleinen Leute und die Macht der Theologen. München 1993

Benad, Matthias: Zustände und Entwicklungstendenzen im Pfarrklerus des Bistums Pamiers 1295–1325, dargestellt aufgrund der Inquisitionsprotokolle des Bischofs Jacques Fournier (1318–1325). In: Unterwegs für die Volkskirche. Festschrift für Dieter Stoodt zum 60. Geburtstag. Hg. von Wilhelm-Ludwig Federlin und Edmund Weber. Frankfurt/M. 1987, S. 35–49

Benad, Matthias: Domus und Religion in Montaillou. Katholische Kirche und Katharismus im Überlebenskampf der Familie des Pfarrers Petrus Clerici am Anfang des 14. Jahrhunderts. Tübingen 1990

Blumenthal, Peter/Kramer, Johannes (Hg.): Ketzerei und Ketzerbekämpfung in Wort und Text. Studien zur sprachlichen Verarbeitung religiöser Konflikte in der westlichen Romania. Stuttgart 1989 (= Zeitschrift für französische Sprache und Literatur, Beiheft 14)

Boehmer, Heinrich: Waldenser. In: Realencyklopädie für protestantische Theologie und Kirche. Hg. von Albert Hauck. Leipzig ³1907, S. 799–840

Borst, Arno: Die Katharer. Freiburg/Br. 1991

Brandt, Miroslav: Die bosnische dualistische Bewegung. In: Kairos. Zeitschrift für Religionswissenschaft und Theologie 21 (1979), Heft 4, S. 300–317

Cohn, Norman: Das neue irdische Paradies. Hamburg 1980

Coincy-Saint Pal, Simone: Doujous et castels au pays de Cathares. Paris 1964

Ecclesia Catholica: Katechismus der katholischen Kirche. München 1993

Ehrle, Franz: Die Spiritualen, ihr Verhältnis zum Franziskanerorden und zu den Fraticellen. In: Archiv für Literatur- und Kirchengeschichte des Mittelalters. Band 4, Freiburg/Br. 1888/Reprint Graz 1956

Elm, Kaspar: Franziskus und Dominikus. Wirkungen und Antriebskräfte zweier Ordensstifter. In: Saeculum 23 (1972), S. 127–147

Erk, Wolfgang (Hg.): Waldenser. Geschichte und Gegenwart. Frankfurt/M. 1971

Esser, Kajetan: Das Testament des heiligen Franziskus von Assisi. Münster 1949

Fine, John V. A.: The Bosnian Church: A New Interpretation. New York/London 1975

Fink, Karl August: Papsttum und Kirche im abendländischen Mittelalter. München 1994

Flood, David: Peter Olivi's Rule Commentary. Wiesbaden 1972

Frank, Isnard Wilhelm: Kirchengeschichte des Mittelalters. Düsseldorf 1984

Garsoïan, Nina G.: The Paulician Heresy. Den Haag/Paris 1967

Die Gnosis. Band 3: Der Manichäismus. Zürich/München 1980 (= Die Bibliothek der Alten Welt)

Gorre, Renate: Die ersten Ketzer im 11. Jahrhundert. Religiöse Eiferer – soziale Rebellen? Zum Wandel der Bedeutung religiöser Weltbilder. Konstanz 1982

Grundmann, Herbert: Religiöse Bewegungen im Mittelalter. Darmstadt ⁴1977

Grundmann, Herbert: Neue Forschungen über Joachim von Fiore. Marburg 1950

Grundmann, Herbert: Oportet et haereses esse. Das Problem der Ketzerei im Spiegel der mittelalterlichen Bibelexegese. In: Archiv für Kulturgeschichte 45, H. 3 (1963), S. 129–164

Grundmann, Herbert: Ketzerverhöre des Spätmittelalters als quellenkritisches Problem. In: Deutsches Archiv für Erforschung des Mittelalters 21 (1965), S. 519–575

Grundmann, Herbert: Ausgewählte Aufsätze. Teil 2: Joachim von Fiore. Stuttgart 1977

Haupt, Herman: Waldenserthum und Inquisition im südöstlichen Deutschland bis zur Mitte des 14. Jahrhunderts. In: Deutsche Zeitschrift für Geschichtswissenschaft 1 (1889), S. 285–330

Held, Robert: Inquisition und das Verbrechen der Todesstrafe. Kehl a. Rhein 1992

Hörmann, Werner: Die Gnosis. Das Buch der verborgenen Evangelien. Augsburg 1990

Holl, Adolf (Hg.): Die Ketzer. Hamburg 1994

Jakobs, Hermann: Kirchenreform und Hochmittelalter 1046–1215. München ³1994

Kaden, E. H.: Die Edikte gegen die Manichäer von Diokletian bis Justinian. In: Festschrift H. Lewald. Basel 1953, S. 55–68

Koch, Gottfried: Frauenfrage und Ketzertum im Mittelalter. Berlin 1962 (= Forschungen zur Mittelalterlichen Geschichte Bd. 9)

Kutzli, Rudolf: Die Bogumilen. Stuttgart 1977

Lacoste, Auguste: Henri Arnaud und die Waldenser. Bern u. a. 1982
Lambert, Malcolm David: Ketzerei im Mittelalter. Freiburg/Br. 1991
Lea, Henry Charles: Die Inquisition. Nördlingen 1985
Leff, Gordon: Heresy in the Later Middle Ages. New York 1967
Le Roy Ladurie, Emmanuel: Montaillou. Ein Dorf vor dem Inquisitor 1294 bis 1324. Frankfurt/M./Berlin 1980
Loos, Milan: Zur Frage des Paulikanismus und Bogomilismus. In: Byzantische Beiträge. Hg. von Johannes Irmscher. Berlin 1964, S. 323–332
Lortz, Joseph: Geschichte der Kirche in ideengeschichtlicher Betrachtung. Band 1: Altertum und Mittelalter, Münster 1962
Markale, Jean: Die Katharer von Montségur. München 1993
Marrou, Henry: Augustinus in Selbstzeugnissen und Bilddokumenten. Hamburg 1961
Martius, Rudolf: Gedanken zum bosnisch-herzegowinischen Mittelalter. Linz 1983
Molnár, Amedeo: Die Waldenser. Geschichte und Ausmaß einer europäischen Ketzerbewegung. Freiburg/Br. 1993
Moore, R. I.: The Birth of Popular Heresy. London 1975
Moulis, Adelin: Montségur, citadelles cathare. Paris 1979
Mühlestein, Hans: Die verhüllten Götter. Neue Genesis der italienischen Renaissance. Wien/München 1957
Müller, Daniela: Albigenser – die wahre Kirche? Gerbrunn b. Würzburg 1986
Nickson, M.: The „Pseudo-Reinerius" treatise, the final stage of a thirteenth century work on heresy from the Diocese Passau. In: Archives d'Histoire doctrinale et Litteraire du Moyen Ages 42 (1967), S. 255–314
Nigg, Walter: Das Buch der Ketzer. Zürich [6]1981
Papazova, Ekaterina: Christen oder Ketzer – Die Bogomilen. Stuttgart 1983
Patschovsky, Alexander: Der Passauer Anonymus. Ein Sammelwerk über Ketzer, Juden, Antichrist aus der Mitte des 13. Jahrhunderts. Stuttgart 1968
Puech, Henri-Charles: Der Begriff der Erlösung im Manichäismus. In: Eranos 1936 (1937), S. 183–286

Reeves, Marjorie/Lee, Harold/Silano, Giulio: Western Mediterranean Prophesy. Toronto 1989

Reitzenstein, R.: Die Vorgeschichte der christlichen Taufe. Berlin/Leipzig 1929

Roché, Deodat: Die Katharer-Bewegung. Stuttgart 1992

Roll, Eugen: Ketzer zwischen Orient und Okzident. Stuttgart 1978

Roll, Eugen: Die Waldenser – Aufbruch in eine neue Zeit. Stuttgart 1982

Roquebert, Michel (Hg.): Citadelles du Vertige. Toulouse 1984

Rottenwöhrer, Gerhard: Der Katharismus. Band 1,1 u. Band 1,2. Bad Honnef 1982

Rottenwöhrer, Gerhard: Unde malum? Herkunft und Gestalt des Bösen. Bad Honnef 1986

Runciman, Steven: The Medieval Manichee. Cambridge 1955

Runciman, Steven: Häresie und Christentum. Der mittelalterliche Manichäismus. München 1988

Russell, Jeffrey Burton: Dissent and Reform in the Early Middle Ages. Berkeley/Los Angeles 1965

Russell, Jeffrey Burton: Dissent and Order in the Middle Ages. New York 1992

Sadnik, Linda: Die Religion der Slawen im Altertum im Lichte der heutigen Forschung. In: Blick nach Osten 1, H. 1 (1948), S. 38–45

Sadnik, Linda: Religiöse und soziale Reformbewegungen bei den slawischen Völkern. In: Blick nach Osten 2, H.1/2 (1949), S. 261–266

Schaeder, H. H.: Urform und Fortbildungen des manichäischen Systems (Vorträge der Bibliothek Warburg IV, 1924/25). Berlin/Leipzig 1927

Schmaus, Alois: Der Neumanichäismus auf dem Balkan. In: Saeculum. Jahrbuch für Universalgeschichte 2 (1951), S. 271–299

Schneider, Martin: Europäisches Waldensertum im 13. und 14. Jahrhundert. Berlin 1981

Segl, Peter: Ketzer in Österreich. Untersuchungen über Häresie und Inquisition im Herzogtum Österreich im 13. und beginnenden 14. Jahrhundert. Paderborn u. a. 1984

Selge, Kurt-Viktor: Die ersten Waldenser. Band 1: Untersuchung und Darstellung. Berlin 1967

Shannon, Albert C.: The Medieval Inquisition. Collegeville, Minnesota ²1991

Sharenkoff, Victor N.: A Study of the Manichaeism in Bulgaria with Special Reference to the Bogomil. New York 1927

Sloterdijk, Peter/Macho H. Thomas (Hg.): Weltrevolution der Seele. Ein Lese- und Arbeitsbuch der Gnosis von der Spätantike bis zur Gegenwart. 2 Bde. Gütersloh 1990

Töpfer, Bernhard: Das kommende Reich des Friedens. Zur Entwicklung chiliastischer Zukunftshoffnungen im Hochmittelalter. Berlin 1964

Tourn, Giorgio: Geschichte der Waldenser-Kirche. Erlangen 1987

Truhelka, Ciro: Die bosnische (patarenische) Nationalkirche. In: Die Geschichte der kroatischen Länder Bosnien und Herzegowina. Sarajewo 1942

Ulbrich, Ralf: „Tkadlecek" und „Ackermann" – Waldenserliteratur. Berlin 1985

Weber, Edmund: Zur Dialektik der Entwicklung des Waldensertums im Mittelalter, vornehmlich nach dem sogenannten Passauer Anonymus. In: Unterwegs für die Volkskirche. Festschrift für Dieter Stoodt zum 60. Geburtstag. Hg. von Wilhelm-Ludwig Federlin und Edmund Weber. Frankfurt/M. 1987, S. 641–673

Wakefield, Walter L.: Heresy, Crusade and Inquisition in Southern France 1100–1250. London 1974

Wakefield, Walter L./Evans Austin P.: Heresies of the High Middle Ages. New York 1991

Waldschmidt E./Lentz, W.: Die Stellung Jesu im Manichäismus. Berlin 1933

Wendelborn, Gerd: Gott und Geschichte. Joachim von Fiore und die Hoffnung der Christenheit. Leipzig 1974

Werner, Ernst: Neue Lösungsversuche des Bogomilenproblems. In: Zeitschrift für Geschichtswissenschaft 3 (1955), Heft 5, S. 795–802

Werner, Ernst: Patarenoi – Patareni. Ein Beitrag zur Kirchen- und Sektengeschichte des 11. Jahrhunderts. In: Festschrift für H. Sproemberg. Berlin 1956

Werner, Ernst: Ketzer und Weltverbesserer. Zwei Beiträge zur Geschichte Südosteuropas im 13./15. Jahrhundert. Berlin 1974

Werner, Ernst: Spätbogomilische-adamitische Spekulationen und Praktiken in religionshistorischer Sicht. In: Byzantine Studies – Etudes Byzantines 1, Fasc. 1 (1974), S. 40–53

Werner, Ernst: Häresie und Gesellschaft im 11. Jahrhundert. Berlin 1975

Werner, Ernst/Martin Erbstößer: Ketzer und Heilige. Das religiöse Leben im Mittelalter. Wien/Köln/Graz 1986

Werner, Ernst: Nachrichten über spätmittelalterliche Ketzer aus tschechoslowakischen Archiven und Bibliotheken. Leipzig 1963

Wesendonk, O. G. von: Die Lehre des Mani. Leipzig 1922

Wessley, Stephan E.: Joachim of Fiore and Monastic Reform. New York 1990

Wild, Georg: Bogumilen und Katharer in ihrer Symbolik. Wiesbaden 1970

Wild, Georg: „Bogu mili" als Ausdruck des Selbstverständnisses der mittelalterlichen Sektenkirche. In: Kirche im Osten 6 (1963), S. 16–33

Wild, Georg: Die bogumilische Häresie in einigen südslawischen Volksliedern. In: Die Welt der Slawen 9, H. 1 (1964), S. 259–276

Wildengren, Geo.: Mani und der Manichäismus. Stuttgart 1961

Winter, Eduard: Ketzerschicksale. Christliche Denker aus neun Jahrhunderten. Zürich u. a. ²1983

Wirsching, Johannes: Kirche und Pseudokirche. Konturen der Häresie. Göttingen 1990

Register

Abendmahl 28, 65, 107, 117, 142, 160, 183, 209, 216, 237, 312f., 317, 368
Abschwören 60, 66, 79, 81, 89, 152, 190, 400, 445
Albanenser 197, 202, 255ff., 261, 272ff., 279ff., 288, 290
Albi 44, 57, 58, 66, 92ff., 166, 168, 185f., 193, 195, 279f., 290, 299, 306
Albigenser 38, 40, 49, 169f., 185, 216, 230, 233, 281
Albigenserkreuzzüge 41, 186, 188, 191f., 294, 317
Albigenserkriege 39, 40, 66
Alexios I. Komnenos 158
Ambrosius von Mailand 120
Angelo Clareno 394f.
Antichrist 159, 239, 315, 335, 339, 396, 398, 415, 417ff.
Apokalypse 165, 170, 222, 242f., 246f., 339, 358, 393, 395, 398, 400, 405, 407, 415ff., 436, 445
Arles 182, 187
Arme Lombarden 313
Arme von Lyon 42, 271, 273, 297f., 301ff., 350, 357, 362, 369
Armut 36, 182, 298, 300f., 305, 308, 310, 324f., 329, 332, 336, 339, 351, 356, 359, 368f., 380ff., 394ff., 409ff., 436ff., 445

Armutsgelübde 299, 307, 318, 332, 368f., 395
Armutsideal 36, 182, 298ff., 305, 313, 351, 380, 384, 390, 392, 394f.,
Arnaud Armaury 187ff., 217
Arnold von Brescia 37
Arnold, Gottfried 24
Arnoldisten 37, 42
Askese 107, 118f., 120, 159, 207f., 210, 381, 383, 386ff., 399
Augustinus 28, 32, 95ff., 102, 117ff., 121, 127, 131, 132f., 134, 149, 332, 363

Bagnolo 166, 169, 196ff., 226, 279, 290
Ban Kulin 162f.
Basilius der Große 31
Beguins 395f., 398, 408, 412f., 416, 421f.
Belesmanza 198, 281, 290
Bergamo 198, 280f., 317, 320
Bernard de Caux 192
Bernard Gui 50, 57f., 61f., 120, 311, 314f., 319, 379f., 396
Bernard Ydros 295, 297, 325
Bernhard von Clairvaux 36, 38, 182
Besançon 314, 349
Bettelorden 39f., 36, 195, 381, 387
Beziers 185ff., 216f., 304, 396, 412, 422

467

Bogomilen 102, 149ff., 168, 195, 197f.
Bogomilensteine 150, 152, 163f.
Bogumil 153
Bonaventura 391
Bonnes hommes/Bonnes femmes 205, 209, 211f.
Bosnien 150ff., 162ff.
Bulle „Ad aboldendam" 302
Bulle „Ad extirpanda" 55
Bulle „Quorundam exigit" 396f.
Bulle „Unam sanctam" 41, 46
Büßergemeinschaft 309, 319, 399
Büßergruppen 398
Bußsakrament 144, 312

Carcassonne 57f., 166, 168f., 181, 185ff., 189f., 192ff., 226, 230, 279f., 290, 299, 304
Caesar von Speyer 383
Chronik der Diözese Laon 295
Citeaux 186, 188ff., 217
Concorezzianer 165, 196f., 202, 234, 255ff., 260ff., 272, 290
Consolamentum 88, 187, 196f., 204ff., 207f., 229, 262, 264, 269
Credentes 205, 209f.
Cyprian 14

David von Augsburg 315, 362
Demiurg 103ff.
Desenzano 166, 196ff., 220f., 279f.
Diakon Markus 165
Diego von Osma 38
Diokletian 109

Dominikaner 36, 38f., 56, 59, 61, 66, 85, 182, 200, 210, 297, 381, 387
Dominikanerorden (= Orden der Predigerbrüder) 38f., 57, 69, 233, 271, 274, 316, 364f., 381, 433f., 447
Dominikus de Guzmán 38f., 192, 381
Donatismus 312, 316
Dualismus 101
– absoluter 157
– gemäßigter 157, 198
Durand de Huesca 199, 202, 242, 306, 316, 334, 336, 341, 342

Ecclesia Albanensium 166
Ecclesia Bulgariae 161, 197
Ecclesia Drugunthia (Dugunthiae; Dragovistae) 161
Ehelosigkeit 309
Eidesleistung 311
Electi 110, 116f.
Elias di Cortone 383f., 386, 390
Emanation 104, 11ff.
Endura 209ff.
Erwachsenentaufe 311
Evodius 118, 121

Flagellanten 11
Fra Dolcino 37, 399ff.
Fraticellen 36f., 49, 58, 379, 394f., 396f., 398, 418, 421f., 423, 424f., 427ff.
Franziskaner 36, 39, 56f., 85, 182, 228, 315, 379ff., 408ff., 424f.

Franziskaner-Spirituale/Spirituale 36, 56, 293, 379, 387, 395ff.
Franziskanerorden (= Orden der Minderbrüder) 381
Franziskus von Assisi 39, 293, 295, 381f., 384ff.
Friedrich I. Barbarossa 40, 42, 54, 302
Friedrich II. 54f.

Gehorsam 45, 69, 83, 220, 261, 263, 302f., 316, 355ff., 368, 382, 394, 397, 403f., 410, 412, 414, 429f., 437, 444f.
Geißler 398
Geisttaufe 160f., 196, 204f., 262, 265f., 268f., 273
Geoffroy von Auxerre 300
Gerardo Segarelli 398ff., 430, 433, 435f., 441f., 444
Gnosis 22, 28f., 101ff., 139, 340
Gnostiker 22, 28f., 101ff., 139, 340
Graf von Toulouse 88, 180
Guichard von Lyon 299f.

Handauflegung 206, 211, 233f., 257, 260ff., 265, 268f., 273ff., 278f., 306, 343, 367, 372
Häresiologen 29, 32, 101, 119, 153, 156
Heilige Inquisition 49, 54, 57, 59, 61, 192
Heinrich Seuse 56
Henri de Marcy 300
Herzegowina 150ff., 162, 164
Hieronymus 18, 98, 240, 332, 363, 375f.

Hugolino von Ostia 382
Humiliaten 42, 309
Hure Babylon 319, 394, 396, 400, 407, 417, 436
Hussiten 321

Ignatius von Antiochien 28
Inquisitionsprotokolle 149, 181, 184, 199f.
Inquisitionsverfahren 32, 50, 54f., 58ff., 64, 66, 353
Interrogatio Iohannis 150, 166f., 197
Iohannes de Lugio 198, 210, 218ff., 288
Iohannes Iudaeus 197, 218ff.
Irenäus 17, 28f.

Jacques Fournier 181
Jan Hus 49, 293
Jean Bellesmains 301f., 332
Joachim de Fiore 392ff., 400
Johannes Tauler 56
Johannes von Canterbury 301
Josephiner 42
Judentum 19, 73, 340, 407
Justin 14, 28ff.

Kanon „Exivi de Paradiso" 397
Kant, Immanuel 24
Katechumenen 116
Katholische Arme 306f., 316f.
Keuschheit 308f., 316, 356, 368, 410, 414
Kindertaufe 159, 183, 205, 311, 330
Kirche von Scalvonia 225, 279f.
Kirchenbann 30, 37, 40, 42,

469

153, 186, 191, 302f., 305, 316f., 319, 365f., 399, 445
Klara Offreduccio 383
Konrad von Marburg 51
Konstantin 109
Konstantinische Wende 24
Konventuale 379, 385, 389, 392, 394, 397
Konzil von Chalkedon 34
Konzil von St.-Felix de Caraman 165, 186, 195
Konzil von Vienne 397
Kosmas 153, 155, 160
Kosmogonie 110f., 114, 157, 167
Kreuzzug 38, 40f., 44f., 163, 165, 186, 188ff., 194, 216f., 234, 375, 401, 447

Languedoc 41, 182f., 185ff., 192, 194, 196, 202, 304, 309, 317, 392
3. Laterankonzil 40, 54, 66, 186, 298f.
4. Laterankonzil 39, 55, 303, 333
Lavaur 190, 192
Lessing, Gotthold Ephraim 24
Ludwig der Bayer 380
Ludwig VIII. 40
Lügen 115, 207, 229, 231, 260, 310f., 354, 369f., 439
Luzifer 140, 169f., 184, 199, 202, 214f., 222ff., 238f., 259f.
Lyon 17, 189, 295ff., 299ff., 323, 333, 343, 392, 399

Mailand 165, 196f., 226, 233, 280, 306, 309, 314, 350, 447

Mammon 156f., 159, 161, 164, 183, 323, 407
Mani 47, 108ff., 121, 126, 132ff., 240
Manichäer 32, 73, 101f., 116f., 138, 140f., 143, 146, 149, 153, 202, 242, 284, 293, 350
Manuel I. Komnenos 158
Margarita 123f., 401, 435, 441, 447
Markion 29, 102, 105ff., 139, 339
Markioniten 107f.
Marsilius von Padua 398
Maximus 119f.
Meister Eckhart 56, 381
Melioramentum 200, 209, 212
Michael von Cesena 379, 398, 426
Milinguii 169
Missio 305, 301ff., 333
Mönch Henry 182f.
Montségur 179f., 192, 208, 227

Narbonne 57, 66, 81, 86, 185, 187, 193, 304, 307, 309, 314, 366, 394, 396, 412, 416f., 419, 421f.
Nazarius 166, 178, 197f., 225, 289f.
Nicolaus Eymericus 50
Niketas 165f., 168f., 195ff., 218

Ordensregel 39f., 381f., 384f., 389ff., 394, 409f., 437, 442
Ordo Bulgariae 161, 166, 196ff.
Ordo Drugonthiae 166, 196f.
Ordo Scalvoniae 163, 166, 197

Ordo von Desenzano 166
Origenes 30
Orthodoxie 11f., 14, 16ff., 247, 26, 28, 109, 150, 158

Pamiers 181
Papst Alexander II. 40, 44, 54, 56, 186, 298f.
Papst Bonifatius VIII. 392, 433
Papst Clemens V. 396f., 401, 447
Papst Gregor VII. 33
Papst Gregor IX. 55, 59, 66, 382, 386, 390f.
Papst Honorius III. 39f., 382f., 390, 433
Papst Honorius IV. 399, 433
Papst Innozenz III. 35, 39, 54, 163, 181, 187ff., 191, 316, 381
Papst Johannes XXII. 58, 392, 394, 396ff., 411, 418, 423
Papst Kalixt I. 33
Papst Leo I. der Große 33
Papst Lucius II. 40, 42, 54f., 302
Papst Nikolaus IV. 399, 433
Papstkirche 27, 35ff., 41, 195, 205, 210, 300, 303, 319f., 381f., 396
Passaginer 42
Passauer Anonymus 296, 314f., 320, 324, 352
Patarener 42, 44, 70, 149, 271
Pauperes Spiritu 297, 299, 308
Pierre Bruys 182f.
Pierre de Castelnau 187
Perfectus/Perfecti 204
Peter Zwicker 320

Petrus Cathanii 383
Petrus Damiani 33
Petrus II. von Aragon 191, 194
Petrus Johannis Olivi 392ff., 400, 405, 408, 413f.
Petrus von Saint-Chrysogonus 186
Philippe II. Auguste 188
Pleroma 103f.
Practica 57f.
Prediger/Predigerin 181, 285, 306ff., 313f., 317f., 335, 355, 372, 402
Predigerbrüder 56f., 233, 271, 274, 381
Predigt 43, 147, 214, 232, 255, 265f., 297ff., 302ff., 333, 343, 350ff., 440f.
Priesteramt 219, 313
Priscillian 119f., 139f.
Priscillianer 120, 138
Pseudo-Apostel 37, 57f., 73, 120, 379, 398, 400, 430, 432, 435f., 441, 443f., 446, 448

Raimond V. 186
Raimond VI. 187ff., 191
Raimond VII. 180, 191, 193f.
Raimond-Roger Trencavel 187, 190
Rainier Sacconi 199, 210f., 271
Ramon de Perella 193
Reinkarnation 206
Robert le Bougre 66

Sakramente 23, 31, 36, 43, 68, 78, 82, 144f., 147, 182f., 205, 215f., 241, 272f., 280, 316ff.,

471

330, 341, 367, 382, 393, 413, 423
Sakramentslehre 307, 318
Salvo Burce 202, 210, 255
Satan 12, 15, 28, 57, 62, 68, 76, 106, 111, 143f., 150, 155ff., 171f., 174ff., 193, 199, 201f., 246, 259, 285, 319, 334, 423
Schwören 61, 71, 75f., 89, 141, 200, 207, 229, 233, 272, 310f., 344, 347ff., 360f., 375, 438f.
Seelenwanderung 116, 203, 206, 239
Simon Magus 29, 103
Simonie 35, 39, 181, 335, 343
Spirituale 36, 56, 293, 379, 385ff., 417ff., 424
St.-Gilles 182, 187f.
Stephan de Ansa 295, 297, 325
Stephan (Etienne) de Bourbon 297, 314, 325, 349
Stephan Tvrtko 164
Sturz der Engel 202f.
Summa Theologiae 56, 66
Synode von Braga 120, 138
Synode von Toulouse 66, 86
Synode von Verona 37, 40, 42, 54

Tertiarier 395ff.
Tertullian 14, 17, 28ff.
Theophylaktos 152f., 156
Thomas von Aquin 31, 56, 66, 94
Todsünde 77, 208, 234, 241, 261, 272f., 275f., 279, 308, 310, 352, 363, 365, 395, 414, 437

Toulouse 39, 44, 57ff., 66, 86, 92, 165f., 168f., 180ff., 186ff., 214, 227ff., 279f., 290, 299, 305, 421

Ubertino da Casale 379, 394, 397
Umkehr 32, 34, 97, 293, 297, 316
Urgemeinde 23

Valentinian I. 119, 138
Verhörfragen 120
Volksbibel 299, 297
Vollkommene 43, 88, 141, 145ff., 209, 226, 229, 235, 244, 345, 356, 363, 365, 368, 370

Waldenser 27, 36, 39, 49, 57, 66, 73, 81, 90, 119, 212, 293ff., 350, 355ff., 364ff., 376f., 381f., 387, 396
Waldenserlegende 321
Waldensertäler 294, 314
Waldes 295ff., 329, 332, 335, 337f., 381
Wanderprediger 36, 116f., 120, 182f., 192, 233, 293, 295, 297f., 300, 304, 310, 314, 316, 318, 398
Walter Map 298, 327
Wassertaufe 159, 175, 205, 225, 266, 272
Wazo von Lüttich 38
Wiedertaufe 313
Wilhelm von Ockham 398

Zigabenos Euthymios 158, 160

»Seit der Entdeckung der Schriftrollen vom Toten Meer ist dies wohl der bedeutendste Durchbruch in der neutestamentlichen Forschung.«
(The Times)

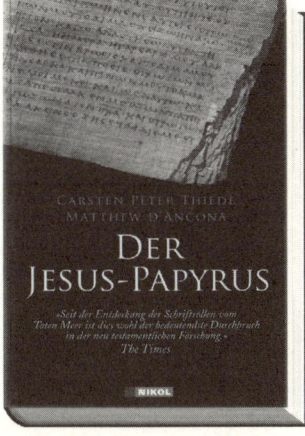

Carsten Peter Thiede
Matthew d'Ancona

Der Jesus-Papyrus

320 Seiten, gebunden
mit Schutzumschlag

Bestellnummer: 01874
ISBN: 978-3-937872-59-9

Jetzt nur € **7,95** | sFr. 14,60

Anfang des 20. Jahrhunderts erwirbt ein englischer Geistlicher im ägyptischen Luxor drei kleine Papyrus-Fragmente. Ende des 20. Jahrhunderts befasst sich der deutsche Papyrologe Carsten Peter Thiede eingehend mit diesen Fragmenten des Matthäus-Evangeliums. Er macht eine bahnbrechende Entdeckung: Die Handschrift muss spätestens 70 n. Chr. entstanden sein. Das ist der sichere Beleg für das Entstehen eines Evangelien-Kodex zu Lebzeiten der Apostel. Damit rücken alte Fragen nach der Entstehung und Glaubwürdigkeit der Evangelien in neues Licht.

»Die Entdeckung, die die Grundfeste des Christentums erschütterte.«

Konrad Dietzfelbinger
Apokryphe Evangelien aus Nag Hammadi

4. Auflage, 270 Seiten, gebunden mit Schutzumschlag

Bestellnummer: 01890
ISBN: 978-3-937872-81-0

Früher € 16,00
Jetzt nur € **7,95** | sFr. 14,60

Die Nag-Hammadi-Bibliothek ist der bedeutendste frühchristliche Schriftenfund.
Niemand hätte ahnen können, dass der unscheinbare Ort Nag Hammadi, am Nil gelegen, eines der aufregendsten Zeugnisse der frühen Christenheit im Staub seiner Erde bald zwei Jahrtausende vor der Vernichtung bewahrt hat.
Als im Jahr 1945 ein ägyptischer Bauer die Schriftrollen zufällig zu Tage förderte, öffnete sich für uns heutige Menschen eine Welt von ungeheurer Weite und Bedeutung.
In den Nag Hammadi-Texten begegnen sich die hermetische Tradition, die frühchristliche Gnosis und ein allen Dualismus überwindendes Menschentum. Diese Texte sind immer jung, nicht dem Verfall durch den Wandel der Zeiten unterworfen, daher auch in höchstem Maße modern und zukunftsweisend.

»In der Art und Weise, wie Angenendt sein Thema angeht, setzt er neue Maßstäbe.«
(Neue Zürcher Zeitung)

Arnold Angenendt
Heilige und Reliquien
Die Geschichte ihres Kultes vom frühen Christentum bis zur Gegenwart

2. Auflage, 472 Seiten, zahlreiche Abbildungen, gebunden

Bestellnummer: 01887
ISBN: 978-3-937872-72-8

Früher € 34,95
Jetzt nur **€ 12,95** | sFr. 23,60

Noch heute sind viele Menschen in weiten Teilen der Welt nach Heiligen benannt, und überall begegnen uns Zeugnisse des Heiligenkults – aber das Verständnis für den Heiligen und für wundertätige Reliquien ist weithin abhanden gekommen. Arnold Angenendt erschließt dem Leser die geistige Welt, in der Heiligenverehrung blühte; er macht uns mit den theologischen Grundlagen des Heiligenkults ebenso vertraut wie mit seinen vielfältigen historischen Erscheinungsformen.

Arnold Angenendt, geb. 1934, ist ordentlicher Professor für Kirchengeschichte an der Universität Münster.

»**Eine wahre Fundgrube an wissenswerten Details über eine düstere Epoche unserer Zeitgeschichte.**«

Georg Schwaiger (Hrsg.)
Teufelsglaube und Hexenprozesse

4. Auflage, 208 Seiten, gebunden
Bestellnummer: 01885
ISBN: 978-3-937872-68-1

Jetzt nur € **7,95** | sFr. 14,60

Die Geschichte der Menschheit kennt nicht nur todbringende körperliche Krankheiten verheerenden Ausmaßes, sondern ebenso geistige Epidemien. Ganze Völker und Kontinente können davon ergriffen werden.

Ein unrühmliches Beispiel für einen solchen Massenwahn ist die Barbarei der Hexenverfolgungen im abendländischen Europa. In dem Buch Teufelsglaube und Hexenprozesse schildert der Autor die Gründe für die Entstehung der Hexenverfolgungen, beschreibt die einzelnen geschichtlichen Phasen dieser gemeinen Hetzjagd auf wehrlose Menschen und gibt Einblicke in den Verlauf der damaligen Hexenprozesse.